中国人力资源和社会保障
年　鉴
（工作卷）

CHINA HUMAN RESOURCES AND SOCIAL SECURITY YEARBOOK

2009

中国劳动社会保障出版社

中 国 人 事 出 版 社

图书在版编目（CIP）数据

中国人力资源和社会保障年鉴．2009/人力资源和社会保障部组织编写．—北京：中国劳动社会保障出版社，中国人事出版社，2009

ISBN 978-7-5045-8087-0

Ⅰ．中… Ⅱ．人… Ⅲ．①劳动力资源-资源管理-中国-2009-年鉴 ②社会保障-中国-2009-年鉴 Ⅳ．F249.21-54 D632.1-54

中国版本图书馆 CIP 数据核字（2009）第 180510 号

中国劳动社会保障出版社出版发行

（北京市惠新东街 1 号　邮政编码：100029）

出 版 人：张梦欣

*

北京新华印刷厂印刷装订　新华书店经销

880 毫米×1230 毫米　16 开本　84 印张　6.75 印张彩页　2136 千字

2009 年 11 月第 1 版　2009 年 11 月第 1 次印刷

定价：498.00 元

读者服务部电话：010-64929211

发行部电话：010-64927085

出版社网址：http://www.class.com.cn

编 辑 说 明

2008年3月，第十一届全国人民代表大会第一次会议审议通过《国务院机构改革方案》，决定组建人力资源和社会保障部。为了客观真实地辑录我国人力资源和社会保障事业改革发展历程，便于社会各界了解和研究中国人力资源和社会保障发展的历史，人力资源和社会保障部决定从2009年起编纂《中国人力资源和社会保障年鉴》，每年出版一部。

一、《中国人力资源和社会保障年鉴（2009）》为首编年鉴，系统收录了2008年度我国人力资源和社会保障工作的重要文献、资料和数据，全面记录了2008年我国人力资源和社会保障事业的发展概况，客观反映了人力资源和社会保障工作改革与发展的成就、经验和今后需要继续研究解决的问题。它是党政机关领导干部、各部门工作人员、人力资源和社会保障系统工作者、企业领导及人力资源管理者以及人力资源和社会保障科研理论工作者有价值的参考用书和工具书。

二、鉴于年鉴内容丰富、涉及面广，本年鉴分为文献卷、工作卷两卷出版。文献卷包括人力资源和社会保障重要文献、人力资源和社会保障部主要职责内设机构和人员编制规定、国家公务员局主要职责内设机构和人员编制规定、2008年人力资源和社会保障大事记。工作卷包括人力资源和社会保障工作概览、全国人力资源和社会保障工作、地方人力资源和社会保障工作、人力资源和社会保障统计资料。

三、本年鉴中，全国人力资源和社会保障工作分为28个部分：就业工作、人力资源市场管理、职业能力建设、军转安置、专业技术人员管理、事业单位人事管理、公务员管理、养老保险、失业保险、医疗保险、工伤保险、生育保险、农村社会养老保险和被征地农民保障、社会保险经办管理、社会保险基金监督、劳动关系、调解仲裁管理、机关事业单位工资福利工作、农民工工作、法制建设、劳动保障监察、规划统计、信息化建设、科学研究、干部教育培训和表彰、新闻宣传政务信息与出版、国际及港澳台地区交流合作、社团活动。地方人力资源和社会保障工作分为地方人事人才工作、地方劳动和社会保障工作两部分，共93篇。

四、作为新部组建以来的第一部年鉴，《中国人力资源和社会保障年鉴（2009）》的编纂工作得到了部领导的高度重视，以及部属各单位和地方人力资源社会保障部门的大力支持，在此，向所有参与编辑出版工作的领导和同志表示衷心的感谢。

《中国人力资源和社会保障年鉴》编辑部

2009年10月

目　　录

工作卷

人力资源和社会保障工作概览

全国人力资源和社会保障工作

地方人力资源和社会保障工作

一、地方人事人才工作

二、地方劳动和社会保障工作

统 计 资 料

工作卷

人力资源和社会保障工作概览

2008 年人力资源和社会保障工作概览

2008 年，全国人力资源和社会保障系统认真贯彻落实党的十七大和十七届三中全会精神，深入学习实践科学发展观，紧紧围绕党和国家工作大局，积极应对历史罕见的自然灾害和国际金融危机的严峻考验，开拓进取，扎实工作，攻坚克难，奋力拼搏，人力资源社会保障各项工作实现新的重大进展，为经济社会发展全局作出了重要贡献。

一、就业再就业工作取得积极进展

（一）就业再就业目标任务全面完成

全年城镇新增就业 1 113 万人，为全年目标任务的 111%；下岗失业人员再就业 500 万人，为全年目标任务的 100%；就业困难人员实现就业 143 万人，为全年目标任务的 143%。四季度末全国城镇登记失业人数 886 万人，比上年年末增加 56 万人。全国城镇登记失业率为 4.2%，比上年年底上升 0.2 个百分点。对零就业家庭就业援助在全国基本做到了及时援助到位和动态管理，当年全国实有零就业家庭 12.72 万户，共帮助 12.71 万户，零就业家庭成员实现就业 15.64 万人。

（二）应对国际金融危机对就业的影响积极有力

国务院及时出台了应对经济形势变化做好就业工作的 26 项措施，人力资源和社会保障部会同有关部门制定了减轻企业负担、稳定就业局势的 5 项措施，牵头制定促进高校毕业生就业的 8 项政策措施和特别职业培训计划，建立失业动态重点监测报告制度试点工作稳步推行。

（三）地震灾区对口就业援助扎实有效

组织全国 20 个省市对地震灾区实施对口就业援助。截至 2008 年年底，灾区 105.6 万人实现本地就业，其中公益性岗位就业 18 万人；有组织劳务输出 25.7 万人，其中向省外输出 15.2 万人。

（四）积极的就业政策进一步完善，创业带动就业工作取得积极进展

推动贯彻落实《就业促进法》和积极的就业政策，会同有关部门起草《国务院关于做好促进就业工作的通知》，制定就业资金、小额贷款、收费减免、发展旅游业扩大就业等配套文件，并推动贯彻落实。制定并提请国务院办公厅转发《关于促进以创业带动就业工作的指导意见》，完善了支持创业的政策体系。

（五）人力资源市场建设步伐加快，公共就业服务体系进一步完善

对加快统一规范的人力资源市场建设面临的突出问题进行了分析，初步形成人力资源市场建设的发展思路和总体目标。制定下发了《关于做好奥运期间人力资源市场安全稳定工作的通知》和《关于加强招聘会安全工作的通知》，清理整顿了人力资源市场和职业中介机构违法违规行为。按照《就业促进法》的要求，指导地方完善公共就业服务制度，建立健全公共就业服务体系。全面落实面向城乡劳动者提供免费就业服务政策，针对各类劳动者组织开展“就业援助系列活动”“全国民营企业招聘周”“春风行动”“高校毕业生就业服务系列活动”等形式多样的就业服务专项活

动。统筹推进国家引导鼓励高校毕业生面向基层就业工作项目，全国共组织3.4万多名大学生到农村基层从事“三支一扶”工作。

二、社会保障制度体系不断完善

（一）继续确保各项社会保险待遇按时足额支付

完成2008年全国企业退休人员基本养老金调整工作，月人均增加110元，月人均基本养老金达到1 080元。各地普遍调整了失业保险金标准。积极协调四川地震灾区中央补助工伤保险待遇资金的落实，确保灾区因工伤亡职工待遇的发放。

（二）各项社会保险制度进一步完善

扩大做实养老保险个人账户试点工作稳步推进，养老保险省级统筹加快推进，全国已有19个省份和新疆生产建设兵团建立了基本养老保险省级统筹制度。《农民工参加基本养老保险办法》和《城镇企业职工基本养老保险关系转移接续暂行办法》已经拟定，正在向全社会征求意见。在校大学生纳入城镇居民基本医疗保险试点范围，有关制度和政策不断完善。《工伤康复诊疗规范（试行）》和《工伤康复服务项目（试行）》顺利出台。被征地农民社会保障政策措施进一步完善，28个省市区出台了做好被征地农民社会保障工作的政策文件，1 201个县市开展了被征地农民社会保障工作，1 324万被征地农民被纳入基本生活或养老保障制度。开展社会保险基金专项治理，社会保险基金监管工作进一步加强。

（三）社会保险扩面征缴计划超额完成

截至2008年年底，全国参加城镇基本养老、基本医疗、失业、工伤和生育保险人数分别达到21 890万人、31 698万人、12 400万人、13 810万人和9 181万人，分别比上年年底增加1 753万人、9 387万人、755万人、1 637万人和1 406万人。全年5项社会保险基金总收入13 808亿元，比上年增加2 996亿元，增长27.7%。

（四）积极的社会保障政策在稳定就业局势中发挥重要作用

为应对国际金融危机带来的严峻挑战，人力资源和社会保障部、财政部、国家税务总局联合印发《关于采取积极措施减轻企业负担稳定就业局势有关问题的通知》，要求有条件的统筹地区，在一定阶段内一次性降低医疗、失业、工伤、生育4项社会保险费率以及阶段性缓缴困难企业社会保险费，扩大失业保险基金支出范围，帮助困难企业稳定就业岗位，并要求各地执行时不得降低现有的社会保险待遇，不得出现基金缺口。通过减轻企业负担，鼓励企业尽量不裁员或少裁员，实现保就业、保增长、保稳定的目标。

三、工资收入分配制度改革平稳推进

（一）机关工资制度进一步完善

提出解决汇率变化对驻外人员工资收入影响问题的方案。配合有关部门继续做好规范公务员津贴补贴工作。

（二）事业单位收入分配制度改革不断深化

出台了义务教育学校实施绩效工资的指导意见，标志着事业单位收入分配制度改革又向前推进了一步。拟定了事业单位实施绩效工资的意见。

（三）企业工资分配工作不断加强

落实国办《关于进一步做好解决企业工资历史拖欠工作的通知》，通过采取多种措施，共解决348.59亿元拖欠，完成了解决企业工资历史拖欠问题的任务。指导28个省区市发布了工资指导线。20个省份调整并执行了新的最低工资标准。

四、人事制度改革进一步深化

（一）公务员制度和队伍建设取得积极进展

公务员法实施取得明显进展，出台了与公务员法相配套的奖励、调任、职务任免与升降、申诉、培训、新录用公务员任职定级等规定，会同有关部门制定出台了多部专项处分规章。稳步推进分类管理和聘任制试点，研究制定了行政执法类公务员管理试点方案，配合工商总局在上海等六省市工商系统部分单位正式开展试点工作；由国务院办公厅下发了《规范公安机关人民警察职务序列的意见》，对150余万名公安民警实施分类管理。继续推进深圳和上海浦东新区等地聘任制试点工作。不断提高考录工作科学化水平，制定实施从优秀村干部中考试录用乡镇机关公务员工作的意见，加大了面向基层招录公务员的力度；防范和打击利用无线电设备及互联网在公务员录用考试中进行作弊活动，考录工作进一步科学化、规范化。重点培训项目顺利实施，制定了《关于在全国行政机关公务员中开展突发事件应对法培训的通知》和《2008年公务员对口培训计划》，培训1 500余人，有效地促进了东北和中西部地区公务员队伍能力建设；配合灾后恢复重建工作，为四川省举办“地震后灾区恢复重建与规划”“地震后灾民集中安置区综合管理”等专题培训班，培训300余人。开展公务员行为规范教育实践活动，推行新录用公务员上岗宣誓制度，推进公务员职业道德建设，公务员队伍作风建设不断深入。

（二）事业单位人事制度改革不断深化

事业单位人事立法工作步伐加快，进一步修改完善《事业单位人事管理暂行条例》。抓紧制定《事业单位工作人员处分条例》《事业单位工作人员奖励暂行规定》《事业单位工作人员考核规定》《事业单位竞聘上岗管理办法》等相关配套法规。事业单位岗位设置管理工作稳步实施，完成全国31个省（区、市）和新疆生产建设兵团事业单位岗位设置管理实施意见的备案工作，共备案、核准79个部委和直属机构的岗位设置管理实施方案，在14个地方和部门开展事业单位专业技术一级岗位模拟实施工作。事业单位人员聘用和公开招聘工作逐步完善，推行聘用制度的事业单位数、已签订聘用合同的人员数均占总数的74%。2008年，全国事业单位84%的新进人员通过公开招聘方式得以聘用。职称制度改革进展顺利，会同教育部制定深化中小学教师职称制度改革的意见；研究制定深化职称制度改革的意见，进一步明确职称制度改革的总体思路。推进工程师制度改革，指导规范各地各部门职称评审工作。

（三）军转安置制度改革稳步推进

圆满完成了军队转业干部和随调随迁家属子女的安置任务，其中对师团职转业干部和参加抗震救灾、抗击雨雪冰冻灾害的军转干部进行重点和从优安置，对功臣模范和长期在边远艰苦地区工作的转业干部进行了照顾安置。自主择业军转干部管理服务工作稳步推进，组织召开了全国第二次自主择业军转干部管理服务工作经验交流会，有力地推动自主择业管理服务工作的发展。军转教育培训工作得到加强，下发了《关于加强和改进军队转业干部教育培训工作的意见》，对当前和今后一个时期军转教育培训工作提出了明确要求。调整提高了军转干部教育培训经费。

五、人才队伍建设取得新进展

（一）高层次创新型人才队伍建设取得积极进展

加强高级专家选拔培养工作，选拔产生了3 997名享受国务院颁发的政府特殊津贴人员，并提高了补贴标准。筹备开展中国留学人员回国创业启动支持计划，组织3个留学回国专家服务团赴地震灾区开展灾后重建咨询服务活动，继续开展高层次留学人才回国工作资助试点和留学人员科技活动项目择优资助工作，共资助了290名留学人员共1 409万元。新设立博士后科研工作站361个，使博士后科研工作站总数达到1 670个，博士后科研流动站、工作站总数达到3 466个，累计培养博士后6万多人。首次开展了博士后特别资助，特别资助和面上资助金额共1.42亿元。积极实施专业技术人才知识更新工程，据不完全统计，截至目前，工程专业科目培训和知识产权公需科目培训均已达到200万人次。落实新疆特培和青海三江源人才工程年度计划，为新疆培养特培学员458名，为三江源区培训了1 700多名管理人员和专业技术人员。

（二）职业培训和高技能人才工作得到进一步加强

确立了首批287个高技能人才培养示范基地；开展高技能人才和农村优秀人才评选表彰工作，共评出20名“中华技能大奖”获得者、300名全国技术能手、80家技能人才培育突出贡献奖单位和100名农村优秀人才，并召开表彰大会，极大地鼓舞了广大技能劳动者和农民群众成长成才的积极性；选出400名高技能人才首次享受国务院颁发的政府特殊津贴；举办了高技能人才师资示范培训。各项职业培训稳步开展，全年组织再就业培训645万人、创业培训65万人，超额完成年初预定的目标任务；启动“紧急创办和改善你的企业”项目，帮助四川地震灾区有意愿创业的群众创业和改善企业，促进灾区就业工作。技工学校改革发展取得积极进展，全国共有15个省103所技工学校接收灾区2 700名技校学生转移就读；会同有关部门做好灾后重建规划工作；运用国家开发银行政策性贷款和国家发展改革委中等职业学校基础能力建设项目的支持，帮助技工院校发展。印发《关于进一步加强民办职业培训学校管理工作的通知》，进一步规范民办培训学校管理工作。职业技能资格制度各项工作进一步推进，全年全国共有1 337万人参加职业技能鉴定，有1 132万人获得职业资格证书，其中新增技师和高级技师38.14万人；印发《推进企业技能人才评价工作的指导意见》，选择60家国有大中型企业开展技能人才评价试点工作；组织完成了2008年全国职业技能竞赛系列活动；发布8个新职业信息，颁布108个国家职业标准，出版《中华人民共和国职业分类大典（2007增补本）》。

（三）引进国外智力工作不断加强

积极推进“千村引智示范项目”“引智扶贫项目”，实施“创新团队国际合作伙伴计划”“海外名师引进计划”等，全年境外来中国内地工作专家约48万人次，授予50名为我国经济社会发展作出突出贡献的外国专家“友谊奖”，批准建立国家引智示范推广基地和引智示范单位61家，新建地方国际人才市场3家。贯彻落实“两办规定”和中纪委10号文件精神，严格出国（境）年度计划报批和项目逐项审批制度，对2008年出国（境）培训计划进行重新审定。以高层次人才和高技能人才培养为重点，继续组织实施“领导干部经济管理培训项目”“中青年领导干部培训项目”“高级公务员海外培训项目（哈佛大学培训项目）”“工业企业高级管理人才培训项目”等重点培训项目。选派各类人员出国（境）培训3万人次。汶川大地震发生后，快速反应，通过采取组织慰问、救助外国专家、捐款捐助、组织实施灾后恢复重建引智项目等措施，为灾区提供各种方式的援助。全力做好引智服务奥运工作，荣获北京奥组委、共青团中央等颁发的服务奥运“优秀组织单位奖”。

六、加大发展和谐劳动关系力度

（一）《劳动合同法》稳步实施

颁布《劳动合同法实施条例》，劳动合同签订率逐步提高，合同短期化现象有所改善，社会参保人数呈上升趋势，企业劳动用工行为进一步规范。以工资集体协商为重要内容，以企业集体协商和行业性、区域性集体协商为重要形式，全面推进集体合同制度实施“彩虹计划”。集中开展农民工劳动合同签订“春暖行动”，督促各类企业与农民工依法签订劳动合同。和谐劳动关系创建活动取得积极进展，创建活动从企业、工业园区扩展到街道（社区）和乡镇。

（二）劳动标准管理工作进一步加强

开展苏州工业园区技术先进型服务外包企业特殊工时制度试点工作。制定颁布了《企业职工带薪年休假实施办法》。起草制定并由国家质检总局、国家标准委联合发布了《工作抽样方法》《劳动定员定额术语》等4项劳动定员定额国家标准。

（三）劳动人事争议处理工作进一步加强

颁布实施《劳动人事争议仲裁办案规

则》，规范仲裁办案范围和程序，加大仲裁办案力度，提高仲裁处理效能，积极探索实行调解建议书制度和建立人事争议分级调解机制，推动建立乡镇街道及社区社会化调解组织，柔性化处理争议。2008 年，全国各级劳动争议仲裁机构共处理劳动争议案件 96.4 万件，约为上年的 1.8 倍，仲裁结案率为 85.5%。

（四）加大劳动监察工作力度

劳动监察机构不断加大日常巡视检查、举报投诉案件专查和用人单位书面材料审查的力度，集中组织开展了农民工工资支付情况专项检查、清理整顿人力资源市场秩序和整治非法用工、打击违法犯罪等专项行动。2008 年，劳动监察机构共查处劳动者投诉案件 47.43 万件，参与处理群体性突发事件 2.07 万件，涉及劳动者 182.85 万人，责令用人单位与 1 558 万名劳动者补签了劳动合同，责令用人单位补发 696.72 万名劳动者的工资待遇等 83 亿元，督促 16.41 万家用人单位补缴社会保险费 49 亿元，督促 12.57 万家用人单位办理了社会保险登记、申报。

（五）农民工工作取得较大进展

积极应对特大自然灾害和金融危机，妥善解决雨雪冰冻灾害后农民工集中返乡和就地过节问题，为地震灾区农民工返乡重建家园和转移就业提供有力的支持和帮助。积极应对国际金融危机对农民工工作的影响，国务院办公厅印发了做好当前农民工工作的 6 项措施。大力加强农民工就业服务和培训工作，通过实施“农村劳动力技能就业计划”“阳光工程”“星火计划”“雨露计划”，全年共培训农民工 1 454 万人；各级公共就业服务机构共举办农民工专场招聘会 1.65 万场，免费为农民工提供职业介绍服务 1 500 多万人次。农民工工伤和医疗保险扩面工作取得新的进展，截至 2008 年年底，农民工参加工伤保险人数 4 976 万人，比上年年底增加 996 万人，增长 25%；参加医疗保险人数 4 249 万人，比上年年底增加 1 118 万人，增长 35.7%。大力维护农民工合法权益，组织开展了安全生产百日督查专项行动，对企业落实农民工安全生产主题责任、农民工职业病防护等问题进行了检查。全年共为 93.5 万名农民工追回被拖欠工资 10.66 亿元。开展农民工评选表彰活动，召开了全国优秀农民工表彰大会，对 1 000 名全国优秀农民工进行了表彰，对 100 个农民工工作先进集体进行了通报表扬，营造了全社会尊重、关爱农民工的良好氛围。

（六）人力资源社会保障法制建设成效明显

《社会保险法（草案）》经全国人大常委会两次审议，已向社会公开征求意见。《劳动合同法实施条例》顺利出台，《工伤保险条例修正案（草案）》《事业单位人事管理暂行条例（草案）》《职业技能培训与鉴定条例（草案）》等其他行政法规草案的审查修改取得新进展。制定颁布了 12 个部门规章，法律清理工作如期完成。以《就业促进法》《劳动合同法》《劳动争议调解仲裁法》及《劳动合同法实施条例》的学习贯彻为重点，开展了“三法一条例”普法宣传月、普法电视大赛等一系列普法教育和宣传培训活动。

工作卷

全国人力资源和社会保障工作

就 业 工 作

一、就业总量继续增长，就业结构逐步优化

2008 年年末，全国城乡就业人员 77 480 万人，比上年年末增加 490 万人。其中第一产业 30 654 万人，占 39.6%；第二产业 21 109 万人，占 27.2%；第三产业 25 717 万人，占 33.2%。年末，城镇就业人员 30 210 万人，比上年年末净增加 860 万人。其中，单位就业人员 12 193 万人，比上年年末增加 169 万人。在城镇单位就业人员中，在岗职工 11 515 万人，比上年年末增加 88 万人。

全年全国城镇新增就业人员 1 113 万人，下岗失业人员再就业 500 万人，其中帮助“4050”人员等就业困难人员实现再就业 143 万人，分别完成当年目标任务的 111%、100%、143%。年末城镇登记失业人数 886 万人，城镇登记失业率为 4.2%，也完成了年初确定的控制在 4.5% 以内的目标任务。

2008 年，全国实有零就业家庭 12.72 万户（其中新增 12.64 万户），经过努力，共帮助 12.71 万户零就业家庭成员 15.64 万人实现就业，平均每户就业 1.2 人。全国基本实现零就业家庭动态援助、动态消除的目标。

二、不断完善积极就业政策，加大落实力度

2008 年就业工作的重点是，在法律规定和政策框架已经明确的情况下，进一步细化和完善相关政策，推动工作尽快落实，取得预期效果。年初，党中央、国务院确定了就业再就业目标任务，将就业工作纳入国民经济和社会发展计划，纳入国家宏观调控指标。结合各地的实际情况，劳动保障部制定了就业再就业专项计划，将党中央、国务院确定的目标任务分解到各地，并要求各地逐级建立目标责任体系。同时，经国务院审定，就业工作部际联席会议印发了 2008 年工作要点及主要工作安排，对各部门共同做好就业工作做了统筹安排和全面部署。

为完善相关政策，深入推进《就业促进法》的贯彻落实，2008 年年初，劳动保障部会同部际联席会议各成员单位认真开展调查研究，提出了现行就业政策与法律衔接的意见、建议，为国务院文件的制定奠定了较好的基础。2 月，国务院下发了《关于做好促进就业工作的通知》（国发［2008］5 号）。紧随其后，劳动保障部印发《关于贯彻实施国务院关于做好促进就业工作的通知的通知》（劳社部发［2008］8 号），就劳动保障系统做好贯彻落实工作提出了具体要求。同时，加强与部际联席会议各成员单位的协调配合，陆续研究制定了小额信贷、收费减免、发展旅游业促进就业、就业资金管理等配套政策，加大扶持力度，完善操作办法，包括《关于积极发挥财政贴息资金支持作用切实做好促进就业工作的通知》（财金［2008］77 号）、《关于对从事个体经营的有关人员实行收费优惠政策的通知》（财综［2008］47 号）、《关于进一步改进小额担保贷款管理积极推动创业促就业的通知》（银发［2008］238 号）、《关于印发〈小额担保贷款财政贴息资金管理办法〉的通知》

（财金［2008］100号）、《关于印发关于大力发展旅游业促进就业的指导意见的通知》（发改就业［2008］2215号）、《关于就业专项资金使用管理及有关问题的通知》（财社［2008］269号）。在此基础上，积极会同中宣部等部门，依托新华社、人民日报、政府网等新闻媒体，对法律和新一轮积极的就业政策进行广泛宣传。

加大中央财政资金支持力度，完善资金使用管理。4月底，会同财政部向各地预拨了第一批中央财政补助资金。全年中央财政预算安排就业再就业资金260亿元。为加强资金管理，下发明传电报，部署开展反腐倡廉警示教育和就业补助资金自查自纠活动，组织开展资金使用和管理检查；改进完善中央财政就业补助资金分配办法，下发资金滚存结余检查情况通知，对资金使用和管理等工作提出明确要求，进一步提高资金使用效果。

三、大力组织实施就业服务专项行动

针对不同就业群体的特点，年内多次组织开展有针对性的专项活动，加强对就业重点群体的就业服务。

元旦、春节期间，组织开展“再就业援助月”活动。以“实现就业，稳定就业，我们真情相助”为主题，以就业困难对象和“零就业家庭”人员、尚未享受社保补贴人员和各地确定的其他就业困难人员为重点，指导各地结合抗灾救灾工作，及时开展就业援助；采取多种援助措施，巩固“零就业家庭”援助成果；结合贯彻落实就业促进法，大力开发就业岗位，全面落实就业扶持政策，提供全方位的就业服务。活动期间，全国共走访援助对象90多万人次，为重点援助对象制定专门服务计划60多万份；发放各类政策宣传材料840多万份；帮助45万就业困难人员实现再就业，其中公益性岗位安置就业14万人，2万多户零就业家庭中的3万多人实现了就业；为38万人开展了就业培训，其中27万人享受了培训补贴；落实公益性岗位人员社保补贴29万人，灵活就业人员社保补贴58万人。

春节后至4月初，继续组织开展“春风行动”。以“进城求职、帮您解难”为主题，以进城务工的农村劳动者为对象，提供就业服务、技能培训、权益维护“三位一体”的就业服务。使他们外出务工前，在县乡免费得到政策咨询和就业信息服务；进城后，在公共职业介绍机构得到免费职业介绍服务；求职期间，在所有公共职业介绍机构和推荐的民办职业中介机构得到诚信服务。同时，开展维权服务等，改善其就业和创业，帮助和引导进城务工农村劳动者实现就业。活动期间，全国共发放春风卡2 400多万份；共有1.84余万家公共职业介绍机构为农村劳动者免费提供职业介绍服务1 500多万人次，其中介绍成功640多万人次；为农村劳动者举办免费专场招聘会16 500多场；组织劳务输出3 090多万人。

5月下旬，会同教育部、全国总工会和全国工商联组织全国30个省份及190多个大中城市开展“全国民营企业招聘周”活动。围绕“为民营企业招聘用人服务，为大中专毕业生就业搭桥”的主题，为推动高校毕业生就业创造条件，重点帮助灾区和家在灾区的求职人员及高校毕业生就业，在招聘会现场还开展政策宣传、政策咨询和权益维护等活动。活动期间，全国共有13.6万家企业参加，提供空岗信息263万条，有97万求职人员与用人单位达成就业意向。

9月，组织开展“高校毕业生就业服务月”专项活动。以“就业起步，我们共同努力”为主题，以登记求职和登记失业高校毕业生为主要服务对象，着力解决当前高校毕业生就业难的问题。活动期间，全国各级公共就业服务机构和人才交流服务机构共为160.5万名高校毕业生办理了求职登记，为52.9万名高校毕业生办理了失业登记；发放各类政策宣传材料644.5万份；举办专场招聘会7 061场次，提供岗位272.8万个；组织高校毕业生参加职业培训22.6万人，参加创业培训5.7万人，参加就业见习10.7万人；为9 137名高校毕业生落实小额信贷；登记求职高校毕业生实现就业 54.4 万人，登记失业高校毕业生实现就业 28.3 万人。

11 月上旬，组织开展“全国人力资源市场 2009 届高校毕业生就业服务周”活动。以“传递就业关怀，放飞青春梦想”为主题，开展大规模、全方位、系列式的高校毕业生就业服务，切实促进高校毕业生就业。活动期间，各地共举办现场招聘会 792 场，参会的用人单位 5.4 万家，提供就业岗位 85.7 万个，参会高校毕业生 243.5 万人，达成初步意向 54.1 万人；共有 131 家网站举办了网络招聘会，接收简历 200 多万份，招聘 14.3 万人；举办职业指导 692 场，指导毕业生 46.9 万人；帮扶灾区毕业生 1.2 万人，困难家庭毕业生 8 672 人，零就业家庭毕业生 2 653 人。

四、积极促进高校毕业生就业

4 月中旬，人力资源和社会保障部会同公安部、教育部、财政部、农业部、卫生部、国务院扶贫办、共青团中央联合下发《关于做好 2008 年高校毕业生“三支一扶”计划实施工作的通知》（人社厅发［2008］6 号），对全力做好 2008 年高校毕业生“三支一扶”计划的组织管理，以及落实好各项政策，切实做好服务期满“三支一扶”大学生的就业服务工作进行了部署和安排。随后，又组织召开了相应的工作会议，加以推动落实。

8 月中旬，人力资源和社会保障部会同教育部组成联合调研组赴天津、河北、辽宁、吉林、上海、江苏、浙江、安徽和重庆 9 个省市，开展高校毕业生就业工作情况调研，了解各地的做法与经验，听取企业、高校及毕业生的意见和建议。在调研工作基础上，提出了今后一个时期高校毕业生就业工作的指导思想和目标任务，以及相关政策建议。

9 月，在全国组织开展“高校毕业生就业服务月”专项活动，针对当前的主要问题，以登记求职和登记失业高校毕业生和其他各类毕业生为服务对象，进一步丰富服务手段，畅通服务渠道，强化援助措施，提供更积极的帮助。

11 月中下旬，又组织开展了“全国人力资源市场 2009 届高校毕业生就业服务周”活动，通过举办网络招聘大会，组织现场招聘会，设立就业服务窗口，引导和鼓励高校毕业生面向基层就业。特别是开展了对困难家庭、地震灾区高校毕业生及未就业高校毕业生的帮扶工作，加大促进就业力度。

11 月下旬，组织调研组分赴北京化工大学、中国农业大学、中国人民大学调研，与 15 所高校毕业生就业指导中心负责人、应届毕业生代表进行座谈，深入了解全球金融危机对高校毕业生就业产生的影响。

12 月 22 日，温家宝总理与北京航空航天大学的学生座谈，明确要求要把高校毕业生就业摆在当前就业工作的首位，采取切实有效措施，促进毕业生就业。为落实温家宝总理指示精神，研究了相应措施，于 2009 年 1 月中旬由国务院办公厅下发《关于加强普通高等学校毕业生就业工作的通知》（国办发［2009］3 号）。《通知》提出采取 8 项措施促进高校毕业生就业，包括鼓励高校毕业生到城乡基层就业、到中小企业和非公有制企业就业，鼓励骨干企业和科研项目单位积极吸纳和稳定高校毕业生就业，鼓励和支持自主创业，强化就业服务和就业指导，提升毕业生就业能力，强化对困难毕业生的就业援助，以及加强对高校毕业生就业工作的领导，并明确责任。

五、积极开展促进以创业带动就业工作

积极贯彻落实党的十七大精神，大力推动促进以创业带动就业工作。6 月，人力资源和社会保障部在杭州举办中国促进创业带动就业高层论坛，来自天津等在创业促就业方面工作比较突出的 15 个城市的政府领导、参与创业扶持政策制定和实施的中央部委代表、从事就业研究的专家学者、地方劳动保障部门代表参加了论坛。论坛围绕宣传倡导创业理念、完善政策环境、加强服务保障、提升劳动者创业能

力等问题进行了广泛的交流和深入的探讨，搭建了不同类型城市之间的沟通交流平台，推进了创业工作的广泛实施。

9 月，人力资源和社会保障部会同发展改革委、教育部、工业和信息化部、财政部、国土资源部、住房城乡建设部、商务部、人民银行、税务总局、工商总局，向国务院报送了《关于促进以创业带动就业工作的指导意见》。当月，国务院办公厅即以国办发［2008］111 号转发了这个文件。明确提出，要坚持政府促进、社会支持、市场导向、自主创业的基本原则。完善扶持政策，改善创业环境；强化创业培训，提高创业能力；健全服务体系，提供优质服务；强化政府责任，完善工作机制，营造良好氛围。力争用 3~5 年的时间，实现劳动者创业人数和通过创业带动就业人数大幅增加，基本形成促进以创业带动就业的制度和政策，使更多有创业意愿和创业能力的劳动者成功创业的目标任务。

10 月，人力资源和社会保障部印发《关于推动建立以创业带动就业的创业型城市的通知》（人社部发［2008］87 号）。贯彻落实国办发［2008］111 号文件精神，重点指导工作基础好、条件相对成熟的城市率先开展工作，建立一批以创业带动就业的创业型城市。《通知》对创建创业型城市工作作出了部署和安排，初步确定在随后两年，由各省、自治区指导创建城市按要求全面开展创建工作，完成创建工作方案确定的各项目标任务。2011 年，人力资源和社会保障部会同各省、自治区对创建城市工作进行评估。

12 月，人力资源和社会保障部与天津市人民政府签署共建促进以创业带动就业试验区备忘录，尹蔚民部长、黄兴国市长出席签字仪式并代表双方签字。共建试验区的主要目的是为探索促进以创业带动就业的新思路、新途径、新举措，推动天津市促进以创业带动就业工作，并发挥区域性示范带动作用。主要任务是力争用 3~4 年的时间，实现劳动者创业人数和通过创业带动就业人数的大幅增加，基本形成促进以创业带动就业的政策体系，使更多有创业意愿和创业能力的劳动者成功创业，创建充满生机与活力的创业型城市。在不断探索总结有效做法和经验基础上，形成对全国的示范带动作用。

六、对地震灾区实施就业援助

“5·12”汶川特大地震发生后，按照党中央、国务院的要求，人力资源和社会保障部会同财政、银行、税务等有关部门，及时出台了扶持政策，组织各地开展对口就业援助工作，鼓励灾区劳动者就业再就业，有效保持了灾区就业局势的基本稳定。

先后下发的文件有：人力资源和社会保障部、财政部《关于对地震灾区实施就业援助的通知》（人社部明电［2008］8 号），明确了对因灾出现的就业困难人员的就业援助政策，对援助工作提出了要求；人力资源和社会保障部《关于进一步做好受灾地区就业援助工作的通知》（人社部明电［2008］12 号），组织各地与灾区建立对口就业援助工作机制，开展有组织的劳务输出，开发就业岗位，鼓励劳动者自谋职业、自主创业。人力资源和社会保障部、财政部《关于汶川地震灾后恢复重建对口就业援助有关政策的通知》（人社部发［2008］64 号），对地震灾后恢复重建对口就业援助工作明确了职业培训补贴、交通费补贴和社会保险补贴 3 项补贴政策。

6 月 30 日，国务院召开地震灾区恢复工业生产和扩大就业座谈会，对做好地震灾区扩大就业工作进行了全面部署。会上，20 个对口支援省（市）与四川、甘肃、陕西省政府签订了 7—9 月对口就业援助协议，明确了向灾区提供岗位信息、帮助灾区劳动者异地转移就业以及帮助灾区劳动者就地就近转移就业 3 项事宜。

为贯彻落实党中央、国务院的重要决策和部署，人力资源和社会保障部分别于 6 月 22 日、7 月 7 日两次召开视频会议，部署开展对灾区的就业援助工作。同时，建立了日报、周报、月报等调度制度。每日汇总地震灾区有组织劳务输出和本地就业情况，每周汇总支援地对地震灾区对口就业援助协议履行进度，每月对地震灾区对口就业援助工作进行调度。此外，还编发了《对地震灾区就业援助专报》，收集汇总各地好的做法，指导推动对口就业援助工作。10 月，继续组织对口支援省（市）与灾区省政府签订第二期对口就业援助协议，明确了 2008 年第四季度的对口就业援助目标任务。

在各支援省（市）和地震灾区政府的高度重视和有力支持下，灾区对口就业援助工作进展顺利，经过共同努力，2 期对口就业援助协议目标任务已经全面完成。据统计，截至 12 月 31 日，全国 20 个支援省（市）已经向灾区提供有效岗位信息 76.9 万个，帮助灾区劳动者实现异地转移就业 25.7 万人，通过援建项目吸纳灾区劳动者就业 2.5 万人。在受灾地区的积极努力和全国各地的支持帮助下，灾区劳动者实现本地就业 105.6 万人，灾区就业形势基本稳定。

七、积极应对金融危机对就业的影响

2008 年 10 月中旬至 11 月中旬，6 个调研组分别赴 12 个省份对就业形势进行调研，并委托部分省份开展专题调研，摸清基本情况，为科学决策提供了重要参考。在此基础上，于 11 月下发了《关于应对当前经济形势做好人力资源和社会保障有关工作的通知》（人社部明电［2008］25 号），对稳定就业岗位、千方百计扩大就业、促进下岗失业人员再就业和做好高校毕业生就业等工作提出了明确要求。12 月，与财政部和税务总局共同下发了《关于采取积极措施减轻企业负担稳定就业局势有关问题的通知》（人社部发［2008］117 号），明确规定允许困难企业在一定期限内缓缴社会保险费，并通过阶段性降低 4 项社会保险费率、使用失业保险基金帮助困难企业稳定就业岗位等方式，切实减轻企业负担，保就业、保增长、保稳定。同时，认真贯彻落实《国务院办公厅关于切实做好当前农民工工作的通知》（国办发［2008］130 号），切实做好当前经济形势下农民工的就业工作。12 月，还与教育部、全国总工会、共青团中央、全国妇联和中国残联共同下发了《关于开展 2009 年就业服务系列活动的通知》（人社部发［2008］116 号），决定于 2009 年在全国组织开展“高校毕业生就业服务系列活动”“就业援助系列活动”“春风行动系列活动”等公共就业服务专项活动，动员社会各方面力量，为高校毕业生、城镇就业转失业人员和农民工等群体提供及时有效的就业服务。

为及时了解就业形势变化，准确掌握最新动态，12 月初，人力资源和社会保障部下发了《关于建立就业相关数据快速调查制度的通知》（人社厅明电［2008］56 号），部署建立了就业相关数据快速调查制度，要求安徽、江西、河南、湖北、四川 5 个劳务输出省和吉林、江苏、浙江、福建、广东 5 个劳务输入省进行抽样调查，从 12 月 20 日开始按旬上报农民工返乡及外出、企业新的减员和岗位流失等三方面数据。

八、加强就业服务基础建设

2008 年年末，全国共有各类职业介绍机构 37 208 所。其中，各级劳动保障部门举办的公共职业介绍机构 24 410 所（县区及以上 3 760 所、街道 5 866 所、乡镇 14 784 所），其他组织举办的 2 789 所，个人举办的 10 009 所。全国各类职业介绍机构共有工作人员 127 476 人。其中，劳动保障部门 80 152 人（县区及以上 26 283 人、街道 19 039 人、乡镇 34 830 人），其他组织举办的职介机构工作人员 11 355 人，个人举办的职介机构工作人员 35 969 人。全年全国劳动保障部门举办的公共职业介绍机构接受登记求职 3 904 万人次，介绍成功 2 020 万人次。年末，全国已有 110 个城市开展了职业供求信息季度分析并向社会发布。劳动力市场网站月点击量超过 2 431 万次（最高点击量达 3 080 万次），与 1 064 家地方网站实现链接，较好地发挥了政府网站提供政策信息和公共就业服务的作用。职业指导人员、职业信息分析师和劳动保障协理员队伍的培养、培训和职业技能鉴定工作取得较大进展。全年职业指导人员参加鉴定 13 474 人，鉴定合格率70. 8%；职业信息分析师培训266人，参加鉴定 262 人，鉴定合格率 92. 3%；全国组织劳动保障协理员参加鉴定共 2. 5 万人，其中 1. 5 万人鉴定合格并获得职业资格证书。同时，继续完善公共就业技术服务，完成了农村公共就业服务机构基础设施规范标准论证、全年劳动力市场职业供求季度信息汇总等项工作。

人力资源市场管理

人力资源市场建设工作坚持以邓小平理论和“三个代表”重要思想为指导，积极贯彻落实科学发展观，紧紧围绕和服务于经济社会发展的大局，大力实施人才强国战略，不断完善人力资源配置体系，提高人力资源开发与配置服务能力，服务经济社会发展的能力进一步提高。

一、人力资源流动与配置的基本情况

2008 年，全国各类人力资源服务机构共接待流动人员 12 689 万人次；登记要求流动人员 5 017 万人次；帮助 3 625 万人找到了工作或转换了工作岗位。人力资源流动的规模和总量保持着快速的增长趋势，地域范围更加广阔。

从统计中反映的具体情况看，登记要求流动人员的主体仍是年龄在 35 岁以下、学历在本科以下（含本科）的求职者。登记要求流动的 5 017 万人中，按学历层次分类，大专及以下 3 407 万人，本科 1 391 万人，研究生 219 万人，分别占总数的 68%、28% 和 4%。

按照党的十七大“建设统一规范的人力资源市场”要求，加强人力资源市场配置的宏观调控。进一步完善人力资源市场供求信息季度发布制度，及时向社会发布人才供求信息，引导人才流动和人才培养方向，减少市场机制的盲目性。继续推进政府部门所属人才服务机构网站联网工程。继续加大对西部地区和东北地区人才市场建设的支持力度，提升欠发达省份的人才资源开发和配置的服务能力。各类区域性和跨区域性人才资源开发合作进一步加强，合作制度逐步完善，合作领域逐步拓展，人才资源开发合作的效果日益显现。

二、人力资源服务机构建设

截至 2008 年年底，全国共设立各类人力资源服务机构 2.74 万家，从业人员 15.05 万人。全国各类人力资源服务机构共设立固定交流场所 18.20 万个。截至 2008 年年底，全国共建立各类人力资源市场网站 17.22 万个，人力资源数据库 65.37 万个，入库各类需求信息 45 146 万条，求职信息 6 148 万条。

总的来看，公共人力资源服务机构占各类人力资源服务机构总量的 51.5%，人力资源服务企业占总量的 47.1%。人才服务机构结构的变化表明，随着公共人力资源服务机构改革的不断推进，以及社会资本对人力资源服务领域投入日益增多，人力资源服务业的多元化、市场化程度正在不断提高。

随着我国人力资源流动的日益活跃和人力资源市场配置体系的逐步建立，各类人力资源服务机构开始探索将发展道路定位在各类细分市场，以信息技术应用、专业领域人才开发与配置等为代表的现代人力资源服务机构蓬勃兴起，势头强劲。目前，全国各类人力资源服务机构网站年浏览量超过百亿人次。有的机构通过了国际质量认证体系的服务质量认证；有的机构已上市融资，扩大规模；有的机构之间建立了人力资源服务方面的合作机制，探索人力资源服务资源的共享。10 月，中国人才交流协会、上海人事局和浦东新区人民政府联合举办了“2008 年中国人才服务业博览会”，这是首次全面集中展示我国人才服务业发展状况的盛会。本次博览会以“人才服务，服务中国”为宗旨，以“服务第一资源，激发无穷活力”为主题，以加快发展人力资源服务业为重点，全面回顾总结了我国人力资源服务业的发展历程和取得的成就，宣传展示了人力资源服务业近年来快速发展的良好态势和为经济社会发展作出的贡献，推介了行业内的优秀机构、最新产品和优秀服务项目，搭建了全国人力资源服务业同行之间以及和各类用人单位交流合作的平台，广受社会各界关注，取得了良好的社会效果。

三、人力资源服务业务

2008年，国务院发布《关于加快服务业发展的若干意见》（国发［2007］7号），明确提出“发展人才服务业，完善人才资源配置体系”，并且要“扶持一批具有国际竞争力的人才服务机构”。这是党中央、国务院在新的形势下对发展人才服务业的新要求。这表明我国的人才服务业已全面融入国民经济总体格局之中，成为服务业的重要组成部分，成为促进经济社会全面发展的重要力量。人力资源服务业务从最初的流动人员人事档案管理、现场招聘会两项业务起步，人才培训、人才测评、人才网站、高级人才访聘等业务相继出现。进入21世纪后，人事外包、人才派遣、人力资源管理咨询等高端服务逐渐成为行业发展的热点，各项人力资源服务功能不断丰富，多层次、多元化的发展趋势日益明显。

2008年，全国各类人才服务机构共为666万家次用人单位提供了各类人才服务。其中，国有企事业单位61万家次，民营企业393万家次，外资企业212万家次，分别占总数的9%、59%和31%。非公有制经济组织仍是人力资源服务的主要对象。各类人力资源服务机构以经济社会发展产生的人才服务需求为导向，不断健全完善公共人力资源服务体系，不断拓展人力资源服务领域，服务功能日益丰富，服务水平日益提升。

2008年，举办各类人才交流会13万场，各类参会求职人才8 440万人次，参会单位371万家次，达成流动意向1 467万人次。管理流动人员人事档案2 575万份，提供档案工资调整、档案查阅、开具相关证明等以人事档案为基础的相关服务737万人次。举办各类培训班12万次，培训各类人才492万人。为11万家用人单位提供了人才派遣服务，派遣各类人才308万人，并登记要求派遣人员141万人。组织各类人才测评6万次，为117万人提供了人才测评服务。为41万家用人单位提供各类人力资源管理咨询服务，服务各类人才289万人。为7万家用人单位提供了猎头服务，选聘各类高级人才70万人。从人力资源服务业务发展的情况看，适应市场需求、新兴的人力资源管理咨询、人力资源测评、劳务派遣、猎头等服务业务增长幅度较大，相对而言，人事代理、专业技术人员职称评定等传统服务项目发展则较为平稳。

总的来看，人力资源服务业的形成与发展不仅有力地促进了经济社会的发展，同时也使其自身逐步发展成为服务领域的一个重要行业门类。人力资源服务的基本功能在于通过实现人力资源的优化配置，满足用人单位在发展中对知识智力的需要；通过促进人才价值的充分实现，推动各项经济社会事业的全面发展。人力资源服务业的发展效应不仅仅体现在行业自身的发展上，更重要的是其发展的外部效应，或者称为溢出性效应，即通过促进人才资源的优化配置，促进国民素质的提高，推动经济社会事业的可持续发展。这一点要远远超越其自身发展的价值。总结人才市场建设和人才服务业的发展成就，我们可以得到宝贵的经验。

一是勇于突破体制的限制，充分发挥市场在人力资源配置中的基础性作用。人力资源服务业的形成与发展在于紧紧抓住改革机遇，服务于人力资源市场配置机制的建立，推动求职者自主择业和用人单位自主用人两个自主权的落实，满足了体制改革带来的巨大的人才服务需求。人力资源服务业的发展不但适应了市场的需求，而且不断开拓创新，勇于突破原有体制的制约，培育了市场，创造了自身发展的广阔空间。人力资源市场配置机制的建立是人才服务业发展的基础。

二是立足服务于经济社会发展大局，将自身的发展与经济社会发展的需求紧密结合起来。经济社会发展对人力资源服务的需求是人力资源服务行业发展的动力。有需求才有市场，有市场才有发展。人力资源服务业的发展必须更好地服务于发展这个第一要务，牢固树立“以人为本”的观念、人才资源是第一资源的观念，根据经济社会发展对人才队伍总量、素质、结构的要求，不断拓展服务领域、提高服务水平。

三是注重维护行业的规范发展，充分发挥各方面的积极性。人力资源服务市场是我国社会主义市场经济体系的有机组成部分。因此，大力发展人力资源服务业，既要遵循市场经济的普遍规律，更要注重中国特色的社会主义市场体系建设的要求，坚持发挥政府在市场配置中的宏观调控和管理职能，规范人力资源市场秩序，促进人力资源合理分布。注重行业发展的规范与管理，充分发挥各方面的积极性是人才服务业健康发展的保证。

四是坚持公共服务与市场经营性业务的全面发展，满足各类不同层次的人才服务需求。人力资源服务对象的多样性决定了人力资源服务的层次性。针对不同人力资源群体的服务需求，要求坚持公共服务与市场经营性业务的全面发展。人力资源服务业的全面、协调、可持续发展，要坚持经济效益与社会效益并重。实现公共服务与市场经营服务的共同发展，是大力发展人力资源服务业的内在要求。

四、促进高校毕业生就业服务

充分发挥政府所属公共人力资源服务机构职能作用，组织举办了第五届全国人才市场高校毕业生就业服务周活动，千方百计促进高校毕业生就业。进一步完善高校毕业生公共就业服务体系，2008 年，各类人力资源服务机构共举办高校毕业生专场交流会 1.68 万场次，参会高校毕业生 2 076 万人次，各类参会用人单位 371 万家次。

继续组织开展高校毕业生“三支一扶”计划。组织开展慰问“三支一扶”大学生和高校毕业生到基层服务情况调研工作，先后深入 4 个省、市。通过召开实施工作会、下发实施通知等方式推进 2008 年全国“三支一扶”工作的顺利开展。全年共选派 34 020 名高校毕业生到农村基层服务。进一步完善“三支一扶”工作管理制度，落实各项政策。

五、规范人力资源市场管理

人力资源市场管理进一步加强。会同公安、工商管理等部门共同开展了人力资源市场执法检查，对无证开展中介业务的个人和机构进行了处理，规范了人力资源市场秩序。

职业能力建设

2008年，人力资源和社会保障部围绕贯彻落实《中华人民共和国就业促进法》和《中共中央办公厅、国务院办公厅印发〈关于进一步加强高技能人才工作的意见〉的通知》（中办发［2006］15号）精神，以加强高技能人才队伍建设为主线，以完善职业技能培训制度和职业技能资格证书制度为重点，推动职业能力建设工作取得积极进展。

一、高技能人才队伍建设得到进一步加强

（一）开展高技能人才工作督查

按照中央人才工作协调小组部署，2008年2月，中组部、劳动保障部会同财政、教育等9个部门组成6个督查组，对辽宁等6个省（市）高技能人才工作进行重点检查，并通过召开座谈会的方式，对其他25个省（区、市）进行了全面检查。通过督查，全面掌握各地情况，并提出了进一步做好工作的建议，形成督查报告上报党中央、国务院。

（二）完成技能人才队伍建设中长期规划战略研究专题报告

按照中央人才工作协调小组编制全国人才队伍建设中长期规划纲要的工作安排，人力资源和社会保障部承担了技能人才队伍建设战略研究工作，形成了技能人才队伍建设中长期规划战略研究专题报告，提出了进一步加强技能人才队伍建设的发展目标和战略措施。在做好专项规划的同时，人力资源和社会保障部还积极参与了中组部组织的全国人才队伍建设中长期规划制定工作。

（三）建立国家高技能人才培养示范基地

为充分发挥企业和职业院校在高技能人才培养工作中的作用，加快培养速度，扩大培养规模，2008年，在各省劳动保障部门和有关部委、行业协会、大型企业（集团）推荐的基础上，人力资源和社会保障部组织专家评定了两批共287个技工院校和企业作为国家高技能人才培养示范基地，以基地为龙头，示范并带动高技能人才培养工作。

（四）举办第二届中国高技能人才国际论坛

2008年10月，人力资源和社会保障部与国际劳工组织以及辽宁省人民政府在沈阳联合举办了第二届中国高技能人才国际论坛。来自国内外政府部门、研究机构、企业、培训机构及国际组织的200余名代表参加。论坛以“更好培养高技能人才，更快建设节约型社会”为主题，对国内外高技能人才培养理念和经验做法进行了交流，对加快高技能人才培养的战略、对策进行了研讨。

（五）做好高技能人才和农村优秀人才评选表彰工作

2008年，人力资源和社会保障部组织开展了第九届中华技能大奖、全国技术能手、国家技能人才培育突出贡献奖评选活动；联合中组部、中宣部、农业部开展了第三届全国农村优秀人才评选工作。在这两项活动中，共评选出20名“中华技能大奖”获得者、300名全国技术能手、80家国家技能人才培育突出贡献奖获奖单位和100名全国农村优秀人才。12月5日，召开了全国高技能人才和农村优秀人才表彰大会，中共中央政治局委员、中组部部长李源潮和中共中央政治局委员、国务院副总理张德江在会前亲切接见了获奖代表并合影留

念。张德江出席了表彰大会，为获奖代表颁奖，并发表了重要讲话，极大地鼓舞了广大技能劳动者和农民群众成长成才的积极性。

（六）做好首批享受政府特贴高技能人才的选拔和推荐工作

2008 年，人力资源和社会保障部会同中组部等有关部门制定印发了《关于高技能人才享受国务院颁发政府特殊津贴的意见》（国人部发［2008］24 号），将高技能人才纳入享受国务院颁发政府特殊津贴人员选拔范围。组织各地区、各行业推荐上报、组织专家评选并经社会公示确定了 400 名拟享受国务院颁发政府特殊津贴的高技能人才人选。

二、技工教育和职业培训工作取得积极进展

（一）做好四川地震灾区技工培训援助和灾后重建相关工作

按照中央关于抗震救灾工作的总体安排部署，针对灾区部分技工学校受损严重、无法开展教学的实际情况，人力资源和社会保障部组织实施了技工培训援助行动，共组织全国 100 多所国家重点技工学校累计接收灾区 2 700 多名技校学生转移就读。7 月，人力资源和社会保障部召开座谈会，对技工培训援助工作进行总结，并针对各地反映的问题，制定下发了《关于进一步做好四川地震灾区技工培训援助有关工作的通知》（人社职司函［2008］7 号），对加强学生思想教育、强化学生管理等工作提出要求。针对灾区部分技工院校损毁的情况，积极配合国家发展改革委，做好灾后重建规划工作，目前已有 60 所技工院校纳入重建规划。与北京华育基金会签署协议，由该基金支持，为灾区学生设立技工培训援助奖助学金。

（二）指导推动技工院校加快发展

2008 年年底，全国有技工院校 3 075 所，在校生 397.5 万人，平均就业率达到 96% 以上。全年新认定并公布 59 所高级技工学校、38 所国家重点技工学校，完成 37 所技师学院备案工作。启动技工院校教学改革和通用职业素质训练课程试验工作。召开技工院校教学改革研讨会，研究提出技工院校教学改革框架文件。编写《推进校企合作工作指导手册》，指导校企合作深入开展。配合国家发展改革委，做好 2008 年和 2009 年两批中等职业学校基础能力建设项目的审核工作，共有 133 所技工院校纳入项目支持范围。会同国家开发银行实施农民工培训示范基地建设工程项目，做好行业评审工作，全年评审通过 16 个申报项目，帮助部分技工院校改善条件，提升培训能力。会同财政部，做好技工学校国家助学金资金下拨、工作监管等工作，推广使用并不断完善技工学校电子注册与统计信息管理软件，进一步规范助学金发放的管理。开展金寨贫困学生对口援助工作，组织 125 名金寨县贫困学生读技校学技能。

（三）积极推动再就业培训和创业培训

全年共对 645 万名失业人员开展再就业培训，对 65 万名创业者开展创业培训。举办创业实训师资研修活动，为开展创业实训工作的城市培养师资。继续完善创业培训品牌，组织开展创业技术服务包开发工作，完成 150 余项技术资源整合，60 余项技术资源改进和再开发。召开创业实训试点工作总结会，交流经验，分析问题，提出进一步推进创业实训工作的措施。针对四川地震灾区部分中小企业受损的状况，在国际劳工组织支持下，人力资源和社会保障部在四川省启动了“紧急创办和改善你的企业”项目，帮助灾区有意愿创业的群众创办和改善企业，促进灾区就业工作。

（四）加强技工院校和民办职业培训机构管理工作

针对一些民办职业培训学校违规办学等问题，人力资源和社会保障部全面部署技工院校和民办培训学校大检查工作，及时查找问题，提出解决对策。11 月，针对大检查中发现的问题，印发了《关于进一步加强民办职业培训学校管理工作的通知》（人社厅发［2008］89 号），对进一步规范民办培训学校管理工作

提出明确要求。

三、职业技能资格制度各项工作继续推进

（一）认真开展技能类职业资格清理规范工作

按照国务院要求，人力资源和社会保障部组织召开了全国清理规范各类职业资格工作电视电话会议，布置清理规范工作。会同发展改革委等6个部门下发《关于贯彻〈国务院办公厅关于清理规范各类职业资格相关活动的通知〉的通知》（人社部发［2008］8号），对各类职业资格清理规范工作提出要求。在各地各部门报送清理规范工作总结的基础上，组织力量对31个省份和29个部门的职业资格情况进行了初审、复审，并与上述各地方和部门沟通确认，提出处理意见。

（二）积极推进企业技能人才评价试点工作

5月末，人力资源和社会保障部组织召开了2008国家高技能人才东部工程系列活动暨企业技能人才评价广州现场会，交流东部地区开展企业技能人才评价工作的经验做法，研究推进企业技能人才评价工作。下发了《关于印发推进企业技能人才评价工作指导意见的通知》（人社厅发［2008］39号），明确了这项工作的指导思想和具体要求。同时，选择了60家管理规范、技能人才密集且培养成效显著、鉴定工作基础好的国有大中型企业开展技能人才评价试点工作。12月末，召开了企业技能人才评价试点单位工作会议，部署推动试点工作。在重点做好企业技能人才评价工作的同时，认真做好社会化职业技能鉴定、院校职业资格认证和专项职业能力考核试点等工作，全年全国共有1 337万人参加职业技能鉴定，有1 132万人获得职业资格证书，其中新增技师和高级技师38.14万人。

（三）统筹规划全年职业技能竞赛活动

组织完成了2008年全国职业技能竞赛系列活动，其中国家级一类竞赛活动5项，二类竞赛18项，全国大约有上千万职工和学生参加了各种形式的技能竞赛和比武活动。

四、发挥职业培训对稳定就业局势的作用

（一）启动特别职业培训计划

为发挥职业培训在当前国际金融危机影响下对于稳定就业局势的作用，人力资源和社会保障部提出实施特别职业培训计划，核心是运用就业专项资金和失业保险基金，做好对困难企业职工岗位培训、失业人员再就业培训、返乡农民工技能培训和新生劳动力预备制培训等项工作，不断提升他们的职业素质和技能水平，进而达到促进就业、稳定就业、减少失业的目的。

（二）开展退役士兵技能培训试点工作

为促进退役士兵就业，人力资源和社会保障部会同总参谋部专程赴广东省进行调研，对广东省开展退役士兵培训的做法进行了认真研究。在此基础上，提出在有条件的省（市）开展退役士兵职业技能培训试点，积极探索对退役士兵进行技能培训促进就业的有效模式和办法。

（三）完善职业培训补贴政策

人力资源和社会保障部会同财政部制定下发了《关于就业专项资金使用管理及有关问题的通知》（财社［2008］269号），要求各地通过延长培训期限、调整补贴方式、加强过程监控、强化机构管理等项措施，在确保就业专项资金使用安全的前提下，发挥补贴资金对引导培训方向、提高培训质量的作用。

五、全面加强职业培训基础工作和调查研究

人力资源和社会保障部配合国务院法制办研究起草了《职业技能培训和鉴定条例（草案）》，目前，正由国务院法制办征求意见。举办了5个专业共500余名高技能人才师资的示范培训。举办首期全国技工院校校长高级研修活动。启动并实施技工学校精品教材、高技能人才培训教材、农民工培训教材和师资培训教材“4项教材建设工程”，组织开发修订了近百种高技能人才培训教材。完成机电一体化

等5个专业的高技能人才培训多媒体案例库的开发。星火卫星远程培训项目组织20个农民工远程培训站开展职业培训。启动了高技能人才一体化课程体系研究项目。发布了8个新职业信息，颁发了108个国家职业标准，启用了2008年版职业技能鉴定国家题库。出版《中华人民共和国职业分类大典（2007增补本）》，并启动《中华人民共和国职业分类大典》的修订准备工作。职业技能鉴定技术管理手段不断完善，国家职业资格工作网管理进一步加强。编写完成《国家职业技能鉴定机构质量管理体系教程》。

11月，按照学习实践科学发展观的部署与要求，人力资源和社会保障部组织3个调研组，分赴四川、江苏、陕西、广东等省，就职业能力建设工作进行专题调研，摸清情况，发现问题，分析原因，研究对策，推动工作。在调研基础上，研究提出了健全面向全体劳动者的职业技能培训制度的指导思想、目标任务、工作原则和对策措施。同时，还研究起草了有关退役士兵培训、“两后生”培训、校企合作培养技能人才等方面的专题报告，为下一步职业能力建设工作的发展奠定了基础。

军 转 安 置

2008 年的军转安置工作，在党中央、国务院、中央军委的领导下，各级党委、政府、各有关部门和军队各级组织，认真贯彻落实中央的决策部署，按照《军队转业干部安置暂行办法》（中发［2001］3 号）和《关于进一步做好军队转业干部安置工作的意见》（中发［2007］8 号）要求，坚持把安置军队转业干部作为一项重要的政治任务，加强组织领导，采取有效措施，积极克服困难，狠抓工作落实，圆满完成了 5.6 万名军转干部接收安置任务，自主择业军转干部管理服务、军转干部教育培训工作，取得明显成效。

一、主要文件

（一）下发了《关于下达 2008 年军队转业干部安置计划的通知》

2008 年 6 月，国务院军队转业干部安置工作小组、中共中央组织部、中央机构编制委员会办公室、人力资源和社会保障部、财政部、总政治部、总后勤部 7 个部门联合下发了《关于下达 2008 年军队转业干部安置计划的通知》。《通知》明确，根据国防和军队建设需要，全军（含武警部队）有近 5.6 万名干部转业地方工作。《通知》要求，各级党委、政府和军队各级组织要严格执行中发［2001］3 号和中发［2007］8 号文件的规定，按照全国军队转业干部安置工作电视电话会议的部署和要求，切实把军队转业干部安置工作作为重要的政治任务，加强领导，统筹安排，克服困难，狠抓落实，确保安置任务圆满完成。要改进和完善计划分配军队转业干部安置办法，不断推进安置工作的制度化、规范化、程序化。

（二）下发了《关于做好参加抗震救灾军队转业干部安置工作的通知》

四川汶川发生特大地震灾害后，在党中央、国务院、中央军委的坚强领导下，全党全军全国各族人民众志成城，抗震救灾。人民解放军和武警部队大力弘扬听党指挥、服务人民、英勇善战的优良传统，按照灾情就是命令、时间就是生命的要求，迅速奔赴抗震救灾第一线，发挥了主力军和突击队的作用。尤其是部分已确定转业的军队干部，主动要求随所在部队奔赴灾区，为抢救人民群众的生命财产、重建家园作出了贡献。为做好参加抗震救灾军队转业干部的安置工作，6 月，国务院军队转业干部安置工作小组、中共中央组织部、人力资源和社会保障部、总政治部联合下发了《关于做好参加抗震救灾军队转业干部安置工作的通知》（国转联［2008］3 号）。文件对已确定转业后又随所在部队参加抗震救灾、抗击雨雪冰冻灾害的军队干部，提出了从优安置的明确要求。

（三）下发了《关于加强和改进军队转业干部教育培训工作的意见》

为推进军队转业干部教育培训工作科学化、制度化、规范化，提高教育培训的针对性和有效性，根据《干部教育培训工作条例（试行）》（中发［2006］3 号）和中发［2001］3 号、中发［2007］8 号文件的有关规定，12 月末，国务院军队转业干部安置工作小组、中共中央组织部、人力资源和社会保障部、财政部、总政治部、总后勤部联合印发

《关于加强和改进军队转业干部教育培训工作的意见》（国转联［2008］5号），进一步明确了军队转业干部教育培训的指导思想、工作原则与目标任务。计划分配军队转业干部培训分为全员适应性培训和专业培训，在继续做好全员适应性培训的基础上，进一步加强专业培训。自主择业军队转业干部培训分为适应性培训和个性化培训，主要是提高自主择业军队转业干部就业创业能力。不断改进和完善军队转业干部教育培训方式方法，积极探索教育培训工作前移，大力开展网络教育培训。自2008年起，教育培训经费标准有了较大幅度的提高。

二、重大活动

（一）军转安置工作座谈会

经国务院军转安置工作小组领导批准，2008年2月下旬和3月中旬，国务院军转办先后在三亚、武汉和西安召开部分省、区、市军转安置工作座谈会。会议总结交流了2007年军转安置工作情况，分析梳理了军转工作中存在的矛盾和问题，研究探讨了进一步做好工作的措施和办法。国务院军队转业干部安置工作小组副组长、人事部副部长何宪出席三亚、武汉座谈会并作重要讲话。31个省、区、市人事厅局领导和军转办主任参加了会议。

（二）国务院军队转业干部安置工作小组会议

4月15日，国务院军队转业干部安置工作小组会议在京召开。国务院军队转业干部安置工作小组组长、中共中央组织部副部长、人力资源和社会保障部部长尹蔚民主持会议并讲话，副部长何宪向小组汇报了2007年工作情况、2008年工作任务和对召开全国军转安置工作电视电话会议的考虑，国务院军队转业干部安置工作小组副组长、总政治部主任助理许耀元出席会议并讲话。会议同意2008年召开全国军队转业干部安置工作电视电话会议，拟于2009年上半年召开第五次全国军转安置工作暨表彰大会。国务院军队转业干部安置工作小组成员、成员单位相关部门负责同志参加了会议。

（三）全国军队转业干部安置工作电视电话会议

4月29日，全国军队转业干部安置工作电视电话会议在北京召开。会议总结了2007年全国军转安置工作情况，部署了2008年的军转安置任务。中共中央政治局委员、国务院副总理张德江，中央军委委员、总政治部主任李继耐在北京主会场出席会议并讲话，尹蔚民部长作工作报告。何宪副部长主持会议，许耀元主任助理参加会议。

会议认为，2007年，在党中央、国务院、中央军委的亲切关怀和正确领导下，经过军地各级的共同努力，全国共接收安置军队转业干部（含武警部队）5.9万余名、随调随迁家属0.9万余名。其中，1.3万余名师团职军转干部和功臣模范、长期在艰苦边远地区工作及从事飞行、舰艇工作的军转干部，得到了重点安置和照顾性安排。会议指出，2008年，全军（含武警部队）将有近5.6万名军队干部转业到地方工作。各级党委、政府、各有关部门和军队各级组织要认真贯彻落实中发［2001］3号和中发［2007］8号文件的要求，切实加强领导、落实责任，加强协作、密切配合，把军转干部安置任务落实好。各地、各有关部门要积极克服困难，挖掘安置潜力，认真落实安置计划。党政机关要继续带头接收安置军转干部，按计划落实接收安置任务；要用好按照计划分配数25%增加行政编制的规定；政法、执法监管部门调整和充实人员，应优先吸纳军转干部，企事业单位也要切实担负起接收安置军转干部的责任和义务。中央国家机关和中央垂直管理系统，要认真执行并按时完成好军转干部安置计划，继续发挥示范和表率作用。要坚持把师团职干部作为安置重点，采取使用空出的领导职位，按规定增加非领导职务职数或者先进后出、带编分配等办法，安排好他们的职务和工作。要在坚持指令性分配办法的同时，积极探索与军转干部服役期间德才表现和贡献相挂钩，与考核选调、考试考核、双向选择等办法相结合，符合本地实际的分配办法，不断推进计划分配安置工作的制度化、规范化、程序化。会议对做好自主择业军转干部的管理服务、加强军转干部教育培训等工作也提出了明确要求。会议强调，各地区、各部门要全面贯彻党的十七大精神，深入贯彻落实科学发展观，认真落实中央关于军转安置工作的方针政策，认清形势，统筹安排，周密部署，扎实工作，确保军转安置各项任务的圆满完成。

（四）全国第二次自主择业军转干部管理服务工作经验交流会

8 月末，全国第二次自主择业军转干部管理服务工作经验交流会在黑龙江省佳木斯市召开。人力资源和社会保障部副部长杨士秋出席会议并作重要讲话。会议总结了自主择业安置方式实施 7 年来的情况，交流了各地开展自主择业军转干部管理服务工作经验，研讨了自主择业军转干部管理服务工作中出现的一些问题，安排部署了下一步工作。各省区市、副省级市负责自主择业工作的同志和部分省军区转业办的同志参加了会议，14 个地方单位、1 个军队单位及特邀企业家代表，从不同角度交流了开展自主择业军转干部管理服务工作经验。

三、工作成就

（一）安置工作

2008 年，全国各地区、各部门共接收安置军队转业干部（含武警部队）近 5. 6 万名，其中计划分配 4. 9 万名，自主择业 0. 7 万名，同时安置了随调随迁配偶子女 1. 16 万余名；中央国家机关和在京企事业单位接收安置 800 名军转干部。各地按照《关于做好参加抗震救灾军队转业干部安置工作的通知》（国转联［2008］3 号）要求，对 1 160 多名参加抗震救灾和抗击雨雪冰冻灾害军转干部进行了从优安置。改进和完善分配办法，全国 440 个城市对分配办法进行了调整和完善，很多省市通过考试考核、考核选调、双向选择等方式，改进安置办法，建立了公开、公平、公正的安置机制，提高了工作质量，受到了地方、部队和广大军转干部的好评。

（二）教育培训工作

坚持把加强军转干部教育培训作为推动军转工作改革发展的一项重要内容，加大工作力度，调整充实内容，改进方式方法。着眼军转教育培训工作的长远发展，对当前和今后一个时期加强和改进军转教育培训工作进行了研究和规划，制定下发了《关于加强和改进军队转业干部教育培训工作的意见》（国转联［2008］5 号），这是军转教育培训工作第一个法规性文件，它标志着军转教育培训工作进入了新的历史阶段。立足加强军转教育培训工作的薄弱环节，在黑龙江、云南、新疆和大连四省市开展了自主择业军转干部培训改革试点，在适应性培训与就业创业培训方面取得了积极成果。紧密结合军转教育培训工作自身特点和发展需求，对全国军转干部教育培训大纲进行了研究和论证。落实中发［2007］8 号文件要求，与财政部等部门反复协商，调整提高了军转教育培训经费标准。

（三）自主择业工作

2001 年实行自主择业安置政策以来，全国共接收自主择业军转干部近 10 万人。各地按照中发［2001］3 号、中发［2007］8 号文件和有关文件要求，把做好自主择业军转干部管理服务工作，作为推进中国特色军转安置制度改革的重要内容，进一步推动管理服务机构建设，完善管理服务政策。总结宣传了黑龙江省佳木斯市推荐自主择业军转干部到非公有经济和新社会组织任“党建指导员”、加强基层党建工作的经验，拓宽了自主择业军转干部就业的渠道。

专业技术人员管理

一、高层次创新型人才队伍建设成效显著

（一）加强了高级专家选拔培养工作

一是按照中央人才工作协调小组的要求，配合全国人才队伍建设中长期规划的编制，开展了“专业技术人才队伍建设战略”的专题研究工作，就专业技术人才队伍建设的重要政策、重大工程、重大措施提出对策和建议。二是按照中央改革和完善政府特殊津贴制度的总体要求，进一步完善了政府特殊津贴制度，制定了《关于高技能人才享受国务院政府特殊津贴的意见》（国人部发［2008］24号），从2008年起，首次将高技能人才纳入享受国务院特殊津贴人员评选范围，开展了2008年享受国务院政府特殊津贴人员评选工作，共评选了3 997人。三是经党中央、国务院批准，会同有关部门下发了提高院士、政府特贴标准的文件，从2009年1月起，将原按月享受100元的津贴标准提高到600元，将院士津贴标准从200元提高到1 000元。按月发放特贴总额由每年1.3亿元提高到7.6亿元。四是组织2期百千万人才工程国家级人选高级研修班，组织专家休假和赴西部、东北、中部服务活动。举办了专家管理工作培训班。

（二）加大了留学人员回国服务工作力度

一是会同有关部门研究拟定《关于建立海外高层次留学人才回国工作绿色通道的意见》（国人部发［2007］26号）的配套政策；研究起草了《关于构建留学人员回国服务体系的意见》，加强留学人员回国服务体系建设。二是落实中央和国家领导同志重要批示精神，研究起草了《中国留学人员回国创业启动支持计划（草案）》。三是配合中组部实施海外高层次人才引进计划（千人计划）。四是开展留学回国专家为国服务活动、留学人员人才项目交流活动，支持留学人员回国创业、为国服务。为120位留学回国人员和来华（回国）专家办理定居安置手续。开展了高层次留学人才回国资助试点工作和留学回国人员科技活动项目择优资助工作，共资助290人、1 409万元。

（三）推进博士后制度发展

一是稳步扩大博士后规模。完成新设博士后科研工作站评议工作，新设立博士后科研工作站361个，使博士后科研工作站总数达到1 670个，博士后科研流动站、工作站总数达3 464个，博士后6万多人。二是积极推进博士后工作分级管理体制改革，研究起草了改革的实施意见；健全完善博士后工作质量保障机制，颁布了《博士后科研流动站、工作站评估办法》（人社部发［2008］115号）。三是会同有关部门拟定了博士后科学基金特别资助实施方案，启动了博士后科学基金特别资助。四是开展了新设博士后科研流动站申报工作；加强博士后管理人员队伍建设，开展了博士后管理人员业务培训工作。五是开展了改进和完善博士后制度课题研究。

二、职称制度改革取得重要进展

一是根据中共中央、国务院关于人才工作决定和深化职称制度改革的要求，会同教育部研究了深化中小学教师职称制度改革的意见，向国务院领导同志作了专题汇报。经国务院第

32 次常务会议审议并原则同意改革意见，决定在东、中、西地区各选择一个地级市开展试点。二是认真贯彻国办［2007］73 号文件要求，组织召开全国清理规范各类职业资格相关活动电视电话会议，会同有关部门下发清理规范各类职业资格的通知，全面开展清理规范工作，2008 年年底前初步完成各地、各部门报送的职业资格审核工作。三是落实“十一五”规划纲要和《2008 年国务院工作要点》要求，认真修改《深化职称制度改革的意见》，由部领导带队赴四川、江苏开展专题调研，对各地区、各部门和中央管理企业职称工作情况开展书面调查，进一步明确职称制度改革的总体思路，探索科学的人才评价机制。四是协调推进全国工程师制度改革协调小组工作，研究起草工程师职称制度改革政策文件。五是会同有关部门继续推进高级审计、会计和统计师资格考评结合工作，研究起草翻译、质量、船舶等高级资格评价办法，开展农业技术推广研究员、公安部系统高级专业技术职位任职资格评审工作，指导开展在闽台湾地区居民工程等专业技术职务任职资格评审试点工作。研究继续开展专业技术人员外语应用能力测试试点问题，拟定有关试点方案和试点文件。六是组织实施 40 多项专业技术人员资格考试，约 800 万人参加了专业技术人员各类资格考试。

三、专业技术人员继续教育工作取得新的突破

一是拓展了少数民族专业技术人才特殊培养工作的新领域。按照国务院要求，会同财政、教育、科技、民委、农业、卫生等部门和西藏自治区政府，研究提出了开展西藏特培工作的实施方案。经报请国务院同意，计划从 2009 年到 2013 年实施西藏特培工作，每年为西藏培养 120 名少数民族专业技术骨干。这是继新疆特培以后，国家在西部地区实施的又一重大少数民族人才特殊培养项目。二是专业技术人才知识更新工程进展顺利。开展了工程中期检查，到 2008 年年底，工程专业科目培训和知识产权公需科目培训均已达到 200 万人次，全面完成预定任务。三是推进了继续教育立法工作。设立研究课题，对继续教育立法进行了专题研究，研究起草了《专业技术人员继续教育条例》文稿。四是举办了 58 期专业技术人员高级研修班，培训了 3 000 多名中高级专业技术人才，高研班受益面进一步扩大，培训质量和效益进一步提高。五是落实了新疆特培和青海三江源人才工程年度计划。继续开展新疆特培工作，又为新疆培养了 458 名特培学员，至此已累计为新疆培养特培学员 2 120 名。继续实施青海三江源人才工程，支持青海省人事厅为三江源区培训了 1 700 多名管理人员和专业技术人员。六是加强了继续教育理论研究。围绕提高专业技术人才创新能力，开展了专业技术人员创新案例征集和研究工作，同时，积极开展专业技术人员创新活动规律课题研究，为下一步公需科目培训做准备。

四、积极支持地震灾区灾后恢复重建的人才工作

一是起草下发了《关于做好为地震灾后恢复重建提供人才支持工作的通知》（人社部明电［2008］11 号），从人才对口支援、人才培养、人才流动、机关事业单位补充人员等方面，为灾后恢复重建工作提供人才支持。二是根据四川省人事厅提出的需求，迅速落实了 2 期专业技术人员培训班，为灾区培训了 203 名林业、水利恢复重建方面的专业技术人才。三是组织了 3 个留学回国专家地震灾区服务团，共 21 名专家分赴四川省德阳市、成都市、都江堰市和陕西省汉中市、宝鸡市等地震灾区开展恢复重建智力服务活动。四是根据四川汶川地震等实际情况，会同有关部门妥善做好部分地区专业技术人员资格考试日期调整和补考、灾区重建科技特派员对口支援等工作。

事业单位人事管理

一、开展调研和调查摸底工作

（一）深入基层调研，撰写调研报告

2008年一季度，对重庆、江苏、湖南等地进行了实地调研，按照中组部关于开展国有企事业单位人事制度改革调研的分工要求，结合部党组确定的“分类推进事业单位人事制度改革研究”的专题调研任务，起草了事业单位人事制度改革调研报告，总结了改革的基本情况、存在的问题，并研究提出了政策建议。

（二）开展事业单位人事制度改革试点联系点阶段总结工作

8月底，面向全国30个试点联系点单位，开展改革情况的阶段总结工作。通过研究汇总上报材料，起草试点联系点改革情况报告，总结改革的经验做法、存在的问题，研究提出深化改革的建议。

（三）对全国改革推行情况进行摸底调查

9月，发出通知，部署各地和各部门调查事业单位人员数量、聘用制度和公开招聘制度推行情况、岗位设置管理实施情况，了解事业单位用人情况。截至2008年上半年，全国已经推行聘用制的事业单位占应推行聘用制事业单位总数的74%，签订聘用合同人员占事业单位工作人员总数的74%。事业单位新进人员实行公开招聘制度已经为社会普遍认可，推行比例稳步提高。前6个月，全国通过公开招聘进入事业单位的人员约50.8万人，占新进人员的84%。

二、加强政策指导和研究，完善有关政策规定

经过深入研究和广泛征求意见并认真修改后，《事业单位人事管理暂行条例》分别于2月和3月经原人事部部务会和中组部部务会审议通过，正式上报国务院。此后，国务院法制办牵头审查修改，继续征求意见，召开座谈会，对《条例》进一步完善。

加强监督指导，完善公开招聘政策。加强对《事业单位公开招聘人员暂行规定》贯彻落实情况的检查，组织实施对部分地方和部门事业单位进人情况的督导检查，先后到湖南、辽宁、陕西开展事业单位公开招聘情况调研。对拟在福建省获得内地学历的台籍学生到事业单位工作的有关政策提出了意见。对公开招聘制度执行过程中反映比较集中的问题进行研究和梳理，并着手起草相关文件。

完善聘用制度有关政策。对事业单位聘用制女干部退休、工勤人员辞职辞退和退役士兵安置等有关问题作出规定，对事业单位养老保险制度改革试点与聘用制衔接有关问题提出了意见。配合有关部门对成品油价格和燃油税费改革中人员安置工作提出了指导意见。

研究制定事业单位岗位设置管理的行业指导意见。为加强对有自身行业特色的事业单位岗位设置管理工作的指导，人力资源和社会保障部会同交通运输部、民政部，分别研究制定了公路水路交通、民政行业的事业单位岗位设置管理指导意见。截至2008年年底，全国事业单位主要行业的指导意见的制定工作全部

完成。

研究制定《事业单位工作人员奖励暂行规定》和《事业单位工作人员处分条例》。根据事业单位的实际情况，研究起草了《事业单位工作人员奖励暂行规定》和《事业单位工作人员处分条例》，并于5月印发各地和各部门征求意见。10月，根据《关于〈印发人力资源和社会保障部贯彻落实建立健全惩治和预防腐败体系2008—2012年工作规划有关任务分工的分解意见〉的通知》，人力资源和社会保障部会同中组部、监察部和国务院法制办，成立了研究制定《处分条例》部际工作协调小组，先后召开了两次征求意见座谈会，征求了30个省份以及部分地市人事部门的意见和建议，作出了相应修改。

研究起草《事业单位工作人员考核规定》和《事业单位竞聘上岗暂行规定》。根据事业单位人事管理的总体框架，结合岗位设置管理实施工作的要求，按照人力资源和社会保障部立法计划，结合事业单位的实际，起草了两个规定的初稿。

三、加快事业单位岗位设置方案的备案、核准工作

完成了对全国31个省、自治区、直辖市和新疆生产建设兵团事业单位岗位设置管理实施意见的批复备案工作。各省（区、市）在批复备案的基础上，积极开展岗位设置管理实施工作，各项工作平稳推进。为加快推进事业单位岗位设置管理工作的开展，人力资源和社会保障部先后两次召开了国务院系统和党群系统事业单位岗位设置管理工作座谈会，进一步统一思想，解决工作中存在的问题，提出了明确的工作要求。

四、开展事业单位专业技术一级岗位实施工作

4月，人力资源和社会保障部部务会审议了《关于开展事业单位专业技术一级岗位实施工作有关问题的通知》。考虑到专业技术一级岗位实施工作的敏感性，为确保这项工作平稳顺利开展，根据部务会精神，专门研究制定了模拟实施工作方案，选取了有代表性的地方和部门，开展事业单位专业技术一级岗位模拟实施工作。

五、参与事业单位分类改革和行业体制改革政策研究

根据深化行政管理体制改革提出的新要求，按照中央推进事业单位分类改革的总体部署，参与有关改革文件的研究制定工作；参与行业体制改革，配合科教文卫等有关部门，研究制定相关政策，为行业体制改革提供政策支持。

公务员管理

2008 年是人力资源和社会保障部、国家公务员局组建的第一年。在部党组的领导下，国家公务员局坚持以邓小平理论和“三个代表”重要思想为指导，深入贯彻落实科学发展观，以全新的姿态和更大的力度，扎实推进制度建设、队伍建设、基础建设和局机关自身建设，圆满完成了年度各项工作任务。

一、国家公务员局成立

根据国务院机构改革的要求，在部党组的统一领导和部署下，积极参与和认真进行了国家公务员局的组建工作，制定了公务员局“三定”规定，完成了内设机构的设置和人员的调整配备。

7 月 22 日，国家公务员局召开成立大会，国家公务员局开始正式运转。中组部副部长、人力资源和社会保障部部长、国家公务员局局长尹蔚民出席成立大会并作重要讲话。尹部长指出，组建国家公务员局，是中央根据新的形势发展要求作出的一项重大决策，是建设高素质、专业化公务员队伍的需要，是不断健全中国特色公务员制度体系的需要，是更好地加强公务员管理工作的需要，对于进一步推进公务员制度和公务员队伍建设，推动我国公务员管理工作具有重要的现实意义和深远的历史意义。要充分认识成立国家公务员局的重大意义，切实增强做好工作的责任感和使命感。要紧紧把握公务员管理面临的形势与任务，继续深入贯彻落实公务员法，加大制度建设力度；坚持民主、公开、竞争、择优原则，完善能上能下、能进能出的选人用人机制；加强作风建设和能力建设，不断提高公务员为人民服务的能力和水平；强化政府奖励的导向作用，切实规范行政奖励表彰工作，努力开创新时期公务员管理工作新局面。要大力加强思想政治建设，切实加强能力建设，扎实推进基础建设，努力搞好领导班子建设，认真抓好机关党的建设，努力建设一支政治强、业务精、作风正、形象好的公务员管理工作者队伍。

二、公务员职位管理工作

（一）公务员法相关配套法规建设成果显著

3 月，中央组织部、人事部印发《公务员调任规定（试行）》和《公务员职务任免与职务升降规定（试行）》。调任规定以公务员法为依据，对调任的适用范围、基本原则、资格条件、程序、纪律与监督等作出了规定。调任规定的出台，是推进公务员管理制度建设的重要举措，既有利于疏通党政人才与企业经营管理人才、专业技术人才三支队伍之间以及不同地区之间的人才交流渠道，又有利于防止违规进人，切实把好公务员队伍的“进口关”，对于合理配置人才资源，优化公务员队伍结构，进一步增强机关活力，建设高素质的公务员队伍具有重要意义。任免升降规定以公务员法为依据，吸收了多年来干部人事制度改革的成果，对适用范围、基本原则、任职与晋职条件，以及职务任免与职务升降的情形、程序和监督等作出了规定。任免升降规定的出台，有利于完善公务员职务管理，合理任用公务员，促进人岗相适、人尽其才，调动公务员工作的积极性、主动性和创造性。

7月，中组部、人力资源和社会保障部印发了《关于印发〈新录用公务员任职定级规定〉的通知》（中组发［2008］20号）。《新录用公务员任职定级规定》吸收了《新录用国家公务员任职定级暂行规定》实施11年来的成功做法，注意保持政策的连续性，立足于解决工作中遇到的实际问题，富有针对性和可操作性，对任职定级的条件与程序、最低服务年限、纪律与监督等作出了规定。《新录用公务员任职定级规定》的颁布实施，对于合理确定新录用公务员职务和级别，规范新录用公务员任职定级工作具有重要意义。

（二）公务员交流与退出机制建设取得成效

交流机制建设迈出新步伐。根据《国家公务员局2008年下半年工作要点》，召开中央国家行政机关有关部门座谈会，调研挂职锻炼情况；对全国回避工作的开展情况进行深入调研，起草上报有关专题报告，研究规范公务员回避制度。

退出机制建设取得新成果。对地方公务员退出机制的做法进行总结，9月在江西召开18个省市座谈会，研讨有关公务员退出机制的问题。加强对辞职辞退工作的指导，对全国辞职辞退的开展情况进行深入调研，研究规范公务员辞职辞退制度。

（三）职位分类管理改革和聘任制试点稳步推进

一是公安司法行政机关人民警察职务序列取得突破。3月，与公安部等部门共同起草了《关于规范公安机关人民警察职务序列的意见》，由国务院办公厅下发。《意见》根据公务员法、人民警察法和公安机关组织管理条例等有关法律法规，对公安民警职务序列、职务称谓、晋升、职务与级别对应关系及相关管理制度进行了规范。

3月，原人事部、司法部印发了《关于监狱劳动教养机关人民警察参照公安机关实行分类管理制度和单独警察职务序列有关问题的意见》（国人部发［2008］20号）。《意见》对监狱劳动教养机关人民警察实行分类管理制度和单独警察职务序列等进行了规范。

二是职位分类改革试点和聘任制试点逐步深入。5月，公务员职位聘任制和分类管理试点工作座谈会在深圳市召开。会议总结了上海市浦东新区和深圳市公务员聘任制试点工作成果经验以及质检、工商系统行政执法类公务员和公安、安全机关专业技术类公务员试点工作成果和经验，就公务员聘任制和分类管理制度建设问题进行了交流和研究，并就《聘任制公务员管理规定》和《行政执法类公务员管理试点方案（草拟稿）》提出了意见。

6月，人力资源和社会保障部印发《关于同意在浙江省温州市开展公务员职位聘任制试点工作的函》（人社部函［2008］93号），批复同意在温州市开展公务员职位聘任制试点。对聘任制试点的职位分类、聘任合同、聘任制公务员的管理以及试点中应注意事项等明确了要求。

12月，国家公务员局、国家工商行政管理总局在福建省福州市召开会议，研究部署工商行政管理系统行政执法类公务员管理试点工作。

三、公务员考试录用工作

（一）组织召开全国公务员考试录用工作会议

中组部、原人事部1月下旬在福建省福州市召开了全国公务员考试录用工作会议。会议提出要努力实现“依法考录、科学考录、公平考录”。

（二）制定政策指导性文件

8月，中组部、人力资源和社会保障部联合下发了《关于印发〈关于开展从优秀村干部中考试录用乡镇机关公务员工作的意见〉的通知》（中组发［2008］24号），在试点的基础上，全面推行从优秀村干部中考试录用乡镇机关公务员的工作。11月，人力资源和社会保障部、工业和信息化部、公安部、国家公务员局联合下发了《关于加强防范和打击利用无线电设备及互联网在公务员录用考试中进行作弊活动的通知》(人社部发［2008］96号),加强协调配合,维护公务员录用考试的良好环境。

(三) 继续完成中央机关及其直属机构2008年度考试录用公务员工作

1月17日,公布中央机关及其直属机构2008年度考试录用公务员公共科目笔试合格分数线。1月19日,考生开始查询成绩,并公布进入专业科目考试和面试人员名单以及需调剂职位表。2月20—29日,各招录机关集中面试工作展开,由原人事部统一提供面试题本。整个面试工作于3月15日结束,体检和考察工作于4月15日前完成。之后,各招录机关陆续进行拟录用人员公示和备案。2008年度共录用公务员和参照管理单位工作人员近1.3万人,其中省级以上行政机关录用具有2年以上基层工作经历人员的比例超过1/2。整个招考工作于6月底前结束。

(四) 开始中央机关及其直属机构2009年度考试录用公务员工作

中央机关及其直属机构2009年度考试录用公务员工作于2008年8月开始。8月下旬,国家公务员局下发了《关于编制2009年度中央国家行政机关及其直属机构公务员和参照公务员法管理事业单位工作人员录用计划的通知》(国公局发［2008］4号),并组织召开了2009年中央机关招考录用计划编制工作部署会,对录用计划编制工作进行部署,之后各招录单位开始编制上报录用计划,计划招录1.3万人。9月,中组部、人力资源和社会保障部、国家公务员局下发《关于印发中央机关及其直属机构2009年度考试录用公务员工作实施方案的通知》(人社部发［2008］79号)。10月,中组部和国家公务员局联合组织召开了中央机关及其直属机构2009年度考试录用公务员招录机关工作部署会。随后,中组部、人力资源和社会保障部、国家公务员局向社会发布中央机关及其直属机构2009年度考试录用公务员公告及招考简章、考试大纲、报考指南等相关信息。10月中下旬,中央机关及其直属机构2009年度考试录用公务员报名和资格审查工作全面展开,共有150万人次报名,105万人通过资格审查。11月30日,中央机关及其直属机构2009年度考试录用公务员公共科目笔试在全国31个省(区、市)同时进行,共有70万名考生参加考试。12月30日,国家公务员局下发《关于做好中央国家行政机关直属机构2009年度公务员招考面试、专业科目考试、考察和体检工作的意见》(国公局发［2008］8号)。

(五) 开展2008年部分基层政法机关定向招录培养体制改革试点工作

根据中央领导同志的指示精神,从6月至11月,中央政法委、中组部、人力资源和社会保障部、教育部等11个部门联合对部分基层政法机关招录培养体制进行了改革试点。试点工作的指导思想是:围绕加强政法工作和政法干部队伍建设的大局,以造就政治业务素质高、实战能力强的应用型、复合型政法人才为目标,改革政法院校招录体制和人才培养模式,重点从军队退役士兵和普通高校毕业生中选拔优秀人才,为西部和经济欠发达地区的县级人民法院、人民检察院、公安和司法行政机关提供人才保障和智力支持。试点涉及西部12个省(区、市)和广东、山西两省欠发达地区的基层政法机关,拟录用5 160人。招考过程中,共有4.90万人报名,实际参加考试人数4.16万人,6 643人进入面试,择优录用4 374人,其中本专科生4 294人,硕士研究生80人。目前这些学生已经进入25所政法院校学习培训。

四、公务员考核奖励工作

(一) 出台《公务员奖励规定(试行)》

为激励公务员忠于职守,勤政廉政,提高工作效能,充分调动公务员工作的积极性,规范公务员奖励工作,根据《公务员法》,中组部、原人事部于1月4日印发了《公务员奖励规定(试行)》(中组发［2008］2号)。

（二）及时开展表彰奖励工作，在积极应对挑战和服务大局中发挥重要作用

一是积极应对南方雨雪冰冻灾害，会同有关部门及时表彰了抗击雨雪冰冻灾害先进集体5个和先进个人36名。二是积极应对汶川特大地震灾害，会同有关部门及时开展了23批次抗震救灾部级表彰，共表彰90个“抗震救灾英雄集体”和129名“抗震救灾英雄”。三是会同中办、国办、解放军总政治部等成功组织承办了党中央、国务院、中央军委对319个“全国抗震救灾英雄集体”和522名“全国抗震救灾模范”的表彰工作。四是配合中办、奥组委等部门组织承办了党中央、国务院对339个“北京奥运会残奥会先进集体”和566名“北京奥运会残奥会先进个人”的评选表彰工作。

（三）加强政府奖励基础建设

4月，部办公厅下发了《关于开展政府奖励调研工作的通知》（人社厅发［2008］17号），调研改革开放30年来，各级地方政府开展奖励表彰工作的基本情况、取得的主要成效和经验、存在的突出问题、对下一步工作的意见和建议等。通过调研，掌握了大量第一手材料，为研究设立国家荣誉制度，完善政府奖励制度打下了坚实的基础。

（四）完成抗震救灾英模参加奥运会残奥会开闭幕式代表遴选和组织接待工作

为表达对四川抗震救灾工作的支持和对抗震救灾英雄模范的崇高敬意，经奥组委研究并报国务院领导同意，邀请部分抗震救灾英雄代表出席北京奥运会残奥会开闭幕式。按照有关要求，国家公务员局圆满完成了四川、甘肃、陕西和重庆出席开闭幕式的60名英模代表遴选、组织接待、宣传等大量工作。每次活动都召开座谈会，邀请记者采访，并在《人民日报》等报刊上刊发消息，组织英模参观游览，得到了英模代表和社会各界的一致好评。

（五）研究探索建立国家荣誉制度

根据中央领导同志的批示，年底向国务院报送了《中华人民共和国国家勋章和国家荣誉称号法（送审稿）》和《国务院荣誉称号条例（送审稿）》。

（六）履行政府表彰奖励职能，做好部级荣誉称号表彰奖励和综合管理工作

会同24个部门开展了部级荣誉称号表彰奖励工作。其中，国家知识产权局等10个部门已经完成，共表彰先进集体1 095个；先进工作者1 186名；劳动模范531名；白求恩奖章6名；模范公务员1名；全国公安系统一级英雄模范7名；全国模范教师2名；全国模范法官70名。

（七）公务员考核法规进一步健全完善

截至12月底，30个省（区、市）转发了《公务员考核规定（试行）》，大部分省份结合各自实际，制定了公务员考核规定实施细则或办法。以公务员法为依据，以《公务员考核规定（试行）》为基础，以各省（区、市）实施细则或办法为辅助的多层次公务员考核法规体系进一步健全完善。

（八）深入基层，广泛调研

先后赴山东、江苏、浙江、上海、湖南、江西、重庆等省市就公务员考核奖励工作进行专题调研，了解掌握了大量基层公务员考核奖励实际工作情况，为公务员考核奖励工作的开展积累了第一手资料。

（九）成功组织召开了中央国家机关公务员考核奖励工作系列座谈会

组织召开了4次中央国家机关公务员考核奖励工作座谈会，外交部等36个部（委、办、局）参加座谈。通过座谈会，了解了公务员考核奖励工作存在的问题，形成了进一步完善考核奖励工作的思路。

五、公务员培训与监督工作

（一）公务员培训工作取得积极进展

一是公务员培训制度建设迈上新台阶。6月，中组部、人力资源和社会保障部下发了《公务员培训规定（试行）》（中组发［2008］36号），明确了公务员培训的基本原则、对象、分类、方式及培训保障、管理和纪律监督

等，提高了公务员培训工作的科学化、制度化和规范化水平。

二是公务员重点培训项目进展顺利。积极部署突发事件应对法培训，制定下发了《关于在全国行政机关公务员中开展突发事件应对法培训的通知》（人社厅发［2008］36号）。继续开展公务员对口培训，1月召开对口培训工作座谈会，2月下发《2008年公务员对口培训计划》（国人部发［2008］78号）。围绕计划，2008年共举办十余个专题的33期培训，培训1 500余人，有力地加强了西部、东北和中部地区公务员队伍能力建设。做好中央机关初任培训工作，8月与中组部联合组织了“2008年中央机关新录用公务员初任培训抗震救灾英模事迹报告会暨公务员宣誓活动”，并在8—10月分8期对1 000余名新录用公务员进行为期1周的培训，提高了新录用公务员适应机关工作的能力，取得了良好的效果。加强任职培训，开展中央国家行政机关处级公务员任职培训专项调研，举办了2008年中央国家行政机关处级公务员任职培训班，明确了加强行政机关基层公务员培训的思路和对策。对全国公务员学法用法工作作出部署，与中组部、中宣部、司法部等制定下发《关于加强公务员学法用法工作的意见》（司发通［2008］156号）。加强对全国公共管理硕士（MPA）专业学位教育工作的指导，参与组织第三届全国公共管理院长论坛暨全国MPA教指委工作会议和第六届全国MPA论坛。与中央组织部、国家行政学院联合下发《国家行政学院2008年度培训计划》。会同教育部等开展规范语言文字和推广普通话工作。

三是公务员培训基础建设进一步加强。启动了公务员培训规定释义的组织编写工作。组织编写了《应对突发事件读本》，修订了《公务员初任培训读本》。开展公务员培训示范基地认定工作专题调研。

（二）公务员纪律惩戒和申诉控告工作稳步推进

一是公务员纪律惩戒配套法规建设成效明显。根据《公务员法》《行政机关公务员处分条例》等法律法规，会同有关部门研究制定相关配套规章，出台了《海域使用管理违法违纪行为处分规定》《关于违反信访工作纪律处分暂行规定》《统计违法违纪行为处分规定》，修订了《违反土地管理规定行为处分办法》。卫生、海关、公安、安全、税务等不同领域的多部专项处分规章的研究起草工作有序推进。

二是积极推动《行政机关公务员处分条例》贯彻实施。加强对《行政机关公务员处分条例》实施工作的调查研究，加强对各地、各部门工作的宏观指导，督促《行政机关公务员处分条例》的学习宣传和贯彻实施工作。及时明确有关政策，会同监察部、国务院法制办研究明确了《行政机关公务员处分条例》的溯及力、生效时限和对具体案例的适用等政策，为工作开展提供政策保障。

三是公务员申诉体制机制进一步健全。会同中组部制定颁布了《公务员申诉规定（试行）》。研究公务员申诉公正委员会组建工作。推动公务员申诉制度入轨运行，指导各地依法开展公务员申诉案件受理工作，保障公务员的合法权益。

四是努力推进公务员职业道德建设。深入开展公务员行为规范教育实践活动，推动各地、各部门继续广泛深入持久地宣传公务员行为规范，推行新录用公务员上岗宣誓制度，建立健全推进公务员行为规范建设的长效机制。开展公务员职业道德建设的有关研究论证工作，积极探索提升公务员职业道德水平的有效途径，努力推进公务员职业道德建设。

六、公务员统计和信息系统建设工作

（一）公务员年度统计工作机制初步确立

中组部、人力资源和社会保障部、国家公务员局经过协调，建立了组织部门牵头、组织人事部门统计信息共享、分工负责的全国公务员年度统计工作机制，研究确定了《2008年度公务员统计报表（试行）》，联合下发了

《关于开展全国公务员年度统计工作的通知》（组通字［2008］47号），部署开展了2004年以来第一次公务员年度统计工作。

（二）全国公务员管理信息系统建设调研取得初步成果

为深入贯彻落实《〈公务员法〉实施方案》（中发［2006］9号）的相关工作部署，国家公务员局会同中组部等部门，对部分省市公务员管理信息系统建设工作进行了调研。通过调研，初步形成了推进全国公务员管理信息系统建设的工作思路。

七、参照公务员法管理工作

（一）基本完成中央国家行政机关参照管理集中审批工作

批复了农业部农村合作经济经营管理总站等19家部门所属事业单位参照管理。截至2008年年底，共计审批国务院直属12家事业单位参照管理，审批国务院部门所属62家事业单位参照管理。

（二）督促指导各地参照管理工作加快推进

1月和9月先后召开了全国参照管理座谈会和部分省份参照管理工作座谈会，就地（市）以下参照管理审批工作和参照管理单位公务员法实施工作提出明确要求。截至2008年年底，各地省、市、县三级的参照管理集中审批工作已基本完成。

（三）指导参照管理单位做好公务员法实施工作

5月，召开了经批准纳入参照管理范围的国务院部门所属20家事业单位有关人员座谈会，部署了参照管理单位的公务员法实施工作。截至2008年年底，64家事业单位的公务员法实施方案的批复工作已经完成。会同中组部干部一局修改完善了参照管理单位人员管理的有关政策。

养 老 保 险

2008年，养老保险工作按照落实科学发展观和构建和谐社会的要求，以建立覆盖城乡居民的养老保障制度体系为目标，以规范制度和建立长效机制为重点，以抓好重大问题的研究为突破点，以应对重大自然灾害和突发事件维护社会稳定为着力点，统筹兼顾，狠抓落实，积极推进养老保险制度建设，各项工作取得了新的进展。

一、确保基本养老金按时足额发放

各级人力资源和社会保障部门面对多种难以预料、历史罕见的重大挑战和严峻考验，积极采取措施，进一步加大了基金征缴力度，加强基金筹措和调剂，全力做好确保企业离退休人员基本养老金按时足额发放工作，实现连续5年养老金当期发放无拖欠。2008年，全国基本养老保险基金总收入9 740亿元，比上年增加1 906亿元，增长24.3%。其中，征缴收入8 016亿元，比上年增加1 522亿元，增长23.4%；各级财政补助1 437亿元。在财政补助中，中央财政1 128亿元（预算数），比上年增加210亿元。基金总支出7 390亿元，比上年增加1 425亿元，增长23.9%；其中，养老金支出7 209亿元，比上年增加1 388亿元。基金历年累计结余9 931亿元。

二、进一步扩大覆盖范围

2008年，为应对国际金融危机带来的影响，人力资源和社会保障部会同有关部门制定出台了《关于采取积极措施减轻企业负担稳定就业局势有关问题的通知》（人社部发［2008］117号），进一步加强了对各地扩面征缴工作的指导。各地狠抓落实，继续以非公有制企业、个体工商户、灵活就业人员和农民工参保为重点，全面推动养老保险扩大覆盖面工作。截至年底，全国基本养老保险参保人数达到21 891万人。其中，参保职工16 587万人，参保离退休人员5 304万人，分别比上年年底增加1 404万人和350万人，合计增加1 754万人，增长率为8.7%，超额完成了“十一五”期间参保人数每年递增1 000万人的计划。参保人员中，企业在职职工15 083万人，离退休人员4 868万人；机关事业单位在职职工1 504万人，离退休人员436万人。年末参加基本养老保险的农民工人数为2 416万人。

三、稳步推进计发办法改革

按照国务院《关于完善企业职工基本养老保险制度的决定》（国发［2005］38号）要求，2008年是改革基本养老金计发办法实施五年过渡措施的第三年。人力资源和社会保障部继续对各地实施情况进行跟踪，进一步规范有关政策，明确要求少数自行增加待遇项目的省市清理规范相关政策，对个别自行改变计发办法的省份进行纠正。目前，各地改革计发办法工作进展顺利，新办法覆盖率逐步提高，过渡比较平稳，新计发办法促进参保缴费、多缴多得的激励约束机制效果初步显现。

四、继续做好扩大做实个人账户试点工作

2008年，人力资源和社会保障部按照国务院部署和安排，指导天津、山西、河南、湖

北、湖南、新疆6个省区市将做实比例提高到4%；对江苏、浙江两省政府申请依靠自身力量进行做实个人账户试点工作进行部署。会同财政部开展调研，对做实个人账户试点工作中出现的问题和情况进行梳理，并制定下发了《关于完善做实企业职工基本养老保险个人账户有关问题的通知》（人社部发［2008］110号），进一步规范做实个人账户试点政策，指导各地做好试点工作。协调有关部门，按照国务院确定的补助政策下达中央财政对试点省份的补助资金，督促试点地区将地方财政补助资金落实到位。截至年底，开展做实试点的省份做实个人账户基金累计超过1 100亿元。

五、进一步提高企业退休人员基本养老金水平

为缓解物价上涨给企业退休人员生活带来的压力，按照国务院统一部署，从2008年1月1日起调整企业退休人员基本养老金。人力资源和社会保障部会同财政部组成调整企业退休人员养老金工作小组，抓紧工作，及时审批各地调整方案，下拨中央财政补助资金，在2008年春节前将增加的基本养老金全部发放到位，人均月增加100元左右，受到社会和广大企业退休人员普遍好评。同时，按照国务院部署，会同财政部下发了《关于2009年调整企业退休人员基本养老金的通知》（人社部发［2008］102号），对2009年的待遇调整工作作出了安排和部署。

六、继续推动省级统筹

按照2009年年底在全国范围内基本实现省级统筹的工作目标，继续贯彻落实原劳动保障部与财政部联合下发的《关于推进企业职工基本养老保险省级统筹有关问题的通知》（劳社部发［2007］3号），建立调度制度，加强调查研究和分类指导，重点督促检查尚未实现省级统筹的地区，尽早实现省级统筹。会同财政部赴河南、湖南、江西、西藏和新疆生产建设兵团开展省级统筹评估工作，指导四省区和兵团将省级统筹办法实施到位。召开推进省级统筹工作现场会，组织地区间开展经验交流。截至2008年年底，实现省级统筹的省份已达17个。

七、研究拟定农民工参加基本养老保险办法和养老保险关系转移接续暂行办法

近年来，农民工养老保险和基本养老保险关系转移接续问题十分突出，已成为社会广泛关注的热点和难点问题之一。按照党中央、国务院关于制定适合农民工特点的养老保险办法和全国统一的社会保险关系转移接续办法的部署和要求，2008年来，人力资源和社会保障部会同有关部门进行了深入调研和反复论证，起草了《农民工参加基本养老保险办法》和《城镇企业职工基本养老保险关系转移接续暂行办法》两个办法的文稿。两个办法的文稿形成后，先后多次征求地方政府领导及有关地方部门、企业负责人、农民工代表的意见，同时也征求了国家发展改革委、财政部、农业部、中央编办、国务院法制办、国研室等中央部门和全国总工会的意见。目前，各方面对两个办法基本形成了一致意见。

八、推动事业单位养老保险制度改革试点工作

2008年3月，国务院印发了《事业单位工作人员养老保险制度改革试点方法》（国发［2008］10号），决定在山西、上海、浙江、广东、重庆5个省市开展试点，为全面推进事业单位养老保险制度改革积累经验。按照国务院的工作部署，人力资源和社会保障部会同有关部门成立了事业单位养老保险制度改革工作小组，制定了工作方案，研究提出了计发办法改革过渡办法和职业年金办法的初步思路。同时，会同有关部门指导试点地区抓紧做好改革试点启动前的测算和准备工作。5个试点省市都已成立了由人力资源和社会保障等部门组成的工作小组，并积极开展工作，相关测算工作已取得初步成果。

九、加强社会化管理服务工作

2008 年，各级人力资源和社会保障部门继续大力推动企业退休人员社会化管理服务工作，不断提高管理服务水平。截至年底，纳入社区管理的企业退休人员达到 3 461 万人，比 2007 年年底增加 325 万人，占企业退休人员总数的 73.2%。会同有关部门研究探索退休人员公寓建设，推动养老护理员职业技能培训，进一步提高退休人员生活质量。

失 业 保 险

2008 年，失业保险工作服务于保增长、保就业、保民生、保稳定大局，发挥了保障基本生活、促进就业的作用，特别是在稳定就业预防失业方面取得了新进展。失业保险在汶川地震灾后重建中发挥了重要作用。关闭破产企业职工安置工作继续平稳推进。

一、失业保险预防失业功能得到显现

2008 年下半年以来，国际金融危机对我国实体经济产生的影响愈益加深，就业压力明显增大。为稳定就业局势，2008 年 12 月，经国务院同意，人力资源和社会保障部、财政部、国家税务总局联合下发《关于采取积极措施减轻企业负担稳定就业局势有关问题的通知》（人社部发［2008］117 号），采取允许困难企业在一定期限内缓缴社会保险费，阶段性降低城镇职工基本医疗保险、失业保险、工伤保险、生育保险费率，扩大失业保险基金使用范围等措施，减轻企业负担，帮助困难企业稳定就业岗位。在失业保险方面，采取了“一缓一减两补贴”政策，“一缓”是指在一定条件下，允许困难企业缓缴失业保险费；“一减”是指在一定时期内适当降低失业保险费率；“两补贴”是指使用失业保险基金为困难企业稳定就业岗位支付社会保险补贴和岗位补贴，即失业保险基金结余较多的统筹地区在确保当前和今后一个时期按时足额支付失业保险待遇的前提下，可扩大失业保险基金的使用范围，对采取在岗培训、轮班工作、协商薪酬等办法稳定员工队伍，并保证不裁员和少裁员的困难企业，使用失业保险基金对其支付社会保险补贴和岗位补贴，发挥失业保险稳定就业的作用。

这项政策的出台，是失业保险制度积极应对金融危机、稳定企业就业岗位的重要举措，实现了失业保险防线前移，显示了失业保险预防失业的功能作用。

二、失业保险扩面和基金征缴取得新进展

2008 年年末，全国参加失业保险人数为 12 399.8 万人，比上年年末增加 755.3 万人，参保人数有较大幅度增长。其中，国有企业和城镇集体企业分别减少 74.6 万人和 11.6 万人，其他企业、事业单位和其他单位分别增加 759.1 万人、38.3 万人和 44.1 万人。

2008 年，全国失业保险基金收入 585.1 亿元，比上年增加 113.4 亿元，增幅为 24.0%，自 1999 年以来连续 10 年保持两位数增长。其中，征收失业保险费 563.8 亿元，比上年增加 109.3 亿元。

2008 年，全年共向 516.7 万名失业人员提供了失业保险金和其他失业保险待遇，还为 93.4 万名劳动合同期满未续订或者提前解除劳动合同的农民合同制工人支付了一次性生活补助。全国失业保险基金支出 253.5 亿元，比上年增加 35.9 亿元，增幅为 16.5%。其中，保障失业人员基本生活支出 151.6 亿元，农民合同制工人一次性生活补助支出 5.9 亿元，职业培训补贴、职业介绍补贴和其他支出 96.0 亿元。在东部地区适当扩大失业保险基金支出范围试点中，增加了基金用于促进就业的投入。截至 2008 年年末，全国失业保险基金滚存结余 1 310.1 亿元。

三、失业保险对汶川地震灾后重建发挥了重要作用

汶川特大地震发生后，为支持地震灾区恢复重建，保障失业人员基本生活并促进其尽快实现再就业，按照《国务院关于支持汶川地震灾后恢复重建政策措施的意见》精神，运用失业保险基金支持受灾企业恢复重建、稳定就业，四川省出台了多项政策措施。一是在灾区受灾企业恢复生产经营期间，降低失业保险费率，实行费率减半征收。二是对灾区参加失业保险的企业因灾停产、歇业期间，经批准，对其暂时失去工作岗位的职工，预先进行失业登记，发放失业保险金，发放期限不超过2008年年底。三是对灾区参加了失业保险，灾后组织开展生产自救的受灾企业，恢复生产期间开展职工培训的，可向失业保险经办机构申请职业培训补助。四是灾区已参加医疗保险的失业人员在享受失业保险待遇期间，失业保险基金为其代缴医疗保险费的单位缴费部分，按规定享受医疗保险待遇。五是鼓励失业人员自主创业，灾区享受失业保险待遇的失业人员自谋职业、自主创业的，可一次性领取失业保险金；自主创业并招用其他失业人员就业的，经失业保险经办机构核实，从失业保险基金中一次性给予3 000元创业补助金。六是用人单位因灾停产、歇业期间，经批准，单位及其职工可以缓缴失业保险费，缓缴期间，参保人员享受相应的失业保险待遇。截至2008年年底，8个重灾市（州）已帮助119万名受灾群众重新就业，为800余家企业的9.3万名职工进行失业预登记并发放失业保险金，有1 300余家企业缓缴社会保险费。

四、政策性关闭破产企业职工安置工作继续平稳推进

2008年，关闭破产企业职工安置工作紧紧围绕“维权、规范、促就业、保稳定”这一主线，以努力解决职工最直接、最现实、最关心的问题为出发点，以维护职工合法权益为目标，重点抓好职工安置政策措施的落实，妥善处理重点个案，维护了职工合法权益和社会稳定。人力资源和社会保障部会同有关部门共对102家中央及中央下放关闭破产企业前期准备工作情况进行了审核，涉及职工33.6万人。

这一年工作主要有以下特点：一是关闭破产企业操作相对集中，监控力度不断加大，职工安置政策进一步得到落实，突发性、群体性的大规模不稳定事件得到有效控制，基本做到了平稳实施。二是解决部分难点问题有较大突破，重点个案得到了妥善处理，特别是较好地解决了关闭破产企业退休人员参加医疗保险这一长期困扰的难题。三是职工再就业难度大，还有一些遗留问题尚未得到彻底解决，矛盾依然突出，协调难度增大，仍是工作中的难点。

在这项工作中，各地人力资源和社会保障部门高度重视，切实做到把握工作重点，强化职工安置方案审核；认真研究解决职工安置面临的突出问题，加大促进就业力度，做好社会保险关系接续；着力抓好事前严格把关、事中监督落实、事后强化服务3个重点环节，规范操作行为，加强监督检查，切实维护了职工的合法权益。关闭破产企业中的绝大部分职工，通过重组安置、自谋职业、自主创业、公益性岗位就业、劳务输出，以及退休或提前退休等多种方式得到妥善安置。

2008年，人力资源和社会保障部会同有关部门，在解决了地方政策性关闭破产企业退休人员参加医疗保险问题的基础上，进一步研究提出了解决中央及中央下放关闭破产企业和依法破产企业等退休人员参加医疗保险问题的意见，并正在抓紧实施。

另外，会同有关部门对节能减排中关停小火电机组及淘汰落后产能企业职工安置有关政策进行了研究，并在调研基础上，对有关省市做好职工安置工作提出了要求。

医 疗 保 险

2008 年是我国历史上极不平凡的一年，大事多，难事也多。全国各级人力资源和社会保障部门按照年初全国医疗保险工作座谈会的要求，认真贯彻落实科学发展观，做了大量卓有成效的工作，取得了突出成绩。截至 2008 年年底，全国城镇基本医疗保险参保人数达到 31 822 万人，提前完成“十一五”目标任务，其中城镇职工基本医疗保险参保 19 996 万人，城镇居民基本医疗保险参保 11 826 万人，有 4 266 万农民参加了城镇职工医疗保险。全年全国城镇基本医疗保险基金收入 3 040 亿元，支出 2 084 亿元，医疗保险制度运行总体平稳。

一、大力推进城镇居民基本医疗保险试点

到 2008 年年底，全国 317 个城镇居民基本医疗保险试点城市全部启动实施。一些没有纳入国务院试点范围的城市也开展了城镇居民医疗保险工作，特别是京、津、沪进展迅速。城镇居民基本医疗保险政策体系进一步完善，10 月，国务院办公厅印发《关于将大学生纳入城镇居民基本医疗保险试点范围的指导意见》（国办发［2008］119 号），提出将大学生纳入城镇居民基本医疗保险试点范围。截至 2008 年年底，全国有 240 万名大学生参加了城镇居民基本医疗保险。城镇居民医疗保险财政补助由人均不低于 40 元提高到不低于 80 元，增强了制度的吸引力，提高了待遇保障能力。根据中央要求，部分省份省级财政补助资金实行分类补助办法，重点向困难市县倾斜，有力地促进了当地试点工作的推进。

二、着力解决关闭破产国有企业退休人员医疗保障问题

7 月底，财政部、人力资源和社会保障部、国资委印发《关于中央财政帮助地方政策性关闭破产国有企业退休人员参加城镇职工基本医疗保险补助资金拨付有关问题的通知》（财社［2008］139 号），中央财政共安排 98.5 亿元，帮助地方政策性关闭破产国有企业退休人员参加城镇职工基本医疗保险。目前，各地按规定已经将原有 139 万未参保地方政策性关闭破产国有企业退休人员全部纳入城镇职工基本医疗保险，并打破了封闭运行，实行统一管理，实现了退休人员医保待遇与所在单位脱钩，保障了他们的基本医疗，社会反响良好。

三、积极应对经济形势变化，采取措施减轻企业负担

下半年，为应对经济形势变化，人力资源和社会保障部会同有关部门在不到 1 个月的时间里，接连下发《关于应对当前经济形势做好人力资源和社会保障有关工作的通知》（人社部明电［2008］25 号）和《关于采取积极措施减轻企业负担稳定就业局势有关问题的通知》（人社部发［2008］117 号），提出阶段性降低医疗保险费等措施，帮助企业渡过难关。各地结合实际拟定具体实施方案，严格按照程序操作。目前，有 19 个省份拟降低医疗保险费，16 个省份拟降低生育保险费。各地采取了降低费率、调整困难企业缴费基数、集中减收 1 个月的缴费等不同方式减轻企业负

担。从目前情况看，通过采取这些措施，企业职工参保基本保持稳定，维护了职工的参保权益，成效明显。

四、稳步探索完善医疗保险制度体系

各地重点围绕门诊统筹、地级统筹以及城乡统筹等方面，对完善医疗保险制度进行了积极探索。在门诊统筹方面，坚持低水平起步和基金互助共济，通过利用社区卫生服务机构和按人头付费等结算方式，减轻了群众普通门诊费用负担，扩大了受益面。在地级统筹方面，一些地方采取“统一政策、分级管理、基金调剂、预算考核”的办法，取得一定成效。在城乡统筹方面，部分地方建立了统一的城乡居民基本医疗保险制度，实现了政策、管理、运行一体化；部分地方着眼统筹规划城乡医疗保障制度，制定人员在各项保险制度之间流动时的关系转移和待遇衔接办法；部分地区逐步整合经办资源，实现了城乡基本医疗保险行政管理的统一。这些积极探索和机制体制创新，为进一步完善医疗保险制度打下坚实基础。

五、切实加强医疗保险管理

一是加强医疗服务管理。各地继续推行定点医疗机构医疗保险信用等级管理，积极探索按病种付费等多种支付方式，充分调动医疗机构自我约束和参与控制医疗费用支出的积极性。二是加强基金管理。深入开展社会保险基金专项治理工作，目前各地正在进行自查自纠，力争把问题解决在内部、解决在萌芽状态。同时，积极研究规范医疗保险委托管理等工作。三是医疗保险经办管理向“网络化”迈进。各地普遍加强了社区劳动保障工作平台建设，初步形成了“参保在社区，缴费在银行，结算在医院”的格局，大大方便了城乡居民。

2008 年，各级人力资源和社会保障（劳动保障）部门从大局出发，按照中央和各级党委、政府的要求，采取有效措施，积极应对四川汶川特大地震灾害、“三聚氰胺”奶粉事件等突发事件，发挥医疗保险的作用，支持救灾工作，维护社会稳定。

工 伤 保 险

2008 年，工伤保险工作坚持贯彻落实科学发展观要求，以促进工伤保险事业健康发展为目标，紧紧围绕总体工作部署和年初召开的全国工伤保险工作座谈会的要求，抓重点，促落实，全年各项工作稳步推进，完成了各项工作计划，工伤保险事业取得了新进展。

一、以落实“平安计划”为重点，积极推进工伤保险扩面工作

2008 年是“平安计划”一期的收官之年。为推进工伤保险各项工作，全面督促计划目标的完成，主要抓了以下几项工作：一是以农民工参保为重点，抓好建筑施工业、煤矿企业和高风险行业农民工参保，促进工伤保险扩面工作。年末，全国参加工伤保险人数为 13 787 万人，比上年年末净增 1 614 万人，其中农民工参保人数为 4 942 万人，比上年年末净增 962 万人，高风险企业参保人数为 1 909 万人。二是进一步落实“平安计划”，并对实施情况开展了中期评估工作。评估结果显示，这项计划实施 2 年来取得了积极的效果，大多数高风险企业农民工已被纳入工伤保险制度保障体系，其中煤矿企业农民工参保比例已超过了 90%。三是集中抓好大中城市参保工作。为充分发挥大中城市在全面推进工伤保险各项工作中的重要作用，进行了经验交流。10 月，在江苏省南通市召开了全国工伤保险重点联系城市工作座谈会。会议总结了大中城市工伤保险工作的经验，分析了当前和今后一个时期工伤保险工作形势，明确了下一步的目标任务，会议取得了积极效果。四是抓好各地推进餐饮服务业农民工参保政策的制定，通过推广典型经验全面开展服务业参保工作。五是继续推进事业单位参保工作，又有部分省市出台了相关文件。六是对广东、江苏、贵州和湖南等地进行了扩面专题调研，加强了对地方扩面工作的指导。

二、指导和帮助四川省核实地震灾区工伤保险资金缺口，落实中央补助资金工作

四川汶川特大地震发生后，及时与省劳动保障厅联系沟通，下发了《关于认真做好地震灾区救灾期间基本医疗保险和工伤保险工作的紧急通知》（人社部明电［2008］5 号），与四川省厅测算并核实灾区因工伤亡职工人数和所需工伤保险资金缺口数额，会同财政部、社保基金理事会协调落实了中央社会保障基金对四川灾区工伤保险资金缺口的补助，补助额为 6.8 亿元。同时，积极研究灾区工伤保险政策，提出了一些针对性的对策措施，指导四川等灾区做好工伤认定和劳动能力鉴定等工作，帮助灾区做好工伤康复的对口支援和服务指导工作。

三、应对金融危机影响，及时研究拟定了调整工伤职工待遇方面的 4 项政策措施

根据人社部明电［2008］25 号文件精神，围绕落实部里提出的 10 条措施，及时研究工伤保险方面的应对之策，并从调整工伤职工待遇、适当降低企业工伤保险浮动费率、抓紧解决“老工伤”人员待遇问题、尽快提高工伤保险统筹层次 4 个方面提出了针对性的措施。各地根据当地情况，陆续进行工伤保险待遇和费率的调整工作。在解决“老工伤”问题方

面，推广河北、新疆和云南等省区的经验，推动地方出台解决“老工伤”的政策措施。已有十余个省份基本解决了“老工伤”问题，并陆续开展了待遇标准的调整工作。

四、做好完善法律法规的相关工作

多次征求地方劳动保障部门意见，讨论和研究工伤保险条例修改内容。会同部内有关司局积极协调《工伤保险条例》修正案的修订出台工作。积极参与《社会保险法》草案相关条款的研究起草和征求意见工作，组织专家学者对《社会保险法》中的工伤保险内容进行研讨。

五、加强指导，完善政策，推进“三位一体”工伤保险体系建设

一是加强了对地方工伤认定、劳动能力鉴定以及工伤待遇等工作的指导。针对各地在执行《工伤保险条例》中遇到的一些疑难问题特别是工伤认定方面的问题，收集整理了近年来地方工作中遇到的一些典型案例，召开了工伤认定案例研讨会，特别邀请最高人民法院和国务院法制办的同志参加，进行了广泛深入的研讨，对不少典型案例达成了共识。针对劳动能力鉴定新标准实施后各地在执行中遇到的问题，成立了部劳动能力鉴定专家咨询委员会，从北京、天津、上海、江苏等地聘请了19位医学教授、主任医师作为咨询专家，指导帮助部分省市对一些疑难鉴定问题进行了论证。二是进一步规范了工伤康复试点工作，工伤康复工作有序推进。印发了《工伤康复诊疗规范（试行）》和《工伤康复服务项目（试行）》两个规范性文件。4月初在广州市召开了全国工伤康复试点工作会议，对全国工伤康复试点工作进行了统一部署，明确了试点进度和工作要求，对各省区市工伤康复试点机构的工作人员进行了业务培训，并就下一步开展“工伤康复试点机构评估标准”工作进行了研究。

六、加强工伤保险信息化建设

9月在贵阳市召开了工伤保险工作专题座谈会，部署了开展工伤保险信息基础指标联网监测的准备工作。同时，对工伤认定和劳动能力鉴定统计报表进行了修改完善，对各省区市负责工伤保险统计信息工作的人员进行了业务培训。

七、开展了工伤保险多边和双边国际交流与合作工作

正式启动了联合国开发计划署（UNDP）中国农民工工伤保险合作项目，并组织指导5个项目城市开展了2008年的项目活动；积极组织开展了世界银行中国工伤保险体系建设项目2008年的项目活动和项目完工评估准备工作；与德国法定工伤保险同业总会签署了2009—2011年中德工伤保险合作交流意向书；根据欧盟项目活动计划，会同欧盟项目办举办了欧盟工伤保险立法政策培训班；接待了由韩国劳动福利公团总裁率领的访华团，并与韩方达成了初步合作意向。

生育保险

2008 年，生育保险工作按照党的十七大提出的建立统筹城乡社会保障制度总体要求，以科学发展观为指导，积极应对经济形势变化，服从国家发展稳定的大局，在推进生育保险事业健康发展、提高生育待遇保障水平、优化管理服务等方面取得了积极的进展。

一、参加生育保险人数稳步增长

各地认真贯彻落实《中国妇女发展纲要（2001—2010 年）》提出的目标要求，按照生育保险与医疗保险协同推进的思路，进一步扩大生育保险覆盖面。截至 2008 年年末，全国 31 个省（区、市）和新疆兵团全部开展了生育保险，参加生育保险的职工人数达到 9 254 万人，比上年增加 1 479 万人，增长 19%。其中，女性参保人数为 4 040 万人，占 44%。企业单位参保人数为 7 622 万人，占 82.4%；机关事业单位参保人数为 1 421 万人，占 15.4%，其他人员为 212 万人，占 2.2%。提前完成了全年计划的扩面任务。

二、加强生育保险基金收支管理

2008 年，全国生育保险基金总收入 113.7 亿元，比上年增长 36%；基金总支出 71.5 亿元，比上年增长 28.5%；基金当期结存 42.2 亿元，累计结存 168 亿元。全年享受生育待遇人数 140 万人次，其中生育人数 85 万人。人均生育待遇支出 8 268 元，比上年增长 6.4%。其中，人均生育医疗费 2 366 元，人均生育津贴 5 902 元。

按照人力资源和社会保障部、财政部、国家税务总局《关于采取积极措施减轻企业负担稳定就业局势有关问题的通知》（人社部发［2008］117 号）提出的要求，指导有条件的地区通过允许企业在一定期限内缓缴或阶段性降低生育保险费等办法，减轻企业负担。全国有 16 个省市根据生育保险基金运行情况，认真研究应对措施，在保证生育保险待遇足额落实的情况下，降低了生育保险费率。

三、进一步完善生育保险制度建设

财政部、国家税务总局发出《关于生育津贴和医疗费有关个人所得税政策的通知》（财税［2008］8 号），明确了“生育津贴、生育医疗费或其他属于生育保险性质的津贴、补助免征个人所得税”。各地在制度建设和完善政策方面也做了大量工作。广东、河南省根据生育保险工作实践和基础，制定了生育保险规定，目前已出台地方性生育保险办法的省份达到 29 个。北京、江苏、四川等地根据生育保险工作进展，对原有办法进行了调整。如北京市提高了待遇支付标准和保障范围；江苏省将非公企业、农民工等纳入生育保险参保范围；四川省成都、攀枝花、宜宾等城市提高了统筹层次，实现了地市级统筹。吉林、安徽、湖南、广东、四川、陕西等省在开展城镇居民基本医疗保险试点工作中，将城镇居民生育待遇纳入保障范围，解决了城镇居民住院分娩的医疗费问题。长春市开通新生儿无障碍参保新渠道，将新生儿医疗费纳入报销范围。

11 月，在海南省召开了部分省市生育保险工作研讨会，就贯彻落实科学发展观，全面推进统筹城乡社会保障建设，切实做好生育保险工作进行了研讨；分析了落实《中国妇女发展纲要（2001—2010 年）》相关目标要求的进展情况；交流了生育保险制度建设、具体经办事宜等方面的经验；研究了城镇居民、新生儿医疗费解决途径。

农村社会养老保险和被征地农民保障

2008 年，农村社会养老保险工作在全面深入调研、制定新型农村社会养老保险试点指导意见、推进地方试点等方面，取得了较大突破；被征地农民社会保障在完善政策制度、扩大覆盖范围、研究新情况、解决新问题等方面取得了积极进展；根据国务院领导同志的批示和国家审计署对全国农保基金审计报告，成立了农保基金审计整改工作组，下发了相关文件，督促指导各地做好整改工作取得了明显成效；根据全国远程办下达的任务，农村党员干部现代远程教育专题教材制播工作进展顺利。

一、农村社会养老保险

党的十七届三中全会决定提出，按照个人缴费、集体补助、政府补贴相结合的原则，建立新型农村社会养老保险制度。

（一）深入开展调查研究

配合全国政协赴北京、广东、河南、陕西等省市进行农村社会养老保险专题调研；两次召开由中农办、国研室、财政部、发展改革委等有关部门负责人，中央党校、中国社科院、国研中心及世界银行、联合国开发计划署、欧盟和日本等中外专家学者，部分省市农村社会养老保险机构人员参加的研讨会，听取各方面意见。为学习实践科学发展观，赴广东、陕西等地对新型农村社会养老保险试点情况进行调研，听取地方党政领导、劳动保障部门负责人、乡村干部和农民代表的意见和建议，并向国务院领导报送了《关于陕西宝鸡市探索建立新农保制度的调研报告》。

（二）拟定新型农村社会养老保险试点指导意见

在总结地方试点经验和前期政策研究成果的基础上，多次与财政部等相关部门就农村社会养老保险工作交换意见，对制定的方案进行反复测算和论证，初步形成开展新型农村社会养老保险的主要思路，确定了“个人缴费、集体补助、政府补贴相结合”的筹资模式和“基础养老金与个人账户相结合”的待遇模式。据此起草了《关于开展新型农村社会养老保险试点的指导意见》，并已征求有关部委和地方的意见。

（三）推动地方进行新型农村社会养老保险探索

到 2008 年年底，已有 25 个省、自治区、直辖市的 464 个县（市、区、旗）自行开展新型农村社会养老保险探索，1 168 万农民参保，地方财政给予补贴，在一定程度上提高了参保率和保障水平。同时，督促有条件的地区制定或规范农村社会养老保险办法，为国务院部署试点工作做好准备工作。

（四）加强基础性工作

人力资源和社会保障部成立了农村社会养老保险工作专题小组，开展全面摸底调查统计、快速统计、年度统计，对现有的工作基础和制度模式进行总结分析和分类研究，撰写了《2007 年度农村社会养老保险统计分析》《地方新型农村社会养老保险试点分析报告》《2008—2020 年新型农村社会养老保险资金需求概算》等工作分析报告。下发了《关于调整农村社会养老保险个人账户计息办法的通知》（劳社部函［2008］12 号），对计息办法、计息标准进行了规范。

二、被征地农民社会保障

深入贯彻落实《中共中央关于推进农村改革发展若干重大问题的决定》，就其中有关“依法征收农村集体土地，按照同地同价原则及时足额给农村集体组织和农民合理补偿，解决好被征地农民就业、住房、社会保障”和“做好被征地农民社会保障，做到先保后征，使被征地农民基本生活长期有保障”的要求，进一步完善被征地农民就业和社会保障政策，维护被征地农民的合法权益，促进社会和谐稳定。

（一）指导地方出台办法，被征地农民社会保障覆盖面不断扩大

指导督促地方出台被征地农民社会保障实施办法，截至 2008 年年底，全国已有 28 个省份的省级人民政府或政府部门先后制定了被征地农民社会保障文件，194 个副省级或地市级政府出台或转发了关于做好被征地农民社会保障工作的政策文件，1 201 个县（市、区）启动了探索建立适合被征地农民特点的社会保障制度的工作，已有 1 324 万被征地农民被纳入基本生活或养老保障制度。

（二）完善被征地农民社会保障工作相关配套政策措施

为加强对被征地农民社会保障资金和措施落实情况的审核，与有关部门认真协商，就做好被征地农民社会保障审核工作研究起草了相关文件。部分地区建立了预存征地补偿款制度，制定了被征地农民社会保障工作流程和管理规范、被征地农民社会保障资金管理办法、被征地农民社会保障资金会计制度等政策文件，被征地农民社会保障工作的相关配套措施逐步落实。

（三）加强违规查处，切实维护被征地农民的合法权益

人力资源和社会保障部与监察部、国土资源部等部门联合下发了《违反土地管理规定行为处分办法》（第 15 号令），明确对未按规定落实社会保障费用而批准征地的行政机关有关责任人的处罚措施。为落实国务院领导同志的批示精神，向各省、自治区、直辖市劳动保障厅（局）发出通知，要求各地对国家信访局反映的群众来信中有关被征地农民社会保障问题进行查处，有效地维护了被征地农民的合法权益，促进了社会的和谐稳定。

（四）执行先保后征，促进国家重点项目被征地农民社会保障工作

召开了南水北调工程被征地农民社会保障工作座谈会，参加会议的有发展改革委、水利部、国务院南水北调办公室、中线水源公司、中线干线建管局等部门和单位有关人员，以及南水北调工程沿线七省市被征地农民社会保障工作负责人。会议听取了七省市劳动保障部门有关南水北调工程被征地农民社会保障情况介绍和工作建议，研究了现有政策，讨论了关于做好被征地农民社会保障审核工作的有关问题。此外，还召开了京沪高铁被征地农民社会保障工作座谈会，听取有关部门和地方的意见。

（五）开展被征地农民社会保障工作调查研究

参与中央政策研究室“失地农民社会保障制度建设”课题研究，与中农办、国土资源部、发展改革委等部门开展联合调研，对改革开放以来被征地农民的基本情况和政策制度进行了比较系统的分析研究。

三、指导地方做好农保基金审计整改工作

根据国务院领导同志的批示和国家审计署对农保基金审计报告，成立了农保基金审计整改工作组，制定了工作计划，下发了专门文件，派出工作组赴地方指导督促做好农保基金审计整改工作，并及时与国家审计署等部门沟通有关情况。部分省市已经完成整改任务，其他地方正在抓紧进行整改。

四、推进远程教育专题教材制播工作

按照中组部全国远程办要求，人力资源和社会保障部作为新的成员单位，参加了2009年村党员干部现代远程教育专题教材制播工作，相关单位通力合作，精心组织，周密安排，积极推进，按质按量地做好工作。目前这项工作正在顺利进行。

社会保险经办管理

一、确保发放经受住了新考验

2008年是企业退休人员基本养老金调整时间改为1月1日的第一年。从国务院决定调整待遇到在春节前发放到位仅有2个多月时间，完成任务时间紧、压力大。加之年初南方部分省份遭受了雨雪冰冻灾害，调整待遇、确保发放面临着前所未有的困难。部分地区面对突发自然灾害导致停电和交通、通信中断的困难，及时采取应对措施，加大工作调度力度，确保了在春节前将增加后的基本养老金发放到企业退休人员手中。四川汶川特大地震发生后，重灾区经办机构的办公场所、办公设施和信息系统遭到严重破坏，业务工作难以正常开展，确保发放面临巨大压力。面对重大挑战和巨大困难，各地尤其是灾区各级劳动保障部门和经办机构在当地党委、政府的领导下，与有关部门密切协作，顶住压力，沉着应对，全力抢救恢复数据，积极组织调度资金，调整发放方式，确保了灾区工伤职工（含因工死亡人员及其供养亲属）、离退休人员等相关待遇按时足额支付，经受住了严重自然灾害的考验。全年全国共支付养老、医疗、工伤和生育保险待遇9 671亿元。确保发放成果继续得到巩固。

二、主要业务指标实现了新突破

截至2008年年底，全国参加基本养老、城镇基本医疗、工伤和生育保险人数分别达到21 891万人、31 822万人（其中城镇职工19 996万人）、13 787万人和9 254万人，比2007年年底分别增加1 754万人、9 511万人（其中职工医保增加1 976万人）、1 614万人和1 479万人。基本养老、基本医疗（城镇职工）、工伤和生育保险基金征缴分别达到8 016亿元、2 710亿元、209亿元和111亿元，同比增长率分别为23.4%、26.3%、31.6%和35.9%。4项社会保险基金总收入达到13 229亿元，累计结存达到12 721亿元（不含医疗保险个人账户积累及工伤保险储备金）。年内，全国所有省份和新疆生产建设兵团都启动了城镇居民基本医疗保险工作，城镇居民参保人数已达11 826万人，比2007年年底增加7 535万人。为确保基金应收尽收，各地做好缴费基数核定、清理企业欠费和稽核工作。截至年底，全国共清理收回企业基本养老保险欠费289亿元；查出企业少报5项社会保险缴费基数425.81亿元，少缴社会保险费50.27亿元，已补缴到账47.44亿元；查出欺诈冒领待遇0.70亿元，已追回0.65亿元，查出违规医疗机构和定点药店13 406家，涉及违规金额1.87亿元，已全部追回。经过努力，社会保险扩面征缴和清欠均超额完成了年度计划指标。各地认真总结梳理2003年以来组织开展企业退休人员社会化管理服务工作的情况和经验，加强对劳动保障协理员队伍的培训和考核，不断拓展社会化管理服务内容。截至年底，全国已纳入社区管理的企业退休人员共有3 461万人，占企业退休人员总数的73.2%，超额完成了年度计划。

三、基础管理工作进一步得到加强

社会保险经办机构内部控制、社会保险稽

核和信息披露等方面的制度建设得到进一步落实，在强化基金管理、维护基金安全方面发挥了作用。《2007 年全国社会保险情况》向社会公布，新华社发了通稿，多家媒体进行了转载。截至年底，全国有 30 个省区市和新疆生产建设兵团上报了信息披露实施细则，有 26 个省区市和新疆生产建设兵团开展了相应工作。开展了社会保险档案管理情况调查，会同国家档案局制定了《社会保险档案管理规定（草案）》。开展了企业职工基本养老保险个人账户专项检查，对 30 个省区市和新疆生产建设兵团的 314 个地市、1 243 个县进行实地检查，检查面分别占全国地市和县市总数的 86% 和 47%，为改进完善办法，进一步规范个人账户管理奠定了基础。建立了统一规范的社会保险统计数据提取和检查标准，联网数据应用范围不断扩大。养老保险联网数据由原来的 80 项指标增加到了 180 项，建立了明确的主题分析框架，为政策研究、事业发展预测提供了数据依据。研究制定了 165 个工伤保险联网指标并启动数据上传。基本完成医疗、生育保险联网指标制定工作。初步建立企业基本养老保险精算报告制度，完成了 2008 年度全国企业基本养老保险基金精算报告，省级经办机构普遍开展了年度精算分析。开展了企业职工基本养老保险关系转移业务经办规程等一系列重要的规范性文件的起草和论证工作。开展了医疗保险运行分析并启动了工伤、生育保险运行分析。初步建立农村养老保险经办工作重点联系制度，确定了 29 个省份的 65 个市县作为农村养老保险和被征地农民社会保障经办工作重点联系市县。继续推进社会保障服务中心建设试点工作。9 个试点地区已有 2 个投入使用，3 个试点地区即将投入使用；其他 4 个试点地区已完成主体工程。各地组织的 91 个自费试点中已有 20 个投入使用，18 个完成了主体工程，28 个完成了立项审批手续。

四、系统建设和干部队伍培训工作进一步发展

大力开展优质服务窗口创建活动。各地围绕“客户至上、严谨细腻、廉洁刚正、四海一家、深谋远虑”的主题，组织开展行风建设、争先创优活动，不断强化服务观念、完善服务条件、改进服务方式、提高服务效率、降低服务成本，为参保对象提供高效优质的服务。系统内组织开展了第二届“社会保险杯”乒乓球赛，增强了系统的凝聚力。圆满完成 2008 年社会保险经办机构负责人春、秋季培训班，培训、调研、出国考察与结业工作；中国人民大学社会保障研究生班 2006 级毕业以及 2007 级实习和 2008 级入学等组织工作。举办了第二期社会保险精算人员培训班，地市以上养老保险统计人员联网软件应用培训班。继续与中国社会科学院研究生院 MPA 教育中心进行 MPA（公共管理硕士）在职教育方面的合作。与富达基金（香港）有限公司签署合作协议，开辟利用境外资源开展培训的新渠道。

五、中欧社会保障合作项目进展顺利

成功举办了第三次中欧社会保障高层圆桌会议。我方 10 个中央部门、10 个省市的官员和 6 所高等院校、研究机构的专家学者，以及欧盟 13 个成员国的代表共 100 余人与会。同时，充分利用中欧项目平台，配合社会保险关系转移、农民工养老保险、新型农保制度、社会保险法立法、基金监督管理以及稽核内控和地震灾后重建等举办了 24 个研讨会、19 个培训班，组织了 6 个考察团，中欧社会保障合作项目成效得以显现。成功召开第三届中国社会保险论坛年会，党和国家领导人到会并致辞，10 名省、部长和 20 名专家发表了演讲，各界代表共计 600 余人与会，其中省部级以上领导 40 名，论坛高端、权威品牌已经形成。

社会保险基金监督

2008年，组织开展社保基金专项治理，研究完善相关政策，推进企业年金市场规范发展，各项基金管理较为规范。

一、开展社保基金专项治理

根据中纪委关于强化社会保险基金监管和全国纠风工作会议要求，人力资源和社会保障部作为社保基金专项治理牵头单位，会同监察部、财政部、审计署、税务总局等9个部门，成立了社保基金专项治理领导小组，建立了部门联动的工作机制。制定工作方案，召开会议动员部署，推动专项治理工作全面展开；编发工作简报，总结推广地方好的做法；制定下发专项治理统计表和开发统计软件，细化专项治理内容；部际领导小组成员单位派出督查组，赴4个省进行检查督导，推动工作开展。

二、制定上报个人账户基金投资管理办法

按照国务院的要求，会同财政部等部门研究起草做实个人账户基金投资管理办法，正就有关问题进行协商研究，待进一步修改完善后报请国务院审议。

三、研究社保基金监管立法

积极参与《社会保险法》的研究制定工作，对有关基金监管内容进行认真研究并提出意见，使社会保险基金监督的法律地位、职责权限等更加明确。在此基础上，按照“十一五”规划的安排，开始调研起草《社会保险基金监督管理条例》，初步搭建起草案框架，送各地征求意见。

四、开展企业年金市场监管

组织有关专家对2005年认定的37个管理资格进行了审核，33个资格予以延续，3个资格根据申请予以注销，1个资格暂缓延续，社会反响平稳。按照部领导的批示，会同建设部对某集团公司挪用企业年金基金情况进行查处，会同国资委对4家企业建立企业年金的不规范行为进行督促整改。起草了《关于规范企业年金管理服务有关问题的通知》，已于2009年年初印发。组织研究制定了企业年金基金管理合同指引，规范市场运作。指导原有企业年金进行规范移交。对28家央企的企业年金基金管理合同进行审核，出具了计划确认函。加强企业年金基金管理情况统计分析工作，开始建立信息披露制度。

五、做好全国社会保障基金的相关工作

审核了全国社保基金季度财务及投资报告和2007年度报告。进一步完善全国社保基金股权投资基金风险控制措施，与财政部共同研究上报《关于全国社保基金扩大股权投资基金投资范围意见的请示》，并经国务院批准致函社保基金会。

六、加强基金监督能力建设

继续推动社会保险监督持证上岗制度，加强检查证取证培训，有11 630人经过培训取得检查证。加强基金监督队伍建设，推动广东、黑龙江、宁夏劳动保障部门设立专门的基金监督机构。完成基金监管软件开发设计工作，组织开展试点应用，功能效果受到地方欢迎。

劳动关系

一、劳动关系

（一）《劳动合同法》贯彻实施工作稳步推进

一是做好《劳动合同法》的贯彻实施工作，推动《劳动合同法实施条例》的颁布和贯彻实施。积极配合国务院法制办研究制定《劳动合同法实施条例》，下发了《关于做好〈中华人民共和国劳动合同法实施条例〉贯彻落实工作的通知》（人社部发［2008］77号），召开了贯彻实施《劳动合同法实施条例》电视电话会议，部署法律法规贯彻实施工作，提出具体要求。积极组织或配合有关部门对《劳动合同法》贯彻实施情况进行调研，配合全国人大常委会开展《劳动合同法》执法检查和全国政协对《劳动合同法》实施情况的视察工作。各地劳动保障部门按照部里的统一部署和要求，通过采取加大宣传力度、抓好学习培训、完善配套法规规章和政策，以及加强对用人单位实施劳动合同制度的管理与服务等有力措施，稳步推进法律和条例的贯彻实施。广东省会同统计局、高校等部门和单位对省内企业开展了《实施〈劳动合同法〉对企业影响》课题调研。江苏省开展了“千户企业万名职工”实施《劳动合同法》情况重点抽样调查，93.7%的企业建立了职工名册制度。上海市逾70%的企业对原有规章制度进行了修订完善。山西省公布了《用人单位职工名册》和《解除或终止劳动合同证明》示范文本。四川省下发了《关于印发〈劳务派遣协议书〉和〈劳务派遣人员劳动合同书〉（示范文本）的通知》。面对国际金融危机给劳动关系带来的影响，各地密切关注劳动用工动态，制定了工作预案，建立了应急预警、提前介入、实时监控等制度，切实维护了全国劳动关系的和谐稳定。《劳动合同法》实施一年来，全国劳动用工情况总体稳定，劳动关系基本和谐。法律颁布前存在的劳动合同签订率低、劳动合同短期化、侵害劳动者合法权益等突出矛盾，正在逐步缓解。

二是大力推进劳动合同签订工作，集中开展农民工劳动合同签订“春暖行动”。下发了《关于开展春暖行动提高农民工劳动合同签订率的通知》（人社厅明电［2008］4号），并制定公布农民工劳动合同示范文本。各地按照部署，在2008年3—5月，以农民工集中的建筑业、住宿和餐饮业、制造业、采矿业以及居民服务业为重点，开展了农民工劳动合同签订“春暖行动”，督促各类企业与农民工依法签订劳动合同，农民工签订劳动合同人数显著增加。同时，各地继续采取措施推进劳动合同制度实施三年行动计划。安徽省组织各地开展了送法律文本上门、送劳动合同书上门、送提示上门、送服务上门的“四送”活动，督促用人单位与劳动者签订劳动合同。辽宁省下发了《关于印发全面总结劳动合同制度实施三年行动计划考核办法的通知》，对三年行动计划进行考核和总结。

三是加快推进以劳动合同管理为基础的劳动用工备案制度建设。进一步完善了全国统一的劳动用工备案信息系统，并在吉林、广西、福建进行试点。各地继续加强劳动用工备案制度建设，通过劳动用工情况摸底调查，掌握本地区劳动用工变化情况，对劳动关系运行状况进行预警和动态监管。山东、河北、内蒙古等地下发了劳动用工备案管理办法或规范性文件，对用工备案范围、内容和程序作出明确规定。河南、云南、湖南等地大力推动劳动用工备案制度建设，取得了明显成效。

（二）大力推进集体协商和集体合同制度

2008 年 4 月，在全国部署开展以扩大集体协商和集体合同制度覆盖面为重点的“彩虹计划”，力争用 5 年时间基本在各类企业建立集体协商和集体合同制度。各地继续加强集体合同制度建设，上海市于 2008 年 1 月 1 日开始施行《上海市集体合同条例》，对适用集体协商和集体合同的单位范围、签订集体合同的程序、区域性和行业性集体合同等作出了新的规定。吉林省制定了全面推进集体合同制度 2008 年行动计划实施方案。江苏、四川、新疆生产建设兵团等发布了集体合同示范文本。截至 2008 年年底，经各地劳动保障部门审核备案的当期有效集体合同 55.5 万份，覆盖职工 6 400 万人。

（三）继续做好国有企业改制中的劳动关系处理工作

严格审核中央企业主辅分离辅业改制方案。截至 2008 年年底，人力资源和社会保障部与国资委、财政部共审核批复 76 家中央企业改制方案，涉及改制单位 5 315 个，分流安置富余人员 88.67 万人。人力资源和社会保障部继续指导各地劳动保障部门做好中央企业主辅分离辅业改制实施方案的审核工作，督促各地加强对改制企业的指导、管理、服务和监督，确保职工劳动关系依法规范处理。各级劳动保障部门通过完善政策、进一步规范审核程序、加强监督和服务等措施，基本保持了改制企业劳动关系的和谐稳定。同时，加强国有企业改制劳动关系处理政策研究，妥善处理中央企业主辅分离辅业改制政策与《劳动合同法》的衔接。江西省下发了《关于转发省国资委进一步深化国有企业改革和发展实施办法的通知》，使职工安置办法与劳动合同法的有关规定更好地衔接。

（四）深入推进和谐劳动关系创建活动

按照国家协调劳动关系三方关于和谐劳动关系创建活动的部署，指导各地因地制宜深入推进创建工作，使创建活动取得积极进展。浙江省慈溪市建立了创建活动责任制，将创建工作列入市政府工作考核内容。四川省成都市印发了《创建和谐劳动关系工业园区考评细则》。江苏省镇江市提出了“三率指标”评价法，通过创建活动使职工权益欠账率和劳动争议上访率等于或趋于零、职工满意率达到或趋于 100%。青海省下发了《创建劳动关系和谐企业评选标准》。北京市、河北省唐山市、福建省厦门市开展了劳动关系和谐街道（乡镇）、社区创建活动，扩大了创建活动覆盖面。创建活动的开展，调动了企业和广大职工的积极性，促进了劳动关系的和谐稳定。

（五）劳动关系工作体系建设取得新进展

各地认真学习借鉴吉林省推进劳动关系协调工作进社区的经验做法，结合实际，重点加强基层劳动关系工作平台建设。青岛市在街道、社区积极推行劳动关系工作网格化，在街道、社区劳动保障工作平台加载劳动关系协调工作职能，研究开发了劳动合同网上备案系统，并将劳动合同网上备案工作向基层延伸。河南省下发了《关于开展推进劳动关系协调工作进社区试点工作的通知》。大连市制定了推进劳动关系协调工作进社区方案并召开了工作现场会。福建省下发了《加强劳动保障工作“三基”建设的意见》，指导各地建立劳动关系协调员制度。劳动关系协调工作进社区的推进，奠定了劳动关系协调工作的基础。

二、企业工资分配

2008 年以来，按照党的十七大和十七届三中全会精神以及人力资源和社会保障部总体工作部署，全国劳动保障系统企业工资管理工作以着力建立企业工资正常增长机制和支付保障机制为重点，努力促进企业职工工资水平进一步提高。2008 年，全国企业在岗职工年平均工资 28 359 元，比上年增长 17.9%，扣除价格因素，实际增长 11.6%。

（一）预防和解决企业工资拖欠问题取得新进展

一是国有企业工资历史拖欠问题基本解决。2008 年以来，按照国务院的有关要求，解决企业工资拖欠问题部际联席会议指导尚未完成清欠任务的地区进一步落实清欠责任，积极筹措资金，加大清欠力度，强化督促检查，推动清理企业工资历史拖欠工作取得新的成效。截至 2008 年年底，按 2007 年年底签订的责任状（承诺函）确定的数额，31 个省份及新疆生产建设兵团已报告完成解决企业工资历史拖欠的任务，企业工资历史拖欠问题基本解决。

二是研究预防和解决拖欠职工工资甚至欠薪逃匿行为的政策措施。受国际金融危机的影响，部分企业生产经营困难加剧，拖欠工资甚至欠薪逃匿问题突出。针对这一情况，人力资源和社会保障部会同有关部门研究制定了《关于进一步做好预防和解决企业工资拖欠工作的通知》（人社部发［2009］5 号），要求各地进一步健全工资支付保障制度，加强对企业工资支付监控，依法处理因拖欠工资引发的劳动争议，严厉打击欠薪逃匿行为，妥善处理因拖欠工资问题引发的群体性事件等。同时，召开了进一步做好预防和解决企业工资拖欠工作视频会议，对全国开展预防和解决企业工资拖欠工作进行了部署。

三是继续加强预防工资拖欠长效机制建设。完善工资支付监控制度和工资保证金制度，安徽、湖北、广西等省份已将工资保证金制度的实施范围从建设领域扩大到水利、交通等领域。云南省研究制定了关于完善工资保证金制度的规定，推动工资保证金由建设行业向其他行业扩展。

（二）建立职工工资正常增长机制工作逐步推进

加强对建立健全企业工资正常增长机制的研究，形成了关于建立企业工资正常增长机制的意见并报送国务院。指导各地大力开展工资集体协商。天津市政府发布了《关于建立健全企业职工工资正常增长机制的指导意见》，市委、市政府办公厅联合下发《天津市工资集体协商办法》，有力地促进了工资集体协商工作。辽宁省辽阳市以政府为主导，推进企业工资集体协商工作，初步建立了工资分配共决机制和正常增长机制。浙江省委、省政府办公厅联合下发了《关于全面推进工资集体协商谈判工作的通知》，省政府召开了推广温岭经验的现场会议。四川省协调劳动关系三方下发了《关于大力推进工资集体协商工作的实施意见》，并制定了企业工资集体协议样本。

（三）规范国有企业负责人薪酬管理工作稳步开展

为进一步规范国有企业负责人薪酬管理，会同有关部门成立了“完善国有及国有控股企业主要负责人薪酬管理研究组”，对中央企业负责人薪酬情况进行了调研，提出了建立国家政策调节、出资人具体监管、企业依法确定的薪酬管理体制的基本思路，形成调研报告并向国务院及中央领导作了汇报。在此基础上，中央、国务院有关部门和部分地方政府结合国际金融危机对我国经济的影响，对规范国有企业薪酬管理提出了要求。

（四）企业工资分配宏观调控工作取得积极成效

一是适时合理调整最低工资标准。研究下发了《关于进一步做好失业保险和最低工资有关工作的通知》（人社部发［2008］69 号），指导当年尚未调整最低工资标准的地区及时加以调整。2008 年，北京、天津、上海等 20 个地区调整并执行了新的最低工资标准，月最低工资标准（最高档）调整幅度为 15% 左右。针对下半年经济形势的变化，及时研究确定了暂缓调整最低工资标准的意见，以适当减轻企业成本压力，稳定企业发展和劳动者就业。

二是增强政府对企业工资分配的调控和引

导。继续做好国有企业工资总额管理工作，严格审核批复了40户中央企业的工资总额。会同财政部、国资委等单位对改革工资总额管理办法进行了研究，提出初步的改革思路。继续指导各地及时发布工资指导线和劳动力市场工资指导价位。2008年，全国有28个省（区、市）发布了工资指导线，北京、上海、青海等地发布了主要行业的工资指导线，为企业通过集体协商合理确定工资增长和工资水平提供了依据。

三、劳动标准

（一）劳动标准法规制度建设取得新进展

根据新的《全国年节及纪念日放假办法》，发布了《关于职工全年月平均工作时间和工资折算问题的通知》（劳社部发［2008］3号），修订完善了工资折算等有关政策。根据《带薪年休假实施条例》，制定下发了《企业职工带薪年休假实施办法》（人力资源和社会保障部第1号令），推动带薪年休假制度的落实。完成了《女职工劳动保护条例（修订草案）》，并于2008年2月上报国务院。

（二）劳动标准各项工作稳步推进

组织编制并由国家质检总局、国家标准委批准发布了《劳动定员定额术语》《工作抽样方法》《轨道交通工程大型设备制造综合劳动定额》《轨道交通工程构件制造劳动定员定额》4项国家标准。在苏州工业园区技术先进型服务外包企业中开展了特殊工时制度试点。指导各地完善特殊工时审批管理办法，并加强对企业实施特殊工时制度的审批。山西、内蒙古、辽宁、广东、四川等地下发了文件，对企业实行综合计算工时工作制和不定时工作制的适用范围、管理审批程序等作了进一步规范。

调解仲裁管理

2008年，劳动人事争议调解仲裁工作以贯彻落实《劳动争议调解仲裁法》为重点，加大调解力度，完善办案制度，强化机构建设，提高队伍素质，在维护争议当事人合法权益、平衡社会利益、实现社会公平、促进劳动人事关系和谐和社会稳定等方面发挥了重要作用。按照国务院批准的人力资源和社会保障部"三定"规定，成立了调解仲裁管理司，实现了劳动人事争议调解仲裁制度的整合，实现了对全国调解仲裁工作的统一指导，实现了对调解仲裁队伍的统一管理。

一、贯彻实施劳动争议调解仲裁法

（一）普遍开展宣传培训，营造良好氛围

各地通过多种媒体宣传法律，举办咨询服务、开展宣传月、印发宣传手册等活动，对广大用人单位和劳动者开展了有针对性的培训，使劳动关系双方认真学法、真正懂法、准确用法、自觉守法，为法律实施营造了良好的社会氛围。

（二）清理现行规定，与新法紧密衔接

各地严格对照《劳动争议调解仲裁法》，对现行地方法规、规章及政策进行了认真清理，部分地区正在起草贯彻法律的地方性法规，有的地区仲裁机构还与当地法院联合出台了贯彻实施法律的指导性意见。各地人事争议仲裁机构按照部里要求，处理案件适用劳动争议调解仲裁法规定的程序，在争议受理范围、管辖、仲裁委员会组成等方面继续按人事争议处理现有规定执行。

（三）及时制定配套规章政策，保障法律顺利实施

经过长期的探索和实践，初步形成了以《劳动争议调解仲裁法》为基础，以《公务员法》《劳动合同法》《中国人民解放军文职人员条例》《人事争议处理规定》等法律法规规章及规范性文件为主要内容的法律体系。人力资源和社会保障部在征求各地人事、劳动保障部门及有关部门和单位意见的基础上，制定并出台了《劳动人事争议仲裁办案规则》（人力资源和社会保障部第2号令）。该《规则》主要有4个特点：一是办案规则对劳动争议调解仲裁办案程序作出更加具体、更有操作性的规定；二是在一定程度上解决了地方仲裁机构在办案实践中遇到的问题，主要是仲裁时效的中断中止情形、逾期裁决、仲裁终局处理等；三是明确建立劳动争议案件快速反应机制，为应对劳动争议案件和集体劳动争议案件大幅上升的态势，对集体争议案件优先立案、优先审理、快速处理，对大量简单争议案件仲裁委员会可以简便处理作出了规定；四是对劳动人事争议仲裁制度进行了适度整合，实现了劳动人事争议办案程序的统一，确保当事人的诉求在制度设计上减少缺失。同时，为理顺行政部门、仲裁委员会和仲裁办事机构的关系，组织起草了《劳动人事争议仲裁组织规则》。

二、不断加大调解仲裁工作力度

（一）构建多渠道、开放式的调解工作网络

人力资源和社会保障部组织起草了企业劳动争议调解委员会组织及工作办法和关于加强

劳动人事争议调解工作的意见，提出争取用3~5年时间，在全国逐步形成包括企业和行业性调解、基层调解、区域性调解以及人事争议调解在内的多渠道、开放式的劳动人事争议调解工作网络，将50%左右简易、小额案件通过调解解决在企业、乡镇、街道及社区的工作目标。同时，指导地方加强调解工作。一是提高企业自主解决争议的能力。会同工会、企业联合会/企业家协会，推动企业劳动争议调解委员会建设，有的地区在大型国有企业开展劳动争议调解中心建设；有的地区在企业开展劳资两利协商机制试点，开展经常性、制度化的沟通和协商，化对抗为对话，化被动处理为主动预防。二是推动乡镇、街道等基层调解组织建设。将未建立工会的私营企业、个体工商户等中小企业作为调解预防争议的重点，有的地区在区劳动争议仲裁委员会、各街道及社区建立了“三级”调解机构，调解成功率在90%以上。三是加大仲裁调解力度。有的地区建立调解建议书制度，仲裁机构在案件受理前和裁决前，向有调解愿望的当事人发出调解建议书，并根据其提出的调解方案，依法提出调解意见。四是加强人事争议调解工作。发挥政府部门在争议调解中的主导作用，指导事业单位及主管部门、社会团体等建立健全人事争议调解组织，将调解作为人事争议处理的主要方式，提高调解结案率和成功率。

（二）建立高效便捷、公平公正的仲裁制度

人力资源和社会保障部印发了《关于进一步做好劳动人事争议调解仲裁工作的通知》，对进一步做好调解仲裁工作提出明确要求。同时，指导地方完善仲裁办案工作。一是灵活快捷审理争议案件。进一步改进办案方式，改革庭审方式，简单案件适用简易程序，由仲裁员独任审理；发挥终局裁决在案件处理中的作用，将小额案件、涉及国家劳动标准案件、事实清楚且权利义务关系明确的集体劳动争议案件通过仲裁终局方式结案。建立方便劳动者申诉的“绿色通道”，主要是方便农民工、生活困难的劳动者等弱势群体，最大限度地保障仲裁程序快捷，与有关部门联动建立法律援助制度。二是积极稳妥地处理集体劳动争议。各地认真总结集体劳动争议、群体性事件发生的特点和规律，依法将集体劳动争议纳入法律渠道处理，有的地区借鉴香港特别行政区建立“冷静期”的做法，探索解决因集体劳动争议导致停工、怠工、闭厂事件的有效途径。三是做好裁审衔接工作。积极做好仲裁终局案件和仲裁逾期未审结案件与法院立案环节之间的衔接，确保当事人司法救济渠道的畅通。四是提高仲裁办案的规范化和信息化水平。有的地区大力推行风险告知、选择仲裁员、公开庭审、当庭裁决、核查评比和内部监督纠错等制度，不断提高案件的处理质量和效率；有的地区开发了劳动争议调解仲裁信息化监控调度系统，实现了案件受理、立案、调解、审理及证据、监督、统计等自动化运转，对全程监督仲裁办案活动、培训和考核仲裁员、规范庭审程序具有显著效果。

（三）加强调解仲裁各项基础工作

一是全面掌握全国调解仲裁工作情况。调解仲裁管理司组建后，立即组成5个调研组，分赴8个省区进行实地调研，并对其他23个省区市进行书面调研，全面了解各地贯彻实施《劳动争议调解仲裁法》和劳动人事争议处理工作情况。二是保障调解仲裁基本工作条件。人力资源和社会保障部经与财政部积极协调，已将调解仲裁工作经费列入财政预算国家级科目。三是加强调解仲裁工作情况统计分析工作。调解仲裁管理司重新设计了劳动人事争议调解仲裁工作情况统计表，已列入国家统计局报表系列，建立了劳动人事争议调解仲裁工作情况季报、特别重大集体争议案件及时报告制度，做到“小型案件有统计，大型案件有分析，群体性事件有应对”。

三、积极有效应对案件大幅上升的态势

各地劳动争议仲裁机构和仲裁员面对日益繁重的工作任务，克服案多人少的困难，本着“快立、快调、快审、快结”的原则，顾全大

局、不辞劳苦、不计得失，加班加点、夜以继日地处理案件。2008 年，全国各级劳动争议仲裁机构共处理争议案件 96.4 万件。其中，立案处理争议案件 69.3 万件，涉及劳动者 121.4 万人，结案率为 85.5%。劳动争议处理主要有以下显著特点：一是案件总量急剧上升，是 2007 年的 2 倍。二是争议内容集中，劳动报酬争议占案件总数的 32.4%，仍排在第一位；社会保险争议占 22.2%，经济补偿金、违约金及赔偿金争议占 15%。三是案件多发于经济发达地区，广东、江苏、上海、北京、山东、浙江 6 个省市案件数占全国立案总数的 64.5%，且多发生在外商及港澳台投资企业、私营企业等非公有制企业。四是劳动者申诉率和胜诉率继续提高。劳动者申诉案件 65 万件，占案件总数的 93.7%；劳动者完全胜诉和部分胜诉案件占结案总数的 87% 以上。此外，各级劳动争议仲裁机构还以案外调解方式处理争议 23.7 万件，比 2007 年上升了 60%。同时，全国各级人事争议仲裁委员会处理人事争议案件近万件，主要以履行聘用合同、辞职和辞退争议为主。

四、调解仲裁能力建设逐步增强

截至 2008 年年底，全国已建立 3 515 个劳动争议仲裁机构，其中 758 个实现了实体化，占全国劳动争议仲裁机构总数的 21.6%。已建立 2 694 个人事争议仲裁机构，四川、大连等地还建立了人事争议仲裁院。部分经济发达地区仲裁机构向乡镇、街道延伸，设立仲裁派出庭，就近就地处理争议案件。仲裁员队伍粗具规模，现有劳动争议仲裁员 2.4 万名，人事争议仲裁员 1.9 万名。各地创新思路、因地制宜，逐步解决机构、编制、人员等事关争议处理工作的瓶颈问题，一些地区通过内部调剂、社会招聘、财政专项补贴形式引进律师、专家学者等社会力量，以兼职仲裁员身份参与办案，有效地解决了办案人员不足的问题。

机关事业单位工资福利工作

2008年，人力资源和社会保障部扎实推进机关事业单位工资福利工作。公务员工资制度不断完善，事业单位工作人员收入分配制度改革进一步深化，工资统发和工资总额管理进一步加强，离退休和福利工作取得了新进展。

在完善公务员工资制度方面，继续深化公务员工资制度改革，进一步完善工资政策。会同有关部门一起研究拟定公务员级别与工资等待遇适当挂钩和对县乡党政主要领导实行工资政策倾斜的具体办法，召开座谈会征求部分地方和部门的意见。根据人民币对美元的汇率变化情况，会同有关部门研究出台政策，解决人民币对美元升值对驻外人员工资收入水平造成的影响。配合有关部门继续推进规范公务员津贴补贴工作，对部分地方规范津贴补贴实施情况进行专项检查，就检查发现的问题督促进行整改。配合有关部门积极开展公务员分类管理试点工作，对试点工作中涉及的工资待遇问题开展调查研究，指导做好试点工作。认真总结分析公务员工资制度改革的实施情况，深入研究深化公务员工资制度改革的思路和措施。

在深化事业单位收入分配制度改革方面，重点研究义务教育学校实施绩效工资问题。经国务院批准，会同财政部、教育部下发《关于进一步做好义务教育学校教师工资待遇保障工作的通知》（国人部发［2008］19号），明确要求各地在规范公务员收入分配秩序时，统筹考虑义务教育教师特别是农村义务教育教师待遇问题。在深入调研论证、广泛听取意见和反复修改完善的基础上，拟定了《关于义务教育学校实施绩效工资的指导意见》，12月17日，经国务院第41次常务会议审议通过。12月，印发《国务院办公厅转发人力资源社会保障部、财政部、教育部关于义务教育学校实施绩效工资指导意见的通知》（国办发［2008］133号）。文件下发后，会同财政部、教育部联合召开会议，对各地组织实施工作进行部署。在义务教育学校实施绩效工资，是贯彻落实《义务教育法》、深化事业单位收入分配制度改革的重要措施，对于吸引和鼓励各类优秀人才长期从教、终身从教，促进义务教育事业发展，具有重要意义。

在规范特殊岗位津贴和完善特殊人才激励机制方面，取得积极进展。会同有关部门研究拟定规范机关事业单位特殊岗位津贴补贴的初步意见，召开部分地方、部门座谈会广泛听取意见，进一步修改论证。经党中央、国务院批准，会同财政部下发《关于调整政府特殊津贴标准的通知》（人社部发［2008］88号）和《关于调整院士津贴标准的通知》（人社部发［2008］89号），提高了按月发放的政府特殊津贴和院士津贴标准。经国务院批准，调整了第29届奥运会和第13届残奥会运动员、教练员奖金标准，完善了运动员、教练员的奖励办法，进一步加大了奖励力度。积极配合推进事业单位岗位设置工作，指导完成聘用制度和岗位管理制度建立工作的地方和事业单位，对专业技术人员按明确的岗位等级执行相应岗位工资标准。

在工资统发和工资总额计划方面，进一步加强管理。积极稳妥做好中央在京机关及参照《公务员法》管理事业单位工资统发工作，确保纳入统发的人员政策执行准确、资金发放准确。分2期对150多家在京中央国家机关统发工作人员开展软件应用及业务培训。会同财政部、中编办将38家中央在京参照《公务员法》管理事业单位纳入财政统一发放工资范围。到部分单位对2007年工资总额计划执行情况开展调研检查，完善中央单位工资总额计划管理信息库，布置2008年中央单位职工人数和工资总额计划的测算工作，下发了《关于报送2008年机关事业单位职工人数和工资总额计划测算情况的通知》（国人厅发［2008］8号）。编制审核2008年中央国家机关事业单位职工人数和工资总额计划，下发了《关于下达2008年中央单位职工人数和工资总额计划的通知》（人社部发［2008］19号）。

在机关事业单位离退休工作方面，继续推动离退休待遇的落实，完善相关政策。2008年年初，按照党中央、国务院工作部署，与中纪委、中组部、监察部、财政部、审计署一起组成检查组，到部分省市对2006年机关事业单位工资收入分配制度改革和增加离退休人员待遇的落实情况进行检查。配合中组部下发《关于调整因瘫痪等原因生活长期完全不能自理的离休干部护理费标准的通知》（组通字［2008］6号）和《关于进一步加强新形势下离退休干部工作的意见》（中组发［2008］10号）。配合财政部结合规范公务员津贴补贴工作，研究企事业单位离休人员津贴补贴问题，制定出台了有关政策。

在机关事业单位福利工作方面，实施带薪年休假制度，出台事业单位抚恤金政策。根据《职工带薪年休假条例》（国务院第514号令）及国家有关规定，2月颁布了《机关事业单位工作人员带薪年休假实施办法》（人事部第9号令），进一步规范了机关事业单位实施带薪年休假制度。了解地方和部门带薪年休假执行情况，到部分省市进行调研，督促落实带薪年休假制度。6月，会同民政部、财政部下发《调整事业单位工作人员和离退休人员死亡一次性抚恤金发放办法的通知》（人社部发［2008］42号），对事业单位工作人员和离退休人员死亡一次性抚恤金发放问题作出了明确规定。

农民工工作

2008年，农民工工作深入贯彻落实党的十七大和十七届三中全会精神及《国务院关于解决农民工问题的若干意见》（国发[2006]5号），围绕工作重点，着力解决面临的突出问题，推进长效机制建设，各项工作取得了新进展。

一、农民工工作的政策法规建设不断加强

一是研究制定农民工工作的政策性文件。2008年下半年，由于国际金融危机对我国实体经济的冲击，部分企业生产经营遇到困难，对农民工就业产生了直接影响，给城乡经济和社会发展带来了新情况和新问题。根据党中央、国务院关于应对当前经济形势的工作部署，国务院农民工工作联席会议办公室组织各有关部门研究起草了《关于做好当前农民工工作的通知》，从促进农民工就业、开展技能培训、支持农民工返乡创业、确保农民工工资按时足额发放、做好农民工社会保障和公共服务、保障返乡农民工土地承包权益6个方面提出了工作要求。经国务院常务会议讨论后，已于12月20日由国务院办公厅印发各地、各部门组织实施。二是地方农民工工作法规建设取得新进展。2008年，江苏、云南省政府制定出台了农民工权益保障办法，目前全国已有5个省出台了保护农民工权益的法规。黑龙江省政府为促进和保障农村劳动力向非农产业和城镇有序转移，制定了《黑龙江省农村劳动力转移办法》，明确了按照“政府推动、社会服务、农民自愿、城乡统筹、依法维权”的原则，对农村劳动力的培训扶持、转移服务、权益保障等方面作出了规定，这是全国首部农村劳动力转移方面的法规。湖北实施了“新市民”政策，只要有合法固定住所和相对稳定职业的农民工均可在地级以下城镇落户；在城镇连续就业3年以上，并与用人单位签订劳动合同2年以上的农民工可以在武汉市主城区以外的所有城市落户。计划生育部门完成了《流动人口计划生育工作条例（草案）》的起草工作，拟对农民工实行计划生育免费手术并享受相关休假待遇的政策。

二、农民工劳动保障权益维护力度不断加大

一是农民工工资拖欠进一步得到遏制，工资水平继续提高。各地综合运用法律、经济、行政等手段，着力解决农民工工资偏低和拖欠问题。目前，大部分省市在建筑行业建立了工资保证金制度，其中安徽、湖北、云南等省将工资保证金范围由建设领域扩大到餐饮服务、加工制造、交通运输等行业。人民银行利用征信系统和银行卡，对农民工工资发放情况进行监控。组织开展了全国农民工工资支付专项检查行动，为93.5万名农民工追回被拖欠工资10.66亿元，涉及人数和拖欠金额比2007年均有所下降。2008年，全国有20个省区市调整了最低工资标准，平均增长幅度为15%左右。月平均工资为1 156元，比上年增加96元，增长9.6%，农民工工资水平有了进一步提高。二是农民工劳动合同签订率稳步上升。有关部门和各地劳动保障机构认真开展劳动合同法宣传和培训，抓紧完善相关配套法规和政策，并制定了适合农民工特点的简易劳动合同

文本，免费提供给用人单位和农民工使用。在春节后的3—5月，是农民工进城求职就业的高峰时段，针对多数农民工流动性大、就业季节性强、工时弹性大、签约时间短的特点，集中开展了以农民工签订劳动合同为重点的“春暖行动”，推动各地农民工劳动合同签订率普遍提高。2008年，“春暖行动”新增农民工签订劳动合同人数400万人左右。上海、河南、福建等省市规模以上企业农民工劳动合同签订率达到了90%以上，广东、广西、山西、甘肃等省区也超过了80%。北京、云南、宁夏等地1年以上的劳动合同增长了20%~30%，短期劳动合同签订率有所下降。同时，“春暖行动”也带动农民工参加社会保险的比例有较大提高。三是农民工劳动安全、劳动保障等权益维护力度不断加大。安监部门认真组织各地按照《关于加强农民工安全生产培训工作的意见》要求，重点推进煤矿、非煤矿山、危险化学品、烟花爆竹、建筑施工、交通运输等高危行业农民工安全培训，2008年共培训农民工1 965万人次。加大了安全事故的查处力度，全年共查处各类生产安全事故7 698起。继续以乡村小煤矿、小矿山、小砖窑、小作坊为重点，组织开展整治非法用工、打击违法犯罪专项行动。建筑行业在全国重点施工工地组织开展了“千万农民工同上一堂课”安全培训活动。四是农民工劳动争议调解仲裁和法律援助工作得到加强。劳动争议调解仲裁机构认真贯彻《劳动争议调解仲裁法》，面对劳动争议案件急剧上升的情况，建立了方便农民工申诉的“绿色通道”，最大限度地保障仲裁程序快捷，帮助农民工实现仲裁救济权利。各级司法部门和人民法院积极开展农民工法律援助、法律服务和司法救助，全年共办理农民工法律援助案件19.1万件。

三、农民工培训和就业服务工作取得了新成绩

一是大力开展农民工职业技能培训。各地、各有关部门针对农民工就业难的问题，加强有针对性的职业技能培训和就业服务工作。2008年，中央和地方财政继续加大农民工培训投入。教育、人力资源和社会保障、农业、科技、扶贫等部门组织实施的农村劳动力转移培训、农村劳动力技能就业培训、“阳光工程”、“星火计划”、“雨露计划”共培训2 300万人。二是为农民工提供就业服务。各级人力资源和社会保障部门积极开展“春风行动”，公共就业服务机构免费为农民工提供就业信息、政策咨询、就业指导、职业介绍服务，共举办农民工专场招聘会16 500多场，免费为农民工提供职业介绍服务1 500多万人次。商务部门积极加强国际劳务合作，引导农民工通过正规渠道境外就业。三是鼓励农民工返乡创业和农村劳动力就地就近转移就业取得新进展。有关部门共同制定了《关于促进以创业带动就业工作的指导意见》，明确了有利于农民工创业的税收优惠、小额担保贷款、资金补贴、场地安排等扶持政策，金融税务部门采取多种政策措施，扶持农民工返乡创业，并带动了当地农民转移就业。

四、农民工参加社会保险覆盖面持续扩大

一是大力推进农民工参加工伤保险。针对农民工参保率低的问题，继续组织实施以矿山、建筑等高风险行业农民工参加工伤保险为主要内容的“平安计划”，带动商贸、餐饮、住宿等服务行业农民工的参保工作。二是农民工参加医疗保险有较大幅度增加。以进城农民工大病统筹为重点，积极推进农民工参加医疗保险。2008年年底，农民工参加工伤保险人数达4 976万人，比上年年底增加996万人，增长25%；农民工参加医疗保险的人数达4 249万人，比上年年底增加1 118万人，增长35.7%；农民工参加企业职工基本养老保险人数达2 416万人，比上年年底增加570万人，增长30.9%。三是研究制定农民工基本养老保险办法。在深入调研、反复论证的基础上，拟定了适合农民工特点的《农民工参加基本养老保险办法》，已经向全社会征求意见。

五、农民工公共服务水平不断提高

一是保障农民工子女平等接受义务教育。教育部门加大力度落实“以流入地政府管理为主和以公办中小学为主”的政策，在城镇中小学就读的农民工子女，有80%在公办学校上学，并且免除了义务教育阶段的学杂费。二是做好农村留守儿童的有关工作。全国妇联等有关部门继续开展“共享蓝天——全国关爱农村留守流动儿童大行动”，农村留守儿童托管中心发展到6 500多所，留守儿童家庭教育服务机构发展到3万多个，“代理家长”达到315万人，使农村留守儿童的生活学习环境得以逐步改善。三是多渠道改善农民工居住条件。各地和有关用人单位按照住房城乡建设部等五部委下发的《关于改善农民工居住条件的指导意见》要求，多渠道、多形式改善农民工居住条件。北京、上海等地以及国资委所属的建筑企业农民工从工棚搬进了简易工房。四是加强社区管理服务工作。各地宣传、文化、民政等部门和共青团还积极采取免费开放文化馆、博物馆、社区娱乐设施和举办形式多样的文娱活动等措施，丰富农民工的精神文化生活。卫生部门加强了对农民工的职业病防治和预防艾滋病的宣传教育工作，增加了农民工适龄儿童免费接种疫苗的项目。

六、组织开展全国优秀农民工评选表彰活动

按照《国务院关于解决农民工问题的若干意见》中“对优秀农民工要给予表彰奖励”的要求，2008年，国务院农民工工作联席会议办公室组织各地、各成员单位开展了全国优秀农民工评选表彰活动。11月16日，国务院农民工工作联席会议在北京人民大会堂隆重召开表彰大会，对1 000名全国优秀农民工进行了表彰奖励，对100个农民工工作先进集体进行了通报表扬。国务院副总理、联席会议总召集人张德江同志出席会议并作了重要讲话，对农民工在改革开放和社会主义现代化建设中作出的历史贡献给予了高度评价，对切实做好当前和今后一个时期的农民工工作提出了要求。此外，联席会议还根据《国务院关于解决农民工问题的若干意见》中“对农民工中的劳动模范、先进工作者和高级技工、技师以及其他有突出贡献者，应优先准予落户”的有关精神，准许受到表彰的1 000名优秀农民工将户口从原籍所在地迁入到就业地城市。同时，为进一步营造关心、爱护和尊重农民工的社会氛围，农民工办还组织了中央各大新闻媒体对表彰活动和全国优秀农民工先进典型进行了广泛的宣传报道。

七、积极做好特大自然灾害期间的农民工工作

一是积极妥善处理2008年年初南方部分地区雨雪冰冻灾害期间农民工集中返乡和就地过节问题。为了有效应对和解决雨雪冰冻灾害给农民工回乡过春节带来的各种困难和问题，国务院农民工工作联席会议办公室下发了《关于做好2008年春运期间农民工工作的紧急通知》，要求各地农民工工作协调机构组织力量，帮助滞留在路途中的农民工解决生活急需和交通运输问题，使大部分农民工实现了回家过春节的愿望，或在务工地度过了一个祥和的春节。二是全力做好抗震救灾期间的农民工工作。“5·12”汶川特大地震发生后，国务院农民工工作联席会议办公室于5月14日及时下发了《关于做好抗震救灾期间农民工工作的紧急通知》，要求各地农民工工作协调机构及时开展调查摸底工作，主动做好灾区农民工的安抚慰问和提供通信联络、返乡交通保障等服务工作。5月20日，再次下发通知，要求各地进一步做好灾区农民工的工资支付、劳动合同管理、就业援助服务等工作。各地、各部门高度重视，积极采取有效措施，为灾区农民工返乡重建家园和转移就业提供了强有力的支持和帮助。

法 制 建 设

2008 年是机构改革之年，人力资源和社会保障法制工作在原人事法制建设、劳动和社会保障法制建设基础上，统筹规划，围绕中心，服务大局，加强立法，推动普法，妥善处理行政争议，积极推进执法监督，为人力资源和社会保障事业提供了有力的法制保障和良好的法律服务。

一、人力资源和社会保障立法工作取得积极进展

年初，原人事部、劳动和社会保障部都制定了年度立法计划。人力资源和社会保障部成立后，围绕中心任务和重点工作，以“一法一条例”（即《社会保险法》《劳动合同法实施条例》）为重点，统筹推进各项立法。2008 年，起草和审查修改法律、行政法规和部门规章草案共计 22 项。立法工作取得了积极进展，对进一步构建和完善人力资源和社会保障法律体系奠定了坚实基础。

（一）《社会保险法》审议修改工作进展顺利

人力资源和社会保障部把配合全国人大常委会审议修改好《社会保险法》作为立法的重点任务，开展了大量细致的工作。一是积极配合全国人大法律委、财经委、人大常委会法工委等机构开展了专题立法调研；二是配合组织了由人大代表、有关部门、专家学者和用人单位参加的一系列立法座谈会；三是及时梳理研究立法中的重点、难点问题，形成多套协调方案；四是部领导和工作层围绕不同修改阶段的重点、难点问题向人大有关机构进行反复汇报沟通；五是配合法工委对一审稿连续作了 7 次讨论修改。12 月 5 日，全国人大法律委对《社会保险法（草案）》进行了审议，并提出修改意见；12 月 23 日，十一届全国人大六次会议对草案进行了第二次审议，12 月 28 日将草案全文向社会公开征求意见，引起了社会各界的高度关注和热烈反响。

（二）《劳动合同法实施条例》顺利出台

《劳动合同法实施条例》是人力资源和社会保障部今年的一个重点立法项目。该条例的制定背景特殊，情况复杂，关注度高，时间紧迫。2008 年 1 月 1 日《劳动合同法》施行，为更好地贯彻落实《劳动合同法》，人力资源和社会保障部积极配合国务院法制办制定了《劳动合同法实施条例（草案）》，并开展了一系列立法调研和座谈论证，听取各有关方面的意见，对草案进行了反复研究修改。国务院领导十分重视该条例的起草，温家宝总理多次批示，国务院领导多次协调。9 月 3 日，国务院第 25 次常务会议审议通过了《劳动合同法实施条例》，9 月 18 日，温家宝总理签署第 535 号国务院令公布了《劳动合同法实施条例》，自公布之日起施行。该条例的公布实施，使社会各界对《劳动合同法》的持续热议渐趋平息。

（三）全力做好有关法律法规的立法协调、审查修改、法律适用衔接等工作

一是配合国务院法制办对《工伤保险条例（修订草案）》《女职工劳动保护规定（修订草案）》《事业单位人事管理暂行条例（草案）》《职业技能培训条例（草案）》作了进一步的修改完善。其中，《工伤保险条例（修

订草案)》，各方已基本协商一致，法制办将择机提请国务院常务会议审议。此外，《国家荣誉称号和勋章法（草案)》《国务院荣誉称号条例（草案)》经部务会通过后正式上报国务院。

二是对于涉及人力资源和社会保障部职能的其他法律法规，注意跟踪了解情况，积极配合做好立法协调工作。根据国务院法制办召开的《兵役法修正案》修改工作座谈会的具体修改情况，研究提出了对《兵役法修正案(草案)》的修改意见。

三是配合有关单位，就人事争议仲裁适用法律以及省级以上机构设置等问题与全国人大法工委等部门多次沟通协调，根据达成的一致意见，起草了给上海市人事局的答复意见，并抄送其他省市人事部门，形成了较好的立法协调沟通工作机制。

（四）部门规章制定工作按计划推进

根据《公务员法》《劳动争议调解仲裁法》《职工带薪年休假条例》等法律法规，制定颁布了相关的配套规章，全年颁布规章共11个，包括:《公务员职务任免与职务升降规定（试行)》《公务员调任规定（试行)》《新录用公务员任职定级规定》《公务员培训规定(试行)》《公务员申诉规定（试行)》《公务员奖励规定（试行)》6个公务员法配套规章，《关于违反信访工作纪律处分暂行规定》《违反土地管理规定行为处分办法》《海域使用管理违法违纪行为处分规定》3个联合规章，《机关事业单位工作人员带薪年休假实施办法》《企业职工带薪年休假实施办法》2个实施办法。部务会还原则通过了《劳动人事争议仲裁办案规则》和《公务员考试报考者违纪违规处理办法》，将于2009年择机发布。

（五）法律清理工作如期完成

一是根据全国人大要求，对《劳动法》《劳动合同法》《就业促进法》《公务员法》《工会法》等10部涉及人力资源和社会保障方面的法律进行了集中清理，提出清理意见，并对与人力资源和社会保障工作有关的若干法律提出清理建议。

二是按照国务院办公厅、国务院法制办关于开展行政法规规章清理工作的通知要求，对现行54部人事规章进行了初步清理，并向国务院法制办报告了清理情况，建议废除3部，暂保留51部，待时机成熟时再行清理。

三是会同全国总工会，对其管理劳动保险工作期间制定的158个劳动保险政策文件进行了初步清理，对由全国总工会或其他部门牵头制定的123个文件，已将清理意见函复全国总工会；对由人力资源和社会保障部牵头制定的35个文件，形成了初步清理意见；对由人力资源和社会保障部与相关部门联合发文的15个文件，已征求了相关部门的意见。

二、人力资源和社会保障普法工作得到全面加强

2008年机构改革，又恰逢“五五”普法中期，经积极筹划，采取一系列措施，有效推动了普法工作的深入开展，保证了人力资源和社会保障系统普法工作不断档、上水平、出实效。

（一）推动计划任务的完成

指导各地完成了年初原两部分别下发的人事系统和劳动保障系统普法工作实施意见确定的计划任务，组织编写了劳动保障系统“五五”普法教材。

（二）调整健全了普法领导小组

为保障新部组建后普法工作有效开展，根据中央要求及人力资源和社会保障部机构改革情况，及时调整充实了人力资源和社会保障系统普法领导小组，尹蔚民部长任组长，张小建副部长任副组长，部内有关职能部门负责同志为成员，普法领导小组办公室设在法规司。

（三）研究确定了普法工作的基本思路

在对原人事、劳动保障两部普法工作和全国普法办有关要求进行梳理、对普法形势任务进行分析的基础上，研究提出了推动人力资源和社会保障“五五”普法的工作思路，确定了工作安排。

（四）积极开展普法教育宣传活动

为推动《就业促进法》《劳动合同法》《劳动争议调解仲裁法》及《劳动合同法实施条例》的学习贯彻，开展了一系列普法教育和宣传培训活动。一是组织了普法电视大赛等宣传教育活动；二是组织了《就业促进法》《劳动合同法》《劳动争议调解仲裁法》3部法律的系列培训班；三是《劳动合同法实施条例》公布后，及时编发了宣传提纲，举办了在线访谈，联合国务院法制办举行了新闻发布会；四是组织编写了《“三法一条例”宣传手册》，免费向群众发放，以图文并茂的形式，深入浅出地普及法律知识；五是在全国集中开展了“三法一条例”普法宣传月活动。

（五）组织开展系统检查、评优工作

组织开展全系统“五五”普法中期督导检查和全国“五五”普法中期先进集体、先进个人和先进工作者评选推荐工作。这两项工作配套进行，有力地推动和促进了全系统“五五”普法的深入开展。

三、人力资源和社会保障执法监督工作稳妥开展

（一）依法处理行政争议

2008年，共处理行政复议申请239件，处理行政应诉案件6件。为妥善处理这些行政争议案件，着重加强了3个方面的工作：一是积极与法院和法制机构协商沟通，力争对所涉及的法律问题达成共识；二是加强与省级人事、劳动保障厅局的协调，争取配合、理解，促其主动纠正违法或不当行政行为，尽量避免撤销其决定；三是耐心细致地与复议申请人沟通和开展解释、劝导工作，力争以调解、和解方式解决争议，防止矛盾激化。

（二）加强疑难案件分析指导

2008年行政复议案件有3个特点：一是案由比较集中，主要集中在养老待遇、退休审批、工伤认定、劳动监察和人事争议5个方面；二是涉及面广，动辄涉及几百人甚至几万人，处理不好极易引发群体性事件；三是历史遗留问题和政策模糊引发的疑难案件多，处理难度极大。针对这种情况，为加强对地方的指导，12月在广州召开人力资源和社会保障系统行政复议案例研讨会，通过对典型疑难案件的剖析研究，总结经验，把握规律，指导各地提高依法行政能力和行政复议办案水平。

（三）进一步清理行政审批项目

按照国务院审改办要求，研究汇总人力资源和社会保障部保留的行政许可和非行政许可审批项目，对各项目的法律法规和政策依据进行了梳理，配合国务院审改办对有关项目的内容进行了核实，为接下来进一步清理和对外公布奠定了基础。

劳动保障监察

一、全力做好抗震救灾期间和奥运会期间的劳动保障监察工作，确保特殊时期劳动关系和谐与社会稳定

四川汶川特大地震发生后，人力资源和社会保障部要求各地劳动保障监察机构认真按照部里和各地党委、政府的统一部署，会同有关方面采取有效措施，全力做好灾区外出农民工的维权工作。广东、安徽、陕西等地对涉及灾区外出农民工的举报投诉案件优先处理、特事特办，辽宁、山东、新疆等地开设了专门的服务窗口、"绿色维权通道"，保证结清返乡救灾农民工的工资，并协调用人单位保留工作岗位。这些工作有效地维护了灾区外出农民工的合法权益，有力地支援了抗震救灾工作。

为确保北京奥运会的顺利举办，实现"平安奥运"的目标，人力资源和社会保障部于2008年7月下发了《关于进一步做好劳动保障监察工作的通知》（人社厅明电［2008］24号），要求各地在奥运会期间进一步加强劳动保障监察工作，维护劳动者权益和社会稳定。各地特别是北京、上海、天津、辽宁、山东、河北等承办奥运会项目地区的劳动保障监察机构要牢固树立大局意识、服务意识，为实现"平安奥运"的目标，采取有效措施，畅通举报投诉渠道，方便、快捷地受理职工群众的举报投诉。尤其是对涉及农民工等人数较多的群体性投诉案件，做到有案必接、接案必查、查案有果。

二、集中力量抓好专项检查和大要案的查处工作，树立劳动保障监察的权威和公信力

人力资源和社会保障部集中力量在全国范围内开展了农民工工资支付情况，清理整顿人力资源市场秩序，整治非法用工、打击违法犯罪，用人单位遵守《劳动合同法》情况4次专项检查。通过农民工工资支付情况专项检查，共责令企业支付93.5万名农民工被拖欠的工资及赔偿金10.66亿元。通过清理整顿人力资源市场秩序专项行动，共立案查处职业介绍违法案件1万多件，取缔非法职业中介4 927家。通过整治非法用工、打击违法犯罪专项行动，共督促用人单位补签劳动合同136万份，补发劳动者工资和经济补偿金2.11亿元。通过开展用人单位遵守《劳动合同法》情况专项检查，督促用人单位与188.3万名劳动者补签了劳动合同，责令用人单位为28.8万名劳动者支付拖欠工资4.1亿元，为3万多名劳动者支付双倍工资3 750万元，责令用人单位为4.9万名劳动者退还押金2 126万元，为8 800多名劳动者支付经济补偿及赔偿金2 336万元，责令用人单位办理社会保险登记3.5万家，补缴社会保险费6.1亿元，公布严重违法用人单位817家。在开展上述专项检查的同时，人力资源和社会保障部按照中央领导同志的批示，指导和督促相关地区劳动保障部门依法查处了一些侵害劳动者权益的重大案件。

三、强化劳动保障监察日常检查，在依法维护劳动者合法权益方面取得明显成效

地方各级劳动保障监察机构从提升执法能力入手，不断加大日常巡视检查、举报投诉案件专查和用人单位书面材料审查工作的力度。2008 年，劳动保障监察机构共主动检查用人单位 180.8 万家，涉及劳动者 10 296.5 万人；查处各类劳动保障违法案件 48.3 万件；审查了 171.2 万家用人单位报送的书面材料；参与处理群体性突发事件 2.1 万件，涉及劳动者 182.8 万人。通过劳动保障监察执法，责令用人单位为 1 561.7 万名劳动者补签了劳动合同，责令用人单位补发 698 万名劳动者的工资待遇等费用 83.3 亿元，督促 16.4 万家用人单位补缴社会保险费 49 亿元，督促 12.6 万家用人单位办理了社会保险登记、申报。

四、创新劳动保障监察执法模式，积极推进“网格化、网络化”管理工作

2008 年，人力资源和社会保障部对各地组织开展劳动保障“网格化、网络化”（以下简称“两网化”）管理工作情况进行了摸底调查，深入基层调研并召开有关部门和地方劳动保障部门参加的座谈会，在全面总结各地经验的基础上，研究制定了《关于开展劳动保障监察“两网化”管理工作试点的意见》（人社部发［2009］4 号）和试点方案，对试点工作作出了安排和部署。下一步，将指导地方按照总体规划逐步推进“两网化”管理工作试点，建立网格化监管制度和网络化管理信息系统，实现监察执法模式由被动反应型向主动预防型转变，逐步建立起适应经济发展的覆盖城乡的劳动保障监察执法工作体系。

五、加强劳动保障监察制度建设，进一步规范劳动保障监察执法行为

积极参与《劳动合同法》《就业促进法》《劳动争议调解仲裁法》配套法规和规章等的立法研究工作，就《劳动合同法实施条例》《劳动争议仲裁办案规则》《贯彻劳动合同法的若干意见》等提供监察执法内容的立法建议。开展劳动保障重大违法行为社会公布制度研究，深入推动各地全面建立企业劳动保障守法诚信制度和举报奖励制度。组织制定了《人力资源和社会保障部贯彻落实中国反对拐卖妇女儿童行动计划和实施计划》及其实施细则；组织制定了人力资源和社会保障部门关于《〈残疾人法律救助“十一五”实施法案〉实施办法》等。积极参与《劳动法》《劳动合同法》《工会法》《劳动争议调解仲裁法》等法律的清理工作。指导各地不断推进地方劳动保障监察立法，完善监察程序制度和管理制度，规范监察执法行为，提高依法行政水平。2008 年青海省出台了《青海省劳动保障监察条例》，广西壮族自治区出台了《劳动保障监察办法》。

六、劳动保障监察机构队伍建设取得新进展，为依法维护劳动者合法权益和社会稳定提供了组织保障

人力资源和社会保障部下发了劳动保障监察机构人员调查表，对各地监察机构和配置监察员的现状进行深入详细的调查，结合调查情况，对劳动保障监察机构队伍建设情况进行分析研究，为下一步开展劳动保障监察标准化建设工作打下了基础。继黑龙江、甘肃等地设立劳动保障监察局之后，2008 年，辽宁、安徽两省成立了公务员编制的劳动保障监察执法局。

规 划 统 计

一、规划工作

2008年，各地认真落实“十一五”规划和年度事业发展计划目标任务，人力资源和社会保障规划计划工作取得积极进展。

（一）大力推动“十一五”规划实施

各级人事、劳动保障部门认真开展“十一五”规划中期评估，客观评价了“十一五”前半程人力资源和社会保障事业发展状况，对后半程的事业发展提出了有针对性的政策建议。评估结果表明，各项规划指标实现了时间过半、任务完成过半的进度要求。部里的中期评估报告得到评审专家的较高评价。全国人大财经委听取了人力资源和社会保障部“十一五”规划进展情况的汇报，对规划执行情况给予充分肯定。通过开展中期评估，有力地促进了“十一五”规划的执行。

认真抓好“十一五”规划重点项目的落实。目前，12个规划项目均已立项且基本落实资金，有些项目边建设边发挥效益。另外，按照中央关于扩大内需、促进经济增长的决策部署，积极争取有关项目和资金。通过实施重点项目，带动一批重大制度改革向纵深推进，提高了人力资源和社会保障公共服务能力。

（二）科学编制、有效实施事业发展年度计划

一是认真做好2008年人力资源和社会保障年度计划各项工作。年初，部里分别制定下发了2008年劳动保障事业发展计划和就业再就业专项计划，明确了当年劳动保障事业发展的目标任务。定期开展计划执行情况监测分析，在全国人力资源和社会保障工作会议上，对事业发展计划完成情况进行了通报。从统计数据来看，2008年人力资源和社会保障事业发展计划执行情况总体良好，城镇新增就业人数、新增技师和高级技师人数、社会保险扩面征缴、能力建设等计划指标均完成或超额完成全年计划。二是科学编制2009年人力资源和社会保障事业发展计划。积极适应大部制改革的新形势，有机整合人事、劳动保障事业发展指标，紧紧围绕人力资源和社会保障中心工作，将一些关键指标纳入年度计划，初步形成了人力资源和社会保障事业发展计划指标体系。本着突出重点、积极务实、科学合理、综合测算的原则，客观分析金融危机和各项政策调整对人力资源和社会保障事业发展的影响，合理确定各项计划目标，较好地发挥了计划的导向作用。

（三）及时制定和实施灾后重建规划

汶川地震给灾区就业和社会保障公共服务设施带来严重损害，为做好灾后恢复重建工作，人力资源和社会保障部按照国家灾后重建规划组的统一部署，会同四川、甘肃、陕西三省人事厅、劳动保障厅组织开展重建规划编制工作。经过实地调研，摸清了灾区就业和社会保障公共服务设施损毁情况和恢复重建需求，明确了“统筹规划、科学布局、集中统一建设”的基本思路，组织起草了《汶川地震灾后恢复重建就业和社会保障公共服务设施规划》，以建立健全覆盖城乡、惠及全体居民的就业和社会保障公共服务体系为目标，重点恢复重建4类项目，包括县（区）就业和社会

保障综合性公共服务场所建设项目、基层就业和社会保障工作平台建设项目、就业和社会保障公共服务信息系统建设项目、技工院校建设项目，并明确了各类项目的建设标准、投资估算和资金安排。计划用3年左右时间基本完成恢复重建任务，并使各项服务功能达到或超过灾前水平。规划的编制为灾后恢复重建工作提供了依据，对灾区就业和社会保障公共服务尽快恢复运转具有重要意义。该规划列入《汶川地震灾后恢复重建公共服务设施建设专项规划》中，经专家论证和公开征求意见，已由发展改革委等11个部门发布实施。

（四）大力指导和促进区域协调发展

2008年部里下发了促进新疆、宁夏人力资源和社会保障事业发展的指导意见，促成人力资源和社会保障部分别与重庆市和成都市人民政府签署共同推进统筹城乡人力资源和社会保障发展与改革备忘录，与天津市人民政府签署共建促进以创业带动就业试验区备忘录，组织开展青海等省藏区、云南兴边富民工程、西部大开发、长江三角洲地区、珠江三角洲地区、海峡西岸、长株潭和武汉城市圈等区域人力资源和社会保障政策研究及规划编制工作。

（五）配合开展国家中长期人才发展规划编制工作

为进一步实施人才强国战略，按照中央人才工作协调小组的部署，配合中组部牵头编制国家中长期人才发展规划纲要（2009—2020年），积极参与并承担了专业技术人才队伍、技能人才队伍和农村实用人才队伍建设专题研究任务。

二、统计工作

2008年，人力资源和社会保障统计工作在建立健全制度、理顺工作机制、整合统计报表、提高统计服务水平等方面取得了明显成效。

（一）有机融合，建立健全统计工作制度

人力资源和社会保障部组建以后，我们立足工作实际，制定了《人力资源和社会保障部统计工作管理办法》，在部内建立了“统一管理、分工负责”的统计工作管理体制。

为适应人力资源和社会保障事业发展，我们以原人事、劳动保障两部统计报表制度为基础，制定了《人力资源社会保障统计报表制度》，经国家统计局批准印发各地执行。

按照学习实践科学发展观活动的总体部署和部领导要求，开展统计工作专题调研，摸清统计工作的现状，查找统计工作存在的问题，提出解决这些问题的措施，并按照工作安排稳步推进。

（二）开拓创新，不断完善统计调查方法

开展人力资源和社会保障基本情况调查。为贯彻落实党中央、国务院对就业再就业、社会保险、人才队伍建设、劳动关系和农民工工作的一系列重大部署，于2008年10月在全国30个城市1 000个社区开展了人力资源和社会保障基本情况调查。通过社区入户调查和农民工访谈等方式进一步摸清劳动合同签订、工资支付、工时休假、社会保险参保、人才队伍建设及农民工权益维护等方面的情况。

建立就业相关数据快速调查制度。为积极应对金融危机对就业的影响，及时了解就业形势的变化，准确掌握最新动态，在10个省建立了就业相关数据快速调查制度，按旬统计农民工返乡及外出数据和企业减员及岗位流失数据。

积极开展人才统计工作。按照中央人才工作协调小组的安排，研究制定了专业技术人才、技能人才和农村实用人才统计指标体系，完成了公有经济企业经营管理人才、公有经济企事业单位专业技术人才、技能人才队伍和农村实用人才队伍的数据采集工作。

（三）围绕中心，深入开展统计分析工作

围绕就业再就业形势、社会保险参保等热点问题，深入开展调查研究，完成了多篇质量较高的分析报告。特别是国际金融危机爆发以后，为科学判断危机对我国就业形势的影响，完成了《我国就业态势分析》等有价值的分析报告。

为充分调动各地开展统计分析的积极性，人力资源和社会保障部从各地上报的分析报告中评选出《北京市职工工资收入状况及相关问题研究》等 17 篇统计分析报告进行表彰，并编印了《全国人力资源社会保障综合统计优秀分析报告选编（2007—2008 年度）》。

（四）加强服务，及时编印统计数据资料

编印《人力资源社会保障统计摘要》《人力资源社会保障主要统计数据快报》《国有事业、企业单位人才资源统计简要资料（2008）》《中国劳动统计年鉴（2008）》等相关数据资料。搜集整理汶川地震灾区就业和社会保障主要统计数据。会同国家统计局发布了《2007 年劳动和社会保障事业发展统计公报》，向社会各界及时宣传人力资源和社会保障事业的进展情况。

信息化建设

2008 年，按照部党组提出的“完整、正确、统一、及时、安全”的总要求，大力推进“金保工程”建设，全国信息化建设进度逐步加快，统一程度显著提高，并呈现出数据集中管理、系统整合、体制创新的新特点，应用效果初步显现。

一、新部组建后的技术环境保障工作基本到位

完成了人力资源和社会保障部外网项目改版页面设计，开通了人力资源和社会保障部网站，并保证网站的正常安全运行和信息更新。完成了新部办公系统的调整和移植工作。完成了新部组建后政府专网和内、外网域名系统，以及相应邮件系统的整合。完成了新部东西院网络整合方案设计，东西院内网和外网的互联互通，以及西院内网服务器系统向东院的迁移和东院外网服务器系统向西院的迁移。配合内网、专网、外网分离和东西院网络互联工程，调整了安全设备部署和策略实施，确保调整后的网络和系统安全。

二、示范城市建设取得新进展

加强了对已挂牌示范城市的督促和指导，建立了相关情况的报告制度，推动这些城市的系统建设和应用水平进一步提高，对其他城市的典型示范作用日益显现。扩大了示范城市范围，根据“金保工程”建设需要，在各地推荐的基础上，新确定了 69 个城市为第二批“金保工程”示范城市，对于加快这些地区的“金保工程”建设步伐，在全国范围内形成“示范带头、整体推进”的工作局面，起到了积极的促进作用。

三、数据中心统一程度普遍提高

在 2007 年部中央数据中心正式投入使用的基础上，2008 年按照“金保工程”一期建设计划以及内网、专网、外网分离的要求，完成了中央数据中心硬件和系统软件的采购、安装实施工作，实施后中央数据中心可以满足“金保工程”一期各项应用的需求。进一步完善了数据中心运行维护管理制度、流程和策略，完成了数据中心网络病毒防范系统、网络安全访问控制和入侵防护，以及网络安全监测审计系统等的监控和管理。省、市两级数据中心建设也取得较大进展。各地通过设备集中、人员集中和数据集中，使得数据中心统一程度逐步提高。据统计，全国共有 248 个地区（包括 4 个直辖市、26 个省级劳动保障部门和 218 个地市）建立了统一的劳动保障数据中心。

四、全国联网工程建设取得成效

依托国家电子政务外网，开展了业务专网部省骨干网主用线路的切换调整以及备用线路的建设工作，目前已连通 22 个省节点备用线路。进一步推进省市联网和市域网建设，已有 25 个省份实现了与所辖全部地市的联网。在全部地级以上城市中，87.3% 的城市实现了与省数据中心的联网，市域网覆盖了 84.5% 的经办机构，有条件的地区已延伸到街道、社区。进一步推进部、省、市三级互联工作，与

19个省份实现了三级网络互联，其中10个省份可将部里召开的视频会议直接开到地市。初步形成了主备双链路、多业务共享、高效传输、统一管理、分级维护的全国网络体系。

五、联网应用稳步推进

继续推进养老保险监测、失业登记和失业保险监测工作。截至2008年第二季度，养老保险监测上传数据量已达到1.68亿参保人员，占同期参保人员总数的89.2%；2008年第三季度，平均每月有25个省份上报了失业监测数据，2008年9月，数据量已达到440.3万条。完成了养老保险监测指标的调整工作，进一步完善了失业监测数据情况通报制度，加强了联网监测数据整理工作，上传数据质量进一步提高。加强了对监测数据的分析工作，监测数据在支持宏观决策方面的作用进一步体现。制定并下发了工伤保险联网监测、社会保险基金财务交换库、医疗与生育保险上报指标和工作要求。基本建立了交换区业务、财务数据上报制度。以联网监测、财务交换库、基金报表、异地总线、认证软件包为实施内容的交换区部分应用软件实施工作于2008年11月全面开展。在长三角及新疆生产建设兵团地区开展的异地业务联网应用试点正稳步推进。与人民银行数据交换工作稳妥有序地进行，完成了征信接口系统的部署，交换频度由每季度交换一次增加为每两月交换一次，交换地区即将扩大到所有省会城市和计划单列市。

六、统一应用软件研发和应用工作进展顺利

“金保工程”一期各统一应用软件正按计划实施。其中，社会保险管理信息系统核心平台三版软件基本完成了开发任务，并初步验收；基层管理信息系统软件已通过部里组织的最终验收，并完成了在泰安、郑州、渭南等地的试点实施工作；财务接口及报表管理软件已初步验收，正在部分地区进行试运行；联网监测软件已初步验收，并安排在湖南、辽宁两省进行试点；社会保险基金监管软件已初步验收，并对在泰州试点情况进行了调研；异地业务（含异地退管、异地转移、异地就医模块）软件已初步验收；宏观决策支持系统软件基本完成了开发，正在做初验准备；公共服务应用软件中“用工备案管理信息系统”“职业培训信息管理系统”“社会保险信息查询系统”的开发、系统的基本部署和初步验收已完成，并根据用户要求进行了培训和试运行。在应用软件总集成方面，确定了异地业务总线传输方案，完成了异地业务服务总线数据类传输的封装开发和测试，并着手进行各统一应用软件的联调测试，目前交换区软件的集成联调测试工作已完成。加大了社会保险核心平台二版和劳动99三版两个核心业务软件的推广力度，江苏、河南、安徽、山东、广东、湖北等统一进行全省本地化实施的省份，都取得了较大的进展。配合农村社会保险司完成农村养老保险系统的试点和实施工作，并与农业银行对系统规划和实施方案进行了研讨。跟踪完善社会保险费征管方式改革试点系统的开发进展，目前系统已经开发完毕。

七、公共服务系统建设和应用取得新成效

加强了对各地区政府部门网站建设和“12333”电话咨询服务中心建设的指导。截至2008年10月，已有299个地级以上劳动保障部门建立了政府网站，占总数的81.3%；包括4个直辖市在内的19个省级劳动保障部门规划采用全省集中模式建立电话咨询服务中心，其中15个省份已经建成并开通使用。全国229个地级以上城市开通了“12333”专用公益服务电话号码，其中168个建立了有技术平台支持的电话咨询服务中心或依托省里统一的电话咨询服务中心开展工作。社会保障卡发放范围日益扩大，截至2008年9月，社会保障卡发行量累计达4 400多万张，截至2008年年底，全国共有106个地区完成社会保障卡发行注册，无锡、杭州、泰州等国产算法试点城市进入应用阶段。完成了中央机关及其直属机构2009年考试录用公务员网上报名和国际职员招考网上报名工作。

八、对部分重大项目预研和设计取得新成果

开展了人事人才信息系统与劳动保障信息系统整合研究工作。结合学习实践科学发展观，就整合人事人才信息系统与劳动保障信息系统进行了广泛深入的调研。召开了部分省份参加的“人力资源和社会保障信息化建设调研会”，就建设统一规范的人力资源和社会保障信息系统问题进行了广泛的研讨。完成了科技支撑计划项目《劳动保障公共服务业务与信息技术体系关键技术研究及重大应用》的可行性论证工作。参与研究农民工养老保险办法和经办规程，组织研究和细化了农民工养老保险信息系统需求。目前，《农民工养老保险信息系统需求分析说明书》已基本成形，《金保工程农民工养老保险信息系统建设项目需求分析报告》也已编制完成并向国家发展改革委报送。积极推进人事人才信息化工程申请立项工作。根据国家发展改革委高新技术司对《人事人才信息化工程项目建议书》的答复意见，着手编制《全国人事人才信息化工程需求分析报告》。开展了“金保工程”二期立项的前期准备工作。

九、对地方的指导力度加大

加强对地方的调研和分类指导，开展了全国人力资源和社会保障系统情况调查，考察了地方人事、劳动和社会保障系统的信息化建设情况，收集并整理相关调研材料，为两个信息中心合并后的资源整合与业务系统的融合提供参考。指导并催报各省市人事厅（局）落实《地方配套资金承诺函》，积极落实人事人才信息化工程地方配套资金，截至2008年11月，收到地方配套资金承诺函33份，其中省级24份，副省级城市和新疆生产建设兵团等9份。

科 学 研 究

一、人事科学研究

2008 年，人事科学研究工作以科学发展观为统领，围绕更好地实施人才强国战略这条主线深入开展课题研究、项目开发以及举办研讨会等各项工作，努力提高科研能力和管理水平。一年里，累计完成科研项目 88 项，直接承担中央和部领导交办的研究工作 22 项，直接参与中央政策文件和部领导讲话、调研文稿 24 件，国家级（基金）课题 4 项。全年出版科研专著 14 部，共计 350 万字，公开发表论文 109 篇。

（一）课题研究和项目开发工作

紧紧围绕部中心工作，着力于关乎人力资源和社会保障事业长远发展的前瞻性、基础性、战略性问题研究，针对人力资源和社会保障工作的重点、难点和热点问题，推出了一批对实践有指导意义和对决策有参考价值的理论成果。

一是着力于开拓具有学科前沿水平和重大意义的科研课题，承担并组织实施了 4 项国家级（基金）课题，取得了较好的成绩。主要包括：国家软科学项目《人才强国战略指标体系研究》、世界银行 TCC5 项目《合理调控公务员地区收入差距研究》、国家 863 重大专项课题任务的组成部分（有关保障我国国际海底区域开发战略实施的特殊人才队伍建设的人事管理方案）研究、亚洲区域合作专项资金项目《公共服务均等化研究》。

二是充分发挥决策部门参谋团、思想库和智囊团的职能作用，推出了一系列具有战略性、全局性、指导性的研究成果。主要包括：中组部交办的《人才强国战略体系研究》《专业技术人才队伍建设战略研究》《职称制度改革研究》《领导干部年度考核方法技术研究》《中国共产党组织工作辞典》，以及“党的知识分子和人才工作”词条修订、“修改编写公共管理、人力资源专业考试大纲”；中组部、民政部交办的《防灾减灾人才队伍建设战略研究》；中组部、人力资源和社会保障部人教司交办的题为“中国特色的人才工作理论体系初步形成”的征文；党建研究会交办的《高中级专技人员在党政机关任职情况调查与评估》、国家学位办交办的《中国博士质量调查》《专业学位总体设计研究》等。

三是紧扣中心任务，针对实际工作的热点、难点和焦点问题，提高了科研工作为决策服务的能力。主要包括：《人力资源公共服务均等化理论研究》《公共部门公平分配理论研究》《人才强国战略理论研究》《人力资源管理体制改革研究》《公益类事业单位人事制度改革政策评估研究》《军转干部安置制度改革研究》《职业资格制度与社会化评价机制》《人力资源管理舆情应对处理机制研究》《公务员职业道德建设研究》《人事法规体系建设研究》《人才强国战略实施评价实证研究》《高层次专业技术人才激励机制研究》《人才流动宏观调控机制研究》《公益类事业单位绩效工资政策研究》《政府绩效评估法治化研究》《电子政务专业人才队伍建设研究》《分类推进事业单位改革基本问题研究》《公务员权益保障制度研究》《基层公务员队伍建设研究》《公共政策调研方法论》《事业单位法人治理结构研究》《公共就业服务监管体制研究》等。

四是结合自身科研发展需要，自立课题，加强前瞻性、探索性、先导性的理论和对策研究；同时还制定了科研工作发展规划，明确了科研发展战略目标，推动了科研工作可持续发展。主要包括：《人事公共服务体系研究》《2008—2012 年人事科研发展规划》等。

五是关注地方和企业人事科学的发展与实践，完成了一系列地方政府及社会委托课题，为人事工作实践提供了新的思路、新的技术和实际操作方法。主要包括：《昌平区街镇处级公务员能力模型研究》《北京市财政系统处科两级干部能力模型研究》《首都地区人才投入机制研究》《警务航空队岗位设置与工资保障制度研究》《浙江日报报业集团人力资源管理咨询》《无锡市人才资源现状调查与评估》《榆林市政府管理创新》《中国煤炭科工集团有限公司中层领导干部竞聘上岗测评》《中国新时代控股（集团）公司总部管理人员竞聘上岗测评》《南通绩效管理模式研究》《神木县农村社会养老保险试行办法（草案）》等。

（二）科研论坛与科研合作交流工作

10 月末，在杭州举办“推动理论创新，更好实施人才强国战略研讨会暨 2008 年全国人事科研年会”。来自全国人事人才科研机构、地方人事政策法规等工作机构和部分高校的近 70 名代表参加了研讨会。围绕人才强国战略和新时期人事人才工作的着力点，与会代表交流了人事人才理论创新的成果，探讨了推动人才强国战略实施的路径和措施。另外，年会还对加快全国人事科研机构合作网建设，多途径、多形式开展科研合作取得了共识，进一步团结了全国人事系统的科研力量。

11 月中旬，亚洲国家公共服务均等化国际论坛在江苏无锡举行，王晓初副部长出席了论坛并致辞。来自中国、柬埔寨、印度、印度尼西亚、日本、韩国、马来西亚、菲律宾、新加坡、越南等 18 个国家人事部门、劳动部门和社会保障部门的官员及相关院校的专家学者共 100 人参加了会议。与会的国内外专家学者重点就基本公共服务均等化理论、人力资源公共服务均等化和社会保障公共服务均等化进行了广泛深入的交流探讨。这是在亚洲国家和国内第一次召开公共服务均等化理论研讨会，在社会上产生了很大影响。

（三）国际交流合作工作

2008 年，获准由中国人事科学研究院在中国首发《国际行政科学学会刊物》中文版，为跻身国际行政科学研究提供了机遇和舞台。进一步深化与日本高千穗大学的学术交流，签署《合作研究补充备忘录》，围绕公务员薪酬和国有企业高层管理人员工资待遇等问题开展合作研究。围绕“合理调控公务员地区收入差距”问题，派 8 人赴美国和加拿大相关机构进行第一期世行项目考察调研。派 5 人赴美国、土耳其、香港和澳门等地参加国际研讨会，借此拓宽视野，了解最新研究动态。接待法国、韩国、老挝、孟加拉、美国、印度等国相关机构顺访，增进彼此了解，拓宽了合作渠道。派 1 人参加了印度拉吉夫·甘地基金会举办的“中印面向 21 世纪”国际论坛。

二、劳动保障科学研究

2008 年，劳动保障科研工作在部党组的正确领导和全体职工的共同努力下，以学习实践科学发展观为统领，紧紧围绕部中心工作任务，结合科研工作自身职能和特点，强化科研创新和科研队伍建设，把握发展机遇，突出重点，不断开拓，在理论创新和指导实践两个方面都有新的突破，为推动人力资源和社会保障事业全面、协调、可持续发展提供理论支撑，发挥积极作用。

（一）科研课题研究工作

重点围绕就业、劳动关系、收入分配、社会保障等领域的突出问题，组织科研力量，积极立项研究，包括国家社科基金项目及国际合作研究项目，共开展了 70 余项科研课题研究。

在促进就业、维护劳动者权益方面，紧密

围绕新部组建后的基本职能，系统分析当前需着力解决的突出问题，瞄准学术前沿开展研究。承担了部重大课题《宏观经济运行中的就业形势分析与预测》《2008 年上半年就业形势分析》《劳动合同法对就业的影响研究》的研究任务，积极配合有关促进就业问题的政策，组织开展了《宏观经济运行中的就业形势分析与预测》《国际金融危机对我国劳动就业的影响》《特殊劳动关系和灵活就业人员的劳动就业问题研究》《中国大学生就业问题研究》《我国劳动力成本变化影响及对策》《农村劳动力转移培训研究》《中国人力资源开发战略研究》等课题研究工作，形成了一批具有科学性、创新性的研究成果。参与了《劳动合同法》实施情况调研和《劳动合同法实施条例》《劳动争议调解仲裁法》的起草以及论证工作。积极研制开发《劳动合同管理信息系统》，通过向社会发布和推广，对推动《劳动合同法》和《劳动合同法实施条例》的贯彻实施，规范用人单位劳动合同管理起到了积极作用。

在薪酬分配和劳动关系领域，紧密围绕突出问题及社会热点问题开展相关跟踪研究工作，为部领导决策提供支持，为实际工作提供政策建议。针对新经济、新形势对各种生产要素分配产生的影响，以《新经济条件下的各种生产要素分配研究》《企业职工工资正常增长机制研究》《国有企业工资决定机制与监管制度研究》《促进企业工资集体协商机制建设》《中国上市公司高管薪酬分析报告》等课题研究为切入点，深入探讨适合我国国情的生产要素分配方式方法，为政府有关部门出台相关法规提供政策建议。配合部有关司局开展“规范国有及国有控股企业主要负责人薪酬管理”“国家薪酬调查和信息发布制度”“农民工劳动合同”等重大政策研究工作，其中“规范国有及国有控股企业主要负责人薪酬管理研究”和“中央企业负责人薪酬管理办法”受到部领导的表扬和有关方面的肯定。积极将科研工作成果直接用于改革实践，为企业分配制度改革提供咨询服务。

在社会保障方面，根据关于建立覆盖城乡居民社会保障体系的总体要求，针对现阶段的重点和难点问题，组织开展一系列专题研究工作。针对农村社会保障发展滞后、农民工社会保障问题比较突出的状况，组织开展有关专题研究，其中包括人力资源和社会保障部课题项目《农村社会保障制度发展研究》、国家软科学项目《农村社会保障制度与支撑条件研究》、国家社会科学基金项目《国家调整农民工政策的社会影响评估研究》《农民工社会保障权益保护问题研究》、UNDP 项目《推进农民工参加工伤保险政策》等。国家社会科学基金重大项目《统筹城乡社会保障体系研究》，通过公开招标获得国家社科基金的支持。课题对建立覆盖城乡居民社会保障体系所涉及的发展目标、指导思想、基本原则、总体框架、改革措施等一些重点和难点问题进行深入研究，并向国务院领导汇报了研究成果，提供了有关国外养老保险制度发展情况的材料，得到国务院领导和部领导的好评。积极参与医疗保险、工伤保险、机关事业单位社会保险制度改革等问题的政策研究，先后完成了《城镇居民基本医疗保险费率形成和调节机制研究》《医疗保险供需双方谈判机制研究》《开展基本医疗保险门诊统筹研究》《工伤康复标准研究》《工伤保险基金的测算分析及风险管理机制研究》《公务员养老保险制度研究》等课题，为决策机构提交了大量研究成果。

在国际劳工问题研究方面，结合部中心工作及热点、难点问题，跟踪科研发展最新趋向，扩大研究视野和合作范围。承担了《国外企业高管薪酬问题研究》《我国反就业（职业）歧视、促进就业平等问题研究》《企业年金理事会受托制度国际比较研究》《主要市场经济国家人力资源市场建设和启示》《国外就业服务绩效评估研究》《外籍公民入境就业立法与管理研究》《国外青年就业问题研究》《金融危机对就业的影响分析》《借鉴国际经验，进一步完善我国高校毕业生就业机制》等课题，并积极收集整理了国外劳动保障法律法规信息与资料。

在综合研究方面，主要围绕统筹城乡发展中具有宏观性、战略性和全局性的劳动保障体系建设、区域人力资源和社会保障协调发展以及有关问题展开研究。围绕建立城乡经济社会发展一体化的总体要求，就《统筹城乡劳动保障服务体系》《区域人力资源和社会保障协调推进战略研究》《太仓市城乡统筹社会保障体系建设研究》《榆林市统筹就业发展战略研究》《营口市创建充分就业城市规划研究》《中国农民工社会政策研究》《农民工公共服务体系建设研究》《提高农民工养老保险管理层次研究》《农地制度创新与农村劳动力转移》《被征地农民社会保障工作配套政策措施研究》等课题进行了深入研究。在总结各地劳动保障服务体系建设及区域人力资源和社会保障协调发展模式和做法的基础上，形成了统筹城乡服务体系理论框架，并就如何做好地方城乡服务体系试点工作提出了意见和建议，为建立统筹城乡就业和社会保障体系提供了理论支撑，具有一定的现实应用价值，对我国各级政府职能由“管理”到“服务”的转变具有借鉴作用。同时，还开展了包括《职业技能培训机构质量管理核心业务平台研究》《技工院校新专业设置预测模型研究》《技工学校资源区域共享模式研究》《中国境外就业问题研究》《劳动争议仲裁员资格与职业等级制度研究》《劳动和社会保障标准体系研究》以及《中加 WTO 能力建设合作项目》《促进企业工资集体协商机制建设》在内的多项研究项目。

（二）科研论坛工作

10 月 21 日，会同中国劳动学会在京举办了第三届中国劳动论坛。本届论坛规格高、成果多、影响大，取得了圆满成功。党和国家领导人对此次论坛非常重视，中共中央政治局委员、国务院副总理张德江，全国人大常委会原副委员长、中国劳动学会名誉会长顾秀莲专门为本次论坛发来贺信。全国人大常委会副委员长华建敏出席论坛并作重要讲话。尹蔚民部长在开幕式上致欢迎词，杨志明、张小建副部长和中央纪委驻部纪检组组长袁彦鹏出席开幕式。杨志明副部长作了“劳动和社会保障制度的伟大变革和科学发展”的主旨发言。论坛得到了政府有关部门、企业和学术研究机构等社会各界的高度关注和大力支持。全国总工会发来贺信，中国企业联合会、中国工商业联合会、全国妇联、共青团中央等部门有关领导出席论坛开幕式。国家发展和改革委员会、财政部、国资委及国家统计局有关部门的负责同志参加了论坛。论坛安排了以“伟大变革与科学发展——中国劳动保障制度改革 30 年”为主题的主论坛，同时开展了以就业促进、收入分配、劳动关系与劳动保障法制建设、统筹城乡社会保障体系为专题的分论坛。来自地方劳动保障部门、劳动学会以及企业、学术研究机构、大专院校的近 400 余名专家学者、政府官员、企业界代表参加了论坛。论坛全面回顾了改革开放 30 年来我国劳动保障工作取得的成就，认真分析了存在的问题，展望了新时期中国特色劳动保障事业的发展前景，并提出了许多好的建议和意见，对促进人力资源和社会保障工作的科学发展具有重要意义。新华社、人民日报、中央电视台、中央人民广播电台及中国政府网、人民网、中国网等主要新闻媒体都作了及时报道。论坛同时举办专题征文研讨活动，共征集论文 324 篇。对优秀论文进行了评选，表彰了 118 名获奖作者。论坛成果《伟大变革与科学发展——第三届中国劳动论坛易才杯优秀论文集》已由中国劳动社会保障出版社正式出版。

参与组织第二届中国高技能人才国际论坛。10 月 23 日，在沈阳举办了第二届中国高技能人才国际论坛。来自政府部门、国内外专家、企业和培训机构的共 200 余名代表，围绕“更好培养高技能人才，更快建立节约型社会”这一主题，从制度与政策、培养与使用、模式与方法 3 个方面，就政府、企业、培训机构、社会组织在更好培养高技能人才方面的责任和工作重点，进行了广泛深入的探讨和交流，取得5项共识：高技能人才工作事关经济社会又好又快发展，要摆到重要的位置，抓紧抓实抓好；坚持深化改革，继续开拓创新，不断完善机制，靠政策、制度和科学方法更好更快更多培养高技能人才；以需求为导向，抓紧健全面向全体劳动者的职业技能培训制度，着力建设终身学习职业技能的学习型社会，为高技能人才成长创造良好的社会环境；大力加强师资队伍、课程、教材和实训设施建设，为促进高技能人才培养筑牢基础；进一步加强国际交流与合作，学习借鉴国际先进经验和培训方法，大力提高中国高技能人才培养的能力和水平。本届论坛对于更好地学习借鉴国际有关方面的先进经验，交流国内外的最新研究成果，探索高技能人才培养的途径、模式、方法，推进不同层面的国际合作，进一步加强高技能人才培养工作将会产生深远影响。

11月4日，在京举办了第七届东北亚劳动论坛。来自日本、韩国和我国科研单位、大专院校的30余名专家就“培育充满活力、运行有序的人力资源市场”这一主题展开了研讨。与会专家达成了许多共识，并一致认为，应充分利用东北亚劳动论坛这一合作平台，探讨新的合作方式，相互学习和借鉴，更好地推动本国劳动保障事业的发展。

此外，劳动科学研究所、工资研究所等单位还分别举办了省部级领导干部“促进就业与建立和谐劳动关系”专题研讨班、第五届国际薪酬论坛、“企事业单位分配制度改革研讨会”等一系列重要的学术研讨活动，取得了积极效果。

（三）科研创新和队伍建设工作

召开科研工作年度座谈会。5月，在京召开了“劳动保障科研工作年度座谈会”，部分省市劳动保障厅局的负责同志及大专院校、科研机构的专家学者与会，围绕贯彻落实《劳动和社会保障科学技术发展中长期规划纲要（2006—2020年）》及当前劳动保障工作的热点、难点问题，进行了深入的研讨和交流。杨志明副部长在会上发表了题为《加强人力资源统筹，提高科研工作水平》的重要讲话。讲话从加强人力资源统筹、提升重大问题研究力度、提高科研队伍整体素质3个方面，就新部组建后人力资源和社会保障科研工作如何发挥先行先试的作用，如何又好又快发展等问题，提出了明确的要求。

建立科研创新和理论实践基地。为使研究触角进一步贴近地方和区域劳动保障工作实际，推动科研创新，实现政、产、学、研相结合，更好地搭建集科研、教学、交流、培训、咨询等为一体的理论研究、成果转化与社会服务平台，劳科院于2008年先后与华南师范大学、沈阳师范大学、成都市劳动保障局、江苏太仓劳动保障局分别成立了科研创新基地、理论实践基地。基地紧密围绕服务于经济建设，积极开展科研合作与交流活动，逐步进入良性发展的快车道。基地的建立是繁荣发展人力资源和社会保障科学研究的重要举措，是充分发挥双方各自优势，进一步优化科研资源配置，促进科研理论研究和队伍建设，以高质量的科研成果为经济发展和社会进步提供智力支持和决策参考的需要，对调整国内劳动保障科研实践工作的布局产生了积极效果，对提高人力资源和社会保障科研工作的学术声誉和社会影响产生了积极作用。

加强科研队伍建设。在全面提高整体人员素质、促进科研发展的基础上，按照科研人才发展战略的整体要求，通过不同形式和方法，加大人员培训力度，积极开展学术交流活动，拓展研究领域，建立有利于科研人才脱颖而出的机制。充分利用各种科研经费，大力扶持中青年科研骨干力量，全年划拨专项科研经费200余万元，用于优秀中青年科研骨干牵头承担各类国家级科研项目18项。此外，选送9名中青年科研人员在国内外接受深层次培训教育。

干部教育培训和表彰

2008 年，人力资源和社会保障系统干部教育培训和表彰工作，认真落实贯彻党的十七大精神，按照中央部署和部党组的要求，围绕中心，服务大局，改革创新，积极推进，较好地促进了人力资源和社会保障事业的发展。

一、教育培训工作

全方位、大规模开展机关和全系统干部教育培训工作，举办系统培训班 72 期，培训 9 000 多人；举办部机关培训班 7 期，培训近 1 000 人次。

（一）加强新部组建后的干部教育培训工作制度建设

人力资源和社会保障部组建后，抓紧开展干部教育培训制度建设，先后制定并印发了《人力资源社会保障部机关干部教育培训工作暂行办法》（人社部发［2008］104 号）、《人力资源社会保障系统 2008—2012 年大规模培训干部工作实施意见》（人社部发［2009］16 号）、《人力资源社会保障部业务培训班管理暂行规定》（人社厅发［2009］17 号）、《人力资源社会保障部公派出国留学人员管理暂行规定》（人社厅发［2009］20 号）4 项规定。

（二）举办省市两级政府分管领导专题研讨班

一是举办了省部级领导干部研讨班。6 月，与中组部、国家行政学院联合举办了为期 2 周的省部级领导干部“促进就业与建立和谐劳动关系”专题研讨班，共有来自各省区市、新疆生产建设兵团主管就业和劳动关系工作的省级领导同志，中央、国务院有关部门的部级领导同志 23 人参加。张德江副总理出席了研讨班结业式并作重要讲话。尹蔚民部长及部分党组成员出席结业式，杨志明、张小建副部长为研讨班授课，杨士秋副部长参加学习。二是举办了地市政府分管领导研讨班。11 月底，与国家行政学院联合举办了为期 10 天的“加强社会保障体系建设”专题研讨班。全国地市州、地区行署政府和新疆生产建设兵团分管领导共 67 名同志参加学习。杨士秋副部长出席了开班式并讲话，胡晓义副部长及有关司局主要负责同志为研讨班授课。

（三）组织系统人员贯彻实施法律法规的培训工作

一是印发了《关于做好劳动保障系统贯彻〈劳动争议调解仲裁法〉培训工作的通知》（劳社人司函［2008］10 号），布置开展有关培训工作。二是人力资源和社会保障部直接举办了 3 期劳动保障系统贯彻《劳动争议调解仲裁法》培训班，来自系统劳动保障部门负责劳动争议仲裁、法规工作的厅处级干部，以及劳动争议仲裁院的有关负责同志和工作人员计 858 人参加了培训。杨志明副部长出席第一期培训班开班式并讲话。三是面向人力资源和社会保障部系统干部举办了《劳动合同法实施条例》培训班，共有来自全国 29 个省区市的近千名劳动保障干部参加了培训。

（四）举办人力资源和社会保障系统专题研讨（培训）班

一是举办了人事厅局长专题研讨班。9 月初，以“深化人事制度改革”为题，与国家行政学院共同举办了全国人事厅局长专题研讨班。研讨班为期12天，共有57名同志参加，结合当前人事工作面临的形势任务，探讨了深化人事制度改革的思路。杨志明、杨士秋副部长分别为研讨班授课，杨士秋副部长出席开班式。二是举办了劳动保障厅局长专题研讨班。10月下旬，利用中欧社会保障项目，举办了全国劳动保障厅局分管社会保障工作的厅局长培训班，共有69人参加培训。培训班围绕学习借鉴欧盟社保经验、统筹城乡社会保障体系建设进行了学习研讨。杨士秋副部长出席开班式并讲话。三是举办了人事处长专题培训班。分别于7月中旬、9月中旬，利用中欧社会保障项目，面向人力资源和社会保障系统人事处长举办了2期培训班，共有来自各省区市、新疆生产建设兵团、副省级城市人事厅局、劳动保障厅局的75位人事处长参加。该培训班围绕现代人力资源管理理论、人力资源和社会保障系统机构改革进行了学习研讨。

（五）举办了社保经办机构负责人春秋两季培训班

为提高全国社保经办机构管理干部的经办管理能力，举办2期社保经办机构负责人培训班，每期3个月。共有160多名来自全国省地市社保经办机构的负责同志参加了培训。胡晓义副部长分别出席了2期开班式并讲话。

（六）认真贯彻中央组织部要求，举办部内司处级干部学习十七大精神专题轮训班

根据中央组织部《关于做好县处级以上领导干部学习贯彻党的十七大精神集中轮训工作的通知》要求，1月中旬举办了2期部属单位司处级干部学习贯彻党的十七大精神专题轮训班，共有235名司处级干部参加培训。

（七）利用中欧社会保障项目，开展部内司处级干部系列国际研讨培训

共举办了3期研讨班。3月，举办“社会政策制定”高级研讨班，部内司处级干部共49人参加。7月上旬，举办“社会保险关系转移接续”研讨班，部内司处级干部共43人参加。7月下旬，举办“促进就业”研讨班，部内司处级干部共42人参加。

（八）为拓宽知识，开阔视野，举办了双月报告会

组织举办了2场双月报告会。一是2月举办了以增强环保意识为主题的报告会。部机关事业单位共有200多名同志参加了报告会。二是7月邀请北京奥组委奥运村部副部长邓亚萍同志，就奥运会筹备情况为人力资源和社会保障部干部作了介绍。部属单位共有400余名同志参加了报告会。

（九）公派出国留学（培训）人员选拔推荐工作

一是完成了中日人才培养奖学金、中澳发展奖学金、英国志奋领奖学金等出国留学项目报名人选的选拔推荐工作。二是完成了新加坡国立大学公共政策硕士课程项目、国家外专局赴美3个月培训项目有关人选的选派工作。三是完成了中日韩三国青年公务员交流人选、中组部中瑞项目出国培训报名人选的推荐工作。

（十）认真完成组织有关调训任务

根据中央组织部、人力资源和社会保障部等有关单位选派人员参加中央党校、国家行政学院等院校培训的通知，选派了46人次参加中央党校及其分校，国家行政学院，浦东、井冈山、延安三大干部学院等教育培训机构的学习培训。

（十一）积极推动部属单位开展业务知识培训

根据全年举办业务培训班计划，积极推动部属各单位开展系统干部业务知识培训，全年培训各级各类干部近万人次。

此外，与教育部合作，在高等教育自学考试系统平台上引入、移植劳动保障业务培训内容，实施劳动保障岗位资格证书及劳动保障专业自学考试证书（双证书）项目，将学历教育与业务知识培训融为一体，培养应用型人才。2008年，对该项目进行试点省市已达14个，完成考试7 000人次。

二、表彰奖励工作

主要批准开展了3项表彰活动：

（一）对在汶川大地震中表现突出的个人进行了表彰

为激励人力资源和社会保障系统广大干部职工全力投入抗震救灾工作，人力资源和社会保障部决定，授予四川省北川县人事局局长刘宁、四川省北川县劳动和社会保障局副局长肖德明同志“人力资源和社会保障系统抗震救灾英雄”荣誉称号，追授四川省会邡市红白镇劳动保障所所长江发荣同志“人力资源和社会保障系统抗震救灾英雄”荣誉称号。被授予“人力资源和社会保障系统抗震救灾英雄”荣誉称号的人员，享受省部级劳动模范和先进工作者待遇。

（二）对全国职业技能竞赛优秀选手进行了表彰

为贯彻落实《中共中央办公厅、国务院办公厅关于进一步加强高技能人才工作的意见》（中办发［2006］15号），进一步加强高技能人才队伍建设，人力资源和社会保障部会同有关部门开展了2008年全国职业技能竞赛系列活动。根据《关于加强职业技能竞赛管理工作的通知》（劳社部发［2000］6号）的有关规定，为表彰在2008年全国职业技能竞赛系列活动中取得优异成绩的选手，人力资源和社会保障部决定授予中国石化江汉油田第四石油机械所权海峰等209人“全国技术能手”荣誉称号，颁发奖章、证书和奖牌。

（三）对全国优秀农村人才进行了表彰

为弘扬农村优秀人才的创业精神和优秀品质，促进农村人力资源开发，引导和鼓励广大农村人才积极投身于农村现代化建设，中央组织部、中央宣传部、人力资源和社会保障部、农业部联合授予新发地翠鲜缘冷库保鲜有限公司董事长刘宝平等100名同志“全国农村优秀人才”荣誉称号。受到表彰的同志是全国广大农村人才的优秀代表，他们中有的是一心为民、造福百姓的楷模；有的是艰苦创业、发奋进取的生产能手；有的是刻苦钻研的科技服务人员；有的是致富思源，带领群众共同致富的经营能手；有的是响应国家号召，扎根农村，献身农村基层工作的大学毕业生。他们用自己的双手和智慧，在农村这片广阔的土地上创造了辉煌的业绩，展现了新型农村人才的杰出才能和高尚情操。

新闻宣传政务信息与出版

一、新闻宣传工作

新闻宣传工作是人力资源和社会保障工作的重要组成部分。2008 年，面对新的形势，人力资源和社会保障新闻宣传工作坚持以邓小平理论和“三个代表”重要思想为指导，以科学发展观为统领，按照部党组的重要部署和构建大宣传格局的目标要求，努力提高新闻宣传工作水平，为推动人力资源和社会保障事业科学发展营造了良好的舆论环境。截至 12 月底，各类新闻媒体刊用人力资源和社会保障工作方面的稿件 6 000 余篇（件），其中，中央媒体 1 600 余篇（件）；部领导接受专访 7 次，组织大型采访团 2 次，举行季度例行新闻发布会 3 次，在国务院新闻办召开专题新闻发布会 2 次，在北京奥运新闻中心召开新闻发布会 2 次，接待新闻媒体采访 500 余人次，举办在线访谈 8 次。

（一）在机构改革过程中，新闻宣传工作发挥了重要作用

部党组高度重视新闻宣传工作，把新闻宣传工作作为新部组建的重要工作来抓，采取了一系列有效措施。一是加强新部组建期间新闻宣传工作统一协调。在新部组建任务十分繁重、工作头绪较多、社会各界关注度较高的情况下，新闻宣传工作由新部组建综合组统一协调、严格把关，维护了正常的新闻宣传秩序，营造了良好的舆论环境。在此期间，组织了凤凰卫视对尹蔚民部长的专访，安排中央媒体对新部和国家公务员局挂牌及官方网站运行进行报道，在较短的时间内树立了新部形象，扩大了新部影响。二是强化新闻宣传工作的集中管理。为有效整合宣传资源，加强归口管理，部党组研究制定了《人力资源和社会保障部新闻发布和媒体采访管理办法》，明确了人力资源和社会保障新闻宣传工作的指导思想、主要目的、重要内容和注意事项等，规范了部新闻发布及媒体采访等工作流程。在此基础上，于 11 月在湖南省长沙市召开人力资源和社会保障系统办公室工作会议，对做好新形势下人力资源和社会保障新闻宣传工作、进一步构建人力资源和社会保障大宣传格局提出了明确要求。三是继续坚持定时定点新闻发布制度。新部组建后，召开了 3 次季度例行新闻发布会，就媒体关注的大部制改革、人力资源和社会保障部门抗震救灾举措、金融危机对就业的影响、改革开放 30 周年成就等问题主动发布信息，收到了良好的社会效果。

（二）在突发事件和重大活动中，宣传工作发挥了正确的导向作用

2008 年的南方雨雪冰冻灾害、四川汶川地震、北京奥运等重大事件，给宣传工作带来前所未有的挑战。人力资源和社会保障系统坚持以正面宣传为主，积极应对，主动宣传，充分发挥了新闻宣传的引导作用。一是抗震救灾宣传及时准确，对鼓舞斗志、保持社会稳定发挥了积极作用。四川汶川地震发生后，组织媒体详细报道人力资源和社会保障部为做好抗震救灾工作在就业援助、人才支持、落实社保待遇等方面作出的部署和采取的举措；积极协调媒体跟踪报道技工院校对口援助、劳动力市场和人才市场招聘会等大型活动；组织记者深入

前线、深入灾区采访报道了一批抗震救灾中人力资源和社会保障系统及“三支一扶”大学生先进典型，为灾区人力资源和社会保障工作尽快恢复和有序运转营造了良好的舆论氛围。二是以奥运为契机，充分展示良好形象。紧紧抓住北京奥运这一大好时机，把握外宣工作的主动权，及时准确发布信息。奥运期间，共接待境外媒体采访5次，发布信息20余条。胡晓义副部长在北京奥运新闻中心就“中国的社会保障和社会救助”接受专题集体采访，全面介绍我国人力资源和社会保障工作理念、政策及成效，向全世界展示了人力资源和社会保障部门的良好形象。三是积极应对金融危机的影响，有效化解热点敏感问题。世界金融危机对人力资源和社会保障工作产生了一定的影响。针对社会关注的热点问题，协调中央主要媒体开展了广泛的宣传释疑工作。11月初，组织协调人民日报、新华社、中央人民广播电台、中央电视台等中央主要媒体对尹蔚民部长进行联合采访；11月中旬，尹蔚民部长和张小建副部长出席国务院新闻办专题发布会，介绍金融危机下我国的就业形势，解读了人力资源和社会保障部门应对危机采取的政策措施。四是紧密结合重大活动宣传，全面反映人力资源和社会保障各项工作成果。围绕纪念改革开放30周年，成功组织了中国社会保障论坛第三届年会、中国劳动论坛等一系列纪念宣传活动。在抗震救灾英模事迹报告会暨2008年中央机关新录用公务员宣誓活动、民营企业招聘周、高校毕业生就业服务周等重大活动中，通过开展形式多样的宣传活动，全方位、多角度地展示了各项业务工作的进展情况。

（三）在传统媒体与新兴媒体交融发展中，网络宣传取得新进展

网络作为一种新兴媒体，具有传播速度快、覆盖范围广等特点。2008年，人力资源和社会保障部更加重视网上思想舆论阵地建设，积极运用新技术，随时掌握网上舆论，讲求引导艺术，提高引导水平，加大正面宣传力度，形成了积极向上的主流舆论。一是积极开展在线访谈，在与网民互动中增强宣传实效。一年来，组织策划了以促进就业、灾区就业援助、《国务院关于做好促进就业工作的通知》、《劳动合同法实施条例》、2009年中央国家机关公务员录用考试等为主题的8次在线访谈，增强了与网民的互动与交流，宣传的针对性和有效性大大提高。二是密切关注网络舆情，为决策部署提供依据。新部成立以后，坚持舆情的每日报告。在涉及群众切身利益的政策出台和重大突发事件发生后，做到不间断跟踪，及时反映社会各界关注的问题和提出的意见。三是认真做好舆情疏导和管控工作。加强与国务院新闻办等网络信息主管部门和主要门户网站的沟通联系，互通网络舆情动态，发现不良信息，积极协商，采取应对措施遏制其传播。

（四）在促进政策法规全面贯彻落实中，政策解读和舆论引导及时有效

2008年是人力资源和社会保障政策法规建设全面推进的一年，《劳动合同法》《就业促进法》《劳动争议调解仲裁法》《劳动合同法实施条例》《职工带薪年休假条例》等法律法规正式施行，就业、社会保障、人力资源等各项新政策相继出台，政策法规的宣传解释工作为其顺利实施营造了良好的舆论环境。一是加大政策解读力度，推动政策法规贯彻落实。针对各项政策法规在贯彻落实过程中出现的新情况、新问题，组织专家学者、政府官员等起草稿件30余篇，从不同角度对有关政策法规进行了解读。二是采取多种形式，宣传普及新的政策法规。通过举办专场新闻发布会、开展在线访谈、刊登解读文章、制作宣传品等多种形式，围绕新出台的政策法规，做到宣传方式更加多样，宣传内容更加丰富，宣传效果更加显著。三是结合重大活动，将政策法规宣传引向深入。利用全国人大常委会组织开展《劳动合同法》《就业促进法》实施情况大检查活动的机遇，组织协调中央主要媒体宣传各地贯彻实施“两法”的经验做法；适时曝光不良现象和违法违纪行为，将“两法”宣传引向深入。在2009年中央国家机关公务员考录期

间，大力宣传有关公务员考试政策法规，使相关政策真正深入人心。

（五）在弘扬时代主旋律中，典型宣传取得积极成效

在典型宣传中，紧扣时代脉搏，改进方式方法，增强宣传的感染力和号召力，形成以典型促进工作、以典型带动工作的良好局面。一是积极反映人力资源和社会保障工作成就。5月，组织中央媒体和部内媒体先后赴重庆、四川、陕西、甘肃、青海、新疆6个省份采访报道西部地区在人才开发和社会保障工作方面的典型经验。结合纪念改革开放30周年，协调人民日报、新华社等媒体刊发尹蔚民部长有关纪念改革开放30周年的署名文章；在部内媒体上开设专栏进行宣传，全面展示了人力资源和社会保障工作的辉煌成就。二是深入挖掘先进典型。树立了中原油田第一社区管理中心劳动就业站站长邵均克这一先进典型，并在全国范围内宣传推广，激励了系统干部职工做好工作的热情和干劲；与中组部、中宣部等部门一起，共同推出了中铁一局知识型产业工人窦铁成、海军总医院优秀共产党员冯理达等重大典型；积极宣传抗震救灾工作中涌现出的人力资源和社会保障先进集体和先进个人，促进了灾区人力资源和社会保障工作的恢复重建。三是加强各领域典型宣传，推动业务工作全面开展。2008年，人力资源和社会保障部先后召开了全国优秀农民工表彰会、全国高技能人才和农村优秀人才表彰会，对作出突出贡献的先进集体和个人予以表彰，并通过中央各大媒体宣传其典型事迹，提高了他们的社会地位。

（六）发挥优势，充分利用部属报刊进行宣传

部属报刊是宣传人力资源和社会保障工作的重要阵地，也是新闻宣传工作的重要渠道。2008年，在人力资源和社会保障部党组的直接领导下，按照部里的统一部署和要求，部属报刊在新闻宣传工作中发挥了重要作用。

《中国人事报》坚持正确舆论导向，报道的专业性、时效性、影响力明显提高。全年共出版《中国人事报》147期，中央电视台《朝闻天下》栏目转播报道68条，人民网、新华网等转载文章1 000余件（次）。中共中央政治局委员、中央书记处书记、中组部部长李源潮同志在《〈中国人事报〉2008年组织工作宣传报道总结》上批示：“《中国人事报》2008年对组织工作的报道很有成绩，赞成2009年提出的报道方针。希望《中国人事报》能成为一张为组织工作改革创新提供舆论支持的报纸，成为组工干部开阔视野的报纸，成为组织部门喜闻乐见的报纸。”

《中国劳动保障报》按照部领导提出的要成为“推动劳动保障工作的信息窗口、工作载体、经验交流平台和维护职工权益的阵地”的工作要求，通过调研和研讨，形成了“理清报纸定位，采编严格分开，提升报纸质量”的改革思路。成立考评办公室，实行采编“两分开”，工作执行量化管理，报纸质量明显提高。有多篇作品被中央电视台《媒体广场》栏目摘播，并有12件作品、22人次获得第22届中国产业报协会新闻奖，其中“可怜白发人，银行排长队”一文获产经好新闻一等奖。

《中国人才》杂志作为全国中文核心期刊，坚持指导性、理论性、实用性的办刊定位，坚持正确舆论导向，切实为人才强国战略及人事人才中心工作服务，及时准确传达部领导声音，系统传播三支队伍建设及人力资源开发的科学理论、方法和技术，探索研究人才开发工作实践中的难点、重点、热点问题，总结推广三支队伍建设及人力资源开发的实践经验，受到广大读者欢迎。《转业军官》杂志坚持贴近军转工作大局、贴近军转安置部门和军转安置工作者、贴近军转干部和现役干部，积极宣传党和国家军转安置的方针政策，不断探索报道形式，增强可读性，为军转宣传工作提供有力的舆论支持。《中国劳动保障》杂志充分发挥部综合性期刊的优势，在办刊思路上，坚持抓两头：一头抓部里重大工作的权威报道，一头抓基层改革经验报道；在选题策划

上，坚持树品牌；在栏目设计上，坚持抓创新。与江苏省劳动保障厅合作，共同推出“社区广角”栏目，将宣传视野和覆盖面扩展到社区平台。《中国社会保障》杂志牢牢把握政治意识、大局意识、责任意识，弘扬主旋律，努力为社会保障事业的改革和发展鼓与呼。特别是“5·12”汶川地震发生后，杂志社及时派记者三赴灾区，实地采访灾区社保人，并荣获中国期刊协会授予的“全国抗震救灾宣传报道先进单位”称号。2008 年，《中国医疗保险》正式公开发行，以推动我国医疗保险事业的发展为己任，开创了杂志发展的新阶段。《中国劳动》《中国培训》《中国就业》《职业》《劳工世界》《人事政策法规专刊》《劳动和社会保障法规政策专刊》等刊物紧紧围绕部中心工作开展宣传，在人力资源和社会保障政策宣传等方面继续发挥积极作用。

二、政务信息

2008 年，人力资源和社会保障政务信息工作围绕人力资源和社会保障中心工作和领导同志及有关方面关心的工作，不断加强信息采集，增强信息时效，提高信息质量，取得了明显成效。人力资源和社会保障部全年共采用各地人力资源和社会保障（人事、劳动保障）部门报送信息 1 343 条。编发《人力资源和社会保障工作信息》（含《人事信息》《劳动和社会保障工作信息》）98 期、《人力资源和社会保障部要情上报》102 期、《每日动态》246 期。

（一）完善制度，夯实信息工作基础

两部合并后，整合了机关内刊，形成了新部《每日动态》和《人力资源和社会保障工作信息》。研究拟定了《人力资源和社会保障部政务信息暂行办法》。建立考核激励机制和信息通报制度，按季度通报全系统政务信息采用情况。

（二）拓宽渠道，扩大信息采集面

结合 2008 年人力资源和社会保障工作要点，及时制定下发了政务信息报送要点，对各地的信息报送工作提出了要求。结合中办、国办定期信息报送要点和部各个阶段的重点工作，加大向各司局和地方约稿的工作力度，主动挖掘重点信息。畅通信息报送渠道，了解掌握了各地负责政务信息工作人员情况与联络方式，根据工作需要，与具体经办人员直接沟通联系。

（三）丰富形式，提高信息报送质量

在信息工作中，根据不同信息内容特点，采取多种形式，提高针对性。对上级，及时编辑《要情上报》和《要情快报》，将人力资源和社会保障有关政策和工作进展情况及时上报，保持了较高的信息采用率。对部内，进一步拓展《每日动态》信息覆盖面，重点刊登领导批示、领导活动、机关动态、发文发电以及各地重点工作开展情况等。对系统，进一步丰富《人力资源和社会保障工作信息》的内容，编发了各地贯彻落实人事厅局长会议、劳动保障工作会议精神情况，各地积极应对国际金融危机、落实中央促进经济平稳较快增长政策措施情况，各地开展《劳动合同法》宣传、“春风行动”、就业援助月、养老保险省级统筹、奥运期间信访工作等情况，及时进行交流，推广工作经验，做到对地方工作有指导、有借鉴、有启发，提高信息对地方工作的参考借鉴作用。

（四）突出重点，提高信息时效

努力提高信息收集处理能力，充分发挥政务信息“快而精”的特点，提升信息的利用率。人力资源和社会保障部贯彻落实党中央、国务院重大会议、重大决定情况以及有关重大活动、突发事件，做到当天向上级部门报送。各地开展工作中存在的问题、对策建议，及时向领导反映，为领导决策提供服务。重大工作进展情况、各地典型工作经验及时通报，有力地推动了各项工作的开展。

（五）开辟专刊，及时交流其他热点工作

在开展学习实践活动期间，向中央学习实践活动领导小组报送了专报信息 10 期，主要内容包括加强指导检查、突出实践特色、保障

改善民生、应对当前经济形势做好人力资源和社会保障有关工作、深入开展解放思想讨论等情况。在部内办公网开设专栏，刊登部党组和各单位学习实践活动情况，交流和推动工作。在抗震救灾期间，加大信息上报下发力度，编发了《抗震救灾专辑》22 期，报国办抗震救灾专报信息 10 篇，及时反映人力资源和社会保障部抗震救灾工作的部署，各地人事、劳动保障系统积极支援抗震救灾工作，灾区人事、劳动保障系统积极开展抗震救灾和灾后恢复重建工作进展情况等。

三、出版工作

中国人事出版社坚持正确出版方向，加强管理和业务研究，优化图书结构，取得了较好的社会效益和经济效益。进一步强化出版工作核心理念：以为人事工作发展提供理论和知识支持为宗旨，以造就人才、成就事业为使命，以出版精品、服务社会为目标。加强制度建设，制定并实施《关于进一步加强和改进图书出版工作的决定》《中国人事出版社工作手册》《目标责任制管理办法》《图书书稿编审校工作规程》《图书差错处理办法》等一系列规章。转变出版机制，加强选题策划，保护出版资源，打造自有品牌，着力培养人事人才专业图书出版的核心竞争力。加强对编审校、印装质量的全程监控和检查，形成了图书产品质量管理的有效机制。初步形成了以人事考试、人事培训、人事政策法规、人力资源理论研究图书为主干，以社科图书为补充的图书体系。2008 年，先后出版了《中国特色人才理论新探索》《公共服务的体系构建和制度安排研究》《领导科学与领导艺术》《应对突发事件读本》《政府组织绩效量化考评实务》《中国教师聘用制》等一批高学术水平、高文化内涵的专业图书；《公务员初任培训读本》《知识产权公共教程》《专业技术人员职业道德与创新能力教程》《公共政策》《公共经济》等培训教材市场占有率不断提高；全国经济专业技术资格考试用书、全国专业技术人员职称外语等级考试用书、录用公务员考试指导用书、公安机关录用人民警察考试用书、选聘高校毕业生面向基层工作考试用书等系列考试图书市场知名度、影响力不断扩大，已成为中国人事出版社的品牌图书。

中国劳动社会保障出版社紧紧围绕“深入贯彻落实科学发展观，解放思想，勇于创新，突出重点，统筹兼顾，推进出版社又好又快发展”的指导思想和总体工作目标要求，围绕部中心工作，认真做好各项工作，较好地完成了年初确定的各项任务目标。出版社产品研发部门狠抓产品品牌建设，认真做好重点图书的策划和出版工作。结合纪念改革开放 30 周年和新中国成立 60 周年的出版工作要求，围绕《劳动合同法》等法律法规的颁布实施以及农民工培训工作的开展，精心筹划组织了一批重点图书。《中国养老保险制度改革关键问题研究》等十余种图书先后获得“十一五”国家重点图书、北京高等教育精品教材等多个国家级和省部级奖项。2008 年，共出版新书 850 种（含音像制品），全部达到合格以上标准；经营状况持续保持业内领先水平，综合实力居全国出版社前列。教材研发是教材建设工作的重中之重，为加强教材组织建设，为教材研发工作储备资源，先后完成了技校教材、职业资格教材、高职教材 3 个专业委员会换届工作，促成了农民工教材专业委员会的组建，成立了 8 个技校教材专业组。进一步强化教材的资源优势和专业特点，积极参加部级课题《技工院校专业目录》的研究，国家级教材体系更加丰富和完善，一体化教学的教材开发理念和方法日趋成熟，产品竞争力得到了巩固和提升。认真研究国内高职教育的特点和发展趋势，坚持教材编写模式的研究和创新，设计符合职业教育教学规律的教材，开发的一系列任务驱动型教材处于国内领先水平。面对雪灾、地震和奥运限行等对图书生产、运输工作造成的影响，重点加强了生产保障部门和市场营销部门的建设工作，各部门协调配合，科学调度，顺利完成了各项工作。

国际及港澳台地区交流合作

2008 年，人力资源和社会保障部对外交流与合作工作主要包括：

一、高层互访和出席国际会议

尹蔚民部长 4 月出席首次中欧经贸高层对话会，9 月赴韩国出席第四届中日韩人事部门首长会议，并于会后访问意大利，12 月出席在北京举行的第五次中美战略经济对话会议；田成平部长 1 月访问保加利亚和南非；孙宝树副部长 5 月出席东盟与中日韩劳工部长会议，并于会后访问埃及；杨志明副部长 11 月出席国际劳工组织第 303 次理事会，并于会后访问伊朗；张小建副部长 9 月访问日本、加拿大；杨士秋副部长 12 月访问巴西、阿根廷；王晓初副部长 7 月出席联合国国际公务员制度委员会第 67 次会议，9 月赴美出席中美商贸委会议；何宪副部长 11 月访问俄罗斯、匈牙利；胡晓义副部长 6 月赴美出席第四次中美战略经济对话，10 月访问越南，并出席第二届亚欧劳动和就业部长会议；中央纪委驻部纪检组组长袁彦鹏 11 月访问挪威、土耳其；中央纪委驻原人事部纪检组组长李有慰 2 月访问埃及、罗马尼亚。

应人力资源和社会保障部邀请，德国内政部长、美国劳工部长、挪威劳动和社会融合部大臣、阿塞拜疆公务员委员会主席、德国劳工部国务秘书、阿曼社会发展大臣、阿富汗独立行政改革和公务员委员会主席、印尼行政学院副院长、加拿大劳工部副部长、亚美尼亚公务员委员会副主席、土耳其中东行政学院副院长等先后率团访华。委内瑞拉人民权利参与和社会保障部副部长，吉布提就业再就业与职业培训部部长，加拿大艾伯塔省就业与移民部部长，越南高级党政干部考察团，法国国家高等社会保障学院院长，英国工作与养老金部代表团，莱索托公职部部长，越南劳动、荣军和社会事务部副部长，印尼社会保障系统全国委员会代表团，美国人力资源协会代表团等应其他部委邀请来华访问的外宾也拜会了人力资源和社会保障部。

二、国际组织活动

5 月 27 日至 6 月 13 日，第 97 届国际劳工大会在日内瓦举行，胡晓义副部长率由我国有关政府部门、中华全国总工会、中国企业联合会以及包括香港和澳门特别行政区在内组成的中国三方代表团出席。胡晓义副部长代表中国政府在大会上发言，介绍了我国应对汶川地震、促进就业和社会保障的措施。大会通过了《促进社会正义、实现公平全球化宣言》，我工会和企联代表成功当选理事会副理事。会议期间，胡晓义副部长与国际劳工组织索马维亚总干事进行了工作会谈，就国际劳工组织帮助我灾区重建和解决中国在国际劳工组织高级职位问题交换了意见。我代表积极参与了会议各项议题的讨论，特别是《宣言》的起草工作，维护了我国家利益，展示了我负责任国家的形象。

年内，人力资源和社会保障部组团出席了国际劳工局第 301 次、302 次、303 次理事会。随着我国经济发展和国际地位的提升，中国作为理事会常任政府理事，在理事会上的发言受到了更大的重视，在重大问题的决策上起到了更加积极的作用，在国际劳工组织中的影响进一步扩大。

人力资源和社会保障部还组团出席了海事劳工标准会议、国际劳工统计大会、国际劳工组织亚太地区社会保障扩面高级研讨会、第30次亚太经合组织人力资源开发工作组会议和人力资源开发论坛、第11次世界继续工程教育大会和国际继续工程教育协会第八届会员大会、国际社会保障协会执委会会议、东南亚及太平洋工程教育协会会议、东部地区公共行政组织执委会会议、东盟+3（东盟加上中国、日本和韩国）公共服务会议、国际行政科学协会年会和理事会等国际组织会议。我代表分别当选国际继续工程教育协会副主席和亚太继续教育协会主席，分别继续担任国际行政科学协会副主席、国际社会保障协会执委和世界公共就业协会执委。

三、多双边活动与技术合作项目执行情况

2008年，人力资源和社会保障部与新西兰、意大利、越南、秘鲁等国家的相关部门签订了4个合作谅解备忘录，分别是：《中华人民共和国人力资源和社会保障部与新西兰劳工部合作谅解备忘录》《中华人民共和国人力资源和社会保障部与意大利共和国总理府公共管理与创新部合作谅解备忘录》《中华人民共和国人力资源和社会保障部与越南社会主义共和国劳动、荣军和社会事务部合作谅解备忘录》《中华人民共和国人力资源和社会保障部与秘鲁共和国劳动和就业促进部合作谅解备忘录》；与德意志联邦共和国联邦内政部、俄罗斯联邦总统办公厅国家公务局续签了合作谅解备忘录。

根据以往签署的多双边协议，积极落实有关合作活动。先后举办了中法行政执法监督研讨会、中英养老金研讨会、第二届中日韩中青年公务员交流活动、中加劳动关系研讨会等活动。参加了中日韩人事部门司局级高官会及中日韩公务员录用研讨会。

中欧社会保障合作项目稳步推进。一是围绕失业保险预警与模拟系统开发、基金财务管理、基金监督、政策开发与实施能力建设、社会保险精算等方面开展了培训活动；二是组织召开了以社会保障立法为主题的中欧社会保障高层圆桌会，为我国即将颁布的社会保险法提供了技术支持；三是充分利用项目资源，学习和借鉴欧盟的先进经验，就我国社会保障领域的重点、难点、热点问题全面开展研究；四是开展了一系列社会保障能力建设活动，组织专题研讨会和出国考察团。

四川汶川特大地震灾害发生后迅速反应，启动灾后重建国际经验借鉴及灾区创业培训。与国际劳工组织在四川省联合实施了“紧急创办和改善你的企业（E－SIYB）”项目。该项目对成都、德阳、绵阳三市在地震中受灾的中小企业主、因企业受灾而失业的人员和有创业意愿的农村劳动者开展创业培训。

农民工就业促进与工伤保险项目顺利启动。项目主要通过研究、培训、宣传等活动来完善对进城就业农民的就业服务、职业培训和工伤保险政策，提高农民工职业技能，推进农民工参加工伤保险。项目集中在成都、长沙、广州、大连等10个城市开展活动。

与联合国开发计划署合作的东北地区等老工业基地和西部地区人力资源能力建设项目继续开展。在国内组织了公共服务、信息推动传统产业、东北—西部矿业可持续发展3个高级研修班，并选派人员赴澳大利亚、德国进行考察，加强了老工业基地和西部地区的能力建设。

中澳农民工社会保障项目于3月正式立项，该项目由澳大利亚政府提供资金援助，旨在对我国农民工的社会保障，特别是农民工养老保险问题进行研究，为农民工养老保险基金管理提供技术支持。将通过政策研究、国际研讨会、数据库模型开发等活动促进我国农民工社会保障制度，特别是养老保险制度的完善与实施。

工作场所艾滋病预防宣教项目在政策层面取得了重要进展。广东、云南和安徽3个项目

试点省劳动保障厅和省总工会共同出台省级艾滋病预防指导意见，作为艾滋病预防的指导原则，使艾滋病预防和宣教工作与劳动保障工作很好地结合在一起。项目先后在广东、河南、辽宁、陕西、甘肃、宁夏等省份的技工学校开展了艾滋病预防培训活动，还专门开发了针对技工学校和试点企业的培训教材。

中瑞职业指导与能力建设项目按计划顺利进行。中瑞劳动力市场方面的专家就劳动力市场分析、职业指导技术、就业服务机构绩效管理分别召开了专题研讨会，对完善我国积极的就业政策提供了有益借鉴。

国际劳工组织《消除就业和职业歧视公约》（第111号）项目于5月顺利启动。项目旨在推动中国实施与第111号公约规定相一致的基本劳动标准，实现就业机会均等和待遇平等。项目活动开展顺利，建立了反歧视和促进工作中平等的网络资源共享平台（www.equalityatworkinchina.org）；开发了培训材料，并组织了2次培训。

9月，人力资源和社会保障部成功组织举办了中国社会保障论坛第三届年会，张德江副总理出席会议并致开幕词，尹蔚民部长在会上作主旨讲话，孙宝树、杨志明、张小建、胡晓义、王建伦、王东进等领导同志与会。11月，召开了第二届中国劳动论坛，全国政协副主席华建敏出席论坛并致辞，尹蔚民部长、杨志明副部长、张小建副部长出席，国际劳工组织塔皮奥拉副总干事应邀出席并介绍有关国际经验。此外，还与国际劳工组织联合举办了就业资金管理研讨会，张小建副部长出席会议并致辞。10月，在沈阳举办了以“更好培养高技能人才，更快建设节约型社会”为主题的第二届中国高技能人才论坛，张小建副部长出席论坛并致辞。11月，会同人事科学研究院组织召开了亚洲国家基本公共服务均等化论坛，王晓初副部长出席开幕式并致辞。

四、与港澳台地区交流

2008年，人力资源和社会保障部与香港、澳门特别行政区的交流合作不断增多并逐步深化。赴港澳地区的交流团组共4个，接待香港来访团组4个。尹蔚民部长会见了来京参会的香港特别行政区政府劳工处谢凌洁贞处长一行；国家公务员局信长星副局长于10月赴澳门参加第三届“21世纪的公共管理”国际学术研讨会；应香港特别行政区政府劳工处邀请，调解仲裁管理司宋娟司长率团对香港进行工作访问；中国劳动学会副秘书长赵越同志11月以观察员身份赴香港参加国际劳动关系协会研讨会；组团赴香港出席了国际职业康复及工伤赔偿研讨会和第32届亚洲发型化妆大赛等活动。应有关部门邀请，协助接待了香港中小企业协会代表团、香港中华总商会代表团、香港职业训练局高层代表团。此外，人力资源和社会保障部还参与完成了内地与香港和澳门CEPA五项补充协议的谈判和会签工作。

配合国家做好台湾人民工作大局，认真做好对台工作。人力资源和社会保障部会同国台办、住房和城乡建设部完成了台湾地区部分知名资深建筑师取得内地一级注册建筑师资格一次性评估认定工作。医疗保险研究会组团赴台湾出席海峡两岸医疗保险交流研讨会并进行医疗保险考察，增进了同台湾医疗保险界的交流与合作。同时，做好台商投诉协调工作，多次接待台湾企业代表团，介绍《劳动合同法》的有关情况。

社 团 活 动

一、中国人才研究会

2008年，中国人才研究会在人力资源和社会保障部党组及人事科学研究院党委的领导下，在人力资源和社会保障部有关业务司局的指导下，紧紧依靠广大会员，充分调动秘书处的积极性和创造性，开拓进取、与时俱进，开展一些工作，取得了一定的成绩。

2008年1月，召开中国人才研究会常务理事会暨新年团拜会，通过《中国人才研究会2007年工作总结和2008年工作安排》，讨论《关于全国人才学研究优秀成果评价办法》，有关分支机构作工作汇报，增补杨佩英同志为副会长。

编制《中国人才研究会2008—2009年课题指南》，设重点课题两个：《人事制度改革三十年研究》和《人才学学科三十年建设和发展研究》。设一般课题三个：《创新型人才培养研究》《科技领军人才成长规律和保障机制研究》《短缺性人才资源的市场配置与行政调控机制研究》。课题面向全体会员，通过招投标方式确定课题负责人。此外，还承接人力资源和社会保障部部级课题《公务员权益保障制度研究》。

2008年7月，召开应急人才队伍建设专家座谈会，李有慰会长主持会议并讲话。中国人才研究会常务副会长兼秘书长吴江、中国人才研究会副会长王通讯、国家民政部救灾司司长王振耀等出席会议并发言。

2008年12月，召开“中国特色人才理论体系研究暨纪念改革开放三十周年”科研年会。

加强中国人才研究会常设机构的内部建设。按部里要求，“三基一化”水平全部达标。加强制度建设，初步完善科研、财务、分支机构管理等内部制度。支持人才学分会在西安成功召开“人才学教学”研讨会。进一步加强分支机构的管理和服务工作，完善相关制度建设。

二、中国继续工程教育协会

2008年，中国继续工程教育协会在人力资源和社会保障部的领导下，团结全体理事、会员单位共同努力，认真贯彻人才强国战略，以科学发展观为指导，大力开展了各项继续教育活动。加强了理论研究和实践调研，增强了相互联系和沟通协调；加大了发展创新和工作力度，完成专业技术人才知识更新工程的成效明显，提高了继续教育对国家经济社会发展的促进作用和贡献率；国际继续教育合作与交流进一步加强，协会在国内外继续教育领域中的地位和影响进一步提升。

（一）深入学习贯彻十七大精神

协会以十七大精神为引领，开展了“学习十七大精神继续教育理论创新”征文活动，召开了专题研讨会。广大会员高度重视和积极参与，山东、北京、辽宁、吉林、河北等省市人事部门和地方继续教育协会分别在本地区先期组织开展了相关的征文研讨活动，甄选出优秀论文向协会推荐。活动入选优秀论文50篇，分别在继续教育理论研讨会上发言和作为大会交流材料。论文反映了继续教育工作者学习领会十七大精神，对继续教育理论和工作实践的创新思考。征文和研讨活动对深入学习实践科学发展观，提高认识、转变观念、振奋精神，起到了积极的促进和示范作用。

（二）配合部中心工作开展咨询调研工作

为配合《专业技术人员继续教育条例》的研究起草工作，协会通过多种形式广泛征集不同地区、不同行业继续教育部门和专业人士对继续教育立法意见和建议。戴光前理事长亲自带队进行实地调研，掌握第一手情况，并组织有关人员对材料进行分析研究，形成调研报告，为部领导和职能部门立法决策提供了有价值的咨询建议，在继续教育立法法学界座谈会上提出协会的立法建议；同时，协会充分发挥桥梁纽带作用，以召开继续教育理论研讨会为契机，积极探讨研究继续教育新理论、新问题、新方法，为立法工作提供了有益思路。组织 16 篇有关文章在《继续教育》等刊物上发表，进一步扩大了继续教育立法的影响面，为《专业技术人员继续教育条例》的出台和实施创造了良好的理论环境。

（三）切实落实协会承担的专业技术人才知识更新工程任务

协会按照部专业技术人才知识更新工程任务分工，认真完成工程年度任务。一是建立工程各领域牵头单位联席会议，使工程实施有了研究会商、经验交流、任务部署的平台，有效地推动了工程实施。二是继续做好工程项目备案和网上发布工作。全年项目备案发布率有明显提高，新增培训项目 880 个，使工程项目发布总数达到 1 479 个。工程项目公示制度的建立，使得越来越多的用人单位和专业技术人员在参加培训时首选工程备案发布项目，使工程项目培训班次增加、人数增多；同时，越来越多的施教机构主动申报项目，借助协会平台创建自己的品牌课程。培训项目网上备案发布成为工程制度创新的亮点，推动了继续教育模式的创新发展。三是继续做好石油石化领域工程牵头工作。协会积极与各企业合作，探索建立知识产权保护规则下的优质课程资源共享机制，牵头开展跨企业的高层次人才培训项目，鼓励科技创新成果更多地为人才培养服务。全年石油石化领域四大公司实施了继续教育培训项目 5 690 个，参训人员近 24 万人次。四是按照工程工作方案，完成了工程的统计工作、质量评估反馈工作及监督检查等工作，推动工程管理的制度化、规范化和科学化。五是承担工程的日常性工作。多次与各领域行业牵头单位协商，研究、检查工程进展情况，协调处理重点问题。配合工程中期检查，为统计工作收集信息和数据。

（四）有重点地组织开展了大规模的继续教育培训活动

在人力资源和社会保障部的支持和部有关各司局的指导下，协会秘书处通过举办示范高研班，提高继续教育质量和影响力。牵头组织实施了 3 期跨企业高研班，组织中石油、中石化两大企业分别拿出自己的最新技术成果和优势培训项目向同业其他企业开放，突破技术壁垒，实现技术共享，带动了其他企业的技术创新和科研成果转化。在国家科技部的大力支持下，举办了“集成创新”高研班，来自数十家大型国企和科研院所的高级科技管理专家参加了培训。高研班课程内容反映了前沿技术的最新成果，满足了学员求知需求；授课老师层次高，调训人员素质好，使培训取得了良好的效果。同时，继续深化教学改革，针对继续教育施教特点，积极开展内容、形式多样的继续教育活动。重点加强了远程继续教育培训建设，完成了国家继续教育公共服务平台远程学习功能和全国二级平台的开发设计，组织了网络培训课程规划和建设。

2008 年，协会及各理事单位、团体会员单位扩大专业培训规模，拓展专业培训科目，培育专业培训基地，承担专业技术人才知识更新工程培训任务，积极组织所属专业技术人员按规定参加继续教育，参训人员超过 200 万人次。

（五）开展高层次继续教育交流活动

协会充分发挥在理论研讨、工作咨询、沟

通联系和中介服务等方面的作用，加强与会员单位之间的交流。2008 年，协会各成员单位组织开展了不同专题、不同形式、不同内容的继续教育研讨活动。中国科协组织完成了 3 个继续教育课题研究，召开了全国科协系统继续教育工作会议；西部地区 12 个省级继续教育职能部门和协会在云南省召开第三届西部地区继续教育协作会，邀请对口支援省市参加，交流了经验，沟通了信息，促进了相互合作；由中国科协、清华大学、《继续教育》杂志等单位联合主办的第八届 21 世纪继续教育论坛，已经成为继续教育领域重要的交流平台；各地人事系统、行业协会等组织了大量的理论研究、课题研究，很多单位都有了自己的继续教育专业刊物或内部刊物。

（六）国际继续教育交流与合作取得新的进展

协会组织参加了第 11 次世界继续工程教育大会，在国内征选、推荐的 26 篇优秀论文被大会录用，其中 13 位代表在大会上作了专题报告。入选论文总数排为参会国家的第二位。同时，由协会推荐提名的协会副理事长、清华大学继续教育学院院长胡东成教授当选为国际继续工程教育协会第一副主席。2008 年 9 月，东南亚、东亚及太平洋地区工程教育协会（AEESEAP）在东京召开执委会，中国继续工程教育协会代表中国担任了轮值主席并负责亚太协会秘书处工作，清华大学研究生院副院长高虹教授代表协会出任执行主席。此外，协会与国际继续工程教育协会和美国工程教育协会联系，争取共享他们的工程教育网络课程资源，为我国的继续教育提供服务。

（七）加强网站建设和继续教育信息化公共服务

协会与电大在线远程教育技术有限公司合作开发建设了协会网站二期项目，目前协会建有新闻网站（www. cacee. org. cn）、国家继续教育公共服务平台（653. cacee. org. cn）和东南亚、东亚及太平洋地区工程教育协会英文网站（aeeseap. cacee. org. cn）。协会新闻网站及时反映各地、各部门继续教育活动开展情况，交流继续教育工作经验及做法，展示继续教育理论研究成果，介绍国外继续工程教育发展趋势。国家继续教育公共服务平台保障专业技术人才知识更新工程新闻发布和工程培训项目发布，提供统计报表管理和远程在线学习及资料下载，促进了继续教育管理信息化，初步形成了国家继续教育信息交流和远程学习的网络体系。亚太协会网站反映 15 个执委国家和联合国教科文组织及其他会员单位的相关情况。

三、中国人才交流协会

2008 年，中国人才交流协会围绕实施人才强国战略，服从全国人力资源工作大局，积极主动开展会员服务、人才服务和高校毕业生就业服务；不断开拓，积极开展全国人力资源服务标准化建设；不断创新，积极参与人力资源和社会保障部组织的关于建立统一规范的人力资源市场调研；不断进取，积极反映行业诉求，主动参与相关政策法规研究制定工作，为我国人力资源服务行业又好又快发展奠定了坚实的基础。

（一）发挥桥梁纽带作用，及时反映行业诉求

积极参加《劳动合同法实施条例（草案）》修改工作。协会在广泛征求行业意见和建议的基础上，经过综合分析和研究，就劳务派遣用人范围、劳务派遣单位与被派遣劳动者是否约定试用期、派遣“三性”的界定、劳务派遣单位是否可招用非全日制用工劳动者，以及被派遣劳动者退回条件等内容，对《劳动合同法实施条例（草案）》提出了修改意见和建议，其中大部分建议被立法机关采纳。

积极参加重大课题调研工作。协会积极配合人力资源和社会保障部组织的《建立统一规范的人力资源市场总体研究报告》和《关于完善公共就业服务体系的研究报告》等课题研究工作，提供了全国人才服务行业发展情况，反映了行业发展和会员诉求，提出了完善相关政策、加快人力资源服务行业发展的

建议。

参与《人力资源市场条例（草案）》研究起草工作。协会积极参加由法规司牵头组织的《人力资源市场条例（草案）》起草工作，就人力资源服务机构管理、劳务派遣业务、公共服务和市场经营服务发展等方面，提出了意见和建议。

（二）发挥交流平台作用，促进行业发展

成功举办了“全国人力资源市场2009届高校毕业生就业服务周活动”。这是人力资源和社会保障部组建后，面向2009届高校毕业生提供的一次大型就业公益服务活动。11月16日，在天津举行服务周启动仪式，张小建副部长到会并讲话。活动期间，全国各地的会员单位踊跃参加，通过举办网络招聘会、现场招聘会，开展高校毕业生就业见习基地、人事厅局长和劳动保障厅局长校园行活动，宣传发布高校毕业生就业政策，开展困难家庭、地震灾区高校毕业生及未就业高校毕业生帮扶等活动，全方位地为高校毕业生提供就业服务。在就业服务周期间，全国共举办现场招聘会259场，参会用人单位29 919家，招聘人数38.9万人；有131家网站举办网络招聘会，提供职位信息32 206条，招聘人数14.07万人。这次活动充分显示了人力资源市场在促进高校毕业生就业方面的独特优势。

成功召开了第二届二次会员大会。根据协会章程的规定，协会于4月中旬在厦门召开了第二届二次会员大会。侯建良会长在开幕式上就建立统一规范的人力资源市场等问题作了讲话。大会总结了协会2007年工作，研究部署了2008年协会工作；增选了协会理事和常务理事；表彰了2007年度优秀会员、理论研究先进单位和个人及优秀通讯员；会员之间还开展了经验交流，探索了新形势下开展人才服务工作的新途径。

成功召开了“中国海峡两岸人才交流与人力资源服务合作大会”。6月18日，协会与福建省人事厅、中国海峡人才市场等单位联合召开了“中国海峡两岸人才交流与人力资源服务合作大会”，成功地开展了两岸之间人才交流合作、人力资源服务项目推介洽谈，还组织了两岸人才合作开发论坛。有60家台湾人力资源机构、100多家内地人力资源机构和300多家两岸企事业单位参会参展，促进了海峡两岸人才交流与合作事业的发展。

积极参加抗震救灾活动。在四川汶川大地震发生后，协会秘书处及时与四川、陕西、甘肃等省人才服务中心以及成都、西安、兰州、绵阳和宝鸡等会员单位联系，传达部领导和协会领导的关切，广泛收集会员单位参与抢险救灾工作的动态，宣传人力资源和社会保障部的救灾政策和工作部署，报道会员单位捐款和积极参与抗震救灾的先进事迹。

加强协会网站和《中国人才资讯》会刊建设。按照为会员服务的原则，协会网站（www. ChinaHRA. org）和《中国人才资讯》会刊充实了内容，完善了功能，改进了页面，使之贴近行业实际，成为会员之间沟通交流的桥梁、服务会员的平台、开展标准化工作的阵地、展示会员风采的窗口、宣传行业的喉舌，促进了人力资源服务行业的发展。

（三）着力推进人力资源服务标准化建设，促进人力资源服务业规范化发展

审查通过了《流动人员人事档案管理服务规范》等3项标准。10月10日至11月10日，全国人才服务标准化技术委员会审查通过了《流动人员人事档案管理服务规范》《现场招聘会服务规范》和《高级人才寻访服务规范》3项标准。随后，即可向人力资源和社会保障部、国家标准化管理委员会办理报批手续。

研究和制定新标准。按照统一组织、上下结合、分组进行的原则，组成了5个标准起草小组，分别对《人力资源服务术语》《人才服务机构等级划分与评定》《人才测评服务规范》《人力资源网站服务规范》及《人力资源服务图形标识》5项国家标准进行研究制定。为保证标准质量，还邀请国家标准化管理委员会和中国标准化研究院的专家，对相关人员进

行标准化知识培训。目前，已经完成了这5项标准的起草工作。

（四）加强协会内部建设，夯实发展基础

积极筹建汽车人力资源分会。为了充分发挥汽车行业吸纳就业能力强、促进高校毕业生就业多的优势，协会申报了成立汽车人力资源分会的申请，在获人力资源和社会保障部批准后，向民政部办理了报批手续。

开展了纪念改革开放30年优秀论文征集和优秀通讯员评优表彰工作。为纪念改革开放30周年，认真总结我国人才服务业取得的成就，努力探讨未来人才服务行业发展方向，协会组织开展了征文活动。先后收到应征作品219篇，评出优秀论文33篇、征文组织奖5家、优秀通讯员12名，并分别给予了表彰。这项活动促进了会员单位研究人力资源服务理论的积极性，增强了协会的凝聚力，激发了会员单位关心和参与协会工作的积极性。

发展了一批新会员。协会发展新会员单位10家，会员发展速度逐步加快，协会在人才服务行业中的覆盖面逐渐扩大；逐步形成了以人力资源和社会保障部门（原人事部门）所属人才服务机构为主、国务院部委所属人才服务机构和民营、中外合资合作人才服务机构为两翼的人才服务行业协会。

四、中国博士后科学基金会

中国的博士后制度是由著名科学家李政道先生倡议，邓小平同志决定于1985年建立的。1990年5月成立中国博士后科学基金会，邓小平同志又亲笔题写了会名。2008年，中国博士后科学基金会以科学发展观为指导，按照部党组的要求及部2008年的工作安排，以提高服务博士后高层次人才能力为核心，以落实工作职能、深化业务工作发展为主线，努力开拓服务领域，扎扎实实开展工作。

（一）认真做好博士后科学基金资助工作

启动了博士后科学基金特别资助计划，从财政部争取追加第一批特别资助经费5 000万元，开展了中国博士后特别资助评审工作。从全国各地1 796个博士后流动站和1 669个博士后工作站的23 000多名在站博士后中，通过单位和省市人事部门选拔推荐了1 416人参加评审。经过专家函评、会评两步严格的评审程序，最后确定500人，对其一次给予10万元的特别资助经费。同时，圆满完成了第43批、44批博士后科学基金面上资助工作。根据《中国博士后科学基金资助规定》，基金会严格按程序组织了第43批、44批面上资助的申报和评审工作。两批共有8 018人申请博士后科学基金面上资助，2 764人获得资助，资助经费为9 240万元。

（二）完成了2009年博士后工作评估的相关准备工作

完成国家级课题《博士后工作评估理论与技术研究》项目，为2009年的评估工作奠定了基础。按照部里的要求和部署，修订了评估表格；起草完成了评估培训讲稿；设计评估权重调查表；修订博士后进出站表格，使其与博士后工作评估所需要的信息收集相兼容。

（三）积极开展博士后学术交流活动

中国博士后科学基金会一直致力于推动博士后学术交流工作，与一些高校和科研院所合作，每年都举办多次不同学科领域的博士后科学论坛，不断推动相关学科的理论研究和创新，推动博士后培养。学术交流对博士后的培养，特别是提高博士后的综合素质具有特别重要的意义。5月18日，在北京大学举办“改革开放30年暨博士后科学论坛”，李政道先生向本次论坛发来贺电。全国人大常委会副委员长蒋树声出席论坛。解放军总政治部、国家发改委等部委领导以及部分著名高校校长参加。北京大学校长许智宏、中科院党组副书记方新等出席会议并讲话。著名法学家江平教授、著名经济学家厉以宁教授等特邀嘉宾分别作了主题演讲。参加本次论坛的北京地区博士后1 500余人，京外博士后300余人。论坛收集论文230余篇，入选150余篇。本次论坛被列为人力资源和社会保障部纪念中国改革开放30周年系列活动之一。论坛层次高，成效显著，反响很大。2008 年，与中国社科院共同主办了第三届社会学博士后论坛、第二届法学博士后论坛和首届中国博士后文化发展论坛；与中国农业科学院、中国农业大学共同主办了首届中国博士后农业论坛。博士后学术论坛工作有的已经做成了“精品”和“品牌”，学术及社会影响越来越大，博士后学术论坛活动已经成为博士后人才培养的新亮点。

（四）扎实推进博士后人才引荐工作

在全球化趋势的影响下，社会经济发展出现了许多新问题，产生了许多新需求。为适应这种新形势、新需求，一些部门和地方急需引进一些具有专业性、创新性和前瞻性等综合素质的高层次人才。中国博士后科学基金会为地方和博士后搭建了引荐博士后人才的平台。3 月 22 日，与北京市委组织部、人事局合作召开“北京 2008 博士后人才引荐会”，来自京内外部分高等学校、科研院所、企业等 146 家用人单位参会，近 1 200 名博士后参加本次引荐会。应河北廊坊市委组织部、贵州毕节地委组织部引荐博士后挂职的要求，组织 70 多名博士后报名，经与组织部门共同遴选和考察面试，最后确定了 20 多名人选，任命到各区县挂职担任副区县长。4 月，应寿光市人民政府委托，在寿光市召开了“聘请政府经济顾问暨寿光经济发展院士座谈会”。有 7 位院士被寿光市聘请为政府经济顾问，为寿光科技和经济社会发展规划及有关政策的制定献计献策。针对绍兴县 22 个重点行业，为绍兴县推荐了 6 名博士后，到企业考察洽谈，进行项目对接，并被聘为企业创新顾问。

（五）广泛开展博士后科技成果转化工作

为使博士后研究人员的科研成果能够顺利转化为现实的生产力，基金会积极与各省市有关部门联系，努力促进博士后科技成果的转化。9 月，基金会组织博士后参加“第四届百名博士潍坊行”活动，共邀请了海内外博士、专家 120 余名，推介科研成果 300 余项，达成技术合作需求项目 535 项；10 月，组织了“百名博士后绍兴科技行”活动，向绍兴市推荐了 70 余名博士后赴当地进行科技项目洽谈；11 月，组织博士后参加了“中国山东第五届海内外高端人才交流暨经贸项目洽谈会”，近 140 余名博士后与当地企业进行洽谈和项目发布，并邀请了北京、上海、广东、陕西、湖北等省市博士后联谊会负责人，与山东省相关部门进行了座谈，为当地的经济发展出谋划策，我部领导和山东省委、省政府主要领导出席了开幕式。此外，与黑龙江省佳木斯市人才服务局合作建立了黑龙江省三江地区生物技术研发服务中心，与潍坊市人事局合作建立了“中国博士后创新创业基地（潍坊高新区）”“中国博士后创新创业基地（山东寿光）”科技成果开发转化分基地，为博士后与企业交流搭建了重要平台。

（六）圆满完成博士后日常管理工作

为博士后人员办理进出站手续。2008 年全年办理博士后进出站人数 7 000 多人。编制了与北京市公安局“派出所信息系统”相衔接的接口程序，实现了博士后办公系统与北京市公安局办公系统数据的无缝对接。与部分设站单位讨论了北京地区博士后集体户口问题现状以及解决此问题的可行性。分别在西安、南京和广西举办 2008 年新设站单位博士后管理人员培训班，共培训博士后管理人员 600 人。完成了 2008 年度“中韩青年科学家交流计划”推选工作，推选 10 名博士后赴韩交流。依托职能优势，创新高层次人才的服务领域和渠道，探索博士后人员的人事代理、职称评定、档案管理、社会保障等新业务。

（七）努力提高干部职工队伍的政治思想素质

以科学发展观等学习实践活动为契机，把提高干部职工的政治思想素质放在重中之重的地位来抓。上半年，积极贯彻部党组关于“学习十七大”主题教育实践活动的指示精神，结合中国博士后科学基金会实际，精心组织，在基金会内部开展形式多样的学习讨论，使全部干部职工深化了对全面建设小康社会的目标要求的理解，提高了干部职工的思想理论水平。下半年，按照部党组关于深入学习实践科学发展观活动的有关指示精神和部署安排，扎实做好部里的每一项规定工作。认真学习中央领导关于科学发展观的讲话，通过个人自学、支部讨论、大会发言等形式多样的学习，紧密结合业务工作发展实际，重点就如何更好地服务博士后高层次人才等问题，认真总结经验，加强分析研究，制定行之有效的整改落实方案，提出破解难题、改革创新、改进工作的思路和对策。同时，认真抓好班子建设。根据部党组《关于加强司级领导班子思想作风建设的意见》，中国博士后科学基金会努力加强领导班子的思想作风建设，开好民主生活会，坚持各种会议制度，坚持民主集中制，认真抓好党建工作，落实“一岗双责”和“三会一课”制度，充分发挥党支部的战斗堡垒作用和广大党员的先锋模范作用，不断增强领导班子的团结协作，形成有整体合力的领导集体。

五、中国劳动学会

2008 年，中国劳动学会以科学发展观为指导，以纪念改革开放 30 周年为契机，以深入贯彻实施《劳动合同法》为重点，充分发挥桥梁纽带作用，广泛开展理论探讨、经验交流和政策培训，在围绕中心、服务大局的同时，推动自身发展，取得了明显成效，学会工作和各项事业都有了新的进展和提高。

（一）服务中心工作，开展以纪念劳动保障制度改革30周年为主要内容的学术研讨活动

中国劳动学会与中国劳动保障科学研究院共同举办了以“伟大变革与科学发展——中国劳动保障制度改革 30 年”为主题的第三届中国劳动论坛。这次论坛作为人力资源和社会保障部纪念改革开放 30 周年系列活动之一，得到了各级领导和社会各界的重视和支持。中央政治局委员、国务院副总理张德江，全国人大原副委员长顾秀莲发来贺信，全国人大副委员长华建敏到会并作重要讲话，尹蔚民部长出席论坛并致欢迎词，杨志明副部长作主旨报告，张小建副部长、中央纪委驻部纪检组组长袁彦鹏出席了论坛。来自劳动保障行政部门、科研机构、社会团体及企业的 300 多名代表参加了论坛。

论坛的筹备召开，广泛宣传了我国劳动保障制度改革 30 年来取得的成果，进一步探讨了深化改革的思路，得到了各地方学会、分支机构的积极响应。大家认真组织选送参评文章，其中 70 多篇论文被评为优秀成果，获得了奖励和表彰，有力地促进了学术成果的交流和提高。

（二）服务企业，积极推动《劳动合同法》的贯彻实施

2008 年是《劳动合同法》和《劳动合同法实施条例》实施的第一年，学会抓住机遇，积极开展形式多样的活动，推动《劳动合同法》和《劳动合同法实施条例》的贯彻实施。

一是普遍开展了调查研究活动。各学会发挥专业优势，组织专家学者，针对不同类型企业在实施《劳动合同法》过程中的情况进行了专题调研，广泛深入了解企业在实施《劳动合同法》过程中遇到的新问题，收集企业的意见和建议，及时向有关方面反映，提出政策建议。一些学会积极组织动员专家学者、企业管理人员和劳动保障部门的工作人员，针对《劳动合同法》实施过程中反映突出的问题，从理论探讨、实践操作等方面进行研究，出谋划策，帮助企业从完善规章制度入手更好地执行这一法律。

二是组织召开了贯彻实施《劳动合同法》研讨会，来自政府、企业、科研院校及地方劳动保障学会的代表共 140 多人参加了会议。一批国有、合资、民营企业的代表在会上作了发言，从不同角度交流了贯彻实施《劳动合同法》的主要做法和取得的主要成效，分析了存在的问题，并提出了很多好的建议和办法。有关立法机关和政府部门的代表、专家学者和企业管理人员共同探讨如何贯彻执行《劳动合同法》，并交流各自的体会和看法，达到了互相启发、互相促进的效果。会议成果得到了部领导的充分肯定。

（三）充分发挥分会和专业委员会在各自领域的优势和作用，为会员提供个性化服务

学会专门组织召开了分支机构工作会议，针对各行业分会、专业委员会的工作特点，强调加强相互间的支持与合作，学会秘书处为分支机构提供更好的服务，以调动各方面积极性，实现共同发展的目标。

各分会和专业委员会在各自的领域内，按照统一安排、发挥自身优势，独立自主地开展活动，取得了很好的效果。薪酬专业委员会举办的中国薪酬管理高层论坛，在社会上引起很大反响。华福周会长出席论坛并致辞。这次论坛的学术成果和影响，得到了部领导的高度肯定。劳动科学教育分会组织全国有关高等院校的专家学者，召开学术年会，针对贯彻执行《劳动合同法》和统筹城乡社会保障制度建设等理论问题，进行了深入的研讨，来自劳动保障科研理论及教学方面的专家学者到会作了交流。

（四）积极开展法律法规宣传活动，不断提高培训咨询工作水平

以《劳动合同法》《就业促进法》和《劳动争议调解仲裁法》为重点，结合国家“五五”普法规划要求，学会系统广泛开展了法制宣传活动，充分利用电视、报刊、网络，以及发放宣传品、召开会议等形式宣传劳动保障法规政策。

各学会普遍组织开展了系列培训活动，举办了大量的专题研讨班、法规政策培训班等，专门邀请相关部门的领导和科研单位的专家学者讲授最新政策法规，第一时间传达最准确的信息。为保证培训质量，还专门加强了对培训班师资水平、收费标准、培训内容等各个环节的全程管理。培训工作已经成为各学会的一项基础性业务，取得了很好的社会效益和一定的经济效益。

（五）积极开展国际与地区间的学术交流与合作，拓宽业务工作范围和学术研究领域

根据学术委员会工作发展的要求，把拓展业务工作范围作为一项重要工作来抓，并积极与国际劳工组织、学会分支机构以及相关企业进行多方面的联系与合作，进一步拓宽了学会业务工作的范围和领域。

一是与国际劳工组织合作，在上海、深圳、杭州和长春 4 个城市学会的大力支持和配合下，开展了企业劳动关系和工资分配情况问卷调查活动。通过在一些行业中进行各类企业执行《劳动合同法》、开展工资集体协商和建立规章制度等情况的调查，研究不同地区、不同所有制企业劳动关系的状况，为构建和谐稳定的劳动关系提供实证研究，提出政策建议。项目前期工作已经完成。

二是与国际劳工组织北京局、全国妇联妇女研究所在京联合召开了“工作收入与性别歧视国际研讨会”。针对收入分配差距、工作领域的性别歧视等问题进行了广泛深入的研讨和交流。这次国际研讨会的成功举办，拓展了学会学术研究领域，加深了与国际劳工组织的联系，进一步增强了学会在劳动科学研究方面的国际影响。

三是与国际劳工组织联系和协调，积极争取加入“国际劳动关系学会”，相关协调工作仍在有条不紊地进行。

（六）加强学会自身建设，不断提高工作水平

一是加强学会制度建设，提高管理水平。学会换届以来，修订了《中国劳动学会会议制度》等多项内部管理规定，为各项工作的顺利开展打下了良好的制度基础，使管理工作更加规范化。在日常工作中，按照部领导提出的要求，狠抓内部管理，狠抓工作落实，加强协调与沟通，使工作质量和管理水平有了很大的提高。

二是结合学习贯彻科学发展观活动，积极开展调查研究。深入企业调查研究，加强了与企业的联系，为向有关政府管理部门反映情况和提出相关建议，提供了依据。专门开展了对地方劳动保障学会的问卷调查，掌握和了解了学会系统有关基本情况，为筹划和规范学会工作的进一步发展提供了依据。

三是启用了重新设计和更新的中国劳动学会网站，开辟和增加了一些新的资讯与服务栏目，提高了学会秘书处信息化服务的功能和水平。目前已经与一些地方劳动保障学会、行业分会、专业委员会的网站实现链接，为学会之间的沟通和交流提供了平台。

六、中国社会保险学会

2008 年，中国社会保险学会深入贯彻党的十七大精神，以科学发展观为统领，紧密围绕社会保险中心工作，发挥广大会员和专家学者的作用，积极开展学术交流、课题研究等活动。

（一）课题研究

启动“做实基本养老保险个人账户与基金营运管理课题”。该课题旨在对做实基本养老保险个人账户的理论问题、实践问题、基金运营问题等进行系统研究。在整合现有研究成果和深入调查研究的基础上，在科学发展观的指引下，以理论分析、实践研究和技术论证为手段，从理论上界定做实基本养老保险个人账户的基本内涵、衡量标准和实现途径，从实践上剖析做实基本养老保险个人账户及其营运管理的经验、教训与困难，在政策上提出做实基本养老保险个人账户及其营运管理的指导原则、实施步骤和操作方案框架。为保障课题的顺利进行，中国社会保险学会邀请了行政管理机关、部分试点地区的相关工作人员，以及高等院校和科研机构的专家学者，成立了课题领导组、专家组和工作组，分别负责课题的组织领导、调研报告撰写和协调工作。6 月下旬，召开了课题启动会，胡晓义副部长、王建伦会长出席会议并讲话。12 月上旬，召开课题专家会，听取课题研究的初步报告，并就有关问题提出了意见和建议。

（二）学术活动

6 月初，中国社会保险学会与中国人民大学中国社会保障研究中心、德国艾伯特基金会联合举办了“国家主导的基本福利制度——亚欧社会保障与社会和谐展望”国际学术研讨会，王建伦会长、郑功成副会长等中方专家，以及来自亚欧十几个国家的近百名社会保障专家出席了会议。会议共分“亚洲的福利制度：历史发展和当前改革”“中国的社会保障制度：过去、现在和未来”“欧洲的福利制度：历史发展和当前改革”“亚洲的福利制度：国别研究”“欧洲的福利制度：国别研究”“综合讨论：亚欧的未来之路”6 个板块。通过主题发言与圆桌讨论的方式密集进行，达成了若干共识。会议认为，无论是欧洲国家还是亚洲国家，建立一个健全的社会保障体系符合人民期望和时代发展潮流。会议主张，亚洲与欧洲各国不应该过分考虑文化传统的差异，而要认真考虑人民的共同利益，理性选择并发展好各自的社会保障制度，让各国人民能够在社会保障体系的维系下，过上更安全、更公正、更文明的高质量生活。

5 月上旬，王建伦会长出席中国社会保障发展战略研究项目核心组第三次会议，听取和讨论了“中国社会保障发展战略研究项目”的有关问题。项目负责人中国社会保险学会副会长、中国人民大学教授郑功成主持了本次会议，并向与会专家介绍了《中国社会保障改革与发展规划建议稿及若干附件纲要》。

11 月上旬，王建伦会长出席第三届中国社会保障论坛年会，并主持“养老保障的科学发展”分论坛。

（三）国际交流

5 月 8 日，王建伦会长在京会见了国际老龄联合会（International Federation On Ageing）主席 Irene Hosleing 女士，双方就当前国际社会保障有关问题进行了交谈，并对今后两会间的学术交流与合作交换了意见。

5 月下旬，应希腊、意大利社会保障部门的邀请，中国社会保险学会一行 9 人对两国的社会保障情况进行了考察。

11 月 7 日，王建伦会长在京会见香港退休计划协会主席刘嘉时一行，就海峡两岸及香港、澳门共同举办养老保险专题研讨会达成了共识。

（四）会员队伍建设

上半年，开展了会员基本情况调查活动，更新了会员的基本信息，听取了会员对学会工作的意见和建议，促进了学会与会员之间的交流，进一步发挥了学会为会员提供服务平台的作用。

七、中国职工教育和职业培训协会

2008年，中国职工教育和职业培训协会（以下简称中国职协）紧密围绕部中心工作，在高技能人才培养、现代企业培训制度建设、民办职业培训学校发展等方面，特别是在灾区技工学校培训援助工作中，取得了一定的工作成效。

（一）围绕中心工作，组织开展重点大型活动

一是组织实施四川灾区技工学校培训援助行动。2008年5月，汶川地区发生了特大地震，受部领导委托，中国职协承担了灾区学生技工培训援助工作，以帮助灾区学生继续完成学业，实现就业。为认真贯彻张德江副总理的批示，按照尹蔚民部长关于做好灾区学生“学习、生活、安全”三落实的要求，中国职协抽调骨干人员，组成专项工作小组，编制了《接收灾区学生工作手册》，以最快的速度、最优的质量，完成了大量的具体工作。主要包括：与四川省劳动保障厅及受灾学校积极联系，调查了解转移学生信息；与接收省份和接收学校对接，组织学生转移输送；全程跟踪了解学生入校后的情况。在不到1个月的时间里，共安全转移2 737名灾区学生，安排到全国15个省市的103所国家级重点以上技工学校就读。为了保证灾区学生能够安心学习、顺利就业，人力资源和社会保障部出台了相应的支持政策，中国职协也继续做好后续工作。

二是组织召开四川地震灾区技工培训援助工作座谈会暨中国职协技工学校专业委员会年会。为进一步做好灾区技工学校学生“三落实”工作，交流各地劳动保障部门和各接收学校在实施援助工作中取得的经验和存在的问题，以及深入探索技工院校高技能人才培养的新技术和新方法，交流技工院校一体化教学改革的经验，2008年7月，人力资源和社会保障部及中国职协在苏州组织召开了四川地震灾区技工培训援助工作座谈会暨技校委员会第19届年会。人力资源和社会保障部副部长张小建、江苏省人民政府副省长何权、中国职工教育和职业培训协会会长林用三等领导同志出席了会议。张小建副部长在会上作了重要讲话。来自各省、自治区、直辖市劳动保障部门和技工院校的近300名代表参加了会议。与会代表一致认为，此次会议的召开，将对技工院校一体化教学改革和技工院校的可持续发展产生积极的影响。

三是参与组织召开第二届中国高技能人才国际论坛以及中国职协企业专业委员会年会。为了进一步明确新形势下政府、企业、培训机构在高技能人才培养中的责任及工作重点，探索高技能人才培养的途径、模式和方法。10月，中国职协参与组织了第二届中国高技能人才国际论坛，与会代表共计300余人。

四是组织中国职协年度优秀科研成果评审活动。从4月开始，中国职协组织专家开展了2006—2007年度科研成果评审工作，9月召开了成果终评会，共有606项成果参加了评审，涌现出一批有较高水平的研究成果，校企合作、技工院校教学教法改革，特别是课程改革方面的成果比较显著，在现代企业三项制度建设上也取得了一些成就。

（二）积极推动三项重点工作

一是积极参与人才规划策略研究报告的研究起草工作。6月，人力资源和社会保障部承担了专业技术人才队伍建设和技能人才队伍建设两个战略专题的研究任务，中国职协参与了后一项专题的研究工作。

二是促进民办职业培训学校规范发展。以促进民办职业培训学校规范、诚信、健康发展为主题，开展了一系列相关工作。主要包括：通过组织召开座谈会、实地调研等方式调查研究，并与部内行政司局共同起草了相关文件；

推动地方开展民办职业培训学校诚信评估工作，并为其提供强有力的技术支持，进一步细化了《民办职业培训学校优秀等级的评估细则》；继续组织开展《民办职业培训发展研究》课题的研究工作，还组织专家开展了《民办职业培训学校校长培训教程》的开发工作，以及相关的交流培训工作；开展民办职业培训学校服务管理信息化平台论证工作，积极与相关方面联系，拟开发民办职业培训学校服务管理信息化平台，从而更好地促进行政部门与民办职业培训学校之间的沟通和交流。

三是加强调研，推动校企合作工作。为探索开展校企合作的有效途径和方法，总结成功经验及存在的问题，中国职协与国际劳工组织北京局合作开展了校企合作培养高技能人才模式研究。向全国各省重点技工院校发放了200多份详尽的校企合作调查问卷，根据回收情况完成了初步的调研报告，并形成专题报告，报国务院领导审阅。

（三）大力推进企业培训，实施重点培训项目

牢牢抓住企业培训工作这条主线，围绕企业培训师培训、技师研修、名师带徒3项制度建设和企业班组长岗位培训，扎实推进，取得了显著成效。

一是加强与行业、大型企业的联系，推进企业培训师培训工作。先后与神华集团、中原油田、北京乡镇企业局、陕西航空局等联合开展了企业培训师培训。

二是推动示范性师资培训，加强师资队伍建设。举办了2期师资培训班，在教师选择、课程设计、班务管理等方面精心筹划，从不同角度提升师资的整体素质。

三是充分发挥班组长示范基地作用，推动骨干班组长示范性培训工作。据不完全统计，全国企业约有6 000人参加了现代企业班组长培训。中国职协将在总结经验的基础上，继续完善培训内容、创新培训模式和培训方法，以促进班组长综合能力的提升。

（四）深化理论研究，加大宣传力度

围绕高技能人才和现代企业培训制度，充分发挥专家的优势力量，组织开展理论研究和课题开发等工作。

一是完成《中国职业培训发展报告(2007)》的编辑出版工作。在认真总结以往经验的基础上，结合我国职业培训事业的新发展，通过调研、征集等方法，完成了主报告、6个分报告和大事记、文件汇编共4个板块的撰写工作，总计35万字。《中国职业培训发展报告（2007)》的出版得到了有关方面的好评。

二是积极开展企业学徒制度课题研究。为推进现代企业培训制度建设工作，组织专家进行研究。

三是围绕部中心工作，加大宣传力度。中国职协利用《中国培训》《中国职协工作简讯》等刊物和网站，发挥其不同的优势，形成宣传网络，及时宣传高技能人才培养、农民工培训、现代企业培训制度建设、技工院校改革等方面的政策信息、典型案例、经验做法，为广大会员提供了充实的信息服务。特别是紧紧抓住中国改革开放30周年这个主题，通过采访专家、广泛征文、经验交流等活动，展现这一时期我国职业教育和企业培训所取得的成就及总结的经验等。

（五）加强国际交流与合作工作

中国职协不断加强对外交流，与国际劳工组织、日本海外职业训练协会、德国继续教育协会等开展了多方面的交流与合作。

一是与国际劳工组织北京局在宁夏回族自治区银川市合作开展了“LED－VCD地方经济发展与产业价值链开发”试点项目。目前，已取得初步成效，产业价值链的延长和改进能够提升产业经济附加价值和扩大就业的理念，开始在企业、劳动者和政府中树立起来，并通过该项目培训了一批从业者，为下一步推广工作打下了基础。

二是与日本海外职业训练协会合作，为我国经济欠发达地区提供IT技术方面的培训，

这项合作已连续5年受到相关地区和企业的欢迎。

（六）加强组织建设，促进各专业委员会发展

中国职协组织开展了灵活多样的活动，以促进专业委员会的发展。如技校专业委员会开展了一系列活动，促进技工院校的发展：一是开展技工学校技术开发优秀成果评选和优秀科研成果评审工作；二是成立技校委员会通讯员队伍，并在厦门组织专业培训；三是开展电工电子类教师的师资培训等。

八、中国就业促进会

2008年，中国就业促进会以促进就业为宗旨，紧密围绕部中心工作，积极开展各类就业促进活动，顺利完成年初制定的各项目标计划，取得显著成绩。

（一）继续打造“中国就业论坛”品牌

一是成功举办“2008中国促进创业带动就业高层论坛”。围绕促进以创业带动就业的中心工作，6月12日，与杭州市人民政府联合举办了“2008中国促进创业带动就业高层论坛”。天津、上海、杭州等15个城市的市长或市长代表、国务院有关部委官员、部分专家学者及省市劳动保障部门代表共100多人参加了论坛。论坛以“鼓励创业、促进就业”为主题，围绕宣传倡导创业理念、完善创业政策环境、加强创业服务保障、提升劳动者创业能力等专题，进行了广泛交流和深入研讨。人力资源和社会保障部副部长张小建、浙江省人民政府副省长陈加元、中国就业促进会会长林用三、杭州市人民政府市长蔡奇出席会议并讲话。

二是召开“促进职业中介机构发展国际研讨会”。为配合推进统一规范的人力资源市场建设，6月26—27日，与无锡市人民政府联合举办“促进职业中介机构发展国际研讨会”。张小建副部长、林用三会长和江苏省政府、无锡市政府、国际劳工组织、国际私营职业中介联合会、英国就业服务机构等国内外有关部门的150多位嘉宾出席研讨会。与会嘉宾围绕“培育、发展、自律、规范”这一主题，进行了富有成效的交流探讨。国外专家介绍了市场经济国家的管理经验，对促进我国职业中介机构健康发展，推进统一的人力资源市场建设具有重要意义。作为会议的重要成果，职介机构代表联合发出倡议书，号召全国的职业中介机构创新发展，诚信自律，积极促进劳动者就业。

（二）配合行政部门，积极做好服务工作

一是积极开展《就业促进法》和《劳动合同法》的宣传贯彻工作。利用中国就业促进会主办的《中国就业》杂志和中国就业促进会网站这两个宣传平台，组织刊登有关“两法”的学习文章、各地贯彻实施“两法”的经验做法等。在中国就业促进会设计开发的2008版农民工进城务工须知扑克牌中，增加“两法”的有关内容，普及宣传就业法规，维护农民工合法权益。

二是大力推进职业中介机构信用等级评定工作。受原劳动保障部委托，承担了职介机构信用等级标准开发和组织评定工作。在2007年工作基础上，2008年又采取以下措施积极推动这一工作的开展：组织召开了信用评定工作研讨会，总结交流工作经验，研究探讨发展思路，明确提出工作措施；完成信用等级评定系统软件开发工作，并上线运行，提高了工作效率；与各地劳动保障部门保持密切联系，调研了解各地工作进展情况，指导推动评定工作顺利开展。

三是组织“就业形势与对策专家分析会”和“行业座谈会”。11月27日，联合就业促进行政管理机关召开了“就业形势与对策专家分析会”和“行业座谈会”，邀请国内知名专家与有关行业代表就国际金融危机对我国经济发展和就业形势的影响及其应对措施进行了分析研究，并将会上的发言材料加以整理，会后又收集、整理了各省应对金融危机影响积极促进就业的政策文件及措施，为行政部门决策提供参考。

四是实施湖南、江西两省技校防艾宣传教育项目。在国务院防艾办的资金和技术支持下，举办了项目师资培训班，培训师资180多人。两省共计有160多所技校的9.5万名学生参加了防艾普及培训。

五是组织完成“2008年中国就业十件大事”评选活动。年底，经过地方推荐、专家评议、领导审核，评选出“2008年中国就业十件大事”及地方创新事件，为主管部门安排做好2009年就业工作提供借鉴和参考。

（三）就业促进项目取得新突破

一是美铝合作项目圆满结束。5月上旬，在北京召开了美铝项目总结评估会，中国就业促进会与美国美铝基金会合作开展的“社区劳动保障工作者能力培训项目”经过3年的实施，已圆满结束。项目在提升基层劳动保障者业务能力、提高就业服务质量方面发挥了积极作用，受到各方一致好评，并为双方今后继续合作奠定了良好基础。

二是拜耳合作项目正式启动。中国就业促进会与德国拜耳医药保健有限公司联合开展的农业富余劳动力健康安全转移就业培训合作项目于11月中旬开始启动，项目旨在通过开发实用性强的培训教材和系列宣传品，对3万名农业富余劳动力免费提供健康安全转移就业培训，帮助他们提高健康卫生与职业安全防护能力和意识，促进健康、安全、稳定就业。

三是大学生就业促进项目成效显著。集就业能力测评、就业实训与就业服务于一体的大学生就业促进项目，2008年在规模上大幅提升，有万余名大学生接受了项目提供的就业课程实训和就业服务。另外，结合就业形势和行业发展趋势，还组织开展了包括网络营销、“络捷斯特”杯物流岗位就业能力测评在内的“互联2008·领跑职场”系列活动，为提高大学生就业能力、促进就业发挥了积极作用。

九、中国医疗保险研究会

2008年，中国医疗保险研究会深入贯彻“围绕大局、服务中心、突出重点、求真务实、体用并重、建言献策”的工作方针，围绕城镇居民基本医疗保险试点大局，主要做了以下几项工作：

（一）积极配合城镇居民基本医疗保险试点

一是做好国务院城镇居民基本医疗保险试点评估的组织联络和协调服务工作。2008年年初，组织专家组在深入调研的基础上，按期向国务院城镇居民基本医疗保险部际联席会议提交了2007年评估报告，为进一步扩大试点提供了决策依据和政策建议。在2008年国务院扩大试点电视电话会议上，专家组作了发言，试点评估报告得到相关部门基本认同，受到国务院领导充分肯定。2008年评估调研工作已基本完成。专家组先后赴内蒙古、上海、湖北、吉林、辽宁、湖南、广西、云南、海南9个省区市进行了评估调研，对79个试点城市开展第二次部门统计调查，并选取吉林市、青岛市、东莞市进行第二次深度访谈调查，继续对2007年调查的9个试点城市11 674户家庭进行跟踪入户调查。根据调查及资料分析，起草了2008年评估报告。

二是完成鼓励参保人员社区就医培训项目。组织北京、吉林、陕西、湖北、江苏、四川五省一市开展了以社区医疗保险为主要内容的培训，共培训省、市、社区三级劳动保障工作人员1 000余名，面向19个市（区）共约30万名参保人员开展宣传教育活动。组织编写26本教材，印制了10万份“参保人员社区服务资源及利用”宣传册。

（二）组织医疗保险重大问题的学术研讨

一是举办第二届和谐社会和医疗保险论坛。在召开2008年年会之际，举办了以覆盖城乡的医疗保障制度体系发展战略为主题的第二届论坛，总结了我国医疗保障制度发展历程，着眼于2020年医疗保障制度体系建设的目标，立足于当前医疗保障制度框架，研讨了未来十几年医疗保障制度体系建设的战略目标、战略重点、战略步骤、战略措施，分析了影响战略目标实现的主要社会经济因素及保障措施。

二是积极开展学术交流。先后召开了“基本医疗保险门诊统筹研讨会”“大学生基本医疗保障研讨会”“中国DRGs研究进展报告会”“卫生技术评估在卫生决策中的应用研讨会”“医疗保险基金风险防控研讨会”，分别对我国当前医疗保险政策、管理、重点工作以及技术应用等方面的问题进行学术研讨和经验交流。

三是开展优秀论文征集、评选活动。面向全体会员和医疗保险工作、研究人员开展征文活动，共有695篇论文纳入评选范围，并在网上组织专家完成了初审和复审。

（三）加强开发技术标准的基础建设

一是建立医疗保险基础数据库。主要包括基础信息收集整理，药品和诊疗项目及医用材料编码、赋码。已完成SFDA新药注册上市信息等部分医疗服务重要信息的收集工作。对国内外药品编码种类、功能有关研究和实际操作进行汇总分析，初步形成了医疗保险药品编码体系、诊疗项目分类和编码体系。

二是开发“参保人员医疗服务利用信息分析系统”。该系统为2007年度国家软科学指导研究项目收集了全国26个统筹地区约60 000住院人次的医疗服务利用明细。在药品数据方面，收集了西药品种2 800余种（未含剂型）、中成药5 000余种，完成了与现有编码的比对工作。在疾病数据方面，收集了13 000余个疾病名称，并进行了名称规范和筛选工作。目前正在编制医疗服务利用信息分析系统开发实施方案，拟与医院管理协会等机构合作开发分析模型及程序。

三是开展诊疗项目数据调查。开展诊疗项目数据调查，完成了《全国医疗服务价格项目规范》4 170项重新整理排列及八省市准入目录合并统计工作。通过召开专家咨询会，初步确定了医疗保险诊疗项目分类框架，并对60 000住院人次诊疗项目及医用材料使用情况进行了整理和统计。

四是开展“DRGs付费制度实施的基本条件和配套政策研究”。重点研究我国实施DRGs在制度、政策和技术条件等方面存在的问题，DRGs结算办法发挥效用的影响因素，提出改革建议和完善措施。国外部分的分析报告已经形成，正在进行修改。国内部分已完成了牡丹江、齐齐哈尔、湛江、深圳等地的调查工作。

（四）开展重点问题的专题研究

一是开展参保大病患者医疗保险就医管理和费用支付管理现状研究。围绕参保患者门诊大病就医和费用结算管理，完成了糖尿病项目的三市入户调查、数据采集和肝炎项目的五市数据采集工作，正在进行数据整理和分析。此外，还针对高血压、恶性肿瘤患者开展研究。

二是开展基本医疗保险门诊统筹课题研究。通过召开研讨会、收集相关资料、组织调研等方式，对城镇居民、职工医疗保险门诊保障的基本政策和现状进行调研，探讨了居民门诊统筹的主要政策和辨认医疗服务管理办法。目前完成了调查表数据收集工作，正在进行整理分析。

三是启动建立覆盖城乡居民的医疗保障体系发展战略研究项目。与国务院研究室社会发展司共同研究制定了项目实施方案和计划，联合有关方面专家组成了课题组。

四是启动参保人员异地就医管理问题研究。与新疆生产建设兵团合作召开了项目启动会，收集包括2007年全年兵团系统职工基本医疗保险及异地就医基本情况、部分异地就医退休人员报销资料及费用清单、退休人员异地居住省市经济水平和就医医疗机构费用水平等在内的数据资料。

五是继续开展“退休政策对医疗保险的影响及对策研究”。召开了中期汇报交流会，目前正按照课题组成员意见修改研究报告。

（五）大力推进医疗保险研究网络建设

一是研究会自身的会员网络。一方面通过利用各种途径向社会大力宣传研究会，积极为会员提供各种服务和咨询，积极与相关单位开展合作等方式发展会员；另一方面加强对会员的管理和服务，按章程规定审核各类会员的资格。截至 2008 年年底，有 539 家单位会员、1 757 名个人会员。

二是医疗保险研究网络。指导和督促各地尽快成立医疗保险研究（学、协）会，推动建立与各地研究（学、协）会的“信息沟通、工作指导、项目合作、经验交流、人员培训、资源共享”工作机制。目前全国成立了 14 家省一级医疗保险研究（学、协）会，部分省会城市、地级市也陆续成立了相应的机构。

三是与大专院校和科研机构的横向合作网络。通过委托科研机构和大专院校承担课题设计、实施研究项目等方式，先后与北京大学、清华大学、上海复旦大学、华中科技大学，以及社会保障研究所等建立了合作关系，探讨合作机制，初步建立横向合作网络，提升了研究会的科研实力和研究水平。

四是海峡两岸和国际合作交流联系网络。赴台湾地区参加了“海峡两岸医疗保险结算办法研讨会”，与台湾健保学会商讨了合作事宜，建立了以内地和台湾轮流举办每年 1 期“海峡两岸医疗保险研讨会”为主体的长期联系机制。配合“鼓励参保人员社区就医培训”项目，组团对美国、巴西的社区医疗保障管理进行考察。以协办单位身份参加国际药物经济研究与产出协会（ISPOR）第三届亚太地区会议。继续主动与国外医疗保险相关机构联络，相互交换资料，探讨建立长期合作事宜。

（六）加强医疗保险研究宣传和研究成果推广

2008 年 5 月，《中国医疗保险》杂志获得国家新闻出版总署批准公开发行，经过积极筹备，完成了刊物注册、杂志社成立等有关事宜，于 9 月召开了创刊大会，当年发行了 3 期杂志。

编印 21 期《中国医疗保险研究动态资讯》，及时向相关部门和各地会员报道研究工作动态、医疗保险改革动态和医药卫生体制改革信息。

出版发行了王东进会长的新作《回顾与前瞻》。

（七）加强组织建设

先后召开了年会、理事会、常务理事会、会长工作会、工作座谈会、宣传工作座谈会等，审议研究会工作、计划等有关事项，推进医疗保险研究网络及机制建设。

先后举办了“医疗保障制度改革与发展”“医疗保险费用结算办法”等业务培训和“高效的目标与项目管理”“高效沟通技巧”等管理技能培训，以提高秘书处员工队伍的素质。

同时，注意加强秘书处员工队伍的思想政治工作，积极开展深入学习实践科学发展观活动，组织包括党员干部在内的全体工作人员认真学习有关文件和领导同志讲话，并开展专题调研。

地方人力资源和社会保障工作

一、地方人事人才工作

北　京　市

2008年是奥运之年，是中国历史上难忘、重要的一年。北京市各级人事部门深入学习实践科学发展观，紧紧围绕“营造良好环境、办好一件大事”的总体目标，全面落实各项人事人才工作任务。

一、公务员管理工作

（一）完善公务员配套法规建设

通过总结经验、查找问题、借鉴外省市成功做法，以及征求各区县和市相关部门意见，起草了北京市公务员录用、考核、奖励实施办法；与有关部门协商和研究，制定了《北京市公务员被辞退后人事档案和社会保险关系管理意见》（京人发［2008］6号）和《关于北京市行政机关公务员被开除后人事档案管理有关问题的通知》（京人发［2008］42号），明确了被辞退公务员人事档案管理和社会保险接续、被开除公务员档案移交和管理问题。

（二）健全公务员考试录用工作制度

与市委组织部共同印发了《关于印发北京市各级机关2009年考试录用公务员工作实施方案的通知》，在市属各机关全面推行职位竞争考试，并明确了2009年考试录用公务员的招考范围和实施步骤等，提高了考试录用的科学化水平；结合北京市实际，积极探索将部分乡镇公务员职位专门面向村干部、大学生“村官”招录的方法和途径，与市委组织部共同起草印发了《关于面向到村任职高校毕业生和优秀村干部考试录用乡镇级机关公务员的实施意见》。

（三）加强公务员队伍能力建设

认真抓好公务员队伍培训工作，全市处科级公务员培训率达95%以上，公务员初任培训率达到了100%，公务员素质能力不断提高；建设市级单位公务员职务管理信息系统，实现公务员动态管理，提升了公务员管理部门业务水平。

二、推进依法行政工作

（一）落实“五五”普法规划

2008年是人事系统“五五”普法的中期检查之年，市人事局致力于把普法与人事人才工作具体实践相结合、与人事人才工作法制建设和调研工作结合，按照“五五”普法规划的要求，举办了“五五”普法骨干培训班，全面推进了人事系统法制宣传教育工作的深入开展。

（二）进一步完善人事人才政策法规体系

积极协调市人大、市政府法制办，推进地方性法规修改立项工作，完成了修改《北京市专业技术人员继续教育规定》的立项建议，该项工作已列入市人大2008—2012年立法计划。配合政府信息公开工作，制定市人事局2003—2007年政府信息公开目录。

（三）依法做好规范性文件审核工作

积极参与《北京市二〇〇八年全面推行依法行政工作要点》和《北京市部门机关依法行政考核评价实施细则》的研究制定工作，为全面推进依法行政健全制度保障。做好规范性文件征求意见工作，结合人事工作职能，全年共处理来自市人大、市政府等有关部门的各类规范性文件50余件，参加了十余个法规、规章立法论证会，逐一提出了书面修改意见。

（四）推行行政执法责任制，落实市政府配套制度

切实推行行政执法责任制，认真落实《北京市关于行政执法协调工作的若干规定》等配套制度，积极配合市政府法制办，研究制定全市行政执法人员资格公共法律知识培训大纲，会签《北京市行政处罚执法人员资格管理办法》，全力推进行政执法人员资格管理的规范化、法制化。组织人才执法人员资格考试，加强人才执法人员队伍建设；积极协调市政府法制办，进一步规范人才市场行政处罚执法文书，从形式和内容两个方面提升全市人事行政的执法水平。

（五）深入研究人事行政复议和行政诉讼案件

将开展案例研究作为推进依法行政的重要基础性工作，在剖析案发原因的基础上，总结案件特点，探索和把握案件规律，增强了应对和处理复议、诉讼案件的能力。2008 年，妥善处理了 1 起人事行政复议，及时化解了矛盾。

三、大中专毕业生就业工作

（一）引导鼓励高校毕业生到农村基层就业

一是加强组织领导。市级建立联席会议制度，各区成立领导小组，乡镇和行政村成立专门机构，专人负责日常工作，形成市、区县、乡镇、行政村“四级管理体系”和“党委统一领导、政府统筹协调、部门各司其职”的工作局面。二是完善政策措施。市委、市政府和各有关部门先后出台十余个政策文件，为大学生“村官”缴纳五险一金，落实了大学生“村官”独生子女奖励政策等。三是高度重视对大学生“村官”的培养和使用。健全和完善培养使用机制，充分发挥大学生“村官”的优势和作用。2008 年，北京市共选聘 3 095 名高校毕业生，进入京郊 13 个区县担任村党支部书记助理、村委会主任助理工作，为农村基层中小学选拔支教毕业生 692 名，为京郊区县医院、乡镇卫生院和社区卫生中心引进和吸收医学院校毕业生 1 300 余人，实现了“村村都有大学生、每村有两名大学生”的目标。大学生“村官”到农村后，发挥自身特长，认真履行岗位职责，在传播新知识和新技能、解决新问题方面发挥了积极作用。

（二）加大政策引导力度，拓宽毕业生就业渠道，促进毕业生充分就业

一是围绕首都“十一五”战略规划要求配置毕业生资源。引导毕业生面向非公有制企业、高新技术企业、现代服务业、现代制造业等重点领域就业。为适应人民群众日益增长的医疗卫生需求，联合卫生局制定了特殊政策，帮助社区卫生服务机构接收毕业生 2 000 人；为满足奥运安保需要，联合市公安局、法院等相关部门单独制定了毕业生接收方案，帮助其接收毕业生 800 余人。二是立足现有人才存量，努力为北京生源毕业生充分就业营造就业空间。截至 2008 年年底，北京生源毕业生就业率达到了 94% 以上。三是开展求职登记和就业推荐工作，对困难毕业生进行重点帮扶。把促进本地生源毕业生就业的工作职能下放到各区县政府人事部门，着重做好困难家庭未就业毕业生的就业服务工作，逐一解决零就业家庭毕业生的就业问题。全年全市共举办毕业生专场招聘活动 200 余次，服务毕业生 30 万人次，统计整理并公开发布毕业生需求岗位信息 108 646 个，登记并推荐毕业生 8 000 余人次，基本实现了每名登记求职的毕业生都有一次以上的推荐机会。重点推荐安置家庭困难毕业生 700 余人次，成功安置家庭困难毕业生 200 余人。

（三）规范管理体制，坚持择优引进，做好引进接收非北京生源毕业生工作

一是调整引进计划，合理确定引进数量。在进行需求摸底的基础上，按照北京市发展战略规划重点，对 2008 年非北京生源毕业生引进控制数进行了重新分配，突出了资源配置的计划性、科学性和平衡性，全年共计引进接收非北京生源毕业生 16 540 人。二是理顺工作

程序，规范管理制度。将引进接收非北京生源毕业生的工作纳入廉政风险防范管理体系的重点监控环节，着力加强制度化、规范化建设。明确了审批权限和岗位职责，约束了自由裁量权；加强了风险防范，与市公安局在落户信息上实现了无缝衔接。三是坚持择优引进，提高引进质量。提高了硕士以上学历研究生的引进数量，全年引进硕士以上学历毕业生人数占全年引进总人数的 70.8%，提高了 4.6 个百分点；重点强调学用一致的要求，把用人单位主营业务的需要作为引进接收非北京生源毕业生的主要依据；对毕业生的考试成绩和英语水平提出了更明确的要求。

四、专业技术人员管理工作

（一）启动事业单位岗位设置管理工作

3 月，市委组织部、市人事局组织召开了全市事业单位岗位设置管理工作会议，明确了事业单位岗位设置工作的具体要求，全面部署了事业单位岗位设置管理工作。年底，全市 18 个区县事业单位岗位设置方案核定完毕，进入组织实施阶段；30 个委、办、局所属事业单位、12 家市直属事业单位、20 所市管高校完成了岗位设置方案核准；市委党群系统事业单位岗位设置方案备案工作基本完成，实现事业单位岗位设置管理工作初步入轨的目标。

（二）完善高等院校教师职务聘任制改革

按照《北京市事业单位聘用合同制试行办法》有关要求，对区县部分事业单位落实聘用合同制工作进行检查指导，对竞聘上岗、聘后管理、绩效考核等工作重点把握，完善聘用合同的签订、变更、续订、解除和终止程序，确保该项工作积极稳妥、顺利推行，依法保护各高校及教师队伍的合法权益，实现管理的正常化和规范化。

（三）顺利完成各系列职称考试和评审工作

完成中级职称评委会换届和整合工作，社会化评委会总数由 45 个减为 40 个，服务机构由 33 家减为 28 家。完成北京市职业资格清理整顿工作。各系列、专业职称评审工作开展顺利，截至 2008 年 12 月，经各评审委员会评审，390 人取得正高级专业技术职务任职资格，3 200 人取得副高级专业技术职务任职资格，4 000 人取得中级专业技术职务任职资格。其中，通过社会化专业技术资格评审、考试，取得正副高级专业技术资格的分别达 200 余人和 2 000 余人。北京市评标专家库建设运行稳定，社会反响良好。截至 2008 年年底，入库专家已超过 10 000 人，设立网络终端 29 个，全年共为 6 200 个建设工程、政府采购等项目提供评标专家抽取服务，共抽取专家 25 000 人次，为加强招投标管理、规范招投标工作发挥了重要作用。

五、留学人员服务工作

召开新建留学人员创业园座谈会，为创业人员提供专项创业资金，开展留学人才表彰并实行择优资助，以吸引更多留学人员到创业园创业。2008 年，北京市新成立 4 家留学人员创业园，截至年底，全市留学人员创业园已达 27 家，累计吸引留学人员 3 600 多名。为更好地扶持留学人员回国创业，北京市积极为留学人员搭建科技项目交流平台，先后组织了“北京市留学人员创业园工作人员培训班”以及“中国海外留学人员科技项目交流会”系列活动。第七届“北京留学人才招聘会”为回国人员提供了 590 个职位，近千名获得国外学士以上学位的留学人员参加了现场招聘，76% 的用人单位与留学人员初步达成招聘意向。为稳步推进留学人员创业园的建设，还通过计划单列留学人员企业接收非北京生源应届毕业生。共创办企业 2 400 多家，创业园内留学人员企业注册资本总量全年达到 36.67 亿元，实现技工贸收入 43.91 亿元。

（北京市人事局）

天　津　市

一、专业技术人员管理工作

2008 年，以高层次创新型人才为重点，从 6 个方面加强了专业技术人才队伍建设。

（一）实施“131”创新型人才培养工程

创办了“滨海创新人才大讲堂”，邀请葛墨林、郑学益、殷瑞钰、邬贺铨等国内著名专家学者和法国科学院院士阿德曼、日本液态锂离子电池之父尼希等国际大师来大讲堂讲学，分别作“科学发展观与创新能力建设”等专题讲座。在北京大学、清华大学举办了 2 期创新型人才高级研修班，90 名人选参加培训。推荐 5 名优秀人选到清华大学做访问学者，在著名专家身边进行为期 1 年的专业研修，开展项目合作。截至 2008 年年底，第一层次人选中有 18 人享受国务院特殊津贴，3 人入选“新世纪百千万人才工程”国家级人选，27 人承担了 44 项国家“863”“973”计划重点课题，71 人承担了 250 项重大科技支撑计划、重大科技攻关等省部级重点项目。

（二）认真开展博士后工作

在天津钢铁有限公司、渤海财产保险股份有限公司等 8 家企业设立了博士后科研工作站，全市博士后科研工作站达到 109 个。选拔 30 名优秀人选，派往英、法、德等欧洲国家，在剑桥大学、牛津大学等世界著名学府和科研机构进行为期 3 个月的培训考察或开展合作研究。在河东区、河北区、西青区和静海县新建了 4 个博士后创新实践基地，全市博士后创新实践基地达到 12 个，引进博士后团队 20 个、博士后及博士 100 余名，承担重点项目 70 余个。

（三）深入推进与首都高层次人才的智力合作

聘请了工程院院士沈昌祥、科学院院士沈绪榜等 3 名国内学术技术带头人为天津市特聘专家，在计算机系统、微电子研究、医药等领域提供指导和帮助，天津市特聘专家达到 51 名。与北京大学签署了全面合作协议，并签订了 6 项具体合作协议，在规划、政策及技术咨询、人才交流与培养、科研及科技开发、医疗及卫生服务等领域开展合作。与清华大学在博士后培养、城市规划以及科技成果转化等方面达成了新一轮合作协议，签订了 7 项具体合作协议。借鉴与北京大学、清华大学合作的模式，启动了“津港高层次人才与项目合作计划”，与香港大学、香港科技大学、香港理工大学确定了开展博士后等高层次人才交流合作的框架，并签署了《关于开展博士后及高层次人才交流合作备忘录》。

（四）认真做好留学回国人员工作

开展了优秀留学人员和留学回国工作先进单位评选活动，市委、市政府对 100 名优秀留学人员和 10 名杰出留学人员、10 个先进单位进行了表彰。举办了第四届海外人才网上招聘洽谈会，以 16 个海外工作站为依托，面向美洲、欧洲、东亚等地区招聘优秀人才，1 000 余名留学人员参加洽谈。组织南开大学、开发区留学生创业园等 18 家用人单位赴广州参加科技交流会，与 130 名高层次人才达成引进意向，对接 37 项科技合作项目。实施留学回国人员再创新创业助推计划，举办了“留学回国人员创新创业小额贷款业务推介会”“留学回国人员科技项目申报咨询会”和“留学回国人员申报引智项目说明会”等活动。2008年，为180名留学回国人员办理工作关系接转等手续，办理国（境）外学历认证600人次。

（五）积极推进专业技术人员和管理人员继续教育

落实《天津市专业技术人员和管理人员继续教育条例》，继续实施专业技术人员知识更新工程（“653”工程），全年培养中高级专业技术人才10 400余人。开展继续教育示范活动，举办继续教育高研班40期，1 400多人参加学习研修。举办了学习能力与创新思维、知识产权基础知识、科技论文写作、计算机应用能力等继续教育公共科目培训80期，培训5 600余人。2008年，天津市共有96.7万人次参加了各种形式的继续教育活动。

（六）组织“津洽会”人才智力引进活动

以“引进人才智力推动滨海新区创新发展”为主题，组织了博士后人才与项目引荐会、津港人才合作交流座谈会、引进海外人才智力交流洽谈会、海外人才工作站年会、高级人才招聘洽谈会5项主题活动。106名博士后进站或来津工作，122名博士达成进站意向，30余名外国文教专家与天津市聘请单位达成合作意向，3 000多名高级人才进场洽谈，1 100余名高级人才与用人单位达成聘用意向。

二、公务员管理工作

2008年，市人事局在公务员队伍建设工作中重点做了3个方面的工作。

（一）进一步加强了考录工作

全年全市共招录1 178个职位，34 986人报名，27 041名考生通过资格审查参加了考试，1 103人通过考试。出台了6项面试新措施：一是为每个面试评委会增加1名市派考官；二是随机抽签确定面试考官并全部实行考前集中入闱；三是实行考官和考生“双抽签”，只公开考生序号，不公布姓名；四是面试成绩当场公布并由考生在成绩单上签字；五是邀请市人大代表、市政协委员到面试现场进行监督；六是邀请有关媒体对面试现场进行采访、报道，接受舆论监督。

（二）进一步加强了制度建设

对天津市贯彻《行政机关公务员处分条例》情况进行专项检查，组织开展了学习《公务员奖励规定》活动，对奖励程序、标准和权限等具体环节的操作提出了贯彻意见。开展了公务员考核课题研究，探索建立健全以工作实绩为导向、服务对象有效参与、分级分类的考核指标体系。做好参照公务员法管理工作，依法审批参照公务员法管理单位19个。

（三）进一步强化了能力和作风建设

组织开展了四类规范化培训，举办初任培训班11期，培训1 167人；举办科（处）级任职培训班52期，培训1 900人；举办在职培训班、讲座、研讨等形式的培训600余期（次），培训9.2万人次；举办各类专门业务培训班、业务研修、技能训练等形式的培训560期（次），培训8.9万人次。受人力资源和社会保障部委托，为全国各省、市、自治区举办了1期新任人事局长培训班和2期培训管理者培训班，培训各地人事干部141人。召开了行政机关公务员作风建设座谈会，新聘请30名市人大代表、市政协委员为天津市第二届公务员依法行政特邀监督员，对行政机关的行政、执法和服务进行监督，督促行政机关尤其是窗口单位和执法部门依法行政、公正执法、文明服务。

三、事业单位人事管理工作

2008年，市人事局从以下3个方面加强了事业单位人事管理。

（一）全面推行岗位设置管理制度

市委办公厅、市政府办公厅印发了《天津市事业单位岗位设置管理实施办法》，在市人事工作会议上，专门对做好全市事业单位岗位设置管理工作进行了部署，就实施事业单位岗位设置管理的必要性和重要性、遵循的基本原则、把握的重要环节以及时间安排等提出了明确要求。举办了6期岗位设置管理政策培训班，就事业单位岗位设置管理工作的组织实施，专业技术岗位、管理岗位和工勤技能岗位的设置等专题进行辅导讲解。召开了中期推动会，深入重点区县、单位进行督查，了解工作进展情况及存在的问题，完成了对全市2 000多家事业单位的方案审核工作。

（二）认真开展职称评审工作

在滨海新区试行了高级职称评审量化指标考核体系，增加了科技成果、创新专利、专业获奖等方面的权重和加分。新建3个评审委员会和专家库，调整了22个中高级职称评审委员会和专家库。完成了2007年度职称评审汇总工作，全年全市共有6 474人取得高级职称，其中正高级718人，13 916人取得中级职称，26 407人取得初级职称。

（三）妥善做好人事争议仲裁工作

落实《人事争议处理规定》，扩大了案件受理范围，将事业单位和社团组织属于解除人事关系的争议，以及部队聘用制人员与单位发生的人事争议，纳入人事争议仲裁范围。认真执行《劳动争议调解仲裁法》，加大案件调解力度，促进当事人双方协商解决。2008年，市人事争议仲裁机构受理案件50件，全部按时办结。

四、军转安置工作

2008年，天津市共接收军转干部856人，其中计划分配782人，随调家属22人，自主择业74人。主要采取了3项措施：

（一）抓好计划分配军转干部安置

组织40家个重点接收单位深入部队体验军营生活，到30个驻津部队宣讲军转干部安置面临的形势和安置工作的政策、程序、方法，帮助军转干部树立正确的择业观。组织开展了营职以下军转干部公务员资格考试和军转干部双向选择交流大会，采取拓宽渠道、强化指令性分配计划、加大新组建和扩建部门分配比例、对团职军转干部实行带编制安置等措施，计划分配的军转干部全部得以安置。

（二）抓好自主择业军转干部管理服务

做好自主择业军转干部的档案审阅、工资核定、接收报到工作，对历年接收的1 121名自主择业军转干部进行了年度登记，对相关信息进行了统计汇总。落实了自主择业军转干部的医疗补助、独生子女费、取暖补贴等各项待遇。

（三）做好企业军转干部解困工作

落实解困政策，提高了下岗、失业企业军转干部的生活费、生活困难补助标准，增加了企业退休军转干部的养老金。开展了为生活困难的企业军转干部送温暖活动，入户走访和慰问生活困难的人员，对生活确有特殊困难的人员进行个案解决。

五、人才服务保障工作

2008年，市人事局重点从5个方面为全市经济建设和社会发展提供服务。

（一）出台了《关于为天津市重大项目重点工程建设提供人事人才服务的若干措施》

主要是8个方面：紧密围绕重大项目重点工程建设需求，大力引进紧缺急需的海内外优秀人才；充分利用首都高层次人才优势，帮助解决重大项目重点工程建设中的难题；积极引进国外高层次人才智力，提升重大项目重点工程建设水平；实施博士后创新实践计划，为重大项目重点工程建设提供高层次人才智力支持；加快创新型人才培养，提高重大项目重点工程建设的自主创新能力；发挥职称导向作用，激励各类人才积极投身重大项目重点工程建设；提高公务员素质能力和服务水平，为重大项目重点工程建设打造良好的政务环境；开辟“绿色通道”，为重大项目重点工程建设提供优质的人事人才服务。

（二）出台了《关于支持滨海新区人才引进的政策措施》

对滨海新区引进人才给予政策倾斜：滨海新区支柱产业、高新技术企业、大型建设项目及其配套企业引进人才的学历、职称条件和引进部分高级人才的年龄条件可适当放宽；在滨海新区投资注册的部分企业引进人才可放宽学历、职称、住所条件，按有关规定办理蓝印户口；以成建制形式整体迁入滨海新区的企业、研发机构的职工可办理调入手续；滨海新区引进急需人才，人事关系与户籍异地分离的人员可按现行程序办理调入手续，引进人员配偶为工人的，配偶户口可随主调人员一起迁入天津市。政策实施后，为滨海新区引进了826名优秀人才，其中具有高级职称或博士学位的212人，为渤海钻探公司、渤海石油装备制造有限公司、中冶天工建设有限公司、中国船舶重工集团七一八所等一批成建制迁入的重量级企业解决了人才引进问题。

（三）开展了“重大工业项目与自主创新产业化重大项目人才服务月”活动

2008年6月，组织4个小组，到40项重大工业项目、20项自主创新产业化重大项目实施主体单位了解掌握项目进展中对人才的需求，宣传人事部门职能和人才政策，帮助解决人才工作中遇到的问题。先后走访了天津碱厂、中兴通讯、荣程钢铁等90余家重点企业，现场解决人才引进、人才培养、职称评价、留学生创业、人才派遣等方面的问题120余件。

（四）编制了《天津市人才政策指南》

根据滨海新区开发开放对人才引进的需求，对全市100余项人才政策进行系统梳理，按类别以政策要点、政策问答、政策目录等形式，编制成《天津市人才政策指南》，为用人单位和人才提供服务。

（五）加强了人才市场建设

新批准设立人才中介机构29家，全市人才中介机构总量已达到152家，其中政府人事部门所属23家，行业所属66家，民营、股份制60家，外地分支机构3家。由中国北方人才市场发起，与环渤海37个城市共同成立了环渤海区域人才协作联盟，在人才网站、人才派遣、中高级人才访寻等方面开展合作。制定了《天津市人才服务机构公共服务标准》，对人事代理、人事档案管理、人才交流会、人才培训、人才素质测评等6项服务内容的统一标准作出具体规定。在全市范围内开展了清理整顿人才市场秩序专项行动，对业务停顿、不规范经营的2家人才中介机构予以注销。举办了人才中介机构从业人员从业资格培训班，对全市100余家人才中介机构的236名从业人员进行系统培训，提高业务水平和操作技能，228人通过考试取得从业资格证书。天津市人事部门所属人才服务机构保存流动人员档案43万份，为1.8万家用人单位和近20万人提供人事代理服务。2008年，全市共举办人才招聘活动348场，其中“环渤海”等大型人才招聘活动30场，入场招聘单位4.2万家次，应聘人才64万人次，达成用人意向20.9万人次。

（天津市人事局）

河　北　省

一、非师范类高校毕业生就业工作

2008 年，河北省非师范类高校毕业生 26.03 万人，其中，研究生 0.69 万人，本科生 8.89 万人，专科生 16.45 万人。截至 12 月 31 日，全省已就业非师范类高校毕业生 19.83 万人，其中研究生 0.47 万人，本科生 7.32 万人，专科生 12.04 万人。就业率为 76.15%，暂未就业毕业生 6.21 万人。

（一）出台了促进毕业生就业的新政策

省委、省政府高度重视毕业生就业工作，多次召开专门会议进行研究，派出 5 个调查组分赴全省 11 个设区市和省内 20 所高校进行调研，先后向 200 多家用人单位、5000 多名毕业生发放了调查问卷，到有关省市学习考察，经省政府常务会议研究印发了《河北省人民政府关于贯彻落实国发［2008］5 号文件有关问题的通知》，提出了建立健全河北省高校毕业生就业服务网络平台、畅通高校毕业生就业渠道、规范基层事业单位用人制度、免费管理高校毕业生人事档案、切实保障高校毕业生的合法权益 5 个方面促进高校毕业生就业的新措施。

（二）搭建了多层次、多形式的就业服务平台

以河北人事人才网和河北人才网为基础，搭建了集供需见面、毕业生人事代理、职业规划、信息服务于一体的综合性省级公共服务平台。全年共收集了全国各地 2 万多家单位的近 16 万个岗位需求，举办了 200 多场各种形式的公益性招聘会。建立了 5 家国家级毕业生就业见习基地、18 家省级毕业生就业见习基地，提供见习岗位 1 281 个。

（三）开展了灵活多样的就业服务活动

开展了未就业毕业生的就业登记和困难家庭毕业生帮扶工作，对毕业半年后仍未就业的高校毕业生，建立了求职登记和失业登记制度，对经济贫困、身体残疾、长线专业等有求职困难的毕业生，实行“一对一”帮扶，确保其实现保底就业。通过开展“人事局长校园行”活动、编写适用就业指导教材、建设就业指导教师队伍、邀请专家和企业家举办讲座、开展职业实践活动、引进职业生涯规划系统和职业测试软件等措施，加强了就业指导。

（四）实施了面向基层就业的计划项目

组织实施了“三支一扶”计划，选派 808 名志愿者赴基层岗位锻炼。在省级 4 个垂管部门招录公务员时拿出 42 个职位定向招录“三支一扶”大学生，帮助志愿者服务期满就业。开展了“大学生志愿服务西部计划”“大学生志愿者健康行动计划”和选聘高校毕业生到村任职工作。

（五）完成对口支援灾区毕业生就业工作

按照“优先安排、重点照顾、合理调剂、保障上岗”的原则，制定印发了《关于做好对口安置地震灾区毕业生就业的通知》，派专人赴受援的甘肃省了解灾区毕业生情况，向驻冀 10 个中省直单位和 11 个设区市共下达了指令性安置计划 160 个，全省共征集安置岗位 197 个，其中事业单位 82 个，占安置任务的 51.25%，对口支援灾区的毕业生全部得到了妥善安置。

二、人才服务保障工作

（一）积极构建临港人才聚集区

省委办公厅、省政府办公厅印发了《关于构建临港人才聚集区的意见》，着力服务于沿海经济隆起带，紧密结合临港区实际，从创新人才政策、完善工作机制、培育工作载体、强化公共服务4个方面着手，强调创新，鼓励突破，为河北经济社会发展提供了人才服务保障。

（二）开展了民族地区和农村人才资源开发工作

在沧州、廊坊、秦皇岛、承德4个设区市所属的孟村、大厂、青龙、围场、丰宁、宽城6个少数民族自治县，就做好民族地区人力资源开发工作进行了认真调研，形成了《河北省民族地区人力资源开发工作调研报告》。评选表彰了一批在社会主义新农村建设和非公有制经济发展中涌现出的优秀人才和先进单位，调动了广大农村人才和非公组织人才的工作积极性。

（三）加强了人才市场建设

积极推动建设公益性、日常化人才交流体系，每月定期举办毕业生专场，每周招聘会由2场增至4场，并不定期举办走进校园招聘会。省人才市场全年共举办现场交流会128场、网络招聘会12场，进场单位2.5万家，提供就业岗位20多万个，接待求职者50多万人次。人事代理和人才派遣单位发展到430个，当年新增85个。加大了档案管理基础建设的投入，完善档案数据库，全年共计转入流动人员人事档案26 000余份，转出7 000余份，净增19 000余份。人事代理党建取得新成果，党员队伍已突破7 000人，双新组织党支部发展到42个，联合支部发展到150多个，探索实施了人事代理党员的社会评议制度，建立起党员社会评议、参加组织活动、网上党校学习、党费缴纳情况“四位一体”的考核评议制度，入选了中共中央党校“全国基层党建经典案例”。坚持发展与管理并重，对全省人才中介机构进行了检查指导，规范了人才中介机构行为。

（四）推进人才培训开发合作

与国家国资委商鉴中心、美国东西方大学联合举办经济学、工商管理在职博士班；与南开大学联办了第二届世界经济双证硕士单考班，招收学员20余名；与华中科技大学洽谈哲学双证硕士单考班；与天津大学联办了第五期MPA硕士研究生班，招收学员40余名。人才测评工作步入新阶段，为高校毕业生提供素质测评和就业指导100余人次，为大唐河北发电有限公司、石家庄商业银行等大中企业提供了员工测评选拔和岗位薪酬设计服务。

三、军转安置工作

2008年，国家分配河北省军转干部2 842名，其中计划安置2 620名，自主择业222名。河北省圆满完成了安置任务，主要做了四方面工作。

（一）计划分配军转干部安置工作

省委、省政府高度重视军转安置工作，省军转安置工作领导小组下发了《关于做好2008年军转干部安置工作有关问题的通知》，强化责任，明确政策。把师团职军转干部作为安置重点，加大了对抗击“1·25”南方特大雪灾、平息“3·14”西藏打砸抢烧事件、战胜“5·12”四川特大震灾等急难险重任务中功臣模范军转干部的安置力度。分配到党政机关的军转干部（含政法系统）约占70%，其他绝大部分分配到事业单位。

（二）自主择业军转干部管理服务工作

做好自主择业军转干部档案审核接收、退役金核定、医疗保险等工作。2008年共发放自主择业军转干部退役金154 723万元，发放率和准确率达100%。认真做好培训和协助就业工作，开展了适应性培训，依托省、市人才网站，免费为自主择业军转干部再就业提供信息搜集、人才预测、市场推荐及政策咨询服务，通过设立自主择业军转干部专席、定期组织人才交流洽谈会等方式，集中定向向大型企业推荐自主择业军转干部，协助自主择业军转干部就业创业。进一步完善了节日慰问、伤病探望、困难帮扶、年度签到等项制度。

（三）军转培训工作

编写了《公文快速写作》《依法行政十九讲》《河北概览》《公共管理简明读本》《河北经济发展战略研究》5套军转干部培训教材，增强了培训的针对性和培训效果。进一步拓宽培训渠道，与省委党校联合举办了第二届在职研究生班。

（四）企业军转干部解困和稳定工作

河北省共有企业军转干部56 183人，列入解困范围的47 180人。截至2008年12月底，全省累计发放使用解困资金16亿多元，按照中央和省有关政策要求，全部解决了工资、养老保险缴费、医疗保险缴费、医药费4项拖欠，兑现了工资补贴、养老金补贴，落实了医疗保险和养老保险，为4 300多名下岗失业企业军转干部安排了再就业，为28 000多名企业退休军转干部加发了养老金补贴，个案救助了3 000多名特困企业军转干部家庭。自2008年7月1日起，为企业退休军转干部在原生活困难补贴的基础上，每人每月加发100元生活困难补贴。

四、专业技术人员管理工作

（一）专家选拔推荐工作

组织开展了2008年度享受政府特殊津贴人员选拔推荐和优秀专家出国培训人选，河北省有突出贡献的中青年科学、技术、管理专家人选评审选拔工作，评选出特贴专家推荐人选78名、省突出贡献专家人选166名、优秀专家出国培训人选78名，选拔了30名优秀专业技术人才和10名优秀留学回国人员。

（二）留学回国人员工作

积极创建引进留学人员回国工作、为国服务的快捷通道，帮助100余名海外留学人员联系落实工作单位，为150名留学人员与河北省有关单位建立了直接沟通联络渠道，吸引300多名海外留学人员采取不同方式来河北省工作服务或讲学，为11名高层次留学人才引进办理了安置手续，争取国外资助选派专家出国留学1人。支持留学人员回国创业、开展科研工作，确定了47个优秀项目给予资助，每项资助经费1万~5万元，择优向原人事部推荐了15个项目，获优秀资助1项，资助经费7万元，启动类资助3项，每项3万元。增设了海外留学人员邯郸创业园，使河北省留学人员创业园区达到7个，留学人员企业达101家，年产值11.9亿元，年利税7 660万元，吸引留学回国人员350多人。

（三）博士后工作

制定了《河北省博士后工作专项经费使用管理办法》。完成了博士后科研工作站申报工作，向原人事部推荐了15个单位，8个单位被批准设立博士后科研工作站。向博士后设站单位划拨专项经费200万元。

（四）专业技术人员继续教育工作

继续稳步推进专业技术人员创新能力培训工作，完成培训考核239 497人。深入实施专业技术人才知识更新工程（“653”工程），继续全面推进现代农业、现代制造、信息技术、能源技术、现代管理五大领域和11个行业专业科目培训工作，共计培训工程领域各级各类专业技术人员184 986人次。认真做好高研班工作，培训中高级专业技术人员2 000余人，选派50多名中高级专业技术人员和管理人员参加国家级高研班。

五、事业单位人事管理工作

按照“转换机制、创新制度、扩大聘用、整体推进”的思路，以推行聘用制度和岗位管理制度为主要内容，稳步推进改革的步伐。

（一）深入推行聘用制度

进一步规范了事业单位进人的方法和程序，按照“公开、平等、竞争、择优”的原则，为省直事业单位招聘2 015名工作人员。

截至12月底，全省事业单位聘用合同签订率达到85.3%。通过竞聘上岗，队伍结构得到优化，一批年富力强的管理人员和优秀的专业技术人员走上重要岗位。

（二）全面推行岗位管理制度

省委、省政府高度重视，多次进行专题研究。省人事厅印发了《河北省事业单位岗位设置管理实施意见（试行）》，采取发放调查表、召开座谈会、走访各厅局和兄弟省市等形式，对事业单位及其各类人员情况进行专项调研和重点解剖，先后3次召开了市（县）和部分省直部门、事业单位人事制度改革工作调度会，对改革进展缓慢的部分省直部门、事业单位和市（县、区）进行了督查，明确提出省直单位完成申报岗位设置方案的时间表，对各市（县、区）实行周报制度。制定了《河北省事业单位专业技术高级、中级、初级岗位机构比例控制标准》，对各相关单位及部门负责此项工作的领导和工作骨干进行了培训。全省事业单位专业技术岗位核准工作已基本完成，省直事业单位的专业技术岗位核准工作基本结束。

（三）认真开展职称评审工作

坚持“严格标准、择优推荐、控制数量、提高质量”的工作原则，完善专业技术人员的评价机制和评价办法。各级人事职改部门深入基层检查督导，加大对职称申报弄虚作假行为的查处力度，确保了评审质量。拓展了职称工作的服务领域，对河北省派往灾区并在抗震救灾中表现突出的专业技术人员和基层单位实行了适当的政策倾斜。加快了职称工作信息建设步伐，对2007年启用的《河北省职称申报评审管理系统》进行了整体换代升级，开发了《河北省专业技术岗位聘用管理系统》，并在全省范围内推广应用，筹建了省、市、县三级专业技术人员信息库，实现了对专业技术人才队伍的动态化管理。2008年，全省共有19 590人取得高级职称，其中正高级1 677人，副高级17 913人。

六、公务员管理工作

（一）公务员登记工作

通过全省统一考试考核，妥善地解决了公务员登记工作中的遗留问题。截至年底，全省政府系统共登记公务员314 905名。按照国家公务员局的要求，基本完成了市、县属参照管理事业单位的集中审批工作，截至年底，全省共批准列入参照管理事业单位1 175个，其中省直4个，市直208个，县（市、区）直963个，涉及事业编制13 832名，涉及人员12 346人。研究制定了《河北省公务员登记工作暂行办法》，明确了需要登记人员的范围，规范了登记程序，严格了审查审批手续，使日常公务员登记工作制度化、规范化、科学化。

（二）考试录用工作

为省委办公厅、省发改委、省地税局等34个省直部门和系统招录公务员972名，首次明确了从具有基层工作经历人员以及“三支一扶”大学毕业生中招录公务员的职位和人数，首次全部采取网上报名，34 516人报名，竞争比例为35.4∶1。为圆满完成北京奥运会的安全保卫任务，面向社会招录了5 000名公务员（人民警察），增加了一线公安队伍的力量。

（三）培训工作

深入开展公共管理核心课程培训，完成省政府机关处级和市县科级公务员培训考核5万人以上。全面做好公务员四类培训工作，共计培训新录用公务员5 000多人，新晋升处（科）级公务员任职培训1万多人，在职培训5万多人次，突发事件应对法专门业务培训20多万人次。认真抓好全省公务员计划调训工作，举办专题研讨班、专题培训班16个，培训1 244人。深入开展基层公务员轮训工作，举办全省乡镇长公共服务与公共管理、城镇化与新农村建设、应急管理和乡镇级公务员任职培训班4期。

（四）职务任命和非领导职务备案工作

完成提请省人大和省政府任命省政府工作人员工作，共报请任免省政府工作人员163名。完成省政府部门处级及其以下非领导职务人员备案和非领导职务职数设置审批工作，全年共受理省政府部门处级及其以下非领导职务人员备案1 638名，其中处级355名、科级1 283名，为省政府8个部门重新核定了处级及其以下非领导职务职数。

（五）考核奖励工作

完成向国家食品药品监督管理局、卫生部等系统推荐先进集体和先进个人工作，河北省受表彰集体74个、个人116名。开展了省广播电视局、省科技厅等河北省系统评选表彰工作，全省共表彰先进集体532个、先进个人1 177名。开展抗震救灾评选表彰工作，2个英雄集体和4名模范个人受到国家表彰，全省评选表彰抗震救灾模范集体58个，抗震救灾模范个人40名。召开了历届“人民满意的公务员”和“人民满意的公务员集体”代表联谊会。认真开展学习贯彻中组部、人事部《公务员奖励规定（试行）》工作。

七、法制建设工作

转发了《关于印发〈公务员调任规定（试行）〉的通知》（中组发［2008］6号）、《关于印发〈公务员职务任免与职务升降规定（试行）〉的通知》（中组发［2008］7号）。起草了《河北省公务员录用暂行办法》和《河北省关于贯彻落实〈新录用公务员任职定级规定〉（中组发［2008］20号）的意见》，正在修改完善。

（河北省人事厅）

山 西 省

2008 年，山西省的人事人才工作在省委、省政府的正确领导下，在人力资源和社会保障部的有力指导下，全面贯彻落实科学发展观和科学人才观，围绕全省人事工作会议确定的目标任务狠抓落实，推动了人才强省战略的深入实施，为全省转型发展、安全发展、和谐发展提供了坚强的人才保证和智力支持。

一、公务员管理工作

（一）妥善解决公务员登记中的遗留问题

按照坚持政策、严格条件、缩小难点、化解矛盾的原则，重点解决了省直和各市超职数配备领导干部、机关接收大中专毕业生以及超编问题处理等公务员登记中的遗留问题。采取分类指导、区别对待、综合分析的方式，组织省直机关部分人员进行了过渡考试，彻底解决了公务员登记中的遗留问题。

（二）推进事业单位参照公务员法管理审批工作

严格把握参照公务员法管理的标准和条件，推进事业单位参照公务员法管理审批工作。截至 12 月底，共完成省直 33 个参照管理单位 1 096 人的定岗、考核过渡、组织登记等工作和全省 11 个市 260 个单位 3 149 人的审批工作。与此同时，县（市、区）以下机关参照公务员法管理工作全面启动，共审批县（市、区）所属机关参照管理单位 534 个。

（三）启动公务员素质提升工程

以基层公务员为重点，以结业考试为抓手，推进公共管理核心内容全员培训，全省有 11 万名公务员参加了培训。以提升应急管理理念和应对突发事件能力为目标，开展了行政机关公务员《突发事件应对法》学习培训活动。组织开展了近 4 000 人次的公务员初任培训和省直单位 2006 年以来新提拔的 200 多名正副处级干部参加的任职培训，采取“分级负责”的方式开展专门业务培训，举办了环保系统业务骨干、新任人事局长培训班和依法行政专题培训等。

（四）健全完善考试录用制度

研究起草了《山西省公务员录用实施办法》。在山西省历史上首次采用省、市、县行政机关公务员“三级联考”的方式，为全省 9 个市、35 个县（市、区）和 18 个省直机关部门公开招录了 1 049 名公务员。本次招考，省人事厅放宽第一学历、户口等限制条件，重点从具有基层工作经历的人员中进行招录，按照有关规定，对服务西部志愿者、“三支一扶”高校毕业生和大学生“村官”实行了笔试成绩加分的政策倾斜。全省共有 3 万余人报考，参考人员和录用比例平均达到 1∶50，省直机关录用的公务员中具有基层工作经历的人员占到 50%。

（五）完善公务员考核奖励办法

制定《关于加强公务员平时考核的通知》，并与省委组织部联合转发了公务员奖励和申诉控告的规定。在全省行政机关公务员队伍中组织开展“争当人民满意公务员”活动和公务员行为规范、职业道德教育实践活动，培育和弘扬公务员精神。做好政府表彰奖励工作，会同省直有关部门表彰及推荐先进集体

48个、先进个人43名、劳动模范51人。评选推荐2个“全国抗震救灾英雄集体”和4名“全国抗震救灾模范个人”，同时，组织开展了全省抗震救灾英雄集体和模范个人的评选活动。

二、专业技术人员管理工作

（一）做好专业技术人才选拔工作

省人事厅坚持以高层次专业技术人才培养选拔为重点，建设一支规模宏大、结构合理、素质优良、与全省产业发展需求相适应的人才队伍。开展了2008年度享受国务院政府特殊津贴专家和新世纪学术技术带头人“333”人才工程省级人选的选拔和推荐工作，共选拔享受国务院政府特殊津贴人选70名，批准“333”人才工程省级人选78名。

（二）开展专业技术人员继续教育

深入实施专业技术人员“5862”知识更新工程（利用5年时间，围绕煤炭、电力、煤化工、装备制造等山西省8大经济产业领域，集中培训6万人次高层次专业技术人才和20万人次中青年专业技术人才），开展各类继续教育活动，参加国家级高研班35期，组织行业、系统的学术会议、研讨会、论证会，培训各类专业技术人员7.2万余人次。全国煤炭行业专业技术人才知识更新工程会议在太原召开。省人事厅在全国继续教育工程教育协会年会上作了《突出重点，稳步推进，加快实施我省专业技术人才知识更新步伐》的经验介绍。

（三）加强创新创业载体建设

做好博士后站点的建站工作，阳泉煤业集团公司、晋城煤业集团公司、山西医科大学第二附属医院3个新增博士后工作站建站申报获国家批准，全省在站博士后达到54人。

（四）加大人才资金投入

全年共对省农科院、卫生厅、建设厅等省直部门的11个人才项目进行了考察了解，申请并落实省人才专项资金288万元，作为引进高级专业技术人才的科研启动经费。组织完成了国家、省两级留学回国人员科技活动择优资助经费的申报工作，其中省级23个项目，资助经费123万元。7项国家级项目获批，每项分别获得2万~15万元不等的资助。

（五）改进人才评价工作

细化专业技术资格评价标准，下发了《关于做好2008年度全省专业技术职称工作的通知》和工程、农业等23个系列的中高级任职资格评审安排意见，组织卫生、职称英语等43类（次）23万人参加职称、职（执）业资格考试，本年度评审通过高级专业技术人员6 653人。

（六）推进农村实用人才培养开发

贯彻党的十七届三中全会精神，扎实抓好农村实用人才培养开发。围绕新农村建设，指导市县，特别是县级人事部门把农村实用人才开发作为一项主业来抓，农村实用人才队伍不断壮大，截至年底，全省农村实用人才达50万人，3名农村实用人才获“全国农村优秀人才”称号。

（七）加强技能人才队伍建设

组织开展了18个行业、40余个工种、3万余人次的机关事业单位技术工人等级培训和考核工作，技能人才队伍的整体素质得到有效提升。

三、人才智力引进工作

（一）举办2008年山西省人才智力交流大会

5月31日至6月1日，以“激活人才智力，强化主体作用，促进交流互动，服务经济建设”为主题，举办2008年山西省人才智力交流大会。全省632家企事业单位参会，提供人才需求13 028人。大会邀请包括百千万人才工程国家级人选、享受国务院政府特殊津贴专家在内的省内100名高层次专家，筛选百个优秀引智成果，开展了“百名专家智力服务”和“百个引智项目洽谈对接”，专家服务项目签订协议64项，引智推广项目60项。截至

11 月底，大会签约意向及协议共落实 2 956 人，其中高级职称 4 人，博士 11 人，硕士 429 人，本科 1 307 人。

（二）组织“2008 年清华大学博士山西服务月”活动

与清华大学开展合作，组织 65 名清华大学博士生深入省内各项目单位进行为期 6 周的合作服务，共参与课题研究和项目攻关 65 余项，提供咨询和合理化建议 30 余条，举办各种人才技术讲座、培训班 79 场次 5 000 多人次。

（三）抓好引进国外智力工作

实施“一村一品”和“千村引智示范”工程及“重点项目引智计划”，组织引智推广项目 83 项，申报国家级引智示范推广基地 1 个，认真落实引进国外技术和管理人才项目，引入了具有广阔推广前景的俄罗斯盐渍地改良、日本鼠害防治等先进技术。引进的以色列整形美容专家莫瑞斯·托帕兹博士被称为汶川地震救灾现场的“白求恩”，入选“改革开放 30 年中国最有影响的海外专家”。

（四）吸引海外留学人才来晋创业

省人事厅认真落实于 2007 年年底举办的第二届“山西省海外人才洽谈会”签约成果，抓好项目跟踪服务。实施“海外人才来晋创业计划”，与 15 个国家 2 000 余名高层次海外人才进行沟通联系，储备海外人才 1 000 余名。继在德、加、澳、英四国建立海外人才联络站后，与美、俄、日、新加坡四国有关机构签订了建站意向，发挥驻海外人才联络站的作用，发布山西省人才、项目需求 2 500 余条，通过网上招才、以才引才等各种途径，吸引海外留学人才以多种形式投资创业和开展项目合作。

四、事业单位人事管理工作

规范事业单位进人机制，指导各市人事局开展新进人员公开招聘探索。2008 年，全省共有 3 492 个事业单位以公开招聘方式招录工作人员 11 525 名，公开招聘进人比达到新进人员总数的 86%。在此基础上，省人事厅按照原人事部《事业单位公开招聘人员暂行规定》，研究制定了《山西省事业单位公开招聘人员暂行办法》（晋人字［2008］118 号），经省政府常务会议审议通过并印发，于 2009 年 1 月 1 日起正式施行。推行事业单位人员聘用制度，指导各市、各部门加大工作力度，规范聘用行为，实现了合同管理的科学化、规范化。推进岗位设置管理工作，研究起草了《山西省事业单位岗位设置管理实施办法》（晋人字［2008］111 号），经省政府常务会议讨论后，与省委组织部联合印发，并于年底召开全省事业单位岗位设置工作会议进行部署，2009 年在全省全面推开岗位设置管理工作。为理顺分配秩序，维护社会稳定，根据山西省事业单位实际情况和广大事业单位人员的合理需求，与省财政厅联合制定了《关于为省直事业单位人员增发补贴的实施意见》（晋人字［2008］88 号）并经省政府批准，从 2008 年 1 月起为省直事业单位人员增发了临时补贴，促进了收入分配格局的规范有序。

五、人才服务保障工作

（一）加强人事计划管理

围绕全省发展战略和总体部署，编制下达了全省机关事业单位职工人数和工资总额计划、录用聘用计划、聘干计划和安置城镇退役士兵计划等。运用政策手段，调控人才流向，优化人才结构，使各类人才向全省经济社会发展的关键领域和支柱产业流动，同时有效控制了财政供养人员的增长。

（二）建立人事公共服务平台

贯彻落实《政府信息公开条例》，制定了人事部门政府信息公开指南和目录，按照统一规范、便民高效的原则，深入推进人事政务公开和人事信息化建设，对山西人事人才网进行了改版升级，增设公众服务和互动交流栏目，强化了信息发布功能，增强了网站的实用性和互动性，进一步提升了服务效率和水平。

（三）大力发展人才服务业

2008年5月，中国山西人才市场正式挂牌。全年中国山西人才市场共举办150余场（次）人才交流会和20余次公益性招聘活动，参会用人单位4 185家，提供就业岗位14万余个，入场求职人数41万人，达成协议意向12.3万人。市、县各级人才市场举办各类人才交流会800余场（次）。组织高校毕业生“三支一扶”工作，公开招录选拔300名高校毕业生到“两区”（山西省艰苦边远地区和革命老区）开展支农、支医、支教和扶贫工作。拓展人事代理业务，建立了人才服务业资格制度，制定了人事档案管理、人才派遣等人才服务标准。根据《中国人民解放军文职人员条例》及相关政策，同解放军第264医院签订了“人事代理协议”，首次为部队文职人员开办了人事代理业务。

六、军转安置工作

（一）抓好军转干部安置工作

2008年，山西省的军转安置任务是922人，其中计划安置849人，团职干部的数量和比例比上年有较大的增加。

2008年的军转安置工作，是在全党全军全国各族人民万众一心、众志成城、全力抗震救灾的形势下进行的，人民解放军和武警部队在这场考验中再次发挥了主力军和突击队的作用。根据国务院军转安置小组等四部门下发的《关于做好参加抗震救灾军队转业干部安置工作的通知》，省委、省政府办公厅下发了《关于做好2008年军队转业干部安置工作的通知》，要求各级党委、政府及各部门高度重视军转工作，保证军转工作应有的政治地位，加强组织领导，强化工作责任制，确保军转安置工作顺利进行。在安置过程中，一是贯彻了公平、公正、公开的原则，在坚持指令性分配办法的同时，采取与服役期间德才表现、贡献挂钩和考试考核、双向选择相结合的分配办法，确保军队转业干部人尽其才、各得其所。二是突出重点，继续抓好团职转业干部安置工作。继续采取使用空出的领导职位、增加非领导职务职数或者先进后出、带编分配等办法，落实工作和职务。按照军队转业干部计划分配数25%增加行政编制，优先用于安排团职军转干部，同时照顾安置好功臣模范和长期在边远艰苦地区工作的军转干部。三是落实相关政策，切实解决好军转干部的安置去向、工作分配、职务安排、工资福利待遇和家属子女随调随迁安置等问题。截至年末，军转安置工作基本结束，全省安置在党政群机关的军转干部，占计划安置总数的近70%。

（二）抓好自主择业军转干部管理工作

2008年，山西省接收安置的自主择业军转干部73人，全省共有自主择业军转干部1 446人。在日常管理上，省人事厅在确保全体自主择业军转干部退役金按时、准确发放的同时，为2007年度省直自主择业军转干部办理了基本医疗保险和公务员医疗补助，为省直自主择业军转干部启动了工伤保险、生育保险和住房补贴工作，为55名自主择业军转干部发放了独生子女费，为268人发放了冬季取暖费，共计29万元。

（三）抓好困难企业军转干部解困和稳定工作

2008年，省人事厅坚持一手抓解困政策落实，一手抓思想政治工作，健全和完善长效机制，深入做好部分企业军转干部解困和稳定工作。以当年职工平均工资水平为基准，及时调整企业军转干部生活困难补助标准。筹措资金为所有困难企业军转干部进行了体检。落实厅长接待日制度、定期约见制度，省人事厅主要领导主动约见企业军转干部，及时理顺情绪，化解矛盾。利用春节、八一建军节等重大节日，深入困难企业军转干部家庭进行走访慰问。建立了“包保”责任制，各级党政领导、各部门主要负责人对“包保”对象坚持常教育、常对话、常交流，及时掌握思想动态，面对面进行说服教育，促其彻底转化。充分利用电台、电视台、报刊、网络等媒体，对优秀企业军转干部进行表彰，广泛宣传优秀企业军转干部的先进事迹。全省困难企业军转干部保持了总体稳定，2008 年，特别是奥运期间，全省未发生企业军转干部大规模上访和集聚事件。

2008 年 7 月 3 日，中央联席会议企业军转干部工作小组在太原召开全国企业军转干部思想政治工作经验交流暨奥运期间维稳工作会议，省人事厅在会上作了经验介绍，全省还有 4 个市的解困稳定工作经验在会上进行了交流。

（山西省人事厅）

内蒙古自治区

2008 年，内蒙古自治区人事人才工作在邓小平理论和“三个代表”重要思想的指导下，深入贯彻落实科学发展观，认真落实全国人事厅局长会议精神，围绕人才流入区建设，全面实施人才强区战略，努力创新人才工作机制，大力加强人才队伍建设，不断强化公共服务，狠抓工作落实，圆满地完成了各项工作任务。

一、军转安置工作

召开了自治区军转干部安置工作小组会议和安置工作会议，调整了自治区军转干部安置工作小组成员，部署了2008 年军转安置工作。

（一）2008 年军队转业干部安置工作

接收情况。共安置军队转业干部 836 人，其中，计划分配 590 人，自主择业 246 人。随调家属 39 人，随迁 53 户 87 人。

安置情况。计划分配军转干部安置到行政单位 490 人，安置到事业单位 92 人，安置到企业单位 8 人。

（二）自主择业军转干部管理服务工作

按照国家的统一规定，逐一核定了 2008 年度全区 246 名自主择业军队转业干部的退役金，并配合自治区财政部门逐月按时、准确发放了退役金。

为自主择业军队转业干部按照公务员标准办理了医疗保险；发放了取暖费和独生子女费；办理了相关服务手续。

（三）培训工作

计划分配军转干部培训工作。按照国家规定，对计划分配军转干部采取集中统一规划，按分片设点的原则组织了为期 1 个月的培训，开设了 5 门课程，并结合计划安置军转干部实际安排了相关专题讲座，参训人员达到 97%，培训结束时组织了考试，合格率为 87%。

自主择业军转干部培训工作。按照属地管理原则，由各地市军转安置部门组织自主择业军转干部培训。统一规定的培训内容包括：自主择业军转干部的有关政策规定、工作程序、管理制度、退役金核定方法；讲解医保知识；介绍人才需求情况和人才市场状况，为他们就业提供信息、创造条件等。

（四）企业军转干部解困和稳定工作

一是落实了解困政策；二是加强了思想教育工作；三是落实“五包”责任制；四是督查调研，走访慰问。

二、专业技术人员管理工作

（一）专业技术人才队伍建设

对内蒙古“新世纪 321 人才工程”第一、二层次人选进行考核调整，选拔第一层次人选 49 名，第二层次人选 263 名。开展选拔推荐享受政府特殊津贴专家工作，向人事部推荐人选 49 名。开展选拔内蒙古有突出贡献中青年专家工作，初选人员 60 名。安排部署推荐非教育系统国家留学基金公派人员工作，向国家留学基金管理委员会推荐人选 6 名。吸纳留学人员创办、领办企业 121 家，留学人员 125 名，博士、博士后 35 名。企业博士后工作站 18 家。在媒体上广泛宣传报道首批荣获“内蒙古杰出人才奖”10 名专家，并组织专家及亲属赴海南疗养。

（二）专业技术人员培训

实施“511人才培养工程”。选拔24名区内专业技术人员赴美国参加为期3个月的培训。从各旗县区一级医院选拔40名医务人员，到内蒙古医学院进修1年。全区共选拔102名旗县级蒙中医疗机构影像诊断医务人员，分两批赴北京军队所属医院进修。30名内蒙古各大企业从事企业管理人员赴南京参加现代企业管理继续教育对口培训高级研修班。30名“新世纪321人才工程”人选及部分高层次专业技术人才工作人员赴广西参加第九期内蒙古“新世纪321人才工程”人选及部分高层次专业技术人才创新能力培训班。

三、事业单位人事管理工作

完成了区直改革试点事业单位人事制度改革方案的审批，并进行了指导。举办了事业单位人事制度改革培训班。完成了《内蒙古事业单位人事制度改革情况的报告》和《内蒙古事业单位基本情况统计表》《内蒙古事业单位聘用制推行情况统计表》《内蒙古事业单位公开招聘制度推行情况统计表》《内蒙古事业单位岗位设置管理情况统计表》的统计工作，并上报国家。

举办了内蒙古事业单位岗位设置管理工作研讨班，开发了事业单位岗位设置管理软件，并进行了培训。完成了各盟市事业单位岗位设置管理实施意见的审核备案工作。

进一步规范事业单位招聘工作人员的政策和程序。18家区直改革试点事业单位公开招聘方案通过审批，开展了考试或测评工作，计划招聘人员1 500余人。完成了1万余人参加的内蒙古农村信用联合社招聘工作人员考试。

举办了2期区直事业单位处级干部任职培训班、2期区直事业单位公开招聘工作人员初任培训班。完成了区直事业单位2007年度考核备案工作，办理了22个区直部门所属事业单位的389名处级干部的任免职备案手续。

四、公务员管理工作

（一）公务员登记工作

全区公务员登记工作全部完成。会同自治区党委组织部分赴乌兰察布市、巴彦淖尔市、通辽市进行调研，认真了解公务员登记工作的进展情况及遗留问题，督促盟市做好公务员登记的审核备案工作，并就调研情况、存在问题及处理意见向自治区实施公务员法领导小组进行了汇报。研究提出了公务员登记遗留问题处理意见，组织开展了公安地编转国编、公务员登记“单独造册”人员4 449人的过渡登记考试工作，组织铁路工程公司公安移交地方人员56人和地税系统1 414人过渡考试工作。完成了全区森林公安纳入国家政法专项编制6 005人的过渡考核考试登记工作。全区公务员数据库建设基本完成。公务员法部分配套法规细则已经草拟出初稿，准备印发到盟市厅局征求意见。

（二）参照管理审批及过渡登记工作

政府系统自治区、盟市两级参照公务员法管理单位的集中审批工作已经完成，共批准自治区本级53个单位、盟市本级454个单位列入参照公务员法管理范围；除申报材料不全的单位外，旗县区参照公务员法管理单位的集中审批工作也已基本完成，共批准870个单位列入参照公务员法管理范围。完成了区直参照管理机关及盟市部分参照管理机关人员培训、考试及过渡登记工作。

（三）公务员考录工作

会同自治区党委组织部组织开展了全区党政机关2007年考试录用公务员工作，3.6万余人报考，录用1 185人；组织全区基层政法机关2008年定向招录培养公务员试点工作，4 000余人报考，录用308人；组织开展了全区政法机关2008年考试录用公务员工作，2.8万余人报考，录用2 358人；2009年年初，组织开展全区考试录用党政群机关公务员和参照公务员法管理单位工作人员工作，计划录用1 489人，有近8.6万人报考。

（四）公务员培训工作

举办3期2007年度新录用公务员初任培训班，4期盟市处级公务员任职暨更新知识培训班，6期区直机关处级公务员在职暨更新知识培训班，4期区直机关处级以下公务员更新知识培训班，2期区直机关公务员计算机应用与管理培训班。76人参加了人力资源和社会保障部在浙江、天津、山东举办的公务员对口培训班。

（五）奖励惩戒申诉控告工作

代自治区政府办理了厅局级干部任免职令，并批复了参照单位处级干部任免职备案。与有关厅局共同向国家推荐先进集体101个、先进个人125名；与自治区有关厅局联合表彰奖励先进集体128个、先进个人436名，审批奖励晋升工资和省部级劳模荣誉津贴11人；为自治区政府提出表彰奖励意见15件。

处理申诉控告案件6件20人次。办理惩戒案件1件；办理辞职辞退备案2件。

（六）职位设置工作

在开展参照单位申报审批工作的基础上，对区直新批复的30个参照单位的非领导职务职数依法做了批复确认工作。对政府系统行政机关各厅局编制及处级领导职务有变化者予以批复调整，完成职位设置非领导职务职数批复21件。

（七）公务员考核任免工作

完成了2007年度自治区政府直属机关公务员年度考核审核备案工作。自治区政府直属机关（含垂直管理部门和中央驻呼机关、参照管理单位）应参加考核20 668人，实际参加考核20 625人，其中被确定为优秀等次的3 345人，占应参加考核人数的16.2%，称职17 208人，基本称职9人，未定等次60人，不称职3人，未参加考核43人。

代自治区政府办理厅局级干部任免职令4件，共任免42人次；办理副厅级单位班子成员（正处级）任免职通知1件，共6人次；批复参照单位处级干部任免职备案3件，共36人次。

五、法制建设工作

认真落实人事系统“五五”普法规划，扎实推进实施公务员法，积极宣传《内蒙古自治区人才市场条例》，向各个盟市人事部门及人才市场发放《条例》单行本2 000余册。按照行政许可法的有关要求，完成了自治区人事厅行政许可条目的梳理工作。

六、引进国外智力工作

2008年，自治区外专局荣获人力资源和社会保障部、国家外国专家局“全国引智系统先进集体”荣誉称号。呼伦贝尔外专局鲁连鹏荣获国家外国专家局“国家引进国外智力先进个人”荣誉称号。自治区外专局闫晨光等4人荣获国家外国专家局“国家引进国外智力贡献奖”荣誉称号。

全年执行引进国外技术、管理人才项目50项，引进外国专家110人次。其中，引进国外智力成果示范推广项目3项，国家重点项目1项。

执行出国（境）培训项目14项，培训各类人员343人次。其中，“百人赴香港培训工程”和“香港培华基金”项目培训乡镇干部和人事系统干部及县处级公务员204人。组织出国培训备选人员外语水平考试（BFT）两次，报考人数197人，其中171人取得高级证书，5人取得中级证书。

2008年，为外国文教和经济类专家办理《外国专家证》205本、《外国专家来华工作许可证》86本，有1名外国专家荣获“国家友谊奖”，7名外国专家荣获内蒙古自治区政府“骏马奖”。新增聘请外国专家资格单位8家。

呼伦贝尔、包头、通辽三市外国专家局经国家外国专家局批准，委托授权签发其所属地区各单位《外国专家来华工作许可证》及《外国专家证》。

根据国家外国专家局《引进国外技术、管理人才项目管理办法》，结合内蒙古实际，制定了《内蒙古自治区外国专家局〈引进国外技术、管理人才项目管理办法〉实施细则》《引进国外智力服务内蒙古自治区经济和社会发展的分类指导意见》《内蒙古自治区引进国外技术、管理人才项目评审办法（试行）》。

七、服务人才、服务企业工作

（一）发布了2008年自治区紧缺人才开发专业目录

为了全面掌握企业人才需求情况，更好地编制2008年内蒙古自治区人才开发专业目录，自治区人事厅在2007年年底布置全区人事统计年报时，将企业人才需求情况调查表同时布置，围绕自治区六大优势特色产业，对企业的人才需求情况进行普遍调查，重点调查60户重点企业和20户自治区重点煤炭生产企业。2008年7月中旬编制完成了《内蒙古自治区重点产业人才开发专业目录》，由自治区人民政府办公厅在全区范围内印发。该目录表明共有197家企业提出了人才需求，总量为6 879人，涉及工学、管理学等8个一级学科门类的45个专业门类共279个岗位，需求量前三位为机械类、电气信息类及能源动力类。12月，在北京举办的高层次人才招聘会上，人才需求专业目录作为内蒙古自治区人事厅展板的主要内容，发挥了很好的信息宣传作用。

（二）继续深入实施“666优势特色产业人才集聚工程”

根据自治区党委、政府作出的加快建立人才流入区的战略决策和人事厅确定的建立“666人才智力引进示范基地”的工作部署，2008年继续深入实施“666优势特色产业人才集聚工程”。印发了《关于对“666人才集聚工程”实施企业在人才招聘及人才引进等方面的需求进行摸底调查的函》，汇总分析了“666人才集聚工程”实施企业在人才招聘及人才引进等方面的需求情况，并撰写了《关于对“666人才集聚工程”实施企业在人才招聘等方面需求情况调查的汇报》，为下一步做好6家基地企业与高校在人才培养、供求等方面对接奠定了基础。

（三）编制2008年区直政府机关事业单位需求计划并抓好落实

结合自治区区直机关事业单位人才需求及人员流动的实际，以人才需求为导向，以吸引、留住高层次人才为重点，以调整和优化人才结构为目的，配合事业单位人事制度改革，按照内党办发［2005］13号及内人发［2006］42号文件精神，编制下达了31家区直改革试点事业单位2008年补充工作人员需求计划1 820个。与编办联合下达了《全区公安机关招录部属公安院校2008年及2009年应届毕业生录用计划的通知》，与组织部、编办联合下达全区政法系统遴选及考录公务员计划2 577名。汇总下达了全区党政群机关遴选及考录公务员计划1 531名。按照相关程序办理公开招聘、工资基金管理等相关手续，并通过进人计划卡进行落实。

（四）举办高层次人才招聘会

为进一步加大高层次人才的引进力度，同时更好地宣传内蒙古的经济社会发展和人才环境政策，抓住受国际金融危机影响而形成的人才回流（国外人才向国内流动，南方沿海地区人才向北方流动）这一有利时机，由自治区政府主办、自治区人事厅承办的内蒙古自治区高层次人才招聘会启动暨人才开发合作签约仪式于2008年12月下旬在北京新闻大厦隆重举行，随后又在北京市人才市场举办了内蒙古自治区高层次人才招聘会。221家单位参加招聘，到会应聘人员2 600多人，达成意向2 207人（其中博士108人，硕士1 564人，本科535人），现场签订应聘协议200多人。

（五）加大为企业服务的力度

10月下旬，自治区人事厅印发了《关于进一步加大为企业服务力度的意见》，进一步明确了人事部门为企业服务的目标，完善了政策措施，提出了“项目未动，人才先行；项目开工，人才到位”的服务理念。2008年，自治区中心人才市场与25家大型企业签订了派遣协议，目前派遣员工达6 500余人，代发工资5 000余万元。为25家企业的3 247人提供社保代缴、代办服务，缴纳的各项社会保险费用1 000万元。新建了库容为2 200余人的高级人才库，引进了国内先进的人才素质测评软件。主动深入用人企业，积极为企业开展各种形式的人才寻聘业务，为内蒙古农发行等单位招考工作人员1 500名。

（六）高校毕业生就业服务工作

一是积极开展高校毕业生创业培训工作。学习了其他省份在高校毕业生创业培训和创业资助方面的先进经验和做法，草拟了《关于加强全区高校毕业生自主创业就业服务工作的意见》和《内蒙古自治区高校毕业生创业资助资金实施办法》。会同有关部门举办了1期内蒙古自治区高校毕业生创业培训试点班。邀请全国著名高校毕业生就业指导专家、中国青年政治学院副院长李家华教授来内蒙古作专题讲授。

二是进一步提高人才的市场化配置程度。内蒙古自治区中心人才市场2008年成功举办9次大型人才交流会，1 628家用人单位到会，提供岗位需求3.7万个，参会的求职人员有13.5万人，达成意向14万人（次），较上年增长30%。积极举办日常人才集市，扩大供需见面机会，全年共举办定期交流会近30场，有近800个单位和14 000余人入场交流洽谈。与高校就业网、自治区新闻媒体合作，实现了人才信息资源的共享和贯通，人才信息库总量已达10万余人；中高级人才库、企业经营管理者人才库入库近3 000人。先后举办了3次大型网上招聘活动，参加单位1 721家，吸收会员单位1 156家。内蒙古自治区人才网访问量大幅增加，全年点击访问量达到480余万人次。

三是积极推进流动人员人事档案管理的科学化、信息化和规范化。为21所大中专院校的8 404名毕业生及时办理了就业报到手续。免收了2007年以来近3 000名毕业生人事档案管理费，对参加人才交流会及网上求职的毕业生一律免收门票费、登记入库费等，免收6万名求职毕业生服务费约60万元。保管流动人员人事档案13 070份，比上年增加2 162份。全年共办理档案转出1 591份，出具各类证明3 183份，办理毕业生转正定级786人，办理职称申报108人，集体落户2 704人。

八、人才储备工作

按照原人事部要求，选拔推荐了内蒙古“三支一扶”先进单位和先进个人。在2008年全国“三支一扶”计划工作会议上作了典型发言。在春节前走访慰问了在基层服务的“三支一扶”大学生，听取了各地人事部门、用人单位和毕业生的意见建议。组织实施2008年高校毕业生“三支一扶”计划，全区有1 500余名毕业生报名参加招募考试，经过发布招募公告、报名和资格初审、考试等程序，共招募997人。统一安排入选毕业生进行岗前培训，并在培训中首次增加了军训内容。协调有关部门，将“三支一扶”大学生生活补贴标准提高至每人每月1 000元。下发了《关于切实做好内蒙古自治区服务期满“三支一扶”大学生就业服务的通知》，对服务期满毕业生的就业工作提出明确要求，并为服务期满考核合格的“三支一扶”大学生发放了《高校毕业生“三支一扶”服务证书》。

（内蒙古自治区人事厅）

辽 宁 省

一、人才服务保障工作

一是创新政策体系，为骨干企业和重点园区提供针对性和实用性强的服务。围绕服务辽宁重点园区经济发展和大型骨干企业科技创新，及时出台了《人事人才工作为保增长促振兴服务的政策措施》（辽人［2008］238号）；采取“一企一策”等方式，面向重点企业和产业基地出台了一系列针对性和实用性强的政策措施，包括《关于为本溪生物医药基地建设提供人才智力支持的政策措施》（辽人［2008］189号）和《关于加强鞍山钢铁集团公司创新人才队伍建设的政策措施》（辽人［2008］102号）等，为这些园区和企业集聚高层次创新人才、推动自身可持续发展提供了有力的人才智力支持。二是百项引进国外智力工程全面启动，引进国外专家智力工作成果显著。引进百个海外研发队是省委、省政府为实现老工业基地全面振兴而推出的重要举措，旨在引进海外高层次人才智力以推动结构优化升级、转变经济发展方式和推动科技创新。2008年，第一批24个海外研发团队已经确定，创建了招才引智的新模式；抓住获“国家友谊奖”外国专家到辽宁休假的机会，促成10名外国专家与辽宁省10家企业签署了引进海外研发团队和招才引智项目协议。抓住机遇，引智工作快速发展，成果应用日益广泛。通过项目集成和专家资源共享扩大引智示范项目的辐射作用，向4个省级引智示范村推广了大樱桃保鲜技术、国外先进生物农药和叶面肥、家禽饲料配比方法及生态养猪法等15项国外先进技术；举办玉米新品种暨农业优秀引智成果推广会，搭建了全省引智成果推广与转化的对接平台。三是组织各级人事部门联手在上海成功举办了近10年来规模最大、成果最丰富的省外招才引智活动，吸引了2 000名高层次外省市人才与辽宁省126家知名企业签订了聘用协议或意向，实际引进人才智力1 094名，其中两院院士4名，博士后32名，博士115名，达成人才及区域合作项目77个。2008年，辽宁省共引进外省市人才3.8万人，其中高层次人才6 000余人；实施聘请外国专家项目272项，引进国外技术管理专家1 203人次。

二、专业技术人员管理工作

一是继续组织实施“敞开招收企业项目博士后工程”。截至2008年，累计招收在企业工作的博士后364人，同时组织博士后组建了350个研发团队，吸纳4 000多名企业技术人才参与到团队中，直接服务企业科技创新。二是继续组织实施“百千万人才工程”，组织入选人员投身一线建设。将工作重心转移到引导高等院校、科研单位的百千万工程人选到工农业生产一线上，引导1 930人次承担了企业应用项目研究，申请财政资助项目经费500万元，资助从事的工农业生产一线项目228项，获得省部级以上奖励115项，获得专利350项。三是依托高级专家服务团，组织实施“一对一”专项智力服务活动。全年共有6 800余人次的各类拔尖人才走出高等院校、科研单位大门，直接服务于工农业生产一线。四是加强高层次创新型人才队伍建设。会同省委组织部，出台了《关于辽宁省实施“十百千高端人才引进工程”的意见》（辽组通字［2008］48号），提出用5年时间，从海内外引进数十名能够引领重点支柱产业发展的国内外院士、战略科学家或顶尖科技人才；引进数百名在国际科学技术前沿取得重大突破，能够带领国际水准研发团队的科技领军人才；引进数千名拥有自主知识产权、具有较强自主创新能力的学术、技术带头人和熟悉国际惯例、具有国际运作能力的高级经营管理人才。五是职称制度改革实现新突破。启动了专业技术职务聘任制度试点工作，为在专业技术职务聘任中真正引入竞争机制，选择了40所省属高等院校作为试点，通过健全专业技术人员考核体系，完善聘后管理，有效地指导了省属院校以聘任代替评审工作的顺利开展。集中推出了20个符合辽宁省新农村建设的评定专业，为3 723名农村实用人才评定了职称。出台了对急需引进国内外优秀人才的优惠政策，凡此类人才可直接认定相应的专业技术资格，用人单位可直接聘任相应的专业技术职务，留学归国人员可一步到位参加职称评审。2008年，共有1.07万人获得了高级专业技术任职资格，10.2万人获得了初中级任职资格。六是开展专业技术人员知识更新教育。全年全省专业技术人员接受继续教育的达116.85万人，其中参加“5520”工程的中高级专业技术人才达6.13万人。

三、事业单位人事管理工作

一是事业单位新的用人制度全面实施，新的人事管理制度开始运行。推行人员聘用制工作圆满完成，全省98%的事业单位实行了人员聘用制，106万人签订了聘用合同。制发了《辽宁省事业单位岗位设置管理实施意见》（辽人发［2008］15号），研究制定了事业单位专业技术岗位设置标准。启动了事业单位岗位设置管理工作。建立了事业单位补充人员公开招聘制度，实行了统一发布招聘信息、公开报名、考试与考核相结合的招录方式，增加了事业单位选人、用人的透明度。二是深化事业单位收入分配制度改革。按照国家有关文件的要求，提高并兑现了义务教育学校教师待遇，适当增加了部门事业单位工作人员的工资收入。

四、公务员管理工作

一是严把入口关，完成新一批公务员录用工作。组织完成了省、市、县、乡四级机关公务员考录工作任务，新录用公务员3 572名。首次采取了公务员面试“三统一”、考官多次抽签、考生抽签隐名面谈、扩大公共评委比例等面试方法，更好地体现了公开、平等、竞争、择优的原则。此举被辽宁省目标办评为省直机关第四季度最佳实事。同时，首次在公务员考试中实施安全检查和无线电监测。二是开展特色品牌公务员培训工作。举办“名家大讲堂”系列讲座，启动“省直处长名校行”培训计划，实施在线培训，参加各类培训人员近20万人次。首次开展了省政府机关科级公务员培训，与辽宁行政学院联合组织152名省政府机关科级公务员赴东北财经大学和苏州干部培训学院进修，填补了公务员培训的空白。三是参照公务员管理集中审批工作基本完成。依法审批了省以下参照管理单位1 805个，涉及人员编制40 597名，及时兑现了参照管理单位人员的工资和津贴补贴待遇。四是组织开展了全省人民满意的公务员和记一等功公务员评选表彰活动。共有135名公务员受到表彰。五是以提高行政机关服务质量为核心，加强对公务员公共服务行为的监督检查，受理社会各界对公务员不良行政行为的监督投诉电话660余人次，咨询电话1 100余人次。

五、人事公共服务工作

一是加强促进高校毕业生就业公共服务工作。顺利完成了省内92所中专学校的2.8万名毕业生的派遣工作，为4万名大中专院校毕业生提供了档案管理和人事代理服务，管理毕业生集体户口691人；充分发挥中国东北毕业生人才市场和14个分市场以及大学生就业见习基地的作用，通过积极的政策调控、市场配置和指导服务，共有3万多名中专、职校毕业生和50%左右的高校毕业生通过人事公共服务实现了就业和再就业。二是充分发挥人才市场配置的基础性作用。全省举办上千次的人才招聘洽谈会和网上人才交流活动，为各行各业配置人才30余万人，保管流动人员人事档案50余万份，普遍建立了人才供求信息定期发布制度。三是快速发展人才服务业。省级审批的人才服务机构新增38家，是前五年的总和，全省人才服务机构总数已达424家，从业人员3 000余人，初步形成了多元化、多层次、良性发展的人才服务体系。四是拓展服务领域，人才公共服务向非公有制企业延伸。创建了“走近人才，贴心服务，十百千客户走访”活动载体，深入走访了31个政府人才服务机构、218家企事业单位、2 900多名各类人才，召开座谈会56场，发放现场调查问卷3 000份；组建了专门为非公有制企业专业技术人员设立的流动人员职称评委会，开辟了职称评审“直通车”，仅11月17日一天就为非国有企业的122名副高级、236名初中级专业技术人员提供了职称评审服务。五是开展人事人才科研和调研工作。完成了《辽宁人才队伍建设状况总报告》《辽宁人才队伍建设政策评价报告》《辽宁省人才公共服务和市场配置体系建设研究报告》，以及《辽宁人才发展报告（蓝皮书)》的整体设计工作。

六、军转干部安置和解困维稳工作

完成了3 437名军转干部安置任务，其中计划安置2 918名，解困和维稳工作的长效机制基本建立。出台了《关于提高企业退休军转干部生活补助金标准的通知》(辽人发［2008］5号)，提高了部分企业军转干部等方面人员的生活补助金标准。2008年共接待来省上访人员90余批次，个案上访人员300多人次，相关问题都得到妥善解决。

七、人事法制建设工作

一是加强人事法制宣传教育工作，对全省人事系统“五五”普法工作进行中期检查。2008年，分别在沈阳、大连组织了2期人事法制和信息员培训班，对全省人事系统的140名法制宣传信息员进行了轮训。二是规范了人事争议仲裁案件办理工作，重点加强了案件的调解工作，将调解纳入案件受理和庭审前后的各个环节。全年总共受案315件，其中立案前后调解229件，裁定不予受理67件，庭审19件。三是规范外国专家来华工作许可。制发了《关于委托各市办理外国专家来华工作许可等行政许可事项的通知》(辽人发［2007］21号)，明确规定了委托事项、委托管理的范围和相关证件签发的管理办法及相关要求，自2008年1月1日起正式施行。

八、机关自身建设工作

一是开展了学习实践科学发展观活动。确立了“优化人才资源、创新体制机制、推动科学发展、服务全面振兴”的活动主题，围绕“六个有没有”全面推进解放思想讨论活动，开展了“深入百家单位、联系千名专家、征求万人意见”主题活动，解决了5个方面8个主要问题，落实了39项具体整改措施。积极参加“党员干部走进千家万户”活动，捐赠帮扶款达8.17万元，帮助解决实际问题538件。二是在抗震救灾捐助中发挥表率作用。四川汶川特大地震发生后，全省各级人事编制部门发动干部职工捐款捐物，组织广大党员交纳特殊党费，全省人事编制系统先后集中捐款和交纳特殊党费共计400余万元。三是机关建设成绩突出。全省人事厅（编委办）获得辽宁省文明机关和辽宁省民主评议政风行风先进单位荣誉称号，在省直机关目标责任制考评中连续第13年被评为先进单位。

（辽宁省人事厅）

沈 阳 市

一、就业再就业工作

2008 年，沈阳市人事局累计接收高校毕业生 72 968 人，其中沈阳市生源高校毕业生 34 306 人，外省市生源高校毕业生 38 662 人。已就业 66 109 人，就业率 90. 6% 。

（一）完善就业政策，确保做好各项服务工作

制定了《关于积极做好 2008 年普通高等学校毕业生就业工作的通知》(沈人［2007］117 号)，把做好毕业生就业工作放在突出位置，推动沈阳市结构优化年建设。

（二）走访高校，就业信息送进校园

先后到大连、鞍山、锦州、丹东等 12 个城市的高校进行走访调研；为东北大学、大连科技大学、辽宁工程技术大学、渤海大学等 62 所高校提供上门服务，宣传沈阳市就业政策以及为毕业生服务的内容。

（三）推行公益服务，提高就业成功率

在中国沈阳人才市场毕业生服务大厅就毕业生就业、创业、档案管理、人事代理、就业见习、落户、办理二代身份证等项工作提供“一站式”服务。同时，放置 8 台触摸查询一体机供毕业生使用。毕业生可自助办理用人单位需求查询、档案查询、户口查询、二代身份证查询等事宜。

推出 8 项免费服务：免费办理毕业生二次就业手续，免费保管 2 年择业期间未找到接收单位的毕业生档案，免费办理落户手续，免费求职登记，免费提供就业信息，免费为毕业生推荐就业，免费为毕业生提供创业服务，并提供到工商、税务、金融等部门的办事程序，免费发放毕业生办事指南。

通过“一站式”服务，全年累计接待高校毕业生近 10 万人次，为 28 652 名毕业生签订就业协议，10 286 名毕业生办理了就业手续；为 9 628 名毕业生办理了落户手续，其中有 3 050 名毕业生户口落在市人事局毕业生集体户口簿上，1 775 名毕业生从集体户口中迁出；为 3 621 名毕业生办理了二代身份证，为 45 名毕业生代办了社会养老保险，为 1 119 名毕业生代办了失业证，为 1 646 名毕业生代办了职称证，转出毕业生档案 17 968 份，接收毕业生档案 40 928 份，出具各种证明材料 7 634 份；为 108 名毕业生办理了一孩生育登记单，为57 名毕业生办理了流动人员婚育证明，为22 名毕业生办理了独生子女父母光荣证。

（四）加强就业见习制度，拓宽就业渠道

对申请参加见习的用人单位进行严格审核，确保毕业生得到良好的工作环境和基本的生活补贴。每周星期二定期召集有需求的见习单位和未就业毕业生进行就业见习双选洽谈。定期通过沈阳人事网毕业生就业专栏和在服务大厅见习岗位宣传栏发布用人单位需求岗位信息。截至目前，已落实沈阳机床集团、东软集团有限公司等 318 家高校毕业生就业见习单位；登记申请参加就业见习的毕业生 2 945 人；举办就业见习双选会 42 场；帮助 2 356 名毕业生落实了就业见习岗位；向见习毕业生发放生活补贴 166 万元。

（五）落实优惠政策，扶持自主创业

市人事局联合劳动保障局、财政局、中国

人民银行沈阳分行营业管理部印发了《关于做好我市高校毕业生小额担保贷款工作的通知》（沈人发［2008］5号）。在中国沈阳人才市场毕业生服务大厅设置创业窗口，直接受理创业毕业生申请小额担保贷款业务，提高了创业申请贷款成功率。全年共为551名毕业生办理了《自主创业证》。

（六）加强就业信息网络建设，搭建就业网络平台

利用沈阳人事编制网毕业生就业专栏提供用人单位需求录入、毕业生求职信息录入、用人单位需求信息查询、毕业生求职信息查询、档案查询、户口查询、二代身份证查询、办理就业（人事）代理、就业指南9项服务。现已有248家用人单位通过网络公布需求信息，2 966名毕业生录入了求职信息。举办网上招聘会42场，网络点击量达20万人次。

二、职业技能培训和鉴定工作

（一）创新公务员培训内容，改善公务员队伍的知识结构

围绕人力资源和社会保障部《国家公务员通用能力框架标准（试行）》确定的新时期公务员政治鉴别、依法行政、公共服务、调查研究、学习、沟通协调、创新以及心理调适等项基本能力，结合沈阳市公务员队伍知识结构的现状，在全市行政机关3万余名处级以下公务员中重点开展了调查研究、学习、沟通协调及心理调适基本能力的培训。

按照中组部要求，会同市委组织部举办了市直部门处级领导职务公务员十七大精神集中轮训班。历时4个月，举办11期，培训3 500人。通过培训，全市处级领导职务公务员进一步从总体上把握了十七大文件的精神实质和思想内涵，深刻理解了十七大文件提出的新思想、新观点、新举措，引导大家用党的十七大精神武装头脑，指导实践，推动工作。

在全市行政机关公务员中开展突发事件应对法培训。共有15 000名公务员参加，进一步提高了政府部门防御风险和应对突发事件的效能，为奥运会足球比赛项目在沈阳市的成功举办提供了保障。

（二）创新继续教育内容，改善专业技术人才队伍知识结构

继续实施“555”工程。根据行业专业领域的发展和专业技术人才知识更新的需求，指导各行业通过举办高级研修班、结合技术难题培训、鼓励开展高层次学历教育、集中培训等措施，紧跟科学技术发展趋势，开展新理论、新知识、新技术、新方法的专项培训，优化各行业专业技术人才队伍知识结构，大力培养中高层次创新型专业技术人才。全年共培训10 000名中高层次创新人才，其中汽车及零部件产业1 400人，装备制造业4 000人，化工医药产业2 000人，农产品深加工业1 600人，电子信息产业1 000人。

开展知识产权公需科目培训。结合沈阳市实际，按照辽宁省人事厅《关于在全省专业技术人员中开展知识产权公需科目继续教育的通知》（辽人［2007］93号）的有关要求，对全市20余万名专业技术人员组织开展了知识产权公需科目培训，进一步更新了专业技术人才队伍的知识结构。

举办高级职业经理资质认证培训班。依据人力资源和社会保障部全国人才流动中心和国家职业经理研究中心推广的项目，举办高级职业经理资质认证培训班1期50人，为沈阳市实现“六个优化”培养一批高素质的经营管理人才。

（三）创新培训方式，增强培训效果

在专业技术人员继续教育中，采取集中培训、专题研讨、业务进修、案例教学、现场示范、撰写论文、技术考察、对口培训等多种形式，鼓励高层次专业技术人员通过技术创新、科技攻关、技能竞赛等课题项目活动，在实践中推进知识更新。

在公务员培训中，实行课堂内与课堂外相结合，课堂授课与社会实践相结合，切实提高培训实效。如社区、乡镇干部培训中，在课堂理论授课基础上，组织社区、乡镇干部到先进

社区、乡镇进行现场培训，提高学习效果。

（四）加强培训体系建设，为培训工作提供保障

加强师资队伍建设。按照专兼结合、以兼职为主的原则，与省人事厅联合进行了师资库的建设，实行动态管理，实现师资资源共享，为培训工作提供师资保障。

加强培训基地建设。加强公务员培训基地建设，充分发挥党校、行政学院在公务员培训中的主渠道作用。加强继续教育基地建设，依托高等院校、科研院所和技术企业，建设一批示范性专业技术人员继续教育基地。2008 年，分别在清华大学和中国人民大学建立了培训基地。

三、人才服务保障工作

（一）围绕沈阳经济区建设，创造性地开展系列人才服务工作

筹建沈阳经济区人力资源网，资源网的开通运行，创建了经济区统一的人力资源网络服务平台，实现了经济区内人才信息资源的有效共享。举办沈阳经济区现场招聘会和网络招聘会等系列活动，有近 1 000 家用人单位参加系列活动，服务求职者达十余万人次。设计推出了沈阳经济区人力资源专刊，平均每期有 400 多家用人单位发布招聘信息，取得了良好的人才效益和社会效益。

（二）围绕经济社会发展的重点项目和引进人才的工作目标，加大招才引智工作力度

围绕沈阳市的大项目、重点发展空间和支柱产业的人才需求，策划举办了“精英汇沈城”大型综合招聘会、装备制造业专场招聘会、建筑行业专场招聘会和医药行业专场招聘会等 290 多场招聘会，服务各类用人单位近 3 万家次，全年通过市场发布招聘岗位 40 余万个，有 100 余万人次通过市场进行交流。

（三）强化公共服务职能，积极开展高校毕业生就业等系列公益性服务

组织公益性服务活动 50 多次，为 50 余万人次提供了服务，社会效益和人才效益显著。其中，举办公益性“周二毕业生专场招聘会”48 场，提供就业岗位 1.7 万个，进场求职者近 5 万人，受到了广大毕业生和用人单位的好评。在沈阳理工大学、沈阳航空工业学院等院校建立大学生联络站，开办了就业信息进校园、就业指导讲座等公共服务项目，取得了显著的社会效益和人才效益。

（四）提升人才服务的信息化和标准化水平，加强中国沈阳人才网建设

新增在线薪酬调查、在线提高和电子地图等多项服务功能，中国沈阳人才网服务功能已达到 65 项；日发布岗位量近万条，日均访问 IP 地址 1.1 万个，日网页访问量达 66 万人次，人才信息库资源总量达到 43.3 万条，比上年年底增加 4.4 万条。

（五）拓展服务领域，推进人事档案管理、人事派遣和人才培训等服务

完善了流动人员人事档案的服务流程，探索了业绩档案、技术档案等社会化服务，组建了工程系列中级职称评审委员会，为千名存档人员提供了职称评审服务。进一步推广人才派遣服务，全年共为市信访局、市公安局 110 指挥中心、沈阳国家航空工业园和沈阳市计算机研究所等 103 家单位提供人才派遣服务 4 193 人次。进一步强化人才培训功能，开办了人力资源管理职业资格和人才中介师（员）等培训项目，加快推动了培训市场的发展。

（六）大力加强人才市场管理工作

按照《沈阳市人才市场管理条例》有关规定，会同城管等执法单位持续开展了整治人才市场周边秩序工作，清除了违法、无资质的私招滥聘人员近百次，有效地维护了求职者的利益，净化了市场环境；开展了全市人才中介服务机构的调查摸底工作，掌握了全市人才中介服务机构的基本情况和存在的问题，为进一步加强人才服务业的依法管理和健康发展奠定了基础。

四、军转安置工作

2008 年，共接收军转干部 975 名。

（一）围绕中心工作，千方百计安置计划分配军转干部

坚持“早动手、早准备”，为完成军转安置工作打下坚实的基础。深入驻沈各部队进行调研，了解和掌握各部队进沈人数；主动到市直各部门走访，征求接收单位的意见，摸清编制空缺和需求底数。印发《关于下达2008年度军队转业干部分配计划的通知》，对全年安置工作的指导思想、安置原则及完成时限等提出严肃要求。加大舆论宣传力度，在沈阳日报、沈阳晚报等各类新闻媒体上开辟“军转宣传”专栏，广泛宣传安置政策，营造了浓厚的舆论氛围。

（二）加大对自主择业军转干部的管理服务力度

在沈阳人事编制网上建立“军转干部之家”主页，专设自主择业军转干部网页，积极搭建就业创业平台。将自主择业军转干部的简历、专业、特长等信息在网上公布，使用人单位与自主择业军转干部实现了有效对接。在沈阳人才市场常年专设“自主择业军转干部招聘台”，免费为自主择业军转干部提供人事代理服务。

（三）全力做好企业军转干部维稳和解困工作

落实有关政策，切实解决企业军转干部的生活困难。深入调查研究，切实摸清企业军转干部生活中的困难。共为298名企业军转干部增补退休金进行了资格认定，为236名与企业解除劳动关系的军转干部办理了医疗保险，对为其发放困难补助进行了资格认定，并为其办理了冬季采暖费减免手续。同时，加强督查，确保解困资金按时、足额发放。

制定解困政策，提高企业军转干部的生活补助金标准。下发了《关于调整部分企业军转干部等方面人员生活补助金的通知》（沈人发［2008］11号），在全市企业军转干部队伍中引起积极反响。

五、专业技术人员管理工作

（一）高层次人才队伍建设工作

院士工作。落实引进及当选院士的资助政策，按照《关于深入实施科教兴市战略，推进教育快速发展的若干政策措施》（沈委发［2005］19号）文件精神，对2007年当选的杨凤田院士给予500万元科研资金资助。通过院士医疗“绿色通道”加强服务，及时掌握院士就诊医疗情况，对两位院士进行了住院慰问。开展院士引进工作，积极与相关部门和单位联系、协调，以重大科技项目为依托做好引进院士的促进工作，沈阳鼓风机集团等5家单位当年柔性引进院士7人。

博士后工作。建立了市级企业博士后科研工作站，按照《关于开展建立沈阳市（市级）企业博士后科研工作站的通知》（沈人［2007］20号）要求，批准沈阳北方交通重工集团有限公司等10家企业为市级企业博士后科研工作站，开展企业博士后工作。开展了推荐省级企业博士后科研基地工作，按照辽宁省人事厅《关于在重点产业区域设立博士后科研基地的通知》（辽人［2008］161号）要求，在全市部署了省级博士后科研基地申报工作。积极与省人事厅和博士后科研流动站沟通、协调，帮助企业博士后科研工作站招收博士后人才，并协助办理进站手续，全年共进站企业博士后20名。

海外留学人才工作。开展了海外学子创业竞赛活动，为营造良好环境和氛围，激发海外学子创业热情，吸引更多的海外学子来沈工作，开展了“十大海外学子创业奖”评选工作，评选出冷重光等10人荣获“十大海外学子创业奖”，并授予沈阳市五一劳动奖章。开展了海外高层次留学人员资格认证工作，按照《关于在留学人才引进工作中界定海外高层次留学人才的指导意见》的有关要求，对8名海外留学人员进行了认定工作，沈阳医学院高兵等6名同志被认定为海外高层次留学人员，并出具了《沈阳高层次留学人员证明》。

政府特殊津贴工作。按照人力资源和社会保障部关于做好享受国务院政府特殊津贴人员选拔推荐工作的要求，认真部署，广泛宣传，并建立专家评审组织，研究制定评选办法，2008 年向人力资源和社会保障部呈报了沈阳疾病预防控制中心董立军等 12 名政府特殊津贴人选并已获得批准。

（二）职称工作

2008 年，全市共有 3 万余人取得高、中、初级职称（包括职业资格）。其中，高级职称 3 000 余人（含正高 400 余人），中级职称 6 000 余人。

加强政策指导，宣传落实到位。先后下发了《2008 年全市职称工作安排意见的通知》《关于重新组建工程系列机械电气行业中级专业技术职称任职资格评审委员会的通知》等相关文件，正确指导了全市职称晋升工作的顺利开展。

积极探索创新，实现工作突破。在各级专业技术职务任职资格评审中，全面实行公示制度，以增加职称工作的透明度，探索建立科学、客观、公正的人才评价体系和有效的监督机制。同时，加大对职称工作的投入，充分运用现代化的管理手段，实行网上下载表格，进一步精简手续，规范程序，缩短工作周期，切实提高职称工作效率和服务质量。

六、事业单位人事管理工作

（一）举办了县级农村教师招聘考试

按照与市教育局、财政局、编委办三部门印发的《关于做好县农村中小学一校一名师范类本科生计划》的要求，于 9 月举行了为新民、辽中、法库、康平四县（市）农村学校招聘 160 名师范类本科毕业生任教师的考试，并由四县人事、教育部门负责进行资格审查及面试（以说课为主）、体检、政审等工作，解决了农村高层次师资队伍人员不足的问题。

（二）举行了区县事业单位登记局工作人员录用考试

通过考试为 25 人办理了录用公务员手续，解决了他们多年以来公务员身份未予落实的问题。

（三）完成了事业单位改革有关准备工作

先后到鞍山、大连、杭州、南京、西安等城市进行考察学习，形成了《关于我市事业单位改革情况的汇报》《关于进一步深化我市事业单位改革的实施建议》等相关材料，对下一步继续深化事业单位改革提出了翔实具体的工作方案和实施建议。

（四）强化了人事争议仲裁工作

增加了从事仲裁工作人员 2 名；加强沈阳市仲裁员队伍建设，试行首席仲裁员制度，完善了与仲裁工作相关的法律文书，规范了仲裁的工作流程。

七、公务员管理工作

（一）完善中层领导干部竞争上岗机制

根据《党政机关竞争上岗工作暂行规定》的有关精神，配合市委组织部起草了《沈阳市党政机关竞争上岗工作实施办法（征求意见稿）》，主要从明确竞争上岗的范围、规范竞争上岗的工作程序和方法、完善职务管理、加强工作纪律等 6 个方面提出了相应的指导意见，现正在征求意见和论证。

（二）加大对公务员考核的力度

通过对公务员德、能、勤、绩、廉的考核与评价，推动了公务员队伍的思想建设和作风建设，并将考核结果同奖励、惩戒、工资、职务升降、辞退等管理环节挂钩，“干多干少一个样，干好干坏一个样”的现象逐渐得到克服和改观，考核的优势和功能发挥了应有的作用，激发了广大公务员的积极性。根据《公务员法》有关规定，下发了有关考核工作文件，明确了考核等次，实现了与《公务员法》规定的考核等次相一致；确定了以工作业绩为重点的考核指标体系和量化标准；让服务对象参与考核，扩大考核的半径；采取积极措施，杜绝优秀等次“轮流坐庄”的现象；强化考核结果的使用，把年度考核结果作为公务员职务升降、奖励、培训的重要依据。

（三）严格申报二等功的程序

根据《公务员奖励规定（试行）》（中组发［2008］2 号），2007 年度二等功评选工作从以下三方面入手，保证了评选结果真正做到公开、公平和公正：一是认真审核推荐人选的事迹，对事迹不突出的不予申报；二是严格标准和条件，对不够条件的人选予以退回；三是严格掌握比例，奖励政策向基层和一线倾斜，树立一批具有先进性的典型。全年全市共计 247 人荣获二等功。

（四）开展了公务员考录工作

会同市委组织部，按照省委组织部、省人事厅的工作部署和要求，开展了招录计划的征集、整理和汇总工作，编制了全市公务员招录计划；顺利完成了 2.89 万名考生的笔试工作，891 人被录用为国家公务员，圆满完成了 2008 年度公务员招录工作。

（沈阳市人事局）

大　连　市

2008 年，在市委、市政府的领导和上级人事部门的指导下，大连市人事局坚持中心，服务大局，改革创新，扎实工作，较好地完成了各项工作任务。

一、人才工作成效显著

紧紧围绕本市重要产业、重大项目和重点区域，完善人才引进、培养、使用政策体系，创新人才工作体制机制，实施人才强市战略取得了新成效。制定了《关于进一步加强高层次专业技术人才队伍建设的若干意见》《大连市领军人才队伍建设实施意见》，印发了《辽宁省“五点一线”沿海经济带八城市重点产业人才开发目录》和《大连市引进非本地生源专科应届毕业生紧缺专业目录》，为经济社会发展提供人才支持。全年举办各类人才招聘会近 200 场，进场求职者 64 万人次，达成就业意向 12 万人次。选择 60 家重点企业建立了人才服务联系点，为英特尔、韩国 STX、日立电器、辉瑞制药等知名外资企业提供全程人事代理服务。新建 5 家企业博士后科研工作站，设站单位累计达到 30 个，居全省之首。组织开展了 30 余项人事考试，有 6.8 万名考生参加。职称评审工作稳妥进行，完成了 28 个系列、3 230 人的职称评审。首次在辽宁红沿河核电和东北特钢组建了中高级专业技术资格评委会，增强了重点企业对高层次人才的吸引力。认真落实市政府为民办实事项目，全面启动新农村人才振兴计划，采取建立乡土人才培训基地和网上培训的办法，当年培训农村实用人才 16.8 万人次。完善了农村实用人才专业技术水平评价制度，免费为 1 300 余名农民评定专业技术职称。全市组织实施了 82 个引智项目，大连重工 · 起重集团大型船用柴油机曲轴、福佳 · 大化 70 万吨芳烃、艾科科技等 17 个项目列入国家重点引智项目，促进了关键技术的研发和核心竞争力的增强。在政府财政的支持下，全年投入 5 000 多万元用于高层次人才政府津贴、安家补贴、引智项目补助。全市当年引进外埠高端人才 1 000 人，海外留学人员 564 人；有 60 人获得国务院或市政府特殊津贴；有 40 名贡献突出的在大连工作的外国专家受到国家、省市政府表彰。

二、高校毕业生就业服务工作扎实推进

全市各级政府将促进高校毕业生就业作为重要的人才和民生工程，采取有力措施，拓宽毕业生就业渠道。大连高校毕业生就业信息网初步建成并开通运行，目前已经与 13 个区市县和先导区、165 个街道乡镇、1 409 个社区村、42 所在大连的大中专学校、100 家用人单位和相关部门实现链接，开展了毕业生就业网上实名注册业务办理；市、县两级高校毕业生就业市场多次免费举办专场招聘会，3 万余名毕业生进场洽谈，1.2 万人达成就业意向。深入实施“一村（社区）一名大学生计划”，共选派 1 000 名大学生到城乡基层开展服务，提前实现了全市每个村和社区都有大学生的目标。启动了毕业生创业孵化基地建设，积极发挥示范引导作用。通过采取面向企业征集“爱心岗位”“一对一”帮扶等措施，使登记的困难家庭毕业生当年全部实现就业。全市累

计建立高校毕业生就业见习基地122家，有3 000余名毕业生参加见习，近70%的毕业生见习期满后被留用。政府、企业、高校联动的就业服务机制初步建立，开展了6次“大学生就业服务校园行”活动。

三、军转安置和企业军转干部解困维稳工作取得良好成绩

全市各地区、各部门坚持把军转安置工作作为一项重要的政治任务，拓宽安置渠道，圆满完成了2008年度安置任务。全市接收安置军转干部1 005人，其中计划安置822人，自主择业183人。在计划安置的军转干部中，76.3%的人被安置到各级党政机关和参照公务员法管理的事业单位工作，其余的被安置到专业对口的事业单位工作。自主择业军转干部管理服务工作有序进行。认真落实政策措施，参照本市公务员房租补贴标准，及时完成了全市3 120名自主择业军转干部房租补贴的测算、政策制定及发放工作。顺利完成了2007年国家在本市推行的自主择业军转干部培训试点任务。企业军转干部解困稳定工作得到切实加强。各区市县、各部门认真贯彻国家、省市文件精神，进一步做好企业军转干部解困、思想教育、岗位管理等工作，进京、赴省、来市集体访明显减少，息访成效明显，奥运会等重大活动期间企业军转干部群体基本稳定。

四、机关事业单位人员管理工作取得新成绩

组织开展了市及区市县政府所属事业单位参照公务员法管理的申报工作，全市125家市属事业单位被批准参照公务员法管理。以提高应对突发事件、公共服务、综合管理能力为重点，开展了14期公务员示范培训班，近千名公务员参加了培训。组织了9期外经外贸、综合经济、人力资源管理等领域的公务员赴新加坡培训，参训334人。开展了第四届辽宁省人民满意公务员和立功公务员评选推荐工作。全市有2人被评为辽宁省人民满意公务员，有17人记一等功、18人记二等功、34人记三等功。政府绩效评估制度不断完善，加强了绩效评估指标完成情况的过程监控和分析预测，促进了绩效评估的科学化和规范化。完成了2008年公务员考录和两次全市事业单位集中公开招聘工作，近1.8万人报名参加公务员考试，录用359人；有1.3万人参加区市县事业单位招聘，实际聘用1 948人，优化了机关事业单位工作人员的结构素质。认真贯彻《义务教育法》，按照中央、省的统一部署，落实中小学教师工资待遇不低于当地公务员水平的要求，出台了《关于做好中小学校教师工资待遇保障工作的意见》，为全市近8万名中小学教师提高了工资待遇。制定了《关于深化大连市事业单位收入分配制度改革的意见》，全市事业单位8.5万名在职和退休人员的津贴补贴得到进一步规范。

五、人事编制部门自身建设呈现新气象

为巩固干部作风和行政效能年建设成果，组织开展了“继续解放思想、坚持科学发展、加快率先全面振兴”和“讲党性、重品行、作表率”等学习实践活动，人事编制干部队伍的大局意识、服务意识、创新意识明显增强。人事依法行政、信息宣传、争议仲裁、信息化建设、信访工作取得积极进展，机关党建、人事教育、廉政建设、政务公开工作扎实推进。高质量通过ISO 9000质量管理体系认证，促进了业务流程再造和管理创新。全市人事编制工作在以往基础上有了新提高，为促进经济社会发展作出了贡献，荣获市级以上表彰奖励45项。

（大连市人事局）

吉 林 省

2008 年，吉林省各级人事部门在国家人力资源和社会保障部的正确指导下，在省委、省政府的领导下，紧紧围绕吉林省经济和社会发展大局，以推进“阳光人事”为主线，以深化改革为动力，以服务吉林振兴发展、建设服务型政府机关为目标，各项工作取得了明显成效，重点工作实现了新的突破。

一、人才服务保障工作

继续组织实施“振兴吉林老工业基地人才服务保障工程”，以高层次人才队伍建设为重点，人事人才服务保障能力进一步提升。

（一）进一步加强高层次人才队伍建设

开展了创新创业人才队伍建设情况调研，制定了《引进高层次创新创业人才实施办法》。完成了高层次人才推荐选拔工作，共向国家推荐享受国务院特殊津贴专家人选 53 人，评选省第十批有突出贡献的中青年专业技术人才 215 人。协同有关部门评选 40 名吉林省中医名家，选拔推荐 3 名同志为“全国农村优秀人才”。授予 10 家民营企业为博士后科研创业基地。围绕本省支柱和特色产业举办 10 期高研班。与清华大学签署了高层次专业技术人才培养合作协议，选送 12 名高层次专业技术人才到清华大学培养深造。完成了专业技术人才知识更新“653”工程年度工作，共培训高层次专业技术人才 19 300 人次。继续实施急需人才海外培养合作项目，派出 14 名人才出国留学深造。

（二）积极做好引才引智工作

全年共执行聘请国外经济技术专家项目 139 个，聘请外国专家 307 人，批准聘请外国专家单位资格认可 19 个，办理“外国专家来华许可”272 份，执行出国（境）培训项目 258 个、1 582 人次。农业引智、重点项目引智、科技引智等都取得良好成效。加强了引智示范基地建设，完成了“国家友谊奖”“长白山友谊奖”“优秀外国专家”人选推荐表彰工作，58 名外国专家获得表彰。

（三）切实加强人才开发资金管理

对 1~3 批人才开发资金使用情况进行了调查总结和监督审计，对第四批省人才开发资金资助项目开展了专家评审和考核工作，确定资助项目 56 个，资助人才 64 人，资助金额 761 万元已拨付到位。

（四）大力促进人才资源科学配置

会同省委组织部，经过考试选派了 127 名毕业生到村任职。认真做好服务期满“三支一扶”毕业生的就业服务工作。发布了 2009 年吉林省紧缺人才目录，组织开展了省内企事业单位赴天津招聘人才活动。加强了人才交流服务，全年共举办各类招聘活动 91 场，参会单位 9 103 家，参会人员约 36 万余人次。积极开展人才派遣业务，与 15 家单位 602 名派遣人才签订了劳动派遣合同书。

二、人事制度改革

以推进“阳光人事”为载体，大力深化人事制度改革，取得明显成效。

（一）推进了事业单位进人制度改革

在借鉴省内外改革经验的基础上，出台了省直事业单位公开招聘工作意见，开展了省直事业单位首次招聘工作，首批招聘367人，考聘比例为25∶1，竞争最激烈的岗位考聘比例达655∶1。同时，对全省各市州、县（市、区）实行事业单位统一公开招聘制度提出了明确要求，营造了公开、平等、竞争、择优的用人环境。

（二）推进了军转干部安置制度改革

推出了“计划全额公开、考试竞争择优、功绩打分排序、自主选择岗位”的分配方式，对团职干部，不再组织考试分配，根据军龄、干龄、专业特长、功绩等实行量化打分，然后按分数高低由军转干部本人按计划自主选择；对营以下要求进入机关的人员实行考试竞争，按1∶1比例向接收单位推荐；对未进机关的其他军转干部全部采取功绩打分的方式，按分数高低自主选择接收单位。顺利完成了916名计划安置的军队转业干部安置工作，实现了部队、接收单位和军转干部个人“三满意”。

（三）推进了公务员考录制度改革

加大了从基层优秀人才中考录公务员的工作力度，市州以下50%的招录计划用于基层有实践经验的报考者。改善了面试考官结构，建立了全省面试考官库，强化了面试考官培训，提高了执考水平。实行面试考官集中入闱管理、双背抽签等制度，有效避免了请托现象发生。实行“六公开、一公示”制度，向社会开放面试考场，请纪检监察部门、人大代表、政协委员、群众代表、考生家长、新闻媒体现场监督，使公务员考录工作真正成为“玻璃房子里的竞争”，赢得了社会各界的认可。2008年，全省共招录公务员1 933名，考录比例为21∶1。

（四）推进了职称制度改革

进一步总结借鉴了中小学职称评聘工作经验，在省属23所高校推开了教师职称“评聘结合”制度改革，1 500多名高校教师按照规定程序被聘到各级专业技术岗位。创新了民营企业职称评聘制度，放宽了评定权限、条件、程序和范围，授予皓月集团等4家大型民营企业中级专业技术资格评委会资格；打破资历、身份、地域和外语等条件限制，将1 000名贡献突出的民营企业高级经营管理人才直接认定为高级经济师，助推了民营经济发展。完成了4万名专业技术人员专业技术资格的评审工作。

（五）推进了政府绩效评估

进一步完善了评估内容、方法、程序，初步形成了以省政府重点工作目标、部门履行职能、政府机关建设、专项资金使用情况为主的评估指标体系。完成了2008年度省政府部门绩效评估工作，有12个省政府部门被评为先进单位。开展了市县政府绩效评估试点工作，松原市、舒兰市、白山市八道江区“一市、两县”的政府绩效评估试点工作进展顺利。

三、公务员管理工作

坚持以贯彻实施《公务员法》为基础，突出制度创新和科学管理，进一步加强了公务员队伍建设。

（一）创新考录政策

加强政策引导，进一步扩大有基层工作经历人员的招考比例，探索建立吸纳基层和生产一线优秀人才进入公务员队伍的通道，市州以上机关用于招考具有2年以上基层工作经历人员的招考计划达到50%以上。注重从优秀村干部中考录乡镇公务员，拿出乡镇招考计划的20%用于面向农村优秀村干部进行招考，使一些优秀村干部进入了乡镇公务员队伍。高质量地组织完成了省、市、县、乡四级机关公务员联考，全省政府系统择优录取了1 365名公务员，是历史上录用人数最多的一年。

（二）加大培训力度

制定了《2008—2012年吉林省公务员培训规划》，下发了《2008年吉林省公务员和专业技术人员教育培训工作计划》《吉林省省直机关公务员培训学分制管理办法》。实施了振兴吉林老工业基地公务员能力培训项目，围绕民营经济腾飞、服务业跨越发展、生态省建设等主题，组织5期300多人赴沿海发达地区培训考察。举办11期25个专题省直机关公务员自选式短训班，培训2 600多人。组织开展了十七大精神轮训、基层公务员和少数民族公务员培训、公务员“四类”基础培训，举办了首期“公务员培训大讲堂”。

（三）加强考核奖励工作

完成了2007年度省政府公务员考核备案工作，实行了考核结果网上同步备案。完成了2008年度行政奖励计划的审核报批工作，组织开展了系统奖励项目21项，省政府奖励项目28项，国家奖励项目15项。组织开展了全省赴四川地震灾区抢险救援表彰工作，表彰优秀集体10个，先进集体17个，先进个人1 270名。完成了全国抗震救灾表彰对象的评选推荐工作，推荐2个抗震救灾集体和4名模范个人。积极开展惩戒工作，稳妥地处理了49起惩戒方面的政策咨询和上访。

（四）扎实做好参公管理工作

按照“坚持条件、严格把关、先易后难、稳步实施”的原则，起草了《吉林省参照公务员法管理机关（单位）人员登记暂行办法》，印发了《关于启动市州以下参照公务员法管理事业单位申报工作的通知》，对省政府系统145家拟参照管理事业单位的公共事务管理职能、法律法规授权情况和财政拨款方式进行了审核认定，经积极协调沟通，将国家同意的61家事业单位纳入省直政府系统首批参照管理单位。认真做好参照管理单位中人员档案审查及身份确认，组织了相关考试，完成了692人登记审批工作。启动了市（州）及其以下参照管理审批工作，完成了1 693家参照管理单位的审核工作，首批参照管理单位业已审定。

四、其他工作

（一）加强了工资管理和规范津贴补贴工作

提出了机关事业单位地方津贴补贴和绩效工资标准的意见，制定了省直在长机关事业单位第二阶段规范津贴和增加绩效工资的政策以及调整住房补贴的有关政策，并组织了具体实施。会同有关部门对全省拖欠中小学教师工资情况进行了全面调查，在此基础上会同有关部门研究制定了3年内解决拖欠问题的工作方案，并严格组织实施，促进了拖欠工资问题的妥善解决。

（二）加大了人事争议案件审理和调解力度

围绕事业单位人事制度改革开展了仲裁服务专项行动，接待和处理各类人事争议案件157起，受理案件23起，开庭审理8起。

（三）认真抓好人事考试的组织实施工作

进一步严肃考风考纪，积极提供优质考试服务。在全省实行了公务员考录网上报名、网上确认、网上缴费，通过开辟“绿色通道”、开设咨询电话、网上开办考录专栏等形式，为广大考生和招录单位提供方便快捷的服务。顺利完成各类专业技术资格考试任务53项，全省考生总计16万多人。进一步改革工考操作办法，完成了省中直和各市州18 600余人的考核定级任务。

（吉林省人事厅）

长 春 市

2008 年，长春市人事局坚持以科学发展观为统领，认真贯彻党的十七大和市委十一届二次全会精神，全面落实国家、省、市人事编制工作会议精神，坚持“围绕大局、改革创新、科学管理、强化服务”方针，深入实施人才战略，积极推进行政管理体制改革，大力加强人才队伍建设，努力构建人事人才公共服务体系，不断完善人事编制宏观管理制度，进一步加强人事编制干部队伍建设，各项工作取得了可喜的成绩。

一、人才服务保障工作取得新成效

（一）扎实做好高校毕业生就业工作

市人事局始终把促进高校毕业生就业作为第一民生工作抓紧抓实，2008 年成立了长春市高校毕业生就业服务中心，在市人才市场设立办公窗口，为高校毕业生办理就业协议、档案存储、报到等手续提供“一条龙”服务。不断发展壮大毕业生就业实习基地，实习基地从过去的 30 多家增加到 100 多家，有 1 000 多名高校毕业生在基地就业实习，实现了长春市主要领导提出的“增加应届毕业生工作经历”的目标。组织开展了高校毕业生“三支一扶”工作。为进入长春市企业工作的 10 名研究生发放生活补贴 12 万元。

（二）为重点项目企业提供全方位人事人才服务

市人事局对重点项目企业人才现状及需求情况进行了调查，组成调研组进行实地走访，广泛征求意见，先后为长春市金赛药业、迪瑞实业、亚泰集团等 12 家企业成功对接 936 名急需人才，为长春市 7 家项目企业申请吉林省人才开发资金 92 万元，完成了第一批吉林省自主创新创业人才的组织、筛选、推荐工作，组织项目企业参加“环渤海地区人才智力交流洽谈会”，达成意向协议 151 人。市人事局还配合市委组织部起草了《关于加强重大项目建设急需高层次紧缺人才引进的实施意见》。2008 年，长春市共引进各类人才 12 000 人。

（三）充分发挥市场配置人才的主体作用

积极发展有形市场、网络市场和国际人才市场，促进多元人才市场格局的形成。不断完善市场布局，健全服务体系，提升服务手段，强化服务功能。立足于为长春市经济建设和主导产业发展提供人才服务，举办了“2008 长春推进 150 个重大项目大型公益性人才招聘会”“2008 发展现代服务业公益性人才招聘大会”“全国人力资源市场高校毕业生就业服务长春招聘周”等特色人才招聘会，以及生物医药、民营企业、IT、电子科技、通信行业等专场招聘会，优化配置经济社会发展急需的各类人才。特色招聘会、公益性招聘会和专场招聘会，已经成为长春市人事人才工作服务经济、服务大局的一个招牌。2008 年，共举办各类招聘会 186 场，接待用人单位 28 100 家次，入场求职者达 70 万人次。立足于延伸服务触角，提升服务层次，办理网络会员招聘单位 3 500 家，建立友情链接 200 家，提供招聘岗位 2 万个，长春人才网年访问量突破 2 000 万人次。拓展人才服务范围，新签订人才派遣单位 103 家，代理派遣员工 1 100 人，新接收流动人员人事档案 1.08 万份，办理出国留学和劳务手续72人。加强人才公共服务，面向社会公众发布了《长春市人才市场人才供求状况综合分析报告》《长春市大中专毕业生就业形势分析报告》，多次受到市政府主要领导的批示表扬。扶持民营人才中介服务机构发展，加大对人才市场的监督检查力度，取缔非法人才中介6家。

（四）不断提高人事争议仲裁工作水平

召开了市人事争议仲裁工作会议，督促所属各县（市）、区建立健全人事争议仲裁机构。对各级人事争议仲裁机构的300名专兼职仲裁员进行了业务培训。将调解贯穿于处理争议的全过程，以调为主、以调代裁、调裁结合，全年办理案件72件，切实维护了用人单位和人才的合法权益。

二、军转安置工作实现新提高

完善军转安置政策，调整改进操作办法，采取与军转干部服役期间德才表现和贡献相挂钩，与考试考核、功绩选调、功绩制分配相结合的分配办法，充分尊重军转干部本人意愿，做到安置计划公开、安置原则公开、功绩和考试分数公开、安置过程公开、安置结果公开，树立了良好的用人导向。2008年共接收安置军转干部418人，其中计划安置278人，自主择业140人，安置率达100%，实现了部队、接收单位和军转干部个人“三满意”。圆满完成了324名军转干部的适应性培训任务。市人事局军转处、军转中心在市人才市场设立了自主择业军转干部求职服务台，为自主择业转业干部推荐就业岗位，收到了良好的社会效果，《转业军官》期刊刊登了对长春市这一做法所进行的采访。高度重视企业军转干部解困维稳工作，完善解困维稳长效机制，严格落实重点工作对象“五包”责任制，有针对性地做好预防和化解工作，为维护社会稳定作出了贡献。

三、专业技术人员管理工作进一步推进

（一）全面做好专家选拔工作

组织开展了2008年度享受国务院特殊津贴人员选拔推荐工作。开展了第十批吉林省有突出贡献中青年专业技术人才选拔推荐工作，首次将高技能人才和农村实用人才纳入选拔对象，13人受到吉林省政府的表彰。组织开展了第八批享受市政府特殊津贴人员选拔工作，选拔表彰50人。

（二）加强专业技术人才队伍能力建设

2008年，市人事局积极向国家和吉林省争取人才项目。其中，获得人力资源和社会保障部资助经费的“现代中药”专题高级研修项目，培训中药制剂专业高级人才50人；向吉林省人事厅申报了“绿色养殖”专题高级研修项目，获得资助经费5万元，培训畜牧业高级专业技术人员和管理人员30人。长春市还积极探索多样化的继续教育方式，采取办班授课、知识论坛、技术研讨、业务研修和收看视频辅导讲座等形式，培训专业技术人员和事业单位职员10万人，有效提高了专业技术人才队伍的创新能力和整体素质。

（三）以项目为载体，全力推进引才引智工作

向人力资源和社会保障部组织申报留学人员科技项目择优资助经费，获得启动类项目2项，资助经费6万元，并获得小额资助经费12万元。在西班牙和希腊举办海外高层次留学人才招聘活动，组织长春市相关企业参加了第十一届中国留学人员广州科技交流会。加强了“长春海外学人创业园”和企业博士后科研工作站建设。

四、事业单位人事管理工作实现新突破

（一）事业单位人事制度改革不断深化

在总结以往公开招聘工作经验的基础上，市人事局对事业单位公开招聘制度进行了补充和完善：根据招聘岗位的特点，最大限度地减少了对报名人员须有工作经历的限制；招考行政管理岗位的，取消了对报名者的专业和非全日制高等学历的限制；调整了笔试和面试成绩权重；改进了报名方式，实行网上报名。这些改进措施，使公开招聘制度更加科学合理、更

加完善，得到了各事业单位主管部门、用人单位和广大考生的一致好评。2008 年，组织了两次大规模公开招聘考试，为 116 家事业单位招聘了 338 人，其中本科以上学历人员占 92.3%。进一步完善了引进人才的“绿色通道”，探索考核引才的有效办法，通过考核方式引进吉林大学、东北师范大学本科以上优秀毕业生 41 人，引进高层次紧缺人才 61 人。经过不断实践和探索，事业单位公开招聘制度更趋科学规范，这项工作的经验做法在吉林省人事编制系统“阳光人事”工作经验交流会上被全面推广。积极推进县（市）、区事业单位人事制度改革，截至 12 月底，长春市所属 10 个县（市）、区 87% 的事业单位完成了全员聘用制入轨工作。加强事业单位人员聘用和岗位设置管理工作，对市属事业单位现有岗位设置和人员聘用情况开展了调查统计，按照国家新的岗位设置类别和等级，开发了事业单位岗位管理系统，建立了事业单位岗位设置管理信息数据库，事业单位岗位设置管理信息化水平大大提高。

（二）专业技术人员职称评聘制度改革取得新成效

在市属中小学全面推开教师专业技术职务“评聘结合”改革的基础上，2008 年又指导所属的各开发区开展了中小学教师专业技术职务“评聘结合”改革。放宽了民营企业人才评定职称的条件、程序和范围，打破了资历、身份、地域等条件限制，对贡献突出的民营企业经营管理人才直接向吉林省推荐评审高级经济师。实行“双公示”制度，加强专业技术资格评委会管理，市职称评审委员会共评审通过中高级专业技术人员 2 300 多人。这项工作是市人事局围绕中心服务大局、自觉推进工作转型、助推民营经济发展的新举措，受到了社会各界的广泛好评。

（三）事业单位收入分配制度改革全面推进

在认真总结绩效分配方式改革试点经验的基础上，市人事局探索实施了事业单位向优秀人才和关键岗位倾斜的分配制度，激发了各类人才的创新活力。加强事业单位绩效工资的日常管理，积极推进各县（市）、区事业单位收入分配制度改革。截至 12 月底，全市各类事业单位收入分配制度改革全面实现了制度入轨。

（四）不断加大人事行政审批制度改革力度

围绕促进职能转变和提高服务效能，自觉突破部门权力和利益的束缚，严格落实市委、市政府的要求，将市人事局原有的 20 项行政审批和年审年检项目，取消、下放和暂停执行 10 项，减放比例达到 50%。对保留的审批项目，简化审批流程，压缩审批时限，实现了审批时限压缩 50% 以上的目标，极大地提高了人事行政审批质量和效率。

五、公务员管理工作进一步加强

（一）进一步完善公务员考录工作制度措施

制定了《长春市各级党政机关考试录用公务员面试工作的意见》，建立了面试考官库，创新考官管理方式，实行面试考官集中入闱管理、双背抽签制度。加大公开和监督力度，实现了长春市开展公务员考录工作以来第一次向社会开放面试考场。共面向社会公开选拔 318 名优秀人才进入公务员队伍，其中优秀村干部 7 人。长春市将开展考录工作与完善考录制度相结合，扩大了党政机关录用具有 2 年以上基层工作经历人员的比例，完善了吸纳基层优秀人才进入公务员队伍的办法和措施。这一系列创新性举措提高了考录工作的规范化和科学化水平，使公务员面试由封闭走向开放，形成了公务员考录工作的品牌优势。

（二）大力加强公务员队伍能力建设

创新培训方式方法。实施了振兴长春老工业基地公务员能力培训项目，围绕民营经济腾飞、服务业跨越发展、生态市建设等主题，组织优秀公务员赴域外进行学习考察。以初任、任职、更新知识和专门业务培训为主要形式，依托长春市行政学院、高等院校，培训公务员 12 909 人，新录用和新晋升职务的公务员培训率达到 100%。指导公检法等部门开展了自选式专业培训，公务员的依法行政能力和综合素质有了明显提高。

（三）加强公务员激励机制建设

建立科学的激励机制是落实公务员法的关键。2008 年，市人事局围绕落实公务员法，有效开展考核、奖惩等工作，在正负两个方面完善了公务员激励机制。加强平时考核和年度考核，认真兑现考核结果，为连续 3 年考核优秀的 425 名公务员记三等功。严格贯彻《行政机关公务员处分条例》，加强对公务员的纪律惩戒。坚持实行行政奖励项目申报制度，按照向党委、政府中心工作倾斜和奖励对象向基层、一线倾斜的原则，核准 15 项行政奖励项目。健全向吉林省推荐先进集体和先进个人的程序，向省人事厅推荐先进集体 62 个、先进个人 112 名。积极开展了市政府绩效评估调研工作。

（四）扎实做好事业单位参照公务员管理工作

按照公务员法及国家和吉林省的相关规定，积极开展参照公务员法管理事业单位申报工作，按照分期分批、应报尽报、积极争取的原则，对全市 913 家事业单位进行审核，经市政府常务会议讨论批准，将符合参照管理条件的 56 家单位确定为首批申报单位，上报吉林省人事厅。

（长春市人事局）

黑龙江省

2008年，在省委、省政府的领导下，黑龙江各级人事部门以科学发展观为统领，围绕老工业基地振兴目标，深入实施人才强省战略，着力推进人事制度改革，积极优化人才发展环境，切实维护社会稳定，狠抓自身建设，各项工作都取得了新的进展。

一、着力推进“人才兴安岭”建设，在重点领域取得新突破

（一）农村人才开发热潮兴起

在深入调研基础上，提出了新形势下农村人才开发要抓好“三个建设”、实现“六个转变”的总体思路和目标任务。“三个建设”包括政策体系建设、环境建设和队伍建设。“六个转变”是指农村人才开发工作要由随机性地抓转为系统规划，有目标、有步骤地推进；由主要强调围绕传统产业培养实用人才转为面向新农村建设需要，各种人才全面抓；由城乡分割抓转为城乡一体化抓；由活动式、运动式的支持转为经常性、制度化的人才帮扶；方式方法由传统转为现代；由各部门单打独斗转为统一领导下的协同作战。为落实这一目标任务，省里拟定了30条政策措施，召开了全省会议进行部署。经过努力，全省选拔培养实用人才14.8万人，总量达45.4万人，建立人才、项目和技术数据库418个，入库人才21.4万人；开展各类人才培训720万人次；加快建立乡镇人才服务站，目前发展到1 435个；积极开展农民评定职称工作，6.6万人晋升了专业技术职务；引进涉农外国专家244人，项目111个；组织开展人才、项目、技术和成果对接活动887次，达成合作协议2 497项；开展智力下乡支农15.3万人次；233个农（林、油、矿）场与当地政府实现了人才共享；有12 567名县域农村优秀人才和3 836名实用人才受到表彰奖励。

（二）重点行业和项目人才支撑工程建设取得新进展

一是对东部煤电化基地人才状况进行调研，举办东部煤电化基地建设高端人才交流活动周，成立煤电化基地人才服务中心和煤电化人才协会，邀请40多位院士和高级专家，开展重点项目对接、科技成果推介和人才交流，对煤电化基地建设重大问题进行论证，提出20多项政策建议。二是针对装备制造业企业人才队伍状况，在齐齐哈尔召开现场会，总结交流工作经验，研究稳定吸引人才和培训的政策措施。三是举办服务外包人才培养与产业发展国际论坛，起草促进服务外包产业人才队伍建设的意见，与上海世博集团开展人才服务外包合作洽谈。四是组织博士后开展低碳经济发展战略和项目可行性研究，搭建碳汇交易合作服务平台，与巴黎银行、花旗银行等签订4个意向性协定。五是对大小兴安岭生态功能区、沿边开放带人才状况进行调研，提出人才队伍建设的初步意见。组织30名优秀民营企业厂长、经理赴山东省进行考察培训。

（三）高层次人才队伍建设取得新成果

完善高层次人才选拔培养措施，选拔享受国务院和省政府特殊津贴专家275人，新增省级重点学科（专业）带头人梯队11个，新增博士后站点18个，全省博士后站总数达140

家。努力发挥博士后人才在科技创新中的生力军作用，组建了生物能源、生态建设等10个博士后创新团队，一批科技成果正在陆续推出。成立了三江地区博士后科技发展服务中心，举办博士后农家科技园实训班，吸引和支持海外留学人员到黑龙江创业，10个项目获国家留学回国资助，30人获得国家博士后特别资助。

（四）国际人才交流合作全面推进

组织召开了林业生态经济建设和先进材料与加工技术国际研讨会。建立对俄合作专家库、项目库和成果库，已收集专家1 800人、技术项目与成果3 000个，由国家外专局授权成立国外人才资源总库黑龙江工作站。建设引智成果示范推广基地（园区）38个，全年共聘请海外专家416人，签订合作协议153项，执行引智项目185个。蓝宝石单晶、核电汽轮发电机制造、低温超导耦合磁体技术、半矮秆大豆密植等一批引智成果取得良好效益。

二、以健全制度、创新机制为重点，各项改革迈出新步伐

（一）健全完善公务员制度

把健全新的用人机制、规范人事管理、提高队伍素质、改进工作作风作为公务员制度入轨后的重点工作来抓，起草了全省公务员登记日常管理暂行办法、公务员考核实施细则。按照公正和便民的原则，健全公务员考录机制，全部实行网上报名、网上收费，改进面试管理办法，扩大社会监督，顺利完成了中央和省年度公务员招考工作，招录公务员2 663名。试行从村干部中招录公务员制度，探索公务员聘任制度，实行新录用公务员到基层锻炼制度。开展市（地）、县参照公务员管理调研，拟定了审批办法，对4 000多家单位的申报材料进行了审核。

（二）积极解决工资制度改革后的新情况和新问题

按照以人为本、关注民生、促进和谐的思路，坚持把提高工资水平、控制地区差距作为重要任务，对市县乡机关事业单位工资收入情况进行调查，研究深化工资制度改革的意见。会同财政部门，研究提出规范省直哈外机关事业单位津贴补贴的相关政策。对全省义务教育学校教师收入情况进行摸底，研究提出了实施绩效工资的意见。妥善解决了军转干部、体育运动员和教练员、离退休人员等工资配套改革中的问题以及黑河市爱晖区和齐齐哈尔泰来县艰苦地区津贴问题。

（三）稳步推进事业单位人事制度改革

制定并印发了全省事业单位岗位设置管理实施意见，并在部分单位试行。总结事业单位综合配套改革试点经验，研究制定了未聘人员分流办法。全面推行事业单位新进人员公开招聘制度和聘用合同制度，大力推行竞聘上岗。全省采取公开招聘的单位已近2.3万个，占总数的76%；实行聘用制单位达1.4万个，占总数的50%；签订聘用合同的人员近45.8万人，占总人数的48%。同时，加强指导监督工作，省人事厅为180多家省直事业单位公开招聘5 100多人。

（四）积极探索职称制度改革

按照重实绩、重贡献的原则，在深入调研和广泛征求意见的基础上，提出了深化职称制度改革的意见，积极为各类人才成长发展搭建阶梯。改进评审办法，完善评定标准，扩大了考试和评审相结合的评价范围，建立了高级评委会评审通过人员面向社会公示制度，清理职业资格，规范专业技术人员资格考试，全年完成44项近20万人的考试工作，共有16万多人通过考试考核和业绩评定晋升高级专业技术职务。

三、以完善功能、延伸触角为重点，人事人才公共服务和市场等体系建设进一步健全

（一）健全人事人才公共服务体系

按照便民利民要求，对人事编制信息网进行改版，充实完善了公务员招录、人事考试、职称管理、培训教育等61个服务项目，健全了服务功能，网上办事达100万余件次。开通

人事公共服务语音咨询电话（82651234），全年受理各类咨询3 400余次。拓展服务触角，为基层人事部门免费配发了340台微机等联网设备，全省人事系统173个节点网站实现了互联互通。加强公共服务大厅建设，实行“一站式”服务，全年接受咨询和受理各项业务达38万件次。利用“金保工程”数据库，启动全省人事人才数据库建设，节省了大量资金投入，受到上级主管部门的充分肯定。

（二）加强人才市场建设

按照“一要发展，二要规范”的要求，制定人才市场发展规划，鼓励扶持民营、私营资本投资人才中介服务，全年新增省属人才服务机构11家，全省人才服务机构已达239家。拓展服务领域，成立省三江农村人力资源市场。省人才市场全年举办现场人才招聘会141场，12万多人实现了就业和再就业。

（三）改进人才培训方式

创新人才培训方法和途径，建立及时方便的网络人才培训平台，改进专业不对口专业技术人员培训模式，由集中培训改为函授教学，使培训费用降低3/4，节省了考生的时间和精力。下发了加强专业技术人员继续教育工作的意见，配合行业主管部门，重点加强现代制造、能源技术、现代管理等领域的专项继续教育，全年组织各类公务员培训班14期、专业技术人员继续教育培训班23期，培训人员4.1万人。

（四）加强人事法制建设

开展了公务员任职定级、职务任免与升降、奖励等单项法规的组织实施工作。深入开展人事法制宣传教育和“五五”普法，实施人事行政复议、人事争议仲裁制度。建立完善行政执法公示制和执法过错责任追究制。

四、改进调控措施，健全协调机制，为社会和谐稳定作出积极贡献

（一）认真做好军转安置和企业军转干部稳定工作

完善考试考核、双向选择的安置办法，圆满完成1 119名军转干部安置任务。积极开展军转干部培训，探索开辟自主择业军转干部就业创业新渠道。特别是向非公企业推荐党建指导员做法得到中央领导肯定。继续做好企业军转干部解困和稳定工作，提高待遇，全年共为3 391名企业退休转业干部发放退役金1.4亿多元。强化“五包”责任制度，全年没有发生企业军转干部集体进京、到省上访事件。

（二）高校毕业生就业工作取得新进展

会同教育部门，制定下发促进毕业生就业文件，积极帮助毕业生就业创业，开展督导检查促进落实。继续实施高校毕业生支农、支教、支医和扶贫工作计划，招募789名大学生到基层乡镇开展服务，研究确定提高生活待遇和促进就业创业的政策措施。继续完善就业见习制度，组织开展就业服务周、服务月活动。

（三）健全人事宏观调控和利益协调机制

围绕举办奥运会、纪念改革开放30周年等重大活动，把维护稳定作为人事工作的重要指导思想，在政策制定上，深入调研、瞻前顾后，充分听取各方意见；在矛盾处理上，坚持以人为本、依法办事，对历史问题历史对待，在不违背法律规定、不引发新的矛盾的前提下，可办可不办的尽量办、可上可下的尽量上、可高可低的尽量高。着眼建立长效机制，进一步健全诉求表达、舆情分析、矛盾纠纷的调解和应急处理机制，努力化解各种人事矛盾。全年受理来信来访814件（批）次，办结率97%，总量比上年下降39%。全年受理人事争议仲裁案件189件，作出书面裁定45件，开庭审结4件。

五、按照立党为公、执政为民的要求，人事编制部门自身建设取得新成绩

（一）深入开展学习实践科学发展观活动

按照省委关于开展学习实践科学发展观活动的部署，结合黑龙江省情实际、人事编制工作实际和干部队伍建设实际，以“改革创新人事编制政策措施，充分发挥人才资源优势和体制保障作用”为主题，以“为黑龙江经济社会更好更快发展提供人才支撑和体制保证”为目的，研究制定方案，全面动员部署，组织学习培训，深入调查研究，认真查摆问题，已形成领导班子分析检查报告，正在研究提出整改措施，学习实践活动取得了阶段性成效。

（二）积极开展调查研究活动

针对改革发展中的重点、难点问题，研究制定全省人事编制系统调研方案，确定了11个重点调研课题，各位党组成员带队深入基层，就如何发挥人才资源优势、推动农村人才开发、深化职称制度改革、加强公务员队伍能力建设、推进乡镇机构改革、做好军转安置等工作进行深入调研，并形成调研报告。

（三）开展为群众和职工办实事活动

积极开展“龙哥龙妹”农村劳动力转移对接服务，帮助他们外出务工。积极开展新农村建设帮扶活动，在前几年基础上，筹集资金、捐赠科普书籍、赠送体育器材，完成了木兰县临城村的帮扶任务，得到当地的高度赞扬。整合分散的房产资源，对乐业大厦进行接楼改造，切实解决了多年来分散办公、苦乐不均的问题。完成南岗综合大楼移交工作，妥善安置军转房屋开发公司职工。改善老干部活动条件，完成职工住房货币化补贴工作。厅办职工之家建设被省工委评为“先进职工之家”。

（四）加强基础工作建设

切实抓好基础资料的积累，做到重要工作及时建档，历史资料有据可查，辅助材料系统齐全。强化基本功的训练，加强干部职工政治理论和业务知识学习，开展了廉政建设知识问答活动，鼓励职工争当工作业务的行家里手。加强基本制度建设，编制厅办行政工作规则手册，努力做到工作职责清晰、程序明确、要求具体、运转有序。信息化建设水平不断提高，开发网上办公系统，实行网上办公，目前除了密级文件之外，收发文已全部在网上运行。加强行风建设，组织开展了“关注民生、服务发展”群众最满意单位评议活动和“万名公仆服务日”活动，参加“行风热线”直播节目，做到件件有回音。制发了厅党组党风廉政建设责任制实施办法，构建规范权力运行模式，得到了省纪委的肯定。

积极支援四川抗震救灾，先后两次组织厅办干部职工为灾区捐款39万多元。发挥职能作用，两次组织57家用人单位赴四川对口支援县招聘毕业生39人，促进灾区毕业生就业。

2008年，省人事厅先后荣获第18届哈洽会突出贡献奖、全省新农村帮建工作先进单位、全省党建工作先进集体、全省档案管理工作优秀单位、全省保密工作先进单位、机关事务管理先进集体等荣誉称号。农村人才资源开发、引智工作、政务公开工作分别在全国和全省会议上介绍经验。自主择业军转干部创业工作得到中央领导的充分肯定，并在中央电视台“焦点访谈”“东方时空”和“新闻联播”中作了报道。

（黑龙江省人事厅）

哈尔滨市

2008年，哈尔滨市人事局在市委、市政府的领导下，紧紧围绕服务经济社会又好又快发展，认真履行人事部门职责，坚持抓重点、抓创新、抓突破，不断破解人事工作在发展中的难题，推动重点工作上层次、难点工作有突破、创新工作有项目，取得明显成效。

一、就业再就业工作

2008年是高校毕业生就业压力比较大的一年，本埠和外地毕业生近40 000人。就业是民生之本，市人事局充分发挥职能作用，采取超常规措施，大力加强高校毕业生就业指导和服务工作。制定出台了《关于认真做好大中专毕业生就业工作的通知》，着力加强就业指导，采取倾斜性政策，进一步完善配套服务功能，鼓励高校毕业生自主创业和灵活就业。对毕业生创办的不同性质的企业或经营单位，免征一定年限所得税，免除管理类费用等。同时，对大专以上学历的毕业生实行“先落户、后就业”的政策。在市人才市场每月举办公益性双免现场招聘会，开设毕业生就业服务窗口，简化办事手续，实行“一站式”服务，并对未就业的本埠生源毕业生档案实行免费保管。困难家庭、特困家庭和零就业家庭毕业生免交存档费用。为了创造就业条件和机会，与黑龙江大学联合举办了高校毕业生供需见面会暨送岗位进校园活动，组织420多家用人单位带着6 000个就业岗位参会，参加这项活动的求职毕业生达5万余人，意向性签约1.7万人次。与黑龙江生活报、哈尔滨新晚报等新闻媒体联合举办了招聘会，还通过“哈尔滨人才网”举办了网络招聘会等，使大学毕业生到非国有单位就业比例达到73.46%。选拔“三支一扶”毕业生180余名，市级表彰“三支一扶”大学生18名、优秀单位12个、优秀区县3个，有22名优秀“三支一扶”毕业生受到省里表彰。

二、人才服务保障工作

（一）人才招聘规模和社会效益创历史最好水平

举办了春秋两季大型人才招聘会，总计参会的用人单位360家，入场应聘6.5万人，意向性签约2.6万人次。全市各级共举办中高级等各类人才交流会367场次，入场单位9 300多家，求职人员约19.6万人，意向签约7.9万多人次。人才招聘规模、入场单位和求职人员数量、定向性签约数等，均创历史最好水平，较好地发挥了人才市场配置人才的基础性作用。

（二）大力开发农村实用人才

配合农业科技等部门为农村人才提供优质服务，依托各类培训学校，多渠道、多层次开展农村实用人才培训。全市共培训农民40余万人次。积极培育和发展农村人才市场，全市有农村人才市场17个，农村科技协会等组织3 000多个，农村科技经纪人8 000多人。在全省农村人才开发暨农村优秀实用人才表彰会议上，哈尔滨市作了经验介绍，全市有15名农村优秀实用人才获得黑龙江省的表彰。

（三）开展新农村建设专家服务活动

根据农民群众生产生活的需要，拓宽服务

领域，组织各类专家下乡，开展多种形式的服务活动。在成功举办哈尔滨市新农村建设专家服务五常行活动的基础上，又成功举办了通河行活动。主要领导亲自带领16名医疗卫生和农业专家到通河县3个乡镇，为那里的农民送医、送药，进行义诊活动，举办了种植、养殖、医疗卫生技术等6个培训班。据统计，有926名农民参加了义诊活动，为农民免费送药4 000多元，免费发放健康教育宣传资料和农业实用技术丛书2 600多册，有1 000多名种植、养殖大户和乡镇农技推广及医疗卫生人员参加了培训，有24名农民与专家达成长期合作协议。

（四）国际人才交流与合作取得重大进展

国家外专局批复请进专家培训项目38项，国家下拨和地方资助资金共计337万元。完成请进项目29项，聘请各类外国专家100多人次；完成培训项目7项，派出人员79人。哈尔滨乐辰科技有限责任公司被授予哈尔滨市第四家省引进国外智力示范推广基地称号。与省联合举办服务外包人才培养及产业发展国际论坛，美英等7个国家高级专家参会，为做大做强国际人才智力交流合作进行了有益的尝试。在哈尔滨与俄罗斯哈巴罗夫斯克“合委会”上，与哈巴太平洋国立大学签订了继续派遣俄语研修生的协议，派出12名公务员和专业人员赴俄进行俄语强化培训。

三、军转安置工作

2008年，全市共接收军转干部385人，其中，计划分配303人，自主择业82人。安置到各级党政机关228人，占计划分配军转干部的75%。改革安置办法，把考试考核成绩作为安置的主要依据，把用人单位提供的具体工作岗位向军转干部公布，军转干部填报志愿。进一步疏通安置渠道，把党政机关和财政全额拨款的事业单位作为安置的主渠道，妥善解决编制和职数等问题。把团职干部和功臣模范作为安置重点，做到了军队和军转干部个人都满意。同时，做好转业干部培训工作。全力做好企业军转干部解困工作，为4 857名企业军转干部发放各种补贴1 500余万元，调整抗美援朝企业军转干部生活补助标准1 081人次，发放生活补助150多万元。建立属地管理、分级负责工作机制和企业军转干部思想分析等6项制度。变上访为下访，与军转干部面对面对话，解答问题，化解矛盾，有效地遏制了上访事件的发生。

四、专业技术人员管理工作

（一）创立了市长特别奖和特邀专家制度

针对哈尔滨市支柱产业和大项目缺乏高层次专业人才的实际，2007年制定了《市长特别奖奖励办法》和《特邀专家制度实施办法》，2008年重点抓好这两个办法的落实。全市共申报选拔对象64名，经认真考核，层层评选，最后经市政府常务会议审定，确定11名高层次人才获首届市长特别奖。经过筛选，邀请8名外省市专家，包括地铁技术总顾问，电力设备制造、生物制药等大项目和支柱产业的高级人才，较好地解决了大项目建设和支柱产业对高级专家的需求。

（二）进一步优化专业技术人才发展政策环境

制定《哈尔滨市留学回国人员就业暂行办法》和《哈尔滨市留学回国人员科技项目择优资助资金管理试行办法》，为教育、卫生、科技等重点行业引进招聘国内外高层次人才202人。充分利用市人才发展专项资金，扎实做好改善高层次人才工作条件和生活待遇工作。2008年支付人才发展资金700余万元，其中为118名高层次人才发放各种补贴和补助170.7万元。

（三）加强学科（专业）带头人梯队建设，扩充领军人才队伍

推荐哈尔滨规划设计院城市规划学科申报省级重点学科（专业）带头人梯队、哈尔滨电机厂有限责任公司电机学科申报省级重点学科（专业）带头人梯队基础设施建设资助；围绕实施老工业基地振兴战略和推进新型工业

化城市建设，加强省、市级重点学科（专业）带头人梯队建设。经过积极努力，哈锅炉热能工程专业被黑龙江省人事厅授予省级重点学科（专业）带头人梯队称号。到年底，全市共有17个省级重点学科（专业）带头人梯队和20个市级重点学科（专业）带头人梯队。下发了《哈尔滨市人事局关于印发〈2008年哈尔滨市学科（专业）带头人梯队考核评估工作实施方案〉的通知》，重点完成了省、市级重点学科（专业）带头人梯队的考核评估工作。加强对学科（专业）带头人梯队的动态管理和评估考核。

五、事业单位人事管理工作

（一）深化事业单位人事制度改革

提出规范和深化事业单位人事制度改革的意见，并作为市人事局学习实践科学发展观活动调研成果上报市委。指导各地、各单位进一步完善用人公开聘任制度、全员聘用制度，积极稳妥地组织了全市事业单位新一轮聘用合同续签工作。为进一步畅通人员出口，创新事业单位用人机制，在南岗区、群力新区、市长电话受理中心、110报警服务台等5个单位开展雇员制试点，雇用200人。初步提出了《哈尔滨市事业单位实行雇员制暂行办法》，探索雇员制度，有力地促进了能进能出、自主灵活用人新机制的建立。

（二）推行事业单位新进人员面向社会公开招聘

在前三年开展招聘工作的基础上，市人事局组织进行了第六次面向社会公开招聘事业单位工作人员的工作。经过首次实行网上报名，严格审核、笔试、面试、考核等程序，共有21个委办局、2个直属事业单位、3个区，总计124个事业单位、390个岗位招聘611名工作人员。为把“三公”原则落到实处，考试过程中邀请市纪检监察、市直机关工委等有关部门人员实行全过程监督。报名、出题、监考、评卷、面试等环节采取随机抽取题库试题、随机确定面试考官等措施，确保考试结果公平、公正，得到了广大人民群众和考生的认可。

六、公务员管理工作

（一）完成了公务员登记工作

按照黑龙江省重新核定的编制，完成了全市1.35万名公务员登记信息的初审和上报，省人事厅对上报的登记信息已审核完毕。印发《参照管理审核报批工作的通知》，做好事业单位参照公务员法管理审核报批工作。按照《关于进行全省公务员登记遗留人员考试工作的意见》，组织全市各级行政机关2 091名各类缓登人员参加考试。

（二）以“公务员能力素质建设活动”为载体，加强公务员培训

在搞好公务员任职、初任培训的同时，重点实施了以公务员公共管理为核心内容的培训，并在全市进行了公务员考试验收。全年共培训公务员3万人次。哈尔滨市人事局与中国政法大学等高等院校联合开展学历培训，有41人完成了硕士研究生答辩，182人完成了大专、本科层次学历教育。

（三）坚持“凡进必考”，严把公务员入口关

按照黑龙江省的统一部署，组织实施了2009年度公务员考录工作。坚持从实际出发，加大了市直机关从基层招考公务员的力度，规定录用有基层工作经历人员的计划数原则上不低于招录总数的50%。实行公务员录用考试网上报名和网上审核，共审核报名人员2万多人。经过笔试、面试，全市录用380人。

（四）加强公务员队伍管理

2008年，全市下派了50多名新录用公务员到基层进行锻炼，分两批组织优秀公务员进行健康休养，开展了干部带薪年休假制度落实情况的调查，组织退休公务员书画大赛，激发了公务员争先创优的积极性。另外，从政策上进一步规范了公务员奖励规定、任职定级规定、任免与职务升降规定，促进公务员队伍管理规范化、制度化。

七、法制建设工作

（一）加大行政执法力度，规范执法行为

按照市政府法制办和省人事厅的要求，制定印发了《2008 年全市人事行政执法责任制考评方案》，细化通用考评目标和专用考评目标，对区、县（市）和局机关明确提出考评的内容、标准、加分、扣分因素及落实措施，并层层落实了责任，纳入目标管理责任制。为确保行政执法责任制工作的落实，召开了工作协调会，对目标进行了分解，落实了相关责任和任务。印发了《哈尔滨市人事局规范性文件审核备案办法》，明确了规范性文件审查备案的范围、程序及有关规定，进一步加强了规范性文件审查备案工作。加大人事法制宣传工作力度，做好人事法律法规宣传和普法教育工作。

（二）加强人事争议仲裁工作

根据人事争议案件逐年增多的实际，从制度建设入手，全面加强规范了人事争议仲裁工作。开展为困难当事人提供无偿的法律援助活动。首创与司法部门配合协同搭建“法律援助平台”的做法，被黑龙江省人事厅全文转发，在人力资源和社会保障部《工作信息》上刊发并报送国务院领导。此项工作被市委、市政府评为 2008 年度“振兴哈尔滨优秀创意奖”。

（哈尔滨市人事局）

上　海　市

2008年，上海市各级人事部门根据市委、市政府年初确定的工作重点，围绕上海建设“四个中心”和现代化国际大都市的城市发展定位，以实施人才强市战略为抓手，以“构筑人才高地”为目标，以服务经济社会发展为重点，紧紧抓住人才吸引、培养、使用三个基本环节，加大人才开发力度，加强人才队伍建设，稳步推进各项人事制度改革。

一、加强人才政策研究

开展了“加强上海人才培育与引进问题”课题研究。根据市委重要课题调研的总体安排，会同市相关部门完成“加强上海人才培育与引进问题”课题调研。课题组在综合分析上海人才培育和引进现状及当前遇到的问题与挑战的基础上，提出了应对思路和对策建议，起草了相关配套实施意见。同时，开展了人才综合环境研究工作，参与市相关部门牵头组织的政策调研，配套提出相关人才政策。

参与编制《上海市人才队伍建设中长期规划纲要（2009—2020年）》及专题课题研究，开展《上海市“十一五”人才发展规划纲要》实施情况中期评估工作。

二、加强公务员制度建设和能力建设

（一）推进本市公务员管理配套法规建设

转发了国家公务员主管部门印发的公务员录用、申诉、培训和职务任免与职务升降等规定。结合上海实际，制定印发了上海市公务员考核、奖励、调任等实施细则，并组织单项法规、政策业务培训，确保各项制度的落实。

（二）稳步开展事业单位参照管理审批工作

根据区县报送的参照公务员法管理事业单位“三定”方案，办理各区县党校等九类事业单位的参照管理审批手续及其工作人员的登记备案工作。按照第二批事业单位参照管理工作会议的部署与要求，有计划、分步骤地开展了市档案馆等事业单位机构“三定”、人员身份甄别、过渡考试考核等工作。

（三）继续深化公务员分类管理改革

完成了2008年本市公务员的录用工作。首次组织市级机关公务员公开选调交流工作，得到了用人机关、基层单位和广大公务员的充分肯定。积极推动浦东新区聘任制公务员试点工作。进一步推进文职人员制度试点工作。

（四）积极推动公务员管理信息化工作

完成公务员管理信息系统主体模块的开发和测试工作，确定了试点单位，为系统推广应用积累经验。

（五）努力开展公务员培训工作

制定下发本年度公务员培训计划，召开公务员培训工作推进会。组织新录用公务员初任培训，全市有106家单位的新录用公务员参加。同时，全面启动了公务员世博知识与公共服务能力培训，制定下发了公务员“五五”普法培训计划等。

三、进一步加强各类人才队伍建设

（一）加强高层次人才队伍建设

开展2008年享受政府特殊津贴人员选拔工作，并首次将选拔范围扩大到高技能人才。开展人才发展资金资助工作，在总结经验、跟踪评估的基础上，对2007年的申报、评审原则等作了进一步完善和明确，确定了2007年上海人才发展资金资助对象。开展2008年上海市领军人才选拔工作，并对首批选拔出来的领军人才进行中期考核。加强博士后科研流动站、工作站和创新实践基地建设，促进产学研相结合。目前，本市共有159个博士后流动站、82个博士后工作站、10个博士后创新实践基地，在站博士后人员1 906人。推进卫生系统专业技术人员职称制度改革，在上海交大医学院等5家附属医院内试行高级专业技术职务直接聘任办法。

（二）继续推进新一轮高层次海外人才集聚工程

一是启动实施“3100”工程，建立海外高层次人才工作“绿色通道”。制定专门引进计划，采取团队引进、核心人才带动引进等多种方式，重点引进金融和大飞机项目的海外高层次人才。二是通过海外联络处和各驻外使领馆，在世界排名前100位的著名大学中积极物色学习成绩优秀的留学人员，通过掌握信息、建立联系、提供服务等多种形式，不断跟踪，积极引进。三是完成第四期“上海市浦江人才计划”评审工作，共有209人（团队）获得资助，资助金额共4 000万元。四是制定下发《上海市2008—2010年引进海外智力行动计划》和《上海市处置外国专家突发事件应急预案》，开展引进海外智力项目的受理、审核和上报工作，完成外国专家行政许可审批日常工作。

（三）加强非公人才队伍建设

制定下发2008年新经济组织高层次经营管理者系列培训班计划，举办高级经营管理者培训班，累计培训非公有制领域高级人才500余人。组织非公高层次人才参加双休日讲座，受到广大民营企业高层次经营管理人才的好评。

（四）做好高校毕业生“三支一扶”工作

完成2008年的招募工作，全市10个郊区县共征集岗位567个，2 698名考生参加了统一考试（其中563人报考选聘计划），最后选聘高校毕业生到村任职169人，招募“三支一扶”大学生279人，合计共448人。落实首批“三支一扶”大学生服务期满后就业推荐工作，开展了“三支一扶”工作优秀个人和先进集体的评选表彰活动。

四、大力促进人才服务体系建设

（一）推进人才服务平台建设

一是加强人才发展服务平台一体化联动项目的规范化建设，制作统一的政务公开告知单，统一受理条件、受理程序，规范平台一体化联动项目的操作规程。二是加强制度建设，制定并下发平台建设工作考评办法，加大平台各项业务工作的考评力度。三是通过走访调研，进一步完善行业人才机构纳入服务体系的工作方案并具体实施。

（二）积极推进人才服务全国工作

编制下发《2008年上海市人才开发服务全国项目计划》，明确工作重点、工作职责，提出了确保各项任务落实的具体要求。继续贯彻落实与对口及西部地区签订的人才服务协议，组织实施原国家人事部下达公务员对口培训项目340余人次，培训对口支援地区各类人才近400人次，圆满完成全年的各项任务。推进长三角人才开发一体化工作，深化人才资源共享、政策制度对接等方面的工作。

（三）进一步加强人才市场管理

开展人才中介服务机构规范运行情况检查。同时，根据四部委联合下发的《关于开展清理整顿劳动力市场秩序专项行动的通知》要求，在全市开展了为期1个月的整顿市场秩序专项行动，未发现经审批的人才中介机构存在严重的违规违法现象。

五、推进事业单位岗位设置管理工作

根据原国家人事部的统一要求，结合本市实际，在调研试点工作的基础上，形成本市事业单位岗位设置管理工作的政策框架，包括实施意见、若干具体问题的处理办法以及教育、卫生等11个行业的配套实施办法。目前，本市事业单位岗位设置的各项准备工作已基本就绪，下一步将按照市委、市政府的统一部署，择时推开。

六、开展2008年军转干部安置工作

召开本市军转安置工作会议，开展2008年军转干部档案移交审阅工作。组织军转干部适应性培训。组织工商、海关、财税、质监、边检5个垂直管理系统对营以下及技术干部进行统一考试面试录用工作。组织全市军转安置双向选择会，全面展开军转干部安置工作。目前，军转干部双向选择安置工作正在有序进行。

七、做好人事系统社会稳定工作

稳妥做好企业军转干部解困维稳工作。制定北京奥运会、残奥会期间本市企业军转干部稳定工作应急预案，会同有关区县、公安国保等部门，采取有效措施，及时发现、化解不稳定苗头，确保重要时间节点的稳定大局。同时，加强对企业退休军转干部退休金相对较低问题进行调研。

做好人事信访工作。坚持信访工作首问负责制，着重抓好初信初访的接待和处理工作，努力把矛盾纠纷消除在初始状态。同时，按照市联席办的要求，开展重信重访问题专项治理工作，确定21件重信重访由局领导牵头包案、相关处室作为责任部门进行处理，目前大部分重信重访案件已化解或办结，专项治理工作取得了阶段性成果。

（上海市人事局）

江　苏　省

2008 年，全省各级人事部门以开展深入学习实践科学发展观活动为契机，坚持以实施人才强省战略为主线，以服务经济社会发展为中心，以“三创”型人才队伍建设为重点，解放思想、解放权力、解放职能、解放机制，人才资源开发力度持续加大，公务员法实施工作稳步推进，人事制度改革深入推进，人才政策环境明显改善，人才队伍整体竞争力进一步提升，为全省经济社会又好又快发展提供了强有力的人才智力支撑。

一、高层次人才开发

启动“江苏省万名海外高层次人才引进计划”，全年引进海外高层次人才近 2 000 名。成功举办“百名海外博士江苏行”活动，147 名海外博士与 391 家单位进行对接，达成项目合作意向 278 项，签订正式协议 18 项。组织实施“江苏省高层次创新创业人才引进计划”，共有 86 人各获得 100 万元财政资助。组织实施引进国外技术、管理人才项目 324 项，新增国家和省级引智成果示范基地 17 个，落实资助项目 248 项，聘请国外专家 800 多人次。扎实推进“六大人才高峰”（电子信息、装备制造、汽车、新能源、生物医药、现代农业六大领域）建设，开展 5 年建设成果表彰活动，完成第五批高层次人才项目资助计划，评审产生资助项目 223 项，资助经费1 004 万元，选拔培养高层次行业拔尖人才2 300 多名，初步形成具有行业优势的人才群体和梯队。启动“江苏省专家科技创新能力提升计划”，实施“长江工程师计划”，制定《江苏省专业技术人才知识更新工程“353”工程实施方案》，举办了 8 期工程技术高级研修班，培训各类高层次工程技术人才 1 638 人。启动新一轮苏港人才培训合作，与香港 4 家培训机构签订了《2008—2013 年人才培训合作备忘录》。组织“千人赴港培训”和“千名苏商海外培训”工作，共组织服务外包、现代企业管理等 26 个团组 1 000 多名高层次专门人才赴香港、澳洲、欧洲等地进行培训。设立江苏现代服务业人才（昆山）培训基地，实施“现代服务业人才出国培训计划”，选派金融、法律、卫生、物流 4 个团组共 85 名现代服务业高级人才赴欧美等地学习培训。在全国率先出台水产、农机、民政等行业特有工种技能人才考评办法，开展十大工种万名技工职业技能竞赛，8 万多名技术工人通过培训考核，3 万余名技术工人晋升了技术等级，2 000 名技术工人获得技师资格，100 名技术工人获得高级技师资格。加强高层次人才创新创业载体建设，设立“江苏省留学人员创业服务中心”，留学人员沿江创业带建设进展顺利。新建江苏津通创业园、常州钟楼创业园、无锡锡山创业园、南通崇川创业园、江苏东陇海创业园 5 家省级留学人员创业园。新增博士后科研工作站 48 家，建站数量达 177 家，创历史新高，设站总数继续保持全国领先水平。开展《江苏省“十一五”人才事业发展规划》实施情况中期评估，策应国家人才强国战略指标体系研究，启动《江苏人才强省指标体系》《江苏省人才预警机制》《江苏省人才队伍建设现状与发展》等课题研究。

二、公务员法实施工作

深入实施公务员法，扎实做好全面入轨运行工作，完成原参照管理单位重新审批，批准2 792个事业单位参照公务员法管理。建立全省公务员管理信息系统。完善公务员管理制度，研究拟定公务员调任实施办法、公务员奖励实施办法等配套政策。修改完善《江苏省行政奖励暂行办法》，评选表彰30名全省“人民满意的公务员”和20个“人民满意的公务员集体”。加强公务员监督管理，落实《行政机关公务员处分条例》，成立江苏省公务员申诉公正委员会，做好公务员纪律惩戒和申诉控告工作。完成《南通市政府绩效评估指标体系构建研究》项目，政府绩效评估试点工作取得新进展。公务员能力建设进一步加强。组织招录党政机关公务员4 037名，农村道路交巡警2 112名。会同省委组织部印发《关于加强全省基层公务员培训工作的意见》，举办《突发事件应对法》骨干培训班，组织苏南五市为苏北地区对口培训基层公务员252名。实施“5 + X”公务员能力培训工程，首次开展质量评估，并为6 352名公务员实施网上免费培训。开展“法律进机关”活动，举办9期省级机关公务员“五五”普法培训班。

三、人事制度改革

稳步推进事业单位人事制度改革，启动事业单位岗位设置管理工作，出台《江苏省事业单位岗位设置管理实施意见》，建立事业单位岗位设置和人员聘用信息管理系统。扎实推进事业单位公开招聘工作，研究拟定《关于进一步规范我省事业单位公开招聘制度的若干意见》，全省事业单位通过公开招聘新进人员3万多人。不断深化机关事业单位收入分配制度改革，公务员津贴补贴规范工作全面推进，全省13个省辖市公务员规范津贴补贴方案全部出台。顺利完成《江苏省机关事业单位与企业收入状况的比较研究》项目，对建立与江苏省经济社会发展相协调的工资增长机制进行了有益探索。研究拟定机关事业单位工作人员带薪年休假制度以及援疆、援藏、援川和援外干部待遇规定等政策措施，机关事业单位福利退休制度进一步健全。继续深化职称制度改革，突出能力和业绩导向，完善经济、会计等专业资格条件，创新评价方式，调整充实16个专业评审专家库，全年共评审产生各类高级专业技术职务人员2.2万人，其中，研究员级高级工程师246人，高级工程师2 440人。扎实推进军转安置工作改革。全面完成军队转业干部安置工作，共接收安置军队转业干部4 024人，位居全国第二，其中计划分配军队转业干部3 901人，占接收总数的97%。创新军转干部教育培训模式，开展军转干部适应性培训，实施转业军人能力素质提升工程，共有768人参加转业军人学历教育培训。搞好自主择业军转干部日常管理服务工作，更新完成全省自主择业军转干部信息数据库，充分利用“江苏省转业军官服务网”组织创业典型宣传。

四、区域人才合作与交流

苏南、苏中、苏北区域间人才合作交流明显增多。“苏北实用生态农业（涟水）人才市场”、“江苏东陇海（新沂）人才市场”、江苏省医药人才市场和“苏南人力资源市场”等五大区域性人才市场相继设立。苏北五市联手举办淮海经济区人才交流大会，苏中三市引智工作实现资源共享。“人才特区”的辐射效应持续放大。长三角人才开发一体化进程明显加快。与沪、浙两地联合举办长三角网上春季人才交流大会，组织第二届长三角外国文教专家供需见面会。无锡市承办“亚洲国家公共服务均等化国际研讨会”，苏州市举办“中国长三角高级人才交流研讨会”，宿迁市举办“中国江苏企业家论坛”第三届年会，南通市与上海市签订了人才战略合作协议。与东北、西北地区及山东等地建立人才流动协作机制，加强与东三省和西部地区的人才合作开发，为辽宁、吉林、黑龙江、宁夏、青海、内蒙古等省（区）和新疆生产建设兵团对口培训县处级公务员和高层次管理人才150多名。组织“江苏企业家银川行”活动，搭建起两地企业和人才交流合作的友好桥梁。

五、人才人事公共服务

探索建立统一规范的人力资源市场，召开了以推进公益性人才市场体系建设为主题的座谈会，南京市成立了河西新城人才市场，镇江市新区成立了人力资源配置市场，苏州市成立了人力资源研究所，常州市所属县（市、区）人才市场、劳动力市场、高校毕业生就业市场实现全面贯通。完善人才市场运行新机制，在全国率先建立人才交流活动突发公共事件应急处置机制，还举办了4期人才服务职业资格培训班，组织了全省人才市场执法检查。全力做好高校毕业生就业服务工作。组织“江苏省第三届高校毕业生就业服务百日行动”“全省高校毕业生基层就业报告会”“全省人事局长校园行”“百家优秀企业校园行”以及举办“全省大型毕业生交流会”“江苏·清华园毕业生人才招聘会”等活动。组织用人单位赴山西、云南、贵州、成都、兰州、西宁等地招聘高校毕业生。改造“江苏人才网”，开发“江苏校园招聘网”，构筑高校毕业生交流新平台。出台《江苏省高校毕业生就业见习基地管理办法》，实施“百家高校毕业生就业见习示范基地建设计划”，安排414名未就业毕业生进入110家省级基地就业见习。实施“一村一社区一名大学生”工程，会同有关部门向省内外149所高校选聘1 600名高校毕业生到村任职。启动“江苏省大学生村官信息服务工程”，搭建大学生村官工作平台。认真搞好人事考试服务。编制下发《江苏省人事考试突发事件应急预案》，修订出台《江苏省人事考试工作考评办法》。加强命题和考官培训管理，全力推进人事考试基地建设。精心组织公务员招录、高校毕业生到村任职、从基层选调优秀公务员充实省级机关等考试任务，全年完成各类人事考试90多项，考生累计达52.7万人，总科次达120.5万科次。认真落实《人事争议处理规定》和《劳动争议调解仲裁法》的相关规定，组织各类案例研讨，加强仲裁业务培训，省仲裁办全年处理人事争议案件30多起，为基层培训人事争议仲裁员120名。加强人事法制建设，制定省人事厅行政执法责任制、投诉举报、评议考核、责任追究、行政处罚自由裁量权5项制度，被省全面推进依法行政工作领导小组确定为十家省级机关示范点之一。推进人事行政权力规范运行，在全省行政权力网上公开透明运行推进会上作了经验介绍。加强人事公共服务信息化建设，开通了“江苏人事百事通”，提供十大类34个小项社会关注度高的人事人才政策咨询服务。认真做好人才测评软件开发和应用工作，完成《江苏省公务员职业心理素质测评系统》一期研发任务。组织开展“人事工作与改善民生”主题征文活动，论文由江苏人民出版社出版发行。

六、科学发展观学习实践活动

5月初至8月中旬，根据中央和省委的统一部署，认真组织深入学习实践科学发展观活动试点工作。在集中学习、调查研究阶段，省厅组织“深入解放思想，推动科学发展”大讨论，举办“全省人事系统学习实践科学发展观专题报告会”，开展人事人才工作专题调研。在对照检查、分析问题阶段，征集社会各方面104条意见建议，组织形式多样的群众评议活动，重点查找领导班子在贯彻落实科学发展观方面存在的突出问题。在解决问题、完善制度阶段，明确五大项整改落实项目，提出34项整改落实措施。通过学习实践活动，达到了解放思想、解决问题、创新机制、提升能力的目的，群众满意率达到97.7%。特别值得一提的是，这次学习实践活动形成了“四个解放”的重要理论成果，在社会各界引起广泛反响。学习实践活动期间，全省各级人事部门积极响应党中央、国务院的号召，一手抓抗震救灾，一手抓人事服务，坚持两手抓，做到两不误。“5·12”汶川大地震发生后，全省各级人事部门大力发扬“一方有难、八方支援、万众一心、众志成城”的抗震救灾精神，积极发动广大干部职工捐款捐物，迅速组织广大党员交纳特殊党费，全省人事系统先后集中捐款和交纳特殊党费共计200多万元。根据《江苏省对口支援四川省绵竹市地震灾后恢复重建工作方案》的要求，省厅还及时研究提出对口支援四川省绵竹市人事局恢复重建工作方案，在推荐灾区大中专应届毕业生就业、为灾区重建提供智力和技术服务、对灾区公务员和专业技术人员进行对口培训等方面提供帮助支持。

（江苏省人事厅）

南 京 市

2008 年，南京市人事部门紧紧围绕创新人才开发体系建设、改革探索与规范管理、人才公共服务体系建设、创建和谐人事环境与加强自身建设五条主线，在宏观经济下滑的情况下，凝心聚力，迎难而上，许多工作扎实推进，受到国家和省市表彰，较好地完成了年初南京市人事工作会议确定的各项目标任务。

一、就业再就业工作

（一）着力抓好优秀毕业生引进和就业工作

5 月中旬，市人事局组团在北大、清华举办了“南京与北大（清华）人才项目对接会”，组织了 50 家南京地区具有影响力的企业、科研院所、高校和博士后科研工作站设站单位赴京参加此次活动。从征集汇总的需求看，有 46 家单位提出 910 名高层次人才需求，涉及 497 个岗位、575 个专业；有 13 家单位提出 38 个项目合作需求，成为南京历史上赴外招聘组织规格最高、单位层次最高、需求层次最高、参团领导最多、团组人数最多、需求数量最多的一次人才活动。

（二）稳步推进毕业生创业工作

为激发高校毕业生创业热情，实现以创业带动就业的工作格局，在毕业生创业工作中进行了一些有益探索。与《金陵晚报》等当地媒体合作，开展了大型毕业生创业辅导公益活动，聘请十几位知名民营企业家作为创业咨询导师，为毕业生提供创业指导和援助，并通过讲座、培训班等形式宣传毕业生创业的相关政策。开展了毕业生创业申办小额担保贷款工作，全力支持南京籍高校毕业生创业，对其中符合贷款条件的南京籍高校毕业生实施了重点扶持和帮助。

（三）精心打造毕业生就业市场

为有效发挥毕业生就业市场的作用，在抓好周六常设性毕业生公益市场的同时，积极举办各类毕业生专场招聘会，先后举办了 2008 届毕业生寒假公益专场招聘会、春季毕业生公益专场招聘会、南京经济技术开发区专场招聘会、毕业研究生公益专场招聘会、成功之夏毕业生专场招聘会等 9 场专场招聘会，为广大用人单位和高校毕业生提供了更多的选才、择业良机。全年共举办各类毕业生就业市场活动 48 场次，共有 3 189 家用人单位进场招聘，提供就业岗位 3. 11 万个，吸引 21 万多名毕业生进场求职。

（四）全力办好第四届校企见面会

10 月中旬，举办了第四届校企见面会，参会高校共有 116 所，提供毕业生生源总量 62 万余人，其中包括清华、北大、人大、武大、华中科技、同济、复旦、川大、吉大、南大、东大等“211”重点高校 59 所，占 51%。活动当天共有 480 多家用人单位参加会议，116 所高校分别与 2 366 家（次）企事业单位进行了交流洽谈，并与 496 家（次）用人单位达成了举办校园招聘会的意向，与 97 家（次）用人单位达成了建立毕业生培养实习基地的意向。为加强高校和用人单位之间的深度交流与合作，举办主题为“校企合作、实现共赢”的校企对话活动，近 100 所高校和 70 多家用人单位围绕校企合作的形式、方法、作用以及双方的责任、权利和义务等方面的情况进行了广泛的交流和讨论。对话现场气氛热烈有序，高校、企业轮番发言，把整场对话活动推向高潮，为今后高校和企业在更深的层面、更多的领域相互合作，实现共赢提供了良好契机。

（五）积极帮扶困难家庭毕业生就业

启动就业援助工作，经重点推荐，积极帮扶，当年共有30名毕业生被推荐上岗，确保了当年南京籍困难家庭毕业生初次就业率达到100%。

（六）深入开展南京籍未就业毕业生见习实训工作

2008年，大力开展见习实训工作，全年共有2 113名毕业生在582家单位参加了见习实训。其中，本科生635人，占30%；大专生950人，占45%；中专生528人，占25%，共发放见习实训补贴近390万元。

（七）不断强化毕业生就业指导工作

针对各类毕业生求职现状，进一步加大毕业生就业指导的工作力度，在每周六举办毕业生就业市场的同时，为毕业生提供“就业导航”服务，邀请专家对毕业生进行一对一的就业咨询、创业辅导、职业评估、法律援助等个性化就业指导；开设“就业讲堂”，邀请企业家、人力资源经理、专职培训师等为毕业生授课，提高了毕业生求职的针对性和成功率。2008年，共举办了毕业生就业指导专题讲座35场，有近2 000名毕业生聆听了专家的辅导。

二、人才服务保障工作

（一）将人才工作融入南京发展战略，发挥引领作用

在市委、市政府的主持下，新成立了人才与科技创新领导小组，人才与科技成为南京创新发展的“一体两翼”。先后与中科院、中关村、北大、清华以及国外的一些城市签署了人才与科技战略合作协议，建立了良好的互动机制和沟通渠道。启动了新一轮的人才发展规划调研。与落实国家和省高层次人才计划相衔接，对南京市高层次人才创新创业政策重新进行了梳理。按照市委、市政府的要求，人才工作突出高端、面向全球，先后两次组团在北大、清华举办人才项目对接会。在金融危机的大背景下，先后两次组团到国外招聘高层次留学人才，由市领导带队到旧金山、波士顿、纽约、名古屋4个城市进行人才招聘，60多个华人团体的950多名留学人才参加，有270多人表示来南京工作的意向，以及140多个项目落地的意向，已经落实近100人，启动项目40个。另外，与人力资源和社会保障部、科技部、教育部、国家外专局和江苏省政府共同举办了中国留学人员南京国际交流与合作大会，率先建立长三角区域高层次人才交流平台，取得多项高端载体落地、留学人才和博士后引进、项目对接合作的良好成效。发挥人才市场为经济、企业、区县集聚人才的主渠道作用，全年举办人才交流会250多场次。

（二）创新人才工作机制

与市委组织部、南京市建邺区政府合作建成河西新城人才市场。新市场突破区划概念，首次将市级组织部门、市级人事部门、建邺区三家政策衔接、资源整合；突破现有市场的功能设置，立足和定位于河西新城具有的集科技、金融、商贸为一体的发展前景，不仅仅是现有人才市场单纯的功能移植和复制，而是着眼于社会综合发展的各层次人才服务需要，把包括公共服务、国际化人才服务、市场化服务和组织部门高管人才服务等多项功能集聚一身，实现多层次服务；突破人才、项目各自运作的方式，与建邺区内的金融超市（国际企业孵化器）、专家公寓形成“三位一体”的运作模式，增大了对创新创业人才项目落地孵化、发展的引力。目前已经有国内大型企业的研发机构、创业园企业和东南大学等相继进驻。创新内外合作机制，与中关村管委会签订了海外高层次人才工作合作备忘录，在海外工作站、海外人才引进和留学生工作方面开展全方位的合作，形成一个共享资源、互惠互利的局面。创新资助创业机制，在市委领导的直接

推动下，创立了“中国南京留学人员创业投资基金”，首期规模为2亿元，这是全国第一个完全市场化机制的风投基金，计划3年扶持100家留学人才创业企业，目前已与10位留学人才达成了投资意向。

三、军转安置工作

（一）切实做好计划分配军转干部安置工作

2008年，全市通过双向选择与指令性安置办法相结合，妥善安置了951名计划分配军转干部和39名自主择业军转干部。从计划分配军转干部的安置情况看，安置到各级党政机关（含参照、依照公务员管理的事业单位）的有869名，占91.4%；安置到事业单位工作的有82人，占8.6%。45名随调随迁家属的工作也正在积极安置之中。一是抓关键，主动争取各级领导对军转安置工作的重视和支持。军转安置工作得到了市委、市政府领导的高度重视，大力支持，研究下发了安置计划，细化任务，加强协调，有力地推动了军转安置工作的顺利进行。二是抓创新，努力开拓军转安置工作的新局面。整个安置工作采取“考试考核、双向选择、积分选岗、保底安置”的办法，即营以下干部考试考核参加双向选择，团职干部免试进入双向选择，师职干部积分选岗，最后托底指令性安置，充分地调动了用人单位与转业干部的积极性，确保了军转安置任务顺利完成。三是抓重点，保证师团职干部和功臣模范人物得到从优安置。四是抓督办，有力地促进了安置计划的全面落实。由市纪委、组织部、编办、人事、双拥办等部门领导和部队军转安置联络员组成的军转安置工作督查组积极发挥作用，督促检查各单位军转安置政策的落实情况；督促检查各单位计划任务的完成情况；督促检查各单位安置工作的进度。

（二）继续深入做好军转干部自主择业工作

建成信息管理系统，实行自主择业军队转业干部信息动态管理。对自主择业军队转业干部的本人情况、家庭情况、就业情况及所学专长等逐个进行信息采集，较全面地掌握了军队转业干部的个人资料。落实自主择业军队转业干部各项待遇，确保退役金按时足额发放，并按规定每年对自主择业军队转业干部退役金进行调整增加。开辟自主择业军队转业干部教育培训的多种途径。授课内容包括工商管理、税务知识、法律常识等。强化管理服务工作，完善自主择业军队转业干部管理服务工作体系。加强与自主择业军队转业干部的沟通和联系，及时为自主择业军转干部提供再就业信息，积极协助他们再就业和自主创业。

（三）进一步做好部分企业军转干部解困和稳定工作

一是加强调查研究。全市现有企业军转干部1.2万名左右，加上部省属企业军转干部，共有1.5万多名。各区县和各产业集团领导对企业军转干部解困和维稳工作高度重视，在企业军转干部维稳工作上识大体、顾大局、办实事，力争把矛盾化解在基层。二是建立沟通机制。坚持与“重点工作对象”对话制度，搞好“三个结合”，即政策落实与正面引导相结合，政策教育与法制教育相结合，组织教育与亲情感化相结合，在接待过程中不厌其烦地宣传政策，设身处地为军转干部着想。三是狠抓政策落实。切实把解困政策落实到位，逐步完善企业军转干部解困长效机制。市委、市政府出台了《关于调整我市困难企业退休军转干部地方性补贴标准的通知》（宁人字［2008］165号）。同时，加大解困力度，提出关爱因大病重病致困的企业军转干部的行动方案。市领导带队，分别对市机电、轻纺、化建、城建、医药产业集团和市工交工委、商贸局等部门下属企业因病致困的军转干部进行了走访慰问，受到了广大企业军转干部的好评。

四、专业技术人员管理工作

（一）高层次人才队伍建设和服务工作取得新成效

一是部署开展2008年享受政府特殊津贴人员和江苏省有突出贡献中青年专家选拔工

作。二是圆满完成了专家健康体检工作。三是认真开展新春慰问专家活动。先后走访慰问了多家单位的专家；组织开展了三场专家座谈交流活动，17 家单位的专家参加会议。

（二）博士后管理和服务工作再上新台阶

一是积极为设站单位招收进站博士搭建平台。5 月中旬，组织 20 家设站单位随市党政代表团赴北大、清华举办人才项目对接会，各设站单位结合自身科研情况，共提出招收进站博士需求 136 人，科研项目需求 117 个。在两天的对接活动中，共与 52 名博士生达成初步意向。10 月中旬，举办了“百校百企百名博士产学研项目对接会”，参会的博士后科研工作站有 37 家，包括医药卫生、电子信息、机械制造、建筑、农业五大重点行业，共提供博士后科研项目 197 个。进场博士有 472 人，主要涉及生物医药、电子信息、新材料新能源、化工环保、机械制造、人工智能等研究方向，均为各设站单位急需或紧缺的专业人才。活动当天，各博士后科研工作站均与参会的博士进行了深入交谈，有 126 名博士被邀请到单位进行实地考察。通过洽谈有 184 人与各企事业单位包括博士后科研工作站达成合作与进站意向。二是组织实施了博士后科研资助计划申报工作。做好博士后科研项目资助工作，报送了 56 个科研项目。三是开展博士后科研项目统计及资助工作。全市有 30 个项目均获得 2 万元经费支持，有力地推进了博士科研项目的顺利实施。

（三）召开长江三角洲紧缺人才培训服务中心第 11 次常务理事会

12 月 9 日，长江三角洲紧缺人才培训服务中心第 11 次常务理事会在南京市召开，上海市人力资源和社会保障局与上海、杭州、宁波、苏州、无锡、常州及南京七城市的紧缺人才培训服务中心的有关同志参加了会议，广州市人事局的有关同志作为特邀代表列席了会议。会议总结了当年长三角紧缺人才培训工作情况，交流了经验，并提出下一年的工作思路。与会代表还就如何进一步推动长三角紧缺人才培训的发展，扩大紧缺人才培训的影响力作了深入的探讨，提出了多种解决方式。长江三角洲紧缺人才培训服务中心常务理事会作为落实“共建长三角培训服务中心合作协议书”章程的一项重要制度，在发挥信息枢纽作用、提供长三角七城市经验交流平台、实现培训资源共享、增加区域培训服务能力方面起到了重要作用。

五、事业单位人事管理工作

在事业单位人事制度改革方面，在充分调研、广泛征求意见的基础上，先后制定出台了事业单位公开招聘人员办法和事业单位专业技术岗位设置管理意见，进一步体现平等竞争、公平公正、科学规范。事业单位人员聘用制、人事计划管理、争议调处等方面的工作也扎实有效。

（一）出台《事业单位专业技术岗位设置管理试行意见》

6 月，出台《事业单位专业技术岗位设置管理试行意见》（以下简称《意见》），明确提出事业单位专业技术人员岗位设置是事业单位人事制度改革的重要内容，可以推动事业单位由身份管理向岗位管理转变，实现“以岗定员”“以岗定薪”，逐步实现“一流人才、一流业绩与一流报酬”。《意见》适用范围为南京市及区县所属事业单位共 3 000 多家，不包括参照公务员法管理的事业单位和社会团体，人员以本单位 2007 年 12 月 31 日在编在册职工人数为计算岗位结构基数，约涉及 14 万人。各区县所属事业单位岗位设置由区县主管部门和人事部门审核，市属事业单位岗位设置由市人事局核准。各事业单位按有关规定设置本单位的各类具体岗位，明确岗位等级，并根据岗位的职责任务和任职条件聘用专业技术人员，签订（变更）聘用合同，确定（调整）岗位工资待遇。

（二）出台《南京市事业单位公开招聘人员暂行办法》

9 月，市政府出台《南京市事业单位公开

招聘人员暂行办法》，明确提出“统一规范、分级管理、分类实施”的要求，规定今后除政策性安置外，所有事业单位都必须通过公开招聘的方式接收新进人员。同时，对事业单位招考新进人员的范围、条件、程序、试用期管理、纪律与监督等问题作了明确的规定。公开招聘考试考核采取笔试、面试和技能测试等方式，内容主要是招聘岗位所需的专业知识、业务能力和工作技能。对于急需的高端人才，可经上级部门批准后简化招聘程序。公开招聘人员要实行回避制度。

六、公务员管理工作

在公务员公开招考，村官选拔，公务员考核、培训与管理，以及陆续出台的单项法规的实施中，努力做到严谨规范、组织有序、公开透明。在规范公务员津贴补贴工作中，各级部门投入很大精力，按照市委、市政府的部署，配合财政部门，及时组织了规范公务员津贴补贴的实施与审批，市属单位共140家约2.8万人列入审批和实施兑现，一些工资上遗留的问题和矛盾也努力做到妥善处理，“同城、共享、统筹、平衡”四项原则得到了较好的贯彻。

在人民满意的公务员评选工作中，完成评选、推荐省“人民满意的公务员”2人，省“人民满意的公务员集体”1个。同时，完成南京市评选表彰26名“人民满意的公务员”和21个“人民满意的公务员集体”的评选、推荐、考察工作。

始终坚持“公开、平等、竞争、择优”的原则，严格遵照招考录用的工作程序，全市共有14 900多人报名，其中参加笔试的有9 245人，竞争370多个职位。

在公务员培训方面，继续推进南京淮安公务员对口培训计划。对口培训以畜牧水产生态健康养殖为专题，来自淮安市区县畜牧水产局（渔业局）的领导、9个乡镇的分管领导和业务骨干共42人参加了为期10天的脱产集中培训。

七、法制建设工作

（一）强化组织与制度建设，扎实依法行政基础

2008年，调整了局依法行政领导小组成员，制定了依法行政工作计划，把全年工作放在依法行政的目标下进行架构，明确将依法行政工作情况作为年度考核的重要内容。加强检查督促，坚持定期汇报和检查制度，由法规处牵头，联合人事、纪检、办公室等部门，每季度对全局各处室开展依法行政工作情况进行检查。落实各项制度，包括挂牌上岗、首问负责制、限时办结制和一次性告知制度等。加强政策制定的规范性，在出台规范性文件前，首先由业务处室进行调研，收集相关资料并起草文件初稿，同时送交有关部门征求意见。

（二）组织开展法律学习，提高公务员队伍素质

市区县人事部门定期举办法制讲座，组织公务员学法。举办以“法治、和谐、发展、民生、维权、服务”为主题的法制专题讲座达到20场（次），专题讲座13讲，参加培训的公务员达到1万人（次）。先后组织5个班次公务员初任、任职，公务员行政能力，军转干部，人事干部培训班，参训人数达到8 000人。

（三）认真落实行政权力，推进权力阳光的运行

对12项行政执法项目的公开信息进行网上公示，并在权力阳光业务系统中不断更新信息，包括政务公开信息表、全流程运行图、服务指南、岗位职责、法律依据等。在行政许可事项操作过程中，申请审批所需的各项表单已定制到业务系统中，均可直接下载。申请人可按照要求方便快捷地将申请材料以附件方式上报。办事人员可直观地看见申请人所提交的材料信息，将申请文书、法定文书等附件一起随工作表单流转。同时，行政处罚事项在业务系统上进行了信息更新。检查监控系统的岗位职责明确，并有相关的责任追究制度。市人事局

外网网站已和“南京市网上政务大厅”进行了链接，审批结果也可在外网上进行公示，申请人可登录“南京市网上政务大厅”随时查询办理情况。2008 年，市人事局行政权力实际办件量为 514 件（次），其中网上办件量为 486 件（次），其余 28 件（次）为当事人现场办理。制定了《南京市人事局信息公开目录》和《南京市人事局信息公开指南》，积极推行政务公开。在南京人才大厦一楼大厅，将人事对外服务量大、面广的所有业务，包括人才引进、人事代理、毕业生就业、职称申报、培训教育、考试服务、国外智力引进、留学人员管理服务、新型人才资源开发九大类 36 个小项，统一纳入柜台服务，实行首问负责制、限时办结制。

（南京市人事局）

浙　江　省

一、人才服务保障工作

（一）人才资源开发

2008 年，浙江省各级人事部门按照省委“创业富民、创新强省”总战略的部署要求，更好实施人才强省战略，认真贯彻落实《浙江省人才发展“十一五”规划》，深入实施浙江省“新世纪 151 人才工程”“钱江人才计划”“专业技术人才知识更新工程”（“653”工程），统筹推进以创新型、高层次人才为重点的各类人才队伍建设。截至 2008 年年底，浙江省有各类人才 624.8 万人，每万人口中拥有人才 1 220 人；全省拥有两院院士 32 人（包括 2 名共享院士），享受政府特殊津贴专家 2 918 人，国家和省有突出贡献中青年专家 446 人，浙江省特级专家 50 人。

加强创新型人才队伍建设。省委、省政府先后出台了《浙江省自主创新能力提升行动计划》（浙政发［2008］46 号）和《关于加快推进创新团队建设的意见》（浙委办［2008］50 号）。新选拔“新世纪 151 人才工程”第一、二层次及重点资助培养人员 289 名，累计入选省“新世纪 151 人才工程”重点资助及第一、二、三层次培养人选 4 768 人。入选 2008 年度享受国务院政府特殊津贴专家 72 人。选拔第二批浙江省特级专家 20 人。组织收集“新世纪 151 人才工程”可供推广应用的项目成果 242 项并汇编成册。组织专家、博士后开展一系列科技服务活动，先后赴嘉兴市、绍兴市、台州市、乐清市、海宁市、慈溪市、永嘉县、景宁畲族自治县等地举办科技服务活动，参加活动的专家 230 多人次，洽谈企业 700 余家，达成合作意向 175 个，签约 45 项。进一步加强博士后科技创新基地建设，新建浙江省博士后慈溪科技创新基地。全省累计建立宁波、余姚、海宁、台州、乐清和慈溪博士后科技创新基地 6 家。

大力引进各类急需人才。根据经济结构调整、产业转型升级的要求，进一步加强以长三角人才开发一体化为龙头的区域人才资源开发合作，积极开展与陕西省、宁夏回族自治区人才资源开发合作，先后组团赴北京、上海、西安举办高层次人才洽谈会，充分发挥“浙洽会”“西博会”等省内招才引智平台作用，大力引进各类产业急需、专业对口的高层次人才。据统计，全年从外省引进各类人才 4.13 万余人，高层次人才 6 000 余人。

加快农村人才资源开发。省委、省政府办公厅印发了《关于加强农村实用人才队伍建设和农村人力资源开发的实施意见》（浙委办［2008］37 号），深入实施欠发达地区“希望之光”行动计划，组织省内 38 所高校、科研院所的 82 位专家赴温州市开展“希望之光”科技服务活动，为当地企事业单位提供科技服务、破解技术难题。大力引导教师、医生等专业人才到欠发达地区交流任职。积极支持景宁畲族自治县引进国外人才智力，为欠发达地区组织举办了 3 期农村实用技术培训班，140 名农村实用专业人才参加了培训。建德市吴东良、余姚市何华均、龙游县傅献军、温岭市彭友达 4 名同志被中组部、中宣部、人力资源和社会保障部、农业部授予“全国农村优秀人才”荣誉称号。

积极促进大中专毕业生就业。鼓励各地加快建立高校毕业生就业见习示范基地，全省已建立21个省部级基地和200个地市级基地，接纳见习高校毕业生约5 000人。成功举办了“浙江省公益性大中专毕业生就业招聘大会”“浙江省公益性网上招聘大会”和“大学生就业服务周”系列活动，特别推出优先录用四川地震灾区生源毕业生的“爱心岗位”2 018个，依托浙江人才网“震区生源毕业生就业推荐”专栏，援助灾区毕业生就业。会同团省委积极做好高校毕业生“三支一扶”计划实施工作。成功组织清华、北大、复旦、上海交大、同济等8所高校163名研究生来浙开展暑期社会实践活动，取得较好效果。省委组织部、省人事厅制定出台《浙江省在村和社区工作高校毕业生管理办法》，公开招聘8 400多名高校毕业生到村和社区工作，累计在村和社区工作高校毕业生达1.7万人。先后组织相关人员到省内20多所高校开展就业指导，接受指导学生6万余人。积极为高校毕业生提供就业指导、培训、推荐、档案管理、组织关系托管等人事代理服务，为未就业毕业生提供各类免费服务。全省各级人才市场全年共举办大中专毕业生专场交流会62场，进场求职毕业生70万人次，达成流动意向8万人次。全省各级人事部门共接待服务毕业生125万人次，帮助实现就业毕业生18万人次。

（二）国外智力引进工作

积极实施引智项目。围绕“国外智力引进工程”，深入实施“重点建设项目引智计划”“绿色效益农业引智计划”和“引智成果提升推广计划”。全年完成计划内经济技术、管理类引智项目555项，引进计划内经济技术类外国专家758人次。组织实施列入国家、省、市重大技术改造、重大科技攻关、新产品开发和技术创新等重点项目60项。研究出台了《浙江省引进国外智力示范单位和成果示范推广基地管理暂行办法》（浙人发［2008］169号），新建国家级引智示范单位1个，省级工业引智示范单位3个，省级农业成果引智示范推广基地5个。积极实施“百村引智示范项目”，首期选定了16个农业重点引智成果在本省21个行政村开展推广和示范工作。

切实加强出国（境）培训管理。研究制定了《进一步加强因公出国（境）培训管理，制止党政干部公款出国（境）旅游专项工作方案》《浙江省人事厅制止党政干部公款出国（境）旅游专项工作方案》。围绕“三支队伍”建设和“两类人才”培养，强化出国（境）培训管理工作。全年执行各类出国（境）培训项目60个，选派1 261名人员出国（境）培训，重点实施了“处级公务员赴港培训”项目；组织实施了2期党政后备干部出国进修项目；选派30名“新世纪151人才工程”第一、二层次培养人员赴国外进修，开展科技合作与学术交流。

进一步强化外国专家管理和服务。认真实施外国专家管理行政许可项目，加强外国专家宏观管理，全年受理并签发“外国专家来华工作许可”申请790份，签发外国专家证2 131本；经国家外国专家局许可，30家单位获得聘请外国专家单位资格，全省累计有395家单位具有聘请外国专家资格。评选表彰浙江省“西湖友谊奖”外国专家26名，1名外国专家荣获“国家友谊奖”。

积极开展国际人才交流活动。根据省政府的部署要求，组团参加第十届浙洽会，组织举办了引进海外人才智力十年成果展、国外人才智力技术项目对接合作洽谈会等8项主题活动，推出智力合作项目460余项，达成合作意向210项。会同中国国际人才交流协会、国家外国专家局国外人才信息研究中心和上海市、江苏省外国专家局在杭州成功举办了2008年外籍人才（浙江）招聘会暨第二届长三角（浙江）外国文教（教育）专家供需见面会，达成初步合作意向76人。组团参加2008年中国国际人才交流大会，并在会上举办了浙江省引进国外智力成果展。开通了浙江省外国专家国际人才交流网。全年来浙工作境外专家达

2.6 万人次。

二、专业技术人员管理工作

（一）推进专业技术人员继续教育工作

组织编写和出版了专业技术人员继续教育公需科目教材《合作与共赢》《科技与创新》《维权与侵权》，完成课件录制并在线播放，在全省专业技术人员中部署实施公需科目轮训。认真组织实施“653”工程，全省培训中高级专业技术人才 3.77 万人，举办省级专业技术人员高级研修班 39 期。做好外语水平等级考核和电子政（商）务考核工作，省外语水平等级培训考核 5 901 人。

（二）博士后工作

研究制定《浙江省省级博士后试点工作管理暂行办法》，分批组织省内部分设站单位赴北京、上海、西安招收博士后，加强与当地高校、科研机构的交流合作，建立博士后工作长效合作机制。经人力资源和社会保障部批准，新增博士后科研工作站 30 家。新增省级博士后工作试点单位 33 家，全省累计建立博士后科研流动站 48 家、博士后科研工作站 100 家、省级博士后工作试点单位 75 家，在站博士后 800 余名。

（三）留学人员工作

6 月 8 日，由人力资源和社会保障部与宁波市政府共建的宁波留学人员创业园举行了揭牌仪式。新建宁波经济技术开发区省级留学人员创业园。重新修订了《海外留学人员来浙创业指南》。会同人力资源和社会保障部、教育部有关单位于二季度成功举办了第六届中国·浙江留学人员和科技项目网上洽谈会。组织杭州高新区留学人员创业园及部分高校赴法、意、荷三国开展人才智力交流洽谈、慰问招揽留学人员活动，深入实施“钱江人才计划”，资助留学人员、创新创业团队科研项目 72 项，积极吸纳海外高层次留学人才来浙创新创业。全年引进海外高层次留学人员 1 108 名。累计创办留学人员企业 812 家，全年实现技工贸总收入 161.3 亿元，上缴税收 11.5 亿元。评选表彰首批“浙江省优秀回国留学人员”30 名。

（四）专业技术资格评价和考试工作

制定出台了《浙江省民间职业剧团表演人员申报评审艺术专业技术资格办法》，细化和完善教授级高级工程师、高级经济师评价条件，研制起草了教授级高级会计师资格评价条件。完成了省普通高校教师、省教授级高级工程师等 102 个高评委 2008 年度评审工作。经评审，全省 1.65 万人取得高级专业技术资格，其中正高 1 513 人，约 3 万人取得中级专业技术资格。结合本省实际，认真清理规范各类职业资格。按照国家统一部署，组织开展 47 项职业资格、8 项专业技术资格考试，全省参加各类专业技术资格（职业资格）考试人数达 27.39 万人，取得资格 8.8 万人，其中 1.54 万人取得中级专业技术资格。组织参加全国职称外语等级考试，全省考试成绩达到国家合格标准的有 1.88 万人，达到省合格标准的有 3 821 人。10.15 万人参加了全国计算机应用能力考试。严肃专业技术资格考试考风考纪，加强考场管理，处理各类违纪违规人员 3 284 人。推进高级专业技术资格证书换证工作。

三、公务员管理工作

（一）公务员法配套政策法规日益完善

在及时转发中组部、人事部《公务员职务任免与职务升降规定（试行）》《公务员奖励规定（试行）》《公务员申诉规定（试行）》《新录用公务员任职定级规定》和《公务员调任规定（试行）》的同时，结合本省实际，制定出台了《浙江省公务员录用实施办法（试行）》（浙人发［2008］170 号）、《浙江省公务员录用考察工作细则（试行）》（浙人发［2008］58 号），省人事厅、省公安厅联合出台了《浙江省公安机关录用人民警察考察和政审工作实施细则》（浙公通字［2008］60 号），完善了公务员法配套政策规定。认真组织实施 2008 年省、市、县、乡四级机关公务员考试录用工作，严密组织公安、司法院校应届毕业生公务员录用资格考试，全省各级机关考试录用5 778名公务员。面向县、乡基层公开选调主任科员以下公务员57名、正副处长16名，面向全国公开选拔副厅级领导干部38名，其中机关副厅级领导干部20名。

（二）参照管理审批工作稳步开展

根据公务员法和相关配套文件规定，严格按照审批条件和程序，稳步推进参照公务员法管理审批工作。截至2008年年末，全省审批参照公务员法管理事业单位1 582家，核定编制1.36万名，其中重新审批780家，登记参照管理人员7 013人；新审批参照公务员法管理事业单位802家。

（三）组织开展公务员培训

省委组织部、省人事厅制定印发了《浙江省公务员学习培训学分制管理办法（试行）》（浙人发［2008］179号），在全省公务员中部署开展更新知识《公共危机管理》《组织行为学》《法治浙江与和谐社会建设》等公共课目培训，组织公务员参加《公共危机管理》培训5.73万人。深入推进基层公务员社会主义新农村建设知识培训，培训基层公务员11.36万人。组织各级机关公务员参加普通话培训考核12.65万人，参加初任培训、任职培训8 196人。举办省级机关处级公务员任职培训班和专题研修班各2期，举办创新型专题研讨班4期。举办内蒙古、新疆、四川、陕西四省（区）公务员对口培训班5期，培训人员204人。

（四）组织开展奖励表彰活动

根据人力资源和社会保障部与省政府的部署要求，组织实施了23个系统的奖励表彰活动，荣获人力资源和社会保障部会同国家有关部委评选表彰的省部级先进集体85个，全国劳动模范和先进工作者169名；省政府对在抗冰雪、抗震救灾等重大突发性事件中及在北京奥运会和残奥会上表现突出的先进集体和先进个人进行了表彰；省人事厅会同8个部门先后评选表彰全省先进集体85个、先进工作者308名。

四、事业单位人事管理工作

（一）规范事业单位公开招聘行为

认真贯彻实施《事业单位公开招聘人员暂行规定》（人事部令第6号）和《浙江省事业单位公开招聘人员暂行办法》，制定出台了《浙江省人事厅关于省属事业单位公开招聘人员有关事项的通知》（浙人发［2008］47号），不断加强全省事业单位公开招聘工作的指导、监督和管理，规范省属事业单位公开招聘行为。全省2 513家事业单位公开招聘工作人员，推出招聘岗位2.41万个，已经录用1.95万人。

（二）人事争议仲裁

依法处理人事争议案件，在办案过程中落实“三坚持与三力争”的指导思想，即坚持预防争议与处理争议相结合，以预防为主，力争将人事争议减少到最低限度；坚持人事争议调解与仲裁相结合，以调解为主，力争将人事争议化解在调解之中；坚持仲裁与诉讼相结合，以仲裁为主，力争一裁定音。研究建立具有浙江特色的人事争议仲裁协作交流平台，全省各级仲裁机构共同就人事争议仲裁制度的建设、法律法规及政策解读、人事争议疑难案件的把握、仲裁员资源共享、法律文书的送达及人事争议仲裁信息的交流等进行研讨与协商。不断加强仲裁机构和队伍建设，按程序调整并充实兼职仲裁员队伍，举办全省人事争议仲裁员培训班，切实提高仲裁队伍素质。2008年年底，全省共有仲裁员655名，其中专职仲裁员155名，兼职仲裁员500名。全省共受理人事争议仲裁案件153件，结案153件，其中仲裁裁决29件，调解结案45件，不予受理79件。

五、工资福利与离退休人员管理工作

（一）配套完善了新工资制度

及时研究出台了2006年机关事业单位工作人员工资制度改革后职务变动、交流调动、职工假期待遇和受处分人员工资确定相关配套文件。经省政府同意，省人事厅、省劳动保障厅出台了《关于2006年度及以后计划分配军队转业干部工资待遇确定有关问题的通知》（浙人发［2008］85号）。督促指导各地、省直各单位做好新工资制度正常运行和计划分配军转干部的工资确定工作。

（二）认真做好各类教师待遇保障工作

及时转发原人事部、财政部、教育部《关于进一步做好义务教育学校教师工资待遇保障工作的通知》；经省政府批准，省人事厅、财政厅、教育厅下发了《关于实行农村教师任教津贴的通知》（浙人发［2008］78号），从2008年1月1日起，实行农村教师任教津贴制度。同时，按原人事部、财政部的部署，及时调整了特级教师津贴标准。

（三）规范省直机关津贴补贴

省直机关规范津贴补贴工作于3月1日起正式实施，原规范补贴项目按照国家有关规定予以冲销。指导各市做好公务员津贴补贴规范工作。根据省政府的要求，省纪委、人事厅、财政厅有针对性地提出了切合浙江省实际的规范考核奖励项目、统一奖金发放标准的实施意见。认真做好省级单位统发工资工作。

（四）贯彻落实带薪年休假和健康休养制度

认真贯彻落实国务院《职工带薪年休假条例》和人事部《机关事业单位工作人员带薪年休假实施办法》，明确了省机关事业单位工作人员带薪年休假有关问题的处理意见。组织开展省直机关优秀公务员健康休养活动。

（五）统筹解决相关人员的待遇

调整了精减退职人员、计划外长期临时工、机关事业单位工作人员死亡后遗属三类保障对象的补助标准，进一步完善了事业单位工作人员死亡一次性抚恤金发放办法，因公牺牲人员标准由原来本人生前20个月基本工资或基本离退休费调整为40个月，病故人员标准由原来本人生前10个月基本工资或基本离退休费调整为20个月。进一步加强新形势下离退休干部工作，调整了浙江省离休干部护理补贴费标准，将退休干部职工管理服务活动经费标准由原来每人每年200~300元调整为400~600元。督促机关事业单位落实离退休人员“两项待遇”。

六、信息化建设工作

根据政府信息公开条例，制定了《浙江省人事厅政府信息公开暂行办法》（浙人发［2008］144号），于5月在浙江人事编制网上开设了“政府信息公开”专栏，将属于主动公开范围的政府信息分为机构职能、法律法规、行政许可、行政复议、行政执法、人事人才工作业务、人事管理、廉政建设、人事信访、工作动态10个类别，向社会主动公开政府信息1 349条，其中发布工作动态信息784条。完成电子监察系统建设，将5个行政许可项目纳入电子监察系统。对公务员招考系统进行了改造，保障了公务员招考网上报名、审核等工作的顺利进行。

七、军转安置工作

2008年，全省接收安置军转干部2 258名，随调219名，随迁549名。其中，计划分配2 221名，自主择业37名。根据中央、国务院和省委、省政府的部署和要求，各地、各单位把军转安置作为一项政治任务来完成，加强组织领导，采取有力措施，在坚持指令性计划分配的前提下，积极实践，总结探索与服役期间德才表现、贡献挂钩和考核选调、考试考核、双向选择相结合的分配办法，省直和11个地级市及义乌市安置营级以下军转干部全部采取考试考核的办法，有9个市对安置团级军转干部也采取考试考核的办法，圆满完成了中央赋予浙江省的军转安置任务。安置去向：进杭州和宁波的有1 043人，占安置总数的46%；进中等城市的有588人，占安置总数的26%；到县及县以下的有627人，占安置总数的28%。安置到各级机关（含参照公务员法管理单位）1 728人、事业单位478人、企业15人，分别占全省计划安置总数的78%、21%和1%。同时，努力做好自主择业军转干部管理和服务工作，及时发放退役金，帮助解决实际困难。扎实做好部分企业军转干部解困和稳定工作。

八、人才市场和人才服务业工作

（一）规范人才中介行为，促进人才市场发展

2008年年底，全省共有各类人才市场及中介组织392个，比上年增加82个。其中，国家级人才市场1个，省级人才市场5个，市、县（市、区）人事部门所属人才市场102个，行业属人才交流机构5个，民营人才市场中介机构279个，固定人才交流场所70个。部署开展了全省人才市场清理检查工作，对部分人才中介服务机构的业务情况进行了抽查，对条件不合格的人才中介机构实行了限期整改，加强了对人才市场中介组织的管理，不断规范人才市场秩序，促进人才市场健康发展。组织举办人才中介组织从业人员培训班，培训249人，规范人才中介服务行为。全年全省各级人才市场共举办人才交流会1 923场，参会求职人数820万人次，参会招聘单位18万家次。其中，省人才市场为金华、安吉、嵊州等22个县市举办专场招聘会；会同有关部门联合举办外贸人才、机械人才、自考人才、服务业人才、残疾人人才、卫生人才等专场招聘会10场次；举办高层次人才封闭式洽谈会和小型见面会24场，1 000余家知名企事业单位进场招聘，推出高层次人才岗位1.9万个，成功招聘高层次人才4 600余人。

（二）大力发展网上人才市场，促进网上人才交流

加快了浙江人才网硬件和软件的升级改造，继续对网站进行改版，为11个市和长三角地区专门开设了人才站点。自主开发了网上面试系统、应聘成功率统计系统、邮件营销系统、高级人才库管理系统、人才求职与企业需求自动匹配系统，进一步优化搜索引擎功能，完善后台客服系统，开设了企业免费体验窗口和创新型人才招聘专栏，通过邮件系统自动给求职人才和用人单位发送合适岗位信息和人才信息，从而有效地解决了用人单位与人才信息不对称的难题。为1 600多家单位开通了网上远程阅档系统，全面提升了人才网的功能和服务水平。全年全省举办网上人才交流会1 632场，网站访问点击量达18 000万人次，登记人才需求信息160万条，求职信息340万条，分别比上年增加35万条和189万条，网上人才交流踊跃。

（三）拓宽人才服务渠道，优化人才服务质量

为加强全省企事业单位人力资源部门的协作与交流，密切政府人事部门与企事业单位人力资源部门的联系，加强工作交流与指导，充分发挥人力资源经理队伍在更好实施人才强省战略中的积极作用，于9月成立了浙江省人力资源经理协会，发展会员单位264家。为深入开展“服务企业、服务基层”专项行动，省人事厅在全省人事系统组织实施了“双百一千”企业人才服务专项行动，即举办百场公益性人才招聘活动、百名人事局长进千家企业活动、千名专家帮助企业破难题智力服务活动，并被列为省委重点推进的16个专项行动之一。在省、市、县三级人事部门的共同努力下，全省累计举办不同规模的公益性人才招聘会300余场，进场企业超过2万家，推出岗位14.5万个，有近60万人次进场应聘；各级人事部门领导深入1 700余家企业走访调研，收集各类意见、建议2 800余条，当场解决实际问题近1 000个；先后组织各类专家1 460人次，深入7 800多家企业开展科技服务，帮助企业解决技术难题超过1万个，得到了广大企业的欢迎和好评。

（四）发展人才服务业，促进人才流动

积极发展人才派遣业务，全省委托派遣单位达3 272家，派遣人才达9.88万人次，派遣人才库存数3.26万人。通过猎头服务，成功为用人单位推荐高层次管理和专业技术人才5 879人次。完善人事代理制度，优化人事代理服务质量，不断完善人事档案网上远程查询

系统，加强人事代理工作宣传，及时为人事代理人员办理转正定级、专业技术资格评价、人事咨询等各项服务，进一步提高人事代理服务水平，切实为各类人才就业和流动解除后顾之忧。2008年年底，全省参加人事代理单位3.76万家，人事代理达71.55万人，管理流动人员档案74.23万份，分别比上年增加9 230家、19.42万人和18万份。加强人事代理流动党员的管理和服务，全省建立人事代理流动党员党支部447个，代理单位党员和流动党员4.63万人。通过网上和专场人才交流会、组团赴境内外招聘人才等多种形式和方法，全年全省实现人才流动4.6万人，从外省市引进各类人才4.13万人（其中高级职称、硕士以上学历人员2.24万人），输出省内人才5 235人。

（浙江省人事厅）

杭 州 市

2008年，杭州市人事局以党的十七大精神为指导，以科学发展观统领全局，以实施人才创业行动计划为工作重点，更好实施人才强市战略，切实加强公务员队伍建设，深化事业单位改革，全面提升公共服务能力，努力开创人事人才工作新局面，各项工作取得了新成绩。

一、就业工作

（一）大力推进人才创业工作，以创业带动就业

市委、市政府高度重视大学生和留学人员创业工作，将其作为以创业带动就业的重要举措。市人事局作为这项工作的牵头部门，制定并实施了以《杭州市高校毕业生和留学回国人员创业三年行动计划》为核心，集创业实训、创业资助、市领导联系创业企业制度、创业平台建设、创业人才引进为一体的一系列政策和举措，全方位推进大学生和留学人员创业工作。一是全面实施“万名大学生创业实训工程”。市人事局会同有关部门制定《关于实施杭州市“万名大学生创业实训工程”的指导意见》等创业实训政策，按照“订单（定向）实训、持证上岗、政府资助、促进就业”的原则，开展服务外包人才实训、信息化人才实训、创业和技能实训以及大学生企业实训，增强大学生的创业能力。全年累计举办各类创业培训班717期，建立实训基地166家，实训2.5万余人，拨付实训资助资金990万元。二是认真实施创业资助政策。全年有73家大学生创业企业通过评审获得共计401万元的创业无偿资助，有51个留学人员创业项目获得共计609万元的资助，切实解决了创业者的资金困难问题。同时，市人事局还在国内率先制定了《关于鼓励和扶持大学生在杭自主创业的若干意见》这一扶持大学生创业的综合性文件，从工商注册、创业资助、税费优惠和创业服务4个方面全力解决大学生创业过程中遇到的实际困难。三是着力搭建创业平台。制定《杭州市大学生创业园建设和管理的若干意见》，建立大学生创业园，为大学生创业企业提供孵化服务，促进科技成果转化。2008年杭州市在高新区、西湖区、经济技术开发区、下城区新建了4个大学生创业园。同时，继续加强留学人员创业园建设，当年新建拱墅区、余杭区和西湖区3个留学人员创业园，全市留创园总数已达7家，形成了规模效应。四是建立市领导联系大学生创业企业制度。由市政府领导各直接联系一家大学生创业企业，帮助解决其在创业过程中遇到的困难和问题。首批8家科技和文化创意类大学生创业企业已与市政府建立了直接联系。五是加大海归人才招引力度。为引进高层次留学人员来杭创业，2008年，杭州市进一步加大了招才引智的力度。7月，市人事局在美国旧金山举办了“杭州—硅谷留学人员创业推介会”，并诚挚邀请硅谷精英来杭创业，有400多名留学人员带着最新的研究成果或项目计划书前来洽谈。本次推介会是历年杭州市组织海外人才招聘层次最高、规模最大、岗位最多、针对性最强、影响最为广泛的一次盛会，在硅谷掀起了“杭州热”。会后，杭州市在旧金山设立了海外留学人才联络处。10月，市人事局又组团赴日本、韩国

开展人才交流活动，接待了300多名有意来杭工作创业的留学人员，取得了很好的成效。六是优化创业良好环境。启动杭州市第一届“赛伯乐杯”大学生创业大赛，鼓励更多优秀的创业团队和项目在杭扎根。制定政策，让留学回国人员包括持外国护照的留学人员在杭创业能享受市民同等待遇，着力解决其出入境管理、住房、子女就学、家属落户、重点扶持政策等6个方面的问题。举办首届“杭州市留学人员创业企业专场招聘会”和首届“硅谷精英沙龙”等一系列活动。通过宣讲推介、编印创业手册、媒体报道、网站专栏和创业服务热线电话等多种形式开展创业指导。

在各项政策措施强有力的支持下，大学生和留学人员在杭创业已呈现蓬勃的发展态势，涌现出了一批创业典范。同时，这项工作也得到了上级部门的充分肯定和社会各界的广泛关注。人力资源和社会保障部向各省、自治区和直辖市转发了《杭州市高校毕业生和留学回国人员创业三年行动计划》《杭州市万名大学生创业实训工程指导意见》等7个政策文件，向全国推广杭州市大学生创业工作。中央电视台一套和新闻频道两次播出了杭州市扶持大学生创业的报道。人民日报海外版、中国日报、新华每日电讯、中国青年报等多家国内知名媒体对杭州市的创业环境、创业政策和创业典型进行了报道。

（二）认真做好毕业生就业服务工作

市人事局会同市委组织部招聘939名高校毕业生到农村（社区）工作，切实抓好在农村工作高校毕业生的薪酬、社会保险等各项保障措施的落实，对在淳安、建德、桐庐、富阳和临安农村工作的大学生共下拨扶持资金434万元，较好地激发了大学生到基层工作的积极性。加大就业帮扶力度，与团市委联合启动实施了“千名宏志学子就业帮扶工程”。启动“人才公共服务校园行”活动，搭建就业信息交流平台，举办大学生模拟招聘大赛，做好毕业生接收、报到、就业协议鉴证、档案接转、调整改派、政策咨询等服务工作，努力促进毕业生充分就业。

二、专业技术人员管理工作

（一）“131”优秀中青年人才培养计划稳步实施

开展了“131”培养人选补充选拔工作，将选拔视野从传统优势行业进一步拓展到现代服务、文化创意、商业模式创新等新经济业态领域，已初步产生了22名第一层次和72名第二层次“131”培养人选。经市政府同意，并报经国家外专局批准立项，12名培养人选获准赴美国、英国、澳大利亚等国家参加中长期培训，其中5人已成行；同时，有7名出境培训的培养人选学成归来。组织14名培养人选赴德国参加“现代教学技术创新与运作”短期培训，46名培养人选国内学术休假。

（二）博士后科研工作站建设快速发展

特色鲜明、与本市产业导向密切相关的博士后科研工作站是杭州市技术创新和培养高层次人才的重要载体。经批准，2008年新建国家级博士后科研工作站8家，省级博士后科研工作站7家。至此，全市共有国家级博士后科研工作站32家，省级博士后科研工作站12家。认真指导建站单位抓好研究人员进站、开题、课题（项目）跟踪、评估、结题、出站等环节的管理，新开博士后研究课题15项，考核合格出站8人，有19名博士后研究人员在出站后留杭工作。

（三）继续推进“名校名师名专业”战略

在与北大、人大、中国社科院等名牌院校联合办学开展高层次人才培养的基础上，2008年新增西安建筑科技大学建筑学与城市规划工程硕士杭州教学基地。目前，市人事局所属干部培训中心已开展了12所名牌大学30余个专业的高层次学历教育，学员达2 500余名。

（四）大力实施“万千百长三角紧缺人才培训工程”

开展上海外语中级口译、国际贸易单证、现代物流、汽车营销、现代会展、外事联络口译、小语种、动漫制作、外贸会计、外贸业务员等十余个长三角紧缺人才培训项目，3 796人参加培训并考核合格；开展上海外语高级口译等高级紧缺人才培训，310人参加培训并考核合格；开展国际高级人力资源管理师（IPMA）、国际项目管理（PMP）等国际化高级人才培训项目，40人参加培训并考核合格。

（五）全面实施专业技术人员“653”知识更新工程

研究制定了《杭州市专业技术人才知识更新工程专项培训经费资助办法》，并会同有关部门，组织信息技术、现代农业、现代管理等领域专业技术人才知识更新工程专项培训。

（六）举办专业技术人员继续教育高研班和高端讲座

全年共举办专业技术人员继续教育高级研修班15期，邀请中国社会科学院、北京大学、清华大学及国内外咨询机构的知名专家、教授举办了高端专题讲座27场。

三、人才服务保障工作

（一）全年引进人才6万余人

2008年，市人事局继续发挥人才市场在人力资源配置中的主渠道作用，充分利用有形市场和无形市场两大平台，大力引进杭州市社会经济发展急需的各类人才。共举办人才集市、行业专场招聘、赴外招聘、大型人才交流会、毕业生就业招聘会等各类招聘活动195场，全市引进接收人才60 559名，比上年同期增长13.4%，其中硕士以上4 548名。年度人才引进总量实现了历史性突破。

（二）以“钱江特聘专家计划”为代表的柔性引才取得实质性进展

认真实施杭州市“钱江特聘专家计划”，加快高层次人才以柔性流动方式在杭州市集聚。经过主管部门推荐、专业评议组评议、专家评审委员会评审等程序，确定了首批杭州市钱江特聘专家岗位55个、首批杭州市钱江特聘专家42名，其中，中国科学院院士1人，中国工程院院士1人，外籍专家5人，22人具有博士生导师资格，37人具有正高级职称。钱江特聘专家岗位覆盖了全市各区、县（市）和主要市属大型企业，特聘专家基本涵盖了杭州市经济建设的重点领域。

（三）引进国外智力工作进展顺利

全年聘请了德国、法国、日本、美国、俄罗斯和南非等国家（地区）的经济技术、管理专家155人来杭进行技术指导，推动了杭州市科技进步和经济社会发展。有6名贡献突出的外国专家被省政府授予“西湖友谊奖”。新增1家省级引智示范推广基地——杭州萧山天福生物科技有限公司，派出197名中高级专业技术人员和管理人员赴发达国家培训。

（四）人才激励保障制度不断完善

为了使引进人才安居乐业，2008年市人事局为109名引进人才解决了专项经济适用住房。同时，按有关规定，向杭州师范大学、杭州市农科院、杭州市文广新局等单位引进的高层次人才发放了共计210万元的安家补助费。继续开展两年一度的享受市政府特殊津贴人员的选拔工作，对选拔产生的50名享受市政府特殊津贴人员给予每人一次性津贴2万元。

四、公务员管理工作

（一）健全完善公务员管理制度

加强对公务员录用实施办法、新录用公务员任职定级规定、公务员职务任免与职务升降规定、公务员申诉规定、公务员奖励规定等一系列公务员法配套政策法规的宣传指导、贯彻实施和监督检查工作，确保公务员管理依法办事。积极稳妥地推进事业单位参照公务员法管理工作，对2008年新批准列入参照公务员法管理90家事业单位，稳慎地组织了统一考试、考察、体检，妥善做好符合条件人员的登记和不符合条件人员的分流安置工作。圆满完成机关事业单位工作人员工资套改的扫尾和新工资制度的入轨运行工作。根据上级统一部署，配合财政等职能部门做好规范机关公务员津贴补贴工作。组织完成了2008年面向社会和应届普通高校毕业生考试录用公务员工作，新录用公务员501名，并进一步完善面试办法，提升公务员考试的公信度，受到社会好评。制定《杭州市公务员公共服务行为规范试行规定》，提高机关效能和公共服务质量。规范市级机关中层干部竞争上岗和公开选调公务员程序，改善公务员队伍结构。指导全市公务员年度考核工作，对42名年度考核基本称职、不称职人员组织了“公务员基本素质培训班”。开展市级机关“十佳公务员（工作者）”评选和其他政府奖励表彰工作。组织杭州—香港两地公务员互派实习交流活动。

（二）创新公务员培训模式

在全市范围内建立以“干部学习新干线”为核心的公务员培训网络学习平台，全面实施公务员培训学分制管理模式。开设公务员“知识大讲堂”，提高公务员的整体素质，邀请知名专家学者来杭为杭州市公务员举办了塑造阳光心态、锻炼言语艺术、感悟传统经典和应对金融危机等方面的4期专题讲座，全市有2 000余名公务员参加了学习，取得了较好的成效。举办任职培训2期，新录用公务员初任培训1期。以和谐社区建设和新农村建设为主题，开展了区、县（市）及街道、乡镇基层公务员专项培训。

五、事业单位人事管理工作

做好事业单位岗位设置管理的前期准备工作，开展事业单位岗位设置基本情况调查摸底工作。加强事业单位人员聘用制度的指导，开展《劳动合同法》实施对事业单位聘用制度的影响和对策研究。规范程序，加强监督，做好事业单位公开招聘的监督指导工作，促进事业单位公开招聘的公平公正。全年共为190家次事业单位公开招聘1 157名工作人员，审核发布招聘公告131个，为195家次事业单位拟聘用964名工作人员，审核发布公示150个。此外，还做好事业单位转企改制的政策指导工作，参与市文化体制等领域的改革。

六、军转安置工作

2008年，全市共接收军队转业干部442人，其中计划分配423人，自主择业19人；安置随调家属31人。市人事局按照竞争择优的原则，对营以下军转干部全面推行考试考核安置办法，并对“双考”安置办法进行了修改和完善。还根据用人单位对专业岗位的要求，设置了报考条件，实现军转人才科学配置。当年接收的军转干部都已妥善安置。同时，认真做好企业军转干部的解困和维稳工作。

（杭州市人事局）

宁 波 市

2008年，宁波市人事人才和机构编制工作坚持以科学发展观为指导，紧紧围绕“创业富民、创新强市”战略，以“创新发展、创优服务”和“提升公共服务力、提升人才竞争力”为目标，突出重点，统筹兼顾，开拓创新，真抓实干，圆满完成各项工作任务。

一、人才服务保障工作

2008年，宁波市以创新型领军和拔尖人才队伍为重点，大力实施企业人才优先开发战略，着力构建“政府引导、市场配置、企业自主”的创新型人才开发体系，各类人才队伍建设实现新提升。全市新增各类人才8万余人，人才总量已达69万人，其中专业技术人员47.1万人，高级职称人才2.4万人，博士、博士后人才1 267人，硕士人才1.15万人，海外留学人才1 100人，全部超额完成两个12%、四个15%的人才年度增长目标。

人才竞争力提升新层次。一是加快引进各类急需紧缺人才。创新举办第十届“高洽会”，精心打造“才富·宁波”中高级人才专场招聘会品牌，不断加大异地紧缺人才引进力度，全年赴北京、武汉、西安等城市举办赴外招聘会19场，全年新增各类人才8万余人。积极实施千名海外留学人才集聚计划，建立3家海外引才引智基地，精心组织第十届“浙洽会”人才智力引进活动和第二届海外留学人才（项目）网上洽谈会，积极参加南京留学人才交流会。大力加强博士后工作站建设，实现各县（市）、区的全覆盖。加快引进国外专家人才智力技术项目，全年共执行外国专家项目71项，引进外国专家194人次。二是加强创新型紧缺人才培养。深化实施第三轮宁波市“4321人才工程”和“百名创新型领军拔尖人才培养计划”，入选省“151人才工程”第一层次3人、第二层次18人，2人获省突出贡献专家称号；积极实施“千名紧缺人才培训工程”，全年共培训专业人才6 000余人次，其中重点培训中高级紧缺专业人才1 000余人。会同系列主管部门围绕国家“653”工程五大领域，精心组织举办各类高研班、知识更新系列讲座，共培训相关领域中高级专业技术人才近600名。

人事人才公共服务得到加强。一是充分发挥市场机制在人才资源配置中的基础性作用，推进有形市场与无形市场同步发展，中国宁波人才市场重点打造专区招聘、行业招聘、专项招聘、网上招聘等各类特色引才载体，基础性人才配置有了突破性进展。二是大力构建创新型人才高地平台，紧紧抓住高新区环境优势、政策优势和发展优势，采取与高新区共建方式，率先在宁波市实施国家级创新型人才高地建设工程。三是不断营造人才政策新优势。随着市政府《关于加快创新型领军和拔尖人才引进培养的意见》的深入贯彻，《宁波市千名海外留学人才集聚工程实施意见》和未就业毕业生技术培训等政策措施的相继出台，使人才环境得到进一步优化。四是努力形成人才信息服务新机制。及时发布宁波市紧缺人才第二轮指标体系和《宁波市2008—2009年紧缺人才开发导向目录》，使定期发布机制成为具有宁波特色的一项人才信息服务。五是积极发展人才服务业。目前，全市已有102家人才中介服务机构获得人才中介服务许可证。同时，加强从业人员培训，不断提升人才服务从业人员职业化素质和能力，推进人才服务机构规范有效地开拓猎头等中高端人才服务业外包业务，帮助宁波市更多企事业单位引进各类紧缺急需的高端人才。六是研究起草《宁波市培训服务机构管理办法》，积极促进培训服务业健康发展，同时探索开展了白领人才的培养研究。七是“宁波命题”品牌优势更加明显，全年命题1 244套，数量创新高，继续位居全国前列。服务区域进一步拓展，达15个省市及部队。八是努力促进大中专毕业生充分就业。认真贯彻落实《关于促进大中专毕业生充分就业的实施意见》，在狠抓政策落实的同时，积极搭建就业服务平台，成功举办了第19届毕业生洽谈会和夏季大中专毕业生洽谈会、“人事局长进校园”、“人才中介机构进校园”等多项活动，促进2009届毕业生充分就业，工作主动超前。

二、军转安置工作

2008年，宁波市共接收军转干部497人，其中计划安置492人，自主择业5人，另有随调家属19人。

（一）全面落实军转安置政策

各级党委、政府坚持把军转安置作为一项重要的政治任务，始终把师团职军转干部作为重点，妥善安排他们的工作和职务，在进机关的比例上高于营以下干部；对荣立二等功的人员一律进行免考安置，并提前落实单位；对职务高、服役时间长和长期在艰苦地区、艰苦岗位工作的军转干部，在考核评分时予以照顾；对受处分军转干部予以区别对待，保持了部队和地方工作的连续性。

继续采取“考试考核竞争上岗”的办法安置军转干部，在思想上切实增强政治任务意识，在计划上坚持走可持续安置之路，在方法上坚持稳妥创新并举，圆满完成了安置任务。从安置结果看，到行政单位的有393人，占79.9%；到事业单位的有97人，占19.7%；到企业单位的有2人，占0.4%。有244名安置在市属单位的军转干部参加了上岗前培训。19名随调家属中选择自谋职业的有11人，选择指令性安置的有8人。部队组织、接收单位和军转干部本人都比较满意。

（二）自主择业军转干部管理服务工作按时到位

截至2008年，宁波市自主择业军转干部共有90人。一是及时做好2008年自主择业军转干部的落户、医保及退役金计算、审核、发放等工作。二是按规定时间、规定标准及时抓好原自主择业军转干部退役金调整的计算、审核、发放以及个人医保缴费调整的落实工作。三是对自主择业军转干部的创业、就业情况进行调研，特别是对就业困难人员的情况进行了梳理，确保此类人员的稳定。

（三）企业军转干部总体保持稳定

2008年，全市对企业军转干部稳定情况进行了3次排查，对可能出现的不稳定因素进行了梳理。在奥运会前，广泛开展了涉奥信访与百日维稳行动，建立了人事、公安、信访、安全、维稳等部门的信息互通协调机制；制定了各种来信来访及越级上访处置办法；实行了市、县（市）区及市直有关部门值班制度。与上年度相比，来信来访数量有较大幅度下降。通过全市各地、各部门的共同努力，保持了企业军转干部的总体稳定，没有发生赴省进京上访现象。

三、专业技术人员管理工作

（一）博士后工作

2008年获批国家级博士后工作站3家，省级试点工作站3家，全市目前有国家级博士后工作站17家，省级试点工作站11家，全市11个县市区均已设有博士后工作站。全年招收博士后34人，出站11人，出站后留宁波工作4人，截至2008年年底，累计招收博士后90人，出站37人，留用工作17人。

（二）留学人员工作

5月，出台了《宁波市千名海外留学人才集聚工程实施意见》。全年引进留学人员工作创业服务人数151人，新增创业企业48家。全市留学人员工作创业服务人数938人，创办合办企业266家。8月，新批准建立2个市级留学人员创业园：宁波鄞州留学人员创业园和宁波（浙江）慈溪出口加工区留学人员创业园。目前全市共有留学人员创业园6个，其中宁波保税区留学人员创业园和宁波国家高新区的中国宁波留学人员创业园为国家级创业园，宁波经济技术开发区、镇海区、鄞州区和慈溪出口加工区留学人员创业园为市级创业园。

（三）人才培养工程工作

2008年，核拨第三轮“宁波市4321人才工程”第一层次53名、第二层次311名培养人选首期资助经费316万元。当年新入选浙江省“151人才工程”第一层次3人、第二层次18人。截至年底，入选国家“百千万人才工程”4人，浙江省“151人才工程”第一层次20人，第二层次64人。

（四）专家管理服务工作

2008年元旦、春节期间，市领导上门慰问专家4名，全市1 700名专家每人获市委、市政府春节慰问金500元。向人力资源和社会保障部推荐享受国务院政府特殊津贴专家8名，其中高技能人才1名。

（五）职称工作

2008年，宁波市突出以企业为主体的专业技术资格评价工作，突出信息发布、政策宣传、办理程序等环节的优质服务。突出业绩量化、面试答辩、笔试、成果展示等评审手段的丰富提高。由浙江省人事厅组织，经省市专家联合评审，有100位企业经营管理人才通过高级经济师申报评审“绿色通道”，获得高级经济师资格。全年共有1.02万余人申报高级、中级专业技术资格，分别有2 200人、5 500人取得相应资格；2.58万人报考参加30余场各类资格（含专业技术资格、职业资格）考试，6 700人通过考试取得资格。截至12月31日，全市专业技术人员总量达到47.1万人，其中高级专业技术人员2.4万人，中级专业技术人员16.5万人。

四、事业单位人事管理工作

2008年，着力推进事业单位公开招聘和聘用制工作，加强事业单位改制后历史遗留问题的处理。认真抓好事业单位公开招聘工作，指导各级人事部门认真贯彻执行《宁波市事业单位公开招聘工作人员实施办法》《关于事业单位公开招聘及人员调动（流动）工作若干问题的通知》，严把招聘公告关、录用公示关，督促、指导各级人事部门和事业单位主管部门全程监管公开招聘，自觉接受社会监督。截至年末，全市共有133家市属、省部属事业单位完成1 287名工作人员的公开招聘；县（市）、区完成4 445名工作人员的公开招聘。全面规范和推进事业单位聘用制，1月专门下发了《关于全面推进和规范事业单位人员聘用制的通知》，进一步明确实行全员聘用制的事业单位范围和实行人员聘用制工作的要求，并要求未实行聘用制的单位按聘用制政策规定，加快推进聘用制工作。到6月底，全市事业单位中除极少数空壳、歇业单位外，均推行了聘用制。主动做好事业改制单位后续工作，与市社保办沟通，对市化工院等部分资金周转困难的单位，退休职工退休费予以提前拨付，协调解决单位改制后资金周转问题；积极与改制单位主管部门沟通，协调指导解决改制单位改制过程中内部出现的股权设置争议等具体问题；与市劳动保障、财政部门协调，研究解决了转企、改制事业单位退休（退职）人员的体检问题，明确了转企、改制事业单位退休（退职）人员的体检办法、经费渠道及新改制单位体检经费提留等问题；针对事业单位退休人员管理服务工作活动经费标准提高的实际情况，主动与市财政部门协调，明确了市属转企、改制单位事业退休（退职）人员的管理服务活动经费的渠道来源问题。先行做好事业单位实施岗位设置的前期工作，依照人事部《事业单位岗位设置管理试行办法》和《〈事业单位岗位设置管理试行办法〉实施意见》的有关要求，制定事业单位实施岗位设置管理预案，并赴浙江大学、宁波理工学院等单位进行了调研。加强人事政策宣讲，组织人员到市卫生局、市药监局、海曙区、象山县进行事业单位聘用制、人事政策宣讲和指导。

五、公务员管理工作

公务员管理工作，以制度建设为重点，着力转变工作作风，全面提升管理水平，取得明显成效。

（一）公务员制度化管理取得新进展

继续推进公务员法配套法规建设，先后转发了《浙江省事业单位参照〈中华人民共和国公务员法〉管理工作实施意见》《关于规范公务员在事业单位兼职的若干规定》《公务员奖励规定（试行）》《浙江省公务员考核实施细则》《公务员申诉规定（试行）》《新录用公务员任职定级规定》《浙江省公务员录用实施办法》7 个政策法规，公务员管理法规体系进一步完善，依法规范管理上新台阶。

（二）公务员招录工作更加公正规范

全年共录用公务员 769 名，其中面向社会公开考录 567 名。在公开考录过程中，进一步完善考录措施，规范考录程序，改进面试考官组成办法，全面推行面试考官“三轮抽签”组成法，即考官通过随机抽签产生，抽签决定考官派遣方向，抽签确定考官参加小组，增强面试工作的公正性，提高公开考录的公信度。

（三）参照公务员法管理工作有序推进

启动了新一轮参照管理审批工作。本着积极稳妥原则，重点抓好首批条件比较成熟单位的参照管理报批工作，妥善解决原依照单位的历史遗留问题。基本完成了国土、质监系统执法稽查机构参照公务员法管理工作，开展了县（市）、区级供销社参照公务员法管理申报工作。

（四）奖惩工作逐步走上规范化、制度化轨道

全面贯彻《公务员奖励规定（试行）》，指导各地、各部门准确开展行政奖励和评选表彰活动。2008 年审核指导 17 个部门开展系统评选表彰活动，推荐上报先进集体 51 家和先进个人 119 名，共评选出省级以上先进集体 15 家、先进个人 32 名，市级先进集体 32 家、先进个人 65 名。深入贯彻《行政机关公务员处分条例》，加大对公务员处分处理的政策指导力度，全年未出现受处分和处理的公务员提出申诉现象。

六、法制建设工作

2008 年，按照市政府《关于进一步深化完善和全面推行行政执法责任制的实施意见》的要求，扎实推行以建立行政执法责任制为主要内容的法制建设工作。完善行政执法责任制，根据编制调整、职能变化、新法律法规出台等情况，修订完善了《市人事局（编委办）行政执法责任制实施方案》，进一步梳理和明确了“三定”规定、执法依据、执法职权分解表、执法流程图等内容；以推进县（市）、区行政执法责任制为重点，扎实推进行政执法责任制在县（市）、区人事系统的贯彻落实。清理了规范性文件，在以 2004 年实施《行政许可法》、2006 年实施《公务员法》为契机分别对现行人事政策法规文件进行全面清理的基础上，对从 1983 年地市合并到 2007 年 6 月 30 日期间局制发的 370 余件行政规范性文件逐个进行了清理，并正式行文向社会公布 195 个现行有效规范性文件、118 个废止和已失效规范性文件目录；清理市委、市政府两办发布由市人事局代拟、实施政策文件 31 件，其中保留 8 件、废止 20 件、拟修改 3 件。大力推行政务公开，建立人事执法公示制度，采取多种形式和途径向社会公开明示，运用网络等科技手段，提供有效的社会监督途径，鼓励个人、社会组织特别是新闻媒体参与对人事执法行为的监督。加强执法队伍建设，派员参加省厅、市

政府法制办组织的法律综合知识培训班，认真组织人员参加省执法证考试，共有42人通过省行政执法综合法律知识考试并取得行政执法证。举办行政执法实务培训班，以减少和防止人事争议为目标，通过政策宣讲、集中办班、案例分析等形式，重点解决运用法规主体和操作程序不合法、执行政策不规范、处理问题证据不确凿等突出问题。加强政策法规建设，编印了第十辑《宁波市人事工作文件选编》，重新形成了第1~6辑人事工作选编941件、130余万字的电子文本；整理了第7~9辑文件选编458个文件内容，并在宁波人事编制网上予以公开。注重人事普法工作，重点抓好《行政处罚法》《行政复议法》《行政许可法》《全面推进依法行政实施纲要》和《公务员法》《行政机关公务员处分条例》等人事政策法规的学习。

（宁波市人事局）

安 徽 省

2008 年，安徽省人事厅以科学发展观为指导，紧紧围绕经济社会发展大局，大力实施人才强省战略，着力加强高层次人才队伍建设，深化人事制度改革，为推进科学发展、加速安徽崛起，提供了强有力的人才智力支撑。

一、人才服务保障工作

全省各级人事部门紧紧围绕经济社会发展大局，积极发挥职能作用，提供人才服务保障。

（一）围绕省委、省政府重点工作提供才智支持

认真贯彻《安徽省“十一五”人才队伍建设规划》，大力实施“5353”工程。在认真调查研究和广泛听取意见的基础上，拟定了《关于进一步加强高层次专业技术人才队伍建设的若干意见》，报请省委、省政府办公厅印发。为积极促进全省自主创新暨合芜蚌自主创新综合配套改革试验区建设，赴深圳市就创新型人才队伍建设工作进行专题调研，并结合安徽省人才工作实际，撰写了调研报告报送省政府。为贯彻落实全省推进自主创新暨建设合芜蚌自主创新综合配套改革试验区动员大会精神，对全省人才政策进行了梳理，出台了为推进合芜蚌自主创新综合配套改革试验区建设提供人才智力保障与服务的政策意见。为促进非公有制经济、县域经济、省会经济圈、皖北和沿淮部分市县的发展，研究制定了提供人事人才公共服务的实施意见。

（二）第四届中国国际徽商大会才智交流活动成效显著

5 月 18 日，以“迎四海睿智，扬徽商精神；促旅游开发，展人才英姿”为主题的第四届中国国际徽商大会才智交流活动在黄山市举行。人力资源和社会保障部副部长王晓初，安徽省委常委、组织部长段敦厚等到场指导。省内外知名旅游业招贤纳才，提供旅游业相关招聘岗位 2 145 个，涉及旅游管理、酒店管理、生态、城建、园林设计、市场营销、农林等多个领域，4 300 多名各类人才进场求职。活动期间，省人事厅与香港“西部开发——人才支援计划”秘书处在主会场签署了皖港人才培训协议，港方连续 3 年每年为安徽省义务培训 100～150 名中小学英语教师。澳大利亚联邦国际合作协会、美国伍德伯瑞大学、新加坡华鼎集团、香港金融管理学院等数家国（境）外培训机构在才智交流会现场与我省 6 家省直单位、17 个市外专局进行对口洽谈，达成 11 项共 728 人培训合作协议，接受个人咨询达 500 多人次。

（三）积极为高校毕业生就业服务

加强人才市场规范化管理，积极组织各类人才招聘活动，不断拓展就业培训、人才租赁和网上人才业务。根据全省人才结构的特点和人才需求状况，充分发挥有形市场和网上市场的综合优势，举办多层次、多方位、常规性和专场性相结合的人才交流集市。积极响应并参加了“2008 年高校毕业生就业服务月”和“2009 届高校毕业生就业服务周”活动，参加全国高校毕业生就业网络联盟联合招聘周、中部六省网络联合招聘周。组织用人单位到安徽大学等 12 所高校招聘毕业生。举办了安徽省第五届百强名企公益招聘会、浙江省台州市赴

安徽（合肥）人才招聘会，组织省内高校参加台州市校企合作活动。省人才市场全年共举办定期人才集市153场，进场招聘单位1.07万家，提供就业岗位11万多个，进场求职者30多万人次。在省人才网站开辟毕业生求职专栏，实行人才信息免费入库。加强了高校毕业生就业见习示范基地和大学生创业园建设，新建了20多家省级毕业生就业见习示范基地。招募了700名高校毕业生到基层从事“三支一扶”工作。

（四）不断加大招才引智力度

2008年，安徽省实施聘请外国专家项目128项，引进国外技术、管理专家231人次；实施农业引智成果示范推广项目19项；实施千村引智示范试点项目13项；实施出国（境）培训项目51项，派出培训710人；办理外国专家来华许可203份，颁发《外国专家证》369本，受理聘请外国专家单位资格认可申请18家，全省聘请外国专家资格单位达130家。奇瑞汽车公司因引智成效显著，被命名为国家引进国外智力示范单位。出台《关于建立境外培训机构与培训团组双向评估机制的意见》和《关于推荐选用境外培训机构的意见》，进一步规范出国（境）培训工作。围绕工业强省战略，服务推进新型工业化进程。加大对奇瑞、马钢、江汽、日立建机、星马等国有大中型支柱企业引智创新扶持力度，推动了企业技术进步，提高了企业创新能力和营利能力。围绕新农村建设，不断加大农业引智力度，大力做好农业新优品种、新技术的引进和推广工作。突出“新”“优”，创新特色。日本葡萄和苹果、美国黑李、以色列种植与灌溉技术等在江淮大地开花结果。皖油14号杂交油菜、Ⅲ优98杂交水稻、稻鸭共作等规模效益显著。

二、军转安置工作

2008年，全省共接收军转干部1 218名。省委、省政府高度重视军转安置工作。自全国军转安置工作会议后，召开了省军队转业干部安置工作小组会议和全省军转安置工作会议，认真学习胡锦涛总书记关于军转安置工作的重要指示和全国军转安置工作会议精神，结合本省实际研究了贯彻意见。

（一）进一步深化改革，保证军转安置政策贯彻落实

针对当年计划分配军转干部数量较大的实际情况，经省委常委会研究，省委、省政府下发了《关于转发〈省军转安置工作小组、省委组织部、省人事厅关于2008年省直、中央驻皖单位接收军队转业干部指令性分配计划〉的通知》，省军队转业干部安置工作小组下发了《全省军队转业干部安置工作会议纪要》。对计划分配的军转干部实行指令性分配办法。改革省直单位军转干部安置办法，对师职军转干部，继续实行指令性安置；对团职和技术九级以上军转干部，采取直接参加双向选择落实单位的办法进行安置。省直和11个市对营职以下、文职科级以下、技术十级以下军转干部要求进机关安置的，实行考试考核、积分划线、双向选择和保底安置相结合的办法。全省各级党政机关带头接收军转干部，编制有空缺的、有增员计划和自然减员缺编的部门和单位，首先从军转干部中补充；编制满员的，先接收安置，财政单列供给，以后逐步调整；政法和执法监管部门增加专项编制和需要充实人员的，优先从军转干部中选用；编制满员的事业单位接收安置军转干部，按实际接收人数相应增加编制和人员工资总额。

（二）加大工作力度，把师团职和功臣模范军转干部作为安置重点

为确保师团职军转干部重点安置，明确规定国家计划分配转业干部的25%行政编制，首先用于满足师团职转业干部安置需要。对接收师职和正团职转业干部的单位，按照实际接收人数，由编制部门增加相应的行政编制，组织、人事部门增加相应的非领导职务职数。对参加抗震救灾的军队转业干部给予从优安置，对立功受奖的重点安置。省及各市采取使用空出的领导职位、增加非领导职务职数或先进后

出、带编分配等办法，安排好师团职军转干部的工作和职务。对担任师职领导职务或者担任团职领导职务且任期满 3 年的，一般安排相应的领导职务。对接收师团职军转干部人数较多，安排领导职务有困难的部门和单位，按照干部管理权限，经组织、人事部门批准，可按实际接收人数增加相应的非领导职务职数。全省师团职军转干部中符合相应安排条件的基本上都按政策规定落实了领导职务。同时，把师团职军转干部的安排与当地领导班子建设结合起来，有计划地选调部分师团职军转干部安排到市、县领导班子或事业单位领导班子任职。正团职干部原则上不向县安置。把在完成急、难、险、重任务中表现突出，荣获二等功以上奖励及长期在艰苦地区服役的军转干部作为安置重点照顾对象，由部队推荐，组织、人事部门审核，军转安置工作小组研究，指令性分配到行政机关工作。

（三）完善配套政策，认真做好自主择业军转干部管理服务工作

截至 12 月 31 日，全省共接收自主择业军转干部 983 名。建立了同自主择业军转干部定期联系制度，进一步加强了自主择业军转干部组织生活、就业培训等方面的管理和服务工作，对他们的生活、创业、就业等情况提供政策咨询和实际帮助，通过开展适应性和专业培训、网上推荐、召开招聘会等多种形式活动，积极帮助自主择业军转干部就业创业，90% 以上的自主择业军转干部创办了实体和重新就业。自主择业军转干部的退役金做到了按时足额发放，自主择业军转干部数据库不断升级和完善，管理服务体系逐步健全完善。

（四）认真抓好教育培训，科学开发和合理配置军转干部人才资源

省直及各市把军转干部教育培训工作作为军转安置工作的重要组成部分，作为开发和配置军转干部人才资源的重要途径，精心准备，周密安排，彰显特色。按照条块结合、按需施教的原则，全省共设置行政管理、政法、行业系统等专业班 40 多个。军转干部踊跃参训，参加培训的军转干部 1 200 多名，参训率达 95% 以上。

三、专业技术人员管理工作

（一）着力抓好高层次人才选拔培养工作

组织了首届“安徽省突出贡献人才奖”评选活动。开展了安徽省首批学术和技术带头人、第六批学术和技术带头人后备人选的选拔工作，共遴选出 158 名带头人和 108 名后备人选。完成了 2008 年享受政府特殊津贴人员选拔工作，共推荐 149 人，其中享受国务院特殊津贴 48 人，享受省政府特殊津贴 101 人。会同省建设厅开展了安徽省首届建筑设计大师评选工作，公布了 25 名建筑设计大师名单。省人民政府、人力资源和社会保障部共建留学人员合肥创业园顺利揭牌，新设了合肥国家大学科技创业园。资助省学术和技术带头人后备人选、博士后研究人员、留学回国人员科技活动经费 700 余万元。

（二）扎实做好博士后工作

完成了 2008 年企业博士后科研工作站申报建站工作，报经人力资源和社会保障部批准，公布了徽商银行等 4 家新建工作站名单。开展了当年博士后研究人员科技活动经费资助工作，共资助 25 个项目 77 万元；对新建工作站资助启动经费 15 万元；会同省有关部门出台了《关于高等院校博士后工程实施意见》，在 5 年内计划设置博士后岗位 500 个，面向国内外公开招聘博士后人员，省财政特别资助每人每年 3 万元；会同省经委、财政厅拟定了《关于加强企业博士后科研工作站建设的若干意见》。

（三）继续深化职称制度改革

印发了《关于做好 2008 年度全省专业技术资格评审工作的通知》，对全省 57 个高评会评审工作进行了安排。继续开展小学（幼儿园）教师晋升中学高级教师评聘工作，以及民营科研机构、农村和城市社区卫生机构、非国有建筑企业等单位专业技术人员职称评审工作，并对深化职称制度改革工作提出了具体

要求。加强了对评审工作的指导、检查和监督工作。及时调整了部分撤并单位、升格单位和新增编制单位的专业技术职务结构比例，完成了6 866人高级专业技术资格的上网公示和审核工作（其中非国有人员高级职称1 344人）。会同有关部门开展了各类职业资格清理规范工作。通过清理，建议保留的有179项，调整的有1项。完成了2008年44类专业技术资格（水平）、职（执）业资格53项考试工作，以及十多项高级专业技术资格考评结合的笔试和面试答辩工作。

四、事业单位人事管理工作

（一）推进事业单位体制改革

认真贯彻省委、省政府《关于省属经营服务性事业单位转企改制工作的意见》，对转企改制单位工作进展情况进行了分类梳理和摸排，明确了各单位转企改制工作的时间进度和具体措施。全省已完成转企改制的事业单位1 000多家，2万多名事业单位职工实现了身份置换，收回事业编制近2万个。以改善民生为重点的行业事业单位管理体制改革进展顺利，全省兽医、水管、行业协会、广电网络、工商管办脱钩、成品油税费、电影等管理体制改革积极推进。制定了新一轮全省中小学教职工编制核定的实施意见并组织实施，进一步规范了省属高校机构设置和编制配备。

（二）认真组织实施事业单位岗位设置管理工作

经省委、省政府同意，省委办公厅、省政府办公厅印发了《安徽省事业单位岗位设置管理实施意见》。省政府召开了全省事业单位岗位设置管理工作会议，启动了事业单位岗位设置管理工作。

（三）大力推进事业单位公开招聘制度

分行业推进了事业单位人员聘用合同制度。提出了全省事业单位新进人员公开招聘工作指导性意见，加强对市、县的政策和业务指导，进一步规范了事业单位新进工作人员公开招聘工作。2008年省直46家事业单位公开招聘了1 432名工作人员。

（四）推进机关事业单位收入分配制度改革

为进一步摸清全省义务教育学校工作人员和公务员工资收入有关情况，为国家制定义务教育学校工作人员绩效工资政策提供翔实数据，先后3次组织各市、县（市、区）进行调研统计，并将分析材料和汇总数据按要求上报。会同省直有关部门转发了原人事部、财政部、教育部《关于进一步做好义务教育学校教师工资待遇保障的通知》（国人部发［2008］19号），要求各地采取措施，确保义务教育学校教师工资按时足额发放，确保义务教育学校教师工资水平不低于当地公务员平均工资水平。转发了中组部、原人事部等部门《关于调整因瘫痪等原因生活长期不能完全自理的离休干部护理费标准的通知》（组通字［2008］6号），按要求及时兑现了省直机关和事业单位离休干部护理费。转发了《关于事业单位工作人员和离退休人员死亡一次性抚恤金发放办法的通知》（人社部发［2008］42号）等文件。

五、公务员管理工作

（一）着力完善公务员制度

组织开展了乡镇公务员队伍建设、公务员考录制度、部分事业单位参照管理、公务员奖励制度等调查研究活动。在此基础上，立足省情、立足客观实际，加快公务员法配套法规政策建设步伐。与有关部门印发了《安徽省公务员奖励办法（试行）》《安徽省公务员考核办法（试行）》《安徽省省、市机关新录用公务员下派到基层锻炼的实施意见》；与有关部门转发了《新录用公务员任职定级规定》《公务员申诉规定》《公务员培训规定》等；在广泛征求意见的基础上，拟定了《安徽省公务员录用实施办法》。

（二）稳慎推进事业单位参照公务员法管理审批工作

为积极稳妥做好事业单位参照管理工作，出台了参照管理审批和人员登记的政策文件，召开了全省公务员管理工作会议和市以下事业单位参照管理工作会议，对事业单位参照管理审批和人员登记等工作进行部署和安排，并就工作进度提出具体时间要求。2008 年，全省共有 774 家事业单位被批准列入参照管理。其中，省政府直属事业单位和工作部门所属事业单位 52 家，市以下 722 家。另外，还结合深入学习实践科学发展观活动，到部分市、县（区）对事业单位执法机构和卫生监督部门以及乡镇财政所申报参照管理问题进行调研，听取意见和建议，指导各地做好参照管理单位的人员登记和未批单位的政策咨询解释工作。

（三）组织完成了全省党政机关考试录用公务员工作

贯彻公开、平等、竞争、择优的原则，坚持“凡进必考”，面向社会公开考试录用公务员。组织实施了 2008 年全省党政机关统一考试录用公务员工作。全省共有 7.6 万人报名角逐 4 907 个公务员职位。在省级机关加大了具有基层工作经历人员的招考比例。完成了 2009 年中直机关招考公务员安徽考区 2.86 万名考生报名确认和笔试组织实施工作。组织完成了 2008 年度全省优秀高校应届毕业生公务员录用资格的考试考核工作，385 名毕业生取得公务员录用资格。配合有关部门组织开展从优秀村干部中考录乡镇公务员工作，562 人参考，录用 69 人。

（四）进一步加强公务员队伍建设

以理顺管理体制、创新工作机制为切入点，初步建立了公务员能力建设课程框架和教学创新体系，出版了《公务员通用能力教程》，制定了《公务员通用能力培训考核大纲》。全省共有 10 万多人参加了公务员四类培训，其中公务员初任培训率达到 100%。在省行政学院和马鞍山、六安、池州等市开展了专题培训试点。同时，指导各市优化公务员培训课程设计，突出公共政策、公共管理、公共服务和依法行政等能力建设课程教学，努力增强公务员能力建设知识培训的针对性和实效性，公务员素质能力建设得到了加强。开展了以绩效考核为主要内容的考核指标体系研究和实践活动，进一步规范考核程序，严肃考核纪律。围绕省委、省政府中心工作，积极开展行政表彰奖励工作。承办了省委、省政府有关表彰奖励活动 7 项，表彰先进集体 303 个、先进个人 481 名。开展了全国抗震救灾英雄集体和模范评选推荐工作，以及省政府抗雪防冻、节能减排、奥运会和残奥会等行政奖励活动。

（安徽省人事厅）

福 建 省

一、毕业生就业工作

2008年，全省省内高校毕业生和省外高校福建生源毕业生15万多人，完成13万名毕业生生源数据和就业方案审核，为12万多名毕业生办理了就业派遣手续。全省非师范类高校毕业生就业率为83%，其中研究生为81.8%，本科毕业生为86.7%，高职高专毕业生为80.7%。召开了福建省高校毕业生就业工作领导协调小组、全省大中专毕业生就业工作、全省高校毕业生“三支一扶”计划实施工作等会议。完善和落实毕业生就业政策，加强毕业生就业宏观管理，对各设区市政府、省大中专毕业生就业工作领导协调小组各成员单位、各高校贯彻落实中央和省有关毕业生就业政策情况进行督促检查和评估。在人力资源和社会保障部、国务院台湾事务办公室的大力支持下，研究拟定内地高校台湾地区生源毕业生在闽就业政策。引导和鼓励毕业生面向基层就业，大力实施“三支一扶”、选调生、大学生志愿服务欠发达地区等计划，省、市两级“三支一扶”项目共招募582名高校毕业生赴47个县（市、区）农村基层开展支教、支农、支医和扶贫服务，选调338名优秀高校毕业生到基层党政、政法机关工作，选聘478名高校毕业生到村任职，招募289名志愿者服务欠发达地区。做好服务期满考核合格毕业生的就业服务工作，引导、鼓励党政机关和事业单位补充工作人员主要面向这些高校毕业生，在公务员招考和事业单位公开招聘中，安排部分专门职（岗）位面向参加基层服务项目服务期满并考核合格的毕业生招考。强化毕业生就业公共服务，举办了2008年福建省大中专毕业生春季和夏季供需见面、双向选择大会及一系列专场招聘会、行业招聘会，开展高校毕业生就业服务月、服务周活动。启动实施福建省毕业生就业公共网二期项目，依托公共网建立毕业生网上求职登记制度，搭建毕业生和用人单位网上交流平台。启动实施省属人才中介机构免费公共服务专项补贴工作。继续实施大学生职业能力提升计划，开展第三届福建省高校大学生职业规划节活动。加强创业教育和创业扶持，安排创业资金400万元支持实施高校毕业生自主创业项目。开展就业指导人员培训，提高从业人员的服务水平。完善高校毕业生就业见习制度，评选第四批、第五批福建省高校毕业生就业见习基地，累计建立省级见习基地58个（其中国家级基地2个），本年度组织6 000多名毕业生参加就业见习。加强毕业生困难群体就业问题的研究，制定出台家庭困难并就业困难毕业生的援助办法，组织开展四川地震灾区生源毕业生的就业情况调查摸底工作，做好心理援助和就业援助。在毕业生服务窗口开展了争创“青年文明号”活动，提升毕业生就业管理和服务水平。

二、公务员管理工作

按照“严格条件、控制规模、结构平衡”的原则，认真做好全省事业单位参照公务员法管理审批工作，共受理省、市、县申请参照公务员法管理事业单位5 511家，已审批1 476家，涉及编制1.76万名，实有干部1.12万名。组织开展已审批参照公务员法管理单位人员培训、考试、职位设置和登记工作。积极配合中组部、原人事部做好全国公务员考试录用工作会议的筹备和会务工作，全国公务员考试录用工作会议在福州召开，福建省在会上作了经验介绍。认真做好公务员考录工作，全省春秋两季各级机关计划考录公务员 3 398 名，共计 11 万多人报考、9 万多人参加考试，报考和考试人数创下新高。完善公务员考录制度，加大从具有基层工作经历人员中招考公务员的工作力度，省、市两级机关面向具有 2 年以上基层工作经历人员招考的职位达到 70% 以上。在秋季招考中，设置 54 个专门职位面向“三支一扶计划”“志愿服务欠发达地区计划”“志愿服务西部计划”服务期满、考核合格的毕业生招考。调整充实《福建省公务员考试录用专业（科目）指导目录》，扩大指导目录的涵盖范围。加强公务员招考面试考官队伍建设，举办面试考官培训班，开展面试考官的确认审核和晋级工作，确认面试考官 2 079 人，受理晋级 236 人。探索面试考官异地交流办法，在各设区市公务员招考面试中实行部分考官异地交流。认真做好 2009 年中央机关及其直属机构考试录用公务员福建考区笔试组织工作，确认报考 3 万多人，受委托完成 10 个中央机关驻闽单位 2008 年招考公务员面试监督工作。积极推进人力资源和社会保障部与福建省共建的公务员测评基地建设，完成基地系统的初步设计方案和选址工作，征集公务员考录专家 300 多人，启动了一期项目建设。推进公务员法实施，完成新一届省政府组成部门领导任职提请工作，承办省政府行政任免办文 105 件。结合公务员日常登记和备案，推进全省公务员信息系统建设，加强行政机关和参照公务员法管理事业单位非领导职务管理，做好军队转业干部新增非领导职务职数工作。继续推进公安、安全、质量监督系统公务员分类管理试点工作。开展新一轮大规模干部培训，继续推进公务员四类培训和建设法治政府基本知识培训，进一步提升公务员队伍的素质。在全省行政机关中部署开展《政府信息公开条例》专项培训工作，以网络培训为主的方式开展培训，全省注册参训人数 14. 6 万人，通过考试 12. 7 万人。做好培训办班计划的登记公示工作，审核公布省直机关及所属单位培训办班计划 1 587 个班次，加强对培训实施工作的指导和监督。

三、专业技术人员管理工作

开展了“十一五”人才专项规划中期评估工作，完成 2007 年度人才资源统计，截至 2007 年年末，全省党政人才、企业经营管理人才、专业技术人才总量达到 239. 3 万人，比上年年末净增 13. 1 万人，增长 5. 8%。加强高层次人才队伍建设，认真做好享受国务院政府特殊津贴专家推荐选拔工作，经国务院批准，福建省新增享受政府特殊津贴专家 55 人、高技能人才 9 人，全省现有享受政府特殊津贴专家、高技能人才 2 293 人。开展第八批新世纪百千万人才工程省级人选评审选拔工作，新增人选 90 名，全省现有新世纪百千万人才工程国家级人选 52 名、省级人选 888 名。发放 15 名院士年度科研经费 75 万元，资助 50 名新世纪百千万人才工程国家级人选年度日常科研经费 150 万元，发放国务院特殊津贴 116 万元（1 966 人），审核发放引进高层次人才生活津贴 1 255 万元（3 325 人）。组织做好博士后科研工作站的申报工作，经人力资源和社会保障部批准，新增 9 个单位设立博士后科研工作站，全省累计设立博士后科研工作站 52 个。加强高层次专业技术人才特别是青年拔尖人才的培养，资助 48 名具有硕士或博士学位并具有副高级以上专业技术资格的青年专业技术人员开展短期访学进修。研究拟定《福建省百名产业高层次创新人才培养工作意见》，提出加快培养高层次创新创业人才的计划和措施。认真做好专家服务工作，会同有关部门组织开展了在京、在沪院士专家慰问活动。成功组织“水产院士海西行”活动，邀请中国工程院水产领域 6 名院士和 9 名相关领域专家到沿海地区考察指导。继续实施专业技术人才知识更新工程，举办年度专业技术人员高研示范班36个、普通班106个。组织开展信息网络安全知识普及教育培训活动，提高信息网络安全的保障能力。深化职称制度改革，完善人才评价机制，完成20多个系列（专业）专业技术人员高级职务任职资格评审工作，批准确认各类高级职务任职资格7 987人。加强评委库建设，新增专业技术高级职务任职资格专家评委550人，全省现有135个高级职务任职资格评委库，入库专家11 833人。在人力资源和社会保障部的支持下，出台在闽台湾地区居民参加工程、经济、卫生、农业4个专业技术职务任职资格评审的先行先试政策，并开展试点工作。开展清理规范职业资格活动，认真组织实施专业技术资格考试，顺利完成40多项专业技术资格考试任务，报名考试17万多人。加强机关事业单位工勤人员队伍建设和高技能人才队伍建设，评审高级技师17人、技师551人，总数3 038人，完成工勤人员岗位等级考核2.1万人，全省机关事业单位现有技师3 036人。

四、事业单位人事管理工作

制定《福建省事业单位岗位设置管理实施意见》，由省委、省政府办公厅下发实施。在全省人事局长会议上对事业单位岗位设置管理工作进行部署，按照“先入轨后完善”的原则，全面开展事业单位岗位设置管理工作。加强分类指导、靠前服务，加快岗位设置管理工作进度，组织举办事业单位岗位设置管理业务骨干培训班，各市、县（区）和省直各部门业务骨干参加培训800多人。完成9个设区市事业单位岗位设置工作方案的审核报备工作。核准49个省直厅局所属264家事业单位岗位设置方案，岗位设置总量达34 571个，占应纳入岗位设置编制总数的42%，部分单位已通过岗位设置认定，并兑现了岗位等级工资。市、县（区）事业单位岗位设置实施工作按计划有序推进。在突出抓好岗位设置管理的同时，继续推进事业单位人员聘用制度，全省推行聘用制的事业单位数和签订聘用合同的人员数均达到65%。进一步规范事业单位公开招聘制度，加大对公开招聘工作的指导和监督力度，全省事业单位通过公开招聘的新进人员达13 000多人。继续完善人事争议处理，及时仲裁一批人事争议，畅通了救济渠道，维护了用人单位和工作人员的合法权益。

五、人才智力引进工作

创新人才引进机制，制定出台《福建省2008年度紧缺急需人才引进指导目录》，公布了包括21个产业或行业、75个领域、190个岗位、689个专业的紧缺急需人才引进指导目录，并认真组织实施，全省引进紧缺急需高层次人才450多人、留学回国人员370多人。制定实施2008年度闽港人才合作项目计划，深化闽港人才合作，开展闽港人才合作项目资助活动，资助优秀项目22个。开展海峡两岸人才交流合作先行先试，成功举办“6·18”海峡两岸人力资源交流与服务合作大会，吸引了包括台湾地区在内的100多家人力资源机构参会。组织企事业单位参加第五届中国国际高新技术人才与智力交流会和2008年清华大学博士人才引荐会。成功举办海外留学博士海峡西岸行活动和福建（厦门）海外留学人才与项目对接洽谈会。继续开展留学回国人员科技活动择优资助活动，积极协调获得博士学位的优秀留学回国人员科研启动经费。大力加强人才市场建设，推进人才市场“1211工程”，推动全省人才中介机构建设，加强基础设施和信息化建设，全省现有人才中介机构302家。加强人才市场监管，制定出台《福建省人才中介机构信用信息归档和发布办法》，开展人才中介机构信用信息采集工作，在全国率先推进人才市场信用体系建设。完成人才中介机构年度验证任务，做好人才中介服务许可、人才交流会许可、人才中介服务许可项目变更换证工作，规范人才中介服务和人才交流会许可。完成人才中介机构专项治理动员部署、自查自纠、集中治理3个阶段的工作任务。

加大引进海外智力工作力度，贯彻落实国家外国专家局《关于支持海峡西岸经济区建设的若干意见》，围绕重点建设、重点工程项目、新农村建设、支柱产业、高新技术产业等，创新引智模式和服务方式，大力引进海外智力。全省获国家外国专家局批准引进国外智力项目156项，获国家引智专项资助经费785万元，组织实施省级引智项目50项，资助专项经费350万元，国家和省级引智项目执行率均达100%。成功举办第六届“6·18”外国专家项目成果展活动，应邀参加外国专家120名，共征集国（境）外专家项目成果1 800多项，组织100多次点对点的重点项目推介对接活动，共有50个国（境）外专家项目成果与企事业单位成功对接并签约。加强了出国（境）培训管理，全省获国家外国专家局立项批准出国（境）培训项目63项，获经费资助118万元。出国（境）培训工作受到国家外国专家局的充分肯定，全国出国（境）培训成果交流大会在福州召开。加强了引智成果示范基地建设，新建立国家引智成果示范推广基地3个，全省现有国家外国专家局命名的国家级引智成果示范推广基地（示范单位）10个。出台《福建省引进国（境）外智力成果示范基地管理办法》，进一步规范了引智成果示范单位的建设和管理。出台《福建省“千村引智示范项目”实施方案》，确定8个行政村（农场、园区）为“千村引智示范项目”试点单位。创新外国专家管理模式，加强了外国专家的管理和服务，在实行文教类外国专家聘请单位资格认可制度的基础上，制定出台对经济技术类外国专家聘请单位实行登记管理的制度，在全省范围内实行外国专家来华工作许可网上审批。落实外国专家医疗保障制度，有效保障外国专家合法权益。制定出台《外国专家在闽工作突发事件应急预案》，建立在闽工作外国专家突发事件应急机制。

六、工资福利工作

推进机关事业单位工资收入分配制度改革，完成事业单位工资制度改革扫尾工作。稳妥推进规范公务员津贴补贴工作，重点推进县级规范公务员津贴补贴工作，全省县（市、区）规范公务员津贴补贴全部兑现。采取省对县（市、区）进行财力补助的办法，调整提高了中小学教师的津贴补贴标准，使中小学教师的平均工资水平不低于当地公务员平均工资水平，确保了中小学教师队伍的稳定。认真做好已批准参照公务员法管理的事业单位工作人员工资套改工作，制定出台《参照公务员法管理事业单位工作人员工资确定的有关意见》，完成46家省直参照公务员法管理事业单位人员的工资套改工作。落实有关事业单位绩效工资改革工作，开展地勘和煤田事业单位绩效工资的调研和测算工作，研究拟定福建省体育运动员、教练员奖励津贴政策。积极协调有关部门，调整了国家机关事业单位工作人员及离退休人员死亡一次性抚恤金发放办法。建立健全机关事业单位人员信息库。探索并实施省属单位离退休人员的离退休费网上审批工作。积极推动带薪年休假制度的贯彻实施，2008年全省休假执行面近60%。

七、军转安置工作

全省共接收安置军转干部1 281名，其中计划安置1 145名，自主择业安置136名，随调随迁军转干部家属116名。及时召开全省军转干部安置工作会议，部署安排本年度军转安置任务。根据接收单位编制和人员等情况，合理制定军转干部分配方案。探索完善军转干部安置办法，研究提出在福州市区安置的军转干部试行省直单位与福州市按计划同步安置的办法以及省直和中央驻闽单位接收安置军队转业干部实施意见，继续实行省直、中属单位部分职位考试竞争上岗的安置办法。突出师团职和功臣模范军转干部的安置重点，党政机关接收军转干部而增加的编制，主要用于安排师团职转业干部，并采取留出位置、带编分配、先进后出、增加非领导职务职数等办法进行安置。对平时荣立二等功和战时荣立三等功的军转干部作重点推荐并带编安置。坚持公开职位、竞争上岗和双向选择、推荐选用相结合，完善安置办法。积极帮助协调解决随军家属随迁随调、军转干部家属安置就业等问题。加强军转干部岗前培训，提高军转干部转业到地方的适应能力，军转干部安置宣传教育工作受到国务院军转办表彰。加强政策宣传，落实政策，搭建平台，积极引导和鼓励有自主择业愿望和就业能力的军转干部选择自主择业。扎实做好企业军转干部的解困和稳定工作，落实解困维稳各项政策，完善了企业退休军转干部专项生活补贴等有关政策。

（福建省人事厅）

厦 门 市

一、人才服务保障工作

2008年，厦门市进一步完善人才政策和服务措施。市委、市政府出台《关于印发厦门市企事业单位人才住房管理暂行办法的通知》《关于修改引进人才经济补贴规定若干事项意见的通知》，既考虑到新引进人才的困难问题，又照顾到现有人才的切身利益，同时注重政策的可操作性，调整经济补贴申请条件，提高补贴标准，引导人才向岛外和厦门市重点产业聚集，促进人才引进和人才队伍的稳定；《关于厦门市企事业单位人才住房和引进人才经济补贴有关事项的补充通知》将驻厦省部属事业单位人才纳入厦门市人才住房的对象范围。受理人才住房租赁或购买申请489人。在落实首批400套供出售人才住房房源的基础上，完成首批购买人才住房看房、选房工作。联合市委组织部印发《关于进一步规范厦门市事业单位补充编内工作人员工作的通知》，贯彻“公开、平等、竞争、择优”的原则，把好事业单位人员“进口关”。会同研究制定厦门市“杰出人才贡献奖”评选活动方案，提交市委人才工作领导小组研究。

（一）人才引进工作

全年引进（调入）各类专业技术人才和管理人才2 710人，其中高级职称412人，中级职称541人；博士241人，硕士424人，本科1 733人；柔性引进31人，引进留学人员268人，留学人员新办企业16家；审核确认为重点人才34人。

一是联合开展征集重要职位，免费服务面向国内外招聘高层次、高技能人才活动。根据厦门支柱产业、新兴产业发展的要求，梳理《厦门市引进人才政策简介》，编制发布《2008年度厦门市急需紧缺引进人才目录》；与全国人才交流中心联合举办“厦门市2008年高层次、高技能人才交流大会”，427家单位推出2 024个岗位需求7 356名人才，应邀参加交流大会的有4 300多人。

二是推出高层次人才匹配服务。厦门市人才服务中心在召开高层次人才交流会前，为用人单位搜寻符合岗位需求人才，邀请他们现场参加对接洽谈，提高了招聘成功率。2008年6月以来，共为76家单位130个岗位推荐配置303名中高级人才。

三是加大引进海外留学人才力度。国家外专局、省人事厅授权厦门市办理外国专家来华工作许可证，并开通网上办公系统，现已办理工作许可证103份、外专证210本。“厦门留学人才网”加入教育部“中国留学英才网”会员单位，加强人才政策和招聘信息宣传；联系169家海外留学生组织和驻外使领馆、9家国内知名留学人员网站，利用广州留交会网站（OCS）“厦门专栏”加强本市人才政策宣传；组织21家企业及50项自主创新项目和技术含量高、市场前景好的专家项目成果参加“第六届中国·福建项目成果交易会国（境）外留学人员科技成果展”，8家单位参加大型人才招聘会，其中厦门致晟科技有限公司等4家孵化企业与投资公司、研究院所成功实现项目对接并签约，总投资金额达1.38亿元；6家留学人员企业获得福建省项目成果转化扶持资金（每家 20 万元）；组织 33 家留学人员企业、60 多位留学人员企业家参加“第十一届中国国际投资洽谈会——直接投资基金项目对接会”，与 40 多家国内外顶尖投资机构洽谈，7 家留学人员企业与风险投资商对接；提高“厦门留洽会”知名度，广州留交会厦门展位共接待留学人员 600 多人次，270 多名留学人员与企事业单位达成初步合作意向，124 家单位推出 715 个职位 2 152 名人才需求和 97 项重点招商引资项目及厦门公路局 11 个技术难题对外发布，168 名留学人员携带 100 多个高新技术项目应邀来厦参会。

四是加大引进台湾地区人才的力度。启用教育部港澳台学历学位认证网上申报系统，并开通台湾同胞教育部学历学位认证快速“绿色通道”，缩短认证时间。

（二）引智工作

国家外专局批准引智项目 37 项 127 人获资助 311 万元，其中出国培训项目 8 项 44 人获资助 46 万元；聘请专家项目 29 项 83 人获国家资助 265 万元，市财政配套 180 万元，项目主要涉及软件与集成电路、新材料、生物医药、汽车制造、飞机维修、重点市政工程、医疗及名优农产品等厦门市重点发展领域。推荐 55 名专业技术人员和管理人员赴香港、美国、法国参加中国企业高级人才及其他管理方面的培训；推荐 50 多人参加新加坡政府资助的 30 多个短期培训项目，已有 12 人学成回国；评选表彰 5 名外国专家获 2008 年“白鹭友谊奖”；开展“千村引智示范项目”调研，有 2 个被确定为“国家千村引智示范项目”。

（三）毕业生就业工作

2008 年，市人事局采取多项措施促进毕业生就业。全年共办理毕业生就业审批 1.92 万人（外地生源 1.58 万人）；办理来厦多年已成长为企业骨干人才的大专、中专学历毕业生的人事户口调入手续 62 人。总共接收毕业生 2.6 万人，其中博士 195 人、硕士 2 158 人、本科 17 657 人、专科 3 924 人；外地 15 795 人。

一是探索工学结合、校企合作的“1 + X”培养模式，加快支柱产业、新兴产业、现代服务业紧缺的高素质研发人才、生产服务一线的高技能人才培养。2008 年，华侨大学与友达光电（厦门）有限公司签订了联合培养光电专业技术人才协议。

二是对经市、区人事行政主管部门授权或委托，为本市生源毕业生提供免费公共服务的人才中介机构或其他有关机构给予一定专项补贴。

三是组织厦门大学、集美大学校园专场招聘会，邀请专业人士、职业经理人、企业人力资源部经理以讲座等形式开展职前培训，帮助毕业生尽快实现就业；举办“知名企业 HR 与厦大面对面”就业沙龙活动，邀请知名企业 HR 总监（经理）与厦大院系领导就企业的选才机制和用人特点、大学生素质培养、校企互动等进行研讨。

四是推荐毕业生就业。深入开展本市生源毕业生就业状况调查，基本摸清了 42 所高校 7 185 名 2008 届本市生源毕业生就业情况；在本市生源毕业生专场发放《厦门生源未就业毕业生求职登记表》及《厦门生源职位需求表》；收集用人单位招聘毕业生信息在厦门人才网“招聘毕业生”频道专门发布，为利用委托招聘平台开展本市生源毕业生首次就业推荐及“毕业生就业力”系列培训提供依据。2008 年以来，市人才服务中心共举办毕业生就业培训 32 场，1 万多人次参加，247 名厦门生源毕业生经首次就业推荐成功上岗。

五是做好 2008 年厦门市毕业生供需情况统计分析，及时发布需求信息；举办毕业生专场交流会，其中毕业生人才“1 + 4”系列交流大会，共有 773 家（次）单位提供 1.6 万个岗位，来自全国各地 5.2 万多人（次）毕业生前来求职应聘。举办本市生源毕业生专场 10 场，并与省人事厅联合举办福建省大中专毕业生人才（闽南）专场交流大会；继续开展毕业生职业见习活动，共有 188 家用人单位提供 1 427 个见习职位，1 246 名本市生源毕业生上岗见习，拨付见习补贴216万元；继续开展毕业生职业技能培训活动，举办行政助理、计算机、人事管理、职场通用技能等培训，331名毕业生参加培训，拨付资金15.2万元；联合市教育局组织非师范类毕业生教师技能培训学员上岗参加实际教学技能培训，59名本市生源师范类毕业生上岗见习。

（四）人才中介机构管理和服务工作

一是建立多元化服务平台。发挥人才市场的公共服务功能，改造扩建市人才服务中心交流会场地5 000多平方米，拓展岛外办事处服务功能，实现与中心网络互联，从4月起，每月最后一个星期五上午在翔安火炬园区定期举办专场招聘会，对园区招聘单位和应聘人才实行免费；提升厦门人才网功能，每天在线职位达7.1万个，人才库每天新增1 500人，求贤榜平均每天发布信息约110条，主页日访问量保持37万次左右，日高峰期超过42万次；推出“招聘广场”及“招聘信息电子发布区”，全天候免费发布招聘信息；对厦门人才网进行改版升级并开通国内首个“掌上人才网”。

二是在更多“211院校”建立人才服务工作站。2008年又与6所大学建立合作关系，目前在21所重点院校建立了工作站。

三是鼓励和支持福建建筑人才服务中心厦门分中心挂牌成立，方便本市建筑企业和建筑人才，也标志着厦门专业人才市场又向前迈进了一步。

四是成立制定厦门市人才中介服务标准工作小组，组织制定人才交流会、人事档案管理、人事代理、人才培训、人才派遣、人才网站、人才素质测评、人才猎头、人才咨询顾问9项业务规范服务标准；研究起草《厦门市互联网人才中介服务活动管理办法》。

五是成立“厦门市职业经理人协会”。11月举行成立大会，共有266名会员。协会将建设成为职业经理人交流的平台、培养的学校，更好地服务和促进厦门市企事业单位的发展壮大，提升市场竞争力。

六是开展2007年人才中介机构年度验证，全市人才中介机构年检合格69家，注销1家；开展人才中介机构专项治理工作，并与市劳动、公安、工商等部门联合开展人才市场安全检查活动，规范人才市场秩序；做好每月人才交流会预告和人才市场每季度人才供求信息的发布；核准颁发人才中介服务许可证12家，办理许可证登记事项变更26家；核准举办人才交流会220场；受理人才中介投诉10件；加强人才中介机构从业人员资格培训，全年共培训176人，全部取得从业资格证书；办理人才中介机构从业人员资格证书登记106人，注册44人；采集人才中介机构信用信息155条，其中机构信息32条，从业人员信息123条。

七是开展“公益性人才服务月”活动。举办岛外“三合一”专场交流会、重点园区专场交流会、公益性综合人才交流会等，参会企业约900家次，提供岗位43 000多个，吸引49 000多人次参加，约7 000人达成就业协议。其间还专门为翔安区、集美区、同安区3场招聘会开出19部人才直通车，组织输送近千名人才到场应聘。市人才市场共举办交流会149场，参会单位2.6万家，提供职位37.18万个；厦门人才网主页累计访问量达6 920万次，个人求职简历新增或刷新72万份（次），发布职位信息67.3万条（次）；办理人事代理单位立户1 301家，现有立户单位1.3万家，个人委托代理1 053人，现有委托代理人员70 525人；接收年终业绩考核材料1.63万份，接收档案2.13万卷，现有档案13.25万卷；接收人才储备申报780人，现有储备人才4 512人；集体户口迁入5 827人，现有户口总数1.9万人；签订单纯保管协议2 294份，国内学历认证6 100例，国外学历认证157例；进一步完善人才派遣业务操作流程，加强对机关事业单位人才派遣业务的管理和服务，新增派遣单位147家2 636人，现有派遣及人才事务单位318家4 343人；人才中心直属机关党委现辖支部240个，在册流动党员2 761人，联系党员4万余人次，2008年走访支部64次，慰问受灾及贫困党员174人次，向汶川地震灾区募集捐款15万余元。市人才服务中心获厦门市“首届十佳诚信中介机构”称号。

八是厦门市人才评荐中心新签订委托猎头服务协议12份，搜寻各类人才1 591人，推荐194人次，成功上岗6人；突出酒店式交流会的品牌效应，举办8场中高级人才交流会和配套网上招聘活动，183家单位参会，提供4 482个中高级职位，到场人才3 800多人，网站访问15.8万多人次，近400名人才与用人单位达成意向或实现了双向选择；为381人实施了竞聘测评、上岗测评和心理素质及经营者能力测试；加强“厦门高级人才网”的经营运作和会员招募工作，人才库新增2 100人。

（五）培训教育工作

一是依托“培训超市”和卫星远程教育，开展菜单式培训。2008年开办26个专题，参训6 642人次。

二是继续办好中高层次人才中高级研修班。开办24个班，4 896名中高层次人才参加培训，其中“扩大和深化两岸经济技术交流合作”和“心理健康与现代管理”列为省重点示范班。

三是联合行业协会，加大紧缺人才培训力度。全年培训软件、旅游、税务、会计等高端人才70多期4 188人。华侨大学与ABB公司试行校企合作，拟培养20名工程硕士。

四是推动“毕业生就业力”公益培训服务经常化、品牌化。举办“性格与职业发展方向”“厦门就业形势分析暨人事人才政策”“职业生涯规划管理”等23场培训，1万余名毕业生参加，逐步成为厦门及周边高校有影响力的公益服务品牌。

五是大力拓展社会化培训。建立紧缺人才培训渠道，开展软件人才培训18期1 032人次；举办新一轮人事管理专业培训，包括面向企业职业经理人的“企业心理学”高级研修班、“企业心理危机干预及危机干预系统的建立”、人力资源精品套餐课程、“《劳动争议调解仲裁法》解读及应对”，以及企业内训、“人力资源经理HR沙龙”活动等近50个班，2 600多人参加。

六是落实《厦门市“十一五”行政机关公务员培训纲要》，开展公务员能力建设和公文写作培训；组织全市行政机关公务员参加《政府信息公开条例》网上学习培训，6 000多人通过网络培训或考试；会同市委组织部、市司法局、市委宣传部等，组织8 000多名公务员参加法律知识网上考试。全年共办理专业技术人员继续教育学时验证7 257人次，公务员培训证书发放、登记、验证5 680人次，更改、认证机关工作人员学历268人次。

七是获批设立国家软件与集成电路人才国际培训（厦门）基地。这是国内首个集软件与集成电路人才培训的国家级基地，将为本市乃至整个福建的软件与集成电路人才培训提供巨大支持，促进厦门市软件与集成电路产业的发展。

（六）“网上人事局”建设

开发“厦门博士后”网络管理平台，为工作站开辟免费招聘和信息交流平台；开通岛外四区生源待业毕业生落户申请平台，实现毕业生落户数据市区人事、公安部门网络共享，方便毕业生就近办理落户；完善工改套改软件；成功开发“厦门市人事信息管理系统”一键即转换为全国“公务员登记系统”信息功能。

二、军转安置工作

根据全国、全省军转安置有关文件精神和要求，结合厦门市军转安置工作实际，邀请驻厦部队有关部门共同研究《厦门市2008年营职以下军队转业干部安置工作实施意见》；审核接收进厦安置军转干部档案321人，其中计划安置283人，自主择业38人。做好自主择业军转干部的管理和服务工作，积极协商有关部门同意他们在申请购房贷款时享受公积金贷款政策；完成企业退休军转干部增加专项生活补贴的兑现工作；做好企业军转干部慰问解困工作，邀请各区人劳局、各有关主管部门和部分企业营职以下军转干部研究春节、八一建军节解困和慰问工作，共慰问1 058人次，发放慰问金75万元。

三、专业技术人员管理工作

（一）职称评聘和人事考试工作

评审和批准确认中高级专业技术资格3 631人（中级2 641人，高级990人）；办理事业单位中高级专业技术职务聘任审批1 054人，工人技师聘任审批11人；组织各类职称和职（执）业资格及其他人事考试40余场，7万多人次报名参加；承接46家单位委托，完成社会化考试101套试卷的命题、组卷工作。

（二）深化职称改革

一是按照业绩优先的原则，深化“绿色通道”职称评审机制，促进优秀人才脱颖而出。首次组织中学高级教师职务任职资格“绿色通道”评审，采取专家现场评课、笔试、面试及答辩相结合的方式，并首次引入学生评价教师师德。13名教师申报，3名教师通过评审，其中2名教师曾多次辅导学生取得奥赛金牌。

二是首次在机械、化工、设备3个专业试点高级工程师量化评审，取消代表作鉴定，将论文答辩、专家组评议及评委会评审3个步骤合并为面试答辩、按评价要素量化评分的方式，65人报名参评，59人成绩合格通过评审。省人事厅对试点工作给予充分肯定。

三是改革中学教师评审方法。引入课堂教学考评环节，并实行量化评分，在真实的教学环境中评价教师的业务能力，有利于发挥职称评审的导向作用，激励教师钻研业务，提高教书育人的水平和能力。共有335名中学教师报名参加首次课堂教学考评。

四是改进“小中高”教师推荐对象的评价方法为上课（说课）、论文答辩和工作业绩三部分量化评分，并将师德表现纳入考评范围，明确师德表现不合格不得参评。经过严格考核，在41名申报教师中确定20名上报省里参评。

五是对工程系列高级职称评审进行改革，完善了以创新能力、工作实绩为导向，不唯身份、不唯职称、不唯学历、不唯资历和不用跑、不用找的职称评价新机制。

四、事业单位人事管理工作

积极做好事业单位岗位设置管理实施工作。总结岗位设置管理试点工作，研究制定了《厦门市事业单位岗位设置管理实施意见（试行）》。

规范和完善事业单位公开招聘工作。2008年春、秋季统一考试共推出68个岗位，招聘83人，1 332人通过报名资格初审。经过统一笔试、面试（其中8家单位16个岗位还首次进行了专业技能面试）和用人单位组织体检、考核合格，并在厦门人事网上公示无异议后，办理聘用手续。加强监督指导，强化招聘方案审核，删除因人画像的岗位资格条件；加强巡查及重点环节监控，增强公开性、透明性；加大举报案件的查处力度。一年来共审核事业单位招聘方案37批次518个招聘岗位，审核事业单位招聘花名册137批次472人。全市事业单位共补充人员1 430人，按学历分：研究生444人（博士47人，硕士397人），本科611人，大专154人，中专及以下221人；按职称分：高级132人，中级216人，初级及以下1 082人（毕业生716人）。

五、公务员管理工作

一是做好参照公务员法管理事业单位的审核上报及职位设置、人员培训考试和登记工作。福建省人事厅已批复厦门市91家事业单位参照公务员法管理。根据省里有关文件规定，认真做好已批准参照管理单位人员的培训考试工作，共有1 124人参训，其中108人列入考核对象，经测试考核后方能进行登记。

二是做好公务员考录工作。春季政府系统计划招考46名，实际录用45名；秋季全市计划招考143名，实际录用91名；市公安局从公安大学、刑警学院录用2008年度应届毕业生50名。完成2007年度机关事业单位工作人员年度考核审核及奖金审批兑现工作，共有44 754人参加年度考核，优秀占16.38%，称职（合格）占79.33%，基本称职（基本合格）占0.98‰，不称职（不合格）占0.38‰。

三是会同做好联合评选表彰工作。其中，全国系统先进集体10个，劳动模范1名，农村优秀人才1名，先进工作者5名；省级系统先进集体53个，先进工作者207名；市级先进集体173个，先进工作者363名。配合做好省、市抗震救灾先进推荐评选表彰工作，共表彰先进集体57个、先进个人796名、功臣6名。组织对1979年以来市、县（区）、乡镇政府及同级党委联合表彰情况调查，共表彰先进集体2.59万个、先进工作者4.73万人；审核部分享受地市级劳模待遇50人，部级系统先进晋升一个级别工资档次（或一级薪级工资）8人；协助市纪委开展对2000年以来全市机关事业单位共157人受开除处分的调查核实工作。承办机关事业单位干部任免资格、职数审核330批次2 323人，市政府干部任免52批次；办理公务员调动手续60人，省部属调动人员落户手续136人。

（厦门市人事局）

江　西　省

2008 年，江西省各级人事部门坚持以邓小平理论、“三个代表”重要思想和党的十七大精神为指导，深入学习实践科学发展观，认真贯彻落实全国人事厅局长会议精神，紧贴全省改革发展稳定大局，大力实施人才强省战略，稳步推进人事制度改革，着力发展人事公共服务，统筹抓好各项人事工作，全省人事人才工作取得显著成效，为江西经济社会发展作出了积极的贡献。

一、公务员管理工作

按照“法制化、科学化、规范化”的要求，进一步完善公务员制度，规范公务员管理。积极稳妥做好公务员法入轨收尾工作，妥善处理公务员登记中的遗留问题，公务员法实施工作基本规范到位，公务员队伍步入依法管理轨道。

（一）稳慎做好事业单位参照管理审批工作

按照严格审批条件、严格审批程序、严格控制数量的要求，省人事与编制部门相互配合、相互支持，开展事业单位参照管理集中审批工作，省、市、县政府直属事业单位以及省市部门所属事业单位参照审批工作已基本完成，反映总体平稳。

（二）扎实做好公务员考试录用工作

坚持“凡进必考”原则，继续推行省、市、县、乡四级联考，增加基层招考计划，提高面向基层招考比例，引导和鼓励高校毕业生面向基层就业，全省考试录用公务员 3 730 人，省级机关录用具有 2 年以上基层工作经历人员的比例提高到 56%。开展从优秀村干部中考录公务员试点，共录用优秀村干部 172 名。组织省公安和安全机关特殊职位招考，为全省各级公安机关招录射击、武术散打、法医、搜排爆、排除危险化学物品等急需专业特殊人才 150 余人。

（三）加强公务员制度建设

认真抓好《公务员录用规定》《公务员考核规定》《公务员奖励规定》《公务员申诉规定》《公务员调任规定》《公务员职务任免与职务升降规定》《公务员培训规定》和《新录用公务员任职定级规定》等公务员法配套法规的贯彻落实，结合江西实际，提出了贯彻实施意见，制定了公务员调任、交流的相关政策，对参照管理单位人员交流进机关的程序和条件作了具体规定。

（四）加强公务员考核培训工作

积极探索符合科学发展观要求的公务员考核制度，综合运用平时考核、民主测评、群众评议、年度考核等具体考核评价办法，制定了公务员考核操作要点。把公务员理解力、执行力、操作力考核纳入公务员考核体系，在政府系统开展“三力”考核试点，促进了机关效能建设和政务环境建设。加强表彰奖励工作，认真做好抗击雨雪冰冻灾害、抗震救灾、奥运会及残奥会等表彰工作，会同有关部门开展系统先进集体和先进工作者表彰工作。坚持开展公务员初任、专门知识、任职和更新知识四类培训，2008 年共培训公务员约 16 万人次。

二、人才服务保障工作

围绕全省经济社会发展需要，着力抓好人

才服务保障工作，不断改善全省人才生长环境。2008年，江西省人才跨省流动进出比为1.15:1，继2007年之后，继续保持进大于出的良好态势。

（一）加强人才队伍建设统筹规划和考核

认真贯彻落实《江西省“十一五”时期加强人才队伍建设的意见》，开展全省“十一五”人才规划中期评估工作。组织开展全省人才状况考核，突出为重点地域、重大产业、重点企业、农村基层和大学毕业生搞好服务。

（二）深入实施“三支一扶”计划

健全完善选拔招募机制，推行从“三支一扶”人员中“切块”考录公务员政策，从乡镇公务员招考职位中拿出一定比例招录服务期满考核合格的“三支一扶”大学生，增强了“三支一扶”工作的吸引力，2008年共招募“三支一扶”大学生2 606名，超额完成年度计划。自2006年实施“三支一扶”计划以来，已招募高校毕业生5 600多名。积极做好2006年首批“三支一扶”招募人员的安置工作，600余名服务期满的大学生得到妥善安置，绝大部分留在乡镇工作。江西省“三支一扶”工作受到高校毕业生、基层单位的欢迎。

（三）着力发展人事公共服务

围绕省委、省政府作出的大力发展光伏产业、铜产业和做强做大省会城市南昌的决策部署，制定出台了一系列优惠政策和具体措施，为江西赛维太阳能高科技有限公司举办了免费专场人才招聘会。充分发挥人才市场功能，加强高校毕业生就业见习基地和社会实践基地建设，开展“高校毕业生就业服务月”活动，引导和帮助高校毕业生就业。2008年，全省各级人才市场共举办现场招聘会712场次，进场求职人数89万人次，7.5万人次实现就业，有效促进了大学毕业生就业。

（四）扎实做好外国专家服务工作

实施外国专家行政许可服务窗口向下延伸，在8个设区市设立了服务窗口。举办外国专家管理工作培训班，加强对聘请外国专家单位的业务培训。开展2008年度“庐山友谊奖”评选表彰活动，共表彰20名外国专家。组织外国专家参与“江西省委书记苏荣与省内外朋友共商加快发展大计”活动。组织20多名在赣外国专家到瑞金、井冈山参加奥运火炬传递和赈灾捐款活动。

（五）进一步完善人才交流合作机制

成功承办了第三届中国·中部崛起人才论坛。论坛紧贴中部地区改革发展实际，紧扣“科学发展、合作共进”主题，围绕贯彻落实党的十七大精神，加强人才区域合作，促进中部地区崛起，进行了广泛深入、富有成效的研讨和交流。中部六省共同签署了《关于进一步加强中部六省人才合作的意见》《中部六省高层次专业技术人才培养合作协议》和《中部六省联合举办“高校毕业生就业服务月”活动协议》3个合作文件，为下一步合作奠定了基础。

（六）加强人事考试工作

坚持不懈抓好人事考风考纪，对笔试、阅卷、面试、体检等各个环节进行全程监督，确保公开、公平、公正。2008年共组织各类人事考试73项次，参考人员25万人次，维护了人事考试的严肃性、公正性。

三、专业技术人员管理工作

坚持引进、培养和使用相结合，加强专业技术人员管理。健全高层次人才选拔培养制度，加强高层次人才和农村实用人才队伍建设，贯彻落实《江西省专业技术人员继续教育办法》，继续实施专业技术人员继续教育“653”工程，促进了专业技术人才队伍素质提高和能力提升。

（一）精心抓好高层次人才引进工作

开展面向国内外引进优秀高层次专业技术人才工作，在住房、医疗、工资待遇、职称评聘、家属就业、子女就学等方面出台了一系列优惠政策，重点引进一批博士、博士后、博士生导师及正高级专业技术职称人员。截至2008年年底，全省共征集岗位1 348个，报名人数1 306人，面试人数924人，已有249人正式办理了引进手续。高端人才的引进工作，得到省委书记苏荣同志的充分肯定。

（二）加大高层次人才选拔培养力度

组织开展享受国务院和省政府特殊津贴专家的选拔工作。在对象上，将高技能人才纳入国务院特殊津贴的选拔范围；在方法上，坚持“三认可一兼顾”原则，即看专家、单位和群众对人选的认可度，兼顾产业、行业、地区间协调；在程序上，严格抓好单位申报、专家评审、组织考察、联席会审4个环节。2008年，全省共选拔119名享受国务院和省政府特殊津贴专家，150名“百千万人才工程”人选，选送110名优秀中青年专家到国内重点院校、科研院所、院士身边及国外研修。选派29人参加人力资源和社会保障部举办的高级研修班，举办了全国首个“光伏产业实践与发展高级研修班”。组织全省专业技术人员继续教育公需科目培训考试，共培训专业技术人员2.5万人次。

（三）大力加强博士后站建设

在国家提高审批条件的情况下，积极争取支持，鼓励单位申报。2008年全省共有19家单位申报，10家单位通过审批，通过率为52.6%，高于全国41%的平均水平，在中部省份名列前茅。全省博士后站总数已达到40家（其中流动站9家、工作站31家），在站博士后研究人员达80人。

（四）完善专业技术人员职称评聘制度

按照“控制增量、消化存量”的工作思路，采取了一系列针对性措施缓解评聘矛盾，提高评审质量。调整职称外语省内合格标准；取消破格申报卫生高级职称的答辩程序，改为提高“人机对话”考试分值比重；对评委会执行评委的结构比例和中高级评委会的评审通过率等提出指导性意见；积极引导和鼓励一些具备条件的行业及单位实行自主评聘。开展了职业资格清理规范工作，对全省499项职业资格进行了清理规范。开展了中小学高级职称破格申报“以考代评”、考评结合试点工作。强化了评委会建设，严把评审质量关，完成了6 200多名申报晋升高级职称人员资格的审查工作，指导协调评委会做好评审工作，有4 323人通过评审获得了高级专业技术资格。重新拟定出台了毕业生见习期满考核定职政策，放宽了五大毕业生的考核认定范围，完善了考核认定程序。

（五）加强农村实用人才队伍建设

认真落实中办、国办《关于加强农村实用人才队伍建设和农村人力资源开发的意见》，出台了《江西省优秀农村实用人才奖评选办法》，积极做好全国农村优秀人才选拔推荐工作。2008年，江西省有4人获得全国农村优秀人才奖，其中1人在全国农村实用人才队伍建设座谈会上发言。继续开展“建设新农村，江西专家在行动”活动，组织专家到农村、社区、企业提供人才智力服务，不断提高服务质量和水平。

四、事业单位人事管理工作

（一）稳步推进事业单位岗位设置管理工作

遵循“坚持政策严肃性、体现公平合理性、维护社会稳定性”的原则，稳步推进事业单位岗位设置管理工作。7月，召开了江西省事业单位岗位设置管理工作会议，对全省事业单位岗位设置管理工作进行了全面动员部署。省委办公厅、省政府办公厅下发了《江西省事业单位岗位设置管理实施意见》，省人事厅出台了《江西省事业单位专业技术岗位设置结构比例及最高等级控制标准》《江西省事业单位工勤技能岗位设置结构比例及最高等级控制标准》，以及教育、卫生、科研、农业、文化、广电、体育、新闻出版和机关直属服务性事业单位9个行业指导意见，举办了14期业务培训班，近1 000个事业单位2 000余名工作人员参加培训。目前，事业单位岗位设置管理工作全面启动，稳步推进。

（二）全面推行事业单位工作人员公开招聘和聘用制度

完善公开招聘程序，规范招聘面试办法。

全年全省公开招聘事业单位工作人员 12 300 人。

五、军转安置和企业军转干部解困维稳工作

(一) 圆满完成军转干部安置任务

坚持考试考核、双向选择和指令性安置保底相结合的原则，推行“三类人员”带编安置，正团职以上的军转干部，进省直机关事业单位实行带编安置；荣立一等功的军转干部，进机关事业单位实行带编安置；在 2008 年抗击冰雪灾害和四川汶川抗震救灾中荣立二等功、三等功或受到省（军）级以上通令表彰的军转干部，进机关事业单位实行带编安置。加大宣传力度，鼓励军转干部自主择业，认真做好自主择业军转干部服务保障工作。军转干部安置进展顺利，省直单位安置任务提前完成。全年全省共接收安置军转干部 806 名，安置随调随迁家属 148 名，做到了军队、接收单位和军转干部对安置质量基本满意。

(二) 提升自主择业军转干部管理服务水平

进一步充实自主择业军转干部数据库，完善管理服务体系和工作制度。及时核定自主择业军转干部退役金，会同财政部门完成退役金的预决算，确保退役金足额发放；及时办理自主择业军转干部医疗保险，做到病有所医；及时调整增加退役金；同时加强就业指导，积极引导自主择业军转干部就业、创业。

六、法制建设工作

(一) 加强法制宣传教育

坚持把法制宣传教育纳入公务员培训考核范畴，组织干部职工参加“五五”普法教育，提高干部职工的法律素质、依法行政意识和依法办事能力。

(二) 积极开展行政审批事项清理规范工作

省人事厅将保留的 4 项行政许可事项全部下放或委托下级人事部门实施并压缩办理时限，办理时限由 20 天缩短至 12 天，均压缩了 40%。

(三) 大力推进政务公开

出台了《江西省人事厅政务信息公开办法》。开展网络访谈交流互动活动，省人事厅领导每月轮流上线与公众在线交流，宣传人事政策法规，解答网民提问。

(四) 认真做好人事争议仲裁工作

制定完善了江西省《人事争议仲裁办案流程》《来人来访接待制度》和《人事争议仲裁文书范本》，做好人事争议调解仲裁与《劳动合同法》的衔接。在教育厅、交通厅、文化厅所属事业单位和省内十多所高校建立了人事争议仲裁工作联系点，做好人事政策法规宣传，有效化解人事纠纷。2008 年处理人事争议案件 378 件，调解结案 345 件。

（江西省人事厅）

山　东　省

2008年，山东省各级人事部门根据人力资源和社会保障部及省委、省政府的要求，按照统筹规划，突出重点，全力推进各项工作的总体思路，加大力度，积极推进人才资源开发；健全制度，不断加强公务员队伍建设；创新体制，稳步推进各项改革；以人为本，保障和改善民生；坚持依法行政，圆满完成了各项任务。

一、人才服务保障工作

一是进一步完善人才市场管理制度。制定下发了《全省性人才交流会审批办法》。制定公布了“举办全省性人才交流会审批”“设立人才中介服务机构及其业务范围审批”和“山东省人才中介服务机构年检”等工作程序，设定了相关申报表格。二是继续做好人才服务保障工作。全省各类人才服务机构达到294家，其中政府人事行政部门所属181家，行业性13家，民营机构100家，从业人员2 012人。政府人事行政部门所属人才服务机构中，国家级人才市场2家，省级人才市场7家，市属22家，县（市、区）属150家，已形成以政府人事行政部门所属人才市场为主体，行业性和民办性人才市场为补充的人才市场体系。全年各级人才服务机构举办现场人才交流会3 371场，参会招聘单位21.63万家，进场求职个人421.38万人次，139.53万人达成流动意向。组织举办了“2008山东省暨济南市春季人才交流会”“山东省2008年大中专毕业生综合类就业市场”“2008年产学研人才交流会”“五月精英人才交流月”系列活动，以及“中国·山东第五届海洽会国内高端人才交流会暨2009届研究生双选会”“山东省春、夏、秋、冬四季交流会”等41场全省性大型交流活动，进场招聘单位7 103家，提供就业岗位18.8万个，求职人数达42.8万人次。当年全省各级人才服务机构新增人事代理单位3.72万家，代办职称评审3.37万人，新接收人事档案38.62万份，现存档案总量120.16万份。现有流动党支部271个，实际管理流动党员2.07万名。开展“人事代理进校园”活动，上门服务毕业生4.29万名，在全省高校组织开展人事代理讲座、报告会120场，发放宣传资料10万份，为毕业生提供咨询服务13万人次。2008年，山东省实现计算机联网的地区（包括镇街、社区）达到421个，人才信息站点426个，已建成人才信息数据库243个，全年入库单位需求信息、个人求职信息分别达93.77万条和471.24万条，网站访问总量14.7亿人次。举办毕业生网上专场招聘会163场，参会单位4.75万家，毕业生浏览量4 275万人次。各级人才服务机构全年共举办各类培训班869期，培训人员19.12万人；为3 715家单位实施了人才派遣，派遣人数达6.52万人；组织人才测评957次，测评服务1.91万人；为2 259家单位进行了人力资源管理咨询，服务个人5.6万人；开展了山东省人才市场供求信息定期发布工作。

二、军转安置工作

2008年，全省共接收安置军队转业干部6 001名，其中计划分配军队转业干部5 548

名，自主择业军队转业干部453名。接收随调配偶379名，随迁户数550户，随迁家属子女981名。接收军队转业干部总数继续居全国首位，占全国总数的10.8%，比上年增长1%。

一是做好计划分配军队转业干部安置工作。成立了山东省军队转业干部安置工作领导小组。召开了全省军队转业干部档案审查工作会议，对转业到山东省的军队转业干部档案和随调配偶档案进行集中审查。召开了全省军队转业干部安置工作会议。制定出台了《关于做好2008年军队转业干部安置工作有关问题的通知》和《关于做好参加抗震救灾军队转业干部安置工作的通知》。改进完善安置办法，坚持“公平、公正、公开”原则，在省直实行由军队转业干部按考试考核总分数排序选择单位的安置办法，中央驻济单位和企业实行考试考核、单位与军队转业干部双方协商的安置办法，济南、青岛、烟台、潍坊等15个市均采取了考试考核由军队转业干部按分数选择去向或与双向选择相结合的安置办法。整个安置工作于11月底顺利完成，其中省直单位共接收军队转业干部450人。二是做好自主择业军队转业干部管理服务工作。省及13个市成立了专门的管理服务机构，其余4个市也配备了专管人员。在济南市进行了社区化管理服务试点工作，对基层工作人员进行培训指导。建立自主择业军队转业干部人才供需平台，提供就业创业服务与帮助。全省实现就业的自主择业军队转业干部达80%以上。三是做好军队转业干部培训工作。对计划分配军队转业干部，采取全省统一规划、条块结合、按专业编班的方式组织培训，建立分级、分系统的培训工作责任制，采取专家讲座、网络课堂和社会实践等形式授课。对自主择业军队转业干部，依托企业或高等院校进行专业化和个性化培训。2008年全省共举办军队转业干部培训班50余个，培训5 500余人，培训率95%。公安、法院、检察院、司法、税务、质监等9个系统由省主管部门组织系统培训。四是做好企业军队转业干部解困和维护稳定工作。8次下发电报通知，按社会职工平均工资水平和基本养老金水平调整了企业军队转业干部生活补助标准，开展了政策宣传月活动，在节日期间坚持走访慰问。

三、专业技术人员管理工作

一是做好事业单位岗位设置管理实施工作。制定印发了《山东省工程技术事业单位岗位设置结构比例指导标准》《山东省事业单位专业技术二级岗位设置实施办法》和《关于事业单位专业技术岗位兼职审批有关问题的通知》。召开了加快推进事业单位岗位设置管理工作会议，总结交流情况，研究加快推进的措施和办法。核准省属高校、卫生、文化、民政、人口计生、水利、地质勘察、轻工等部门所属事业单位岗位设置方案，全省已有30%多的事业单位完成了岗位设置工作。二是做好博士后工作。组织了第八批博士后科研工作站申报推荐工作。烟台冰轮集团有限公司等40家单位设立了博士后科研工作站，全省博士后工作站达到120个。召开了全省优秀博士后表彰暨博士后工作会议，隆重表彰了20名优秀博士后研究人员和10个博士后科研流动站、工作站，并对今后一个时期的博士后工作进行了部署。组织了中国博士后科学基金资助申报工作，有130名博士后研究人员获得首批中国博士后科学基金特别资助和第43、44批面上资助。加强与国内著名高校的联系，邀请国内51所高校160多名博士后携带专利和技术项目参加了“中国·山东第五届海内外高端人才暨技术项目交流洽谈会”。其中，华中科技大学、西安交通大学等高校博士后联谊会负责人带队组团参会，与山东省企事业单位达成合作意向、签署协议60多项。三是做好专业技术职务资格评审和专业技术人员职业资格工作。对2007年度高级专业技术职务资格的评审结果进行审核、备案，行文公布了52个省高评委评审结果，对51个授权高评委评审结果进行了备案和统一赋号。全省共有3.44万人申报，2.06万人获得高级专业技术职务资格。印发了《关于做好2008年度专业技术职务资格评审工作的意见》，召开了全省专业技术职务资格评审工作座谈会，对2008年度专业技术职务资格评审工作进行了部署。印发了《关于对职业资格清理规范情况进行调查的通知》，召开了全省电视电话会议，对全省109种专业技术人员职业资格及相关活动、786项技能人员职业资格进行了清理规范，逐项研究处理，向人力资源和社会保障部上报了《清理规范各类职业资格相关活动总结报告》。四是做好专家选拔培养服务工作。公布张永明等104人为2008年享受国务院政府特殊津贴人员推荐人选；公布江秀花等20人为2007年"新世纪百千万人才工程"国家级人选，报请省政府批准表彰了2007年度山东省100名有突出贡献的中青年专家，组织选拔了2008年度山东省有突出贡献的中青年专家100名。建立了山东省离退休专业技术人员发挥作用联席会议制度，并召开了第一次联席会议。

四、事业单位人事管理工作

一是做好事业单位新进人员公开招聘工作。统一组织了初级岗位人员公开招聘工作。省属55个部门的237家事业单位计划招聘初级岗位工作人员1 267人，共有6.24万人报考应聘，经笔试、面试、考核、体检、公示等程序，为1 188名符合条件人员办理了备案手续。同时，按规定为1 837名单位自行组织招聘的新进人员办理了聘用备案手续。二是做好事业单位人员聘用制工作。进一步完善全省事业单位现有在职人员聘用备案工作，有5.39万家事业单位实行了人员聘用制度，占事业单位总数的93.1%；已聘用备案人数为171.44万人，占总人数的94%。其中，省直813家事业单位实行了人员聘用制，已聘用备案人数为10.51万人，占省直事业单位总人数的84.6%。三是做好事业单位人事计划管理工作。在全省各级事业单位建立了机构编制、人员与财政预算相结合管理机制。在全省建立了机构编制、人员与经费动态管理信息系统，实现了在线增人信息审核，核发增人计划卡，从根本上解决了编制人员和财政预算"两张皮"问题。印发了人事计划管理指导意见，进一步加强、改善和规范事业单位人事计划分类管理。印发了《关于规范省直机关事业单位人员信息管理的通知》，实行人员信息精细化管理，有效杜绝了人员基础信息数据报送不真实、不及时和虚报、漏报、瞒报等现象的发生。编制下达了省直事业单位增人计划。编制了2008年省直事业单位增人计划，改进了程序和办法。

五、公务员管理工作

一是落实中央政策规定，按时完成了省、市、县三级参照管理集中审批工作，共审批行政机关所属参照管理单位2 407家，涉及事业编制4.29万名，占行政编制总数的11%，受到国家公务员局的充分肯定。二是制定出台了山东省参照公务员法管理单位人员登记实施意见，顺利完成了参照管理单位人员登记工作。三是认真组织公务员考录，为全省各级机关招考公务员6 318人。及时调整完善考录政策，鼓励毕业生报考基层公务员，允许乡镇公务员报考县以上机关。改进考录办法，邀请人大代表、政协委员和新闻媒体对面试工作进行全程监督。四是严格执行干部调配政策，为省直机关调配急需人才、解决夫妻两地分居23人。五是认真做好抗震救灾、奥运会、残奥会奖励表彰工作。4月，省政府表彰了795名山东省劳动模范和先进工作者。9月，省委、省政府授予41家单位"山东省抗震救灾英雄集体"荣誉称号，授予90名先进个人"山东省抗震救灾模范"荣誉称号，授予53家单位"山东省北京奥运会、残奥会先进集体"称号，给予134名先进个人记一等功奖励。另有779家先进单位受到省政府通报表彰，93名先进个人受到省政府记一等功奖励。六是依法开展公务员培训工作，组织实施"服务业千人培训工程"。按照2008年山东省公务员培训计划，依法组织实施公务员四类培训，在山东行政学院举办各级各类公务员培训班17期，培训公务员1 010人。加强人事系统干部队伍素质建设，举办人事干部培训班十余期，培训900多人。开展公务员公共管理核心内容培训，组织编写《公务员通用能力读本》辅导教材，全省有10万多名公务员参加了培训，并进行了统一考试考核。根据原人事部计划安排，承担了西部六省（市、区）社会主义新农村建设对口培训班3期，培训120多名西部地区处级公务员。组织40名县（市、区）新任职的人事局长赴广东行政学院培训15天。为全省100多名公务员考取公共管理硕士（MPA）研究生进行了审核。省政府办公厅转发了省人事厅等部门《关于加快服务业人才培养大力支持服务业发展的意见》（鲁政办发［2008］34号）。制定“服务业千人培训工程”实施方案，召开了服务业人才培训工作协调会议，全面启动了服务业人才培训工程。在山东行政学院和山东大学举办各市、县（市、区）分管领导，省直有关部门（单位）服务业高层次管理人员及金融管理干部培训班7期，培训公务员283人，组织赴香港培训班3期，培训公务员103人。省人事厅指导、协调、帮助各市人事局、省直有关部门举办各级各类服务业领导干部、管理人员培训班30余期，培训4 000余人。

六、人事法制建设工作

一是开展人事法制宣传教育活动。举办了全省人事法制建设研讨班，通过领导讲话、专家授课、经验交流等多种形式开展学习研讨。继续深入开展“五五”普法宣传教育活动。组织开展了以“和谐人事、法治先行”为主题的人事法制宣传月活动。全省各级人事部门累计举办各类人事法规讲座及培训班132期，参加人数1.13万人；面向社会举办专题宣传及咨询活动189次，接待群众咨询9.13万人次；在各类新闻媒体上发表宣传稿件236篇；累计发放宣传资料19.54万份。开展了“五五”普法中期督导检查工作。制定下发了《关于在全省公务员队伍中进一步加强学法用法工作的通知》，在全省公务员队伍中开展加强学法用法工作。二是加快人事立法进程。先后制发了《山东省人事争议仲裁委员会章程》《山东省人事争议仲裁员管理暂行办法》《山东省省直和中央驻鲁有关单位人事争议处理协调联络员工作规则》等文件，健全了人事争议仲裁制度体系。对现行的人事法规政策进行了清理，各市共废止各类人事法规政策24件，修改或拟修改31件。对省人事厅2008年制发的7个规范性文件进行了审查、备案。三是开展执法监督检查。开展了《山东省专业技术人员继续教育条例》专项执法检查，对烟台、威海、淄博、菏泽等市贯彻落实条例情况进行了抽查。对全省人事系统贯彻执行民族政策情况进行了自查整改。四是推行政务公开。编制完成了《山东省人事厅政府信息公开目录》和《山东省人事厅政府信息公开指南》，公开了49项人事编制工作的办理条件、程序、时限、政策法规依据和责任处室、责任人员；公开了自1993年至2008年1月山东省人事编制方面的法规、规章和规范性文件目录120件。五是开展人事争议仲裁和行政复议工作。举办了山东省人事争议仲裁会议暨人事争议仲裁业务培训班，共培训市、县（市、区）专职仲裁员，省直人事争议处理协调联络员和兼职仲裁员160多人。全年各级人事争议仲裁机构共接待来访5 038人次，立案受理案件330件，当期审结案件279件。其中，调解结案198件，调解结案率达70%以上。加强对全省人事系统行政复议工作人员的专业培训，邀请省政府法制办公室有关领导作行政复议专题讲座。使用了行政复议信息报备管理系统。全省人事系统全年受理行政复议案件2件。

七、大中专毕业生就业工作

2008年，山东省内院校共有高校毕业生43.4万人，同比增加6万人，增幅为16%。全省高校毕业生总体就业率为80.3%，其中研究生就业率为72.3%，本科毕业生就业率为 78.8%，专科和高职毕业生就业率为 81.9%。实现就业总人数 34.8 万人，同比增加 6.2 万人，增幅为 21.7%；到基层就业人数 7.32 万人，增加 1.71 万人；自主创业人数 7 796 人，增加 1 851 人。就业率与往年大体持平，就业人数和到基层就业人数比往年明显增加。

一是大力推动高校毕业生面向基层就业。制定下发了关于实施“一村（社区）一名大学生工程”的意见，青岛、淄博、潍坊、济宁、泰安、日照、德州、聊城八市进行了试点，共选派大学生 1 776 人。在临沂、滨州两市进行了选聘高校毕业生到村任职试点，选拔了 2 599 名高校毕业生到村担任村长助理或村支书助理职务。继续组织实施“三支一扶”工作，2008 年共招募 2 029 名高校毕业生，近 6 万人在网上踊跃报名。在山东会堂举办了“三支一扶”大学生先进事迹报告会，并在 40 多所高校进行了巡回演讲。制定出台了《关于山东省“三支一扶”大学生服务期满后相关政策的通知》，全省服务期满的 972 名“三支一扶”高校毕业生，近半数实现就业，其中考录公务员 148 人，考取事业单位 130 人，其他形式就业 130 人。二是积极实施特困家庭高校毕业生就业帮扶。出台了《关于做好特困家庭高校毕业生就业工作的通知》，由省财政拨付经费 858.25 万元，给 1.72 万名特困生每人发放求职补贴 500 元。此举被新华社、人民日报等多家新闻媒体报道，在社会上引起较大反响。三是从根本上解决未落实工作单位农村生源毕业生回农村落户问题。出台了《关于未落实工作单位普通大中专院校农村生源毕业生回原籍落户有关问题的通知》，从根本上解决了农村生源毕业生在城市没工作、在农村没土地的窘迫问题。四是努力打造高效、快捷的毕业生就业公共信息服务平台。培育了以区域性、行业性市场和校园市场为主的统一、开放、高效、有序的毕业生就业市场体系，开展了毕业生就业服务周活动。全年共举办全省性毕业生就业市场 34 场，并全部实行毕业生免费入场。各承办单位共组织入场招聘单位 7 115 家，提供岗位 16.92 万个，入场求职毕业生 44.47 万人次，现场达成就业意向 10.31 万个。加强了毕业生就业见习基地建设，山东省全国高校毕业生就业见习基地数量达到 15 家，全省各级建成就业见习基地 500 多家，在基地见习的毕业生多数通过见习实现了就业。努力拓展山东高校毕业生就业信息网服务功能，积极开展形式多样的网络招聘活动。2008 年，山东高校毕业生就业信息网已注册毕业生 117 万人、用人单位 3 万家，日平均访问量 16 万人次，最高达 20 万人次。投资 1 000 万元对山东大中专毕业生就业网络进行了升级改造。五是形成促进毕业生就业的合力。建立了省、市、县三级管理，以地方为主的高校毕业生就业工作管理体制，研究制定了全省普通高校毕业生就业工作任务分解方案，加强了毕业生就业工作人员队伍建设，在山东大学建立了“山东省就业指导培训基地”，举办了山东省大中专毕业生就业指导人员第一期培训班。

八、引进国外智力工作

2008 年，山东省共组织实施引进国外智力项目 959 个，选派 741 人赴国（境）外培训，引进外国专家 1.6 万余人次，新建国家引智基地和引智单位 6 家，命名省引智基地 38 家，建设“千村引智示范项目”示范村 30 个，解决管理和技术难题 700 多个，向周边地区和全国其他省市推广新品种、新技术 300 多项，争取国家资助经费 2 235 万元。

一是整合资源，集中力量精选实施重点项目。筛选了山东力诺瑞特能源有限公司的“太阳能利用与建筑一体化项目”等 10 个科技含量高、经济效益显著、辐射面广的重点项目，给予每个项目 20 万元的资助，并做好跟踪服务工作。在项目的选择上，突出了为解决“三农”问题和为建设社会主义新农村服务的项目，突出了为建设资源节约型、环境友好型社会的项目。二是增进服务，强化管理，全面展开外国专家工作。对全省外国专家管理工作系统进行了补充修改和完善，在全国率先实现了外国专家证和来华工作许可全程网上办理、实时查询统计、数据信息共享等目标。做到了对全省外国专家证件办理情况进行动态管理。组织了2008年山东省政府“齐鲁友谊奖”的申报评选工作。共有40名外国专家参加评选，20位外国专家获奖，举办了颁奖仪式。三是严格把关，加强管理，认真做好出国（境）培训管理工作。全年共申报出国（境）培训项目179项，派员2 854人。通过专家评审论证，择优选出98项、1 500人报国家外专局和省政府审批，获批83项、1 186人。四是加大力度，扩大领域，积极推广引进国外智力成果。积极开展国家引智示范基地和国家引智示范单位的推荐申报工作，经国家外专局审议，山东省泰山玻璃纤维有限公司等4家单位被命名为国家引智单位，寿光市蔬菜高科技示范园管理处等2家单位被重新命名为国家引智基地。下发了《关于组织实施千村引智示范项目的通知》，组织各市开展千村引智示范村和示范项目的申报工作。从全省申报的55个示范村和示范项目中筛选确定了30个山东省千村引智示范项目示范村。五是举办国家级重大活动，确保引智工作取得实效。成功承办了中国·山东第五届海内外高端人才交流暨技术项目洽谈会，549名海内外高端人才到会洽谈，签订正式合作协议60项，协议标的额达25.34亿元，达成高端人才和高新技术项目合作意向1 852项。其中引智项目356项，有160项需求项目与外国专家对接成功。共有110名专家来鲁参加了海洽会。从专家层次看，院士3名、教授博士49名、高层管理人员44名；从专家专业看，节能减排7名，现代服务业11名，先进制造业36名，新材料、现代农业和生命医学等高新技术产业56名。

（山东省人事厅）

济　南　市

2008 年，济南市人事局加快推进“两个转变”，即工作理念由单纯的人事观向科学的人事观转变，工作方式由粗放管理向依法科学管理转变，通过建立完善科学的制度，对人事编制管理工作逐一进行规范，各项工作取得了显著成绩。

一、录用调配及公务员管理

严格控制和执行机关事业单位增人计划，健全了市直机关事业单位人员录用调配、市属事业单位公开招聘和聘用高层次紧缺人才等一系列规定。规范机关事业单位的进人方式，公务员招考在坚持完善过去一系列行之有效的措施办法的基础上，首次实行了面试考官异地选派，面试邀请人大代表、政协委员和媒体记者现场监督。市属事业单位进人首次面向社会公开招聘，建立起了公开、平等、竞争、择优的选人用人新机制。有效控制了低层次人员的无序增长。2008 年，市直机关事业单位新进人员中研究生以上学历的占 50%。

加强公务员队伍管理，认真做好公务员法人轨运行工作，按照先理顺关系再逐步消化解决的原则，研究提出了本市公务员登记遗留问题处理意见和人员分流安置方案，对全市 560 名符合登记资格考试条件的人员组织了考试和登记。扎实有序推进事业单位参照公务员法管理工作，市直 40 个、县（市）区 121 个事业单位已经省人事厅批复，人员过渡登记工作正在进行。全面启动新一轮培训工作，在全市各级公务员中开展素质能力系列培训，重点提高公务员的公共管理能力和 14 种通用综合素质，并组织了考试。将公务员参加培训情况和考试成绩，作为年度考核、任职、晋升的重要依据。制定了《济南市 2008—2010 年行政机关公务员培训规划》，对新录用公务员实行廉政勤政宣誓制度。

二、毕业生就业服务

2008 年，济南市生源的非师范类毕业生共计 3.2 万人，比上年增加 1 075 人。其中，博士生 539 人，硕士生 999 人，本科生 8 970 人，大专生 18 309 人，中专生 3 146 人。截至年底，上述毕业生中回济报到人数为 1.77 万人，就业人数为 1.18 万人，就业率达到 66.5%。

为最大限度地实现毕业生就业，市人事局采取了多项措施。一是坚持公益性原则，为毕业生求职提供多样化的服务。济南人才市场组织的招聘会对所有求职人员免费开放，全年组织招聘会 54 场，入场求职者达 12 万人次。注重发展网上毕业生就业市场，截至年底，济南市高校毕业生就业信息网向社会发布需求信息 1 万条，为高校毕业生提供就业岗位近 10 万个。二是积极实施“三支一扶”计划，推动高校毕业生到基层就业。2008 年公开考试招募了 200 名“三支一扶”大学生。积极落实有关优惠政策，对服务期满考核合格的“三支一扶”大学生报考机关公务员和事业单位的，在笔试总分中享受加分优惠。2008 年有 79 人享受优惠政策，考取了基层事业单位。截至年底，首批 172 名服务期满的“三支一扶”大学生中已有 123 人落实了就业单位。

三是为提高未就业毕业生就业竞争力，启动了高校毕业生就业见习活动，建设了14家就业见习基地，确定每年招募300名高校毕业生参加就业见习。四是积极发展特色就业服务活动。为破除女毕业生就业性别歧视，联合妇联、新闻媒体开展“女大学生就业服务周”活动。为帮助在校大学生积累工作经验，举办了为期2个月的大学生暑期勤工俭学支持行动。

三、军转安置

在军转安置工作中，坚持、完善“四公开一监督”的考试考核办法，即做到公开安置办法，公开考试考核成绩，公开安置计划，公开安置去向，邀请市纪委监察部门和部队全过程监督。依据这一办法对符合进济南市区条件的所有计划安置的军转干部，按照部门、单位安置计划，由军转干部本人根据考试考核成绩名次，从高分到低分依次进行选择。2008年全年总共完成了1 295名军队转业干部的安置任务。全市共接收计划安置军转干部1 227人，实际接收安置1 166人，其中市直部门接收766人，县（市）区接收400人。市直部门安排到公务员岗位的429人（含政法系统350人），占56%；安排到事业单位的337人，占44%。全年安置自主择业军转干部68人。完善了企业军转干部解困工作的长效机制，及时化解矛盾，维护了社会稳定。

四、专业技术人员管理

由于岗位设置等方面的原因，2007年度职称评审延至2008年年初进行，全年全市共有1 353人获得中级资格，755人获得高级资格。下半年，全面布置了2008年职称评审工作，并稳妥完成了当年山东省各高级职称评委会评审的申报推荐工作，共推荐20个系列152人参评。职称评审过程中，在继续实行申报前及评审后“双公示”、网络化评审、评委专家随机遴选、专业技术人员承诺签字制度基础上，将评审原则由适度从严调整为从严。一是严格申报程序，实行预申报制度，事业单位拟申报人员数量报市人事局审核后，确定最终申报指标。结合事业单位岗位设置情况按岗位申报职称，对于现资格数超过岗位数15%的单位，一般不再推荐上报。二是修改了推荐申报中高级专业技术职务资格量化赋分标准，调整了要素间的赋分权重，适当抬高了门槛。三是评委会委员的遴选更加科学，要求行政领导一律不得担任评委会成员，全市20个评委成员全部由业内专家担任。

五、人才资源开发服务

重视海外人才工作，截至年底，中国济南留学人员创业园已入驻企业187家，聚集海内外留学人员1 700多人，在孵高科技项目417项。成立了“中国济南留学人员创业园历下创业区”和“济南留日科技人才创业基地”，引进了“德国联邦中型企业经济联合会”驻济南办事机构。建立了国家级的“中日IT桥梁工程师交流示范基地”，新设立了“泉城友谊奖”，全年引进急需的国外先进管理技术项目46项，济南市外国专家局被评为“全国引智工作先进单位”。

加大高层次人才推荐选拔力度，新推荐9名专家享受国务院特殊津贴。整合省会博士后资源，济南市博士后科研工作站增至9家，在站博士后19人。探索适应市场需求的人才市场新体制，成立济南邦得人力资源有限公司，成功加入全国大中城市人才中心主任联盟；人事代理单位大幅增加，代理档案突破12万份；网上人才市场不断发展，中国济南人才网再度被评为济南市十大优秀网站。切实加强考试工作，建立健全考试制度，不断扩充考试题库，进一步严肃考风考纪，顺利完成了8万多人次的各类人事考试。

六、事业单位人事管理

坚持把事业单位岗位设置改革作为人事制度改革的重中之重，继续按照“积极稳妥，稳慎实施；试点先行，压茬推进；先易后难，逐步完善；先入轨运行，后深化规范”的原则，稳慎做好事业单位岗位设置工作。上半年印发了《济南市事业单位岗位设置管理实施意见》，完善了岗位设置改革的政策体系。通过在10个单位进行试点，确立了岗位设置工作核准程序：单位上报拟设方案、主管部门核准、联席会议审核、单位制定设岗细则、人事局审批和资料整理归档6个步骤。到年底，市直10个试点单位的工作已经完成，市直事业单位岗位核准工作全面推开。积极推行事业单位人员聘用制度改革，市属事业单位改革已基本完成，各县（市）区各选取了20个左右事业单位进行试点，各试点单位岗位设置方案已经制定完成。认真研究落实事业单位规范津贴补贴有关政策，着力破解事业单位收入分配制度改革中的突出问题，改革机构编制和人员管理方式，全面推行事业单位机构编制实名制。

七、承办第五届海洽会

由济南市承办的中国·山东第五届海内外高端人才交流暨技术项目洽谈会于11月下旬在济南举办。人力资源和社会保障部副部长、国家外国专家局局长季允石，人力资源和社会保障部副部长王晓初出席了开幕式并讲话，山东省委书记姜异康，省委副书记、省长姜大明出席会议。会议以“交流、合作、创新、发展”为主题，融海外人才交流、国内高端人才招聘、技术项目洽谈、创业成果展示与表彰奖励为一体，取得了丰硕成果。会议发布需求信息5 000多条，应邀从海外来济南参会的外国专家、留学人员组织负责人、留学人员以及国内博士后等海内外高端人才543人。会上，达成合作意向300多个，签约项目6个，项目金额达17.2亿元。济南市签约项目和金额数分别居山东省第一位和第二位。全市有3名外国专家获“齐鲁友谊奖”，人数创历年之最。会议期间，组织留学生参加“海外人才泉城行”活动，参观了高新区、留学人员创业园和齐鲁软件园。

八、法制建设

2008年，市人事局结合业务工作，狠抓了人事工作的法制化、规范化管理。一是制定了《济南市人事局业务手册》，明确了各处室的职责范围和每个职位的工作内容、标准要求，以及每项具体工作的办事程序、政策依据和责任追究等，要求全体人员认真学习领会。二是相继制定了《济南市事业单位机构编制管理规定》《济南市行政机构编制管理规定》《济南市事业单位档案管理暂行办法》《济南市事业单位岗位设置管理实施意见》《济南市人事局调研成果评审办法》《济南市人事信息宣传考核办法》《济南市人事局督查工作实施办法》等文件，使上级的人事法规政策得到了很好的贯彻落实。

（济南市人事局）

青 岛 市

一、事关“人事民生”工作

加强工资管理。完善配套政策，组织完成了有关工资调整套改和规范津贴补贴工作。加强工资统发，及时、准确地兑现了统发人员的工资福利待遇。出台相关政策并积极协调解决事业转企业和14个转体公司改革人员待遇问题，积极协调落实青岛大学原高职校在职人员划转和待遇等工作。强化落实机关事业单位职工带薪休假制度。

毕业生就业工作。出台《青岛市人民政府关于促进高校毕业生就业工作的意见》。鼓励和引导高校毕业生面向基层就业，选派79名毕业生参加“三支一扶”。实施特困家庭高校毕业生就业帮扶，采取发放求职补贴、组织就业见习培训、提供岗位援助等8项措施进行帮扶。多渠道促进高校毕业生就业，建立就业见习培训制度，相继成立了2家市级和8家区级毕业生就业见习基地。强化毕业生就业服务，开展“就业政策进校园”活动，定期发布毕业生就业信息，为6所高校近5 000名毕业生进行就业指导讲座。规范外地生源专科毕业生来青就业落户办理程序。简化毕业生接收手续，实施毕业生接收集中办理和“大企业直通车”服务，共接收毕业生5万余人。

军转安置和解困工作。进一步完善军转安置办法，由以往的统一调剂分配改为按“双考”成绩现场选择单位，减少了人为因素干扰，圆满完成1 209名军转干部安置任务。强化自主择业军转干部服务，及时发放退役金，缴纳医疗保险。深入开展自主择业军转干部调查，积极促进自主择业军转干部就业。加大企业军转干部帮扶解困力度。

人事考试工作。严格落实人事考试政策，顺利完成公务员招考、事业单位招聘和国家39类52项资格考试任务。特别是在公务员招考工作中，进一步规范笔试评分、面试组织等关键环节，首次邀请人大代表、政协委员和社会监督员进入考场旁听监督，得到社会各方广泛认可。

二、人才智力服务工作

人才引进工作。注重《青岛市“十一五”人才发展规划》对人才工作的引导，对《规划》实施情况进行了中期评估。通过实施“222”引才工程，2008年共引进符合条件人才3.85万人，其中博士502人，硕士、高级职称和高技能人才5 842人，大学本科32 128人。会同市委组织部研究制定了《青岛市引进高层次优秀人才来青创新创业发展的办法》，引才政策体系进一步完善。开展了“大企业直通车”人才引进服务。

高层次人才及专家服务体系建设。推荐选拔享受政府特殊津贴人员8名，省突出贡献专家6名。建立市领导与两院院士交流、联系机制。积极促进高层次人才向企业柔性流动，新建专家工作站2个，促成19位专家进站，并组织部分企业与上海交通大学进行合作交流。开通博士后联谊会网站，新建青特集团博士后科研工作站，青岛市博士后工作在山东省优秀博士后表彰暨博士后工作会议上作了经验交流。开展专业技术人员继续教育，在现代农业、信息技术等六大领域，培训专业技术人员近万人。市政府转发了《关于加快服务业人才培养大力支持服务业发展的意见》，启动了现代服务业500名高级人才的培训工作。

职称评审工作。完善了教育系列“说课评估”、卫生系列“人机对话”、工程系列“面试答辩”等评价方式相结合的三位一体的社会化（人才）评价体系。顺利完成各系列职称评审工作。

引智和留学生工作。围绕现代服务、金融、物流、环保、高新技术和奥运场馆、赛事建设等重点领域，申报获批国家、省级引智项目56项，比上年度分别增长5%和229%。组织出国（境）培训项目21项406人。引进外国专家920余人，1名在青工作专家获“国家友谊奖”，6人获“齐鲁友谊奖”。积极引导和鼓励海外高层次人才来青创业，在全国首创区域间海归人才环流新模式，签订上海—青岛留学回国人员服务工作合作协议书，实现了海外人才创业资源共享。组织50余家单位参加省海洽会，对接海外技术项目220项，与470余名海外留学人才达成初步意向。

人才市场体系建设。不断健全人才配置服务体系，新增信息张贴招聘和整体人才配送服务，2008年举办289场摊位和报纸招聘会，参会企业6万余家次，提供岗位59万个。不断增强人才服务核心竞争力，人才猎头、素质评价、诚信调查、毕业生职业生涯规划等科技含量较高的业务比率达到48%。积极拓展人事公共服务，新签订代理及代办服务单位47家，新增派遣人员1 071人。人才中介机构管理日趋规范，出台《人才交流会审批办法》，全年审批中介机构22家，对7家有违规行为的中介机构进行了查处。机关事业单位工勤人员派遣机制更加完善。

大企业直通车服务工作。制定下发了《关于进一步深化大企业直通车服务工作的意见》，从工作机制、工作方式等方面实施了创新；建立了“直通车企业人事经理联席会”和重点客户服务制度，不断加大了全程服务、前置服务、预约服务、现场办公、联合办公的工作力度，2008年为大企业提供直通车服务4 246件（次），上门服务、现场办公845次，办理时限减半事项219项，特事特办、急事急办事项264项。

三、公务员管理工作

公务员法实施工作。深入贯彻落实公务员法及其配套法规，研究出台《青岛市公务员考核实施办法（试行）》，完成了年度考核备案。根据山东省批复，完成了原依照管理单位1 256人的登记和工资套改工作，组织了新列入参照管理单位440余名符合条件人员的登记资格考试。

公务员管理。建立公务员管理信息系统，初步形成公务员日常登记工作网上办理流程。优化公务员绩效考核办法，进一步完善了公务员年度考核基本称职和不称职等次参考标准。将科级非领导职位职数管理和职务晋升改为晋升方案审核，逐步解决单位之间科级非领导职位职数、职务晋升不平衡的问题。制定了三年裁军后市直机关军转干部定职政策。

围绕服务奥运、支援抗震救灾，加强公务员能力建设。开展了学唱奥运歌曲、迎奥运外语演讲比赛，开展公共服务竞赛等系列主题实践活动。开展奥运奥帆知识和公共危机管理培训，全市3.1万余名公务员参加了多种形式的学习培训和统一考试，公务员应对公共危机的意识和能力明显提高，在迎接奥运奥帆和支援地震灾区、清理浒苔等重要工作和突发事件实践中检验提升了培训效果。承办了山东省抗震救灾表彰人选的推荐工作及奥帆赛、残奥帆赛重大阶段性任务的表彰工作，同时做好党中央、国务院表彰，国家奥组委表彰，省委、省政府表彰的衔接与推荐工作。完成青岛市351名公务员的考录工作。做好奥帆委赛后人员安置工作，有47人通过考录充实到公务员队伍中。

四、事业单位改革和管理工作

事业单位岗位设置工作。制定了《青岛

市市直部门事业单位首批岗位设置试点工作实施方案》，推进事业单位设岗工作，60个市直部门事业单位岗位设置方案通过初步审核，区（市）进入试点单位岗位设置方案的提报审核阶段。

事业单位人员管理。规范事业单位人员聘用管理，对实施聘用制工作中的有关问题进行调研，提出了规范聘用和加强聘后管理的意见。做好事业单位公开招聘工作，严格设定岗位招聘条件，加强指导和监督，共招聘2 500余人。

人事争议仲裁工作。创新人事争议调解机制，出台人事争议调解试行办法等管理制度。构建全市人事争议调解网络体系，成立各级调解委员会410余个，调解结案30余起。处理各类案件100余起，其中立案处理21起。

五、自身建设工作

人事调研宣传工作。健全完善内部调研制度，制定了《关于进一步加强调研、宣传工作的意见》《青岛市人事局信息宣传管理暂行规定》。建立重要政策出台前调研论证制度，提高了政策的科学性。开展了全市人事系统优秀调研论文、优秀工作成果评选工作。

政务公开工作。积极搭建政务公开信息平台，改版人事政务网站，出台《人事信息公开办法》《进一步加强政务公开工作的意见》等文件。开展“人事法制宣传月”活动，对人事（编制）规范性文件进行清理，在《青岛日报》等媒体上发布“常用人事（编制）政策性文件目录”“常用人事政策100问”和“职称政策问答”，引起了较好的社会反响。

干部队伍自身建设。围绕开展机关文化建设年，认真组织了党组理论中心组读书班、主题党课、民主生活会、自查整改等活动。开展了全市人事系统纪念改革开放30周年系列活动。实行局务会制度，强化局党组会、局长办公会和专题业务会的决策功能。提升人事干部素质能力，举办了人事干部培训班和人事系统青年干部培训班。加强对干部的监督管理，出台《行政问责》《办事公开》《首问负责》等10项廉政制度和人事工作制度。抓好机关基层组织建设，建立志愿者服务队伍。围绕支援抗震救灾，抗击浒苔，服务奥帆赛、残奥帆赛等工作，一方面发挥人事部门职能作用，认真做好有关培训、机构保障、稳定、奖励、人员安置等工作；另一方面积极组织开展党员奉献日、志愿者服务，积极组织机关干部参加抗震救灾捐款、交纳特殊党费、打捞浒苔等活动，市人事局共为地震灾区、南方雪灾捐款8万余元。

（青岛市人事局）

河　南　省

一、人才服务保障工作

2008年，河南省人才服务保障工作紧紧围绕促进高校毕业生就业、加大引进国外智力力度、强化留学归国人员政策支持、加强人才市场监管、搭建人才供求平台以及流动人员党委党建等重点工作，发挥市场配置人才资源的基础性作用，促进人才合理流动和高效率配置。

（一）认真开展高校毕业生就业服务

积极应对金融危机给就业工作造成的不利影响，发挥人才市场配置人才资源的主渠道作用，为高校毕业生就业创造条件和环境。开辟高校毕业生就业“绿色通道”，设置了专门服务窗口，免费提供求职登记、政策咨询等方面的服务；开展了高校毕业生就业服务月、服务周等专项招聘活动；实施了为地震灾区应往届毕业生就业服务帮扶计划；进一步完善了非普通高等教育毕业生就业手续和办理程序。2008年，河南省各级政府人事部门所属人才服务机构共为5 176名非普通高等教育和择业期内未落实工作单位的毕业生办理了就业手续。赴省外高校举办专场人才招聘会。在清华大学举办了“河南省2008年北京招聘人才洽谈会”。现场招聘共设展位45个，发布人才需求信息的用人单位372家，提供的需求职位共17 397个，需求博士2 396人、硕士1 613人、本科1.34万人。这次现场招聘共洽谈6 080人次，达成意向1 220人，其中博士276人，硕士618人。

（二）着力实施引智项目并积极为外国专家提供公共服务

围绕工业强省战略，一方面对国有企业引智创新加大扶持力度，另一方面对民营企业引智的开拓加强指导，给予倾斜。对100家省重点工业企业和50家高成长性高技术企业引进国外人才需求开展问卷调查活动，摸清企业国外人才需求情况，有针对性地实施引智项目，着力发挥外国专家作用，提高企业自主创新能力和核心竞争力。全年共执行引进国外技术、管理人才项目230个，聘请外国专家（含文教专家）700人次，帮助项目单位解决关键性技术难题200多个，产生直接经济效益近20亿元。

把为“三农”服务、为新农村建设服务继续作为引智工作的重点，通过积极引进和推广国外优良农业新品种、先进技术和管理经验，促进农业产业结构调整，提高农作物栽培技术和农产品深加工技术水平，使更多的农民借助引智走上了致富之路。全年实施农业引智成果示范推广项目23个，新建“一村一品”引智示范基地35个、“千村引智示范项目”20个。

（三）积极做好留学人员与专家服务工作

在留学人员创业园建设、为留学归国人员争取经费资助、海外留学人员引进以及为留学归国人员提供公共服务等方面实现新突破。2008年，相继建成河南留学人员创业园、郑州留学人员创业园、洛阳留学人员创业园3家留学人员创业园。其中，河南留学人员创业园新引进企业30家，外资企业3家，到位注册资金累计达5.3亿元；在孵企业216家，注册资金累计达17亿元。郑州留学人员创业园新引进留学生创办的企业21家，引进资金1.2

亿元。洛阳留学人员创业园新引进留学生创办的企业8家，其他企业17家。积极帮助留学人员申报国家人事部科研资助经费，筛选出23个科研项目上报并通过审核，有8个科研项目得到了国家的资助经费，共计32万元。全年共吸引650名海外留学人员回到河南工作，积极为其提供免费身份认证和学历学位认证服务，为他们来豫工作提供便利。全年共办理身份认证322人，代理学历学位认证614人次，连续4年受到教育部表扬，被评为全国学历学位认证先进单位。

（四）完善人才公共服务

2008年，人才资源配置的主渠道功能有了新提升。河南省人才市场共举办招聘会146场，2万多家单位进场招聘人才，比2007年增加3 000多家；提供各类就业职位46万多个，比2007年增加15万多个；有65万余人（次）进场求职择业，比2007年增加21万多人；26万多人初步取得求职意向，比2007年增加12万多人。人才服务信息化建设迈出新步伐，中国中原人才网全年人才入库总数增至5万余人，比2007年同期增加3万人；网上招聘单位2 200多家，新增500多家；发布招聘职位3万多个，增加1.2万多个；发布最新人才信息5 000余人（次），点击率增长15%。中高级人才入库从少到多，已达600多人，为用人单位成功推荐了总经理、财务总监等高职位、高科技的急需工作人员。人事代理工作取得新进展，新增人事代理单位110家，单位总数达1 648家；新增流动人员人事档案2.07万份，库存档案总数达8.56万份；全年为25 180人办理了人才流动手续；办理职称评审和人事考试手续2 000多人（次）；新增养老保险920多人，在保人数达3 410人；新增医保610人，在保人数达1 910人；全年代办入户5 800人，托管户口总人数达2.48万人。

（五）加强人才市场监管

为促进人才市场健康发展，开展了人才中介服务机构大检查活动，对2家人才中介机构进行了整顿；召开了“省属人才中介服务机构座谈会”，组织学习了《就业促进法》《劳动合同法》；配合有关部门在全省开展了人力资源市场秩序专项检查工作；明确并强化了市场监管职能，通过培训考试合格后，新批设了6家人才中介机构。

（六）流动人员党委党建工作取得新突破

调整了流动人员党委和18个支部成员，完善了流动党员学习制度、流动人员党委会议事规则和办事程序等规章制度。据统计，2008年新接收流动党员2 880名，转出流动党员1 140名，审批通过了230名预备党员转为正式党员手续。

二、军转安置工作

2008年共接收安置军队转业干部3 481人，其中计划分配军转干部3 258人，自主择业军转干部223人，做到了省委和省政府满意、接收安置单位满意、军转干部和部队满意。突出重点，对师团职干部和功臣模范照顾安置，对符合郑州市接收安置条件，本人自愿到省内其他符合接收条件的省辖市安置的团职军转干部，凡任职满最低年限的，可平职安排相应非领导职务。省直机关对接收安置的团职军转干部，除按往年采取公开考试考核办法，在录取比例和行政编制上都给予了较大的倾斜。当年省直接收的76名团职军转干部，有52人通过考试留在了机关。落实政策，对功臣模范照顾安置。2008年，河南省接收的转业干部中有118人参加了南方冰雪灾害救援、西藏平暴、汶川大地震救援等重大活动，对参加这些活动的军转干部专门登记造册，及时将他们的鉴定和事迹材料装入档案，参加考试的都给予了加分照顾，未实行考试的省辖市，直接给予了优先照顾安置，使他们深切感受到党和政府的关心、关爱。

做好自主择业军转干部管理服务工作。规范了退役金发放程序，坚持军转安置部门、财政部门及发放银行的联运机制，坚持退役金核定、预算、决算、发放各个环节相衔接，确保了退役金按时足额发放到位。自主择业军转干部的医疗保险得到了较好落实，部分省辖市落实了住房补贴。为自主择业军转干部就业创业牵线搭桥，定期发布就业信息，提供就业咨询，将自主择业军转干部就业创业与人力资源市场需求结合起来。注重典型引导，大力宣传自主择业军转干部就业创业先进事迹。

三、专业技术人员管理工作

创新工作体制机制，加强专业技术人员管理和博士后工作。

（一）实施高层次人才“兴豫之光”行动计划

以第十届中国科协年会在河南召开为契机，省人事厅主动协调有关部门并征得省委、省政府同意，实施高层次人才“兴豫之光”行动计划。加强人才战略合作，河南省委、省政府与中国科协、中国科学院、中国工程院、中国农科院签订了“加强战略合作，促进中原崛起”合作协议书，与高层次人才密集单位共享高层次人才资源，形成高层次人才战略合作框架。突出高层次人才柔性流动，聘请的83名高级专家，其中有院士59人。全省共安排128个科技副县长和1 793个科技副乡长职位，面向全国的博士和硕士毕业生公开选聘，在社会上引起强烈反响，展示了河南省尊重知识、尊重人才的良好形象。

（二）创新性开展国务院特殊津贴专家选拔推荐工作

扩大了选拔人才的视野，首次将高技能人才纳入享受政府特殊津贴选拔的范围。完善了评审办法，分别组织了自然科学类、社会科学类和高技能人才类3个评审委员会，对不同类别的申报人选采取了不同的评审方法。

（三）选拔“全国农村优秀人才”和“555人才工程”省级人选

开展了“全国农村优秀人才”工作，受到人力资源和社会保障部的表彰。评审“555人才工程”省级人选120名，评出推荐国家级人选10名。

（四）拓展了博士后工作领域

博士后工作以扩大设站规模、加大博士后招收培养力度为重点，新设了博士后科研工作站，招收引进了博士后研究人员，加强了博士后管理制度建设。经选拔、推荐，2008年申报设站31个，经人力资源和社会保障部评审，批准河南省新设博士后科研工作站19个，并于10月在焦作孟州市举行了全省博士后科研工作站授牌仪式。目前，全省博士后科研工作站数量达到85个，居全国第六位，全省博士后科研流动站、工作站总数已达113个。采取集中招聘和专项招聘相结合的办法，全年为设站单位招收引进急需的各类专业博士人才160人，达成进站意向的有286人。全省博士后研究人员招收总数累计达到600多人，已经完成“十一五”规划的招收任务。拓宽工作领域，筹备成立“河南省博士后工作协会”，为博士后工作的对外交流与合作搭建了平台。围绕全省中小企业和农村经济实体需求的项目和需要解决的技术难题开展了“河南省博士后科技行”活动，利用广大博士、博士后智力优势破解中小企业和农村发展难题，取得了很好的效果。

加强了对博士后工作单位的管理，完成了博士后工作评估整改单位的复查验收。4月，对全省评估不合格博士后工作单位的7个工作站进行了复查验收。加大了对博士后科研项目和招收经费的投入力度，调动了设站单位和博士后人员的积极性。全年获博士后基金资助项目25个，获得博士后特别资助和科学基金资助88万元，并争取到国家计划博士后招收经费和省自主招收经费920万元。开展了全省博士人才状况调查工作，据统计，全省拥有博士人才约5 280人，其中高校4 183人，省直（科研、企业）520人，省辖市（科研、企业）577人。

四、事业单位人事管理工作

2008 年，继续深化事业单位人事制度改革，以岗位管理为重点，以推行全员聘任制为核心，深化职称改革和收入分配制度改革，不断增强事业单位的活力和激发专业技术人员干事创业的热情，事业单位人事管理工作迈上新台阶。出台了《河南省事业单位岗位管理实施意见》和有关行业岗位设置的指导意见，为事业单位岗位设置工作提供了政策指导。推行聘用制工作基本完成，初步实现了事业单位人员由身份管理向岗位管理的转变，由行政任用关系向平等协商的聘用关系的转变，逐步建立了专业技术职务能上能下、人员能进能出、充满生机与活力的用人机制。

深化职称制度改革，在完善人才评价机制、下放评审权、推行职业资格制度以及政策创新方面又有新突破。一是修订部分系列专业的评审条件，修订了高级经济师、教授级高级工程师、中小学教师、农业科研、计划生育等系列（专业）申报评审条件。二是调整高校和中小学教师系列评委会设置，下放评审权。三是积极推行职业资格制度，进一步规范职业资格工作。根据原人事部的统一部署，河南省已开展推行了近 50 种职业资格。四是对本省参加四川抗震救灾和支援灾区恢复重建工作的专业技术人员评聘专业技术职务给予适当的政策倾斜。畅通非国有单位人员申报、评审渠道。继续开展农民技术人员和民间艺术人才职称评定工作。

稳步推进事业单位收入分配制度改革。实施了事业单位绩效工资实施前的生活补贴发放办法，出台了《关于对事业单位人员预增发补贴的通知》（豫财办预［2008］175 号），临时性地解决了事业单位绩效工资实施前的津贴补贴问题，稳定了事业单位工作人员队伍。制定下发了《关于 2006 年工资制度改革后实行聘用制改革的事业单位中由工勤岗位聘用到专业技术（管理）岗位人员的工资处理暂行规定》，明确了事业单位中由工勤岗位聘用到专业技术（管理）岗位人员的工资处理办法，促进事业单位全员聘用制改革的发展。完成了全省事业单位离休干部生活补贴的审批兑现工作和事业单位全部工作人员正常晋升工资工作。对全省事业单位 2.2 万余名离休干部应享受职级待遇和生活补贴标准进行了审核，这些人员比照机关同职务同条件人员兑现了生活补贴。完成了事业单位 187.8 万人工资制度入轨运行以来第一次正常调整工资工作。

五、公务员管理工作

创新工作思路，在提高公务员综合素质、管理制度创新以及公务员考核方面迈出新步伐。

（一）加强公务员队伍建设，提高公务员素质

采取多项措施，着力提高公务员素质。开展争做“人民满意的公务员”活动，省政府表彰了 20 个“人民满意的公务员集体”和 50 名“人民满意的公务员”，为公务员队伍树立了先进榜样和典型。严把入口关，加强公务员考录工作，建立省、市、县、乡定时定期四级联考机制，探索建立吸纳基层和生产一线优秀人才进入公务员队伍的通道。加大公务员培训力度，倡导建立“学习型”机关，开展了全省乡镇长培训活动，共举办 5 期培训班，培训乡镇长 1 824 人，提高了乡镇长的素质和能力。

（二）结合实际，抓好制度创新

省人事厅按照人力资源和社会保障部的要求，不断完善公务员管理的法律法规体系，为做好公务员管理工作提供了制度保障。在领会上级精神和广泛征求意见的基础上，制定了《河南省公务员日常登记管理实施办法》《河南省公务员考核实施办法》《河南省公务员职位管理实施办法》《河南省公务员奖励实施意见》4 个规范性文件。

（三）积极探索，做好新形势下的公务员日常管理工作

制定了《河南省公务员日常登记管理实

施办法》，实现了公务员日常登记管理工作制度化，受到了国家公务员局的肯定。下发了《关于进一步做好参照管理工作有关问题的通知》，对省辖市和县（区）下一步报批参照的程序、必备条件、参照单位人员登记等工作进行了规范，实现了参照公务员法管理单位审批工作规范化。

（河南省人事厅）

湖 北 省

一、公务员管理工作

（一）政府系统参照管理集中审批工作全面完成

根据中央有关政策和部署，通过深入调研、完善政策、严格审核、加强督办，全面完成了事业单位参照管理集中审批工作。截至2008年年末，全省政府系统批准纳入参照管理的事业单位2 014家，其中省直67家，市州直575家，县市区直1 372家。

（二）公务员法配套法规政策逐步完善

先后制定印发了《面试工作纪律》《面试考场工作人员职责》《面试工作注意事项》《湖北省参照公务员法管理工作人员编号规则》；起草了《湖北省公务员录用实施办法（试行）》《湖北省公务员考核实施办法（试行）》《湖北省公务员奖励实施办法（试行）》《湖北省公务员辞职实施办法（试行）》《湖北省公务员辞退实施办法（试行）》等征求意见稿，公务员法配套政策逐步完善。

（三）公务员管理工作进一步规范

会同省委组织部组织了2次公务员四级联考，共招录公务员和参照管理工作人员2 620人，特别是首次招录具有2年以上基层工作经历人员比例达到招录总数的65%。组织开展了全省2007年度公务员考核工作，对省直行政机关考核工作方案和优秀等次比例进行了审核，为8.92万名公务员办理了年度考核备案手续。组织开展了公务员表彰工作，全年表彰先进集体753个、先进个人1 327人；向中央有关部门推荐全国先进集体15个、先进个人38人。

（四）公务员队伍能力建设力度加大

认真贯彻《2007—2010年湖北省行政机关公务员培训规划》，继续深入抓好公共管理核心内容培训，组织政府机关统一进行了考试。加强了突发事件应对法的学习培训，举办了学习贯彻突发事件应对法大型讲座。认真落实《“十一五”全国人事干部教育培训规划》，先后组织开展了省直机关新任人事（干部）处长业务培训班、市县人事局长上海培训班、全省人事干部能力建设新加坡培训班和新任市县人事局长重庆培训班。

二、事业单位人事管理工作

（一）事业单位岗位设置管理实施工作稳步推进

下发了《湖北省事业单位岗位设置管理试行意见》《关于做好党群系统事业单位岗位设置管理工作的通知》，会同有关部门制定了8个行业的指导意见，新闻出版、体育、农业、广播影视、科研、卫生及文化7个行业的指导意见已印发。制定了《湖北省事业单位人员在两类岗位任职管理暂行办法》《湖北省事业单位岗位设置和岗位聘用工作认定办法》等配套管理办法。先后在8个主要行业召开座谈会20余次，组织举办了全省事业单位岗位设置管理业务培训班，在鄂州、襄樊、宜昌分片召开了事业单位岗位设置管理工作座谈会。将孝感市、孝昌县、省广电总台和省妇幼保健院确定为岗位设置管理工作试点单位，将武昌区、公安县、秭归县、钟祥市确定为工作联系点，及时总结经验，指导全省工作。截至2008年年末，17个市州均制定了实施方案，已备案批复13家。

（二）事业单位综合配套改革进入新阶段

修改完善了事业单位综合配套改革实施意见及事业单位分类、人事分配、社会保障、财政投入和资产管理等事业单位改革相关配套政策，加强了对改革的分类指导。草拟了《湖北省省直文化事业转制单位及其职工参加社会保险试行意见（送审稿）》，已经省政府常务会议原则通过。

（三）事业单位公开招聘工作全面推行

深入贯彻《事业单位公开招聘人员暂行规定》，进一步规范事业单位新进人员公开招聘工作，采取面试与考核相结合的方式，组织省直165个事业单位面向社会公开招聘，共招聘785人。事业单位公开招聘工作初步建立起人事行政部门、主管部门、用人单位分工负责、相互协调、共同推进的工作新格局。

（四）职称制度改革继续深化

加大了职称工作对民办高校人才队伍建设的支持力度，对部分办学质量较高、办学条件较好的民办高校，批准组建了高校教师初中级评委会。根据省属大中型企业管理体制改革的实际，对初中级评委会提出了合并、调整的组建方案，实行由主管部门集中组建、集中组织、集中评审的管理办法。对省内部分民营企业、国有大型企业的优秀专业技术人才开展了特殊评审。

（五）机关事业单位收入分配制度改革逐步完善

参与了《公务员工资条例》《我国中部地区公务员地区收入差距实证研究》等课题研究。制定下发《机关事业单位工改后工作人员退休时有关工资问题的处理意见》《关于批准列入参照公务员法管理事业单位有关工资政策问题的通知》。联合下发《关于调整机关事业单位工作人员死亡后丧葬费标准的通知》，将丧葬费标准由1 500元调整为5 000元。制定《湖北省关于组织实施机关事业单位工作人员带薪年休假工作的意见》，促进带薪年休假制度的落实。联合下发《关于提供义务教育学校工作人员和公务员工资收入有关情况的通知》，及时将有关情况作了统计、汇总、上报。

三、专业技术人员管理工作

（一）自主创新能力建设开拓新领域

从2008年起，试行在全省优势产业和高新技术重点领域遴选100家技术创新企业，设立一批自主创新岗位，每个岗位为期3年，并在科研资助、职称评定、专家选拔等方面给予倾斜，以吸引优秀人才领军承担重大科研项目、重大工程建设以及关键技术自主创新的任务。通过专家评审，共评选出10个“湖北省自主创新岗位”。

（二）专家选拔管理工作实现新突破

推荐选拔享受政府特殊津贴人选指标向产业领域，特别是向全省重点支柱企业倾斜，拿出10%的指标用于产业领域申报人选，规定各市州申报指标中，必须拿出一半指标用于申报产业领域人员，使企业领域专家入选比例得到较大幅度提升。积极探索社会化申报方式，拓宽专家选拔申报渠道，拿出10%的指标实行社会化申报。首次将农村实用人才纳入省政府特殊津贴选拔范围。

（三）博士后工作取得新成绩

向国家申报博士后科研工作站12个，获批7个，全省总数达到46个。考核并批准建立5个博士后产业基地，全省总数达到47个。制定了《湖北省博士后科研流动岗位试行办法》，决定在企业设置博士后科研流动岗位，组织博士后研究人员到企业开展博士后研究工作，实现博士后人才的有效开发和博士后科研成果的转化。12月，组织开展了“湖北省博士后黄石科技行”活动，引导博士后研究人员与企业开展科研合作，共征集黄石市34家企业提供的合作项目64个，经过洽谈对接，成功签约项目达26个。

（四）留学人员工作取得明显成效

成功举办了第八届“华创会”国际人才交流会，湖北省人才中心分别与在日湖北同乡联谊总会等3个日本社团组织签订了人才交流合作协议，初步达成求职和项目合作意向30多项。建立了海外高层次人才确认“快速通道”，为回鄂留学人员提供便捷服务，先后为30多位留学人员办理确认手续。积极申报国家留学人员科技活动项目择优资助和海外高层次人才创业资助，共有7名留学回国人员获得两类资助。

（五）专业技术人员继续教育不断深化

召开了五大领域“知识更新工程”座谈会，安排部署2008年专业技术人才知识更新工程重点工作。指导各领域和牵头部门开展了一系列培训活动，3年来共在五大领域培训中高级专业技术人才14万人次。分别在武汉和宜昌举办了“武汉城市圈两型农业建设高级研修班”“全省无公害优质茶叶生产加工包装技术高研班”，会同省农业厅举办了9期“新型农民科技培训工程师资培训班”，并争取到“全国柑橘研发及产业化高级研修班”培训项目；先后选送50名学员参加人力资源和社会保障部及国家有关部委举办的各类“653”工程高研班。

四、人才服务保障工作

（一）人事宏观调控力度进一步加大

积极发挥人事规划计划管理的职能作用，采取编制与计划相结合的管理方式，继续从严从紧控制机关事业单位人员的增长，要求机关事业单位必须在编制和增人计划范围内录用、聘用工作人员，对突破计划招录（聘）用的工作人员，人事部门不予办理手续，有效控制了超编满编进人现象。认真贯彻落实《湖北省人民政府办公厅关于开展全省机关事业单位临时聘用人员清理检查工作的通知》精神，在全省范围内开展了专项清理检查工作，共清退各类临时聘用人员2.11万人。

（二）大力组织实施“三支一扶”计划

协同省委组织部等单位开展了2008年选调生选拔录用工作，共选拔应届大学生1 302名。完成了2008年“三支一扶”双向选择意向签约见面会和“三支一扶”人员岗前培训活动，全省共选派“三支一扶”高校毕业生3 241人，其中支教2 691人、支农161人、支医266人、扶贫70人、青年事务岗位53人。经过3年的努力，全省“三支一扶”高校毕业生服务基层人数已达8 083人。

（三）积极推进武汉城市圈人才一体化建设

推进区域交流与合作是人事人才工作服务经济建设的重大举措。5月，在黄冈市召开了武汉城市圈人才一体化建设第四届联席会议，讨论通过并共同签署了《武汉城市圈人才一体化建设黄冈协议》，会议的成功召开标志着城市圈人才一体化建设进一步向务实创新、整体开发迈进。

（四）农村人才资源开发工作稳步推进

制定出台《湖北省农村实用拔尖人才管理办法》，完成了50名2008年度省管农村实用拔尖人才的选拔工作。向国家推荐“全国农村优秀人才”人选并获批4人，其中大冶市侯安杰作为全国百名农村优秀人才代表在全国表彰大会上作了典型发言。会同农业厅在现代农业领域举办9期“新型农民科技培训工程师资培训班”，在随州市曾都区、赤壁市各举办了1期农村实用人才培训班，免费培训养殖、种植等方面的农村实用人才250余人。

（五）社会化的人事考试评价服务日臻完善

先后组织完成各类人事考试工作60多项次，参考参评人数达21万人次、45万科次。制定了《湖北省人事考试评价工作管理规则》和《湖北省人事考试突发事件应急预案》，维护人事考试的公平、公正，保障考生的人身安全和利益。加大对各类考试的巡查力度，在全省所有人事考试考点考场统一使用手机信封袋，全面推广使用通信工具屏蔽仪等，考风考纪、评风评纪总体良好。加强命题及题库建设工作，完成了14项政策性考试共355套试题的命题、制卷工作。加大人事考试网络化服务的推进力度，进一步拓展了网上报名、确认和缴费项目。

（六）人才市场的基础配置作用得到充分发挥

加强对人才市场的监管，会同劳动保障等部门开展了专项执法检查活动，对审批的中介机构（组织）进行清理，分两批公示注销了17家人才中介服务机构（组织）。积极为高校毕业生提供就业服务，建立健全人才供求信息分析与发布制度，探索建立举办公益性招聘会的长效机制，积极争取省财政对公益性现场招聘会和网上招聘会的支持，对应届高校毕业生免收两年档案管理费，并对参加“三支一扶”及支援西部的大学生在服务期间免收人事代理费，先后为高校毕业生提供24万次的各项免费代理公共服务。全年共举办各类招聘会82场，进场参会单位4 163家，提供就业岗位18.61万个，达成求职意向8.96万人；举办网上人才招聘会24场，发布网上招聘信息7 259条，有效促进了高校毕业生就业。

五、军转安置工作

（一）计划分配军转干部安置任务圆满完成

2008年，全省共接收军转干部和随调家属安置计划1 995人，其中计划分配1 659人，随调家属187人。经过各级组织、人事、军转部门以及各接收单位的共同努力，圆满完成了军转安置任务，安置率达到100%。在省直推行了考试考核与双向选择相结合的安置分配办法改革，86.3%的军转干部通过双向选择落实了接收单位。为确保军转安置质量，积极拓宽安置渠道，科学编制军转干部安置计划，有效解决了军转干部“二次定位分配”中的政策落实问题，99%的军转干部分配在各级党政机关和事业单位，符合相应安排条件的团职军转干部低一职或平职安排了职务，基本实现了部队、军转干部、接收单位三方满意。

（二）自主择业军转干部各项政策待遇落实较好

圆满完成了国务院军转办部署的《自主择业军转干部教育培训大纲（草案）》编写工作。全省自主择业军转干部人数累计达2 815人，自主择业管理服务机构进一步健全，全省17个市州都建立了服务机构，配备了专职工作人员，按时、足额、安全发放退役金1亿多元，医疗保险、住房补贴和独生子女父母奖励费等待遇得到较好落实。经过协助就业和自主创业，80%的自主择业军转干部实现了再就业。

（三）企业军转干部维稳工作成效明显

全面落实各项解困政策，积极开展全省企业军转干部思想政治工作经验交流活动，不断完善企业军转干部的相关政策，稳慎处理企业军转干部日常来信来访中反映的问题，有效促进了企业军转干部的稳定。截至2008年年末，湖北省企业军转干部问题工作小组共受理来信来访539件（人）次，其中接待来访452人次，信访件87封，都得到了及时妥善处理。

（湖北省人事厅）

武 汉 市

2008年，在武汉市委、市政府的领导下，武汉人事人才工作全面贯彻党的十七大精神，深入贯彻落实科学发展观和科学人才观，紧紧围绕人才强市战略，进一步加强人才队伍建设，不断推进各项人事制度改革，加快人事人才公共服务体系和武汉城市圈人才一体化建设，统筹做好各项人事人才工作，为推进“两型社会”建设提供了人才保障和智力支持。

一、就业再就业工作

（一）适应“两型社会”需求，做好引才引智工作

武汉市“两型社会”建设急需大批各类人才，市人事局积极开展调查研究，深入重点企业了解对人才的需求信息，着手制定全市人才开发目录，同时开辟“绿色通道”，为用人单位做好人才引进和调配工作。一是积极发挥人才市场中介作用，2008年举办各类现场招聘会354场，参会单位3 807家，进场交流人员23万余人次，组织用人单位实现新增就业岗位3 334个，实现城镇下岗失业人员再就业1 611人。二是组织了“2008武汉知名企业高校行”活动，103家企事业单位为高校毕业生提供了1.15万个需求岗位，接洽2.5万名毕业生，达成就业意向或签约2 400人，特别是武汉知名企业赴清华大学专场招聘会，参会企业签约清华大学等北京高校毕业生30余人。三是全年共办理人才引进和大中专毕业生接收手续1.44万人，其中引进硕士、博士等高层次人才2 213人，本科学历和中级职称以上人才10 209人。

（二）高校毕业生就业服务力度加大

一是积极做好大中专毕业生接收工作。简化服务流程，积极办理应届高校毕业生各项就业手续。做好新农村人才援建工作，组织27名大中专毕业生到武汉市农村基层从事“三支一扶”工作，配合市委组织部选聘60名“大学生村官”到农村任职。二是采取多种手段促进毕业生就业。新增3家大学生就业实习基地，大学生就业实习基地达到22家，为毕业生提供了实习平台和就业机会。做好“武汉地区大学生就业指数”发布工作，发布了大学生就业率、就业缺口和就业质量等指标，指导学生就业。办好毕业生就业网站，为高校毕业生提供就业信息、解答问题、办理就业手续。三是鼓励大中专毕业生以创业带动就业。制定了支持和鼓励大学生创业的政策，努力营造良好的创业环境，推动和促进大学生创业。建立了全市第一家“武汉大学生创业基地”，帮助创业大学生获得创新基金支持，提高创业孵化成功率。开展“武汉大学生科技创业挑战赛”活动，激励和引导大学生踊跃参与创业实践活动。

2008年11月，武汉知名企业赴清华大学举办专场招聘会。

（三）出台政策和措施，支持各类人才参与全民创业

出台了《关于鼓励和支持各类人才在全民创业中发挥主导作用的若干意见》，从提升能力、完善政策、优化环境、加强领导等6个方面提出了支持各类人才特别是专业技术人

才、大中专毕业生和自主择业军转干部创业的21条意见。在东湖新技术创业中心建立全市第一家“武汉大学生创业基地”，大学生创业可享受政府人事部门提供的人事代理、小额担保贷款等多项服务。积极为大中专毕业生自主创业提供小额担保贷款，2008年共办理大中专毕业生小额担保贷款36笔，贷款金额180万元，90名大中专毕业生受益。会同市科技局、团市委在武汉大学等十余所高校开展了“首届武汉大学生科技创业挑战赛武汉青年创业导航工程高校行”活动。联合团市委举办“武汉青年人才创业大讲坛”，来自武汉城市圈的300余名创业青年参加。

（四）城市圈人才一体化建设迈出实质步伐

一是积极发挥中国武汉人才市场龙头作用，构建人才市场公共服务平台。武汉人才市场所有分市场以及各区人才中心按照“五个统一”，即统一名称和形象标志、统一服务内容、统一信息管理系统、统一服务流程和标准、统一收费和管理标准，构建了“一点受理、多点服务”的武汉市人才市场公共服务平台，为平台向城市圈其他城市延伸奠定了基础。二是组织专家到黄冈支农。5月，在黄冈市召开第四届武汉城市圈人才一体化建设联席会议，市农科院与黄冈签订了《武汉黄冈城郊农业人才项目合作协议书》；6月，组织市农科院6名国家级农业专家赴黄冈市开展农业技术服务活动，受到种植养殖专业户的热烈欢迎。三是举办城市圈人才交流大会。11月，在市科技会展中心组织了武汉城市圈高校毕业生就业人才交流大会，来自武汉城市圈的300多家单位提供8 000个岗位，进场人数20 000人，达成用人意向2 800个。

二、职业技能培训和鉴定工作

（一）专业技术职务评价不断创新

一是出台卫生、教育两个系列高级职务评审量化方案，推进以业绩为重点，由品德、知识、能力等要素构成的量化评价。二是适时开展专场评审。坚持服务经济、服务企业、服务专业技术人员的指导思想，分别到汉正街、江夏区以及亢龙太子酒店进行了职称专场评审，深受企业欢迎。三是扩大特殊评审的专业范围。出台《关于高级经济师特殊评审的试行意见》，启动经济专业的特殊人才评审工作，共有6人通过特殊评审方式获得高级经济师任职资格。同时，“绿色通道”首次通向了农村，黄陂区的3位农民分别获得了高级农艺师、高级畜牧师和高级工程师（水产养殖）任职资格。四是开展农村实用人才评价调研，拟定了相关文件，预计2009年正式启动。

（二）工人技术等级考核圆满完成

武汉市机关事业单位工人技术等级考核工作是实行考工以来规模最大的一次，共有1.51万人报名，涉及95个工种。其中，报考技师4 303人，报考高、中、初级工有10 809人，13 965人参加了培训。截至2008年6月，考工工作圆满完成，通过严格的考试考核和评审，取得技师资格的有2 084人，通过高、中、初级工等级考试的分别有3 927人、3 542人、1 739人。另有122人通过复核。各培训考评点严格培训和考评管理，严格考试纪律，确保了培训考评工作稳妥实施，确保了此次考试的公平、公正、公开。研究出台了工资兑现政策，为通过此次工人技术考试取得技师资格并被聘用的人员和取得高、中、初各等级资格的人员兑现工资。

（三）人事人才教育培训工作全面开展

一是加快人事人才教育培训现代化、网络化进程。国家人事人才培训网远程培训学院武汉分院挂牌，市人事人才培训网试运行，武汉市公务员突发事件应对法学习实行网络考试考核。二是积极实施专业技术人员知识更新“551”计划。完成专业技术人员继续教育13.9万人次，举办高级研修班87期，培训中高级专业技术人才1.1万人。三是继续教育工作开展多项活动。指导武汉继续工程教育协会举行第四次代表大会，以协会成立20周年为契机，组织编写《武汉继续教育 1998—2008》，开展继续教育优秀论文征集活动、继续教育工作先进集体及先进个人评选表彰工作。四是加强公务员培训。公务员任职培训班正常开展，在中国社会科学院研究生院组织举办公务员“公共财税与公共服务”高级研修班，组织科级公务员到红安、咸宁参加武汉城市圈对口培训。

三、人才服务保障工作

（一）武汉杰出人才表彰活动产生激励效应

2008 年 3 月，市委、市政府召开首届武汉杰出人才奖颁奖大会，对 20 名为武汉经济社会发展作出重大贡献的获奖人员进行隆重表彰。3 名“武汉杰出人才功勋奖”获奖人员每人奖励 50 万元，1 名“武汉杰出人才荣誉奖”获奖人员和 7 名“武汉杰出人才奖”获奖人员每人各奖励 20 万元，9 名“武汉杰出人才提名奖”获奖人员每人奖励东风雪铁龙 C2 轿车一辆。获奖人员中既有院士，又有农村实用人才；既有科学家，又有工人技师。评选工作公开、公正、透明，社会反响热烈。20 余家中央和省市新闻媒体对评选活动进行了持续、广泛的评论和报道，对高层次人才在“两型社会”建设中积极建功立业产生了巨大的示范和激励效应。

（二）各类高层次人才资助力度不断加大

一是对 47 个创新团队和领军人才的创新项目给予 324 万元创新人才资金支持，获得 20 万元资助的武汉电信器件有限公司高工胡毅领衔的创新团队在光通信领域内拥有国内首创的高端光电子关键技术，达到国际先进水平。二是加大留学人员科技活动择优资助力度，对 9 个留学回国人员科技活动项目择优资助 76 万元。会同有关部门评选了 10 名第二届武汉市优秀留学回国人员。三是加大博士资助力度，改革博士资助评审办法，制定了《武汉市博士资助评审试行办法》，首次经专家评审出 2009 年度受资助博士 51 人，3 年内给予每人每月 1 000 ~ 2 000 元不等的资助，博士资助工作更趋完善。

四、军转安置工作

军转干部按政策得到妥善安置。2008 年，武汉市安置计划分配军转干部 700 人，自主择业军转干部 50 人，随调家属约 100 人。军转部门对军转干部及随调家属档案进行了严密的审查、登记和统计；深入部队和地方接收安置单位进行调研，广泛听取意见和建议，下达了军转安置计划；组织了适应性培训和择优安置考试，召开了全市军转安置大会，向各接收安置单位移交了军转干部及随调家属档案。按时、足额发放自主择业军转干部退役金，完成了自主择业军转干部的退役金调整、住房补贴申报、医疗参保手续办理、独生子女费申报等工作。目前，武汉市有自主择业军转干部 1 075 人，退役金人均水平达到 3 381. 9 元/月。

五、专业技术人员管理工作

专家选拔表彰工作范围扩大。2008 年武汉市首次全面将高技能人才和农村实用拔尖人才纳入专家选拔范围，经专家评审、社会公示、领导审定，贡献突出的 10 名专业技术人才和 1 名高技能人才被推荐为享受国务院政府特殊津贴人选；9 名专业技术人才、1 名高技能人才和 1 名农村实用拔尖人才被推荐为省有突出贡献中青年专家和享受省政府特殊津贴专家人选；选拔产生市有突出贡献中青年专家 40 名、享受市政府专项津贴人员 66 名和市“十百千人才工程”人选 31 名。12 月召开了 2008 年度专家表彰大会，出资 600 万元，隆重表彰和奖励过去一年里为武汉市经济振兴、科技进步和社会发展作出突出贡献的 223 名各类专家。

六、事业单位人事管理工作

事业单位人事制度改革不断深化。一是不断完善事业单位公开招聘制度。2008 年事业单位公开招聘首次实行网上报名，方便了考生和招考单位。制定了《武汉市规范事业单位公开招聘工作试行办法》，进一步规范了公开招聘工作。针对本市335家事业单位1 286个岗位的不同特点和需求，提供了90套测评试卷，同时采取纸质笔试、微机测评、人机对话、综合素质测评、专业知识测评等多种测评形式。二是事业单位岗位设置试点工作顺利进行。印发了《武汉市事业单位岗位设置管理试行意见》和《武汉市事业单位岗位设置管理试点方案》，全市共确定武昌区等14家不同层级、不同行业、不同类型的事业单位作为岗位设置试点单位，试点工作开局良好。三是积极参与指导推进各行业事业单位改革。对规范义务教育办学体制、促进文化改革发展的政策、文化事业单位转企改制等提出了政策意见，参与办理了市政协关于加大文化建设力度、增强城市软实力的建议案。

七、公务员管理工作

（一）继续深入实施《公务员法》

一是认真实施《武汉市公务员考核实施意见》，把考核工作作为管理的中心工作来抓，进一步探索公务员考核的有效途径。完成了对2007年全市机关国家公务员和机关工作人员年度考核的审核备案工作，备案人数4.77万人，结合国家公务员局新颁布的《公务员奖励规定（试行）》对2008年的考核工作作出部署。二是稳慎推进参照公务员法管理工作。重点做好对市区参照管理事业单位的审核、申报和及时向省厅公务员管理部门汇报、积极争取省里审批等工作。2008年武汉市第二批新申报参照管理单位351家，对已审批参照管理的单位，指导制定实施方案，做好工作人员登记工作，目前全市已完成登记的单位有11家，登记人员304人。组织两批拟登记人员的资格考试。

（二）公务员考试录用注重基层工作经历

2008年，公务员招录工作出现“双基倾斜”，即向基层倾斜、向具有2年以上基层工作经历人员倾斜趋势，市区共55家单位考试录用535名公务员，其中有2年以上基层工作经历人员121人。录用人员中有博士生4人，研究生114人，双学士1人，为2002年以来招录高学历人才最多的一年。组织实施新录用公务员到基层、到群众最需要的地方去接受锻炼和考验，已安排131人到基层或农村扶贫点接受锻炼。

八、劳动关系调整和权益保障工作

人事争议仲裁和信访工作注重服务群众。武汉市加强仲裁机构建设，市区相继建立仲裁机构，落实人员编制。完善了仲裁办案制度，2008年提供各类人事争议纠纷法律法规政策服务1 000余人次，处理各类人事争议案件52起，加大对各区工作的指导力度，帮助各区处理人事争议案件56起，规范了人事管理秩序，维护了当事人的合法权益。加强了对各区仲裁工作人员的培训，提高了工作人员办案能力。信访工作由群众上访变为深入下访、由被动接访变为主动协调，全年受理群众来信137件，接待群众来访15批42人次，一批疑难、复杂上访问题得到较好的解决。企业军转干部各项解困政策得到落实，个案解决特殊困难1 027人次。

九、法制建设工作

人事行政执法讲求实效。一是加强人事普法载体建设。市机关企事业单位人事部门共有普法联络员70多名，市人事局门户网站专设了人事依法行政栏目和人事法治QQ群两个普法平台，建立了“五五”普法网络。二是认真落实人事行政执法责任制。制定了执法责任制考核目标，为内部考核和外部评议提供了考量标准。组织了行政执法评议考核自查工作，对56项业务进行了深入的自查自纠。三是依法规范了人事行政处罚自由裁量权。制定了《实施三步式执法程序合理行使人事行政处罚自由裁量权工作规则》，明确了实施三步式执法程序的范围，规范了行政处罚自由裁量权实施标准，有效地约束了人事行政处罚自由裁量权。四是依法开展人事行政执法活动。对人才中介市场开展了3次大规模的执法检查，依法纠正了各类违法违规行为。受理和处理人才中介市场投诉20起，依法注销了3家经营不善申请注销的民营人才中介机构。清理规范了职业资格考试及相关活动，拉网清查13次，打掉假证窝点7个，取缔非法中介20多家。

（武汉市人事局）

湖　南　省

2008年，湖南省人事系统深入贯彻落实科学发展观，大力实施人才强省战略，围绕中心、服务大局，求真务实、开拓进取，圆满完成了各项人事人才工作任务，为推进湖南“一化三基”、加快富民强省作出了新的贡献。

一、公务员管理工作

积极开展政府绩效评估工作。2007年2月，湖南省被人事部确定为全国5个政府绩效评估工作试点单位之一。省委、省政府对此高度重视，成立了以周强省长为组长的试点工作领导小组及办公室，办公室设在省人事厅，抽调工作人员集中办公；组建了绩效评估课题研究组，在湘潭市、常德市、浏阳市、宁乡县、省水利厅建立了一批工作联系点。在此基础上，研究起草了政府绩效评估工作意见和评估方案，并广泛征求意见。2008年12月31日，经省委常委会专题研究，决定在全省逐步推进绩效评估工作。

首次举行湖南省为民办实事项目决策听证会。2008年，全省为民办实事共投入308.51亿元。通过建立落实目标体系、责任体系和考核体系，年初确定的29个为民办实事项目全面完成。为确定好2009年为民办实事考核项目，提高决策民主化、科学化水平，根据《湖南省行政程序规定》，12月26日，省人事厅首次组织召开了为民办实事项目决策听证会，经过公开报名，从380位报名者中随机抽取了25名听证代表，对38项建议项目进行听证，最后确定2009年为民办实事考核项目33项，重点放在就业和社会保障、农村基础设施建设、义务教育、医疗卫生、住房保障、环境保护等方面。

依法组织省、市、县、乡四级联考。2008年，全省共拿出3 887个职位面向社会公开招考公务员，12万人报名参考。经过笔试、面试、体检、考核，按计划录取了这些新公务员。在招考工作中，进一步规范面试管理，全面推行面试考官持证上岗制度，部分市州试行了考官异地交流制度，部分省直单位试行了面试旁听制度。继续开展从优秀村干部中考录乡镇公务员工作。选拔了209名优秀高校毕业生到乡镇基层锻炼。在公务员队伍中开展了职业道德和政务礼仪培训。健全完善公务员考核机制，出台了《湖南省公务员考核实施办法（试行）》。会同湖南省工商局，研究探索行政执法类公务员管理办法。

基本完成事业单位参照公务员法管理审批和人员登记工作。会同组织、编制、财政等部门，按照“统一标准、宽严平衡、有利发展、体现方向”的审批原则，从上至下，分批对省直部门所属二级事业单位、县一级事业单位、市县二级事业单位进行参照审批，共批准参照管理单位3 849家。其中，人民团体和群众团体1 078家，事业单位2 771家，共登记事业单位参照管理人员3.9万人，全省事业单位参照管理集中审批工作基本完成。

隆重表彰抗冰救灾英模和湖南省人民满意的公务员。2008年年初，湖南遭遇了历史上罕见的特大雨雪冰冻灾害，经过全省军民的共同奋斗，取得了抗冰救灾的全面胜利。2月21日，召开全省抗冰救灾总结表彰暨部署灾后重建工作电视电话会议，隆重表彰先进集体和先进个人，授予长沙电业局等154个单位“湖南省抗冰救灾先进集体”荣誉称号，授予罗检仔等40名同志“湖南省抗冰救灾模范”荣誉称号，追授罗海文等15位同志“湖南省抗冰救灾模范”荣誉称号，给予刘志国等199名同志记一等功。2月28日，隆重召开湖南省人民满意的公务员和人民满意的公务员集体表彰大会，授予李子玲等21名同志“湖南省人民满意的公务员”荣誉称号，追授陈泽友同志“湖南省人民满意的公务员”荣誉称号；授予长沙市公安局巡警特警支队第一特警大队等48个单位“湖南省人民满意的公务员集体”荣誉称号；给予侯文等50名同志记一等功。至此，湖南省共举行满意表彰活动4届，先后表彰了106名人民满意的公务员、121个人民满意的公务员集体，有5名公务员和2个集体受到国家表彰。此外，开展了为民办实事和抗震救灾先进个人和集体的评选表彰工作。全年共部署系统表彰44批，表彰先进集体469个、先进个人1 446人，推荐了67个单位获评全国先进集体、144人为全国先进个人。

二、专业技术人员管理工作

加强高层次人才的选拔培养。会同省委组织部等9个部门，确定湖南省“新世纪121人才工程”第二批人选465人（其中第一层次41人，第二层次78人，第三层次346人），完成了工程首批人选的考核工作。根据《中共湖南省委、湖南省人民政府关于加快湘西地区开发的决定》（湘发［2004］12号），2006年，建立湘西地区特聘专家岗位制度，在湘西地区高新技术产业或优势产业领域的企业及科研单位设置特聘专家岗位，对特聘专家由省政府给予每人每月2 000元津贴。2008年，开展了湘西地区特聘专家考核工作，31名特聘专家在聘期内为促进湘西地区经济社会发展作出了积极贡献。组织开展了享受国务院特殊津贴专家的推荐选拔工作，向人力资源和社会保障部推荐了80名人选。组织开展了第三届湖南省优秀专家申报评审工作，确定了18名优秀专家人选。深入实施专业技术人才知识更新工程，在现代农业、现代制造、现代管理、信息和能源技术等领域举办20期高研班、专题培训班，培训高层次专业技术人才2 400余人。积极发展博士后事业，召开了湖南省博士后工作表彰会议，评选表彰了长沙高新区管委会等14个博士后管理工作先进单位和任国普等20名优秀博士。新增博士后科研工作站8家，全省博士后站共达140家，涵盖47个一级学科175个博士点，成为培养高层次人才的重要载体。

进一步扩大引进国外智力规模。为服务新型工业化、长株潭城市群“两型社会”和社会主义新农村建设，全年共执行国家和省级引智项目439个，新建省级引智基地和引智示范单位15个，来湘工作及短期交流外国专家达3 000人次（其中文教专家1 413人次，经济专家1 587人次）。具备外国文教专家聘请资格单位216个；执行出国（境）培训项目14个，选送出国（境）培训人员218人次。开展了湖南省第四届“潇湘友谊奖”评选表彰活动，14名为湖南经济社会发展作出突出贡献的外国专家获奖，奥地利专家彼得勒博士获2008年度“国家友谊奖”。在2008年全国引智系统表彰活动中，湖南省外国专家局被评为全国引智工作先进单位。做好留学人员科研资助经费工作，下拨留学人员科研活动项目资助经费50万元，资助项目16个。湖南留学人员创业园网站建设和留学人员交流联谊工作得到加强，成立了联谊会美洲联络处。

加大农村人才资源开发力度。贯彻落实《中共中央办公厅、国务院办公厅关于加强农村实用人才队伍建设和农村人力资源开发的意见》精神，制定《组织实施“加强农村实用人才队伍建设和农村人力资源开发”工作方案》。组织开展了“全国农村优秀人才”人选申报推荐工作，4名人选得到国家表彰。开展湖南省优秀农村实用人才申报评选工作，共申报124名人选。全面开展为贫困地区搭建科技平台项目对接工作，共收集各类农业产业化项目102个，组织专家直接扶持和对接96个，形成省、市、县三级专家联动服务模式，以“示范带动、典型引路”推动贫困地区农业产业化的发展；举办了7期贫困地区农业新技术和农业龙头企业管理人员培训班，直接培训基层专业技术人员、种植养殖加工专业大户和农业产业化企业管理人员558人次；积极为贫困地区搭建田间地头科技平台，组织8批34人次省级农业专家深入22个贫困市、县、乡镇开展科技咨询和技术指导，5 000人次接受现场培训和指导。

三、军转安置工作

采取指令性分配与双向选择相结合、组织推荐与竞争择优相结合的办法，倡导和推进用人单位通过考试考核选择接收安置军转干部。全年共安置军转干部2 251名，随调家属378名。其中，计划分配安置军转干部2 134名；安置到省直和中央在长单位的军转干部有341名，随调家属13名。进一步健全自主择业管理服务体系，加强自主择业干部培训、就业推荐和创业扶持工作；及时准确发放退役金，全年为1 952名自主择业军转干部累计发放退役金7 501万元。认真做好部分企业军转干部解困和稳定工作，10月上旬，省人事厅、劳动保障厅、财政厅、统计局联合出台了《关于调整企业军转干部解困标准的通知》（湘人发［2008］119号），对全省企业军转干部的解困标准进行了调整；认真做好部分企业军转干部思想教育工作，维护社会稳定。

四、事业单位人事管理工作

完善机关事业单位工资收入分配制度。完成了公务员工资配套政策和规范津贴补贴实施任务，为全省2006年、2007年两个年度5 000多名转业干部确定了待遇；制定了湖南省人民警察执勤岗位津贴和法官、检察官津贴实施意见，7.6万名人民警察、9 600名法官及检察官兑现了相关待遇。会同有关部门制定了13个市州公务员规范津贴补贴标准，研究提出了省属事业单位津贴补贴过渡性调整的实施意见和省直机关规范公务员津贴补贴第二步的实施意见。开展绩效工资实施的前期准备工作，做好义务教育学校绩效工资实施前的准备，会同有关部门下发了关于进一步落实中小学教职工有关待遇的文件，组织开展了65万名义务教育教师和37万名机关工作人员工资收入比较分析调研；组织开展省属事业单位退休人员生活补贴待遇情况的抽样摸底，共抽取41个单位9.48万人的数据，为制定湖南省属事业单位津贴补贴过渡性调整意见打下基础。

稳步推进事业单位岗位设置管理实施工作。5月，出台《湖南省事业单位岗位设置管理实施意见（试行）》（湘政办发［2008］11号），明确了岗位设置管理的实施范围、类别、等级、程序及权限等。转发了公路交通、水路交通、民政事业单位岗位设置管理的3个行业指导意见。对各市州、省直有关事业单位岗位设置管理现状进行摸底，拟定了岗位设置的初步方案。推进事业单位人员聘用工作，全省70%以上事业单位和80%以上工作人员实行聘用制，新进人员基本实行了公开招聘，全年共招聘事业单位人员2 600余人。

清理规范职业资格制度。认真贯彻落实《国务院办公厅关于清理规范各类职业资格相关活动的通知》精神，全省共清理专业技术人员职业资格62个。会同省地震局制定《湖南省二级地震安全性评价工程师资格考核认定办法》，并组织实施，19人取得湖南省二级地震安全性评价工程师资格。加强对职称评审工作的监管，坚持评委入库前公示制度、随机抽签制度、承诺制度、复审制度、考核制度，进一步提高职称评审公信度。全年共有1.48万人获得高级职称。

五、人才服务保障工作

开展湖南省“十一五”人才规划中期评估。8月，组织有关专家学者对《湖南省“十一五”人才发展规划》执行情况进行中期评估。评估显示，“十一五”人才发展规划主要指标进展情况良好，人才总量年均增长6.7%，人才结构得到进一步改善，各项人才专项计划进展顺利，引进人才智力成效显著，人才管理体制机制创新实现新突破，人才环境进一步优化，为全面完成湖南省“十一五”人才规划发展目标打下较好基础。

中国湖南人才市场竣工并投入使用。中国湖南人才市场是由人力资源和社会保障部与湖南省人民政府共同组建的国家级区域性人才市场。中国湖南人才市场新大楼于2003年立项，2006年4月奠基动工，2008年9月竣工。新建成的中国湖南人才市场大楼功能齐全、设施先进，总建筑面积3.45万平方米，总投资1.26亿元，是目前全国最大的人才市场之一。新市场投入使用以来，人力资源和社会保障部副部长孙宝树、张小建，湖南省省长周强、常务副省长于来山等先后到中国湖南人才市场新大楼视察并指导工作。

服务高校毕业生就业。定期召开毕业生专场招聘会，建立毕业生信息库，为毕业生提供人事代理、社会保险等“一站式”服务，对所有特困生实行免费的人事代理服务。积极应对国际金融危机给湖南高校毕业生就业形势造成的影响，11月28日至12月28日，省人事厅、劳动保障厅、财政厅、团省委联合主办了湖南省高校毕业生就业服务月暨中国湖南人才市场第三届服务高校毕业生活动月。通过举办大型人才交流会、困难家庭高校毕业生就业援助、高校毕业生就业政策专题宣传、公益性网上招聘月、大学生就业与创业论坛、免费开展人才鉴评等主题活动，为高校毕业生提供系列服务。引导和鼓励高校毕业生面向基层就业，选拔286名应届高校毕业生到农村基层从事“三支一扶”工作，明确规定服务期满考核合格的“三支一扶”大学生报考公务员享受加分政策。新增三一重工、远大空调两家毕业生就业见习基地，全省共达9家。

开展人事人才公益服务。积极搭建公益求职平台，采取取消现场交流会门票、制作《人才求职导图》、提供免费求职服务、建设“移动求职通”短信求职平台等举措，为各类人才提供优质服务。中国湖南人才市场全年共为3万多家企业提供公益招聘服务，为40万名各类人才免费发布求职信息；举办现场人才交流会40场，7万余名求职者进入市场交流。稳慎开展人事争议仲裁工作，召开全省人事争议仲裁会议，重新组建了省人事争议仲裁委员会，聘请了一批熟悉人事政策的同志担任兼职仲裁员，认真开展人事争议案件的接待、审查、受理、调解工作。全年立案受理案件203件，接受人事争议仲裁政策咨询3 000多人次。

人事考试安全有序进行。2008年6月，省人事厅、公安厅、信息产业厅联合下发了《关于在人事考试中防范打击使用假身份证及无线电设备作弊有关问题的通知》，严厉打击利用假身份证参考或以团伙形式利用无线电设备群发试题答案、虚假考试信息并从中谋取非法利益等违纪行为，明确规定违纪考生信息将记入公民个人诚信档案。全年共组织实施了51项人事考试，完成28.98万人的报名组织、考试实施、阅卷评分等大量具体的考务工作。

（湖南省人事厅）

广　东　省

2008年，广东省人事厅在省委、省政府的正确领导下，在人力资源和社会保障部的指导下，坚持以邓小平理论和“三个代表”重要思想为指导，以科学发展观为统领，围绕中心工作，充分发挥职能作用，抓住人事制度改革和行政管理体制改革两个关键环节，突出人才队伍建设和机构编制管理两个重点，有效促进各项工作稳步发展。

一、就业再就业工作

（一）出台新政策引导高校毕业生就业

12月，广东省人事厅印发《关于进一步做好人才发展及普通大中专院校毕业生就业工作的通知》（粤人发［2008］326号），提出4项稳定人才政策，积极部署开展就业政策咨询、供需对接、网上招聘、校园专场招聘、回家乡建功立业、援助家庭困难毕业生就业、免费人事服务、岗前培训8项系列活动，为经济社会平稳较快发展提供了人才支持和智力保障。

（二）稳步实施“三支一扶”计划

按计划完成800名“三支一扶”大学生的招募和派遣工作，开发运行了“三支一扶”服务网上报名审批系统，提高了工作效率，增强了派遣工作的科学性。建立“三支一扶”网络交流平台，完成了前两期“三支一扶”大学生的日常服务咨询工作，网上回复咨询信息926条。召开全省“三支一扶”工作会议，部署服务期满毕业生考核和就业工作。多管齐下，实现2006年首批服务期满考核合格“三支一扶”大学生80%以上顺利就业。

（三）扎实推进高校毕业生就业见习基地建设

全省各级政府人事部门会同有关单位建立了300多家高校毕业生见习基地，其中，在广州市花都区东风日产乘用车有限公司建立了国家级高校毕业生就业见习基地。此外，还审定9家单位作为国家级高校毕业生就业见习基地上报人力资源和社会保障部审批。

（四）着力促进高校毕业生就业

全省共有157家人才中介机构设立了高校毕业生就业服务专业部门或窗口，举办了“全国人力资源市场2009届高校毕业生就业服务周广东省高校毕业生专场招聘大会”，以及其他形式的招聘会651场，同比增长19.9%，全年通过参加招聘会进场求职的毕业生合计63.42万人次。2008年，全省实现就业的高校毕业生共有29.74余万人。截至2008年年底，省内高校应届毕业生就业率达96.4%，连续几年保持较高就业率。全省共接收外省生源毕业生就业15.5万人，其中入户广东（含外省高校广东生源毕业生）5万多人，包括博士1 300多人，硕士2万多人，本科2万多人。

二、人才服务保障工作

（一）成立广东省人才服务局

1月，广东省机构编制委员会办公室印发《关于省人事厅所属事业单位改革方案的函》（粤机编办［2008］1号），根据省编委会决定，合并原省人才服务中心、省海外人才引进服务中心，组建广东省人才服务局。具体承担10项人才公共服务职能任务，核定参照公务员管理事业编制30名，人员经费由省财政核拨。5月，省人才服务局正式对外办公，设局长1名、党委书记1名、副局长3名。该局系全国首家省级专业人才公共服务机构。

（二）为实施“双转移”战略提供人才智力保障

为贯彻落实《中共广东省委、广东省人民政府关于推进产业转移和劳动力转移的决定》（粤发［2008］4号），广东省人事厅于12月印发了《关于做好“双转移”中人才智力保障工作的意见》（粤人发［2008］317号），要求全省各级政府人事部门统一思想，精心谋划，切实做好“双转移”中人才智力保障工作，着重做好4个方面的人事人才服务。具体包括：统一思想、明确责任，为“双转移”提供坚强有力的人才组织保障；结合实际，开拓思路，为“双转移”提供切实可行的人才政策保障；抓住重点，有的放矢，为“双转移”提供及时有效的人才智力保障；围绕中心，找准定位，为“双转移”提供优质高效的人才服务保障。并就转移企业建立人事户头、享受“一站式”人才服务通道、聘用高校毕业生、建立产学研合作机制等提供19项优惠措施，帮助转移企业解决产业承接地人才资源匮乏问题。

（三）多种形式开展流动党员服务工作

6月，省人才服务局党委成立后，采取多种形式开展流动党员服务工作。一是组织流动党员传达学习党的十七届三中全会和省委十届二次、三次会议精神。二是利用计算机管理软件，规范管理流动党员资料。三是正常接转流动党员组织关系。目前，省人才服务局党委流动党总支共有党支部43个，流动党员3 536人。2008年组织流动党员开展各类活动26次，如组织广大流动党员开展“情系灾区”募捐赈灾活动，共募集捐款6.05万元；组织流动党员交纳特殊党费1.2万多元；号召流动党员支部开展纪念建党87周年活动等。

（四）稳步推进区域人才服务合作

9月，由原广东省人才服务中心发起建立的“泛珠三角区域人才服务合作联席会议”在贵州省贵阳市召开第七次会议。会议对“人才网联盟”的进一步发展壮大作出了长远规划。截至12月底，已有19个省的44个政府人才网站加入“人才网联盟”，其数据库中共有招聘单位274万多家、职位1 553万多个，各类人才简历1 477万多份。

（五）高层次人才智力帮扶活动效果显著

举办首届“百名博士惠州行”活动，共组织40多家企业和160多名博士专家开展26个科技项目的合作，有效推动惠州经济社会发展。同时，组织第五届“珠江三角洲地区与山区及东西两翼经济技术合作洽谈会”（简称“山洽会”）百名博士湛江行——人才智力帮扶活动，共组织130多名博士分赴湛江、茂名、云浮、河源、梅州、清远等10个市，与有关企事业单位进行项目对接洽谈，开展人才智力帮扶活动，促成签订合作项目达52个，合计金额3 068万元，成为本届“山洽会”最大亮点。

（六）流动人员人事档案管理规范发展

省人才服务局规范人事档案业务管理，完成6 181份人事档案换袋标志和金蝶办公系统3.5万余条人事档案信息录入。积极开发利用人事档案，借出档案或部分材料2 678份；接待外来查阅档案人员2 850多人次，开出各种档案证明材料1 900多份；调整2 000多人档案工资。

（七）多渠道为非公有制单位引进人才

省人才服务局积极为非公有制单位引进人才。一是从广州市区以外引进各类急需人才，全年共办理异地人才调进133人。二是办理接收大中专应届毕业生手续，共接收本科以上毕业生6 996人，接收大专生150人，接收中专生54人。三是举办3次“广东省高层次人才洽谈会”，2次“非公有制单位引进人才研讨会”，4次“广东省高层次人才专题网络招聘大会”。

（八）做好高层次人才引进工作

2008年，共引进国内人才17 000余人，其中高级职称 2 000 余人，中级职称 12 000 余人。为中山大学、华南理工大学、华南师范大学、华南农业大学、广东外语外贸大学等高校引进了一批博士、教授、长江学者等高层次人才，有些已经成为学科带头人，有些正在申报中科院院士。10 月，省人事厅在德国、西班牙分别举办“广东省引进海外高层次人才智力洽谈会”，共吸引 592 名海外高级专家和留学人员参加洽谈咨询。12 月，组织珠三角 6 个市和省直金融行业以及 30 家知名度高的企事业单位参加“第 11 届中国留学人员广州科技交流会”，共吸引 300 多名留学人员应聘，其中有意应聘的留学人员 200 多名，达成一批合作意向。同时，为 1.2 万余名引进人才办理了《广东省居住证》。

（九）推进农村人才队伍建设

经省人事厅批准，惠州市在全省开展农村实用人才职称评定试点工作，拟定《惠州市农村实用人才职称评定暂行办法》。开展“全国农村优秀人才”推荐选拔工作。评选表彰何世良、许伟镇、张奇东、李振伟 4 名“全国农村优秀人才”。

（十）推进实施人事代理和人才派遣

省人才服务局组织业务人员上门为企事业单位办理人事代理业务，不断吸纳社会流动人员加入人事代理队伍，新增人事代理人员 6 000 多人。管理集体户在户人员 14 526 人，社保人员 2 700 余人，医保人员 2 000 多人。共为 1 000 余人办理住房公积金汇存，为 4 000 余人代办全国第二代居民身份证。办理计生服务证 1 400 多人次。办理转正定级手续 2 800 多人次。办理专业技术资格评审 200 多人次。共为 38 家单位 1 246 人提供人才派遣服务。

（十一）人才服务信息化建设进一步加强

一是认真做好“广东人事网”的维护工作，及时更新页面并完成人事人才信息发布。二是改版“广东人才网”，更新网站界面，完善求职和招聘系统，优化搜索引擎、视频频道、校园频道、人才测评、人才杂志等栏目，增加人才项目对接、留学人员服务、高端人才寻聘联盟、培训联盟、网上服务大厅等特色模块。网站访问量由 2007 年的 10 万次/天增加到 2008 年的 40 万次/天。据中国网站排名数据显示，广东人才网在国内 1 500 家人才网站中排名第 25 位。

（十二）创新海外人才智力引进和留学人员服务方式

一是收集留学人员和海外人才智力信息资源 3 000 多条，为 83 家企事业单位和 300 多名留学人员提供政策咨询、引才引智、择业创业指导、联系合作项目等服务。二是开发符合广东省经济社会发展需要的留学项目，新增留学项目 10 个。三是邀请国外教育专家、学校代表来广东举办留学报告会、教育展览等宣传活动 4 次，有效引导了留学市场健康发展。四是下移服务窗口，深入基层一线开展留学咨询活动，积极为出国留学人员提供便捷优质高效服务。2008 年，共选送近百名学生分赴美国、英国、法国、加拿大、澳大利亚、新西兰、俄罗斯等国家留学深造。

（十三）人才服务行业展现新风貌

发挥广东省人才交流协会的作用，保持与会员单位的密切联系和沟通。开展“HR 沙龙”系列活动。组织会员与企业交流，先后进行了以“经济转型环境下的人力资源问题与对策”“广州地区高层次人才智力扶持粤东西北建设”为主题的座谈讨论活动。动员广州地区高等院校和科研院所博士专家，以人才带项目的形式扶持山区建设，得到了许多高层次人才的积极响应。同时，创新发展协会会刊，进一步改善会员交流平台。经广东省新闻出版局批准登记，从 2008 年 8 月起出版《广东人才》杂志，免费发送会员单位、各级机关事业单位人事部门和有关企业人力资源部门。

三、军转安置工作

2008 年，国家下达广东省接收安置军队转业干部任务 3 258 名，安置任务列全国第六位，其中师团职军转干部数量分别列全国第二位。这批军转干部中，需要计划分配的 2 995 名，占总数的 91.9%；选择自主择业的 263 名，占总数的 8.1%。在连续几年大批量接收安置军转干部的情况下，广东省认真贯彻落实全国军转安置工作电视电话会议精神和省委、省政府的部署要求，全面落实军转安置政策，圆满完成军转安置任务。同时，认真做好部分企业军转干部解困和稳定工作，维护了社会稳定。

中共中央政治局委员、广东省委书记汪洋，广东省委副书记、省长黄华华作出明确批示，要求坚决完成安置任务。

8 月初，召开了广东省军队转业干部安置工作暨表彰大会，全面总结 2001 年以来军队转业干部安置工作的经验和做法，表彰了深圳市人民政府等 26 个军队转业干部安置工作先进单位和潘伟堂等 25 名军队转业干部安置工作先进个人。9 月初，召开了广东省部分市军队转业干部安置工作座谈会，进行了工作部署，并明确提出“广东要讲政治、讲大局，争当全国军转安置工作的排头兵”的工作目标和要求。11 月，向全省转发广州市《关于做好专业技术军转干部职务安排的通知》（穗军转［2008］32 号），对高级专业技术转业干部进入行政机关后的职务安排作出了明确规定。

2009 年 1 月，中央电视台以《军字号工程在广东》为题，对广东省 2001—2008 年的军队转业干部安置工作作了专题宣传报道。

四、专业技术人员管理工作

（一）起草广东省高层次专业技术人才队伍建设调研报告

对广东省高层次专业技术人才队伍现状、主要经验做法、存在的问题及原因进行了深入调查和分析研究，提出五大对策和建议。一是以强化院士工程为龙头，加紧院士队伍和新世纪百千万人才工程国家级人选、长江学者等高级专家的培养和选拔。以博士后工作促进广东省年轻高层次人才的引进和培养。二是开通高层次专业技术人才引进“绿色通道”，积极引进各类急需和紧缺的科技领军人才。三是多渠道筹集资金，进一步加大高层次人才工作投入力度，完善高层次专业技术人才工作投入机制和财政投入保障。四是不断优化高层次专业技术人才创业和成长环境。五是建设高层次专业技术人才工作指导和督促机制，要健全党政领导联系专家制度，把这项工作作为领导工作目标考核，推动人才工作上新台阶。上述建议已被《中共广东省委、广东省人民政府关于加快吸引培养高层次人才的意见》采纳。同时，根据调研成果，省人事厅会同省教育厅出台了完善小学高级职称等工作意见。

（二）破解职称工作难题

在评价领域和职称等级上求拓展。开辟农村实用人才的评价新领域，已在广东省惠州市开展农村实用人才评定试点工作。直接从事农业工程、种植、养殖、农牧产品加工、经营服务、传统工艺的农村实用人才均可申报评定农村实用人才职称。取得职称的由政府给予物质奖励和其他优惠政策。设立了小学高级教师（副高级）专业技术资格等级和相应评委会，并在全省开展评审试点工作。

创新评价方法和手段。继续完善评价机制，先后推行药学专业初中级专业技术资格以考代评，高级统计师专业技术资格考评结合，使评价凸显科学、客观、公正。规范评审程序和办法。规范“双公示”，要求公示由申报人所在单位职称部门和纪检、监察部门共同负责；申报人所在单位职称部门及时将申报材料和单位的投诉受理部门及电话，在单位显著位置张榜和在单位网站首页上进行公示；监督公示和受理信访由单位纪检、监察部门负责，确保评审公开透明。

按照“全省联网、分级建库、动态管理、人机互动、方便基层”的管理要求，开发职称管理信息系统，以提高职称工作的效率和社会化服务水平。

规范清理专业技术类职业资格。按照国家

统一部署，牵头组织对全省专业技术类职业资格设置、培训、考试、鉴定、发证、收费等活动进行清理规范，对省直有关部门和地级以上市自行设置的广东省注册安全主任、园林绿化项目负责人、驻店药师、助理价格鉴证师、注册工业设计师和惠州市房地产经纪人、房屋建筑面积测绘技术资格及广州市特殊护理专业技术人员职业资格等8种职业资格提出取消意见，对深圳市爆破作业人员职业资格、人才中介职业资格和广州市会展管理专业技术人员职业资格等3种职业资格提出保留意见，并及时上报广东省人民政府。

（三）抓好专家选拔工作，完善专家管理办法

做好2008年享受国务院特殊津贴专家的推荐工作。积极与省劳动保障厅协调做好推荐选拔工作，圆满完成广东省享受国务院特殊津贴专家的推荐工作，共推荐享受国务院特殊津贴专家人选89名，其中高技能人才11名。做好享受国务院特殊津贴专家的管理和服务工作，结合2007年特贴专家年度考核情况，更新广东省专家信息库，按时发放特贴经费。

（四）认真做好博士后工作站设站工作

从全省118家申报企业博士后工作站的单位中筛选上报71家，其中39家获准设立博士后科研工作站，是历年国家批准数最多的一年。佛山市经过努力，达到30家，在全国地级市中居首位。6月，与江门新会区政府联合成立“广东省博士后联谊会新会科技创新基地”，提高企业的开发创新能力，推动博士后科研成果的转化。同时，配合基地挂牌运作，组织中山大学、华南理工大学等高校的127名博士后及合作导师赴新会开展“百名博士新会行”活动，取得良好效果。截至2008年年底，对接企业27家，已签订合作项目协议7项，正在洽谈的项目还有9项。积极做好博士后进出站的相关管理工作。共进站331人，出站178人。做好博士后专项经费财政支出项目绩效自评工作，对项目资金安排和使用、组织和实施、绩效目标及完成作了说明，对绩效结果作了自我评价。加快广东省博士后公寓建设，督促建造单位依照计划按时完工并尽早投入使用。

（五）狠抓专业技术人员继续教育

深入实施专业技术人才知识更新工程（“653”工程），2008年全省共有5.04万名专业技术人员参加了工程活动，超额完成了本年度培训计划。组织专业技术人员进行知识产权法培训教育，全年共举办744期培训班，对15.09万名专业技术人员进行培训。搭建高新技术研修班的继续教育平台，共举办高研班203期，有1.23万名中高级专业技术人员接受了高质量的继续教育。省人事厅还组织5批次、12名高级专业技术人员参加人力资源和社会保障部举办的高研班。同时，继续抓好“十一五”规划的公需科目培训工作，共举办991期培训班，组织19.29万名专业技术人员参加了《职业道德与创新能力建设》《专业技术人员权益保护》等课程培训。

五、事业单位人事管理工作

（一）积极推动事业单位公开招聘工作

制定《广东省事业单位公开招聘规定》文稿，已完成征求意见工作，拟于2009年颁布实施。

（二）认真做好事业单位岗位设置管理工作

根据原国家人事部批复意见，对《广东省事业单位岗位设置管理实施意见》作了修改，已于2008年9月经省政府常务会议通过。

2008年3月，召开了“广东省事业单位岗位设置管理专门工作小组会议”，介绍国家事业单位岗位设置管理行业指导意见的主要内容及基本特点，研究提出广东省事业单位岗位设置管理行业指导意见的调研、起草工作计划，部署岗位设置行业指导意见起草的有关工作。会后，与相关省直部门一起赴省内外开展调研，统筹协调有关起草工作。至2008年年底，省直部门已提出教育、科研、卫生、文化、新闻出版、广播电视、农业、体育、机关直属服务等事业单位岗位设置管理行业指导意

见初稿。

在完善人事争议仲裁制度方面，一是加强人事争议仲裁机构和队伍建设。2008 年，广东省县（市、区）人事争议仲裁机构达 115 个，占县（市、区）总数的95%，同比上升43%。广州、深圳、珠海等 9 个地级以上市建成专职仲裁庭。各级仲裁机构共聘用仲裁员 972 人，同比增长 55.5%。其中，专职仲裁员 185 人，同比增长 26.7%。6 月，举办了“广东省人事争议仲裁工作培训班”。二是认真处理人事争议案件。全年各级人事争议仲裁机构共受理案件 485 件，同比增长288%。调解结案 393 件，占受案总数的81%。裁决结案 92 件。三是加大法制建设力度。修订了《广东省人事争议仲裁办法》。在广东人事网上设立人事争议仲裁专栏，编印《广东省人事争议仲裁学习资料》《仲裁案例》，供学习参考。

六、公务员管理工作

（一）继续推进公务员法实施

认真做好公务员日常登记工作。2008 年，全省政府机关共登记公务员 9 952 名。起草《广东省参照公务员法管理范围事业单位工作人员登记办法》。研究提出 2001 年 8 月 14 日前经公务员主管部门批准进入机关，但因聘用制干部身份尚未登记的在编在职人员的解决原则和办法。同时，广东省事业单位参照公务员法管理集中审核审批工作转入日常管理阶段。截至 2008 年 12 月底，全省政府系统共审批参照管理单位 4 006 个，涉及编制人员 73 796 名。

（二）做好公务员录用工作

会同省委组织部首次联合审核全省招考公告和招考职位，规范职位设置。2008 年，广东省计划录用公务员 1.14 万名，报考人数28.59 万人。圆满完成政法院校招录培养体制改革试点基层政法机关首次定向招录工作，将500 名招录名额分配至经济欠发达县（市、区）以下基层公安机关。报考人数 6 089 人，实际录用 433 人。改革招录面试方式，首次采取由省统一组织、抽派考官进行面试，确保公平公正。同时，会同省公安厅、省林业局完成第二批中央驻粤所属公安机构 409 名同志的移交工作。

（三）认真做好专项评选表彰工作

2008 年 2 月 24 日，根据省委、省政府的紧急通知，成立抗冰雪救灾评选办公室，对140 个先进集体和 329 名先进个人进行表彰。认真完成四川汶川抗震救灾先进集体和个人表彰工作，对 104 个抗震救灾先进集体和 309 名先进个人进行表彰，并以此为基础，择优推荐2 个全国抗震救灾英雄集体和 4 名全国抗震救灾模范。

（四）积极开展公务员培训

抓紧开展公务员应急管理培训。督促指导省政府 6 个厅局编写了 14 本教材。其中，省卫生厅承担编写的 9 本教材，被国家新闻出版总署列为“十一五”国家重点图书出版规划项目。组织《行政机关公务员处分条例》等全员培训。全省接受《行政机关公务员处分条例》《突发事件应急法》和《政府信息公开条例》培训的公务员达到 48 万人次。其中，省人事厅在广东行政学院举办 6 期培训班，共培训省直机关公务员 7 800 多人次。参加初任培训、任职培训、专门业务培训和在职培训的公务员 67 万人次。推行初任公务员职业导师制。拓展广东省公务员新加坡公共政策专题研究班和广东省公务员新加坡公共服务专题研究班。继续做好广东省公务员芬兰、瑞典研究班和与韩国京畿道互派公务员培训班。同时，扎实推进粤港公务员实习交流工作，派出 10 名公务员赴港实习交流，接收 5 名香港公务员来粤实习交流。

七、法制建设工作

推进公务员管理法规体系建设。会同省委组织部起草《广东省公务员录用办法（试行）》《广东省公务员录用面试工作实施细则（试行）》《广东省公务员录用面试考官管理工作实施细则（试行）》《广东省公务员录用体检工作实施细则（试行）》及《广东省公务员考核办法（试行）》。转发《人事部、监察部关于行政机关任命的事业单位工作人员参照执行〈行政机关公务员处分条例〉的通知》《监察部、人力资源社会保障部关于企业中由行政机关任命的人员参照执行〈行政机关公务员处分条例〉的通知》和《公务员申诉规定（试行）》等政策文件，促进公务员法配套政策入轨实施。同时，制定实施《广东省机关事业单位工作人员职务（岗位）变动及调动（调任、转任）后工资确定办法》《广东省机关事业单位工作人员带薪年休假实施办法》等政策文件。

继续推进“五五”普法教育和“法律六进”活动，有序推进普法工作。进一步加大人事执法力度和执法监督力度，开展人事执法监察工作，取得较好效果。

（广东省人事厅）

广 州 市

2008 年广州市人事人才工作认真贯彻落实科学发展观，继续深化人事制度改革，大力加强人才队伍建设，加快构建人事人才公共服务体系，切实维护社会和谐稳定，统筹做好各项工作，在新一轮的思想大解放中推动了人事人才事业的新一轮大发展。

一、就业再就业工作

紧紧围绕促进就业这一民生问题，坚持市场配置原则，开拓公共服务新领域，以具有广州特色的市场配置与公共服务“双轮驱动、双轨运行”的模式服务人才，公共服务体系建设有了新突破。

2008 年全国高校毕业生人数和广州生源高校毕业生均比往年有所增加，其中广州生源高校毕业生约 3.7 万人。为积极应对高校毕业生人数增加和金融危机造成的企业对人才需求减少的形势，采取多种措施促进高校毕业生就业。一是举办广州生源高校毕业生专场招聘会。3 月和 12 月先后举办了两场高校毕业生供需见面会，共组织 850 多家用人单位参加，提供了 1.7 万多个职位，进场人数超过 4 万人，初步达成意向的占 50% 左右。二是组织赴省外招聘 2009 届优秀高校毕业生活动。组织 120 多家企事业单位分赴北京、上海等 9 个重点高校集中的城市招聘广州市紧缺急需的优秀高校毕业生，招聘职位共约 7 000 个。三是鼓励和支持广州生源高校毕业生自主创业。通过举办专项讲座、开展咨询、加强培训、与会交流等方法，宣传创业政策、开展创业辅导、组织创业培训、提供创业服务，搭建沟通交流、选项融资、互动合作的自主创业服务和支持平台。四是尽力扶助特困和残疾等特殊群体广州生源高校毕业生就业。通过提前到高校核实资料，定期召开座谈会，实行专人通知、专人服务等方式提供公共就业服务。当年全市登记申请就业扶助的特困毕业生 65 人，共为其提供了 100 多次就业推荐机会，已有 38 人成功就业。2008 年，市人事局与市残联共同举办南方首届残疾人才大型招聘会，共有 170 多家企业和 500 多名残疾人才参加，提供了 600 多个就业岗位。五是深入开展高校毕业生“准就业”见习活动。全年共举办了十多场“准就业”见习匹配会，参会的广州生源高校毕业生 1.5 万人，参会单位 260 家，提供见习职位 2 500 个。

二、人才服务保障工作

（一）精心打造人事人才信息化公共服务平台

大力实施“广州数字人才工程”，精心打造中国广州人事网公共服务平台。应用信息技术对传统工作方式和工作流程进行优化改造，在中国广州人事网公共服务平台上提供了“公务员管理系统”“事业单位人员管理系统”“专业技术资格评审系统”“人才引进服务系统”等 30 多个网上办理、网上服务的人事人才业务应用系统，共 61 项业务实现了全过程网上在线服务，为所有管理服务对象提供全面共享的应用服务。主要人事业务网上办理率达 77.2%，核心业务支撑达 89%。

（二）发挥服务窗口和服务项目的渠道和载体作用

完善高校毕业生就业窗口、职称直接申报窗口的服务功能，并于2月将人才引进直接申报、《广东省居住证》申办和人才中介许可证申办业务进驻市政务服务中心办理，把人事人才公共服务拓展到企业，拓展到非公经济组织，为用人单位特别是市重点工程、重点项目、重点区域和非公有企业提供优质快捷的人事人才服务。继续做好引进人才“贴身服务”和“绿色通道”等品牌项目，开发人才流动与人事代理、出国留学和培训教育、人才租赁（派遣）等多项社会化服务项目，满足社会对人事人才的多元化服务需求，推进现代人才服务业的发展。

三、军转安置工作

（一）政策层面取得重大突破

2008年，广州市军转干部安置总数为1 345名，占全省安置总量的41.3%。面对繁重的军转安置任务和新的形势，市人事局通过与部队、地方职能部门多次沟通协调，反复征求意见，深入调查研究，经市委、市政府批准，制定出台了《关于做好我市军队转业干部安置工作有关问题的通知》（穗人发［2008］149号）和《关于做好专业技术干部职务安排的通知》（穗军转［2008］32号），在政策层面上取得重大突破，圆满完成了军转安置任务。广东省军区为此专门送来了感谢信，中央电视台军事频道“和平年代”栏目对广州市的做法作了专题报道。

（二）企业军转干部解困维稳工作稳步推进

八一建军节前适时调整并及时发放企业退休和失业军转干部的生活补贴。多次召开军转干部代表约访会，广泛倾听各类军转干部的诉求，真诚关心军转干部的工作和生活。对功臣模范、患重病和生活特殊困难等军转干部上门拜访慰问。设立了军转干部接访室，完善了军转维稳工作责任制。

（三）自主择业军转干部管理工作取得新的成效

针对多年来自主择业军转干部反映强烈的问题，会同有关部门联合出台了《关于调整移交我市管理的军队离退休干部和自主择业军转干部医疗待遇的通知》（穗人发［2008］158号），彻底解决了全市现有1 461名自主择业技术干部的医疗待遇问题，并积极协调落实了符合条件的自主择业军转干部的住房货币分配政策。

四、专业技术人员管理工作

（一）创新机制体制，打造高层次创新型人才引进培养新优势

一是高层次人才选拔实现新突破。将享受国务院政府特殊津贴人员的选拔范围扩大到高技能人才和各类所有制单位。在更大范围和领域内选拔人才，产生了11名享受国务院政府特殊津贴人员。二是积极促进博士后工作站的设立。加大对博士后科研工作站的宣传力度，提高了申报的成功率，广州白云山和记黄埔中药有限公司等4家单位成功申请设立了企业博士后科研工作站。至此，全市已设立29家企业博士后科研工作站及11个分站，覆盖了电子、医药、皮具皮革、报业等多个行业和领域。三是完善高层次创新型人才工作机制。出台了包括人才引进、人才培训、职称制度改革、企业博士后工作等配套政策，进一步加大对高层次创新型人才的激励和奖励力度，强化对高层次创新型人才和团队的支持和培养。四是打造高层次人才服务品牌。2008年首次将高层次人才休假体检制度的实施范围扩大至广州地区的两院院士，并通过主动上门、召开工作交流会等途径宣传政策、集思广益，将高层次人才休假体检制度打造成新的服务品牌，激励广州地区的两院院士在广州市经济社会发展中发挥更大的作用。

（二）加大引进海外人才智力力度，充分利用国际人才资源

2008年，围绕广州市经济社会发展和产

业结构调整的需要，重点引进支柱产业、先进制造业、现代服务业和高新技术产业的海外人才智力，全年共执行国家和地方引智项目 22 个，国（境）外人才 129 人，涵盖汽车、医药卫生、新材料、科研教育等领域。加大对海外高层次人才的引进力度，以市委、市政府名义颁发了《关于鼓励海外高层次人才来穗创业和工作的办法》（穗字［2008］18 号），对设立高层次人才扶持资金及其使用、海外高层次人才入户、配偶就业、子女入学、住房、税收、专业技术资格等方面制定了更为优惠的政策。配合有关部门开展了“广州十大优秀留学回国人员”评选表彰活动。举办了第四届“羊城友谊奖”颁奖典礼，表彰了 14 名近年来为广州市经济社会发展作出重要贡献的外国专家。

（三）深化职称制度改革

创新评委会、评委库委员遴选制度，全面打破系统、地区、单位的局限，改变以往评委库入库委员由单位及主管部门单方推荐的做法，将评委库入库委员须具备的条件对外公布，增加专家自荐入库的方式，2008 年已调整的评委库委员中，有 62 人由自荐产生。建立评委会委员考核制度，出台了《广州市高、中级专业技术资格评审委员会评委考核办法》（穗人发［2008］109 号），首次对评委在评审活动中的工作实行考核制度，并建立考核档案，对在评审活动中未能认真履行工作职责、违纪违规的评委实行退出制度。完善人才评价制度，对教育部门量化评审指标体系进行了全面评估。

五、事业单位人事管理工作

（一）深化机关事业单位分配制度改革

一是做好规范公务员津贴补贴工作。根据国家的统一部署，经省政府同意，组织实施《广州市规范公务员津贴补贴实施方案》，完成了市直机关规范公务员津贴补贴工作，并按照“下管一级”的原则，指导区、县级市开展规范本地区公务员津贴补贴工作，调控地区间津贴补贴收入水平差距，建立科学合理的收入分配秩序。二是加强对事业单位收入分配的引导和调控。在 2004 年落实市直义务教育教师与公务员收入水平基本平衡的基础上，2008 年着重抓《关于加强市直属事业单位工作人员和退休人员津贴补贴管理的意见》（穗人发［2008］175 号）的贯彻落实，开展政策培训，研究实施过程中出现的新问题、新情况，加大对事业单位建立科学合理的内部分配制度的指导力度，初步建立了市直事业单位规范的津贴补贴管理制度。

（二）深化事业单位人事制度改革

2008 年，广州市事业单位人事制度改革完成了向岗位管理和推聘后新型人事关系的规范化转轨。针对改革进程中出现的新问题和新矛盾，进一步完善了政策，出台了《广州市事业单位试行人员聘用制度问答（四）》，制定了《关于做好我市事业单位工作人员岗位变动备案工作的通知》，通过对人员岗位变动进行备案，确保岗位变动人员及时兑现工资待遇；开展了关于事业单位聘后管理制度化和规范化专题调研，做好事业单位岗位设置的实施准备；进一步完善公开招聘制度，针对公开招聘中出现的问题调整政策，规范了事业单位公开招聘方案的制定，提高了事业单位公开招聘的科学性和公平度。全年共审核市直事业单位公开招聘方案 260 个，审核备案新进人员 1 300 人。

（三）统筹解决相关群体的合理利益

研究制定了早期离开机关事业单位人员参加社保的方案，提交市政府研究决策；出台了《关于做好我市机关工勤技能岗位等级规范工作的通知》（穗人发［2008］157 号），完善了机关工勤人员收入分配管理模式，并为做好事业单位工勤技能岗位等级规范工作积累经验；规范市直机关津贴补贴后，统筹考虑企事业单位离休人员和义务教育教师等相关群体的津贴补贴问题；调整遗属困难补助、丧葬费等政策，加大对弱势群体的帮扶力度。

六、公务员管理工作

（一）深化公务员制度改革

开展了事业单位新申请参照公务员法管理的申报工作。按照“坚持原则、严格标准、履行程序、从严把关”的要求，对全市新申报参照公务员法管理的事业单位进行分批梳理并报省审批。建立了公务员日常登记制度，实现公务员信息动态管理。完成了经省审批为参照公务员法管理单位人员的登记工作，对新进入公务员队伍人员、职务变化等开展日常登记，建立了广州市公务员信息动态管理系统，快捷、准确地掌握公务员队伍的状况、结构分布及职务变化等动态信息，为办理工资变动等相关手续、制定政策及宏观管理提供数据支持。加强了公务员制度建设，由市政府办公厅印发了《广州市行政机关及其公务员公共服务行为投诉 处理办法》（穗府办［2008］28号）和《广州市行政机关首问首办责任制试行办法》（穗府办［2008］27号）。

（二）大力加强公务员能力建设

全面组织实施《广州市公务员培训积分制管理实施细则（试行）》（穗人发［2006］177号），推进公务员培训积分制管理工作，严格落实市直机关公务员培训结果与年度考核挂钩的规定。完善“公务员网络大学堂”建设，开发高质量的课件，丰富网络课程内容，全年新增6期共49种网络新课件，共有3.32万名公务员参加网络大学堂的培训，人均获得学分67.4分。依法组织好公务员初任培训和任职培训，继续开展“广州公务员能力名家论坛”专题系列讲座，与中山大学合作举办了“公共管理硕士学位（MPA）班”“行政管理专业在职研究生（单独考试）双证班”。全年全市参加培训的公务员达到46.36万人次，完成学分总人数为3.46万人，完成率达到87.7%，其中市直机关公务员培训积分完成率达到94.6%。

（广州市人事局）

深 圳 市

2008 年，深圳市人事工作紧紧围绕市委、市政府的中心任务，进一步解放思想，坚持以科学发展观为统领，狠抓落实，推动了各项工作的顺利开展。

一、公务员管理工作

（一）推进聘任制公务员试点工作

制定了聘任制公务员试点方案，并出台综合管理、工资分配、年金计划、聘任合同4个配套文件。这些做法实现了4个方面的制度创新：一是按职位需求确定选人标准；二是按照职类和职位设计总薪级表；三是确立以职位为基础的专业化晋升和管理模式；四是探索实行职业年金的补充养老模式。目前，已初步建立起聘任制公务员管理的制度体系。

（二）探索公务员分类管理改革

国家公务员局于 2008 年 8 月批准深圳市为全国公务员分类管理改革的首个试点城市。随后，市人事局成立了公务员分类管理改革工作推进小组，积极开展职位情况摸底调研。同时，以分类管理为核心理念，深入推进公安专业化改革，起草了职位设置与管理、考试录用管理、任职定级、职务任免与职务升降、能级管理等6个配套制度，并初步建立起与专业化改革相适应的有别于综合类公务员的独立薪酬体系，搭建起适应专业化管理要求的基本制度体系。

（三）规范公务员日常管理

一是抓好公务员考录工作。经广东省授权，深圳市完成了两次党政机关公务员和一次公安机关警察考试录用工作，共招录公务员1 878 名（含公安机关警察 900 名）。在考录工作中，试行了综合类和行政执法类分类考试；在警察招考中，按公安专业化改革确定的六大职系分别设置招考科目。二是制定了《深圳市事业单位参照公务员法管理申报审核工作规范》，规范了参照公务员管理的申报工作。三是做好公务员转任工作。规范异地公务员转任标准和程序，对符合条件、程序完备、材料齐全的，按规定予以核准。四是做好公务员日常登记工作，全年累计办理公务员登记2 193 人，办理公务员注销登记 371 人。五是完成规范机关工作人员津贴补贴及离退休人员增加离退休费工作。

（四）强化公务员培训工作

制定《2008—2010 年深圳市人事（编制）业务培训纲要》，明确了“十一五”期间公职人员各项培训工作总体目标与思路。整合培训资源，联合北京大学、清华大学、南京大学、哈尔滨工业大学等知名高校，先后举办发展经济、行政执法、人力资源开发等专题高级研修班 17 期，培训 800 余名公务员。举办了《政务信息公开条例》全员轮训，全市 3.3 万多名公务员参加了培训。设计开发了 11 大类300 多门自选培训课程，全年组织 153 期自选培训，有 1.1 万多人参训。拓展涉外培训渠道，积极推荐人员参加国际合作培训项目，11名公务员获新加坡项目资格，4 名公务员赴港实习交流。同时，在涉外培训方面推行“分享法”，扩大培训受益面。

二、事业单位人事管理工作

继续推动事业单位人事制度改革，在实现

向聘用制平稳过渡的基础上，做好事业单位岗位设置管理改革的调研工作，确定改革推进步骤和试点单位，拟定改革的基本框架和原则，为全面推进改革做好准备。根据国家和省的规定，研究改进深圳市职员管理制度，重点对入口、试用期考核、处分、考务4个方面进行改进。研究事业单位特殊人才招聘办法，制定《深圳市事业单位艺术体育职员公开招聘工作细则》和《深圳市事业单位艺术体育职员公开招聘工作专家库管理规则》；出台《深圳市全科医师规范化培训试行办法》，规范全科医师的招录、培训、考核和人事管理等工作。

建立和完善人事争议仲裁制度。出台《深圳市人事争议仲裁委员会组织规则》《深圳市人事争议仲裁员管理办法》《深圳市人事争议仲裁庭规则》《深圳市人事争议仲裁庭纪律》《深圳市人事争议仲裁槌使用规则》5个配套文件，进一步健全人事争议仲裁工作制度。完成市人事争议仲裁委员会组成人员的调整，拓展了仲裁委组成人员的代表性。开展兼职仲裁员培训工作，进一步充实了队伍。全年仲裁裁决和调解人事争议案件19宗，其中唯一一起当事方不服的裁决案件，裁决得到法院的支持。

此外，积极配合有关部门做好南方科技大学的筹建工作；深入调研机关事业单位临聘人员问题，起草的《关于进一步规范机关事业单位用人管理的若干意见》经市委、市政府审议通过并发布，为全面规范临聘人员管理奠定了基础；同时，会同市教育部门提出了临聘教师问题的整体解决方案。

三、军转安置工作

一是进一步规范接收安置的条件，制定《深圳市接收军队转业干部条件的补充意见》，明确了接收安置的结婚年限、子女随父母进深、配偶购房入户时间等条件，并顺利完成498名军转干部的安置工作。二是认真做好下岗、失业或在职生活困难的企业军转干部解困稳定工作，全年共发放企业军转干部生活困难补助金400多万元；认真做好企业退休军转干部解困维稳工作，为2 925名企业退休军转干部发放了军队职务补贴，研究并落实提高企业退休军转干部职务补贴标准。三是加强军转安置工作的政策宣传，编写《企业退休军转干部工作手册》，帮助各有关单位正确理解企业军转干部解困稳定工作的政策。四是组织748名军转干部开展适应性培训。2008年，深圳市和深圳市人事局获得“广东省军转安置先进单位”称号。

四、专业技术人员管理工作

（一）高层次专业人才队伍建设取得新突破

制定《关于加强深圳市高层次专业人才队伍建设的意见》及6项配套政策，在住房、配偶就业、子女入学、学术研修等方面为高层次专业人才量身定做一系列配套服务政策。组织选拔推荐8名享受国务院特殊津贴专家，选拔50名享受市政府特殊津贴专家。做好高层次人才工作载体建设工作，有9家单位获国家批准设立博士后工作站，新增12家博士后创新基地；全年共引进博士后入户62人，发放补助197人次共985万元，高层次人才梯队建设得到进一步强化。

（二）加大专业技术资格评审工作创新力度

一是承担广东省人事厅两项创新试点工作，起草了《广东省小学高级（副教授级）教师资格条件》和《广东省知识产权研究员、副研究员、助理研究员资格条件》。二是在专业技术人才评价方式方法上有新的突破。教育系统开通网上申报、网上评审系统。在路桥工程和铁道工程两个专业新推行考评结合和以考代评工作，评审质量有效提升。三是按照国家和省的要求，对职业资格进行了清理和规范。共清理了271项，其中涉及专业技术职业资格62项，涉及技能职业资格209项。

（三）加大专业技术人员继续教育力度

举办10场“深圳博士后创新讲堂”专题讲座，有1 100多名专业技术人员参加，讲座内容汇编为《深圳博士后创新讲堂专辑》出版。采用“请进来”方式组织涉外培训，创设“境外专家鹏城讲堂”，邀请6位国（境）外专家举办6场大型公益讲座，收到良好效果。继续教育覆盖面扩展到民营及中小企业，成立深圳市博士后联谊会、继续教育协会，打造专业人才学术交流平台。

五、人才服务保障工作

（一）全面梳理整合人才引进政策

制定《深圳市人才引进实施办法》和促进生源毕业生就业政策，修订人才引进目录，打破传统“学历+职称”的单一人才评价标准，逐步引入能力、经历、业绩、贡献等多重要素，并积极探索创新人才引进综合评价机制，人才引进的数量和质量都有新的提升。全年共接收大中专院校毕业生4.87万人（本市院校毕业生9 607人，在市外院校就读的本市生源毕业生2 498人），其中具有研究生学历的占总量的23.16%；通过市人事部门引进在职人才1.56万人，其中具有本科学历的占总量的95.13%。

（二）加强国（境）外人才和智力的引进工作

办理国（境）外专家来华工作许可722件，其中经济类209件，文教类513件；办理外国和港澳台专家证1 054件，其中经济类538件，文教类516件；12个引智项目获得40万元国家专项资助。向来深创业的63家留学人员企业发放前期费用补贴865万元；举办留学人员创业和就业培训班3期；成功举办深圳市第六次海外揽才活动，50家企事业单位参加，2 000多名留学生进场应聘，创人数新高，不仅向海内外宣传了深圳市的人才政策，还为深圳市引进了一批海外高层次紧缺人才。

（三）加大毕业生就业促进力度

积极引导毕业生树立正确的就业观，认真开展就业指导工作。按照国家要求，组织开展“就业服务周”“就业服务月”等活动，采取多种形式组织毕业生招聘会，鼓励用人单位为本地生源毕业生提供就业岗位。起草《深圳市高校毕业生就业见习基地实施办法》《深圳市高校毕业生参加支教支农支医和扶贫工作管理暂行办法》等规范性文件，进一步规范和促进毕业生就业工作。

（四）人才交流公共服务和市场管理实现双赢

制定人才市场标准，开展人才市场“诚信月”活动，提高行业的整体诚信服务水平。积极推动深圳市人才交流服务协会的成立，搭建人才中介机构合作的平台，提高行业整体素质。认真开展人才中介机构的执法检查和安全生产检查，共检查人才中介机构55家，查处违规案件16宗，注销15家机构的执业许可证，促进了人才市场的健康发展。成功举办深圳市2009届高校毕业生就业双选会、第十届中国国际高新技术成果交易会人才与智力交流会、第二届中国文化产业人才交流会。全年共举办各类公益性招聘会近200场。

（五）成功举办2008中国国际人才交流大会

按照“国际化、高端化、专业化、精品化、市场化”的目标，结合纪念改革开放30周年和纪念邓小平发表“利用国外智力和扩大对外开放”谈话25周年，增加了感动中国十大知名外国专家颁奖典礼、专场文艺晚会、独联体专家中国行、香港与内地人才智力配对洽谈活动、外籍人才招聘会等重要活动，进一步扩大了大会影响。共有39个国家和地区的500多家外国专家组织、培训机构、科研机构、高等院校、人才中介和106家香港、澳门专业机构以及国内3 100多家单位和机构的5 000多名专业代表参展参会，7万多人次进场，2 500多个项目达成合作意向，3 000多个职位达成人才招聘意向，促进和扩大了国内引智单位与国（境）外组织间的广泛交流和合作。由于大会的成功举办，国家外国专家局决定将大会长期落户深圳。

（六）人事考试工作稳步发展

一是考试业务呈现良好发展势头。全年共组织各类考试281场，报考27.5万人次，较

2007年增长了91.1%。其中组织全市机关事业单位统一招考6场，组织专业技术人员计算机应用能力考试148场，组织社会化考试74场。二是进一步提升考务技术水平。升级考务管理系统、网上报名系统，实现与全国人事考务系统的全部功能对接，同时开发了电子自动对账功能，各项管理系统功能明显提升，全年网站点击量超过650多万次。三是进一步加强题库建设。共完成了64场次社会化考试、183套笔试试卷和26套面试试卷的考试命题、校对工作。同时，继续做好专业试题的征题工作和已入库试题的修订、更新工作，进一步提高题库的质量。四是加强考风考纪建设。完善制度建设，规范考务操作，搞好考场综合治理，加强考场科技应用，加大考试政策宣传力度，各类考试均没有出现漏题、延误考试、考试混乱等安全事故，查处代考、违纪违规人员共187人。

（深圳市人事局）

广西壮族自治区

2008年，在广西壮族自治区党委、政府的正确领导下，在人力资源和社会保障部的指导下，自治区人事厅坚持以“三个代表”重要思想和科学发展观为指导，围绕实施人才强桂战略，进一步完善公务员制度和机关事业单位工资收入分配制度，全面深化事业单位人事制度改革，大力加强人才队伍建设，各项工作取得新的成绩。

一、公务员管理工作

公务员管理工作坚持与时俱进，开拓创新，取得了较好成绩。依法规范公务员管理。及时转发国家颁布的公务员录用、考核、奖励、调任、职务任免与升降、申诉等配套法规，加强指导，督促各地依法办事。平稳进行公务员日常登记。深入基层开展调查研究，提出解决办法，依法解决在公务员登记中个别单位混编混岗和机关聘用制干部的公务员登记问题。顺利组织完成了自治区森林公安1 800多人的公务员过渡和登记工作。依法稳慎推进参照管理工作。依法审批参照公务员法管理单位818家，批准4 408人参加考试，基本完成参照人员登记工作。按时完成公务员录用工作。完善从基层机关选拔优秀公务员机制，全年全区共计划招录公务员3 309名，将近9万人报名，6.5万多人参加了考试。抓好公务员纪律惩戒和申诉控告工作。组织开展全区公务员《行政机关公务员处分条例》培训工作，共有18万多名公务员参加了培训。认真贯彻落实公务员申诉控告的规定，较好地维护了公务员的合法权益。认真做好行政奖励工作。积极做好全区抗击雨雪冰冻灾害先进集体和先进个人的评选表彰工作，共评选出130个先进集体和291名先进个人；同时，做好全国抗震救灾英雄集体和抗震救灾模范的评选推荐工作；与25个区直单位联合开展了评选表彰活动，共表彰个人369名、集体250个。

二、专业技术人员管理工作

以各级人才小高地建设和管理为重点，进一步加强专业技术人员队伍建设。人才小高地建设。截至2008年年底，21家人才小高地共引进高层次人才2 456人，其中院士46人，博士生导师321人，柔性引进800人；培养高层次人才4 396人，其中学术带头人1 395人；完成省部级以上项目1 347个，其中国家级179个，省级699个，国际合作51个。区博士后科研工作站建设。柳汽等8个企事业单位获准设立博士后科研工作站，广西博士后科研工作站达到28个，在站博士后65人。专家工作和留学人员工作。积极做好2008年国务院特贴专家评审工作，评选专业技术人才候选人30名和高技能人才候选人6名。截至2008年年底，广西共入选国家“百千万人才工程”人选22名；共创建留学人员创业园3个，已吸引180多家企业、300多名留学人员入园创业。做好专门人才培养和储备工作。实施专业技术人才知识更新工程，在现代农业、现代制造、信息技术、能源技术等领域重点培训1.41万人；举办专业技术人员高级研修班175期，参加人数1.7万人次；全区70多万名专业技术人员参加知识产权公需科目的培训；组织实施了22期专业技术人员高级研修班，共培训中高级专业技术人员3 000多人；参加继续教育的专业技术人员125.5万人次。

建立引进国外智力局区合作机制。2008年12月16日，国家外国专家局局长季允石和自治区人民政府主席马飚在南宁签订《关于引进国外智力为广西北部湾经济区服务合作框架协议书》。组织外国专家服务广西经济社会发展。组织“2008外国专家广西行——农业”引智专题活动。邀请来自11个国家和地区的22位高层次人才，开展专题讲学30多场，走访10个市、11个县和区内330多家重点企业进行现场把脉会诊，对2 500多名技术骨干和一线生产人员进行现场交流培训。培养外向型人才。围绕港口建设等外向型领域，利用远程视频设备和国际国内资源，将国内培训与国外培训相结合，实施以培养外向型人才梯队为目的的系统人才培训工程，建立“广西北部湾经济区紧缺外向型人才培养数据库”，吸收入库涉外人才300多人。

专业技术人员职称工作开始探索信息化管理，以“惠民、便捷、高效”为目标，实行无纸化职称申报评审，将历年积累的职称纸质材料转化为数字信息，建立起职称信息数据库。各级人事部门可以任意按照地区、学科、年龄层次、性别等分类，轻松检索专业技术人员数量和分布状况，盘活专业技术人员职称信息。

三、事业单位人事管理工作

以岗位设置管理为重点，努力推进事改工作。制定出台《广西壮族自治区事业单位岗位设置管理实施意见》，会同行业主管部门起草了各行业专业技术岗位结构比例指导标准。全区已实行聘用制度单位的比例为44%；已签订聘用合同人员的比例为32.2%；已签订劳动合同人员总数为9.17万人。当年新进人员数量为1.83万人，95.2%是通过公开招聘进入的。

四、人才服务保障工作

积极为广西北部湾经济区开放开发提供人才服务。适时为经济区举办专场人才交流会，12月举办的“2008广西北部湾经济区人才交流大会”，进场交流人数达4.5万人。招募广西北部湾经济区急需紧缺高层次人才。两次组织广西北部湾经济区用人单位赴北京、上海、重庆、西安等市开展人才招募活动，达成意向并与招聘单位签订合同的共3 490人，其中博士152人，硕士1 220人，本科2 033人，大专85人。发布《广西2008年人才开发目录》。引导全社会各方面共同参与人才开发，形成以政府为主导，以用人单位为主体，全社会共同参与的人才开发新格局。做好高校毕业生就业服务工作。2008年为高校毕业生举办40多场次的就业讲座。举办高校应届毕业生现场招聘会9场，进场求职毕业生达2万多人；举办高校毕业生网上招聘会5场，参加网上招聘用人单位501家次。全年共组织进入现场和上网招聘人才的用人单位1.79万家次，免费为50多万人次的各类人才提供了求职择业和交流服务；年底累计代理流动人员档案达6.9万份；累计管理的流动党员达4 652名；年内新成立党支部60个；为近3 000人次的离退休人才提供了交流和智力成果转化服务。全国发展学习网络广西远程学习中心被国家发展改革委西部开发司授予“培训组织奖”。开展其他人才服务。全年累计派遣人才达8 143人；完成人才培训5 327人次；完成人才测评6 172人次；广西人才网人才库新增人才简历24万份，广西人才网站人才简历已达99.3万多份；为1 400多人办理了职称评审业务，为1.33万多人代办了社会保险。

五、人力资源市场管理工作

积极推进北部湾人才市场建设。2008年12月，广西北部湾人才市场钦州市场正式挂牌成立。大力发展网上人才服务。12个地级市人才市场网站与中国广西人才网站数据库共享联网。对广西人才网的硬件和软件进行改造，对网站硬件平台进行了应急改造，重新研发新的广西人才网。建立自治区、市、县三级人才市场网上联动机制。中国广西人才市场与13个市、10个县人才市场网站实现了数据库共享联网。成立中国国际人才市场广西市场。启动了中国—东盟国际区域性人才合作市场机制，为进一步深化国际间人才资源开发与合作，构建北部湾经济区，促进同东盟各国人才交流与合作提供了新的平台。

六、工资福利和劳动标准工作

加强制度建设，解决突出矛盾。开展北部湾经济区人才薪酬激励政策调研工作。为引进高层次急需紧缺人才提供工资待遇支持。拟定北部湾经济区试行公务员聘任制的工资福利待遇和事业单位协议（项目）工资制度等人才薪酬激励政策。形成《广西壮族自治区北部湾经济区聘任制公务员工资待遇的若干规定》，并组织试点。制定《广西壮族自治区事业单位实行协议（项目）工资制度的指导意见》。解决事业单位离休人员生活性补贴问题。出台《关于事业单位离休人员实行生活性补贴有关问题的通知》，较好地解决了全区事业单位4 610名离休人员的待遇偏低问题。推进义务教育学校教师绩效工资的落实。根据国家政策，会同财政、教育部门进行专项调研，义务教育学校教师绩效工资有序推进。

七、军转安置工作

认真落实国家军转安置政策，制定下发《关于鼓励符合进南宁柳州桂林市安置的团级军队转业干部到其他市安置的意见》，1 061名军转干部安置到位，基本做到了部队、军转干部和用人单位“三满意”。切实做好自主择业军转干部管理工作。认真做好自主择业军转干部退役金的统计、预（决）算、申报、审核和调整工作，确保了退役金的按时发放。及时调整办理医疗保险手续，确保当年转业的自主择业军转干部按时参保。总结推广南宁市自主择业军转干部社区化管理服务经验，指导社区、乡镇做好自主择业军转干部管理服务工作。

（广西壮族自治区人事厅）

海　南　省*

2008年，海南省人事劳动保障系统以邓小平理论和“三个代表”重要思想为指导，深入贯彻党的十七大、十七届三中全会和省第五次党代会精神，全面贯彻落实科学发展观，从改革发展稳定大局出发，紧紧围绕中心工作，按照“抓和谐、抓发展、抓创新、争一流”的工作思路，坚持以人为本，立足省情，开拓创新，进一步加大就业再就业工作力度，全面实施人才强省战略，推进事业单位人事制度改革，不断完善社会保障体系，努力构建和谐稳定的劳动关系，各项事业取得了跨越式发展，为扩大改革开放，促进经济发展，维护社会稳定作出了突出贡献。

一、就业再就业工作

2008年，海南省各级党委、政府坚持把就业再就业工作作为重要的民生工程和关系改革发展稳定大局的大事来抓，进一步落实各项就业优惠政策，大力推进农村劳动力转移就业，全面超额完成了就业再就业工作目标。全省城镇新增就业岗位8.6万个，下岗失业人员再就业3.6万人，农村劳动力转移就业8.6万人。城镇登记失业率3.7%，低于4%的失业控制线。

（一）健全就业帮扶制度，做好就业援助工作

海南省委五届三次全会提出“要确保每个零就业家庭和失地农民家庭至少有1名适龄劳动力转移就业”的目标。省人事劳动保障部门健全就业帮扶制度，把开发公益性岗位作为就业帮扶的重要手段，重点对零就业家庭、失地农民家庭等就业困难对象以及高校毕业生开展就业援助。全年开发公益性岗位2 000个，全省累计消除零就业家庭4 799户，实现了每个零就业家庭有1人就业的目标任务。

（二）强化就业服务，开展专项服务活动

开展就业援助月活动，安排就业岗位4 102个；开展春风行动，举办免费专场招聘会38场，为2.9万名进城求职农民工、就业困难对象和大中专毕业生提供职业介绍服务，成功就业9 926人；开展民营企业招聘周活动，提供空岗信息9 000个，500多家用人单位参加了招聘周活动，达成就业意向2 500人，签订职业培训900人。

（三）统筹城乡就业，推动农村劳动力转移

加大农村就业工作宣传力度，大力宣传优秀农民工创业成功经验和典型事迹，激发了农民主动参与培训，实现转产就业的积极性。以农村初、高中毕业生和在岗农民工为重点，采取订单培训和定向培训方式，开展电工、钳工、汽车维修等基础工种和黎族织锦、椰雕、割胶等特色工种培训，提高农村劳动力就业竞争能力和职业转换能力。共培训农村劳动力5.3万人。依托泛珠三角劳务合作平台，加大政府组织输出力度，农村劳动力转移就业组织化程度明显提高。全省实现农村劳动力转移就业8.5万人。积极推动创业促进就业活动，15

* 2008年海南省人事和劳动保障工作情况统一收录在本文中。

名优秀农民工和2个农民工工作先进集体受到国家有关部门的表彰。为1 050名创业人员发放小额担保贷款2 100万元，从下岗失业起步的张建国获全国微型创业活动一等奖。

（四）积极应对金融危机，稳步推进就业工作

为积极应对国际金融危机的影响，认真做好返乡农民工的再就业工作，省人事劳动保障厅下发了《关于认真做好返乡农民工再就业工作的通知》，要求各级人事劳动保障部门要及时准确掌握全省返乡农民工情况，积极拓展转移就业渠道，加大培训力度，扶持返乡农民工创业。建立了失业预警机制，启动了特别职业培训计划。

二、职业技能培训和鉴定工作

2008年，海南省加快发展高级技工教育，狠抓技能鉴定工作，积极开展职业技能竞赛活动，认真清理规范各类职业资格，技能人才队伍建设大大加强。

（一）加快了高级技工培养

海南省加快技工学校建设，改善办学条件，提高了技工学校办学层次。省高级技工学校、三亚技工学校、海航集团被国家确定为高技能人才培养示范基地。省交通技工学校完成了全国重点技工学校的申报工作。组织技校教师参加了全国高技能人才师资示范性培训。完成了2008年度全省技工学校系列教师专业技术资格评审工作，55名教师获得技校教师专业资格。全年全省技工学校招生首次突破1万人。

（二）技能鉴定规模扩大

坚持面向市场、完善制度和提高质量，努力扩大职业技能鉴定规模。全年有4万人参加全省职业技能鉴定，3.8万人通过鉴定，通过率约为95%。

（三）开展职业技能竞赛活动

组织人员参加全国职业技能竞赛活动，2人被评为全国技术能手。举办全省性的技能竞赛活动3场，500多人参赛，表彰了一批技术能手，为企业选拔了一批高技能人才。

（四）加大职业资格监管力度

为维护专业技术人员和技能人员合法权益，确保职业资格证书制度顺利实施，开展了清理规范各类职业资格的活动，对职业资格的设置、考试和鉴定、证书印制和发放进行清理规范。

（五）开展职业技能评价试点

在海南龙泉集团启动了以职业能力为导向、以工作业绩为重点的职业技能评价试点，推动了企业职工职业技能考评认定工作。

三、人才服务保障工作

（一）加大人才开发和人才引进

结合2008年度海南省经济社会发展计划及各类人才需求状况，发布了《海南省2008年度人才开发专业目录》，为引进各类人才发挥积极的导向作用。加强人才市场监管和信息发布工作。定期发布各级人才市场的供求信息，引导人才合理流动。全省各级人才市场共举办大型人才交流会61场，4 323家用人单位进场招聘，提供岗位7.2万个，进场求职人员13.8万人次，2万多人被录用。全省机关事业单位共引进各类人才1 166人。

（二）做好大中专毕业生就业工作

实施“三支一扶”计划，下发了《海南省高校毕业生“三支一扶”计划实施意见》，选派23名高校毕业生到9个少数民族和贫困市县从事支教、支农、支医和扶贫工作。全省共有1.86万名高校毕业生和1.13万名中专毕业生实现就业，大中专毕业生初次就业率达83.7%。

四、军转安置工作

（一）圆满完成计划安置工作

全省共接收安置600名军转干部，做到了接收单位、部队、军转干部“三满意”。进一步改进了安置办法，采取考试考核、双向选择、指令性分配相结合的办法安置计划分配军转干部。对超编单位接收军转干部采取当年进

人当年补充编制的办法解决所需编制，同时相应增加工资总额和办公经费。突出安置重点，采取使用空缺职位、相应增加非领导职务职数的办法重点安排师团职军转干部。对功臣模范、长期从事特种岗位及在边远艰苦地区工作的军转干部予以照顾。加强了培训，按照“统筹规划、分类指导、按需施教、注重实效”和“培训、考核、使用相结合”的原则，对计划分配军转干部进行适应性培训和公务员过渡性考试。

（二）自主择业军转干部管理服务工作得到加强

通过举办自主择业军转干部专场招聘会、创业典型事迹报告会，开发自主择业军转干部就业信息网络系统，组织自主择业军转干部参加适应性培训等措施，为自主择业军转干部及其家属、子女提供就业服务。73 名自主择业军转干部得到妥善安置。

（三）企业军转干部解困和稳定工作成果得到巩固

积极做好企业军转干部解困政策落实和维护稳定工作，按时足额发放企业军转干部生活困难补助、缴纳医疗和养老保险费 3 700 多万元。购买公益性岗位帮助 300 名下岗失业企业军转干部重新上岗。坚持每月召开企业军转干部代表约见会，及时掌握企业军转干部的思想动态，抓好思想疏导工作。元旦、春节、八一建军节期间开展走访慰问活动，向企业军转干部发放慰问金 100 万元。落实“五包”责任制，有针对性地开展法制教育，加大了稳控工作力度。

五、专业技术人员管理工作

（一）加强专业技术人才队伍建设

制定高层次专业技术人才配套政策，出台了《优秀专家考核办法》，起草了《海南省首席专家首席教授特聘暂行办法》。加强高层次专业人才培养，完成了“特贴”专家和“省优”专家的选拔，首次将高技能人才纳入选拔范围。开展“515 人才工程”第二批人选的选拔工作，选出各层次人才 371 人。加强专业技术人员继续教育。举办了首届海南省农业系统专业技术人员高级研修班。首次举办了海南省“653”工程公需科目继续教育培训班。实施专业技术人才知识更新工程，全省举办各类培训班、研修班、学术讲座 163 期（次），参加人员达 3.6 万人次。

（二）深化职称改革，积极探索人才评价办法

修订了《专业技术资格评审办法》，进一步细化、量化、硬化了评价指标体系，完善了评审程序，规范了评审方法，使职称工作由评聘合一向评聘分开、以聘代评、考核认定转变。认真组织年度职称评审工作，强化对各系列专业评审工作的指导和监督，进一步完善量化评审工作，提高评审效率和质量。完成了教育、经济、工程、研究、审计、技校、新闻出版、气象、林业、水利等系列高级专业技术资格评审工作。

六、事业单位人事制度改革工作

2008 年，海南省把全面推行岗位设置管理作为事业单位人事制度改革的工作主线和基础，推动了全员聘用、公开招聘等各项配套改革，取得了突破性进展。全省非参照公务员法管理的事业单位现有工作人员 15.75 万人，已有 7.58 万人实行合同制管理，约占总数的 50%，比 2007 年提高了 10%。分批次推进事业单位岗位设置管理工作，核准了 154 家省直事业单位和三亚、琼海、文昌等部分市县的岗位设置方案，下达了第一批 7 个市县（含洋浦）的岗位设置总体方案。同时，开展对省直事业单位岗位设置方案实施和推行全员聘用制改革情况的检查、认定工作。对全省 18 个市县和洋浦开发区的事业单位岗位设置管理实施工作进行了专项检查，督促、指导各市县人事劳动保障局加快工作进度，切实做好岗位设置管理实施工作。同时，突出抓好占事业单位从业人员总数 60% 以上的教育系统的岗位设置管理工作。

七、公务员管理工作

（一）积极稳慎推进实施公务员法工作

按照公务员法及其配套政策法规的规定，抓好《公务员调任规定（试行）》《公务员职务任免与职务升降规定（试行）》《新录用公务员任职定级规定》等公务员法配套法规文件的贯彻实施工作。认真做好参照公务员法管理事业单位的审批登记工作，全年审核并批准参照公务员法管理事业单位485家，对2 500多人的人事档案进行了审查，经考试合格，办理2 380人登记手续。认真做好非领导职务职数核定工作，对47家省直单位的非领导职务职数进行重新核定，进一步规范了海南省综合管理类公务员非领导职务的设置与管理。稳慎妥善处理公务员过渡遗留问题，妥善处理乡镇计划生育专干遗留问题，做好乡镇计生专干登记工作。妥善解决市县财政所、国土环境资源所遗留问题，18个市县财政所、国土环境资源所批准列入参照公务员法管理范围。

（二）认真做好公务员考录工作

完成了2008年全省招录公务员工作，面向社会公开招考职位1 282个，报考人数达2万多人，为海南省公开招考以来报考人数最多的一次。认真做好特殊录用公务员工作。有关单位录用硕士研究生和特殊安全保密人员66人。研究开发公务员招考网上报名系统，首次实现公务员招考网上报名。首次举办了公务员录用面试考官培训班，培训面试考官175人，提高了面试考官的综合素质。组织全省森林公安机构378名人员过渡公务员工作。

（三）公务员培训工作得到加强

加强公务员任职培训和初任培训。举办了2期省政府直属单位新任职处级公务员培训班，重点提高任职者的政治思想水平、业务能力、依法行政能力、组织协调能力和决策能力等，培训新任职公务员98人。对新录用的公务员开展初任培训，共培训新录用公务员650人。举办了首期少数民族和贫困地区基层公务员培训班，对11个少数民族和贫困市县的50名基层公务员进行依法行政能力培训。

八、社会保障工作

2008年，海南省把社会保障工作作为重点民生工程来抓，进一步推进社保制度改革，不断完善社会保障体系，努力扩大社会保险覆盖面，提高社会保障水平。全省养老、失业、医疗、工伤、生育5项社会保险的年度扩面任务全面超额完成。截至2008年12月，全省基本养老保险参保人数为114万人，医疗保险参保人数为122万人，工伤保险参保人数为86万人，生育保险参保人数为80万人，失业保险参保人数为84.65万人。社会保险基金运行平稳，各项社会保险待遇按时足额发放。

（一）实现基本养老保险省级统筹

省政府先后下发了《关于实施城镇从业人员基本养老保险省级统筹的通知》《关于下达2008年全省基本养老保险费征缴收入和基金支出计划的通知》。随后，制定并实施了《海南省城镇从业人员基本养老保险省级统筹调剂金管理暂行办法》《海南省城镇从业人员基本养老保险省级统筹预算管理暂行办法》等相关配套文件。2008年9月，正式启动了城镇职工基本养老保险省级统筹。

（二）海南农垦社会保险移交市县管理

2008年12月，海南农垦社会保险正式移交市县管理。农垦19.8万名离退休人员，完成移交19.6万人，完成率99%；20.4万名在职从业人员，完成移交18.3万人，完成率90%。海南农垦职工和离退休人员从2009年1月起实行属地管理并发放社会保险待遇。

（三）进一步完善社会保险制度

修订了《海南省城镇从业人员基本养老保险条例实施细则》，对养老金计发办法进行改革等；修订了《海南省城镇从业人员基本医疗保险条例》，完善了医疗保险制度，解决了退休人员待遇与单位缴费挂钩问题；下发了《关于解决华侨农场归难侨社会保险有关问题的通知》，明确了华侨农场“4050”归难侨不同时期基本养老保险、基本医疗保险欠费、中断缴费补缴标准和办法等；修订了《海南省城镇从业人员失业保险条例实施细则》，提高了失业保险待遇等；出台了《工伤保险基金储备金暂行办法》。草拟了《被征地农民基本养老保险实施办法》，推荐海口、三亚、文昌、儋州4个市为国家建立新型农村社会养老保险试点地区。

（四）企业退休人员养老金逐步提高

根据企业退休人员养老金“新三年”连调政策，2008年海南省企业退休人员基本养老金月人均增加105元。基本完成了原在机关工作后流动到企业退休人员生活补贴发放工作，2008年共审核档案1 200份，已有964人得到补贴，原在机关工作后流动到企业退休人员生活补贴月人均增加71元。

（五）基本实现管理服务社会化

养老金社会化发放率达到100%，其中纳入社区管理的企业退休人员超过50%。截至2008年12月，全省企业应发放养老金人数为36.25万人，社会化发放养老金人数为35.09万人，社会化发放率为97%。除农垦的社会化发放率为94%外，其他市县和单位的社会化发放率均为100%，社区管理率达到54%。

（六）全面启动城镇居民基本医疗保险工作

全省纳入国家城镇居民基本医疗保险试点范围，比全国提前两年实现全覆盖，城镇居民参保人数为126.8万人，参保率为92.1%。截至2008年12月，全省享受城镇居民基本医疗保险待遇支付的参保居民人数为4 486人次，城镇居民基本医疗基金支付金额为2 141.9万元。

（七）努力解决国企退休人员医保问题

省属驻市县国有单位属地参加医疗保险及从未参加基本医疗保险退休人员参加基本医疗保险工作在各市县全面启动，5.6万名国有困难单位职工（含退休人员）在属地参保，1万多名从未参加医保退休人员纳入医保范围。通过中央和地方财政补助，全省关闭、破产、改制国有企业7 051名未参保退休人员已全部参加基本医疗保险。

（八）加大工伤保险工作力度

顺利推进“平安计划”，推动高风险行业农民工参加工伤保险工作，出台了建筑施工企业农民工参加工伤保险的政策。截至2008年12月，全省共有20.2万名农民工参加了工伤保险，基本实现矿山、危险化学品等高风险企业的农民工参加工伤保险的工作目标。加大工伤预防工作力度，对存有隐患的厂矿企业的生产工作环境进行有毒有害因素检测；开展职业病健康普查，对1.6万名职工进行了职业病健康普查。开展工伤认定和劳动能力鉴定，全年共受理1 623人次工伤认定申请，办理劳动能力鉴定611人次。

（九）失业保险取得突破性进展

截至2008年12月，全省失业保险参保人数为84.65万人，比2007年同期增加18.42万人，增长27.81%；享受失业保险待遇人月数为34.3万人次，比2007年同期增加4.53万人次，增长16.39%。

九、劳动关系调整和权益保障工作

（一）落实劳动合同用工备案制度

落实劳动合同制度实施三年行动计划，全面推行劳动合同用工备案制度。以提高劳动合同签订率为抓手，规范企业用工行为，开展劳动合同签订大检查，督促用人单位与14万名劳动者补签劳动合同，劳动合同签订率93.6%。

（二）加强劳动保障执法监察

落实建设领域农民工工资保证金制度，开展了农民工工资支付情况专项检查、清理整顿劳动力市场秩序专项行动、劳动用工情况检查等督查活动，2008年全年监察用人单位7 693家，涉及劳动者36万人，为12万名劳动者追发工资等待遇5 800多万元，督促用人单位为10万多名劳动者缴纳社会保险费1 100多万元；企业累计存入农民工工资保证金1 382笔，金额4.06亿元，已缴纳工资保证金的用人单位未发现新的拖欠；处理因劳动关系引发的突发事件143起，较好地维护了劳动者的合法权益和社会稳定。

（三）努力解决企业工资历史拖欠

基本完成2007年年底确定的清理企业工资历史拖欠任务，涉及金额2 299.4万元。其中，国有企业1 145.35万元，私营企业1 154.05万元。

（四）认真做好企业改制关闭破产职工安置工作

审查企业改制关闭破产职工安置方案76家，涉及职工9 100多人，计发经济补偿金21 539.7万元，较好地维护了改制关闭破产企业职工的合法权益。

（五）人事劳动争议处理协调机制进一步完善

人事劳动争议仲裁各项制度及仲裁程序更加规范，人事劳动争议案件办案效率、办案质量稳步提高，全省各级人事劳动争议仲裁机构共处理人事劳动争议案件2 200多件，结案率90%。

（六）进一步规范企业工资福利管理

建立和完善企业工资支付、监控、保障制度，发布了2008年度企业工资指导线意见：企业货币平均工资增长基准线为14%，企业货币工资增长上线为16%，企业货币工资增长下线为零增长或负增长。出台了职工带薪年休假制度实施办法和企业工作人员高温补贴及抚恤标准的相关政策。对从事室外作业等高温环境作业人员实行每人每天10元的高温补贴；调整企业从业人员死亡一次性抚恤金标准为20个月。加强对企业落实最低工资制度情况的监督检查。

十、法制建设工作

（一）加强行政执法监督工作

对涉及人事劳动保障部门的行政许可项目、执法依据进行了全面清理，进一步建立健全了行政执法相关配套制度。严格进行文件法律审核和规范性文件登记备案。加强了执法监督和行政执法的考核评议。

（二）加强行政复议和行政诉讼工作

按照保护公民、法人和其他组织的合法权益，保证行政行为合法、有效的要求，进一步加强了行政复议和行政诉讼工作。省本级共受理行政复议案件8起，行政诉讼案件3起，全部胜诉。

（三）加大法制宣传教育

把落实《公务员法》《劳动合同法》《就业促进法》《劳动争议调解仲裁法》《劳动合同法实施条例》《劳动保障监察条例》等人事劳动保障法律法规作为法制宣传教育的重点内容，把人事劳动保障系统工作人员、企业经营管理人员和劳动者作为宣传、教育和培训的重点对象，加大了法制宣传教育力度。组织开展了“五五”普法中期督导检查工作。对各市县开展“五五”普法工作进行了重点督查。

（四）推动立法工作

进一步规范立法工作流程，坚持民主立法、科学立法，积极与省法制办、省人大配合，广泛征求意见。2008年，相继出台实施了《海南省城镇从业人员养老保险条例实施细则》《海南省城镇从业人员医疗保险条例》《区域统筹区城镇居民基本医疗保险实施办法》和《海南省人民政府关于实行城镇从业人员基本养老保险省级统筹的意见》等地方法规和政府规章。

（五）扎实推进行政审批工作

成立了厅行政审批办公室，将12项行政审批事项全部集中到省政府政务服务中心办理，规范了政务服务，提高了办事效率。将设立人才中介服务机构及其范围审批；职业介绍机构资格认定；事业单位岗位设置方案的审批；港澳台人员内地就业许可；中级以下职业资格证书的发放管理；除在省社会保险局参保的单位以外的特殊工种提前退休审批；海口市和三亚辖区所属副处级事业单位及其他市县辖区所属副科级事业单位的设立审批；因病或非因工致残、完全丧失劳动能力的企业职工提前退休审批8项行政管理事项全部下放市县履行审批职能。

（海南省人事劳动保障厅）

重　庆　市

一、人才服务保障工作

积极推进人才公共服务标准化，完成重庆人才公共信息网与人力资源和社会保障部公共信息网联网工程，与重庆人事人才网贯通，实现了信息资源的整合和两网信息的同时发布，人才库信息储量突破1 000万人；探索建立人事代理以及各项配套业务的服务规范、服务标准，制定了《重庆市人事代理基本服务标准》《重庆市人才人事公共服务标识规范》和《重庆市人事代理从业人员执业资格管理办法（试行）》等6项服务规范措施。制定了《重庆市人才中介服务基本规范（试行）》，在规范人才市场（中介）现场招聘、人才派遣、人才培训、人才测评等服务上有了规范标准。为近5万名社会流动人才托管人事档案，挂靠户口近1.5万人，代办保险近4万人；根据流动党员的特点，摸索“查找—管理—服务—作用发挥”一体化管理模式，管理党员3 093人，建成5个总支，75个支部；建成市人民政府2008年八大民心工程之一的“重庆大学生就业网”，与40个区县人才网贯通，实现与“重庆人才公共信息网”一网两库，毕业生人才入库达5.9万人。新建市级高校毕业生就业见习基地10家，区县级毕业生就业见习基地32家，累计提供就业见习岗位1 102个。成功举办“重庆市第二届大学生人才交流节”“全国高校毕业生就业服务月专项活动”“全国人力资源市场高校毕业生就业服务周”“全国高校毕业生就业网络联盟周”和36场高校毕业生就业及创业指导讲座等大型公益活动，累计举办毕业生就业专场招聘会147场，网络招聘会8场，累计提供就业岗位12.6万余个，服务毕业生近15万人次，帮助3.3万余名毕业生实现就业。举办第三届三峡库区人才交流系列活动，分别赴梁平、忠县、武隆举办了3场各具特色的人才招聘大会，组织现场招聘单位和网上招聘单位1 058家，提供岗位2.82万个，现场求职人员3.1万余人，网络求职人员4.4万余人，引进紧缺人才2 016人，促进就业1.27万人，签订人才合作协议4项。挂牌成立了中国国际人才市场重庆市场，建立国际人才交流的有形平台，积极引进国内外知名人力资源公司落户重庆，截至2008年年底，全市人才中介服务机构共116家，持有执业资格证上岗人员294人。建立人才供求信息定期发布机制，创办了《重庆人才》和《流动党员通讯》两种刊物，与重庆晚报、重庆都市广播电台共办“赢在职场”公共服务宣传平台，共发布招聘信息2.5万余条，帮助8 200多人实现就业，举办专家讲座38期，直接参与人员和受益群众150万人次以上。

二、人才队伍建设工作

（一）稳步推进千名优秀人才引进计划

面向全国开展引才宣传活动，先后在北京、上海、武汉举办4场千名优秀人才引进计划和招录优秀大学毕业生到基层工作现场洽谈会。组织全市重点企业、高校、科研机构等300家单位，提供需求职位5 826个，吸引来自中央和国家机关部委，北京、上海、武汉市级有关部门，高校、科研院所、大型企业共计

5 000 人次参加洽谈，达成引进意向 1 282 人，其中院士 1 人，博士学位 242 人，高级职称 147 人，正式签约引进 312 人。在京举办紧缺人才招聘会，组织全市重点企业、高校、科研机构等 58 家单位赴京引才，提供岗位 6 500 个，吸引在京高校 1 862 名大学毕业生进场洽谈，达成引进意向 520 人。通过实施千名优秀人才引进计划，全年共引进人才 2 697 人，其中博士 375 人，硕士 699 人；高级职称 196 人；党政人才 91 人，企业经营管理人才 170 人，专业技术人才 904 人，工程技术人才 1 502 人。

（二）扎实开展百名海外高层次人才集聚计划

2008 年重庆市引进海外留学回国人员 493 人，其中博士 78 人，硕士 167 人。引进外国专家 4 300 多人次。先后在硅谷（斯坦福大学）、华盛顿举办了两场大型人才引进现场洽谈活动，与 47 名海外高层次人才签订了来渝工作意向协议，涉及金融证券、医疗卫生、生物医药、信息产业、建筑交通、文化教育、农业与食品等多个领域，重点安排到市内高等院校、科研院所和大型企业工作。派遣出国（境）培训团组 33 个，培训人员 756 人次。与相关协会、企业和高校签订了 8 个人才培训合作协议。截至 2008 年年底，全市海外留学回国人员共 3 608 人，其中博士 817 人，硕士 2 291 人。

（三）顺利启动农村乡镇基层人才队伍建设计划

2008 年，共有 2.07 万名高校毕业生报名参加重庆市选派大学生到乡镇基层工作，资格初审合格 1.61 万人。经过统一笔试、资格复审、体检、面试和考察、公示等环节，共选派大学生 4 018 名，其中选派到乡镇党政机关 515 名，建制村 2 036 名，乡镇中小学 980 名，农技服务机构 320 名，医疗卫生机构 167 名。为全市 16 个国家级和省级贫困区县的 165 个艰苦边远乡镇定向培养 300 名紧缺专业大学生，其中医学类专业 154 名，农学类专业 120 名，城市规划、土木工程、机电一体化等专业 26 名。确定重庆大学、西南大学、重庆交通大学、重庆医科大学等 12 所高校，开展乡镇机关事业单位在职人员脱产学历教育，开设城市规划建设、计算机应用技术、临床医学等 20 多个实用性专业，招录 888 名在职人员参加学历教育。

三、军转安置工作

2008 年，接收军队转业干部 1 016 人，计划安置 818 人，自主择业安置 198 人，随调随迁家属 226 人。不断改革和创新军转安置制度和安置方式，积极推行考试考核安置军转干部试点工作，全年有 379 名军转干部参加了考试、考核、面试，按照考试考核成绩安置军转干部 46 人。创新军转干部岗前培训方式，推行军转干部培训前移，完成军转干部安置前适应性培训，参训率达 97%。认真做好企业军转干部解困稳定工作，全市企业军转干部群体基本稳定。

四、公务员管理工作

2008 年，审批参照管理单位 263 个，市级机关、区县集中审批参照管理工作已基本结束。强化公务员登记和参公登记备案工作，全年审核并予以登记 22 431 人。截至 2008 年年底，市级机关参照管理单位 83 个，参照管埋单位工作人员 4 796 人；40 个区县审核通过单位 1 496 个。进一步完善规范市级机关、区县公务员非领导职务管理，印发了《关于市级各部门综合管理类公务员处级非领导职务职数核定及有关事项的通知》《区县（自治县）非领导职务管理工作有关问题的处理意见》两个规范政策性文件。加强对公务员法实施的检查指导。强化公务员考录工作，科学制定公务员考录政策，严密组织各类公务员考试、审批工作。全年共审批录用公务员（工作人员）4 812 人，其中公开招考录用 1 397 人，参照管理单位过渡性考录 3 099 人。“阳光面试”试点工作进展顺利，首次实行无领导小组讨论面试，首次实行招录单位联合设置考场集中面试，首次实行“易地考官调配”办法，首次以“5+2”模式调整人事部门与招录部门面试考官比例。

五、专业技术人员管理工作

2008年，大力实施“重庆市高层次人才队伍建设工程”，研究制定“重庆市百名杰出科技领军人才培养计划”，新增享受政府特殊津贴人员49人，重庆市工程勘察设计大师10人，重庆市杰出专业技术人才10名，重庆市优秀专业技术人才100名。修订完善《重庆市学术技术带头人及后备人选培养选拔办法》，评选重庆市学术技术带头人741人，后备人选446名。选送了162名优秀中青年人才赴国内外高校、科研院所进行研修培训。新增博士后科研工作站8个，博士后科研工作站总数达到76个；招收进站博士后研究人员82人，在站博士后研究人员达414人。积极推进职称制度改革，全年共有7 910人申报高级职称，评审通过6 470人；修订完善了《海外留学生回国人员专业技术职务任职资格认定办法》，进一步规范了海归人员职称认定范围和评价标准；研究制定了《重庆市特殊人才专业技术职务任职资格评审试行办法》，进一步拓宽“绿色通道”，为18名特殊人才破格评定了高级职称；研究制定了重庆市注册助理安全工程师、标准化专业人员、专利专业人员资格考试实施办法；组织开展了“创新人才评价机制”专题调研；研究起草了7个系列专业技术资格评审条件；组织完成了49项（次）执业资格、专业技术资格和职称外语、计算机考试；针对汶川特大地震灾害，及时提出职称政策向抗震救灾人员倾斜，即参加抗震救灾的专业技术人员申报评定专业技术职务任职资格时，其外语、计算机考试可实行“先评后补”；对奋不顾身战斗在抗震救灾第一线的专业技术人员，则可免考；对立功受奖的专业技术人员，可破格申报评定相应等级专业技术职务任职资格。大力开展专业技术人员继续教育，认真实施国家“653”工程，全年有4.59万人次参加了国家和重庆市组织的专业培训。选派教育、农业、卫生、水利、林业等500名专业技术人员，采取带技术、带项目和分类指导、对口帮扶的方式到农村基层开展“支农、支教、支医”服务，其中派往地震灾区——四川崇州69人。

六、事业单位人事管理工作

（一）岗位设置管理制度基本建立

按照人力资源和社会保障部的统一部署和市政府的总体要求，坚持“先易后难、分步实施、稳慎推进”的原则，在对全市1.6万个事业单位、46万名工作人员基本情况进行调查统计、分析测算和分片区、分行业召开座谈会广泛征求意见的基础上，研究制定了《重庆市事业单位岗位设置管理实施办法》和针对高等学校、中等职业学校、普通高中、义务教育学校、幼儿园的卫生、农业、科学研究、文化、广播影视、新闻出版、体育、民政、公路交通、水路交通、机关直属服务性事业单位等14个行业指导意见，以及《重庆市事业单位岗位设置工作若干问题处理意见》《重庆市事业单位专业技术二级岗位管理试行办法》《重庆市事业单位岗位工作人员竞聘上岗暂行规定》等“1+19”配套文件，把岗位设置管理工作作为当前事业单位人事制度改革的重中之重来抓，精心组织，周密部署，稳慎实施，扎实推进。目前，已核准近1.5万个事业单位岗位设置方案，核定岗位近50万个，为39个区县866个乡镇事业单位增设专业技术七级（副高级）特设岗位867个，全市事业单位岗位设置管理制度基本建立。

（二）继续推进事业单位公开招聘工作

研究修订了《重庆市事业单位公开招聘人员实施办法》，全年提供6 294个事业单位岗位，面向社会公开招聘人员，其中市属事业单位提供岗位2 264个，区县事业单位提供岗位4 030个。

（三）事业单位人事管理逐步完善

进一步加强农村学校教师队伍建设，荣获重庆市“两基”工作先进集体；加强基层事业单位人才队伍建设，研究制定了区县、乡镇事业单位优秀中青年分别到市、区县事业单位进行顶岗锻炼的实施办法；规范武装部人事管理，制定了《人民武装部职工管理规定》。

七、工资福利与退休管理工作

2008 年，继续深化机关事业单位收入分配制度改革，配合有关部门做好规范公务员津贴补贴工作，开展事业单位实施绩效工资的专题调研。出台体育运动员工改方案、调整特级教师津贴标准、2006 年工改后军转干部工资确定办法 3 项工改后续政策，以及机关事业单位工作人员带薪休假、调整遗属困难补助标准、全市机关事业单位工作人员工伤管理办法等十多项福利政策。完成 2007—2008 年度机关事业单位技术工人考评工作，其中评审技师 2 165 名。完成 266 名机关事业单位工作人员因工伤亡认定工作和 143 名工伤人员工伤等级鉴定工作。

八、干部培训工作

继续免费开展公需科目电视远程教育培训。全市有 10 万余名处级以下公务员参加了《现代经济知识》培训，有 25 万余名专业技术人员参加了《团队建设与项目管理》继续教育；组织调训各级公务员 2. 5 万余人次；成功举办 3 期“重庆领导干部行政能力大讲坛”，培训正厅级领导干部 300 余人次；成功承办公务员对口培训班和专业技术人员高研班，来自福建、浙江、江苏、湖北、安徽等东部地区的 131 名新任人事局长和全国各地的 40 余名高级专家学者来渝参加了培训；认真实施国家“653”工程，全年有 4. 59 万人次参加了国家和重庆市组织的专业培训。

九、法制建设工作

以贯彻实施公务员法和实施《重庆市“十一五”人才政策法规建设规划》为主线，严格依法行政。修订完善了《重庆市人事争议仲裁条例》和《重庆市人才市场管理条例》以及公务员录（聘）用、考核、奖惩、培训、辞职辞退、职务升降、交流回避和申诉等办法规定。清理完善了重庆市由中央直辖以来人事政策法规文件，健全完善专业技术人员管理、工资福利与退休管理、人才流动与开发、军转安置等人事政策法规。加快实施了《人事法制宣传教育第五个五年规划》，研究提出了“五五”普法实施标准，指导全市 40 个区县结合本地实际加强人事法制宣传教育工作，健全完善了普法表彰奖励制度和综合考核制度。扎实开展行政复议与应诉工作，2008 年共办理行政复议案件 6 件，行政应诉案件 4 件。强化人事争议调解仲裁工作，制定了《重庆市人事争议调解规定（试行）》。2008 年共接受人事争议仲裁申请 122 件（市级仲裁机构 14 件，区县仲裁机构 108 件），比 2007 年增长 32. 6%，其中调处 55 件，裁决 5 件，不予受理 62 件，调解仲裁办结率 100%。认真贯彻《信访条例》，严格按照规定时限和程序要求，及时依法处理群众反映的问题。认真开展大下访、大排查、大调处活动，切实解决历史遗留问题。

（重庆市人事局）

四 川 省

2008 年，四川省各级人事部门在省委、省政府的正确领导下，在人力资源和社会保障部的悉心指导下，努力克服“5·12”汶川特大地震灾害带来的不利影响，坚持抗震救灾，全力以赴，推动工作毫不放松，圆满完成了各项人事人才工作任务。

一、抗震救灾工作

5 月 13 日，省人事厅成立了抗震救灾工作领导小组，召开了机关动员大会，并先后 6 次专题召开党组会或工作会议，对抗震救灾作出了一系列工作部署。全省各级人事部门深入开展了“献爱心、做后盾”和“交纳特殊党费”等捐款捐物活动，全省各级人事编制干部共捐款 82.5 万元，捐物 3 万多件。同时，省人事厅还向灾区及时下拨了 300 多万元的救灾资金和物资。

根据灾后恢复重建对人才的需求，省人事厅研究出台了支持灾区补充公务员和事业单位工作人员的特殊政策，及时恢复了部分人事考试，编制了《人事人才公共服务设施灾后恢复重建规划》，会同省劳动厅编制了《四川省就业和社会保障公共服务设施灾后恢复重建规划》，参与了人力资源和社会保障部《汶川地震灾后恢复公共就业服务和社会保障服务设施规划》的编制工作。组织 200 余名海外留学心理救援专家赴灾区开展了心理抚慰，邀请外国专家到重灾区开展技术培训和救治创伤工作，为灾区带去了先进的医疗设备和价值 6 万多元的捐赠药品。面向地震灾区的专业技术人员举办了“地震灾区生态修复与可持续发展”“地震损毁水利工程修复整治”等 4 期培训班，培训学员 400 余人。会同省科技厅印发《关于成立四川省地震重灾县（市、区）科技特派员团队的通知》（川科农［2008］22 号），向 21 个重灾县（市、区）派出了由 105 名专业技术人才组成的科技特派员团队；会同省委组织部、省科技顾问团印发了《关于推荐四川省地震重灾区灾后恢复重建专家服务团成员的通知》（川组通［2008］100 号），启动了实施灾后恢复重建专家智力服务三年行动计划。

8—10 月，省人事厅牵头组织开展了四川省抗震救灾模范集体和抗震救灾模范的评选推荐和表彰工作。10 月 21 日，省委、省政府召开全省抗震救灾总结表彰大会，对 109 个“四川省抗震救灾模范集体”和 738 名“四川省抗震救灾模范”进行了表彰。此外，推荐的 50 个“全国抗震救灾英雄集体”、85 名“全国抗震救灾模范”，受到了党中央、国务院和中央军委的表彰。

二、人才服务保障工作

（一）人才规划

根据“十一五”人才规划实施进程，开展了《四川省“十一五”人才规划》中期评估工作，形成了中期评估报告。

（二）人才市场建设和管理

加强人才市场体系建设，批准设立省级人才中介服务机构 16 家。加强人才市场监管，对符合公告条件的 28 家省级人才中介服务机构进行全面检查，对其中 3 家提出整改建议。

加强人才服务机构工作规范建设，评定“R”级人才市场4家，会同省人才服务业协会编制了《四川省人才服务行业服务规范》和《2004—2008年四川省人才服务行业发展纪要白皮书》。举办人才中介从业人员培训班，培训学员120余名。按照省统计局的要求，选择20家人才服务组织，开展了服务业统计监测抽样调查工作。

（三）人才交流服务

积极推进全省人才市场信息联网工作，目前已有宜宾、泸州、绵阳、乐山、自贡、眉山、阿坝、凉山8个市州与省人才市场实现了人才网站信息的联网共享，人才库达20万人，日提供招聘信息300余条。在四川省人才网开辟“信息资讯”栏目，积极为广大求职人员和单位提供“就业指导”“政策法规”“考试信息”“HR资讯”等方面的信息资讯，累计发布各类信息3万余条。在全省人才市场网站开展了“职业规划”“职业能力”“人才选拔”等人才素质测评，共有500余人次参加了测评。

联合甘孜州人民政府，在成都组织举办了“甘孜州‘富民安康’专场人才招聘会”，经资格审查确定意向协议141人，其中研究生4人，大学本科生71人，大专生66人。

（四）高校毕业生就业

组织全省人事部门和人才中介服务机构开展四川高校毕业生就业“服务月”和“服务周”活动。据不完全统计，活动期间共发放宣传资料20余万份，举办专场招聘会400余次，提供岗位近16万个，登记求职毕业生实现就业近4万人，登记失业毕业生实现就业1.5万余人，组织参加职业培训近3万人，组织参加就业见习4 000余人。为促进高校毕业生就业，增进高校与沿海企业的广泛合作，牵头组织省内十多所高校与浙江省台州市联合举办校企人才合作交流会，浙江省台州市拿出2万个就业岗位邀请与会的川内高校参加。大力推进灾区高校毕业生就业，为灾区生源毕业生免费办理就业服务手续和提供就业关爱援助，降低高校毕业生就业接收服务性收费50%；在四川省人才网上举办了专门针对“5·12”特大地震灾区求职人员和企事业单位的“关心灾区、促进就业、支援重建”公益性网络招聘活动，联合泛珠三角九省区政府人才交流机构召开了“关爱灾区、促进就业——泛珠三角九省区政府人才机构网络招聘大会”，为灾区群众提供各类职位逾万个。大力实施“三支一扶”计划，鼓励和引导高校毕业生到基层就业、到灾区就业。2008年全省共招募“三支一扶”大学生1 008人，其中地震灾区招募546人。

（五）人事考试

组织召开了2008年全省人事考试工作会议，相继制定了《四川省专业技术人员计算机应用能力考试考务操作细则》《关于进一步加强和完善应对人事考试突发事件应急预案的通知》《“四川人事考试网”突发事件应急预案（试行）》《四川省人事考试应对突发事件考生手册》等，进一步加强了人事考试管理。

2008年组织专业技术资格、执（职）业资格和机关事业单位录（聘）用考试共计91项，其中职称考试47项，全国专业技术人员计算机应用能力考试1项，机关事业单位录（聘）用考试24项，社会化代理考试19项；参考人数达118万人次，其中职称考试24万人次，全国专业技术人员计算机应用能力考试8万人次，公招考试73万人次，社会化代理考试13万人次；考试命题43项，约84科；制卷142万余份；手工阅卷23万余份；机读卡阅卷近82万张。

（六）信息化建设

印发了《四川省人事厅关于进一步加强政务信息上网工作有关问题的通知》（川人办［2008］168号），出台了《四川省人事厅、四川省编办关于进一步加强网站信息安全的通知》（川人办发［2008］114号）和《四川省人事厅、四川省编办关于网站信息及运行安全应急预案（试行）》（川人办［2008］235号），加强政务信息化建设。

积极整合网站资源，关闭了四川机构信息网（与企业合办）、专家服务中心网等外网网站，同时对外网网站的举办、管理等方面进行了相关制度上的规范，并进一步加强完善了厅办公自动化系统。

2008 年，省人事厅网站共加载信息 3 700 余条，向省党政网站、省政府网站及人力资源和社会保障部上报信息 162 条。

三、专业技术人员管理工作

（一）高层次人才管理

省人事厅会同省委组织部等八部门研究出台了新的《四川省学术和技术带头人管理办法》《四川省学术和技术带头人后备人选管理办法》（川人发［2008］10 号），首次将省学术和技术带头人设置在专业技术二级岗位。省人事厅还会同省委组织部、省民委印发了《关于实施民族地区人才振兴计划的若干意见》（川组通［2008］25 号）。11 月，省人民政府办公厅转发了《四川省人事厅关于加快博士后工作发展的意见》（川办发［2008］50 号），在博士后的经费资助、税收、激励机制等方面均有较大突破。

（二）专家推荐选拔

2008 年，四川省遴选了 88 名享受政府特殊津贴人选（含候选人），8 名高技能人才首次纳入。召开了专家评议（审）委员会组建评议会，提出了 500 人左右的专家评议（审）委员会初选名单。

（三）博士后管理

召开了四川省博士后工作领导小组调整后的第一次会议，修订完善了相关政策。开展了博士后科研工作站申报工作，5 个单位被人力资源和社会保障部批准设立博士后科研工作站。积极支持具备设站条件的企事业单位申报省级博士后科研工作站，已批准 2 个单位设立工作站，共招收博士后 168 人。在相关博士后科研流动（工作）站实施四川优势产业发展急需紧缺专业博士后引进项目。组织了博士后科技服务活动。与四川大学共同组织了博士后科技服务团，奔赴巴中开展科技咨询、服务活动。

（四）留学回国人员管理

制定了《关于贯彻落实〈关于建立海外高层次留学人才来川工作绿色通道的实施意见〉的通知》。组织开展了 2008 年度留学回国人员科技活动项目择优资助经费申报工作，7 个项目得到了共计 69 万元的资助。对近年来获得原人事部择优资助项目的部分单位进行了核查。加强留学回国人员服务工作，办理留学回国人员学历学位认证 540 件、身份认证 190 件、海外留学人员首次职称认定 13 件，为留学人员出具就业推荐函近 30 份，与教育部协商，就俄罗斯医生证书、卢森堡工程师证书与我国学历学位的对应层次进行了明确。

（五）智力引进及外国专家管理

2008 年共执行聘请外国专家项目 125 项，聘请外国专家 216 人次。审批发放“外国专家证”923 份，“外国专家来华工作许可证”332 份。办理“外国专家证”延期 592 份。新增聘请外国文教专家单位 23 家。组织实施了 2008 年度“四川金顶奖”评选工作，首次举行了该奖项的集中颁奖仪式，由省人民政府发布决定，授予莫瑞斯·托帕兹等 5 名外国专家“四川金顶奖”。2008 年，四川省外国专家局被人力资源和社会保障部、国家外国专家局评选为全国引智系统先进集体。

（六）职称评审

深化职称评审制度改革，改变过去由行业主管部门组建高评委的做法，将原来的分散评审改为统一在具备相应设备设施的专用场地进行，在林业、教育、科研等行业建立了 7 个评委专家库，进库专家人数达 1 500 多人，并对教育、建设等系列和成都市等 15 个高评委进行了调整，为 1.7 万余人办理了高级专业技术职务任职资格手续。稳步推进农业实用技术职称评审制度改革，全年全省共有 1 900 多人获得农业实用技术职称。

按照国家的统一部署和要求，开展了清理规范职业资格制度工作。经过清理，全省各级组织实施的各类职业资格684项（个），其中专业技术人员职业资格51项（个），技能人员职业资格633项（个）；共有474万余人获得了相应的职业资格证书，其中获得专业技术人员职业资格证书的有近185万人，获得技能人员职业资格证书的有289万人。

（七）专业技术人员继续教育

大力实施专业技术人才知识更新工程。联合有关部门，举办“企业集团管控与高效扩张”“农业机械化发展趋势”“水环境中有机污染物监测高新技术”等9期高研班，培训中高级专业技术人员800余人。选派40余人参加人力资源和社会保障部举办的农产品检测、矿业可持续发展等全国性高研班。会同省委组织部举办了2期高层次复合型人才进修班，支持甘孜州举办了2期农林专业技术人才研修班。

开展知识产权公需科目轮训。继续在全省专业技术人员中开展知识产权公需科目继续教育。2008年省级举办了2期师资班，培训业务骨干300余人；全省各地、各部门通过举办各类培训班、讲座、报告会等，培训专业技术人员8.92万人。认真做好街道基层公务员培训试点工作，指导乐山市在市中区进行了街道公务员培训试点。

四、公务员管理工作

（一）公务员考录

6月下旬，省人事厅、省编办赴甘孜藏区8个县、7个乡，围绕藏区乡镇公务员补录问题进行了专题调研，研究提出了解决藏区乡镇公务员数量不足和适应藏区特殊工作能力不强的措施和办法，下达“三州”乡镇公务员录用计划739名。

7月中旬，根据中央11个部委文件精神，四川省委政法委、省人事厅等9个部门面向社会公开发布《2008年政法院校培养体制改革试点班招录公告》，定向招录814名公务员，并重点向藏区倾斜，分配藏区招录名额697名。汶川大地震发生后，省人事厅下发《关于做好地震重灾区补充公务员工作的通知》（川人办发［2008］239号），对地震灾区补充公务员作出了明确规定，并组织专门考录，及时补充主任科员及以下非领导职务公务员，组织非重灾区公务员短期帮助工作。2008年，全省共计划考录各类公务员1.57万名，其中公安系统考录8 849名，乡镇司法助理员1 471名，政法院校试点班定向考录814名，其他机关4 575名。

（二）参照管理审批

2008年，共审批四川省核工业地质局等5个省级事业单位和21个市（州）的121个市（州）政府直属事业单位参照公务员法管理。

（三）公务员培训

抓好主体班次培训。在四川行政学院举办第15期县市区长、市厅级公务员“加强行政效能建设”专题研修班，第21、22期省政府部门处级公务员任职培训班，第12、13期省政府部门科级公务员任职培训班；在省公务员培训中心举办第14期全省县（市、区）人事局长专业培训班和省政府部门2007年新录用公务员初任培训班。

组织实施东西部公务员对口培训。调训20名县（处）级公务员赴浙江行政学院参加为期3周的“民营经济发展”对口培训，调训4人参加人力资源和社会保障部委托天津举办的公务员对口培训第二期培训管理者培训班，调训45人参加人力资源和社会保障部委托浙江举办的公务员对口培训新任人事局长培训班。

积极组织开展各类专题培训。在全省公务员中组织开展了《行政机关公务员处分条例》全员培训考试工作，全省共有24万余名县（处）级及以下公务员和参照公务员法管理单位的工作人员参加了培训考试。全省《行政机关公务员处分条例》参训参考率达95%，合格率达99%。大力实施“甘孜州富民安康乡镇长轮训工程”，在甘孜州组织举办了2期乡镇长培训班，对甘孜州18个县和海螺沟风景管理局所辖325个乡镇的乡镇长进行了全员轮训。

五、事业单位人事管理工作

（一）事业单位岗位设置管理

4月，省政府办公厅下发了《关于印发四川省事业单位岗位设置管理实施意见的通知》（川办发［2008］19号）。随后，组织召开了四川省事业单位岗位设置管理实施工作会议，正式启动了全省事业单位岗位设置管理实施工作。为加强工作指导，省人事厅先后印发了《关于事业单位实行人员聘用制度管理中工勤人员竞聘管理岗位有关事项的通知》（川人发［2008］2号）、《关于事业单位岗位设置管理中各等级专业技术岗位基本任职年限的通知》（川人发［2008］50号），会同省编办制定了《关于印发事业单位岗位设置管理实施工作中有关问题的处理意见》（川编办［2008］55号），会同省教育厅印发了《四川省高等学校、义务教育学校、中等职业学校等教育事业单位岗位设置管理实施工作的三个指导意见（试行）》（川人发［2008］74号），会同省级有关部门转发了国家行业岗位设置管理指导意见13个，并对部分市和省级部门及事业单位的近1 000名工作人员进行了专题培训。截至年底，四川省21个市（州）和教育、卫生、地勘、经委、发改委等20余个省级部门的实施细则及省社会科学院岗位设置方案已经省人事厅批复备案。

（二）事业单位公开招聘

在深入调研的基础上，省人事厅制发了《关于做好2008年省属高等院校公开招聘工作人员工作的通知》（川人办发［2008］142号），对高校的公开招聘工作进行了调整。“5·12”汶川特大地震发生后，省人事厅于5月19日出台了《关于对地震受灾县教育和卫生系统2008年直接考核补充工作人员的紧急通知》（川人办发［2008］143号），为重灾区补充教师和卫生技术人员开辟了“绿色通道”，并对广元市、雅安市在灾后恢复重建中2008年事业单位补充急需专业技术人员政策进行了调整。2008年全省通过公开招聘补充各级各类事业单位工作人员共24 806人。

六、军转安置工作

（一）军队转业干部安置

2008年，四川省实际接收计划分配军队转业干部1 615名，自主择业军队转业干部422名。在计划分配的转业干部中，分配到行政机关1 500名，占93%；分配到事业单位99名，占6%；分配到企业16名，占1%。自主择业军队转业干部按有关政策规定全部安置到了各县（市、区）。

（二）企业军转干部解困维稳

2008年，四川省共有企业军转干部6.39万人，其中在职的9 103人，占14.2%；离休的4 518人，占7.1%；退休的40 603人，占63.5%；下岗失业的5 608人，占8.8%。

企业在岗军转干部享受生活困难补助后最低收入达1 776元/月；企业退休军转干部享受生活困难补助后平均收入达1 267元/月；企业下岗失业军转干部享受每月650元定额生活困难补助，两保由政府买单，实际补助水平为1 179元/月。

（三）自主择业军队转业干部管理服务

2008年年末，全省实有自主择业军队转业干部5 587名，全年共发放退役金及丧葬费、抚恤金共计23 524万元。

七、法制建设工作

（一）法制宣传教育

2008年3月，省人事厅印发了《四川省人事编制系统2008年法制宣传教育工作要点》，明确了全年的工作重点和主要任务。8—9月，省人事厅印发了《关于开展全省人事编制系统“五五”普法中期督导检查工作的通知》，深入开展了“五五”普法中期督导检查。2008年年底，举办了全省人事编制系统法制宣传教育培训班，对50余名市（州）人事编制部门分管法制工作的领导、政策法规科（处）长和省垂直管理部门人事（干部）

处负责人进行了依法行政培训。

（二）行政审批制度改革

省人事厅结合加强机关行政效能建设，深入开展了清理规范行政审批事项工作。一是清理行政审批事项。对原有的 27 项行政审批事项进行了清理和规范，保留行政审批事项 7 项（其中许可事项 3 项，省初审事项 4 项），取消 8 项，转变管理方式 9 项（含合并事项），精简比例达 74%。二是优化行政审批流程。对保留的行政审批事项，进一步精简了审批时限和办理环节，并制定了《办事指南》和审批流程图，明确了行政审批的法定依据、申报条件、申报材料、办理程序、责任人员、联系方式及每个审批步骤和环节的办理时限。三是大力推行“两集中、两到位”。将人事厅的 7 项行政审批职能相对集中到行政审批处（政策法规处），并在省政务服务中心设立服务窗口，确定了 3 名窗口工作人员（含首席代表 1 名），由窗口负责集中办理行政审批有关事宜。

（三）清理规范内部管理和公共服务事项

省人事厅结合清理行政审批事项工作，对未列入行政审批事项范围的 58 项内部管理服务事项进行了同步清理和规范，并参照行政审批的办理模式，对内部管理事项的办理程序逐项进行细化、分解和完善，制定了《办事指南》和工作流程图。同时，对省人事厅人才交流中心、考试中心、中雇所、专家服务中心 4 家具有公共服务职能的事业单位的公共服务事项进行了认真清理，制作了《办事公开指南》，对单位职能、服务范围、服务项目、办公地点、服务电话、收费项目、办事程序等进行了全面清理和规范。

（四川省人事厅）

成 都 市

一、就业再就业工作

（一）搭建人才供需见面平台

充分发挥市场在毕业生就业中的基础性作用，举办专业性、行业性、各具特色的毕业生就业双选活动，为毕业生就业搭建平台，开展现场招聘和网络招聘。2008 年，成都市各级政府人事部门共举办高校毕业生专场招聘会 237 场，1.09 万家（次）用人单位提供了 6.3 万余个不同层次、不同要求的就业岗位，极大地方便了回蓉、回原籍的各类高校毕业生求职就业。先后于 3 月、8 月、11 月举办春、秋、冬 3 场大型人才招聘会，共有 1 913 家单位进场，提供就业岗位 3.47 万个，23 万名求职者到场应聘。“成都人才网”和“中国成都大学生就业网”建设不断加强，成都人才网的单位会员达到 8 141 家，新增个人会员 16 万余人，2008 年共有 4 250 家单位通过成都人才网提供招聘岗位 152 989 个，页面浏览总量达 1.6 亿人次。

（二）开展就业政策宣传和就业、创业培训

通过“中国成都大学生就业网”“成都人才网”和各级人事部门的“政府公共信息网”等网络信息平台积极开展就业相关政策宣传。以政府创办的人才交流机构为宣传窗口，向各类求职者开展就业相关法律政策的宣传和咨询。将就业政策宣传、求职技巧培训和法律政策咨询带入各类现场招聘会，提高了现场招聘会的人才公共服务效能，扩大了就业政策法规的知晓面。深入在蓉高校，开展“人事人才工作公共服务校园行活动”，在校园内举办就业政策、就业形势、创业经验讲座和培训，帮助高校毕业生了解就业政策、认清就业形势，科学、合理地确定自己的职业规划。

（三）实施毕业生面向基层就业项目

实施“一村（社区）一名大学生”计划。2008 年新招募 840 名大学生志愿者，截至年底，该项目实施总人数已达 3 723 人。此外，为服务地震灾后重建人才需要，按照四川省委组织部的统一部署，又招募了 369 名“大学生村干部”分赴地震重灾区的农村基层。实施“农村中小学特设教师岗位计划”，招募了 600 名志愿者，派遣到成都市 14 个郊区（市）县的农村中小学从事“支教”工作。启动了“基层卫生站（所）大学生支医计划”，共招募 530 名志愿者到区（市）县的农村乡镇卫生院和城区社区卫生中心从事志愿者服务。到 12 月底，成都市服务基层的大学生总数已达 5 322 人。

（四）实施高校毕业生就业见习计划

在成都市的支柱产业、重点企业中建立毕业生就业见习基地，招募回原籍、尚未就业的高校毕业生进基地开展为期 3~6 个月的就业见习。2008 年共建立见习基地 126 个，招募见习生 1 545 名。见习期满后有 70% 以上的毕业生与见习单位签订了劳动合同，成功实现了就业。

（五）设立高校毕业生就业服务窗口

在 21 家政府创办的人才交流机构都新开设了高校毕业生就业服务窗口，开展报到入户、求职登记、职业介绍、政策咨询、档案托管、人事代理等“一站式”就业服务。

（六）开展重点服务对象就业援助

对地震重灾市应届高校毕业生、服务期满的“一村（社区）一名大学生”计划志愿者、零就业家庭中登记失业的毕业生等重点服务对象采取了包括召开专场招聘会、基层志愿者招募政策倾斜、见习生招募、向企业推荐就业等在内的多项就业帮扶措施。在帮助重灾市高校毕业生就业方面，市人事局提出了“力争实现重灾市有就业意愿的应届高校毕业生100%就业”的奋斗目标。截至2008年年底，1 758名有就业意愿的重灾市高校毕业生已全部实现就业。

二、职业技能培训和鉴定工作

（一）灾后恢复重建培训

6月，在彭州市隆丰镇举办了蔬菜种植技术培训班。来自彭州地震灾区的110名蔬菜种植实用人才参加了培训。6月，成都市人事局在彭州市桂花镇举办了灾后重建基层干部统筹能力暨心理辅导专题培训班，280名基层干部参加培训。

（二）农村实用人才培训

7月中旬，市人事局在四川农业大学举办了蔬菜种植实用人才培训班，13个涉农区（市）县的38名蔬菜种植大户、蔬菜协会骨干等农村实用人才参加了培训。此次培训是第一次走出成都，利用高校的优质教育资源和人才智力优势举办农村实用人才培训班。11月上旬，市人事局在成都农业科技职业学院举办了生猪养殖实用人才培训班，14个涉农区（市）县的44名养猪大户、生猪养殖技术人才、相关职能部门业务骨干等参加了培训。

三、人才服务保障工作

（一）人事代理工作

2008年，市人才交流服务中心共接收档案54 008份，存档总数达13.3万份，新增人事代理单位121家，代理单位总计772家。截至2008年年底，共接收外地应届高校毕业生2.36万人，其中博士生441人，研究生5 628人，本科生1.28万人，专科生4 586人，中专生81人。

（二）流动党员管理工作

截至2008年12月31日，中共中国成都人才市场管委办委员会共建立党支部51个，管理流动党员人数达6 817名。全年共讨论审批了352名预备党员转正，转入流动党员1 881名，转出流动党员678名。

（三）人才信息服务工作

按季度对全市人才市场供需和流动数据进行收集、整理和分析，并编制成人才市场供需信息定期向社会发布，以此引导人才培养、人才供给，引导高校专业设置和毕业生培养方向，引导毕业生流向。截至2008年12月31日，共发布4期人才市场供需信息。

（四）人才配置工作

先后4次组织100家成都地区重点企事业单位提供1 728个岗位，赴北京、重庆、深圳、西安开展招才引智活动，当场达成意向477人，其中硕士以上人员99人。2008年全市共举办人才招聘会309场次，18 251家单位入场，实际配置人才10.17万人。

四、军转安置工作

（一）军队转业干部安置

顺利完成了军转安置任务800人，其中计划安置641人，自主择业159人，另有随调家属19人。

（二）自主择业军转干部管理服务

自主择业军转干部退役金套改、政策咨询、退役金银行账户的更新、个人账户资料的协查等日常管理服务工作有序推进，探索实施了自主择业军转干部社区化管理和全天候预约式服务。

（三）企业军转干部解困

为符合解困条件的10 275名企业军转干部兑现了中央、省、市的解困政策，及时足额发放各项生活困难补贴，失业人员的养老和医疗保险做到了应保尽保，899名在就业、住房、就学、就医、生活等方面存在特殊困难的企业军转干部得到了有效帮扶。

五、专业技术人员管理工作

（一）努力构建区域统一的人才社会化评价体系

完成了《关于建立健全专业技术职称社会化评价体系的对策研究》的调研报告，分析了全市人才社会化评价现状，指出了存在的问题，提出了改进对策和措施。3月，筹建了“成都市职称评审委员会评审专家库”，收录29个系列100余个专业的专家近2 000人。6月，成立了成都市工程技术系列中级职称中国成都人才市场专家评审委员会，并进行职称申报、评审工作。组织完成了2008年度会计、经济、中学教育、工程技术、卫生、中医药技术等系列3 300人高级职称的评审工作。

（二）开展人事人才公共信息服务

根据成都市城乡一体化战略、城乡综合配套改革目标和“十一五”人才建设规划的总体要求，面向全市电子信息、机械（含汽车、航空航天）、食品（含烟草）、医药、冶金建材、石油化工六大主导产业企业发放调查问卷，对各类专业技术人才进行抽样调查。经过对调查问卷所收集的需求信息进行统计、分析、筛选和归类，编制发布了《2008年成都市六大主导产业人才开发目录》，直接服务于产业发展，较好地体现了政府引导作用。

（三）以高层次人才队伍建设为统筹城乡发展中人才工作的突破口

贯彻落实市委、市政府对引进高层次人才、急需紧缺人才及创新人才的政策优惠，审核办理了22家企业43名引进高层次人才的安家补贴和11家企业17名引进高层次人才的财政奖励。指导办理中级以上职称、具有突出贡献专家和大专以上人才入户4 799人。做好“四川省农村优秀人才”的推荐选拔工作，新都区龙波等5人被省政府评为“四川省农村优秀人才”，推荐龙波为“全国农村优秀人才”并获表彰。推荐享受国务院特殊津贴专家人选9名、“四川省有突出贡献专家”人选41名、第八批“四川省学术和技术带头人”人选21名、第八批“四川省学术和技术带头人”后备人选17名，选拔享受市人民政府特殊津贴专家人选35名。成功申报普什宁江机床厂、新希望集团建立国家级企业博士后科研工作站。全年新进站博士6人。

（四）抓实统筹城乡发展中的人才服务工作

建好专家服务（示范）基地，为全市重点镇、郊区镇、文明新村和工业集中发展区建设提供专家咨询、培训、技术指导服务2 300人（次）。首次为工作成效明显的10个专家服务（示范）基地和人才工作站拨付建设经费共26万元。

（五）组织动员各类专业技术人员参加抗震救灾和恢复重建工作

组织130名专家组建了“灾后恢复重建专家援助服务团”及规划、建筑、农业、环保、综合5个分团。建立“专家+项目”的服务模式和机制，分批组织专家到灾区定点入驻项目，对口参加援助。发布了《灾后重建紧缺专业技术人才需求信息》。面向社会，与市委组织部共同发出了《致各类人才倡议书》，通过报名、审核、募集，建立了专业技术人才赴灾区志愿者服务团，共计182人，派遣27人到重灾区开展专业技术服务。及时调整专业技术职务评价政策，为参与抗震救灾和灾后重建的各类人才提供评价服务。表彰激励参与抗震救灾和恢复重建工作的专家，在2008年度享受市政府特殊津贴专家中参与抗震救灾和恢复重建工作且贡献突出的专家有7名，占选拔人员的20%。

六、事业单位人事管理工作

（一）事业单位岗位设置工作

2008年8月，市政府办公厅印发了《成都市事业单位岗位设置管理实施意见》（成办发［2008］70号）。9月，召开了全市事业单位岗位设置管理实施工作会议，启动布置了全市事业单位岗位设置管理实施工作。10月，市人事局印发了《关于成都市事业单位岗位设置和核准工作有关事项的通知》（成人办发［2008］193 号），对程序性工作进行了规范。

（二）事业单位公开招聘工作人员工作

2008 年，成都市所辖区（市）县共计公开招聘事业单位工作人员 3 985 人。5 月，市人事局印发了《关于抗震救灾期间区（市）县教育和卫生事业单位直接考核聘用工作人员的通知》（成人办发［2008］65 号），为成都市受灾区（市）县公开招聘事业单位工作人员制定了倾斜政策。

（三）选派城区专业技术人员到地震灾区和村社基层支援服务工作

7 月，市人事局印发了《关于选派城区专业技术人员到地震灾区和村社基层支援服务的通知》（成人办发［2008］130 号）。8 月，市人事局组织召开了 2008 年成都市选派城区专业技术人员到地震灾区和村社基层支援服务工作会。9 月，市人事局与财政局联合下发了选派城区专业技术人员到地震灾区和村社基层支援服务项目经费 450 万元。10 月，市人事局印发了《成都市“选派城区专业技术人员到地震灾区和村社基层支援服务”计划支援服务人员考核办法》（成人办发［2008］204 号）。2008 年，成都市各级事业单位选派城区专业技术人员到村社基层服务 974 人，到都江堰市、彭州市和崇州市 3 个地震受灾地区服务 109 人，共计 1 083 人。

七、公务员管理工作

2008 年共组织公开录用公务员考试两次，共录用公务员 1 758 人。印发了《成都市行政机关公务员职业道德规范（试行)》，制定下发了《关于成都市新录用公务员下派基层锻炼的工作意见》（成人发［2008］16 号），全市共有 89 名新录用公务员下派基层进行为期 1 年的锻炼。顺利完成全市各级行政机关 2007 年度公务员绩效考核工作，全市各级行政机关参加绩效考核的公务员共 4.46 万人，其中考核结果为优秀的 7 967 人，占 17.9%；称职的 3.65 万人，占 81.7%；基本称职的 8 人，占 0.02%；不称职的 21 人，占 0.05%；未确定等次的 154 人，占 0.3%。

（成都市人事局）

贵 州 省

一、公务员管理工作

（一）做好行政机关公务员、参照公务员法管理事业单位工作人员的登记审批及日常管理工作

省人事厅按照《贵州省公务员登记实施办法（暂行）》和《关于贵州省参照公务员法管理机关（单位）工作人员登记有关问题的处理意见》等相关政策的规定，完成49家省直行政机关和76家参照公务员法管理事业单位的人员登记审批工作，并做好公务员、参照公务员法管理事业单位工作人员的日常登记管理工作。

（二）做好参照公务员法管理事业单位的审核和审批工作

省人事厅认真贯彻执行《参照〈中华人民共和国公务员法〉管理的单位审批办法》和《贵州省事业单位参照公务员法管理工作实施意见》，完成5家省属事业单位申请参照公务员法管理的审核工作，并报经省委、省政府审批同意，送国家人力资源和社会保障部备案；安排部署了市、县两级政府（行署）直属或所属事业单位申请参照公务员法管理的审批工作，完成9个市（州、地）317家、88个县（市、区、特区）1 233家申请参照公务员法管理事业单位的集中审批工作。

（三）做好行政机关公务员非领导职务设置的审批及日常管理工作

省人事厅认真贯彻执行《〈中华人民共和国公务员法〉实施方案》和《贵州省综合管理类公务员非领导职务设置管理实施办法》等相关政策规定，截至2008年12月，完成113家省级行政机关及所属参照公务员法管理事业单位非领导职务设置意见的审批工作。同时，启动了省、市（州、地）、县（市、区、特区）三级行政机关公务员非领导职务设置的申报审批及日常管理工作。

（四）坚持“凡进必考”原则，做好公务员的招考录用工作

省人事厅认真贯彻实施《中华人民共和国公务员法》和《公务员录用规定（试行）》，坚持“凡进必考”和公开、平等、竞争、择优的原则，全省省、市、县三级机关统一面向社会公开招考录用2 671名公务员；选调606名优秀高校毕业生到基层党政机关和法院、检察院工作；全省部分公安机关统一面向社会公开招考录用737名人民警察；全省基层政法机关面向社会定向招录培养拟退役和已退役士兵203名、普通高校毕业生76名；配合省委组织部完成贵州省60个县120名乡镇公务员的考试录用工作，不断完善从基层机关中遴选和招录公务员的政策措施。

（五）做好贯彻实施公务员法配套政策法规的工作

省人事厅会同省委组织部转发了《公务员调任规定（试行）》《公务员奖励规定（试行）》《公务员职务任免与职务升降规定（试行）》《公务员申诉规定（试行）》《公务员培训规定（试行）》，进一步做好公务员法配套政策法规的贯彻实施工作，规范贵州省公务员的调任、奖励、职务任免与职务升降等管理工作。

（六）健全公务员管理的相关实施办法，加强制度建设

为进一步做好本省机关事业单位干部的调配工作，省人事厅根据公务员法和相关政策规定，会同省委组织部制定印发了《关于省级机关、事业单位干部调配工作有关问题的通知》，进一步严明了调配工作纪律，明确了调配审批权限，规范了干部调配程序；省人事厅会同省委组织部在转发《公务员调任规定（试行）》时，结合贵州工作实际，就厅、县（处）、科级公务员调任的有关工作，提出了具体贯彻意见，明确了审批主体及权限，进一步规范了调任审批备案的相关工作。

（七）实施教育培训规划，加大党政人才培养力度

省人事厅贯彻落实《干部教育培训工作条例（试行）》和《关于加强干部教育培训，实施素质提升工程的意见》，组织实施《2006—2010年贵州省干部教育培训规划》和《贵州省2007—2010年行政机关公务员教育培训规划》，完成9期共计872人的省直机关公务员信息化与电子政务培训任务，参训人员测试合格率达98%；完成春秋两季2期9个班次共计384人的全省县（处）级领导干部任职培训调训任务；完成7期共计700人的省直机关新录用国家公务员初任培训任务，参训人员测试合格率达100%；针对本省行政机关公务员队伍建设现状，切实加强对少数民族干部、妇女干部和基层公务员的培训，举办了3期特色培训班，共计239人参训。

二、专业技术人员管理工作

（一）组织完成本省享受政府特殊津贴人员的选拔推荐工作

省人事厅按照《关于改革和完善政府特殊津贴制度的意见》，组织完成享受国务院和省政府特殊津贴人员的选拔推荐工作，经省委、省政府审批，共推荐23名高层次专业技术人才、5名高技能人才享受国务院特殊津贴，共选拔25名高层次专业技术人才、5名高技能人才享受省政府特殊津贴。同时，结合贵州省实际，认真做好享受政府特殊津贴人员的年度考核、联系服务和跟踪管理工作。

（二）开展博士后科研工作站、流动站的推荐申报及日常管理工作

省人事厅组织完成贵州信邦制药股份有限公司、贵州省煤矿设计院（贵州省矿山安全科学研究院）、盘江煤电（集团）有限责任公司、遵义钛业股份有限公司、贵州中烟工业公司、贵州黎阳航空发动机公司6家企业申请设立博士后科研工作站的推荐申报工作，经国家人力资源和社会保障部审批，同意贵州省煤矿设计院（贵州省矿山安全科学研究院）设立博士后科研工作站；开展博士后科研流动站的申报和日常管理工作，“贵州大学植物保护博士后科研流动站”正式挂牌运行，并开展相关科研工作，“中国博士后西部创新基地”已获中国博士后科学基金会批准。

（三）进一步深化职称制度改革，健全人才评价机制

省人事厅进一步深化职称制度改革，制定2008年职称评审工作政策，不断完善评价方法和评审程序，改进人才评价方式，健全人才评价机制。推行申报正高级专业技术职务任职资格代表论文送审制；在全省28个系列专业技术职务任职资格申报评审工作中，实行申报评审全过程公示制；对省重点产业、支柱产业、特色产业以及基层、科技生产一线的专业技术人员，实行职称评审倾斜政策。全年共完成各系列各等级3.79万人的专业技术职务任职资格申报评审工作；完成206名小学教师申报晋升高级职称的首次试点评审工作；完成12名农业技术推广研究员候选人的核准推荐工作，并按规定程序和时限要求上报国家农业部评审；完成贵州省各类职业资格的清理规范工作。

（四）贯彻实施《贵州省专业技术人员继续教育规定》

省人事厅贯彻实施《贵州省专业技术人员继续教育规定》，坚持理论联系实际、学用

结合、按需施教、注重实效的原则，切实履行规划、指导、协调和监督的工作职责，认真开展专业技术人员继续教育工作，组织35万余名专业技术人员参加公需科目和知识产权的学习培训，参训人员测试合格率达100%。

（五）探索建立农村乡土人才评价机制

省人事厅制定了《贵州省民间艺人专业技术等级资格评审条件（试行）》和《贵州省民间艺人专业技术等级资格评审工作实施办法（试行）》，在黔东南苗族侗族自治州、黔南布依族苗族自治州组织开展工匠师、工艺师、歌师、戏师4个民间艺人专业技术等级资格的申报评审工作，共评审出民间艺人866名，统一颁发了《贵州省民间艺人专业技术等级资格证书》；制定了《贵州省水书师专业等级资格申报评审条件（试行）》，完成水书师专业等级资格的申报评审工作，共评审出水书师72名，为有效抢救、保护和传承水书这一优秀民族文化遗产发挥了积极的促进作用。

三、事业单位人事管理工作

（一）积极稳妥地推进事业单位岗位设置管理工作

省人事厅认真贯彻实施《事业单位岗位设置管理试行办法》和《〈事业单位岗位设置管理试行办法〉实施意见》，按照《贵州省事业单位岗位设置管理实施意见》的规定，履行事业单位岗位设置的政策指导、宏观调控和监督管理职责，积极稳妥地推进全省事业单位岗位设置管理工作。一是指导和督促各地区、各部门按照因事设岗、精简高效、动态管理的原则，开展实施试点工作，全省9个市、州、地已完成事业单位岗位设置试点工作，进入具体实施阶段，省属事业单位的岗位设置管理实施工作处于制定设置方案和报批核准阶段；二是根据国家有关政策规定，进一步完善本省事业单位岗位设置管理的综合配套政策，制发《贵州省事业单位中、初级专业技术岗位基本任职条件指导意见》和《贵州省省直（属）事业单位岗位设置实施工作程序（试行）》，进一步规范了省直（属）事业单位岗位设置管理工作，确保了岗位设置工作顺利推进。截至年底，全省已经完成岗位设置工作的事业单位共计1 288家，占应纳入岗位设置管理的事业单位总数（24 601家）的5.2%。

（二）继续加大事业单位人员聘用制度的推行力度

省人事厅对事业单位实行聘用制工作进行指导、协调和监督，继续加大事业单位人员聘用制度的推行力度，不断规范事业单位人员的聘用管理。截至年末，已实行聘用制的事业单位达1.94万家，占全省事业单位总数的78%，签订聘用合同的人员占事业单位人员总数的67.3%。

（三）扎实开展事业单位新增人员公开招聘工作

省人事厅认真执行《贵州省事业单位新增人员公开招聘暂行办法》，对全省事业单位公开招聘工作进行指导、监督和管理，不断规范事业单位招聘行为，完成3 715家事业单位面向社会公开招聘计划的核准备案工作，共招聘各类专业技术人员1.47万人（其中博士生82人，硕士生654人，大学本科生4 404人）；对已推行人员聘用制度的事业单位，开展事业单位人员聘用合同的鉴证工作，切实维护受聘人员和用人单位的合法权益。

四、军转安置工作

省人事厅认真贯彻落实《军队转业干部安置暂行办法》和《关于进一步做好军队转业干部安置工作的意见》，组织召开全省军转安置工作会议，宣传讲解军转干部安置政策，深入驻筑部队开展调研，积极协调落实安置计划，完成283名计划分配军转干部的安置任务，并及时做好军转干部的档案审查及移交工作。

五、人才服务保障工作

省人事厅按照《贵州省人才市场条例》，立足公共服务，不断健全人才市场机制，完善人才市场供求信息发布制度，通过开展现场招聘和网上招聘活动，进一步促进毕业生就业。同时，继续开展人事代理、人才派遣、档案管理等社会化服务工作，积极发展人才服务业，努力推进人才资源优化配置。2008 年，共举办现场招聘会 95 场，1 194 家单位进场招聘，提供岗位 1.43 万个，各种招聘和推荐活动共达成就业意向 1.14 万人；大力加强人才网站建设，“贵州人才信息网”拥有招聘会员单位 1 万余家，信息网首页的总访问量达 7 685 万人次，每日主页平均浏览量 10 万次以上，平均每天在线提供职位 3 000 余个，求职人才库存信息达 33 万条；规范流动人员档案保管和接转工作，管理流动人员人事档案 6.7 万份；成立贵州兴黔人才资源有限责任公司，逐步实现由市场派遣向有限责任公司派遣的过渡，派遣人才总数达 3 671 人。

（贵州省人事厅）

云 南 省

2008 年，云南省人事人才工作围绕省委、省政府工作大局以及人力资源和社会保障部工作要点，坚持“围绕大局做、带着感情做、遵循规律做、改革创新做、依靠群众做”的原则，着眼于为云南经济社会又好又快发展提供人事人才服务保障，以解放思想大讨论活动为契机，认真贯彻党的十七大精神，以及十七届三中全会精神、全国人事厅局长会议和云南省委八届四次全会精神，积极实施人才强省战略，不断完善公务员管理制度，深入推进事业单位人事制度改革，努力深化服务型政府建设，提升政府执行力和公信力，加强人才资源开发和人才队伍建设，推进人事人才工作全面落实、和谐发展、创新突破。

一、坚持改革创新，机关事业单位人事制度改革稳步推进

按照建立与社会主义市场经济体制相配套的人事管理制度的要求，坚持深化改革，不断完善人事工作的体制和机制，在机关事业单位人事制度改革方面取得了显著成绩。

一是试行公务员公开选调制度，加强了公务员队伍的建设和管理工作。研究制定并出台了《云南省州市以上机关公开选调公务员试行办法》和《云南省州市以上机关从基层机关考试录用公务员试行办法》，优化公务员队伍结构，每年拿出 20% 的考录计划，专门用于州市以上机关从县乡中考录公务员。建立了省级和省直各单位公务员日常管理数据库，实现对省级公务员实行动态管理。完成了全省 18 万名公务员的考核结果备案、表彰推荐和公务员日常登记工作。继续抓好省级参照管理申报单位的经费、职能界定、审核、沟通、报批工作，制定了原参照管理单位退出参照管理方法和云南省第二批州市县所属事业单位参照管理的审批原则、重点范围。

二是改进了公务员考试录用工作，提高了有基层工作经历人员的招考比例。加大了有基层工作经历公务员的选拔力度。在当年全省普通公务员招考中，具有 2 年以上基层工作经历的人员进入面试的有 6 458 人，占面试总人数的 55.24%，比往年 30%～40% 的比例有较大提高；定向从村（社区）干部中招录乡镇（街道）公务员的数量由 2007 年的 239 名增至 500 名；完成了云南省基层政法机关从退役士兵及普通高校毕业生中定向招考公务员工作，共有 2 404 人报名参加，录用了 355 人充实到基层政法机关。

三是以岗位管理为重点的事业单位人事制度改革不断深化。在全面推行事业单位聘用制，实现事业单位人员合同管理的基础上，正式启动了事业单位岗位设置工作，出台了农业、广播电视、新闻出版、科研、高校、中等职业院校、中小学和幼儿园、文化、卫生等行业指导标准。在全省建立起事业单位岗位设置基本制度，进一步实现事业单位人员由身份管理向岗位管理转变，逐步打破职务终身制；规范了事业单位编外人员管理，以签订聘用合同或劳动合同的方式，使事业单位编外人员的劳动报酬、社会保险等合法权益得到保障。目前，省级 151 个单位 7 387 名编制外人员已纳入宏观管理。积极稳妥地做好事业单位公开招聘工作，形成了“公开、公正、平等、竞争、择优”的选人用人机制，2008年全省事业单位计划招聘1.48万人，共有10.2万人参加应聘。

四是机关事业单位工资收入分配制度改革工作取得新进展。结合本省实际，明确了机关事业单位工资收入分配制度改革中的部分政策，妥善处理了一些政策问题，巩固了改革成果。规范了机关事业单位年终一次性奖金发放、机关事业单位工作人员按年度考核结果正常晋升工资档次和机关事业单位工作人员带薪年休假制度。核定了全省129个县规范后的津贴补贴标准，审批了省垂直管理单位的津贴补贴；研究出台了企事业单位离休干部参照机关离休干部标准发放补贴的相关规定，并对事业单位离休干部实行经费财政统管。

二、围绕经济社会发展需求，整体性人才资源开发工作取得新进展

坚持科学的人才观，围绕全省经济社会发展大局，加快人才资源开发步伐，在合作培训、博士后站点建设、跨国跨省引进人才等方面取得了较大突破。

一是高层次和实用型人才开发工作成效明显。抓好全省人才长远规划，牵头组织的《云南省人才队伍建设中长期规划纲要（2009—2020年）》编制工作进展顺利。加大对特殊人才和高层次人才的引进力度，从国外引进留学人员34名，从省外引进硕士以上人才38名，25名引进的高层次人才获政府购房补贴和工作经费资助。加大专业技术人才培养选拔力度，全省近8 500人获得高级专业技术职称，124名优秀中青年专业技术人才获破格晋升；247名有突出贡献的专业技术人才分获“国贴”“省突”“省贴”表彰；目前全省共有两院院士9人，国突专家47人，国贴专家1 440人，省突专业技术人才1 315人，省贴专家1 078人。全省高级专业技术人员达6万余人，其中45岁以下占65%，人才队伍年轻化取得了较大进步。新增云南铜业（集团）有限公司、红云烟草（集团）有限责任公司等3家博士后科研工作站，共有博士后科研流动站、工作站40家（含9家分站）。通过努力，云南省专业技术人员已达86万人，其中高级专业技术人员4.9万人，占专业技术人员总数的5.7%，接近全国平均水平。全省45岁以下的高级职称人员占高级专业技术人员总数的比例已从1995年的11.4%提高到65%，高层次专业技术人才呈年轻化趋势。

二是紧缺人才引进工程和出国培训工作健康发展。全年引进国外技术、管理人才项目共计59项，国家外国专家局批准资助云南省的引智项目35项，共获经费资助100万元；下达省级引进国外管理、技术专家项目和引智成果示范推广项目38项，获省级资助经费100万元；上报国家外国专家局批准了“优质多抗麦类新品种示范推广”项目和云南大学软件学院为“国家软件人才国际培训基地”。上报国家外国专家局核准云南省2008年的培训项目计划，其中审批类项目14项、66人，获资助137万元；审核类项目46项、829人。共为项目单位争取国家外国专家局资助28项、309人、754万元。此外，积极同项目单位合作，共完成审批类、审核类、双跨类、备案类出国（境）培训项目62项、610人，并从国外引进留学人员30名，其中博士18名，硕士11名；10名来自英国、法国等7个国家的专家获2008年度云南省外国专家“彩云奖”，1名外国专家被授予“国家友谊奖”。

三是继续教育和知识更新工作有了新提高。以现代农业与生物资源开发创新、文化及旅游产业、信息技术、能源技术、现代管理5个重点行业领域的高级人才培训为突破口，深入开展公务员、专业技术人员培训工作。借助省院省校合作、滇沪合作人才培训项目举办9个示范性高研班，为五大领域培训了1 100名高级专业技术人才和各类专业技术人员3.81万人次；结合省情特点，组织了以“突发事件应对法”为主题的公需科目培训，参加培训的人数达60万人次；组织了云南省25万名公务员公共管理核心内容和“四项制度”学习培训及考试，参训率和合格率分别达到99.3%和99.5%。

三、围绕服务型政府建设，人才公共服务体系建设逐步完善

人事人才工作公共服务能力得到提高，实现了工作领域由国有经济向整个国民经济、由国有单位向非国有单位的延伸，服务对象由传统的国家干部向各级各类人才包括非公有制领域人才和农村实用人才拓展。

一是人才公共服务质量得到提高。不断加快公共人事人才服务建设，积极为企事业单位、各类经济组织的各类人才提供优质服务。承担了24类专业技术人员资格考试、34个系统事业单位新进工作人员考试、城镇退役士兵文化考试及部分国有企业招录工作人员考试等大量考试考务工作，涉及参考人员41 617人。办理普通委托招聘550家，接待人才信息查询932家，向用人单位推荐求职者8.54万人次；通过信息动态栏发布企业招聘职位1.05万个，通过各类报刊媒体发布企业招聘信息52 874条。全年共为省级机关、企事业单位调配急需人才619人，其中机关255人，事业单位229人，企业16人，省外调入119人。

二是人才资源市场配置得到加强。在开展人才交流洽谈活动和原有人事代理业务的基础上，积极开展人才测评、人才派遣、人才猎头等业务，加强与省外区域合作，组织曲靖、丽江等5个州市人才服务机构参加了“泛珠三角9+2区域人才服务与合作研讨会”，强化了与国家人才市场、各省人才市场、行业人才市场以及州市人才市场的联网贯通。共与2 509家用人单位签订了人事代理协议，并为人事代理单位的2.26万人办理了各类社会保险。截至2008年10月，共举办人才招聘会212场，入场单位总数9 690家次，入场求职人员总数96 946人，共向社会提供就业岗位14.55万个。

三是积极为高校毕业生提供就业服务。采取多渠道、多种就业方式，切实为毕业生提供就业服务。共组织5 024家（次）招聘单位举办了17场毕业生专场招聘会，为10万多人（次）毕业生提供4.12万个就业岗位；利用网络平台举办了5场毕业生网络招聘大会，2 364家单位参会招聘，提供岗位2万个；开设毕业生免费求职登记窗口，共登记毕业生信息2万多条。组织了高校毕业生“三支一扶”工作，共有2 889名高校毕业生报名参加，1 960人符合条件，确定招募557人；当年计划选聘2 000名高校毕业生到村任职，共有3.95万人报考，报考人数与计划录用人数比例达到20:1。

四、积极推行四项制度，提升政府执行力和公信力

紧紧围绕行政机关自身建设，创新工作机制，形成工作合力，加强社会监督，扎实推进四项制度的实施，实现了机关作风明显好转，服务效率明显提高，服务质量明显改善。

一是机关作风明显好转。49个省级行政机关率先垂范，分期分批地通过媒体向社会公开服务承诺，逐步建立“以民为本、务实高效”的服务型政府。建立民生问题督办制度，对群众反映突出的教育、就业和社会保障、低收入群众生活等18个问题进行了逐项督办；把实施范围向学校、医院等事业单位，提供水、电、气等公共服务产品的企业和窗口行业扩展，切实为人民群众提供优质高效服务。

二是服务效率明显提高。牢固树立“以民为本”的服务理念，把深化行政审批制度改革和行政事业性收费清理工作，以及事关全省经济社会发展的20个重大项目、20项重点工作的完成情况，作为推进四项制度的重要措施，改善了全省经济社会发展的软环境。截至2008年9月底，全省共对58个省级部门现有的1 088项行政审批项目进行了清理，取消和调整398项行政审批项目，切实减轻了社会和群众负担，提高了行政机关工作效能。

三是服务质量明显改善。围绕人民群众关

心的热点、难点问题，对具有社会管理、公共服务职能的部门和窗口单位，优化整合工作程序、服务流程，提高办事效率。在当前全省已建成运行55个政务服务中心的基础上，加大建设力度，年内完成8个州市16个政务服务中心建设；实行“一窗式受理、一站式办结、一条龙服务”的管理模式；建立并联审批、联动审批制度，实现了行政审批从无限期到限时办结，从分散到集中，从串联到并联，从部门及其内部机构分割审批到整体统一审批的转变。

五、围绕和谐云南建设，维护社会稳定成绩突出

从维护改革发展稳定的大局出发，在认真做好军转安置工作的基础上，充分发挥职能作用，积极化解矛盾，为维护社会和谐稳定发挥了积极作用。

一是加强教育培训，认真做好军转安置工作。在接收安置前组织了为期半个月的适应性培训，转变了军转干部的择业观念。全省共接收安置军转干部1 122人，其中计划分配828人，占总数的73.8%；自主择业军转干部所占比例与往年相比有较大提高，共有294名，占26.2%。研究制定了《关于加强和改进计划分配军队转业干部教育培训工作的意见》和《2008年云南省计划分配军队转业干部教育培训工作的意见》，集中3个月的时间，以“8+X”课程为主，对计划分配军转干部开展专业知识培训。完善社会保障制度，完成了省直接收安置的669名自主择业军转干部422万元医疗保险费，以及124名自主择业军转干部82万元住房补贴的兑现工作。结合省情特点，建立健全了企业军转干部补贴标准随着经济发展、财政收入增加的正常增长机制，从政策源头上减少了企业军转干部上访现象的发生。

二是坚持以人为本，妥善处理信访突出问题。在工作中，对各类重大群体性上访事件，主要领导亲自部署，在依法维护国家政策权威性的基础上，加强沟通协调，耐心细致地做好思想疏导工作，妥善处理社会热点、难点问题。全年共受理来信来访案件793件次，集体上访19批208人次。其中受理“两办”信访局立案督办件16件，厅领导批办件23件，网上信访件2 024件次，均已全部办结。信访维稳工作受到省委、省政府的表彰。

三是强化大局意识，建立健全矛盾调处机制。加强了人事争议调解仲裁、人事舆情引导等工作，特别是长期坚持每月厅长接待日制度，为化解各类矛盾、维护社会稳定作出了贡献。“厅长接待日”接待和处理来访110批401人次，做到了件件有落实、事事有回音；认真做好人事争议仲裁工作，接待来访来电1 451件次，调解7件，因受案范围的制约下达不予受理通知书6份，受理案件并裁决结案1件；强化服务意识，加大合同鉴证工作力度，共为37家事业单位1 130人办理了聘用合同鉴证手续。

（云南省人事厅）

西藏自治区

一、大力实施人才强区战略，统筹抓好人才队伍建设

（一）努力做好人才服务工作

认真贯彻落实《中共中央办公厅、国务院办公厅关于进一步加强西部地区人才队伍建设的意见》精神，在深入开展调查研究工作的基础上，研究制定了《中共西藏自治区委员会办公厅、西藏自治区人民政府办公厅印发〈关于进一步加强人才队伍建设的实施意见〉的通知》并报自治区党委办公厅、政府办公厅下发全区执行。向中组部上报了《关于学习贯彻〈中央人才工作协调小组第十五次会议纪要〉的情况报告》《关于西藏自治区联系专家工作情况的报告》，向自治区人大报送了《关于西藏自治区留住和吸引人才的政策与机制情况的报告》。启动了林芝地区一村一名拔尖实用人才培养项目、区党委党校培训中青年骨干教师和复合型教学管理人才项目。积极做好4名“博士服务团”成员接收工作和自治区2008年“西部之光”17名访问学者人选推荐工作。切实做好自治区中长期人才发展规划纲要编制工作和北戴河暑期专家休假工作。

（二）进一步加强专业技术人员管理工作

高度重视专业技术人员队伍建设，把专业技术人员继续教育工作摆上重要日程，按照“高层次创新型专业技术人才重点培训、中青年专业技术人才经常培训、紧缺专业技术人才加紧培训”的要求，多形式、多渠道开展专业知识培训工作，全年共培训专业技术人员8 476人次。向人力资源和社会保障部上报了19名享受政府特殊津贴人员，申报了7个留学回国人员科技活动择优资助项目。向国务院申请对本区少数民族专业技术人员进行特殊培养，力争5年内培养600名中高级专业技术骨干人才。建立并完善了高层次专业技术人才数据库。确认了517人的高级专业技术职务任职资格，比2007年增长27.34%。进一步加强对高评委评审工作的监督指导，认真做好专业技术人员资格考试政策的研究制定和执行工作，进一步完善全区专业技术人员职称业务考试考生数据库，不断提高为广大考生服务的能力和水平。

二、加大工作力度，进一步巩固干部人事制度改革成果

（一）切实做好高校毕业生就业指导工作

2008年，西藏自治区高校毕业生共有1.11万人（其中师范类1 607人，非师范类9 511人）。为切实做好高校毕业生就业工作，在广泛征求有关部门意见的基础上，研究起草了《关于积极做好2008年西藏自治区高校毕业生就业工作的意见》，报区党委、政府批转执行。积极会同自治区教育、劳动和社会保障、公安等部门和中直单位广开渠道，帮助高校毕业生实现就业。目前，已实现就业的高校毕业生共有9 408人（先后三批考录基层公务员、事业单位工作人员和专业技术人员5 001人，按规定和协议计划分配的有457人，计划分配的师范类毕业生1 607人，到中直单位的有175人，到部队的有220人，到地方企业的有547人，到区外的有1 251人，招募西部志

愿者150人）。下一步，还将招募“三支一扶”人员750人。通过上述途径，将有10 158人实现就业，就业率超过90%。同时，完成了自治区直属机关事业单位2007年度公开考录工作，录用149人。切实做好从高校毕业生中公开考录“村官”工作，录用284人。认真组织实施全国部分基层政法机关定向招录西藏考区考务工作，录用694人。在严把区直党政群机关、事业单位调动“入口关”，为公开考录公务员工作创造良好外部环境的同时，对夫妻长期分居、家庭困难、长期在高海拔地区工作的干部给予一定的照顾，办理了510人的调动手续。

（二）认真抓好公务员管理的有关工作

认真开展了公务员配套法规建设工作，先后转发了公务员奖励、考核、申诉、新录用公务员任职定级规定等相关配套法规文件，在深入调研和多方征求意见的基础上，制定下发了《关于印发〈西藏自治区公务员考核实施细则（试行）〉的通知》，研究制定了《西藏自治区公务员调任办法（试行）》。进一步对西藏自治区行政性表彰奖励、公务员辞职辞退、申诉控告、考核、全区行政机关和参照公务员管理事业单位非领导职务设置等工作进行了规范，建立完善了全区公务员信息库。同时，认真做好公务员登记年报、参照管理事业单位审批、表彰奖励、行政处分、申诉控告、人事争议仲裁、人才资源统计等工作。

（三）积极稳妥地推进事业单位岗位设置管理工作

及时成立了自治区事业单位岗位设置管理工作领导小组及办公室，在深入调研和多方征求意见的基础上，研究制定了《西藏自治区事业单位岗位设置管理实施意见》，报自治区人民政府批准下发全区执行。同时，制定下发了《关于印发〈西藏自治区事业单位岗位设置管理工作方案〉的通知》等配套文件，对全区事业单位岗位设置管理工作进行安排部署。目前，七地市正根据各自实际研究制定实施意见，区直有关部门正参照国家有关部委已出台的行业指导意见研究制定本行业事业单位岗位设置管理指导意见。

（四）军队转业干部安置工作扎实推进

召开全区军转安置工作会议，对军转安置工作进行周密部署。举办了全区第13期军转干部培训班，对安置到本区的37名军转干部进行了为期1个月的培训，并使他们顺利通过了公务员（工作人员）录用考试，从而圆满完成了计划安置工作任务。认真做好2008年拟安置到西藏自治区475名自主择业军转干部的安置工作。同时，积极做好企业军转干部解困维稳、2004年自主择业军转干部调整安置、军转干部来信来访和稳控工作。

（西藏自治区人事厅）

陕　西　省

一、人事法制建设工作

积极推行依法行政工作，会同省法制办、省监察厅等部门组成省政府检查组，对西安市、商洛市、渭南市和省工商局、省环保局推行依法行政工作进行了检查。开展了依法行政自查工作，形成了自查报告。安排部署了机关年度依法行政工作要点，分解落实了任务和责任。组织了换发和申领新版《陕西省行政执法证》工作。清理了31件人事行政执法依据目录。组织人事系统60余人参加了《国务院关于加强市县政府依法行政的决定》培训；举办了机关全体干部依法行政知识讲座。开展了机关干部年度法律知识考试工作，参考率达99.9%。积极开展行政复议工作，依法妥善处理了2起行政复议案，安排部署了年度行政复议、行政应诉案件统计报表报送工作。开展了“五五”普法中期自查和评选先进推选工作，省人事厅政策法规与综合计划处被授予全省法制宣传教育工作先进集体。加强规范性文件监督管理工作，配合实施政务公开整理了1993年至2007年制定出台的主要人事规范性文件目录；统计报送了2007年印发的规范性文件数量，对2008年规范性文件按时进行了报备。规范性文件监督管理工作成绩突出，被省政府列为试点单位，并在全省规范性文件监督管理工作会上介绍了经验。进一步做好人事争议仲裁工作，制定了《陕西省人事厅人事争议处理接待制度》，完善了工作制度。全年按仲裁程序处理案件75宗，调解处理案件108宗，不予受理和正在处理的80宗。案件处理的立案、庭审、文书送达等环节，都严格执行有关法律法规规定，分工到人，明确责任，确保了办案质量和效率。

二、公务员管理工作

全面完成了参照公务员法管理单位的集中审批工作，政府序列累计批准参照公务员法管理单位1 666家，其中省级95家，市级769家，县（区）802家。加强公务员日常登记管理，完成了省政府工作部门、省级政府系统162批次3.83万人的登记工作和42个省政府工作部门、93家省政府直属或工作部门所属参照公务员法管理单位、省级六大系统的非领导职务职数核定工作。妥善地解决了省核工业地质局、省地矿局的参照管理和黄帝陵基金会、省涉外交流协会、原省储备粮管理中心等单位工作人员登记问题。对公务员登记遗留问题集中进行了梳理，提出了解决办法，专题向省委、省政府作了报告。坚持“凡进必考”原则，组织完成了全省各级机关、参照单位和基层公安机关5 509名公务员的考试录用工作及61家企业1 360名公安改制人员的资格审查和考试工作；落实了国家下达的225名公务员招录工作和2009年中央国家机关招录公务员的笔试工作。办理了省政府常务会研究任免事项，共15批146人次；办理了省政府各部门公务员职务升降审核备案工作，共231批2 025人次。会同省委组织部转发了《公务员奖励规定》，制定了年度考核优秀等次公务员奖励实施办法。以省委办公厅、省政府办公厅名义印发了《关于做好“陕西省人民满意的公务员（先进工作者）”和“陕西省人民满意的公务员集体（先进集体）”评选表彰工作的通知》，开展了全省第三批“人民满意的公务员”评选表彰活动。完成了抗震救灾英雄集体和模范个人评选推荐工作，组织英模代表出席了全国抗震救灾总结表彰大会，4 个单位被授予“全国抗震救灾英雄集体”，6 名个人被授予“全国抗震救灾模范”。完成了 61 家单位的 2007 年度公务员考核审核备案工作。与 31 个部门联合向国家部委推荐部级劳动模范和先进工作者 59 人、先进集体 94 个，联合评选表彰全省系统先进工作者 725 人、先进集体 382 个。

三、人才资源开发工作

经省政府同意，与省编办联合安排了 2008 年全省机关事业单位人事计划，保证了全省重点行业、产业发展的需要及满足国家优先安置就业人员的要求。开展了省有色地质勘察局、省盐务局等体制转化单位人员划转和“十一五”人才规划实施的中期评估工作，参与了省属企业分离办社会职能领导小组办公室工作。提出了加强领军人才队伍建设意见，修订了乡镇机构改革人员定岗分流工作指导意见。积极为中省各企事业单位、行政机关、重大科研攻关项目、重点工程项目引进急需人才，全年共引进各类人才 1 264 人，其中公务员 212 人，专业技术人员 537 人，企业经营管理人员 515 人。

继续大力实施农村基层人才队伍振兴计划。省政府办公厅印发了年度实施方案，实施范围从 2007 年的 79 个县（区）扩大到 98 个县（区）。召开了全省实施农村基层人才队伍振兴计划工作会议。会同省财政厅对年度实施振兴计划的经费支出进行了测算。督促开展支教、支农、支医工程，省教育厅印发了支教工作要点，省农业厅、卫生厅确定了赴基层人员。在省内高校实施了“大学生到基层从医从教助学金”计划，确定了 712 名大学生享受 2007 年“大学生到基层从医从教助学金”，本年度计划资助在校大学生 1 000 名陆续在各高校实施。积极开展高校毕业生选派工作，发布了招聘公告，计划招聘 2 429 人，实际招聘 1 463 人（不含榆林市）。落实振兴计划有关政策措施，核拨了选派高校毕业生的奖励费和支教人员补助。召开了省振兴办成员处室会议，向省政府报送了实施情况总结和下一步工作意见。

四、专业技术人员管理与专家服务工作

开展了享受政府特殊津贴人员选拔工作，评选推荐了 46 名人选。会同省委组织部加强了省有突出贡献专家考核，开展了省有突出贡献专家推荐选拔工作，第一次把高技能人才列入选拔范围。选拔了省“三五人才工程”第二层次人选，确定了 101 名人选进入培养序列。起草了吸引培养航空高技术人才规划和加强农村实用人才队伍建设意见，其中农村实用人才队伍建设意见经省委、省政府审批同意后印发。组织了“全国农村优秀人才”的推荐选拔工作。继续加强博士后管理工作，起草了管理规定，落实了公寓建设配套资金，开展了科研工作站的申报工作，4 家单位获准设立科研工作站。全省博士后科研工作站已达 63 家。召开了全省职称工作业务培训会议，进一步提高了职改工作人员的政策理论水平和工作能力。职称制度改革取得新的进展，出台了非公有制经济单位工程系列评审办法、高级职称任职资格答辩操作规则、人口和计划生育系列专业技术职称评审实施办法等文件，进一步规范了职称评审工作。严格管理各系列高级评审委员会，及时审批高级职称 7 601 人，清理不合格申报材料 600 余份。严格管理资格考试，组织各类人事考试 34 次，参考人数达 17 万人。开展了事业单位 43 个工种 4.2 万名工人晋升等级考试工作。积极做好专家服务工作，组织编写了《专家常见八大疾病的应对方案》和《专家谈养生》系列书籍，开展了全省院士、专家慰问工作，核拨享受国务院特殊津贴专家、省有突出贡献专家经费 158.44 万元。

五、智力引进与国际人才交流工作

全年引进外国专家1 250人，吸引海外留学人员721人，选派赴国（境）外培训279人，执行引进国外智力项目113个，接待外宾8批54人。在农业引智方面，继续大力推广稻鸭共生、良种猪规模养殖、苹果高光效、芦笋种植等技术，支持发展优势产业和特色经济；大力推广“一村一品”，与农业厅联合分别在关中、陕南和陕北举办了3场“一村一品现场会”，组织实施了“千村引智示范项目”，重点支持了15个引智示范村引进国外优良品种、先进技术和经营管理经验；在第十五届杨陵农高会期间成功举办了“2008中国—以色列农业合作周”。实施项目带动，支持重点产业和重点科研单位引进国外人才和技术，一批高新技术取得重大突破。积极为引进海外专家提供良好服务，办理《外国专家来华工作许可》385个，《外国专家证》710本，为13家单位颁发《聘请外国专家资格单位证书》，对19个留学人员高科技项目给予了资助，向8名有突出贡献的外国专家颁发了“三秦友谊奖”。

六、工资福利与离退休工作

会同有关部门对省直垂直管理单位规范津贴补贴工作作了安排部署，纳入了统一规范津贴补贴范围。完成了公务员级别与工资等待遇适当挂钩、对县乡党政主要领导实行工资倾斜政策的调研任务，提出了初步意见。开展了公务员地区附加津贴制度、省直事业单位工作人员收入状况、义务教育教师收入分配状况、公务员工资争议处理和法律责任等情况的调查研究。印发了《关于认真落实机关事业单位工作人员带薪年休假制度有关问题的通知》，进一步完善了年休假制度。调整了机关事业单位工作人员及离退休人员生活困难补助标准，落实了2006年以后分配到机关事业单位军队转业干部工资待遇政策。在国家关于事业单位绩效工资政策尚未出台的情况下，经省委、省政府同意，拟定出台了全省事业单位实施绩效工资指导意见。为232名符合高定工资待遇人员办理了奖励工资批复，为45名高级专家提高了退休费比例。

七、军转安置工作

召开了全省军转安置工作大会，省委、省政府领导出席并作了重要讲话。全面推行考试考核选用军转干部办法，加大了功臣模范、在艰苦边远地区服役军转干部的考核分值以及接收单位与军转干部双向选择力度。全省共接收军转干部2 293名，安置任务列全国第八位，其中计划安置1 989名，自主择业安置304名。随调随迁家属子女508名。在西安电子科技大学对800名省属军队转业干部开展了为期1周的适应性培训。在西北大学举办了新进入省级机关军队转业干部更新知识培训班，培训军转干部351名。认真落实自主择业军转干部各项待遇政策，按时足额发放了年度退役金及其他费用，建立了医疗保险制度，加大了就业培训和就业指导力度，80%以上的自主择业军转干部实现了再就业。全面落实企业军转干部各项解困政策，按时为1.19万人发放了生活困难补贴，企业军转干部基本养老、医疗保险规范运行，“重点工作对象”、“五包”责任制和帮教措施落实到位，解困政策宣传和思想政治工作落实到人，全省企业军转干部思想基本稳定，没有发生一例群体性进京上访事件。

八、公务员培训和专业技术人员继续教育工作

印发了年度全省人事教育培训工作要点，与省行政学院一起制定了培训计划，转发了《公务员培训规定（试行）》，组织召开了全省人事教育培训工作座谈会。组织了4期400余人的公务员面试考官培训班，初步建立了考官库和面试考官“持证上岗”制度。认真开展公务员四类培训，组织新录用公务员参加初任培训，培训人员4 392人，参训率达100%；举办了2期省级机关处级领导任职培训班和2

期优秀科级公务员培训班，123名处级领导和102名科级公务员参加了培训。全省任职培训3 787人，专门业务培训11 402人，在职培训50 631人。积极开展东西部对口培训，选派243名高层次人才和经济管理干部赴北京、杭州等地参加学习锻炼。依托北京大学组织实施了“北大光华西部人才发展计划陕西项目”，开展了金融管理培训和项目管理EDP培训，选调了100名重点骨干企业的董事长、总经理，金融机构的高层主管及省政府经济综合部门的处级以上业务骨干到北京大学光华管理学院参加了培训。继续开展了在职公务员攻读公共管理硕士（MPA）教育和公务员外语应用能力等级培训考核工作，近3万人次参加了外语应用能力等级培训考核。加强公务员培训师资队伍建设，首批40名优秀教师入选师资库。全面推进专业技术人才知识更新工程（“653”工程），培训现代农业、制造、管理、信息技术、能源化工等领域专业技术人员3.94万人(次)。

九、人才市场建设与人才交流工作

制定了人才交流会行政许可实施办法和人才中介服务机构信用信息管理办法，依法开展了人才市场中介机构年度检查，取缔不符合标准的中介机构20家。新批准成立了19家人才市场中介机构，为10家中介机构办理了办公场所、法定代表人和机构名称的变更手续。继续坚持严格审批和定期公告制度，全年共审批人才交流会121场，公告西安地区人才交流会189场。举办人才市场中介机构从业人员培训班，培训人员178人。中国西安人才市场各项业务取得了长足发展，新接收档案3.4万份，比2007年增长35.5%，累计库存档案达14.1万份；委托人事代理单位1 103家，人事代理服务人数13.03万人次，同比增长30.2%。

积极做好高校毕业生就业服务工作，印发了市县人才服务机构开展高校毕业生就业服务工作指导意见和大中专毕业生就业见习基地管理暂行办法。召开了全省中专毕业生就业工作会议，参与指导了中专学校举办多层次、多形式的供需见面会，为1.77万名中专毕业生办理了就业报到手续。举办交流会及校园招聘活动14次、就业指导活动31场，建设毕业生实习基地14个，为毕业生提供就业服务15.65万人次；举办人力资源、档案服务等各类培训班38期，培训人员2 800人，职称评审2 219人，人才测评632人，为22家企事业单位提供了社会招聘考试服务。改制后的陕西世纪外服人力资源有限责任公司、高级人才事务所有限公司、世纪智通人才服务有限公司3个人力资源中介公司服务用人单位1.18万家，向社会提供工作职位10.64万个；招聘会进场人数12.16万人，招聘网站访问量820万人次；人才派遣在派人员总数达到1.39万人；成功推荐企业高管和专业技术人员58人，职业经理人俱乐部沙龙活动参加人数927人次。会同省委组织部召开了两次援藏工作座谈会，分别在延安大学、西安医学院对阿里地区8名医疗卫生专业技术人员进行了为期半年的培训。

十、事业单位人事制度改革工作

加快推进事业单位岗位设置管理实施工作，组织召开了座谈会，审核了540家省直事业单位岗位设置方案，确认了140家省直事业单位的岗位聘用结果。积极指导各市做好推进工作，部分市县已完成岗位设置方案审核并转入岗位聘用阶段。组织实施了省直事业单位公开招聘工作，涉及47个部门262家事业单位，其中全额拨款单位200家，差额拨款单位42家，自收自支单位20家；计划招聘1 367人，实际招聘1 153人。承办了人力资源和社会保障部召开的《事业单位人事管理暂行条例》和《事业单位人员处分暂行规定》等法规规章征求意见座谈会，向省政府报送了开展事业单位先进集体和先进个人评选活动意见。

（陕西省人事厅）

西　安　市

一、人才服务保障工作

2008年，西安市新批准成立人才中介服务机构10家，核准区县人才中介机构10家，审批人才交流会92场，人才市场管理工作报告经西安市第十四届人大常委会第十次会议审议通过。西安市人才服务中心流动人员档案托管总数达到6.5万份，年度累计新增4 546份；出具各类民事证明1.11万份；户籍管理年度迁入1 859人次；管理流动党员3 711人，成立流动人员党支部7个；举办大型人才交流会3场，外省市地区展团的专场招聘会16场，专业性招聘会20场，公益性招聘会6场，周六、日例会45场；发布橱窗信息3 029条，西安市人才网日点击量超过7万人次；在人才派遣和培训工作方面，全年新增合作单位35家，新增派遣员工566人，其中机关事业单位369人；为交通银行西安分行招聘外包人员66人，标志着外包业务的运作正式开始；人才测评工作与交通银行西安分行、西安浐灞生态区管理委员会、西安经济技术开发区管理委员会、西安国际港务区管理委员会4家单位合作，实施测评1 927人；在西安市人才网首页增设“地市人才链接”“区县之窗”，初步形成了以西安市人才网为依托，各区县人才信息网络为支撑的人才市场网络体系，开辟“全国各地市招聘会信息”窗口，不断扩大与省内各高校网站的沟通互联，积极开发利用信息资源，实现了资源共享；与西北地区省区市签订了《西北地区人才市场区域合作协议》；组织省内重点高校、国有大型企业及重点科研院所分赴北大、清华和上海、苏州，引进了一批科研型和经营管理型人才；与浙江宁波、嘉兴、余姚等地联合举办了大型人才招聘会，为西安市基础性人才输出创造了条件。

二、大中专毕业生就业工作

2008年，西安市共接收大中专毕业生3.5万人，其中博士25人，硕士2 338人，本科1.97万人，专科1.04万人，中专2 518人。市人事局全面落实《西安市人民政府办公厅关于印发进一步加强普通高校毕业生就业工作意见的通知》精神，开展毕业生就业各项工作。开展了毕业生就业见习活动，首批建立5个就业见习基地，发布见习岗位近100个。建立了未就业毕业生登记制度，对进行登记的毕业生由各级政府所属的人才服务机构提供免费人事档案管理和免费求职服务，毕业生还可优先参加由各级政府人事部门组织的就业指导、技能培训以及进入就业见习基地见习。召开了西安市各开发区、产业基地人事部门与高校见面会，积极搭建校企合作平台。开展毕业生就业服务指导活动，组织专家进入高校开展毕业生就业指导讲座和座谈会，宣传就业政策，讲解求职技巧，调整毕业生就业心理，引导、鼓励毕业生理性择业。积极鼓励自主创业，为高校毕业生自主创业提供《自主创业证》办理、工商注册登记、小额贷款等“一条龙”的快捷服务。积极应对金融危机给毕业生就业工作带来的压力，组织召开了主题为“应对世界金融危机对大学生就业的挑战”的人才发展论坛，共同研究应对危机的策略，采取切实有效的措施，进一步优化就业环境，开创毕业生就业工作的新局面。

三、军转安置工作

2008 年，西安市共接收军转干部 906 名，其中计划分配军转干部 684 名，自主择业军转干部 222 名。继续坚持党政机关作为安置主渠道的原则，将行政、事业编制安置比例确定为 6∶4，团职干部全部列为行政编制，突出发挥了党政机关接收军转干部的模范带头作用。接收的 684 名计划分配军转干部中，有 16% 通过功绩制分配安置，43% 通过双向选择安置，其余全部通过包底分配安置。根据省委、市委文件要求，增加了军转干部选用考试的环节，参加人数 415 人，考试合格人数 371 人，通过率 90%。

企业军转干部各项解困政策得到认真落实。完成了企业军转干部身份确认工作，全年审批 3 500 余人次；进一步加大解困政策宣传力度；加强对解困政策落实情况的检查；简化工作程序，缩短流转时间，将生活困难补助金由半年发放改为按季度实行银行卡发放，节约了成本，方便了军转干部；对企业军转干部反映的问题，严格按照上级有关要求，认真查阅历史文件和资料，耐心细致地做好有关身份、待遇的政策解释和答复工作；积极协调有关部门研究解决个案救助；及时处理少数越级和集体上访问题，逐人落实"五包"责任制。

全市现有自主择业军转干部 3 010 名。随着自主择业军转干部接收数量的不断增加和情况的不断变化，在推行试点经验的基础上，进一步健全和充实了管理服务体系，建立自主择业军转干部联系制度，实现了自主择业军转干部的网络管理模式。完善了 2002 年以来制定的各项规章制度，指导各区县根据本地实际，就自主择业军转干部党员管理、基本医疗保险、退役金发放、年审登记以及档案管理等方面制定了具体的实施细则，制作了联系服务卡和服务手册。切实做好自主择业军转干部退役金管理和发放工作，确保退役金的按时、足额发放，2008 年退役金发放金额累计达 1 亿多元；落实好自主择业军转干部的社会保障待遇，保证医疗保险、取暖、独生子女费等按时发放；积极协调财政、劳动保障等部门，落实 2001—2007 年的 2 853 名自主择业军转干部医疗保险待遇，使原参保个人账户按规定足额充值，新参保人员各项待遇得到落实。加强自主择业军转干部培训工作，坚持开展适应性职业技能培训；建立自主择业军转干部人才需求信息库，举办专场人才招聘洽谈会，将自主择业军转干部纳入人力资源市场；重视做好为基层社区推荐人才工作，积极引导自主择业军转干部为社区建设和党的基层组织建设作贡献；树立表彰先进典型，大力宣传自主择业军转干部的创业就业经验。针对自主择业军转干部党员组织关系接转率低，党费收交难、党员活动少、流动性强等问题，积极调查研究，开展试点工作，探索自主择业军转干部党员管理的新途径。

四、专业技术人员管理工作

开展了 2008 年度西安市享受国务院特殊津贴人员、陕西省有突出贡献专家、西安市有突出贡献专家推荐选拔工作。从推荐申报人员中分别选拔出 9 名、16 名、60 名人选；按照《西安青年科技人才奖条例》及其实施细则要求，会同市委组织部、市科协开展了首届西安青年科技人才奖评选工作，从推荐申报的 125 名人选中选拔出 20 名"首届西安青年科技人才奖"获奖人选。加大了专家管理和服务工作力度，开展了省市有突出贡献专家的考核工作，对专家思想政治表现、履行岗位职责、创新精神、学术成就、承担项目、工作实绩以及参加社会公益活动等情况进行了全面考评；本着政府服务专家、专家服务社会的宗旨开展各项活动，结合农时和生产、生活需要，组织以退休专家为主的宣讲团深入基层和举办"新农村大百科"广播节目为农民群众传授知识、技术，排忧解难；汶川地震期间，组织专家编写《西安农村房屋防震抗震科普读物》口袋书，介绍抗震常识以及农村建房抗震措施，推荐新型抗震房屋设计；大力宣传高层次杰出人才在推动经济社会发展中的重要作用，与西安电视台联合制作《西安杰出人才》电视系列专题片10集，播出后社会反响强烈。召开了西安市发挥离退休专业技术人员作用联席会议第一次会议，落实发挥离退休专业技术人员作用工作。

认真做好各系列专业技术职务任职资格审核工作，全年共审核各类专业技术人员任职资格1.75万人，委托专业技术职务任职资格评审301人；加强了各类专业技术职务任职资格考试的组织、指导、监督和检查工作，全年共有2.66万人参加了各类任职资格考试。改革职称评审办法，完善创新专业技术人员职称评价体系。按照《关于进一步加强西安市非公有制经济组织专业技术人员职称工作的通知》和《关于西安市非公有制经济组织专业技术人员职称申报、报考有关工作的意见》，将非公有制经济单位的专业技术人员纳入职称评审范围，全年共评审非公经济单位专业技术人员各类职称3 800余人次；在教育系统中引入了“公开说课评估”机制，会同教育局进一步完善了《西安市晋升中学高级教师职务公开说课考核办法》，确立了具有教师职业特点的考核评价标准，把公开说课考核作为职评工作的一个重要环节。全年参加晋升中学高级教师职务考核的有615人，554人通过，通过率为90.1%；在农业技术系列中引入了专业技术职务任职资格量化考核评审机制，明确了量化评分原则，制定了量化评审办法和分值标准，并对41名农业专业技术人员晋升中级职称实行了量化评审；在工程系列高级职称评审中引入了“面试答辩”机制，制定了面试工作的组织程序和实施办法，全年共有116人申报高级工程师并参加了面试答辩；在卫生系列中级考试中引入了“人机对话”机制，在传统笔试的基础上增加了计算机答题形式，“人机对话”成绩纳入考试总成绩，全年共有680名卫生专业技术人员参加了“人机对话”考试。

五、事业单位人事管理工作

事业单位岗位设置工作在总结试点经验的基础上，转入了重点推进阶段，把条件成熟的区县和市级部门作为重点，加强对实施工作的具体指导。临潼区以及西安市政、水务、文化、房地、交通、经贸、文联、团市委等系统已全面启动了岗位设置的实施工作。结合岗位设置工作，探索建立事业单位工作人员竞聘上岗办法，草拟了《西安市事业单位工作人员竞聘上岗暂行规定》，在西安市第三十中学、西安日报社等单位中开展了竞聘上岗工作。

不断完善事业单位考核制度，积极研究对事业单位的考核办法；完成了确认2007年度全市事业单位工作人员考核结果并兑现晋升职务工资档次工作。

根据2008年度公开招聘工作人员的计划，为市级事业单位招聘工作人员201人，指导和帮助全市13个区县完成了共计1 023人的招聘工作，工作开展和完成情况总体良好。在工作中，市人事局结合工作实际，建立健全各项制度，规范工作程序，对各个环节进行了规范和细化。在全面完成工作任务的同时，积极进行招聘工作多样化的探索，急需人才随时招考，专门人才专门招考，既坚持了公开招聘的原则，体现了公开公正的精神，又急基层之所急，尊重用人单位的自主权，使公开招聘工作更为快捷及时，具有更强的针对性。

六、公务员管理工作

公务员制度建设本着“积极稳妥、及时跟进”的原则，根据公务员法配套法规建设步伐和陕西省的工作要求，联合市委组织部及时转发了中组部和原人事部制定的《公务员奖励规定（试行）》《公务员职务任免与职务升降规定（试行）》和《公务员申诉规定（试行）》，并结合西安市实际，提出了明确的贯彻实施意见，草拟了《西安市公务员申诉实施办法（试行）》，进一步健全了公务员管理的制度体系。认真组织实施《行政机关公务员处分条例》，专门印发了通知，加强业务指导和监督。积极落实《西安市公务员考核实施办法》，不断探索完善日常考核办法，增强公务员考核工作的行政效力和激励约束机制，开展了2008年公务员年度考核工作。

公务员法入轨工作，在参照管理单位人员登记方面，登记前对市政府系统参照管理单位1 908名符合条件人员，分7期进行了集中培训，并指导区县人事部门培训1 726人。培训内容为公务员法的主要创新特点、依法行政、公务员行为规范和公务员职业道德。通过努力，市级及区县参照管理单位人员登记工作已全面完成。

公务员队伍建设工作继续得到加强。根据《陕西省人事厅、陕西省公安厅关于印发〈2008年全省基层公安机关考试录用人民警察工作实施方案〉的通知》（陕人发［2008］43号）精神和《2008年西安市基层公安机关考试录用人民警察公告》的有关规定，当年面向社会为全市基层公安机关考试录用578名人民警察，涉及51个职位，是西安市历年以来考录人数最多，涉及职位最多，各方面投入也最多的一次。

切实加强公务员职位职务管理工作。2008年，严格按照规定的比例限额和任职资格条件，共办理市级行政机关和参照单位非领导职务的确定和晋升手续587人次，进一步优化了公务员队伍结构。

完成了“全省人民满意的公务员（先进工作者）”和“全省人民满意的公务员集体（先进集体）”的评选推荐工作，确定了“陕西省人民满意的公务员”7名，“陕西省人民满意的公务员集体”2个，“陕西省先进工作者”1名，“陕西省先进集体”1个，记一等功人员10名，记集体一等功单位4个。同时，集中开展宣传活动，大力宣传人民满意的公务员和人民满意的公务员集体的先进事迹，扩大了社会影响。

完成了对2007年24个市级部门、6个区县新录用公务员，市公安系统新录用公务员，以及安置到各级机关和参照公务员法管理事业单位的军队转业干部的初任培训工作；全面实施基层公务员培训工作，重点对13个区县所属乡镇、街道办全体公务员和市级执法部门的基层公务员进行了培训，提高了他们的能力和素质，增强了执行政策、社会管理、应对突发事件、服务群众和依法办事的能力。在公务员更新知识培训方面，重点开展了45岁以下公务员的英语等级培训，完成考试7 339人，办理英语培训证书6 700人。

七、法制建设工作

2008年，市人事局按照人力资源和社会保障部及省人事厅的统一部署，认真开展人事系统“五五”普法工作、依法行政和规范性文件审查备案工作，全面做好人事法制工作。组织了十部法律知识考试，制定并下发了《西安市人事局规范性文件审查备案流程》。

（西安市人事局）

甘 肃 省

2008年，甘肃省人事工作以科学发展观为统领，围绕更好实施人才强省战略、强化人力资源支撑作用，不断解放思想，坚持用新理念新思路审视、谋划人事工作，着力在加快转变经济发展方式、推进自主创新中寻找切入点，在促进人才与产业、项目对接上下工夫，在服务民生建设、促进社会和谐上做文章，在深化人事制度改革、建设服务型政府上求突破，坚持抓主抓重，统筹推进各项工作，取得了较好成绩。

一、毕业生就业工作

全省普通高校毕业生达到8.1万人，比2007年增加了1万人，加上往年累积尚未就业的近4万人，共计12万多名毕业生需要就业。面对这一严峻形势，在省委、省政府的领导下，积极理顺毕业生就业工作机制，千方百计扩大毕业生就业。一是加强就业调控。积极引导鼓励毕业生到基层创业就业。认真实施“三支一扶”和“进村（社区）”等基层服务计划，组织4万余名毕业生参加了选拔考试，共选拔基层服务生近万名。二是加强就业指导。开展了厅长进校园、毕业生基层创业优秀典型巡回宣讲等活动，帮助毕业生及时转变就业观念，引导企事业单位转变用人观念，促进供需有效对接。三是加强对灾区毕业生的就业帮扶。开辟就业“绿色通道”，对受灾地区毕业生进行重点推荐、重点帮扶，优先落实免费就业服务政策，优先安排就业见习活动，确保受灾地区毕业生都能尽快落实工作岗位。在出台一系列优惠政策的基础上，还积极与河北、辽宁、山西、新疆等省区和新疆生产建设兵团联系，为地震灾区毕业生提供就业岗位5 000个。四是充分发挥毕业生就业市场的主渠道作用，通过举办专场招聘会，积极为毕业生就业搭建平台。当年非师类范普通高校毕业生就业率达到80%以上，较好地实现了就业率稳定、就业人数增长的目标。

二、人才服务保障工作

（一）人才市场建设取得重大进展

一是加快建设省中心人力资源市场。按照建设统一、规范的人力资源市场的要求，专题调研上报了关于筹建甘肃省中心人力资源市场的报告，得到了省委、省政府的高度重视，顺利解决了省中心人力资源市场1亿元的立项和建设经费，省政府下发了全省人力资源市场建设规划。二是充分发挥人才市场的基础性配置作用。全年共举办各类人才招聘会173场次，其中全国范围人才招聘会3次，区域性人才招聘会16次，大型专场人才招聘会22次。累计有8 000多家用人单位进场招聘，提供岗位23万个，18万人进入人才市场择业，达成意向性协议6万份。三是进一步强化市场监管。严格执行《甘肃省人才市场条例》《全省性人才交流会审批办法》，强化对人才中介服务机构和人才交流大会的审批管理，进一步规范了人才招聘广告管理，维护了用人单位和求职者的合法权益。四是加大人才市场整合力度，整合了原有的两个省级人才市场。

（二）认真做好人事考试等公共服务工作

坚持以人为本，首次实现了公务员招考和

部分职称考试网上报名，在方便考生的同时，也降低了公共成本。会同有关部门，对全省专业技术人员职业资格进行了清理规范，研究提出了各类职业资格的清理规范意见，清理出各类职业资格69个。完善考务管理制度，落实责任措施，顺利组织了57个专业、7万余人参加的职称考试工作。按照职称考试突发事件应急预案的规定，妥善处置了一级建筑师执业资格考试和甘南州外语考试中的突发事件。为6万多人审核办理了专业技术资格证。完成了2008年全省机关事业单位120个工种、2 100余人的机关事业单位工人技术等级岗位考试考核工作。

（三）加强和改进工资福利工作

继续研究完善全省机关事业单位工资改革后遇到的有关具体政策问题，推动新工资制度全面入轨运行。完成了2008年全省省直机关事业单位正常晋升工资档次（薪级）、滚动晋升级别工资的审批工作；完成了省直单位2006年、2007年军队转业干部的工资套改确定工作。结合实际，研究制定了《甘肃省机关事业单位工作人员带薪年休假实施办法》（甘人发［2008］20号），进一步规范了本省机关事业单位实施带薪年休假制度。对省直机关事业单位退休特困职工发放困难补助100万元。

三、公务员管理工作

（一）全面加强公务员管理

围绕加强党的执政能力建设，巩固党的执政地位，着眼完善制度、提升能力、改善结构，努力建设高素质的公务员队伍。一是公务员集中登记工作基本完成。截至2008年年底，全省共登记公务员134 925人，占全省行政编制的98%；共审批参照管理单位4 270家，其中省直所属参照管理单位125家，市（州）以下参照管理单位4 145家。通过依法登记审批，严格了公务员范围，推动了公务员法的顺利入轨运行。二是加强公务员管理制度建设。认真贯彻落实公务员法配套政策法规，结合实际，研究拟定了《甘肃省综合管理类公务员非领导职务设置管理办法》《公务员奖励规定实施细则》，代拟了《关于进一步规范和加强政府表彰奖励工作的意见》。三是加强公务员能力建设。强化公务员培训，组织省直65家单位近5 000人参加公共管理核心课程培训，选送18名市县公务员参加了东西部对口培训。四是顺利地完成了2008年政法院校招录培养体制改革试点招录工作。有序地推进了全省森林公安机构人民警察和部分工作人员转制、甘南州使用政法专项编制招考公务员工作。会同省委组织部，在武威市、天水麦积区、临夏州临夏县开展从优秀村干部中考试录用乡镇公务员的试点工作。组织完成了2009年中央国家机关招考公务员甘肃考区的网上报名确认和笔试工作。

（二）政府绩效评估工作稳步推进

一是及时成立政府绩效评估领导小组机构，认真开展调查研究，广泛收集相关信息，努力掌握面上情况，从实际出发制定了工作计划和实施工作方案。二是积极向部里对口司局和省直相关部门就一些问题进行汇报协调，取得支持。三是加强课题研究，依托高校科研机构，积极探索建立符合科学发展观要求和本省实际的政府绩效评估指标体系。拟定了《甘肃省政府绩效评估实施方案》和《甘肃省政府绩效评估指标体系》。

四、专业技术人员管理工作

（一）人才支撑体系建设取得新进展

紧紧围绕甘肃省第十一次党代会提出的“四抓三支撑”的总体思路，把促进发展作为工作的第一要务，确立了依托项目抓人才支撑体系建设的指导思想，按照省里确定的十大重点产业、工业强省战略的“一个振兴、六个做大做强”以及中央领导关注的国计民生项目，坚持优势产业优先保证、重点领域重点支持的原则，在充分调研论证的基础上，拟定了《甘肃省专业技术人才支撑体系建设纲要》，提出了15个专项人才开发配置计划和18项保障措施。同时，为了充分发挥高层次人才在经济社会发展中的引领支撑作用，省人事厅会同省委组织部起草了《甘肃省领军人才队伍建设实施办法》，决定从全省范围内选拔 1 000 名甘肃省领军人才，由省委、省政府直接掌握联系，实行动态管理，进行重点培养和使用。省委、省政府印发《甘肃省专业技术人才支撑体系建设纲要》（省委办发［2008］119 号）和《甘肃省领军人才队伍建设实施办法》（省委办发［2008］117 号）后，省人事厅及时对《纲要》的实施工作进行了安排部署，并着手开展了领军人才的选拔工作。

（二）继续加强专业技术人员队伍建设

一是继续加大高层次人才的培养选拔力度。推荐上报了 5 名专家入选 2007 年度“国家百千万人才工程”，35 人享受国务院特殊津贴；申报国家科研资助项目 20 项；对 168 名学术技术带头人的 170 个科研项目资助 184 万元。进一步完善了省政府特聘科技专家的续聘、选聘工作。二是继续加强高层次人才载体建设。积极调整职能，加强博士后和留学回国人员管理服务工作，经报省编委批准，成立了博士后和留学回国人员管理中心。推荐上报了甘肃省心血管病研究所、甘肃省电力科学研究院、甘肃省治沙所等 5 个新设博士后科研工作站候选单位，甘肃省心血管病研究所已得到批准同意。目前，全省博士后科研工作（流动）站已达到 49 个。规范了军队设站单位招收博士后研究人员进出站手续办理规程；积极做好“甘肃省兰州留学人员创业园区”的管理服务工作；对“甘肃省 555 创新人才工程”、博士后工作、留学人员创业园建设等工作进行了系统的评估总结。三是继续实施专业技术人员知识更新工程。围绕节水灌溉、农作物病虫害防治等主题，举办了 12 期省级高研班，培训近千人。举办了国家级“全国马铃薯品种改良及产业发展高级研修班”。选派 30 余名中高级专业技术人员参加了国家举办的能源与节能技术等各类高研班 20 期。

（三）职称评审的激励导向作用充分发挥

适应发展需要，完善评价机制，拓宽服务领域。结合政府换届，重新审批调整了 29 个系列（部门）的高级职称评审委员会；启动了社会工作者职业资格的评价工作；妥善处理了律师职称评审中的一些特殊问题，新组建了律师专业高评会；开展了高级统计师考评结合、部队人员参加地方考试的试点工作；对原乡镇企业职称评审条件进行了调整，制定出台了《甘肃省中小企业、乡镇企业和非公有制经济工程系列中高级专业技术职务任职资格评审条件》；对在京甘肃籍专业技术人才职称评审工作进行了调研论证，拟定了《在京甘肃籍专业技术人才职称评定试行办法》。坚持标准、严格条件，2008 年共评审了高级职称 6 000 余人，初中级职称 8 万余人。继续开展农村实用人才职称评审工作，共评出高级职称 40 多人。

五、事业单位人事管理工作

坚持把事业单位岗位设置管理作为推进事业单位人事制度改革的一项基础性工作和主要抓手，统筹规划、扎实推进，事业单位人事制度改革取得了重要突破。一是报请省委、省政府同意，组建成立了以省委常委、副省长刘永富为组长，人事、编制、发改、教育、卫生、财政等部门负责人为成员的全省事业单位人事制度改革工作领导小组，加强了对全省事业单位人事制度改革工作的领导和协调。二是召开了全省事业单位岗位设置管理实施工作会议，对全省事业单位岗位设置管理实施工作进行了安排部署，正式启动了这项涉及全省 4 万多个事业单位、63 万名工作人员的改革工程。三是加强了政策指导，报请省委、省政府批准下发了《甘肃省事业单位岗位设置管理实施意见》，研究制定了事业单位岗位结构比例管理、人员岗位等级认定、专业技术内部等级岗位任职条件、岗位设置工作规程以及岗位设置和岗位聘用中的若干问题 5 个配套文件。制定了高等学校教师专业、卫生技术系列、水利工程专业、农业技术系列等16个系列和专业的任职条件，为专业技术内部等级岗位认定和事业单位开展竞聘上岗提供了重要政策依据。四是认真组织开展了岗位设置管理实施培训工作。组织全省14个市州人事部门和省直有关部门（单位）的相关人员分四批开展了培训，完成了近600人的培训任务。组织编写出版了《事业单位人事制度改革和人事管理文件选编》。五是根据国家下发的部分事业单位行业工资制度改革方案和标准，研究制定了教育、卫生、文化等行业事业单位工作人员收入分配制度改革方案的实施意见；研究提出了落实事业单位工作人员和离退休人员死亡一次性抚恤金发放办法的意见。

六、军转安置工作

2008年，甘肃省共接收军转干部941名。在军转安置空间不断压缩的情况下，经过各方面的共同努力，计划安置的781名军转干部已全部落实了工作单位，自主择业的160名军转干部已全部报到。一是继续探索考试考核安置计划分配军转干部的新路子。继2007年在兰州地区对营职及以下军转干部进行考试安置试点工作后，本年度对所有符合在甘肃安置条件的军转干部进行了规范化的安置考试。二是及时召开全省军转安置工作会议，下达安置计划，积极督促省直、中央在甘单位及各市州落实安置任务。对安置到省直机关的近400名军转干部进行了适应性培训。三是加强对自主择业军转干部的管理服务。完成了历年2 206名自主择业军转干部退役金的核算、发放，积极协调解决了自主择业军转干部冬季取暖费问题。四是切实抓好部分企业军转干部解困维稳工作。认真落实“五包”责任制，全力做好八一建军节和北京奥运会等重大节日活动期间企业军转干部的稳控工作。认真解决企业军转干部的实际问题，统一并提高了他们的生活困难补助和养老保险金标准，年增发约450万元。

七、法制建设工作

为进一步提高人事管理的制度化、科学化水平，严格依法行政，推动服务型机关建设，针对人事管理工作中的薄弱环节，坚持规范管理与深化改革、强化监督相结合，在调查研究的基础上，制定出台了《关于进一步规范人事管理工作的意见》，对人员调配、工资审核、职称评审、公务员管理、事业单位岗位设置管理、军转安置、引进国外智力、大中专毕业生就业、人才市场管理、人才公共服务、人事争议仲裁、人事考试、网络信息发布及查询13项业务工作提出了规范性要求，明确了相应的工作职责、审批条件和办理程序，进一步调整下放了管理权限，简化了办事环节。

八、其他工作

一是积极为灾后重建提供人事人才服务保障。研究制定了关于为灾后重建提供人事人才服务的9条意见、25项具体措施。组织专家服务团赴灾区开展技术指导服务，举办了灾后重建专场人才招聘会，为甘肃省8个重灾县区人才服务机构争取国家灾后重建资金6 900余万元。意见的出台实施，受到了社会各界的积极评价。包括中央电视台、新华网、人民网、中国人事报等在内的国内各大媒体都在显著位置进行了报道，社会反响较好。二是加强信访和人事争议仲裁工作，积极化解矛盾，促进人事关系和谐。2008年共接待来访393人次，处理来信171件，裁决争议案件38起。认真做好人大代表建议和政协委员提案办理工作。三是积极做好人事宣传工作，努力为推进人事工作营造良好的社会氛围。在中央和省内媒体上刊发宣传信息稿50多篇，厅长应邀参加了人民网“人事厅局长在线访谈”节目。此外，人事统计、扶贫和机关后勤服务保障工作也取得了较好成效。四是坚持抓业务、带队伍，深入开展学习实践科学发展观活动，业务建设和自身建设都取得了较好成效。积极开展厅机关处级领导干部竞争上岗工作，进一步优化了机关干部队伍的年龄、知识结构，激发了活力，增强了凝聚力，有力地调动了干部职工的积极性、主动性和创造性。2008 年，获得了国家引进国外智力工作先进单位、人事报刊宣传先进单位和全省抗震救灾先进党组织、建议提案办理先进单位、年度决算先进单位等荣誉称号。厅机关有 2 人获得国家部委表彰，4 人受到省级表彰。

（甘肃省人事厅）

青　海　省

2008年，青海省的人事人才工作在省委、省政府的正确领导下，在人力资源和社会保障部的指导支持下，认真贯彻党的十七大和青海省第十一次党代会精神，深入学习实践科学发展观，围绕建设富裕文明和谐新青海，继续解放思想，开拓进取，认真实施人才强省战略，围绕进一步完善公务员制度、加强高层次人才队伍建设、深化事业单位人事制度改革、加快构建人事公共服务体系建设等重点工作，狠抓落实，较好地完成了年度各项工作任务。

一、公务员管理工作

按照公开、公平、竞争、择优的原则，结合本省实际，调整完善了考录公务员相关政策，明确规定：省直机关50%的考录职位面向具有2年以上基层工作经历的人员，拿出1/3县乡两级考录职位面向进村任职服务大学生、“三支一扶”大学生和西部志愿者；将玉树州、果洛州、黄南州50%的考录职位户籍限定在本州，50%面向全国或全省；将海南州、海西州、海北州40%的考录职位户籍限定在本州，60%面向全国或全省。2008年全省共考录主任科员以下非领导职务公务员424人，考录玉树州、果洛州特警50名。按照中央政法委等11个部委《关于印发〈2008年政法院校招录培养体制改革试点工作实施方案〉的通知》要求，完成了420名定向基层政法系统公检法司公务员招录工作。积极开展公务员培训工作，先后组织各级各类公务员培训班15个（期），培训新任县（处）级公务员、新录用公务员、新任州地市县人事局长等732人。加强公务员规范化管理，完成了全省530名森林公安、水电四局50名企业公安和800名物价检查人员身份转制工作，对全省州地市非领导职务职数重新进行了核定，对全省812家事业单位进行了审核，核定参照公务员法管理单位92家。

二、专业技术人员管理工作

积极完善专家选拔机制，首次将劳动技能型人才纳入享受政府特殊津贴专家、省级优秀专家和省级优秀专业技术人才选拔范围，2008年向人力资源和社会保障部推荐享受政府特殊津贴专家22名。召开了2007年度青海省优秀专家颁证会，为15名省级优秀专家和3名“新世纪百千万人才工程”国家级人选颁发了证书和津贴。省政府下发了《关于加强专业技术人员继续教育工作的意见》。全年先后选派盐湖开发、高原生态保护建设等领域，以及承担省部级以上课题的57名学术（科）带头人、学科专家和专业技术骨干到省外进行专题研修；组织实施了青海省党校系统现代管理与信息化教学等省内外13期高级研修班，培训人员582人；35名高级专业技术人员参加了21期国家级研修班。认真实施“青海三江源人才培养使用工程”，在人力资源和社会保障部、国家林业局及北京、江苏、福建、湖南等省市的支持下，对全省环保、林业、水利等5个行业154名高层次专业技术人员和管理人员进行了培训，选派15名高层次专业技术人员和管理人员赴美国参加了“青海三江源生态保护和建设”培训班，组织1 020名基层专业技术人员在省内参加了业务培训。深入实施青海省农牧区“111”培训工程，集中培训农村牧区基层专业技术人员1 250人。与北京市人事局、旅游局共同举办了“青海旅游文化策划、旅游资源规划高级研修班”，全省35名旅游系统专业技术人员和管理人员参加了培训。组织开展人力资源和社会保障部、北京市2008年度专家西部行赴青海服务活动。召开青海省企业人才工作座谈会和青海省留学回国人员工作会议。对省交通职业技术学院职业技能鉴定所等8家技能鉴定机构进行了质量检查评估，重新认定了各技能鉴定机构的鉴定资质及有效期。组织开展省直属机关事业单位2008年度工人技术等级考核报名和资格审核工作，2 480名工人取得了相应的技术等级资格，其中初级工60名，中级工1 320名，高级工1 100名。认真组织实施各类人事考试工作，全年共完成职称外语考试、执（职）业资格考试等各类考试30余项，参考人员1.75万人。

三、事业单位人事管理工作

认真实施事业单位岗位设置工作，制定了《青海省事业单位岗位设置管理实施意见（试行）》《关于在全省事业单位进一步推行人员聘用制度的意见》《关于事业单位岗位设置管理中有关问题的处理意见》《关于进一步加快事业单位岗位设置工作的通知》和《关于做好全省事业单位岗位设置中人员定岗定级工作的通知》等配套文件。截至2008年年底，全省应实施岗位设置管理的8 544个事业单位中，已有95%的单位基本完成了岗位设置工作，应纳入岗位设置管理的13.06万名工作人员中，已有98%的人员签订了聘用合同。其中，纳入岗位设置范围的省级59个主管部门的325个事业单位，有56个部门的305个事业单位岗位设置工作基本结束。按照面向社会、公开招聘的原则，为42个省属事业单位招聘工作人员373人。

四、人才服务保障工作

编制并发布了《青海省2008年度人才需求目录》。完成了2004年以来全省引进人才情况调查统计工作。积极开展高校毕业生就业服务工作，组织服务满2年的203名到村任职服务和“三支一扶”高校毕业生参加了青海省“优大生”选拔考试，36人被录用到乡镇机关和事业单位工作；完成了100名高校毕业生到乡镇事业单位工作和395名高校毕业生及103名贫困大学生到村任职服务等选派工作；招募选拔了200名“三支一扶”高校毕业生，实施了对服务期满“三支一扶”高校毕业生的考核工作。召开了青海省高校毕业生“三支一扶”工作总结表彰大会，对22名优秀“三支一扶”高校毕业生进行了表彰。选派5名优秀大学生“村官”赴江苏省参加了农业部举办的全国优秀大学生“村官”培训班。1名优秀大学生“村官”和1名优秀“三支一扶”高校毕业生受到中组部、人力资源和社会保障部的表彰。开展了高校毕业生到村任职服务工作经验交流征文活动，编辑出版了《青海大学生“村官”（特刊）》。组织开展了高校毕业生就业服务月活动，举办了1场大中专毕业生就业洽谈会和3场校园专场招聘会，以及全国高校毕业生就业网络招聘周等活动，免费为高校毕业生开展政策咨询、就业指导等求职服务，提供各类就业岗位1万余个，发放各种宣传资料1.5万份。开展了青海省“全国农村优秀人才”评选活动，向人力资源和社会保障部推荐并评选了2名“全国农村优秀人才”。加强人才交流市场建设，全年共举办各类人才招聘会125场，进场参会单位3 900余家，提供岗位5.04万个，入场求职人员13.6万人次，3.3万余名求职者与用人单位达成就业意向；办理调档手续1 050人次，新增各类人事档案4 562份；新增派遣单位27家，派遣人员2 421人。

五、军转安置工作

2008年度国家下达青海省军队转业干部安置任务440名，其中计划分配军转干部256名，自主择业军转干部184名。截至年底，计划分配256名军转干部已全部落实单位，安置率100%。其中，安排到行政单位的有96人，占计划分配数的38%；安排到事业单位的有154人，占计划分配数的60%；安排到企业的有6人，占计划分配数的2%。对184名自主择业军转干部已全部发放报到通知，安置率100%。对计划分配军转干部和自主择业军转干部分别进行了岗前培训和就业培训。报请省编办追加下达了2007年度计划分配军转干部行政事业编制，协调省财政厅为127名自主择业军转干部办理了医疗保障手续，解决了全省1 839名自主择业军转干部冬季取暖费问题。对收入低于职工社会平均工资和企业退休职工平均养老金“两个平均线”以下的120名企业军转干部发放生活困难补助70.54万元。根据企业军转干部解困和稳定工作需要，举办了2期企业军转干部思想骨干培训班，培训思想骨干22人次，接待上访企业军转干部58人次，化解了社会矛盾，维护了社会稳定。

六、人事法制建设工作

研究起草了《青海省公务员考核办法》《青海省公务员考试录用规定》和《青海省公务员奖励办法》，其中《青海省公务员考核办法》《青海省公务员考试录用规定》列入省政府2008年度立法计划。草拟了《青海省机关事业单位工作人员带薪休假的实施办法》《关于加强柴达木循环区人才队伍建设的意见》和《青海省人事厅贯彻落实〈关于加强农村实用人才队伍建设和农村人力资源开发的意见〉的具体目标和任务》等政策法规。制定印发了《关于加强全省人事系统法制宣传教育工作的实施意见》。

（青海省人事厅）

宁夏回族自治区

2008年，在自治区党委、政府的正确领导下，全区人事工作以开展深入学习实践科学发展观活动为契机，坚持以更好实施人才强区战略为主线，以人力资源开发工作带动其他各项工作的新定位，以改革创新精神破解人事人才工作难点和薄弱环节的新重点，以人为本，寓管理于服务之中，在服务之中体现管理的新理念，打造阳光人事、法治人事、效能人事的新目标，从严治厅、从严律己、从严带队伍，干干净净干事的新要求，抓管理、树形象，提效率、促工作，各项工作取得了新的进步。

一、完善政策措施，突出人力资源能力建设

（一）积极进行政策衔接，进一步优化人才工作环境

根据《国务院关于进一步促进宁夏经济社会发展的若干意见》（国发［2008］29号）精神，积极争取人力资源和社会保障部出台了《关于进一步促进宁夏人力资源和社会保障事业发展的意见》，与国家外专局签订了关于引进国外智力为宁夏“六大基地、六个示范区和一个目的地”服务合作框架协议书，印发了《关于进一步促进归国留学人员在宁夏创业与发展的意见》，重新修订自治区党委、政府2001年出台的稳定人才和引进人才有关规定，结合新形势，制定《关于进一步发挥现有人才作用和引进急需紧缺人才的若干规定》，即将审定出台。

（二）注重能力建设，加强各类人才培养培训

在公务员培训方面，研究制定了《2008—2010年公务员培训规划》和《2008年全区行政机关公务员教育培训工作安排意见》，加强了对培训工作的政策指导。启动了区直机关处级公务员轮训工程，全年培训1 570人，超额完成4.7%。开展了当年新录用公务员初任培训。组织21名新任市县人事局长到北京参加了“市县人事局新任局长培训班”。组织市、县（区）和区直部门20名处级公务员参加了“宁夏—江苏公共管理公务员对口培训班”，拓宽了视野，促进了工作。

在专业技术人员继续教育方面，研究制定了《2008年全区专业技术人员继续教育工作安排意见》，明确了全区专业技术人员继续教育重点内容，提出了具体要求。深入开展了专业技术人才知识更新“567”工程，全区接受新知识、新理论、新技术培训的专业技术人员近12万人次。将申报高级职称的专业技术人员继续教育审验证权下放到各市，并到各系列主管部门和专业技术人员比较多的单位现场验证，方便了基层单位和专业技术人员。全区专业技术人员继续教育覆盖面达到95%。

在农村实用人才培训方面，争取自治区政府将农村实用人才培训列入为民办30件实事之一，组织实施了“412农村实用人才带头人培训工程”，并建立了该项培训工程的人才信息库。全年培训农村实用人才10.6万人，以奖励方式选送到区外考察培训600人，选送到宁夏大学研修深造20人。

在军转干部培训方面，集中一个半月时间，对当年转业的军转干部进行了区情适应性培训，增加了专业知识培训，使军转干部全面

了解了跨越式发展目标和发展形势，较好地实现了择业期望与社会需求的结合。

（三）多措并举，积极开展专家服务活动

认真组织“专家宁夏行”服务活动。争取人力资源和社会保障部支持，组织19名区外知名专家来宁服务，召开报告会、研讨会、咨询论证会9场，提出加快宁夏经济社会发展等方面的意见建议30多条。组织建立专家服务基地。在灵武市羊绒工业园区建立了全区首家羊绒产业专家服务基地，聘请中国工程院院士姚穆为基地顾问。举办“全国羊绒产业高级研修班”，邀请中国工程院院士姚穆、西安纺织学院院长邢建伟等知名专家现场授课，取得了较好效果。自专家服务基地成立以来，组织召开企业管理、市场营销等报告会10场，为企业培训技术骨干121人。积极开展人才培训合作。组织宁夏企业高管团、农业专家团、留学人员博士团和人才交流服务业务骨干到长三角地区考察进修。在上海、江苏、浙江等地举办医疗卫生管理、效益农业、企业经营管理等培训班5期。组织20名企业管理人员到广东参加了“中小企业发展高研班”，选派100多名高级职称专业技术人才参加了人力资源和社会保障部在各地举办的高研班，使自治区专业技术人员的技术水平得到提高。

（四）积极争取资金，大力引进国外智力

争取国家外专局、自治区项目补助资金近500万元，引进美国、新西兰、荷兰、日本等国外技术专家、管理专家、文教专家230人次，为年度计划的128%；组织出国（境）培训团组8个，培训人员297人，为年度计划的198%。

（五）建立激励机制，激发创新活力

提请自治区党委、政府对推荐评选出来的10名“人民满意的公务员”、6个“人民满意的公务员集体”和4个个人一等功、3个集体一等功及40名有突出贡献专业技术人才进行了表彰奖励，为376名离退休专家颁发了荣誉证书。会同自治区组织部、宣传部组成“人民满意的公务员（集体）”和有突出贡献专业技术人才先进事迹巡回报告团，分赴五市作巡回报告，收到了较好效果。会同自治区组织部、农牧厅，在全区选拔了50名优秀农村实用人才，在全区农村经济工作会议上进行了表彰。对10名荣获“六盘山友谊奖”的外国专家进行了表彰。扎实做好人才服务工作。组织50名专家学者和20多名“人民满意的公务员（集体）”及一等功个人和集体代表到长三角地区、海南、北海、桂林等地休假考察。

二、深化人事制度改革，创新工作机制体制

（一）以制度建设为重点，进一步加强公务员队伍管理

会同有关部门研究制定了公务员调任、录用、奖励、申诉等制度及行政首长问责、行政责任追究等办法，逐步完善了全区公务员管理政策制度体系。指导自治区公安厅、平罗县开展了政府绩效评估试点工作。妥善处理了公务员登记遗留问题。及时为1 023名考试合格人员办理了公务员登记手续。会同自治区组织部、纪检委、编办完成了841名机关非公务员身份人员的分流工作。将机关编外人员、参公单位混岗人员、乡镇担任领导职务的非公务员身份人员问题作为深入开展学习实践科学发展观活动的整改问题之一，通过深入调研，结合国家有关政策，提出了具体的规范管理意见。针对市、县两级参照管理工作的复杂性，深入全区物价系统和西吉县部分单位进行调查研究，摸清了机构设置、人员情况，提出了解决办法，形成了《物价系统基层检查机构人员情况调研报告》等专题报告。参公单位审批工作得到党委、政府的充分肯定。

（二）大力推行“阳光考试”，进一步规范考试录用工作

进一步完善公开招聘制度。公务员招考，在驻人事厅纪检组全程参与考录监督工作的同时，邀请自治区纪检监察部门和有关厅局纪检组参与监督，邀请考生家长现场观摩笔试阅卷，邀请部分人大代表、政协委员、考生家

长、新闻媒体现场旁听面试，强化监督，确保公平公正。对教育、卫生、煤田、地质等专业性较强的岗位实行分类分科目考试，试卷专业知识不低于80%；面试以实际操作为主，真正考出专业水平。对报考固原地区及盐池、同心、海原、红寺堡四县（区）的考生，降低分数段录取。为偏远考点考生联系开通专线公交车，协调提供经济实惠的午餐；在固原、中卫两市设立考点，仅此一项就为考生节省交通食宿费80余万元。将面试与体检时间衔接，集中办理录用手续，考录周期缩短了2个多月。全年组织公开招聘4次，公开考试录用公务员323人，招聘工作人员1 629人，招聘次数、人数多，周期短，反映问题为历年最少。

（三）以岗位设置为重点，稳步推进事业单位人事制度改革

全力推行事业单位人员聘用制度。研究制定了《关于进一步深化事业单位人事制度改革的意见》《事业单位人员竞聘上岗暂行办法》《事业单位聘用合同制管理办法》等规范性文件，进一步完善了事业单位人事制度改革配套政策。按照“事业单位必须在完成全员聘用制的基础上推行岗位设置管理”的总体要求，进一步加大督导、指导力度，力促全区事业单位年底前基本完成推行人员聘用制度工作。稳慎实施事业单位岗位设置管理制度。研究制定了《关于事业单位首次推行岗位设置几个具体问题的处理意见》和《关于事业单位推行岗位设置期间有关问题的处理意见》，提出6条措施稳步推进岗位设置管理工作，妥善解决制约改革的瓶颈问题。在认真总结银川市、石嘴山市等10家试点单位经验的基础上，全面推开并较好地完成了首次设岗工作。

（四）以能力业绩为重点，改革和完善人才评价机制

改革高层次人才选拔办法。研究制定了高层次人才评审量化标准，突出业绩和能力，使其分值比重占到评审量化标准的70%。同时，通过新闻媒体向社会公开评审进度和要求，规范评审程序，充分体现公开、透明、民主原则，受到社会各界和广大专业技术人员的好评。2008年，推荐选拔享受国务院特殊津贴人员29名、自治区313人才工程人选28名。

认真做好职称评审工作。起草了《关于进一步深化职称改革加强专业技术人才评价工作的意见》，明确了进一步深化职称制度改革的基本思路、目标措施，规范了突出贡献大、业内认可、倾向基层的破格评审标准。2008年，组织评审全区统一条件高级职称3 450人、中级职称5 510人；组织评审非公经济职称1 800多人。会同自治区农牧厅等部门研究制定了《农村实用人才专业技术职称评审暂行办法》，探索开展了农村实用人才专业技术职称评审工作。

（五）以规范津贴补贴为重点，进一步完善收入分配制度

认真执行新工资制度。结合实际制定了《关于机关事业单位工资收入分配制度改革实施中有关问题的意见》，较好地解决了工资制度改革运行中的一些遗留问题，保证了新工资制度在全区的平稳运行。顺利完成了2008年全区按年度考核结果晋升级别工资增加薪级工资的批复工作，审批区直机关事业单位新增、调动及各类岗位变动人员工资9 000余人次。

进一步规范津贴补贴。妥善解决了2006年以来接收安置的军转干部和3 500名调入、新参加工作人员保留地区补贴问题，确保了自治区规范津贴补贴政策的有效运行。会同财政厅向国务院上报了宁夏回族自治区第二步规范津贴补贴标准实施方案。将特级教师津贴标准由每人每月80元调整为300元，提高了特级教师的待遇水平。妥善解决了六盘山、罗山等艰苦广播电视台（站）津贴补贴标准问题。

继续推进工资信息化管理。实现了区直431个预算单位、3.3万人的工资统发数据全部由人事厅直接提供，提高了工作效率，节约了行政成本，有效遏止了虚报冒领工资和“吃空饷”等现象。同时，全区机关事业单位27万多人的工资信息实现网络化管理，为人事调动、调整晋级和人事管理提供了便捷、高

效、准确的数据资料。

三、实施“阳光安置”，加强军转干部管理和服务

（一）改革军转干部安置办法

针对2008年军转干部总量减少、团职干部增多的现状，主动向自治区党委、政府领导汇报，争取支持。当年，首次将军转干部安置计划和编制使用情况以自治区党委、政府文件形式同时下发，将“功绩制”和“双向选择”结合起来，实行“阳光安置”，并明确了接收单位安置完团职干部的非领导职务职数后，剩余非领导职务职数才能留给接收单位使用，确保了军转干部的职级待遇。

（二）加强自主择业军转干部管理和服务

进一步完善了自主择业军转干部管理和服务体系，及时核发自主择业军转干部的退役金、医疗保险和独生子女费，切实做到自主择业军转干部底数清、去向明、平时联得上、服务跟得上。

（三）做好企业军转干部解困工作

坚持企业军转干部动态、状况月报制度，及时了解和帮助他们解决工作和生活中存在的实际困难和问题。2008年，共申请各类困难补助资金297万元，对210名困难企业军转干部进行了慰问，为842名困难企业军转干部发放了困难补助，并为1953年年底前入伍的230名退休军转干部增加了补助费，较好地维护了企业军转干部的稳定。

四、拓宽渠道促进高校毕业生就业工作

2008年，围绕自治区政府提出的实施民生计划和新农村建设等重点工作，招募了2 300名高校毕业生参加支教、支农、支医、扶贫和进村进社区工作；选派了1 000名高校毕业生到事业单位培训实习；输送了1 000名宁夏高校应届毕业生到外省市就业；会同教育部门招聘了1 000名农村义务阶段特设岗位教师，较好地缓解了毕业生就业压力。根据全区设施农业发展需要，增加招聘500名涉农专业毕业生到农村服务，并协调将“三支一扶”高校毕业生的生活补助费标准由每人每月600元提高到800元，到事业单位实习的高校毕业生生活补助费标准由每人每月500元提高到600元。制定了《“三支一扶”高校毕业生管理办法》，加大平时考核力度，引导毕业生自主创业、自主择业。

五、进一步加强自身建设

以深入开展解放思想大讨论和学习实践科学发展观等主题教育活动为契机，坚持区、市、县上下联动，集中举办了“十七大精神暨人事局（处）长业务学习班”“转变作风，干干净净干事专题学习班”“学习实践科学发展观专题学习班”“外事知识专题学习班”等学习班5个，举办“业务分析论坛”5次，举办“人事政策你我他”讲座3次。编印了《人事政策法规汇编》和《人事政策实用手册》等学习用书。

制定完善了公务员管理、专家选拔、人员调动、非领导职务职数核定、工资审批、招考聘用、军转安置等工作制度和人事厅内部管理有关制度，逐步建立起人事厅对内对外工作制度体系。成立了人事厅审批办，将全厅37项审批、许可事项中的24项集中到服务大厅办理。选派1名巡视员担任首席代表和审批办主任，制定了行政审批管理等6项制度，大厅窗口与处室联动配合，相互支持，快捷办事，受理申办事项2 720件，提前办结率96.8%，按时办结率100%。坚持干部任免、重大资金支付和重要事项集体研究决定，做到了用制度管人、管事、管权。当年接收军转干部3名，选调事业单位工作人员10名，提拔正处级干部3名，全部采用考试考核的方式进行。

进一步完善了信访接待办法及相关制度，对重要信访实行定领导、定专人、定方案、定时限，包接待、包处理、包息访；对重信重访、久诉不息的，厅领导亲自接待处理。

坚持从严治厅、从严律己、从严带队伍，干干净净干事，坚持对己清正、对人公正、对

内严格、对外平等。要求干部管住嘴、管住手、管住腿，不该吃的不吃，不该拿的不拿，不该去的地方不去。厅领导率先垂范，要求别人做到的，自己首先做到，要求别人不做的，自己首先不做，带头拒收各种礼品和土特产，带头抵制不正之风，严肃查处违反人事纪律的人和事，在干部队伍中培育和树立起风清气正、干事创业的良好风气。

（宁夏回族自治区人事厅）

新疆维吾尔自治区

一、就业再就业工作

2008年，新疆非师范类高校毕业生总计3.95万人，其中本科毕业生1.69万人，专科毕业生7 981人，高职毕业生1.46万人。进一步创新工作方法，牵头建立校企合作培养人才机制，开展“毕业生就业服务月”和“人事局长进校园”专项活动。5月，与教育厅组成督查组，对全疆10所高校就业工作开展情况进行实地督查。继续实施“三支一扶”计划，增加南疆三地州招募数量，全年共招募“三支一扶”大学生500名。12月中旬，分南北疆两个片区组织召开2008年自治区高校毕业生“三支一扶”计划实施工作专项会议，重点研究大学生服务期间的管理培养、畅通服务期满后的就业渠道、“三支一扶”计划与其他专项计划的统筹协调等问题。会同自治区党委组织部、财政厅等有关部门，做好5%人才储备计划招聘工作，共招录1 513名大中专毕业生到地县医疗卫生和农牧推广部门工作。做好对灾区毕业生就业援助工作，及时开通就业服务“绿色通道”，为灾区生源毕业生提供100个就业岗位。高度重视抓好少数民族毕业生和女性毕业生就业工作。

二、人才服务保障工作

（一）人才市场建设不断加强

2008年，举办全疆性大型人才交流会3场，举办各类人才招聘会68场，进场招聘的用人单位共2万家次，提供招聘岗位24.2万个，入场求职的各类人员34.1万人次，初步达成流动或就业协议的共7.2万多人，同比增长3.9%，人才交流活动由集会型向特色型转变，促进了人力资源合理流动和科学配置。探索建立统一规范的人力资源市场，结合实际，针对建立以公益服务为方向，既完善服务又加强监管，统一开放、竞争有序的人力资源市场，从理论上加强研究，从实践上逐步推进。加强中国新疆人才市场建设，积极完善市场管理体制机制，进一步强化市场监管，以市场需求为导向，大力开展人才中介服务，推动市场主体到位。

（二）政府信息公开机制基本建立

制定《自治区人事厅政府信息公开暂行规定》，明确公开的范围、属性、职责分工、责任追究等。编印《新疆维吾尔自治区人事厅政府信息公开目录》及其指南，设置信息公开查询点。依托新疆人事信息网站开设“政府信息公开”专栏，及时公开人事法规、重大政策、重大工作部署、工作动态，为群众了解、参与、监督人事工作提供便利。围绕群众关心的热点问题开设12个“在线留言”栏目。逐步推进网上办事，已实现毕业生档案、自主择业军转干部退役金、人事考试成绩网上查询。结合行风建设，开展网上调查。完成新疆人事人才信息网站改版工作，政务公开、公共服务、互动交流三大功能更加突出。以社会公众需求为导向，完善“一站式”服务大厅管理制度，探索优化整合现有社会公共服务项目。

三、军转安置工作

2008年，新疆共接收安置军队转业干部

1 293 人，其中计划安置 538 人，自主择业 755 人，计划分配军转干部安置任务顺利完成。自治区党委副书记、自治区主席努尔·白克力专门就军转安置工作作出重要指示，要求必须千方百计地把军转安置工作做实做好。3 月，会同新疆军区深入南北疆部队开展了为期 1 个月的“送政策到军营”活动，宣讲军转安置政策。随后，召开自治区军转安置工作电视电话会议，部署全年军转安置工作。为完善自主择业军转干部在高类别艰苦边远地区安置政策，先后在喀什市、塔什库尔干县召开了自主择业军转干部高类别地区安置座谈会，研究解决自主择业军转干部在塔什库尔干县的接收安置问题。认真开展自主择业军转干部培训试点，自治区党委办公厅、自治区人民政府办公厅印发了《关于加强自治区自主择业军队转业干部教育培训工作的意见》，并召开全区自主择业军转干部教育培训管理服务工作会议。扎实做好企业军转干部维稳解困工作，认真落实国家和自治区有关政策，严密部署，及时化解聚集上访事件，全力确保“两会”和奥运期间企业军转干部稳定，有效地维护了稳定大局。

四、专业技术人员管理工作

探索自治区领军人才队伍建设的措施，研究拟定优秀留学回国人员评选表彰办法，修订完善卫生、实验、体育等系列专业技术职务任职资格评审条件。表彰 29 名享受政府特殊津贴人员，公布 4 名获得 2007 年“新世纪百千万人才工程”国家级人选。逐级遴选推荐 38 名 2008 年度享受政府特殊津贴人选，并将高技能人才纳入评选范围，推荐 5 名高技能人才补充评审特贴人员。选拔 2 名全国农村优秀人才。开展留学回国人员科技活动项目择优资助申报工作，争取到 5 个项目、30 万元资助资金。做好博士后科学基金资助工作，争取到 3 名博士后研究人员第一批每人 10 万元的特别资助资金。

2008 年，新设立 3 个博士后科研工作站，招收 15 名博士后研究人员。12 月下旬，新疆人事厅牵头组团参加第十一届中国留学人员广州科技交流会，签约 5 个人才项目。评选出新疆社会科学院等 5 家新建博士后科研流动（工作）站、乌鲁木齐经济技术开发区等 8 家管理规范的博士后科研流动（工作）站以及胡保民等 12 名优秀博士后研究人员。

加强少数民族科技骨干特培工作，着重提高质量，结合经济社会发展实际调整培养专业，制定特培学员管理办法，全年共选派 383 名学员在区内外进行特殊培养。召开特培工作座谈会，对第三批前两年特培工作进行总结回顾。分别在克州、喀什举办基础教育特培高研班，培训中小学教师 100 名。

扩大专业技术人才知识更新工程实施范围和培训规模，2008 年举办特色旅游、特色林果业、现代农业、现代管理等重点领域高研班 22 期，培训 4 100 多名中高级专业技术人才。选派近 200 名各类人才出国（境）培训，增加山东寿光设施农业培训数量，培训 350 名技术人员和种植能手。根据特色农业、新能源开发、环境保护等领域需求，引进国外专家 200 多人次。举办东北、西部矿业可持续发展高级研讨班，促进新疆矿产资源开发。

五、事业单位人事管理工作

8 月，召开自治区事业单位改革领导小组会议，建立聘用人员首次岗位等级认定与岗位工资审批及人员经费拨付、聘用人员岗位等级变动与岗位工资变动及人员经费调整、新进人员岗位等级认定与工资确定及人员经费追加等联动机制。对事业单位新进人员的，须先按照岗位管理政策规定，报政府人事部门审批，认定新进人员的岗位等级，再按照以上程序审批办理新进人员的工资审批业务和经费追加手续，为推动岗位设置管理工作提供了有力保障。结合自治区实际，会同相关行业厅局，制定出台卫生、科技、农业、畜牧、广播电视、新闻出版、体育、民政、文化、区直机关等

12 个系统的行业岗位设置指导意见，初步形成了岗位设置实施工作的行业管理政策体系。加大业务骨干培训和工作指导力度，先后召开了两次岗位设置实施工作会议，采取“以会代训”的形式对全区各级改革骨干近 1 500 人进行了政策培训，培训范围覆盖了全区所有县（市、区）。此外，还重点深入近 40 个行业厅局和 3 个地区开展政策宣讲。据不完全统计，全区共举办各类骨干培训班 40 多次，约 4 000 多名骨干参加了培训。严格审核岗位设置方案，2008 年全区近 90% 的地州和单位完成或基本完成岗位设置方案的制定工作，自治区直属 820 家事业单位中有 500 多家单位的岗位设置方案已经核准，约占区级事业单位总数的 61%。目前，已完成大多数单位的岗位设置方案核准工作，岗位聘任和聘用制推行工作正在不同程度地推进，部分地区和单位已经完成岗位设置基本制度和聘用制入轨工作。

六、公务员管理工作

（一）健全公务员制度

结合新疆实际，加强公务员法配套制度研究，制定出台了《新疆维吾尔自治区公务员考核实施意见》。平稳地完成了新申报事业单位参照公务员法管理审核、审批工作，批准 1 669 家事业单位列入参照管理范围。建立了新中国成立以来由人事厅承办且目前健在的可享受省部级劳模待遇的 1 643 名先进人员信息库。积极协调相关部门，自 2008 年起将公务员考核奖励经费全部纳入各级财政部门预算，并一次性解决公务员考核证书、奖章制作专项经费 120 万元。

会同自治区党委组织部认真组织了 2008 年面向社会公开考试录用公务员、工作人员工作，报名人数 6.4 万多人，录用 5 458 人。继续为南疆四地州乡镇选录 1 100 名公务员。专门为公安机关招考 1 317 名公务员，重点补充到南疆四地州公安机关。培训面试考官 2 000 余人，目前新疆已建立起一支 6 000 多人的面试考官队伍。不断改进面试组织实施工作，增强了考录工作透明度。

（二）全面启动公务员素质建设工程

自治区人民政府印发了《新疆维吾尔自治区“十一五”行政机关公务员培训实施意见》，自治区人事厅相应制定了《关于认真贯彻落实〈新疆维吾尔自治区“十一五”行政机关公务员培训实施意见〉的方案》，全面启动公务员能力建设培训工程。会同自治区党委组织部开展突发事件应对法全员培训，并组织 16 万名公务员参加了培训考试。配合自治区党委组织部分别在清华大学和上海浦东新区干部学院举办了 2 期公共管理高级研修班及 1 期县处级领导干部处置公共事件专题培训班，140 多名县处、乡科级领导干部参加培训。在自治区行政学院举办了 40 人参加的为期 2 个月的人事系统处级领导干部岗位培训班，新疆人事系统处级领导干部培训正式列入组工干部培训计划。强化南疆四地州乡镇选录公务员“双语”培训，全年共开展 4 次评估督查，并重新修订了培训教材。

七、法制建设工作

9 月 28 日，《自治区专业技术人员继续教育条例》（以下简称《条例》）通过自治区第十一届人大常委会审议，于 2009 年 1 月 1 日起正式施行。《条例》的出台，填补了新疆人事工作地方性法规的空白，实现了新疆人事工作地方立法的突破，为专业技术人员素质提升提供了法制保障。自治区人大、人民政府为此联合召开新闻发布会，学习、宣传、贯彻《条例》工作正式启动。

修订完善信访工作办法，实行信访通报、复查复核、带案下访、领导包案等制度。定期召开信访协调会议，妥善处理重大疑难信访事项，全年共召开信访协调会议 9 次，处理群众来信 252 件，接待群众来访 1 028 批次、1 775 人次，接待群体性上访 93 批次、758 人次，解决信访事项 56 件，处理重大疑难信访事项 15 件。及时依法调解和仲裁人事争议，有效化解社会矛盾，共接待政策咨询752人次，处理人事争议案件85起，裁决17起，调解4起，不予受理64起。举办全区人事争议仲裁员培训班，来自各地（州、市）、县（市）的118名仲裁员参加培训。组织部分地州市人事局仲裁办主任、分管仲裁工作的领导赴内地考察学习。

（新疆维吾尔自治区人事厅）

新疆生产建设兵团

一、人才服务保障工作

（一）人才招聘工作

为拓宽高校毕业生就业渠道，满足用人单位人才需求，2008 年新疆生产建设兵团与新疆维吾尔自治区先后两次携手联办全疆人才交流大会。兵团 14 个师和自治区 14 个地州市全部组团参加了交流大会，北京、上海等 9 个省市的 30 多家驻疆单位和多家疆内外知名企业到会招贤纳才。其中，兵地春季全疆人才交流大会于 3 月中旬在乌鲁木齐市联合举办，参会招聘单位共 400 多家，提供就业岗位 1.2 万多个，进场应聘求职者 1.7 万多人，经过交流洽谈，初步达成流动或就业意向 4 216 人，成交率为 24.8%。兵地秋季全疆人才交流大会于 11 月上旬在乌鲁木齐市联合举办，参会招聘单位共 500 多家，提供就业岗位 1.1 万多个，进场应聘求职者 1.4 万多人（其中 2009 届高校毕业生 5 000 多人），经过交流洽谈，初步达成流动或就业意向 2 630 人，成交率为 18.8%。招聘会对应届毕业生、下岗职工、退伍自主择业军人、军人家属、残疾人、享受低保人员全部给予免费服务优待，为高校毕业生提供就业登记和就业指导，为广大求职者提供人才派遣、人才测评、人才培训报名、人事代理、委托招聘、中高级人才推荐、人事人才政策咨询等全方位人才服务。

（二）高校毕业生就业服务周活动

11 月中下旬，兵团人事局、劳动保障局会同有关单位组织开展“全国人力资源市场 2009 届高校毕业生就业服务周”系列活动，主要包括兵团人才招聘现场会，“人事局长、劳动保障局长校园行”活动，兵团基层就业创业毕业生先进事迹报告会，网络招聘大会等。

兵团人才招聘现场会。兵团人事局等单位在石河子大学和塔里木大学举办了“全国人力资源市场 2009 届高校毕业生就业服务周兵团人才招聘现场会”。兵团 14 个师、兵团直属企事业单位和乌鲁木齐市、昌吉地区等地的 280 多家用人单位参会，共提供了近 5 000 个岗位，1.5 万多名应届大中专毕业生进场洽谈交流，签订就业协议 120 份，达成就业意向 1 800 多人。

“人事局长、劳动保障局长校园行”活动。在服务周期间，兵团人事局和劳动保障局分别组织了部分师的人事局局长、劳动保障局局长到石河子大学和塔里木大学作专题报告，与大学生们进行面对面的交流和座谈，介绍各师优势及引进毕业生的优惠政策，欢迎广大毕业生到基层一线建功立业。

兵团基层就业创业毕业生先进事迹报告会。在服务周期间，从到兵团基层团场和企事业单位就业创业的优秀毕业生中选拔推荐了 9 名分别从石河子大学和塔里木大学毕业的大学生重返母校，以现身说法介绍自己扎根基层、脚踏实地、勇于奉献的工作和生活经历，与在校毕业生相互交流，引导和影响毕业生树立正确的就业观和择业观，转变就业观念，到基层就业创业。

网络招聘大会。兵团人事人才网（www.xbrs.gov.cn）作为服务周活动全国网络招聘大会的协办单位，广泛提供了最新有关毕业生就业形势分析和优惠政策、用人单位需求信息、兵团各高校应届毕业生资源情况等信息，并组织了56家单位上网登记，个人上网求职登记达1 800多人，发布招聘信息120余条，提供招聘岗位3 100多个，网站点击量达4.2万人次。

（三）选派生工作

为充实和加强团场生产一线科技人才队伍，改善基层干部队伍结构，兵团自1997年开始，每年从兵团所属高校和自治区内外高校分回兵团的毕业生中选派一批优秀的本、专科毕业生到兵团各师团场所属单位担任副连职领导干部。按照2008年兵团各师对选派生的需求计划，兵团人事局从石河子大学和塔里木大学中选拔了88名应届优秀毕业生，从往年毕业、已在基层工作的普通高校国民教育大专以上学历的优秀毕业生中选拔了460人，作为选派生到兵团各团场基层连队担任副连职领导干部。

（四）“三支一扶”工作

为引导和鼓励高校毕业生到基层就业，从事支教、支农、支医和扶贫工作，在基层锻炼中成长，兵团从2006年起，每年通过自愿报名、组织选拔、集中派遣等方式招募一定数量的应届大学生到基层特别是艰苦边远团场从事“三支一扶”服务工作。2008年，兵团人事局新招募“三支一扶”大学生62名，对其进行岗前培训后安排到兵团农六、七、八、十二、十三师团场连队从事“三支一扶”服务工作。

二、专业技术人员管理工作

（一）事业单位人事制度改革工作

按照兵团事业单位人事制度改革的整体部署，兵团人事局以推行聘用制度和岗位管理为重点积极开展工作，召开了兵团事业单位人事制度改革工作电视电话会议，举办了2期兵团事业单位岗位设置管理工作培训班，及时启动岗位设置工作。据不完全统计，截至12月底，全兵团签订聘用合同的事业单位工作人员共计1.71万人。其中，2005年7月1日以后新进工作人员共4 659人签订了聘用合同，对1 972名未聘人员分别采取待岗、退休、分流等方式进行了妥善安置。

（二）专业技术人才队伍建设工作

专业技术人才知识更新工作。在人力资源和社会保障部及上海市人事局的大力支持下，2008年兵团人事局在上海和兵团干部培训学院分别举办了“现代管理”“现代农业”“自动化控制节水灌溉技术”“技术创新方法（TRIE）”和“用信息技术改造和提升传统产业”5个示范性高级研修班，共有209名中高级专业技术人员参加研修学习。兵团各行业部门举办高研班及各类培训班90期，培训专业技术人员6 093人次。

专业技术人员继续教育工作。2008年，兵团人事局指导各行业主管部门举办专业技术人员继续教育培训班14期，培训专业技术人员1 992人。各师举办专业技术人员继续教育培训班95期，培训专业技术人员7 704人。

少数民族科技骨干特殊培养工作。按照《新疆维吾尔自治区人民政府关于做好2008年新疆少数民族科技骨干特殊培养人员选拔推荐工作的通知》（新人发［2008］3号）精神，兵团人事局选拔推荐了巴哈提古丽等10名少数民族科技骨干作为新疆少数民族科技骨干特殊培养对象到疆内外高校学习。

（三）专家工作

兵团15名高层次、高技能人才被批准享受政府特殊津贴。根据《人事部关于开展2008年享受政府特殊津贴人员选拔工作的通知》（国人部发［2008］11号）精神，经兵团选拔推荐，国务院批准顾丽华、宋法亮、温浩军、王维新、尹君亮、潘晓琳、王建华、王英红、李新明、宋慧敏、吴彬、杨建立、杨兴全、于磊、赵柳成15名兵团高层次、高技能人才享受2008年政府特殊津贴。

姜万富获“全国农村优秀人才”荣誉称

号。2008年，兵团农三师叶城二牧场卫生所所长姜万富被中组部、中宣部、人力资源和社会保障部、农业部授予“全国农村优秀人才”荣誉称号。12月5日，姜万富出席了在北京召开的“全国高技能人才和农村优秀人才表彰大会”，受到李源潮、张德江等领导同志的亲切接见。

兵团16名专业技术人才获自治区有突出贡献优秀专家荣誉称号。根据《新疆维吾尔自治区党委组织部、新疆维吾尔自治区人事厅关于推荐自治区有突出贡献优秀专家人选的通知》（新党组通字［2007］8号）和《新疆维吾尔自治区有突出贡献优秀专家评选管理办法》（新党办发［2007］1号），经兵团推荐，自治区党委、自治区人民政府于2008年12月批准王林、王峰、唐军、王健、王英红、谷新利、刘守仁、李亚雄、温浩军、尹君亮、刘新喜、王安润、邱成国、张爱萍、赵柳成、容新民16名兵团专业技术人才为自治区有突出贡献优秀专家，并予以通报表彰。

慰问专家学者工作。2008年春节前夕，兵团人事局在石河子召开兵团专家学者迎新春座谈会，集中慰问了40位专家学者。4月，又组织部分专家及其家属共计20人赴内地进行了为期13天的疗养。

（四）职称改革工作

2008年，兵团首次开展了兵团卫生系列高级专业技术职务考评结合工作，共有680名专业技术人员报名参加考试，有242人申报参加评审，有173人经评审获得了高级专业技术职务任职资格。

为接受群众监督，兵团职改办分两批在兵团日报上公示了兵团各专业技术职务高评委评审通过的1 094名高级技术职称人员名单。

（五）农工“绿色证书”培训及技术职称评定工作

2008年，兵团共举办537期农工“绿色证书”培训班，有2.67万名农工参加培训，有1.92万人取得绿色证书，8 176人取得技术职称，进一步推进了兵团农牧团场连队实用人才培训工作。

三、公务员招录工作

2008年，兵团人事局共招录人民警察611名，进一步加强了基层政法队伍建设。3月，组织开展了面向南疆为农三师、十四师招录少数民族人民警察工作。通过笔试、面试、体能测试、体检、考核和公示，有78人被录用，其中少数民族48人。5月，面向社会招录公安和监狱人民警察。为确保公平公正地选拔出优秀人才，从兵师两级组织人事、纪检监察、公安、监狱系统抽调45名考官、84名工作人员，混合编组后派往农一师、农三师、农七师、农八师、乌鲁木齐5个面试点开展工作。通过笔试、面试、体能测试、体检、考察、公示等环节层层筛选，共招录公安和监狱人民警察525名。11月，面向兵团武警招录特警。招录工作充分考虑了特警的特殊性质，对于报考人员先进行体能测试，再通过体检、笔试、面试、考察和公示等环节，择优招录了8名武警战士。

四、军转安置工作

根据《新疆维吾尔自治区党委办公厅、新疆维吾尔自治区人民政府办公厅关于下达2008年军队转业干部安置计划的通知》（新党办发［2008］20号），兵团人事局组织28个兵团机关、直属事业单位及驻乌单位参加了自治区军转干部“双向选择”大会。共安置军转干部30人，其中驻乌单位17人，乌外单位13人。

企业军转干部解困工作以贯彻落实2008年全国和自治区军队转业干部安置工作电视电话会议精神为主要内容，通过摸底调查，兵团人事局对各师补报的军转干部材料及时审核确认，需要解困的企业军转干部共有879人，经与自治区各地州军转办协调沟通，确定了补助标准，确保了兵团与地方补助标准一致。截至年底，兵团共发放企业军转干部解困补助金

332.4万元。同时，积极完善企业军转干部数据库，查漏补缺、更新数据，按要求将数据上报国务院军转办。认真做好企业军转干部信访工作，开展排查，化解矛盾纠纷。目前，兵团企业军转干部整体情况比较稳定，没有发生企业军转干部串联事件或进京上访事件。

（新疆生产建设兵团人事局）

二、地方劳动和社会保障工作

北　京　市

2008 年，北京市劳动保障系统认真落实科学发展观，坚持以人为本，统筹城乡就业和社会保障工作，全面完成各项目标任务，对于保障和改善民生，促进首都经济发展社会和谐，发挥了重要作用。

一、多种措施促进就业，全市就业局势稳中趋好

北京市把扩大就业摆在经济社会发展的突出位置，以就业困难群体为重点，千方百计促进城乡各类群体就业。城镇新增就业 33 万人，同比增加 2.52 万人，创历史最好水平；失业人员就业 22.38 万人；就业困难群体实现就业 10.11 万人；农村劳动力转移就业 10.45 万人。城镇登记失业率为 1.82%，同比下降 0.02 个百分点，控制在 2.3% 的计划指标内，就业局势稳中趋好。

（一）城乡零就业家庭基本“脱零”

完善零就业家庭动态管理帮扶机制，对新出现的零就业家庭“出现一户、帮扶一户、消除一户”。全市帮助 855 户零就业家庭实现就业，零就业家庭全部消除。全市还积极推进创建充分就业社区（村）工作，认定充分就业社区（村）3 006 个，占全市的 46.4%。

（二）完善城乡促进就业政策体系

贯彻《就业促进法》和《国务院关于做好促进就业工作的通知》精神，完善岗位和培训补贴、技能鉴定补贴、小额担保贷款政策，研究起草了促进低保失业人员就业政策。将促进城镇失业人员就业政策向农村延伸，研究制定鼓励用人单位招用农村就业困难人员的岗位补贴和社保补贴、减免行政事业性收费、小额担保贷款、提高培训补贴标准等政策。

（三）强化公共就业服务体系建设

进一步完善市、区（县）、街道（乡镇）、社区（村）四级就业服务体系；举办“春风行动”、民营企业招聘周、高校毕业生就业服务月等活动，加强对各类群体的公共就业服务；完善农村劳动力管理登记制度，不断深化城乡“手拉手”就业协作机制。

（四）大力开发社区岗位

围绕首都发展和奥运经济，开发社区岗位 17.03 万个，安置失业人员 13.78 万人，完成全年指标的 141.9% 和 137.8%。推进就业倍增计划，征集创业项目 1 125 个，参加创业培训 1.14 万人，实现创业 0.68 万人，带动就业 4.27 万人。

（五）圆满完成抗震救灾对口就业援助任务

接收了德阳中国东方电气高级技工学校 223 名学生来京就读；向什邡灾区提供就业岗位信息 1.68 万条，实现来京就业 1 499 人，协助安置就业 1.64 万人。

二、加强职业技能培训工作，职业技能培训取得新进展

全市参加职业技能培训 42.07 万人，其中失业人员 5.23 万人，本市农村劳动力 9.12 万人，在职职工 24.18 万人；培养技师、高级技师 1.34 万人；认定公共实训基地 9 个。

三、加快制度创新，覆盖城乡居民的社会保障体系框架基本建成

以“人人享有社会保障”为目标，按照“广覆盖、保基本、多层次、可持续”的思路，加快制度创新，在全国率先实现了城乡居民养老和医疗保障制度全覆盖。截至年底，养老和医疗保障制度分别覆盖城乡居民 1 051.84 万人和 1 477.11 万人。城镇职工基本养老、基本医疗、失业、工伤和生育保险参保人数分别为 758.07 万人、870.97 万人、614.3 万人、666.52 万人和 324.11 万人；农民工参加工伤和医疗保险分别为 207.19 万人和 189.9 万人。

（一）率先实现城乡居民养老保障制度全覆盖

一是建立新型农村社会养老保险制度，实行“个人账户 + 基础养老金”的制度模式。目前，基础养老金标准为 280 元。调动了农民参保积极性，打破了十几年来参保人数一直在 40 多万徘徊的僵局。截至 12 月底，累计参保 127.5 万人，覆盖率达 85%，比 2007 年提高 48.4 个百分点。

二是建立实施了统筹城乡、标准一致的城乡无社会保障老年居民养老保障制度。对 60 岁以上老年居民每人每月发放 200 元福利养老金。共发放 13.7 亿元，56.27 万人领取。

三是研究建立城乡居民养老保险制度，消除养老保障制度覆盖盲点。

（二）提前实现城乡居民人人“病有所医”目标

一是建立实施城镇劳动年龄内无业居民大病医疗保险制度，填补了医疗保险制度空白。截至 12 月底，参保人数达 5.91 万人，其中 4.26 万人享受政府全额补助，占 72.1%。

二是完善“一老一小”大病医疗保险制度。截至 12 月底，参保人数达 140.23 万人，其中城镇老年人 17.17 万人，学生儿童 123.06 万人。

（三）继续提高城镇居民社会保障待遇

从 2009 年 1 月 1 日起，企业退休人员基本养老金月人均增加 200 元，增幅为历年最高，其中 65 岁以上人员人均增加养老金 265 元。截至 12 月底，全市平均养老金水平为 1 633 元。月最低工资、失业保险金和伤残津贴分别提高到 800 元、556 元和 1 718 元，居于全国较高水平。

（四）大力缓解群众“看病难、看病贵”问题

降低在职职工门诊医疗费报销起付标准，提高在职职工社区就医的报销比例、参保人员使用贵重医用材料报销比例和安装人工器官报销标准；启动社会保障卡工程建设，推进门诊医疗费结算方式改革，系统建成后将实现“持卡就医、实时结算”，将解决报销周期长、参保人员垫付款负担重等问题。

（五）出台减轻企业负担、增加居民收入措施，扩大内需，促进经济发展

应对当前经济形势，降低失业、工伤和农民工大病医疗保险缴费费率，调整医疗保险缴费周期；提高企业退休人员基本养老金、失业保险金和工伤保险待遇；解决城镇无医疗保障老年人和灵活就业人员门诊医疗费用报销问题；实行退休人员医疗保险与单位缴费脱钩。同时，加大就业政策支持力度；出台政策解决劳动年龄内大龄城镇无业居民和超过劳动年龄城乡女性居民的养老保障问题。上述措施，预计 2009 年直接减轻企业职工群众负担、增加居民转移性收入 97.3 亿元。

四、加大维权力度，确保“平安奥运”和劳动关系稳定

全市以贯彻《劳动合同法》为契机，以“签合同、上保险、保工资”为重点，加大维权力度，为奥运会成功举办营造了和谐的社会环境，保持了劳动关系稳定。

（一）全面推进劳动合同制度

认真贯彻《劳动合同法》。全市没有出现大规模集中裁员风潮，引发社会不稳定因素。地方企业劳动合同签订率达到 95%，劳动合同续订率达到 93.2%。集体合同制度已覆盖

企业 1.37 万家、职工 148.46 万人。

（二）基本实现“无拖欠工资问题”目标

完善解决工资拖欠问题的长效机制，在建筑施工企业建立工资保证金专用账户、劳务费专用账户、农民工工资专用账户“三个账户”，推行农民工“实名制”管理。确保在 24 小时之内妥善处理拖欠工资问题纠纷。共查处 9 300 起案件，为 6.76 万名农民工追回被拖欠的工资。

（三）加大监控和维权工作力度

建立劳动关系应急处理机制，妥善解决突发事件；加强劳动关系监控指导，掌握关闭破产企业、生产经营困难企业劳动关系处理和农民工就业状况。全年共查办违法案件 2.54 万件，审理劳动争议案件 4.98 万件，处理群众来信、来电、来访 171.4 万件。

（北京市劳动和社会保障局）

天　津　市

2008 年，天津市劳动和社会保障工作在市委、市政府的正确领导下，以科学发展观为统领，深入开展解放思想大讨论和学习实践科学发展观活动，围绕“三个层面”发展，服务经济社会大局，以人为本定政策，带着感情做工作，真心实意解难题，努力保障和改善国计民生，各项任务指标圆满完成，呈现出良好的发展态势。

一、就业再就业工作

（一）就业规模不断扩大

全面贯彻落实《就业促进法》，建立促进就业工作新机制，覆盖城乡的就业政策进一步完善，通过经济拉动、政策促进等措施，超额完成新增就业 35 万人的目标任务，全年达到 38 万人，同比增长 13.9%。社会从业人员达到 647 万人的历史最好水平，城镇登记失业率为 3.6%，低于全国平均水平。

（二）就业困难群体得到有效帮扶

通过综合运用工资性补贴、社会保险补贴和免费培训等政策，帮扶 1.86 万名就业困难人员实现就业，零就业家庭安置保持动态为零，其他困难群体就业率在 80% 以上。目前，公益性岗位从业人员为 4.4 万人，灵活就业享受社会保险补贴人员为 12.5 万人，全年支出补贴资金 6.8 亿元。

（三）创业培训和服务工作不断加强

全年创业培训 2.1 万人，发放小额担保贷款 3 134 万元，累计达到 2.8 亿元。市委、市政府制定出台了促进创业带动就业四年规划纲要及若干政策规定。市政府与人力资源和社会保障部签订了共建创业带动就业试验区协议。成功举办了“中国·天津首届创业项目展示会”，营造了良好的创业环境，引起社会强烈反响。

（四）退出市场企业整体安置分流职工工作进展顺利

采取预拨补贴资金、提高补贴标准等措施，鼓励集团总公司和区县所属困难企业整合资产、打捆退出。截至年末，累计已有 775 家企业退出市场，完成 76%，39.2 万名职工得到妥善安置，清理职工债务 41 亿元，特别是利用这一通道，解决企业工资历史拖欠 4.85 亿元。

二、职业技能培训和鉴定工作

全面实施高技能人才、技术工人“蓝领双证”，农民工技能培训，失业人员再就业培训和高校毕业生“双证”等五项培训工程。全年 24.45 万人取得职业资格证书，其中高级工以上 4.5 万人。青年就业见习基地政策延伸到毕业学年的高校毕业生，见习 1.5 万人，见习就业率达 90% 以上。组织 23 项职工技能竞赛，涉及 60 余个职业（工种），参赛人员超过 10 万人。连续三届、共 4 人荣获中华技能大奖荣誉称号。

三、社会保障工作

（一）覆盖城乡的社会保障制度体系已经形成

建立健全了城镇职工、农籍职工、在津务工人员、港澳台和国外在津工作人员四类职工的五项社会保险制度。启动城镇居民基本医疗保险制度，90 万人参保。实施农村社会养老保障制度，51 万农村老年人按月领取生活费补贴。完成了开发区、塘沽区医疗保险制度与全市的并轨。新型农村合作医疗制度顺利移交劳动保障部门管理。目前，医疗保障覆盖城乡人口超过 850 万人，占全市常住人口总数的 72.3%。

（二）城镇职工参保人数不断增加，基金实力明显增强

城镇职工养老、医疗保险参保人数分别达到 376.53 万人和 399.13 万人，比 2007 年年末分别增加 31.2 万人和 14.5 万人，超额完成年度目标。失业、工伤、生育保险参保人数分别达到 232.5 万人、274.9 万人和 196.49 万人。对中断缴费人员实施养老保险“前补后延”缴费办法，3.6 万人接续养老保险关系。制定实施了农民工医疗、工伤综合保险费率政策，费率从 4.2% 降到 2%。五项社会保险基金收支总规模 617 亿元，同比增长 25.2%。基金征缴一级管理，运行安全。

（三）社会保障水平不断提高

实施新“三年连调”，为 116 万名企业退休人员月均增发养老金 130 元，人均达到 1 200 元。企业退休人员 185 元的取暖费由企业发放改为养老保险基金统筹发放，减轻企业 2.2 亿元负担。3 万名没有医保的企业退休职工被全部纳入医疗保险。大额医疗费救助标准上限由 20 万元提高到 25 万元，失业保险金由 420 元提高到 520 元，工伤和生育保险待遇大幅提高。全年增加职工保障性收入 22 亿元。

四、劳动关系调整和权益保障工作

（一）认真贯彻《劳动合同法》《劳动争议调解仲裁法》和《劳动合同法实施条例》，促进劳动关系和谐

全面完成劳动合同三年行动计划，全年新签劳动合同 47.2 万人，同比增长 10.2%，新签和续签无固定期限劳动合同人数同比增长 69.7%。大力推行集体合同制度，累计签订集体合同 4 416 家，覆盖职工 148 万人。深入推进创建和谐企业活动，1 484 家企业被命名为劳动关系和谐企业，覆盖职工 56 万人。劳动保障监察实施“三步式”执法模式，查处违法案件 5 829 件，补签劳动合同 13 万份，追缴拖欠工资 1.6 亿元，促缴社会保险费 4 715 万元。劳动争议实行免费仲裁，立案审理劳动争议案件 1.7 万件，同比增长 2.6 倍。全市受理信访事项 1.4 万次，同比下降 36%。建立劳动保障突发事件应急机制，妥善处理了 51 批次影响社会稳定的集访群访事件，维护了社会稳定。

（二）职工收入水平实现新提高

建立全市职工平均工资发布和工资保险福利待遇正常调整制度，防暑降温费、中夜班津贴、丧葬费等多年未调整的工资福利待遇大幅提高，并形成了与职工平均工资挂钩的随调机制。制定实施了《天津市工资集体协商办法》和《关于建立企业职工工资正常增长机制的指导意见》。最低工资标准由 740 元提高到 820 元。工资指导线基准线由 14% 提高到 15%。积极推进工资集体协商，当年签订工资协议的企业达到 4 500 家，涉及职工 63 万人。2008 年，全市城镇单位从业人员劳动报酬总额为 786 亿元，同比增长 20.4%；人均 3.99 万元，同比增长 19.9%。

（三）服务群众水平实现新提升

窗口建设进一步加强。劳动保障综合服务大厅实行首问负责和限时办结制，年办理各类行政事项 1.5 万件。“12333”实行人工咨询无公休服务，全年受理电话 91 万个，日均受理电话 2 500 个。街镇社区平台功能进一步完善，劳动保障事项实现就地就近办理。社会保险经办服务进一步优化，参保患者就医结算更加方便，住院医疗费全部联网结算，门诊刷卡结算率从年初的 19.6% 提高到 96.7%，对协议医院预拨周转资金，减轻医院和参保职工的垫资压力。劳动保障信息化程度进一步提高，发放社会保障卡 20 万张，办公自动化（OA）

系统贯通区县，办公效率明显提高。工作作风进一步转变。在全系统开展了“干事创业、勤政为民、优质服务”和“当一天被服务对象”活动，优化工作流程，精简办事程序，全局共取消各种表单36个，简化工作环节10个，下放审批经办事项8项，取消备案2项，服务效率进一步提高，10家劳动保障服务机构被评为全国劳动保障系统优质服务窗口。

五、农民工工作

（一）以“春风行动”为契机，努力营造关心农民工的社会氛围

加大宣传力度，营造“春风行动”的良好氛围，在电台、电视台、报刊等新闻媒体上开辟了“春风行动”宣传专栏，连续对就业政策和岗位信息进行报道。免费发放综合篇、培训篇、职介篇和城市生活常识篇“春风卡”宣传品96万份。成立外来务工人员就业服务中心，建立定点培训机构150家，共培训20多万人，安排培训专项资金6 000万元。各区县也成立了外来务工人员培训中心，专门为进城务工农村劳动者提供从求职登记、职业指导、就业培训、职业介绍到订立劳动合同、代理劳动保障事务等“一条龙”服务。继续开展“五免、两承诺”服务，全市各级各类公共就业服务机构全部开设了进城务工农村劳动者服务窗口，为外来务工人员提供“五免、两承诺”服务。2008年，组织全市128家公共职介机构，举办了340场免费招聘会。共为进城务工农村劳动者提供免费直接服务60.48万人次，介绍成功26.82万人。“春风行动”长效机制基本建立，服务功能逐步完善。

（二）扎实推进农民工参加社会保险，参保范围逐步扩大

制定了《转发市劳动保障局、市建委关于做好天津市建筑施工企业农民工参加工伤保险工作意见的通知》（津政办发［2007］73号），按照工程款核算工伤保险费的办法，解决了建筑业农民工参加工伤保险问题；出台《天津市商贸、餐饮、住宿等服务业从业人员参加工伤保险试行办法》（津劳社局发［2008］90号），保护了商贸、餐饮、住宿等服务业中农民工从业人员的合法权益，被人力资源和社会保障部在全国推广；制定了《天津市农民工参加医疗工伤综合保险办法》（津政办发［2008］73号），减轻了企业参保负担。按照《关于实施农民工“平安计划”加快推进农民工参加工伤保险工作的通知》要求，继续抓好《天津市实施农民工“平安计划”加快推进农民工参加工伤保险三年行动计划工作方案》（津劳办［2006］187号）的落实工作。2008年，全市农民工参加养老保险24.84万人，参加医疗保险70.63万人，参加工伤保险86.12万人。

（三）持续开展农民工职业技能培训，农村劳动者素质不断提升

全面启动“农村劳动力技能就业计划”。2008年，共培训农民工17.22万人，涉及职业（工种）258个，结业12.2万人，拨付培训费补贴4 316.5万元，职业资格取证率87.1%，就业率71%。

（四）清理和防止农民工工资拖欠，建立农民工工资支付保障制度

出台了《关于建立防止建设领域拖欠工程款和农民工工资长效管理机制意见的通知》，扎实推进了3项工资保障制度。一是农民工工资“月支付、季结算”制度；二是农民工工资保证金制度；三是建立了拖欠投诉和合同纠纷调解机制，设立了1个市级和21个区级农民工工资拖欠投诉中心和合同纠纷调解办公室。做到了“投诉有门、快速解决、专人调解、化解纠纷”。2008年，追发拖欠农民工工资13 203.77万元。

（五）组织开展优秀农民工评比，大力宣扬优秀农民工先进事迹

组织开展了优秀农民工的评选表彰活动。评选出先进集体32个，优秀农民工个人100名，其中2个农民工工作先进集体、25名优秀农民工代表获得全国表彰，受到党和国家领

导人的接见。在全社会进一步形成了尊重、理解和支持农民工的社会氛围，大力激发了农民工投身经济建设的热情。

六、法制建设工作

（一）加大立法力度，健全完善劳动保障政策制度体系

2008年，市人大常委会审议通过了《天津市就业促进条例》，并于2009年1月实施。同时，《天津市劳动合同条例》立法调研工作顺利完成。市委、市政府高度重视劳动保障工作，先后出台了《批转市劳动和社会保障局等五部门关于建立全市职工平均工资发布及工资保险福利待遇正常调整制度暂行办法的通知》（津政发［2008］17号）、《关于进一步完善天津市社会保险制度的意见》（津政发［2008］18号）、《批转市劳动保障局、市财政局关于进一步完善措施加快建立就业工作新机制实施意见的通知》（津政发［2008］19号）、《天津市工资集体协商办法》（津党办发［2008］21号）、《关于建立健全企业职工工资正常增长机制的指导意见》（津政发［2008］70号）、《天津市农民工参加医疗工伤综合保险办法》（津政办发［2008］73号）等文件。市劳动和社会保障局从解决群众实际问题入手，先后制发了《外国人和台港澳人员参加社会保险的规定》（津劳社局发［2008］79号）、《关于城镇企业职工缴纳基本养老保险费有关问题的通知》（津劳社局发［2008］85号）等近百件政策规定，政策法规体系得到进一步健全和完善，覆盖城乡居民的养老保障和医疗保险制度基本建立。根据中央关于以创业带动就业的总体要求，结合天津市实际，出台了《天津市2009年至2012年促进以创业带动就业规划纲要》（津党办发［2008］31号）和《关于促进以创业带动就业的若干政策规定》（津政发［2008］85号），并与人力资源和社会保障部签署了《共建以创业带动就业实验区备忘录》，力争用3～4年的时间，把天津市建设成为充满生机与活力的创业型城市。

（二）加强普法和执法工作，提高依法行政水平

以提高法律素养和增强依法行政能力为重点，创新工作方法，开展多种形式的法律宣传普及和训练，组织法律知识专题培训和到劳动保障服务大厅与群众进行面对面交流，将广场式宣传，送法到工地、工厂和电话咨询相结合，全年组织各种培训、咨询、宣传30多场次，受众达10万多人。同时，落实执法责任制，建立执法证件考核管理制度、处罚听证制度，使依法行政工作做到制度化、规范化。全面开展“三步式”执法和“网格化”管理模式，坚持“双维护”“双服务”“双促进”理念，树立了劳动保障依法行政的良好形象。

（三）加强行政执法监督，调处化解矛盾

完善依法行政工作组织领导，统筹规范全市劳动保障系统依法行政工作，形成齐抓共管的工作格局。建立健全各项行政执法监督制度，落实劳动保障法律文件审核制度，推行法规实施情况报告制度和检查制度、执法工作报告制度、行政处罚备案和统计制度、行政执法责任制等，有力地指导和促进了全市各级劳动保障行政部门的依法行政工作。加强行政诉讼、行政复议工作，成立行政复议办公室，建立专门化的行政复议机构，强化行政机关内部纠错机制，行政执法监督工作做到了有制度规范、有机制运行，2008年审核各类文件99件，向市政府法制办备案20件，处理行政复议案件113件。

（四）坚持以人为本，依法转变行政职能

加强平台建设，以信访接待、服务大厅、劳动监察举报、劳动争议仲裁、“12333”电话咨询和劳动保障网站为主体，形成了人民群众利益诉求的立体通道。强化市劳动保障行政事务服务大厅功能，将劳动保障行政事务集中办理，简化审批程序，实现一门受理、一门送达、一站式服务。在开通24小时“12333”电话咨询服务的基础上，增加劳动保障监察举

报、社会保险信息查询等功能，进一步方便百姓咨询办事。整合各窗口单位资源，建立政策分析会制度，定期组织窗口单位开会，分析政策运行情况，收集社会各界反映，现场指定承办部门，及时提供政策建议，促进了群众问题的及时解决和政策的及时完善。

（天津市劳动和社会保障局）

河　北　省

2008 年，河北省劳动保障系统认真贯彻落实党的十七大精神和省委、省政府及人力资源和社会保障部工作部署，进一步加大就业再就业工作力度，积极推进社会保障体系建设，努力提高企业职工收入水平，切实维护劳动者合法权益，年度各项目标任务圆满完成。

一、就业再就业工作

全年城镇新增就业 48.2 万人，下岗失业人员再就业 24.91 万人，其中困难群体就业 8.3 万人。2008 年年末，城镇登记失业率为 3.96%。一是落实积极的就业政策。根据国务院 5 号文件精神，结合河北省实际，在冀政［2007］58 号文件基础上，对鼓励全民创业、扩大小额担保贷款规模、支持高校毕业生就业、完善公共就业服务等方面进行了细化、扩展，丰富了就业政策体系。组织开展“就业政策落实月”“全民创业服务月”等活动，积极的就业政策效应得到较好发挥。二是完善困难群体就业援助制度。累计开发公益性岗位 12 万个，解决了一大批年龄偏大、转岗困难人员的就业问题。帮助 2 031 名零就业家庭成员实现了就业，保持了零就业家庭动态为零。继续实施城乡技能就业扶助计划，在技工院校免费就读的扶助生扩大到近 7 000 名。为 1.1 万名困难家庭未就业的应届高校毕业生发放失业补助金 1 400 万元。对“三年大变样”拆迁拆违失业人员实施了就业扶持。三是大力推动创业带动就业。全年发放小额担保贷款 3 亿元，直接带动就业 10 万多人。加强创业培训、创业指导和创业项目筛选工作，参加创业培训的人员达到 3.4 万人，60% 实现了成功创业。农村劳动力转移培训阳光工程成效显著，全年培训农村劳动力 94.97 万人。四是开展了对地震灾区的就业援助工作。与四川省签订了对口援助协议，组织河北省企业到平武县举办就业招聘会，为到河北省就业的灾区群众提供有针对性的职业技能培训，并给予职业培训补贴和社会保险补贴。

二、职业技能培训和鉴定工作

全年培养技师、高级技师 1.22 万人，职业技能鉴定 38 万人，金蓝领培训 5 257 人。技工学校在校生达到 18.5 万人，毕业生一次性就业率达到 90% 以上。出台了高技能人才技术津贴和延长高技能人才退休年龄政策，启动实施了燕赵金蓝领培训计划。加强高技能人才基地建设，7 所高级技工学校和 4 家企业被纳入第一批国家级高技能人才建设基地。完成了 100 名“燕赵金牌技师”的评选工作。组织了第三届全国数控大赛河北选拔赛，组队参加了全国比赛，获最佳组织奖。开展企业技能人才评价试点，出台了《河北省预备技师考核办法》，启动了预备技师考评工作。技工学校全年招生 7.1 万人，民办职业培训机构全年培训 26.5 万人。有 6 所高级技工学校通过国家审批，2 所技工学校成为国家级重点技工学校。积极开展对四川灾区的对口援助，完成了灾区 159 名技工学校学生的接收和安置工作。

三、社会保障工作

积极做好社会保险扩面征缴、完善政策、

强化管理工作，着力解决困难群体的社会保障问题，取得新的进展。一是社会保险扩面征缴大幅增长。2008 年年末，参加城镇基本养老保险、城镇职工基本医疗保险、失业保险、工伤保险、生育保险的人数分别达到 862.52 万人（含机关事业单位 154.36 万人）、738.53 万人、481.69 万人、520.83 万人、408.54 万人；基金征缴收入分别达到 259.39 亿元、98.19 亿元、21 亿元、8.99 亿元、2.5 亿元。实施了企业职工基本养老保险基金收支挂钩办法，全年企业养老保险净增参保职工 45.23 万人，基金征缴收入较 2007 年增加 52.39 亿元。二是完善了企业职工基本养老保险政策。研究出台了养老保险断保补缴办法，解决了中断缴费职工、整体未参保或者未全员参保企业的断保接续问题。制定了企业职工基本养老保险省级统筹实施意见，按照“统一养老保险制度、统一缴费政策、统一养老保险待遇政策、统一管理和使用基金、实行省级预算管理、统一业务规程和信息系统”的原则，研究制定了具体实施方案。三是城镇居民医疗保险试点进一步扩大。开展试点的设区市由 4 个扩大到 9 个，年底参保人数为 344.54 万人。四是社会保障水平较大幅度提高。企业退休人员养老金标准人均月增 143.5 元，全省平均待遇水平略高于全国平均水平。解决了 3.4 万名政策性破产企业退休人员参加城镇职工基本医疗保险问题。工伤康复试点启动实施，全省农民工参保突破百万人。失业保险金标准和工伤职工待遇均有较大幅度增长。“金保工程”稳步推进，示范城市由 4 个设区市扩大到 7 个，首批选择 23 个县（市）开展信息化建设试点。

四、劳动关系调整和权益保障工作

认真贯彻实施《劳动合同法》和《劳动合同法实施条例》，促进企业职工工资增长。省政府出台了《关于提高企业职工收入的意见》，将企业职工工资增长率列入对各级政府的责任目标考核体系，提高了企业工资增长指导线水平，连续两次提高最低工资标准，调整提高了企业技术人员和艰苦岗位津贴，完善职工工资与经营者收入增长相联系制度，促进了职工工资收入较快增长。2008 年年末，全省企业在岗职工平均工资为 24 767 元，比 2007 年同期增加 4 778 元，增长 23.9%。开展创建劳动关系和谐企业活动，在用工比较集中的行业开展了劳动合同签约行动。企业工资历史拖欠问题基本解决，清欠工作取得显著成效。认真贯彻实施《劳动争议调解仲裁法》，推进劳动仲裁机构实体化建设，省本级及 2 个设区市和 15 个县（市、区）成立了劳动争议仲裁院，基本理顺了仲裁机构经费保障机制。加强奥运安保工作，组织开展了“双百日排查活动”，简化程序，跟踪督办，解决了 100 多起涉及人数较多、群众反映强烈的信访案件，有效维护了社会稳定。

五、法制建设工作

积极推进行政审批制度改革，全省劳动保障系统行政许可项目合并减少到 9 项，对部分行政许可事项实施的层级以及行政许可程序和文书进行了规范。扎实开展政风行风建设，组建了行政许可办理大厅，广泛开展阳光服务、承诺践诺等活动，劳动保障部门整体形象得到进一步提升。加强劳动保障立法工作，完成了《河北省〈就业促进法〉实施办法》《河北省农民工权益保障办法》的起草、调研和论证工作。开展了《劳动合同法》《就业促进法》《劳动争议调解仲裁法》和《劳动合同法实施条例》的学习宣传活动，采取多种形式送法律进企业、进学校、进社区，促进劳动保障法律的贯彻实施。

六、农民工工作

贯彻国务院 5 号文件和河北省政府 57 号文件精神，认真落实联席会议工作措施，各项工作取得新成效。一是下工夫解决农民工工资拖欠问题。以加工制造、建筑施工、餐饮服务等中小型劳动密集型企业为重点，加强工资支付的监督检查。利用春节前后、奥运期间及全球金融危机爆发等时机，组织开展了农民工工资支付情况专项检查和矛盾隐患排查，及时消除了引发各种不良事件的诱发因素。督促各市加快企业工资决定机制改革，完善工资宏观调控措施，促进企业合理提高农民工工资水平。二是搞好农民工就业服务和培训。积极开展“春风行动”和农民工城市公共生活规范培训教育活动，及时为农村劳动者免费提供政策咨询、就业信息、职业指导和职业介绍等服务。全年培训农村劳动力693万人，召开面向农村劳动者的专场招聘洽谈会667场，劳务输出33万人。三是健全维护农民工权益保障机制。研究制定了《河北省农民工权益保障办法》，探索推行“流动仲裁庭”、预约开庭、特殊案件先行部分裁决等便民措施，立案审理涉及农民工争议案件3 341件。开展劳动力市场清理整顿工作，查处取缔无照经营的“黑职介”216家。印发了《河北省人民政府关于加强劳动保障监察工作的意见》（冀政［2008］53号）和《河北省人民政府办公厅关于加强农村地区劳动用工监督管理工作的意见》（冀政办［2008］10号）。开展了“整治非法用工、打击违法犯罪专项行动”，全省查处各类违法案件1.2万件，补签劳动合同9.8万份，取缔无证企业70家。省政府对60名优秀农民工及一批支持农民工工作的先进工作者、先进集体和优秀企业进行了表彰。

（河北省劳动和社会保障厅）

山 西 省

2008年，是山西省经济社会发展进程中很不平凡、极不寻常的一年。全省劳动保障部门按照省委、省政府及人力资源和社会保障部的决策部署与工作安排，坚持以人为本，着眼改善民生，着力完善各项政策措施，全力实施惠民工程，突出重点，协调推进，各项工作取得明显成效，全省劳动保障事业迈入更加健康、稳定的发展轨道。

一、大力实施创业就业工程，千方百计扩大就业

全省围绕城镇实现新增就业45万人，其中创业就业10万人这一省政府为民办“十件实事”之一的目标任务，确定了从培训入手提高能力，政策扶持、改善服务、优化环境，达到推动创业、扩大就业的工作思路。明确提出创业培训3万人，实现创业就业10万人的目标，加快建立政策扶持、创业培训、创业服务“三位一体”的工作机制。一是立足全省实际，制定出台了贯彻《国务院关于做好促进就业工作的通知》的实施意见，进一步完善了全省促进就业的政策体系。二是按照省委、省政府实施创业就业工程的决策部署，研究制定了《山西省实施创业就业工程的意见》，建立起政策扶持、创业培训、创业服务“三位一体”的工作机制，围绕大力发展服务业，在全省掀起了创业就业的热潮。三是从统筹城乡劳动者平等就业出发，研究拟定了《就业服务与就业管理规定》，不断从制度上完善覆盖城乡的就业服务规范。四是为使对困难群众的就业援助机制长效化，制定出台了《山西省就业困难群体就业援助工作的指导意见》，把就业困难对象由“4050”人员拓展到零就业家庭、长期失业者、失地农民。五是实施更加积极的就业政策，积极应对金融危机给全省就业局势造成的影响，及时制定出台了《关于应对当前经济形势，确保我省就业局势稳定的紧急通知》，采取抓住重大投资项目拉动就业、鼓励支持企业吸纳就业、积极推动创业带动就业、重点扶持高校毕业生就业、促进农村劳动力多渠道和返乡创业、加强对就业困难人员的就业援助、实施特别职业培训计划促进就业、充分发挥社会保险稳定和促进就业功能8项举措，进一步稳定和扩大就业。

坚持创业和就业互促共进，实现创业与就业良性互动发展。在全省范围内确定了70多个社会培训机构承担创业培训任务，培养和组建了一支由优秀企业家、职业经理人、行业协会专家、高校专业讲师等310余人组成的创业培训导师团。针对下岗失业人员再就业、农村富余劳动力转移就业、大中专毕业生就业等问题，相继组织开展了“就业援助月”“春风行动”以及“民营企业招聘周”和“高校毕业生就业服务月”等专项活动。全省实现城镇新增就业46.1万人，经过创业培训的有3.25万人，创业就业11.8万人，下岗失业人员实现再就业18.7万人，帮助5.2万名就业困难人员实现就业，转移农村劳动力30.9万人。2008年年末，全省城镇登记失业人员17.4万人，城镇登记失业率3.29%，低于4%的年度控制目标。下岗失业人员再就业培训14.9万人，新增技师和高级技师共6 047人，职业技

能鉴定22.98万人。

此外，积极做好对地震灾区实施的就业援助工作，组织全省技工学校免费接收灾区195名技校学生，为茂县劳动保障局提供10万元工作经费，支援灾区公共就业服务机构重建工作。提供有效优质岗位信息3 851条，帮助灾区劳动者在山西就业561人，通过山西省在灾区的援建项目吸纳就业816人，指导茂县组织劳动者在四川省内实现就地就近就业7 374人，均超额完成对口就业援助任务。

二、扎实推进社会保障工程，着力扩大覆盖范围

全省各级劳动保障部门认真贯彻省委、省政府实施社会保障工程的决策部署，统筹兼顾、突出重点，不断完善各项社会保险政策，努力使更多的人享有社会保险。一是为加快建立覆盖城乡居民的社会保障体系，制定出台了《山西省劳动和社会保障厅关于实施社会保障工程的意见》，明确了未来3年全省社会保障体系建设的目标规划与发展蓝图。二是及时制定下发了2008年调整企业退休人员基本养老金水平的文件，使全省企业退休人员基本养老金水平继续得到提高，月人均达到了1 067元。三是针对城镇职工因改革、转制、下岗分流等原因而出现的单位未参保或个人没有续保、断保等情况，在进行大量调查研究的基础上，研究制定了养老保险的补缴接续办法，努力把有参保愿望、有缴费能力的人员全部纳入覆盖范围。四是针对国有困难企业退休人员和在岗职工基本医疗保障的实际问题，出台了《山西省省属国有关闭破产企业退休人员和国有特困企业职工参加城镇职工基本医疗保险的暂行办法》，全省将解决近40万名困难企业职工及退休人员的医疗保障问题。与此同时，在太原、阳泉两市城镇居民基本医疗保险试点的基础上，大同、朔州、忻州、晋中、长治5个市的城镇居民基本医疗保险试点启动，年底参保人数已达到152万人。五是为逐步稳妥地将“老工伤”人员纳入统筹管理范围，按照省政府领导的指示要求，研究提出了《山西省煤矿企业“老工伤”人员和职工退休后诊断为尘肺等职业病人员工伤保险统筹管理暂行办法》。六是统筹城乡社会保障制度发展，制定出台了《关于开展新型农村社会养老保险试点的指导意见》，并选择有条件的22个县（市、区）先行试点。七是为破解社会保险扩面征缴的难题，制定出台了《关于推进非公有制经济单位和灵活就业人员参加社会保险工作的意见》，力争经过3年的努力，使全省规模以上非公有制经济单位全部参加社会保险。八是为保证失业人员正常的生活待遇水平，在连续2年提高失业保险金标准的基础上，从2008年10月1日起，将原先的430元、400元、370元、340元四类地区的标准，依次调整为510元、480元、450元、420元，平均提高幅度为18%。

2008年年末，全省城镇基本养老保险参保人数为539.11万人（其中企业养老保险参保人数为450.28万人，机关事业单位养老保险参保人数为88.83万人），基本医疗保险参保人数为549.31万人，失业保险参保人数为312.15万人，工伤保险参保人数为260.99万人，生育保险参保人数为135.49万人。基金征缴收入分别为养老保险216.14亿元（其中企业养老保险184.53亿元，机关事业单位养老保险31.61亿元），基本医疗保险56.75亿元，失业保险12.30亿元，工伤保险9.47亿元，生育保险1.2亿元。农村社会养老保险参保人数为160.15万人，基金征缴收入为3.16亿元。农民工参加医疗、工伤保险人数分别为75.61万人和93.71万人。非公有制经济单位参保扩面工作进展迅速，各项社会保险综合覆盖率由2007年年底78.1%提高到现在81.2%。

三、加快劳动关系调处体系建设，维护社会和谐稳定

2008年是《劳动合同法》实施的第一年，也是国际金融危机影响实体经济，劳动关系经受严峻考验的一年。全省劳动保障系统以贯彻

实施《劳动合同法》为契机，大力推进和谐劳动关系建设，维护并保障劳动者的合法权益。一是结合全省实际，修订公布了全日制工、非全日制工、劳务派遣、建筑业、住宿餐饮业、农村地区用工及农民工7种劳动合同示范文本，指导规范劳动关系。二是针对本省煤炭行业事故频发，劳动用工管理混乱的实际，研究拟制了《山西省煤矿企业劳动用工监督管理暂行规定》，明确了监管的职责和界限。三是针对居民消费物价上涨的影响，着眼提高劳动者收入水平，制定出台了《关于加强企业工资宏观调控促进职工工资合理增长的意见》。四是结合经济社会发展、物价上涨、城镇居民消费水平等因素，连续3年对全省最低工资标准进行全面上调。将原先月最低工资标准一类610元、二类570元、三类530元、四类490元，依次调整为720元、670元、620元、570元，同时相应提高了小时最低工资标准。五是加强基层劳动监察和劳动争议仲裁机构队伍建设，督促全省各市充实劳动保障监察执法机构队伍，推进劳动争议仲裁机构实体化建设。目前，县级以上劳动保障部门全部组建了专门监察执法机构，长治、晋中、吕梁、忻州4个市51个县在乡镇、街道组建了劳动保障所，朔州、长治、晋城、临汾4个市已建立起劳动争议仲裁实体化机构。六是争取中央转移支付资金10亿元，全面完成清理企业工资历史拖欠36.64亿元。七是认真做好信访维稳和劳动仲裁工作，全省共接待受理上访3.21万件，接待上访人员8.47万人，仲裁立案8 572件，结案8 215件，结案率95.8%，并实现了奥运期间的进京零上访。八是连续不断地开展劳动保障监察执法专项行动，相继集中开展了农民工工资支付专项检查、清理整顿人力资源市场秩序大检查、劳动用工联合执法大检查、劳动用工百日专项行动等，广大劳动者的合法权益得到有效维护，劳动合同签订率得到明显提高，全省集体合同签订率达到50%以上，劳动合同签订率达到97%。特别是在2008年4、5月份，首次由山西省人民政府组织、山西省劳动保障部门牵头，会同公安、国土、煤炭、安监、煤监、卫生、建设、工商、民政、税务、工会等相关部门单位，在全省范围内开展了为期2个月的劳动用工联合执法大检查，重点对县及县以下各类小砖窑、小矿山、煤焦、化工、建筑、建材、餐饮等劳动密集型用人单位进行检查，共检查各类用人单位14.28万家，涉及劳动者409万人，有力地维护并保障了广大劳动者的合法权益。

四、落实完善农民工各项政策，切实维护农民工劳动保障权益

全省各级劳动保障部门继续围绕办好“十件实事”，深入开展“十佳百优”农民工评选活动，着力解决农民工面临的突出问题，切实维护农民工的合法权益。一是针对农民工工资的拖欠现象，建立了由山西省劳动保障厅、财政厅、国资委等11个部门单位组成的厅际联席会议，加强了工作的统筹协调和指导，推行工资保证金制度，明确了推进企业解决工资拖欠问题的基本原则和目标任务，并就企业工资拖欠问题进行专题研究，建立健全了保障企业依法支付工资的长效机制。二是针对建筑业、住宿和餐饮业等行业职工流动性强、农民工比例大、劳动合同签订率较低的现状，集中开展了专项“签约行动”。目前，规模以上企业农民工劳动合同签订率达到80%以上。三是在全省范围内以乡村小砖窑、小煤窑、小矿山、小作坊为重点，对无照经营、拐骗农民工、强迫劳动、使用童工等违法行为，联合工商、公安、国土等部门分别依法进行了查处，使农村地区劳动用工管理步入法制化、规范化轨道。四是加强对劳动力市场秩序的清理整顿，取缔了21家民办职业中介机构和23家鉴定所，农民工外出务工就业环境得到有效改善。五是针对农民工技能素质不高，劳动保障、教育、农业、建设、科技、扶贫、工会、共青团、妇联等部门和组织继续实施农村劳动力转移培训计划、技能就业计划、阳光工程、全国乡镇企业蓝色证书培训工程、星火计划、雨露计划、“千校百万”进城务工青年培训计划等农民工培训项目，促进了农民工职业技能水平的普遍提高和农村劳动力的转移就业。六是继续实施“平安计划”和农民工参加医疗保险专项扩面行动，农民工参加工伤和大病医疗保险人数快速增长，全省农民工参加医疗、工伤保险人数分别为75.61万人和93.71万人。

此外，为贯彻落实《国务院关于解决农民工问题的若干意见》（国发［2006］5号）中“对优秀农民工要给予表彰奖励”的精神，2008年首次对在山西省经济和社会发展建设中作出突出贡献的农民工和理解、尊重、关爱农民工的模范单位进行评选表彰奖励。在2008年11月举行的全国优秀农民工表彰大会上，黄长委等26名农民工获得“全国优秀农民工”荣誉称号，省劳动保障监察总队和省农民工法律援助工作站被评为全国农民工工作先进集体代表。12月，对全省“十佳百优”农民工和101家关爱农民工的模范单位进行了表彰。受到表彰的优秀农民工，可自愿选择在就业地转为城镇户口。进一步营造全社会尊重和关爱农民工的良好氛围。

五、坚持业务工作与干部队伍建设“两手抓”，自身能力建设明显加强

山西省劳动保障厅按照省委学习实践科学发展观的统一部署，认真组织开展学习实践活动，推动全省劳动保障事业科学发展，促进和谐山西建设，扎实推进政风行风评议工作和创建“三优”文明窗口活动，着力加强公务员队伍和经办机构工作人员公共管理和公共服务能力建设，省、市、县三级劳动保障部门窗口单位普遍实行了“一条龙”办公和柜台式服务，建立政务大厅100多个，有250个窗口单位达到“三优”文明窗口先进标准。同时，“金保工程”进展顺利，省本级养老、医疗保险管理信息系统完成本地化实施，数据中心建设稳步推进，“12333”劳动保障咨询服务电话系统正式运营，核心应用软件覆盖范围进一步扩大，门户网站建设和政务信息公开工作成效显著。进一步发挥和整合宣传力量，与报刊、电视、电台等新闻媒体密切合作，紧扣民生主题，广泛开展形式多样的宣传活动，服从服务于非公有制经济组织社保扩面、地震灾区就业援助等重点工作，积极构建劳动保障宣传大格局。2008年，山西省劳动保障厅被评为“山西省级文明和谐单位标兵”，80%以上的市、县劳动保障局受到当地党委、政府的表彰。

（山西省劳动和社会保障厅）

内蒙古自治区

一、全区劳动保障主要工作完成情况

2008年，内蒙古自治区劳动保障工作以科学发展观为指导，认真贯彻落实中央和自治区关于劳动保障工作的一系列方针政策，不断加大工作力度，切实解决事关群众利益的难点问题，劳动保障工作逐步从应急解难向建立长效工作机制转变，几项主要工作均超额完成国家下达的指标。

（一）就业局势总体趋于稳定

一是城镇新增就业任务圆满完成。2008年，全区城镇新增就业23.8万人，是近几年来增长较快的年份之一，其中下岗失业人员再就业14.4万人（包括安置就业困难人员5.1万人），分别完成年度计划的119%和131%。2008年年末，全区城镇登记失业率为4.1%（前三季度一直低于4%）。二是新一轮就业政策得到积极落实。下发了《内蒙古自治区人民政府关于进一步做好促进就业工作的通知》（内政发［2008］107号）、《就业困难人员认定办法》和《就业和失业登记管理办法》，对国务院5号文件作了进一步的细化和拓展。当年发放小额担保贷款4.7亿元，比2007年增加1.6亿元，是年度计划的3倍，累计帮助3.88万名失业人员实现了再就业；发放社保、职介等四项补贴6.7亿元，惠及56.1万人次。三是在促进以创业带动就业方面取得了突破。内蒙古自治区政府下发了《关于鼓励全民创业，促进以创业带动就业的意见》（内政发［2008］120号），在市场准入、税费减免、小额贷款、培训补贴以及创业服务等方面，加大了政策扶持力度。全区有1.81万人参加了创业培训，其中成功创业人数达到1.2万人，分别比2007年增长38%和52%，新创造就业岗位4.66万个，创业带动就业比是1∶3.9。四是就业培训和高技能人才培养工作力度进一步加大。重点在6个盟市开展了自治区级就业示范培训，全区共培训下岗失业人员21.6万人，同比增加2.8万人，培训后再就业率达到85.6%。大力实施“新技师培养带动计划”，共培养技师、高级技师6 818人，累计鉴定12.5万人，分别完成全年任务的113.5%和110%。五是就业服务水平明显提升。积极开展了“民营企业招聘周”“再就业援助月”“岗位技能对接”“大中专技校毕业生就业服务周”等一系列就业服务活动，重点加强了对高校毕业生的就业援助，共帮助2.13万名高校毕业生实现就业，占登记人数的69%。在全区范围内进行了城乡就业状况调查，大力推进公共就业服务体系向基层延伸，累计建成“充分就业社区”719个，占社区总数的30.7%。六是农村牧区劳动力转移规模不断扩大。全区农村牧区富余劳动力转移就业人数达到226.1万人，其中转移6个月以上的147.2万人，均超额完成年度计划，分别比2007年增加6.2万人和19.2万人。各级劳动就业部门共培训农牧民15.3万人，完成全年计划的127.1%。在做好上述工作的同时，面对国际金融危机的蔓延，各级政府积极应对，采取积极措施稳定就业岗位。及时下发了《关于应对当前经济形势做好劳动保障有关工作的通知》（内劳社办字［2008］218号）和《关于采取积极措施减轻企业负担稳定就业局势的通知》（内劳社办字［2009］8号），通过建立企业停产、裁员、破产报告和失业动态报告制度，允许困难企业在一定期限内缓缴社会保险费，阶段性降低四项社会保险费率，使用失业保险基金帮助困难企业稳定就业岗位，鼓励困难企业开展职工在岗培训以及妥善解决企业支付经济补偿问题等项措施稳定就业。

（二）社会保障体系建设稳步推进

一是社会保险覆盖范围进一步扩大。全区参加养老、职工医疗、工伤、失业和生育保险人数分别达到389.5万人、373.3万人、185.4万人、225.5万人和154.6万人，均超额完成年度扩面计划，养老、职工医疗、工伤和生育保险参保人数分别比2007年年末增加了18.6万人、20.7万人、21.8万人和15.5万人。二是基金征缴有了较大幅度的增长。下发了《关于进一步加强社会保险扩面征缴工作的通知》（内政办字［2008］221号），建立了目标责任制和奖励考核机制，加大了缴费基数稽核及清欠力度。全区累计征缴各项社会保险费184亿元，完成自治区政府下达全年征收计划的113%，比2007年增加42.7亿元，为历史最好水平。三是各项保险制度进一步完善。基本实现了养老保险盟市级统筹，全区12个盟市全部出台了统筹方案；在鄂尔多斯、阿拉善等6个盟市的19个旗县区开展了新型农保制度试点，参保人数达到38.3万人。下发了《关于做好2008年城镇居民基本医疗保险试点工作的通知》（内政办发电［2008］45号），召开了试点工作会议，全部启动了居民医保试点工作；及时调整了工伤职工伤残津贴、生活护理费和工亡职工供养亲属抚恤金标准。下发了《关于全区失业保险基金实行盟市级统筹的指导意见》（内政办字［2008］195号），全区有9个市实现了失业保险市级统筹。同时，对重点地区、行业和企业加强了失业预警和监控。四是社会保险基础管理水平切实提高。居民医保管理信息系统建设取得突破性进展，12个盟市全部建立了参保居民电子档案，并实现了与自治区的数据链接。在全区社保经办机构开展了优质服务活动和创建“社会化管理服务示范社区”工作，企业退休人员社区管理服务率为68.6%。以开展社会保险基金专项治理工作为重点，社保基金监管和防范风险的能力显著增强。

（三）劳动关系基本保持和谐稳定

一是全面推进“劳动合同三年行动计划”，全区各类企业劳动合同签订率达到95.3%，较2007年提高了5个百分点。积极探索建立劳动用工备案制度，企业劳动用工备案率达到35.3%。二是建立和完善企业职工工资确保发放和正常增长机制，下发了《关于进一步做好预防和解决企业工资拖欠工作的通知》（内政办发电［2009］8号），研究起草了《关于建立企业职工工资正常增长机制的指导意见（草案）》，即将下发执行。三是组织开展了“劳动保障监察执法年”活动，以清理整顿人力资源市场秩序、农村“四小”企业、贯彻实施《劳动合同法》情况和区直机关事业单位自行聘用人员管理为重点，加大了劳动保障监察执法工作力度。

（四）承诺的六件实事全部得到落实

一是继续保持了零就业家庭动态消零的目标，全区累计登记确认的2 261户零就业家庭全部得到援助，共帮助2 654人实现了就业。二是继续组织实施农牧民工参加工伤保险“平安计划”和医疗保险专项扩面行动，参保人数分别达到25.3万人和38.4万人，分别比2007年年末增加10万人和13.8万人。三是进一步提高了企业退休人员养老金标准，调整幅度达到月人均105元。四是城镇居民医疗保险参保人数达到238.8万人，超额完成了200万人的年度扩面目标，比2007年年末增加139.9万人。五是积极解决国有破产企业退休人员医疗保障问题，全区已有21.8万名国有破产企业退休人员被纳入医疗保险范围。六是进一步提高了企业职工最低工资标准，调整后的全区四类地区月最低工资标准分别达到680元、620元、560元和500元。

二、当前影响我区劳动保障事业发展的主要问题

（一）就业形势严峻

当前，全区就业格局正在发生深刻变化，加之受国际金融危机持续蔓延和经济增长明显减速的影响，就业问题突出表现为“三个转变、一个突出”的特点。一是从总量上看，由城镇就业问题突出向城乡就业压力叠加转变。据调查，全区城镇劳动年龄人口中有求职愿望的无业人员达27.1万人，调查失业率为4.9%，农村牧区未转移就业的富余劳动力有36.4万人，两项合计63.5万人。目前，全区城镇每年可提供的就业岗位只有30万~35万个。劳动力供大于求的状况十分突出。二是从城镇就业结构来看，由过去的下岗再就业问题突出向各类群体就业问题交织转变。在每年需要安置就业的人群中，当年就业转失业大约10万人，新成长劳动力5万人左右，特别是大中专院校毕业生逐年增加，预计2009年将超过8万人，是近年来最多的。三是从供求关系来看，由总量矛盾突出向总量矛盾与结构性矛盾并存转变。求职者劳动技能水平偏低成为制约城乡劳动者就业的重要因素。目前，全区获得职业资格证书人数仅占技能岗位从业人员总数的21.8%，“有岗无人”的现象比较普遍。此外，从就业安置渠道来看，在每年可提供的就业岗位中：机关、企事业单位（包括民营企业）安置就业约占63%；自主创业或灵活就业约占37%。在一定程度上反映出我区劳动者创业能力不强、创业氛围不浓。四是从当前经济形势对就业的影响看，企业裁员和隐性失业的压力比较突出。自2008年下半年以来，受金融危机影响，全区有部分企业处于停产半停产状态，且受宏观经济影响，部分地区、部分行业的失业问题仍有可能集中爆发。

（二）社会保障体系有待完善

一是社会保险的覆盖范围不广。截至2008年年底，全区城镇从业人员约为500万人，而在职职工参加养老保险人数仅为267万人；在1 100万城镇人口中，参加职工和居民医保人数只有610万人。城镇老年无业居民和农牧民工养老保障以及困难企业职工和退休人员的医疗保障问题比较突出。二是社会保险法律法规滞后，制度还不够健全完善。一些用人单位和个人参保意识淡薄，少报瞒报缴费基数、欠缴社会保险费，甚至不参加社会保险的现象屡有发生。现行参保缴费政策还有不完善的地方，近年来城镇在岗职工工资增长较快，社会保险缴费基数提高不少，个体工商户和灵活就业人员参保缴费负担较重。三是农村牧区社会保障制度严重滞后，大部分地区尚未开展新型农保试点工作。社保关系跨地区转移困难，在一定程度上影响了单位和农民工个人参保的积极性。

（三）劳动关系协调面临新情况、新问题

随着就业形式多样化、复杂化，劳动关系将更趋复杂多变，工资分配关系不合理、分配秩序不规范的矛盾比较突出。特别是当前企业用工需求减少，裁员和隐性失业现象逐步增多，欠薪、断保问题不断发生，劳动关系的不稳定性显著增加，劳动争议和举报投诉案件明显增多，发展维护和谐稳定的劳动关系面临严峻挑战。

（四）劳动保障基础管理和服务水平有待提高

覆盖城乡的公共就业服务体系建设有待加强，基层劳动保障工作平台建设发展不够平衡，就业服务的针对性和有效性还不强，农村牧区就业服务体系仍不健全。社会保险经办能力不足，一些地方还不同程度地存在着管理手段落后、服务水平和质量不高以及基金管理不规范、不安全的问题。劳动关系工作体系不健全，劳动争议仲裁实体化建设刚刚起步。此外，受地方财力的制约，劳动保障事业的投入不足等。

（内蒙古自治区劳动和社会保障厅）

辽 宁 省

2008 年，辽宁省劳动保障战线在人力资源和社会保障部的大力指导下，坚持以人为本，深入贯彻落实科学发展观，以全力做好劳动保障各项民生工作为主线，以促进就业再就业、完善社会保障体系、维护劳动者合法权益、加强农民工工作为重点，全面协调推进劳动保障各项工作，并取得了重大进展和明显成效。

一、就业再就业工作

（一）就业规模进一步扩大，全省就业局势保持稳定

继续把就业再就业工作作为全省头号民生工程加以组织推进，通过落实劳动者自主择业、市场调节就业、政府促进就业方针，实施积极的就业政策，开展入户普查和实名制就业，开发公益性岗位，加大零就业家庭等就业困难群体就业援助力度，扩大劳务输出和农村劳动力转移，强化就业服务和失业调控，全省实现实名制就业 112.6 万人，完成年度计划的 112.6%。城镇登记失业率为 3.8%，比 2007 年下降 0.5 个百分点，首次低于全国平均水平。

（二）积极的就业扶持政策得到完善和落实

结合《就业促进法》和《国务院关于做好促进就业工作的通知》（国发［2008］5 号），完善了就业扶持政策，扩大了社保补贴项目、公益性岗位和安置对象范围，拓展了小额担保贷款政策，对困难家庭未就业的应往届高校毕业生实行兜底安置。全省累计筹集再就业资金 39.2 亿元，使用43 亿元。累计为从事个体经营的下岗失业人员减免税费 4.2 亿元。发放下岗失业人员和劳动密集型小企业贴息贷款 3.2 亿元。

（三）就业困难群体就业援助工作继续深入

通过落实零就业家庭就业援助长效机制，兑现 20 天帮助上岗的承诺，在前三年帮助 18.7 万户零就业家庭就业的基础上，又安置零就业家庭成员 4 957 人就业，解决了 4 365 户零就业家庭的就业问题，全省零就业家庭继续保持动态为零。实施“就业安居工程”，通过对口帮扶、政策扶持、岗位援助、即时服务等多种措施，在棚改居民回迁后 60 天内为有劳动能力和就业需求的下岗失业人员提供稳定的就业岗位，全省安置棚户区回迁居民就业 1.9 万户，其中实现双就业 5 516 户，安置就业 2.6 万人。

（四）推进创业带动就业活动力度加大

实行创业补贴政策，明确了职业介绍补贴、职业培训补贴标准及政策覆盖范围，新的政策覆盖范围更广，对创业的扶持力度更大。全省扶持创业带头人 7 806 人，完成年度计划的 156.1%；带动就业 5.2 万人，完成年度计划的 172%。积极做好高校毕业生就业和创业工作，全省举办大中专毕业生专场招聘会 245 场，提供岗位 11.4 万个，参与大学生 3.2 万人。同时，对落实高校毕业生就业创业政策情况进行了专项督查。

（五）城乡统筹就业服务体系进一步完善

公共就业服务机构能力建设不断提升，有 90%县（区）以上的公共就业服务机构基础设施达到“市本级 2 000 平方米以上、市内城

区 1 000 平方米以上、县 500 平方米以上”的建设标准，发挥了一台七区的功能。创建了政府出资购买公共服务岗位的工作方式，成立了就业培训服务网、人力资源管理调配中心、“12333”劳动保障咨询服务中心和劳动保障维权服务中心，积极发挥岗位就业信息发布、远程培训、人力资源调配和维权“四位一体”的公共服务功能。4 个机构已由建设期转入发展期，工作进展较快，工作体系初步建立，收集就业信息数量、网站点击数量、接听咨询电话数量大幅攀升。

二、职业技能培训和鉴定工作

（一）技能人才队伍建设步伐加快

围绕加快技工院校发展出台了一系列政策措施，在生均经费、享受教育附加费、争取财政建设资金等方面取得实质性突破。整合技工学校资源，开展了技师学院省级评估验收，优先支持 21 所技师学院发展。加强公共实训基地建设，投入资金 3.5 亿元。推动校企合作，在 100 个大型企业公司设立实训基地。成功举办了“第二届中国高技能人才国际论坛”和第三届全国数控技能大赛。继续实施新技师培养带动计划，全省培养新技师 2.1 万人，比 2007 年增加 1 万多人。

（二）普惠制就业培训在规范中实现重大发展

进一步扩大普惠制培训范围，把农村初高中毕业未升学人员等农村新成长劳动力、农村退役士兵、在城镇公共就业服务机构登记求职的农村劳动力、有意愿外出务工和返乡创业的农村富余劳动力全部纳入了培训范围，全省培训下岗失业人员 26.8 万人，完成年度计划的 107%；培训进城务工农民 27 万人，完成年度计划的 108%。全年支出普惠制培训补贴资金 3.3 亿元，省里下拨普惠制能力建设资金 1.4 亿元，增强了普惠制培训基地的实力。开展了普惠制培训工作审查，进一步提高了普惠制培训工作水平。

（三）职业技能鉴定工作取得积极进展

智能化考试继续深入推广，鉴定范围扩大到 90 个职业。完成机修钳工、变电设备安装工等技师、高级技师试题审定和车工、冷作钣金工、铣工国家职业标准（2008 年版）的开发。启动了职业院校职业资格“双认证”工作。远程教育培训取得重大突破，开发完成五大类 500 多门远程培训课程。继续大力推行职业资格证书制度，全省累计为 29.2 万名各类技能人才发放了职业资格证书。在人力资源和社会保障部组织的全国网络营销大赛中，辽宁省代表队获得团体、个人第一名的佳绩。

三、社会保障工作

（一）大力实施巩固和完善城镇社会养老保险体系专项行动

通过对扩面和征缴指标进行细化分解，层层落实扩面征缴责任，实行强有力的扩面征缴政策，有序推进参保资源普查，开展多种形式的政策宣传，积极落实督查督办制度和调度通报制度，使得专项行动迅速推进，并取得重大成效。全省企业在职职工参保人数达到 910 万人，比 2007 年净增 110 万人，完成年度工作目标的 105.8%。统筹基金当期征缴 297 亿元，比 2007 年增收 77 亿元，完成年度工作目标的 105.3%。

（二）基本养老金实现按时足额发放

根据国家的统一部署，在前三年提标的基础上，按照月人均 100 元的标准为企业退休人员调整了基本养老金，调整后的全省企业退休人员月平均养老金为 979 元。连年提高企业退休人员待遇，造成养老保险基金出现巨额缺口。在中央财政的大力支持下，全省通过建立省级调剂金制度、地方财政补助、狠抓扩面征缴、强化基金管理、严格待遇支付审批、开展生存认定和待遇复查、最大限度地压缩养老金支出等项措施弥补基金缺口，巩固了按时足额发放工作成果，连续 8 年实现当期发放无拖欠。到年底，全省企业参保离退休人员达到 401.8 万人，全年养老金支出 469.4 亿元。

（三）覆盖城乡居民医疗保障制度进一步完善

加大对企业、非公有制经济组织从业人员、灵活就业人员、农民工，特别是部分有能力缴费而尚未参保单位参加医保的工作力度，使更多的劳动者被纳入医保范围。全省城镇职工参保人数达到1 209.3万人，比2007年增加121.4万人，完成年度计划的106.9%。进一步推进城镇居民基本医疗保险工作，参保人数达到302.7万人，完成年度计划的116.4%。在巩固前两年已经解决的80万名国有困难企业退休人员参保成果的基础上，按照“低标准，只建统筹基金，不建个人账户”的原则，着手解决了集体困难企业退休人员参保问题，全省参保人数达到33万人，占应参保人数的47%。

（四）社会保障历史遗留问题得到进一步解决

一是着力解决未参保城镇集体企业退休人员养老保险问题，将5.1万名未参保且按低保标准领取生活费的城镇集体企业退休人员纳入企业养老保险统筹，并从2009年起随企业退休人员增加养老金一并进行生活费的调整。二是着力解决资源枯竭矿山、破产关闭企业工伤人员费用问题。对资源枯竭矿山、破产关闭企业1996年以前的“老工伤”人员一次性伤残补助金发放情况进行了调查摸底，对没有发放的进行补发，并下发了专门文件，明确发放标准、经费来源、责任主体和完成时限。三是着力解决被征地农民社会保障政策问题。在借鉴其他省市经验的基础上，进一步完善了辽宁省被征地农民社会保障工作办法，并初步形成了政策性文件讨论稿，拟以省政府文件出台。

（五）其他社会保障工作平稳推进

继续扩大失业保险、工伤保险和生育保险覆盖面，参保人数分别达到622.7万人、659.1万人和447.8万人，分别比2007年增加0.6万人、88万人和27万人，分别完成年度计划的100.8%、111.5%和104.1%。进一步做实企业基本养老保险个人账户，全年做实121.8亿元，试点以来全省累计做实个人账户基金492.3亿元。继续推进完善养老保险市级统筹工作，全省有11个市基本实现了比较规范的市级统筹。企业年金工作得到发展，全省建立企业年金企业达到1 397家，参保职工为23.4万人，累计资金达到19.4亿元。农村社会养老保险工作平稳推进，参保人数达到220.4万人。组织开展了社会保险基金专项检查活动，进一步加强了对各项基金的监督和管理。

四、劳动关系调整和权益保障工作

（一）《劳动合同法》及条例得到贯彻落实

举办《劳动合同法》等法律法规和政策培训班40多期，参加培训的战线职工及社会有关方面人员4 400人。继续落实“劳动合同三年行动计划”，不断扩大集体合同覆盖面，加快推进劳动合同基础管理和劳动用工备案工作，全省国有及国有控股企业劳动合同签订率为99.5%，非国有企业劳动合同签订率为94%。全省签订集体合同4.2万份，覆盖企业5.3万家，覆盖职工530万人。

（二）劳动保障监察执法工作不断深入

省本级组建了劳动保障监察局，充实了工作力量，加大了工作力度。根据人力资源和社会保障部、省政府的部署和安排，组织开展了清理拖欠农民工工资、清理整顿人力资源市场秩序、《劳动合同法》贯彻实施情况等专项执法活动。全年为37.4万名劳动者追发工资等待遇4.9亿元；督促8 450家用人单位缴纳社会保险费6.7亿元，督促参加社会保险登记单位户数8 532户，补签劳动合同88.5万份。

（三）全面完成解决企业工资历史拖欠工作任务

按照国家提出的“2007年偿还70%、2008年偿还100%”的进度要求，从2007年8月起全省开始推进企业解决工资历史拖欠工作。各级政府本着“确保当年、先易后难、分类解决、补保代偿”的原则，采取“以奖代补”的方式，通过调查摸底、定期调度、监督检查，此项工作得到积极稳妥的推进，并按期完成工作目标。截至2008年年底，全省企业共偿还拖欠工资63.64亿元，清欠率达到100%。

（四）企业工资监管工作力度继续加大

加强了最低工资标准执行情况的监督检查，进一步落实了《辽宁省企业工资支付规定》和企业最低工资制度，强化企业职工收入分配调控。同时，积极发挥工资指导线、劳动力市场工资指导价位、企业人工成本等宏观调控手段的作用，努力推进工资集体协商工作。全省有2.5万家企业签订工资集体协商专项集体合同，覆盖职工220万人。

（五）劳动保障信访得到有效化解

重点排查重信重访疑难案件282件。通过采取制定实施方案、定期排查、任务分解、督导调处等一系列措施，使重信重访专项治理工作在全省劳动保障系统中得到全面贯彻落实，并取得显著成效，实现重信重访同比下降50%，70%的重信重访案件结案。加强劳动争议仲裁实体化建设，全省有13个市78个县区建立了劳动争议仲裁院。各级劳动保障部门共受理劳动争议案件1.6万件，集体争议2 295件，结案率达92%。

五、农民工工作

（一）农民工政策体系进一步完善

下发了《辽宁省人民政府办公厅转发省农民工工作联席会议关于进一步改善农民工就业环境意见的通知》（辽政办发［2008］34号）以及关于农民工工资支付、技能培训、社会保险、权益维护、安全卫生、居住条件、管理服务和农村留守儿童就业扶助等相关配套政策。同时，起草了《辽宁省农民工权益保护规定》，拟以政府规章出台。

（二）加大农民工工资清欠工作力度

建立了清欠工作会议协商制度、清欠工作定期通报制度、清欠工作督查督办制度、农民工工资支付保障制度、监控制度等十余个制度规定，开展了清理整顿建筑领域拖欠农民工工资专项检查执法活动，全省累计清欠农民工工资4.6亿元。积极推进农民工工资支付保障制度建设，全省14个市81个县区建立了农民工工资保证金制度，累计收缴保证金7.5亿元，对预防和解决拖欠发挥了积极作用。

（三）农民工社会保障工作稳步推进

按照“低费率、保当期、保大病”的原则，完善农民工医疗保险参保办法，开展了农民工参保缴费专项工作，全省参加医疗保险的农民工达到120.9万人，比2007年增加59.5万人，完成年度计划的150.5%。结合农民工工伤保险“平安计划”，进一步修订农民工工伤保险参保办法，切实把农民工较为集中、工伤风险程度较高的矿山、建筑等行业企业纳入工伤保险参保范围，全省参加工伤保险的农民工达到131.7万人，比2007年增加48.4万人，完成年度计划的131.3%。

（四）农民工劳动合同管理不断规范

根据不同行业的特点，制定了《农民工劳动合同书》示范文本。以贯彻《劳动合同法》为契机，强化了针对用人单位和农民工的《劳动合同法》宣传，增强用人单位的法制观念和农民工的维权意识。加大了劳动合同签订状况的专项检查力度，全省农民工劳动合同签订率有所上升，签订劳动合同的农民工达到171.8万人，占农民工总数的58.4%。

（五）农民工就业环境进一步改善

取消了针对农民进城就业的歧视性规定，进入城镇就业的农民工在就业和社会保障政策等方面与城镇居民享受同等待遇。将农民工纳入普惠制就业培训范围，全省培训农民工27万人，完成年度计划的108%。加强农民工就业服务工作，县、乡镇、村普遍建立了劳务输出服务机构，形成培训、输出、维权“三位一体”的转移就业模式，全省劳务输出总数达到134万人。召开了优秀农民工表彰大会，举办了《同在阳光下，共擎一片天》主题文艺演出，在全社会营造了关心关爱农民工的浓厚氛围。

（六）农民工子女教育和相关公共服务进一步改善

以全日制公办中小学为主接收农民工同住子女入学，免除借读费。以流动人口和农民工为重点，进一步放宽落户政策，加强对农村留守儿童、城市流动儿童的权益保护。加强农民工作业场所监督检查，进一步指导企业改善职业安全卫生环境。免费为农民工提供孕情检查、计划生育药具发放和其他规定的技术服务。对农民工与城市居民同看待、同管理，开放社区服务设施，丰富农民工精神文化生活。

（辽宁省劳动和社会保障厅）

沈 阳 市

2008 年，在沈阳市委、市政府的正确领导下，在各有关部门的大力支持下，以改善民生为重点，以社会建设为主线，积极推进创业带动就业工作，不断健全社会保障体系建设，积极构建和谐稳定的劳动关系，劳动保障各项工作取得较好成果。

2008 年年末，城镇登记失业率为 3.1%，创近年来新低；全市开发就业岗位 12.25 万个，完成市计划的 122.5%；实名制就业 23.25 万人，完成省计划的 112%；开发公益性岗位安排就业困难群体 3 104 人；全市动态出现零就业家庭 8 户，有就业能力和就业愿望的 8 人全部安排到公益性岗位，实现了稳定就业；帮助 219 名困难家庭应届大中专毕业生就业；培养扶持创业带头人 2 715 人，带动就业 16 521 人，分别完成省计划的 271% 和 275%；发放小额担保贷款 5 576 万元，完成省计划的 169%，个人贷款回收 2 617 万元，回收率达 97% 以上；普惠制就业培训 9.1 万人，完成省计划的 123.5%；全市当年新增农村劳动力转移输出 7.6 万人，完成全年计划的 151.2%；农村劳动力转移培训 5.03 万人，完成全年计划的 100.6%。

全市企业参加养老保险人数为 171.9 万人，完成计划的 100.7%；参加职工医疗保险人数为 283.4 万人（含省 8.8 万人），完成计划的 107%，其中农民工参保 16 万人，完成计划的 100%；2008 年年末，居民医保参保 64.56 万人；参加失业保险人数为 125.7 万人，完成计划的 105.2%；参加工伤保险人数为 152.8 万人，完成计划的 109.2%；参加生育保险人数为 179.2 万人（含省 4.2 万人），完成计划的 106%。

共稽核企业 2 871 家，追缴少缴、漏缴社会保险费 13 200 万元，其中追缴少缴、漏缴养老保险费 10 746 万元，医疗保险费 1 650 万元，失业保险费 679 万元，工伤保险费 125 万元。完成新扩面参保职工 20.88 万人，清欠养老保险费 4 723 万元，失业保险费 293 万元。

共监察各类用人单位 1.03 万家，涉及职工 89.8 万人，依法责令用人单位与 8.96 万名职工补签了劳动合同。清理拖欠农民工工资 9 184.7 万元，涉及农民工 1.97 万人。累计征收农民工工资保证金 3.6 亿元，启动并支付工资保证金 3 500 万元，用于建筑企业拖欠农民工工资。全市清理拖欠农民工工资偿还率为 98.9%，受理农民工举报投诉结案率为 100%。企业劳动合同签订率为 95.8%，其中国有及国有控股企业劳动合同签订率为 99.99%，非国有企业劳动合同签订率为 92.4% 以上。接待职工群众来访 3.75 万人，其中集体访 1 947 人次，个体访 3.56 万人，信访复查复核 32 件，办结率为 100%。立案受理举报投诉案件 984 件，结案 954 件，办结率为 97%。“12333”劳动保障咨询服务热线受理咨询电话 31.5 万个，平均每人每天受理咨询电话 84 个。

一、就业再就业工作

（一）城镇登记失业率创近 8 年新低

城镇登记失业率创近 8 年新低。2008 年年初以来，沈阳市着力加大就业再就业工作力度，通过全面贯彻落实《就业促进法》、推动创业促进就业、加大就业优惠政策落实力度、扶持困难群体再就业等一系列措施，使就业工作取得较好成果。

（二）就业工作目标全面落实

按照省政府下达的工作计划，制定了沈阳市就业工作目标，建立了比较完善的目标管理责任体系，目标层层分解，落实到区县、街道（乡镇）和社区。将实名制就业、开发公益性岗位安排就业困难群体和解决零就业家庭成员就业、再就业资金筹集使用、公共就业服务体系建设、发放小额担保贷款5项指标作为一票否决指标，对各地区、各部门就业目标完成情况，实行月统计、季通报、半年考核、年终检查评比制度，确保各项就业工作任务扎实推进。

（三）创业政策不断完善

将上百条创业政策梳理整合成58条现行政策，并在此基础上借鉴上海、南京等地经验，制定了12条新增创业政策。下发了《关于优化创业环境鼓励扶持自主创业的通知》及《关于自主创业人员通过典当融资实行典当结合费用补贴的通知》等6个文件，包括税费减免、拓宽融资渠道、实行低保渐退制度等，进一步降低创业的政策门槛。此外，组织省市13家新闻媒体，全面宣传创业政策。大力开展创业培训，实施牵手创业孵化工程，为创业者提供创业培训，提供项目推介、创业指导、创业培训、政策扶持、小额贷款等“一条龙”服务，提高创业的成功率。优化创业服务环境和资金环境，加大创业文化宣传力度，营造良好的创业氛围。全市全年有9人通过典当融资230万元。

（四）《就业促进法》得到全面贯彻

为推动《就业促进法》的深入实施，结合沈阳市实际，先后下发了《关于进一步做好残疾人就业工作的通知》《关于禁止人力资源市场用工歧视行为的通知》等一系列促进就业的文件，组织17期《就业促进法》培训班，对区县（市）、街道社区就业服务工作人员开展法律法规培训。通过举办宣传月活动、深入社区宣讲、在新闻媒体上开设宣传专栏等形式，推动《就业促进法》的深入贯彻落实。

（五）就业援助工作扎实开展

以“4050”人员、零就业家庭、残疾人、失地农民等困难群体为重点，初步建立困难群体的就业援助体系。一是开发公益性岗位，兜底安置困难群体就业。市区两级政府加大公益性岗位开发力度，共开发公益性岗位安排就业困难群体3 104人，其中居家养老1 000人，社区保洁1 000人，居家养残758人，社区统计346人。二是组织开展“再就业援助月”活动、“春风行动”。组织工作人员进行入户走访，送政策、送岗位、送技能、送服务。帮助困难群体实现就业1.4万人；为8 000余名农民工免费提供就业服务，办理求职登记7 500余人次，有4 800多名农民工与用人单位达成了就业意向。三是加大对残疾人的就业援助力度。下发了《关于进一步做好残疾人就业工作的通知》，将残疾人就业工作纳入经济社会发展的总体规划；将14所残疾人特教学校和适龄就业的残疾人技能培训纳入普惠制就业培训范围。会同市残联举办专场招聘洽谈会，推荐残疾大中专毕业生就业。截至2008年年末，全市有2 798名残疾人实现就业。四是援助困难家庭子女学习中等职业技术。从2008年秋季入学起，对全市城镇零就业家庭、低保和低保边缘户家庭子女参加职高、技校和高职院校学习的，给予减免学费。制定了困难家庭子女参加职业高中和技工学校学习减免学费工作流程。到2008年年末，已有2 060名困难家庭子女享受到助学补贴263.9万元。

（六）普惠制就业培训深入实施

在开展用工需求和下岗失业人员培训意愿调查的基础上，整理出五类50个专业（工种）培训项目，通过面向社会公开招标，确定70家培训机构。坚持“四个对接”，即与老工业基地振兴项目对接，与在沈阳市新落地的项目对接，与第三产业发展对接，与消费需求项目对接。做到培训瞄准项目，项目带动培训，培训促进就业。大力实施订单培训，共签订培训订单 845 份，定向培训后就业 1.3 万人。针对残疾人等不同群体实施特殊培训，全年培训残疾人 3 973 人，就业率达到 67%。下发了《关于进一步做好沈阳市家政服务就业培训工作的通知》，放开家政服务培训，做大做强家政服务培训品牌，全年培训家政服务人员 1.86 万人。

（七）城乡统筹就业工作加快推进

加强农村劳动力转移输出目标责任管理，依托小城镇建设和县域经济发展，跟踪各地招商引资项目，就地就近转移农村劳动力。在经济发展速度较快、用工量较大的地区新建劳务输出基地，组织劳务输出对接，扩大有组织的劳务输出。结合地区产业集群和招商引资项目的用工需要，大力开展农村劳动力转移输出订单培训或定向培训。利用对外贸易、承包工程和地区民族优势，扩大境外劳务输出渠道，引导农村劳动力实现境外就业。

（八）公共就业服务体系能力建设不断加强

一是首次实现两个人力资源市场的资源共享。针对大中专毕业生就业压力大的难题，与市毕业生就业市场联手建立统一的人力资源市场，专设大中专毕业生服务窗口，大中专毕业生可在人力资源市场、毕业生就业市场或人力资源网上进行求职。二是严格执行市场准入制度。按照《劳动合同法》和《就业促进法》的有关规定，规范用人单位进场招聘行为，对实施就业歧视、达不到最低工资标准、不给缴纳社会保险费的用人单位，一律不得进场招聘。三是搭建人力资源平台，部门联动促就业。全市各级人力资源市场全部实行免费求职登记、免费职业指导、免费推荐介绍就业、免费参加招聘洽谈会、免费发放宣传材料等服务。先后与市总工会联合举办失业人员就业服务大型专场招聘会，与市妇联联合举办春风送岗位妇女再就业专场招聘会，与大东区大北街道联合举办创业带动就业人力资源洽谈会等。2008 年，全市共举办 204 场招聘洽谈会，提供就业岗位 16.5 万个，通过市场就业 9.4 万人。

二、职业技能培训和鉴定工作

对沈阳市鼓风集团、沈矿集团、沈重集团、机床集团等 10 家大型企业高技能人才工作开展情况进行了调查走访，形成专题调研报告 15 篇，在此基础上圆满完成了中组部高技能人才工作督导组对沈阳市的检查督导工作。积极推进企业高技能人才培养，组织高技能人才培训班 13 期，培训高级工 16 650 人、技师 1 551 人、高级技师 621 人。同时，努力打造技工学校培训品牌，确定数控加工、机械加工、机电一体化、汽车制造与维修、钳工 5 个品牌专业，金杯、沈飞、黎明、大东技工、辽宁煤炭 5 个技工学校品牌。全年在校生达到 1.14 万人。强化对民办培训机构的管理和服务，与 186 家民办学校签订《诚信守法责任书》，制定《诚信建设四十项标准》，组织首批 22 家培训机构观摩学习。加强对鉴定工作的综合管理，在完成 46 家技能鉴定所的评估认定工作的基础上，为 39 家技能鉴定所核发了技能鉴定行政许可证。

职业技能鉴定工作进一步规范化。开展 ISO 9000 认证工作，完成 16 万字的《质量管理手册》、21 个程序文件、19 个作业指导书、91 个记录文件的编制工作，建立了符合部颁标准的鉴定质量管理运行体系。出台《关于统一支付职业技能鉴定考评人员津贴补助标准的通知》，解决了 1993 年以来困惑鉴定工作的难题，进一步推动沈阳市及全省的鉴定工作。积极拓宽鉴定领域，完成鉴定 8.34 万人次。与药监局联合对沈阳市 2 400 家药房从业人员进行培训和鉴定，全年鉴定 6 529 人。组织开展 2008 年新职业全国统考工作，鉴定总量比 2007 年同期增长 100%，被人力资源和社会保障部确定为免检单位。

积极开展“以赛代训”，组织 2008 年“远大杯”沈阳技工院校学生技能大赛、客运集团迎奥运驾驶员技能大赛、第七届“哈佛杯”美容美发大赛、沈阳市残疾人职业技能竞赛、全国数控技能职业竞赛选拔赛、第九届全市职工职业技能大赛等项赛事。参赛职种为车工、钳工、汽车维修工、汽车驾驶员、美容师、美发师、摄影师等36个职业（工种），参赛选手达3.43万人。连续第四次承办“振兴杯”全国青年技能大赛，沈阳市获得团体第一名和两个单项冠军。

三、社会保障工作

（一）养老保险制度不断完善

一是调整企业退休人员养老金标准。春节前将75.3万名退休人员增加后的养老金全部发放到位；调整了未参保集体企业退休人员生活费标准，并从2008年起按企业退休人员养老金的正常调整标准增加生活费。此外，调整了企业军转复员人员生活补助金，会同市人事局、民政局、财政局联合下发了《关于调整部分企业军转干部等方面人员生活补助金的通知》，召开了军转复员人员调整生活费布置工作会议，从2008年1月1日起，对沈阳市企业退休军转干部及复员到企业的退休人员增加生活补助金。二是积极组织开展养老保险专项行动。成立了由市长任组长的专项行动领导小组，制定了专项行动实施方案，建立了联动工作机制，多次召开工作会议进行部署，积极推动专项行动的深入开展。按照省政府的要求，在全市范围内进行了养老保险资源普查工作。此外，出台相关政策，将达到或超过法定退休年龄人员纳入养老保险统筹。三是做好被征地农民社会保障工作。转发了《辽宁省关于切实做好被征地农民社会保障工作有关问题的通知》，明确规定必须由市以上劳动保障部门签署意见，国土资源部门才能批准征地。下发了《关于征地招工人员养老补助金重新计算的通知》，通过重新规定调整方法，解决了部分征地招工人员养老补助金调整后待遇偏低的问题。制定并下发了《沈阳市被征地村集体自然情况调查表》，通过区、县（市）政府开展调查，为所有被征地农民参加养老保障做好基础准备。目前，全市已有7.22万名失地农民参加了养老保障和城镇从业人员养老保险，已有1.73万名失地农民享受了待遇。

（二）城镇职工基本医疗保险全面推进

一是职工医疗保险政策体系逐步完善。在确保基金收支平衡的前提下，积极采取惠民措施，调整医保政策，增加基金支出，逐步减轻定点医疗机构及参保人员个人负担。调整并出台了《沈阳市城镇职工基本医疗保险门诊规定病种管理暂行办法》等10项医保政策。二是破产、困难企业退休人员参保工作扎实推进。会同市财政局联合下发了《关于解决困难企业职工医疗保险有关问题的通知》，落实责任和资金。制定《2008年市政府办实事解决困难企业退休人员参保操作流程》，明确了审核程序、操作规程、业务经办等事宜。截至2008年年末，全市已有17.5万名破产、困难企业退休人员参加了住院统筹医疗保险，享受住院及门诊特病医疗保险待遇。其中，当年全市困难企业退休人员新增参保5.8万人。三是医疗保险管理与服务水平不断提升。加强对定点医院和定点药店培训、指导工作，2008年年初对102所定点医疗机构进行了考核，先后2次组织调研组深入定点医院查找问题，指导工作。对当年新增并取得资格的200余家定点药店及180余家定点医院组织了4次大规模的培训。四是将沈北新区、苏家屯区纳入市级统筹范围。确定其医保缴费标准，实行过渡政策，分步实施，每年以0.5个百分点的比例增长，4年达到市级统筹缴费标准。

（三）城镇居民基本医疗保险试点成果不断拓展

为巩固居民医保的参保成果，制定了城镇居民基本医疗保险补充政策。建立了鼓励参保、连续缴费的激励机制；对居民医保与职工医保及新农合制度间的参保身份转换、待遇接续等衔接问题作了明确规定；对低保户等特困群体在政策、操作等方面给予特殊优惠；对参保人员转往外地就医的相关政策进行了规定。召开了全市城镇居民基本医疗保险工作会议，部署了2008年居民医保扩面工作任务，分层次对各有关人员进行了培训，开展了居民医保宣传日活动，积极做好新一轮的参保缴费工作。此外，出台相关政策，允许已达到退休年龄且享受养老保险待遇的灵活就业人员自由选择参加职工医保或居民医保。

（四）失业保险工作有序展开

继续加大参保工作力度，做好外资企业、民办非企业、私营企业等单位的参保工作，要求各区县按月上报参保指标完成情况，并进行通报，推动工作进度。开展了参加养老保险单位及职工参保缴费信息与失业保险参保缴费信息的对比分析，重新制发参保业务工作程序和部门之间联动办法。明确了区县是参保扩面和做实个人缴费记录工作责任主体，形成分级分类管理新模式。通过市和区县的努力，为参保人员全部建立了个人缴费记录。从 2008 年 5 月 1 日起，将沈阳市用人单位所招用的农民合同制工人纳入失业保险参保范围，维护农民合同制工人的合法权益。做好清理欠费工作，截至 2008 年年末，全市共核定欠费单位 7 947 家，核定欠费金额 5 534 万元；实收 5 874 家，实收金额 3 344 万元。全市统一更换了失业人员领取失业保险金的玫瑰卡，规范了失业人员领取失业保险金的办法，调整了外地转入和转到外地失业人员领取失业保险金的流程，使失业保险金的发放更加及时、高效。调整了失业保险金的标准，2008 年人均失业保障水平为 472 元/月，比 2007 年提高了 142 元，使失业人员分享到改革发展成果。继续贯彻实施失业总量宏观调控办法，有效控制城镇登记失业率的攀升。开展失业预警工作，形成沈阳市失业预警监测的基本框架和机制，通过市、区县、街道抽查有代表性的 2 500 家企业，开展了预警监测调查，掌握全市就业失业变化走势，为预防调控失业提供决策依据。

（五）工伤保险扩面工作不断加强

工伤保险扩面重点放在农民工、特殊工种、企业的临时用工、外地在沈务工人员身上，进一步明确了凡是参加养老保险的各类企业必须参加工伤保险。组织开展工伤保险医疗手册审核和换发工作，对定点医院资格进行全面考核。对 45 家定点医疗机构进行了调研、抽查和暗访，重点是外埠 11 家和沈煤集团的 6 家定点医院，针对《沈阳市工伤保险定点医疗（康复）机构医疗服务协议书》的执行情况，发现问题及时处理，严肃查处医疗违规行为。

（六）生育保险体系建立逐步完善

出台《关于调整生育保险有关政策的通知》，调整参保人员缴费待遇，提高了流产、引产参保人员医疗费补贴标准。召开 2008 年度生育保险定点医院服务协议签订大会，签订率达 100%。

四、劳动关系调整和权益保障工作

一是全面宣传贯彻落实《劳动合同法》。通过市政府政务公开热线、行风热线、民生会客室、《沈阳日报》等多种渠道宣传讲解《劳动合同法》，举办专题讲座，为劳资双方依法维权奠定了良好的基础。进一步规范劳动合同管理，制定了 3 种不同用工形式劳动合同示范文本，从源头上控制劳动合同必备条款的落实。建立考核统计体系，重点抽查非公有制企业，建筑、餐饮、住宿等服务行业以及农民工签订劳动合同的情况。编制了劳动合同签订率、集体合同审查备案、企业改制职工安置情况的月统计报表，做好基础工作。统筹安排，周密部署，积极做好全国人大、市人大《劳动合同法》执法检查各项工作，进一步促进了《劳动合同法》在沈阳市的贯彻落实。

二是积极开展构建和谐劳动关系各项工作。发挥劳动关系三方协调机制的作用，配合工会完成了向非公有制企业协商派遣工会干部的工作；与工会共同部署了“双合同月”活动。与工会、企业联合会/企业家协会、工商联、外企协联合下发了《进一步建立健全劳动关系三方协调机制的实施意见》，建立三方例会制度。召开 2 次劳动关系协调三方工作会议，协调三方就组织建立、进一步推进集体合同制度、建立工资正常增长机制等问题进行了充分协商。开展了 2008 年度劳动关系和谐企业与工业园区申报工作，参评企业达到80多家。积极推进集体协商和集体合同制度，制定了集体合同审核的格式文本，规范审核备案程序，全市累计签订集体合同2.31万份，涉及职工100余万人。进一步明确了国有企业改制支付职工经济补偿金的政策。

三是加大人力资源市场秩序清理整顿力度。会同市人事、公安、工商等部门，组成28个检查小组，在全市范围内联合组织开展了清理整顿人力资源市场秩序专项行动。检查职业中介机构125家，取缔未经许可和登记擅自从事职业中介活动的非法职业中介组织32家，查处违规经营职业中介组织4家，责令退赔求职费用4.5万元，依法责令用人单位为5 617名劳动者补办用工登记手续。

四是继续抓好农民工权益维护工作。会同市建委、公安等部门和工会开展农民工工资支付情况专项检查活动，严肃处理无故拖欠和克扣农民工工资问题，全年清理拖欠农民工工资1.04亿元。同时，继续抓好农民工工资保证金征收工作，累计征收农民工工资保证金3.6亿元。出台《沈阳市建设领域农民工工资支付暂行办法》，建立了农民工工资备付金制度。圆满完成国务院农民工工作督查组对沈阳市的工作检查。积极做好四川等地震灾区在沈农民工的调查、安抚和服务工作，采取有效措施，杜绝了拖欠地震灾区在沈农民工工资现象的发生。

此外，积极推进劳动保障监察“网格化”，做好“网格化”管理的试点工作。继续做好书面审查工作，完善和统一工作标准和程序，实施信息化管理，为建立企业诚信守法档案奠定基础。全年共实施书面审查8 451家。

五是稳步推进规划工资工作。完成了劳动保障事业发展“十一五”规划中期评估，重点加强工资宏观调控管理。组织各区县开展企业工资集体协商情况调研，基本摸清了沈阳市企业开展工资集体协商工作状况，全市共有5 279家企业开展了此项工作。继续完善工作手册管理办法，采取分级分类的方法，明确管理权限和责任分工，共组织发放工作手册2.4万余册。抽样调查300余家生产经营正常的企业，汇总录入1万多条信息，发布了2008年度沈阳市劳动力市场工资指导价位和企业工资指导线及2007年度企业人工成本状况。完成了150家工效挂钩企业的审核工作。

此外，按照国家和省政府的要求，集中力量解决沈阳市企业工资历史拖欠问题。通过全市上下共同努力，创造性地开展工作，按时完成了阶段工作目标。截至2008年年末，已偿还拖欠工资10.8亿元，完成清欠任务率达到100%。

六是扎实开展信访仲裁工作。积极落实省、市信访工作会议精神，组织相关人员对市劳动保障局重大不稳定因素和事涉政策性信访问题逐一进行排查，做到底数清、情况明。开展了局领导“大接访月”活动，大接访当天接待来访群众249人次，现场化解信访问题190件次，立案调查处理59件。全面开展信访“百日会战”活动，共接受电话政策咨询800余起，协助市直部门和区县劳动保障部门、企业主管部门办理“百日会战”案件38件，接待单位24家，及时化解集体上访8批256人次。被市委、市政府授予“沈阳市奥足赛暨维护社会稳定工作贡献奖”。

五、法制建设工作

加强普法宣传，组织开展对全市仲裁员和100多家企业劳资干部《劳动争议调解仲裁法》的培训。下发《关于明确劳动争议仲裁案件管辖的通知》，调整仲裁工作程序，修订仲裁员管理办法，明确工作责任，为《劳动争议调解仲裁法》的贯彻落实打下坚实基础。加快推进仲裁院实体化建设步伐，市级仲裁机构增加了编制。指导区县制定和完善劳动仲裁制度，全面提高沈阳市劳动争议仲裁效能，其工作经验被省厅推广，并得到人力资源和社会保障部相关司局的肯定。截至2008年年末，共接收申诉受理案件2 644件，处理案件2 499件（其中裁定573件，裁决1 625件，调解 301 件），待处理 145 件。立案准确率达 100%，依法维护了劳动者和用人单位双方的合法权益。

此外，行政审批工作规范有序，热情服务受到市审批大厅领导的好评。认真做好行政复议工作，全年完成行政复议案件 73 件。积极办理人大代表和政协委员的建议批评和提案议案工作，人大建议、政协提案均已全部办结，创满意率、办结率两个 100%。此外，组织全局开展 3 次法制培训，对市劳动和社会保障局制发的规范性文件进行全局清理。

（沈阳市劳动和社会保障局）

大连市

2008年，大连市劳动和社会保障工作坚持以科学发展观为统领，积极应对经济形势变化，紧紧围绕提高劳动者就业能力和维护劳动者合法权益，推动创业就业和素质就业，完善社会保障体系，实施劳动关系和谐工程，各项工作都取得了新的进展，全市劳动保障事业实现了改革创新发展。

一、就业再就业工作

2008年，大连市认真贯彻实施《就业促进法》，不断完善就业工作体系和责任机制，积极促进公平就业和充分就业，全市就业工作步入政策更加完善、体系更加健全、机制更加科学、百姓更加受益的新时期。

（一）就业工作成效显著

2008年全年实现城镇就业16万人，其中再就业10.4万人。城镇登记失业率控制在2.4%。全年累计筹集再就业资金7.6亿元，使用再就业资金7.1亿元。为7 653名失业人员发放《再就业优惠证》，减免各种税费1.4亿元，安排公益性岗位3.3万个，为18.1万人提供各类社会保险补贴5.8亿元。

（二）就业扶持政策进一步拓展

市政府印发了《关于进一步做好促进就业工作的通知》，对原有就业扶持政策进行了延伸、扩展、调整和充实，加大了就业困难人员援助和自主创业扶持力度，有4.5万人在新一轮的就业扶持政策中受益。

（三）失业调控全面加强

制定了《大连市失业调控工作实施方案》及《关于做好失业登记管理工作的意见》，建立了失业预警机制，完善了失业登记管理，有效控制了城镇登记失业率。

（四）创业带动就业工作加快推动

积极发挥创业扶持体系作用，各地区采取设立创业扶持专项资金、提供创业摊位、建立创业孵化基地等措施，加大了对创业就业的扶持力度。同时，通过建立创业项目查询系统、编写《创业指南》和举办第六届创业项目洽谈会等方式，不断完善创业服务功能，积极为创业者提供服务。全年实现创业就业2.9万人，扶持创业带头人2 197人，带动就业13 265人。

（五）就业援助机制作用有效发挥

以“送政策、送服务、送技能、送岗位、送项目”为主要内容，深入开展就业援助活动，有就业能力和就业意愿的零就业家庭失业人员和8 895名大龄就业困难人员在认定之日起7个工作日内全部实现就业，零就业家庭保持动态为零。协约式服务全年签约13.4万人，履约率达到93%。

（六）劳动保障工作平台逐步向乡村延伸

全市1 008个村全部建立劳动保障工作站，并配备了工作人员。街道劳动保障工作平台建设不断加强，已有455个社区实现联网，21个街道劳动保障事务所达到AAA级标准，62.2%的社区达到充分就业社区标准。

二、职业技能培训和鉴定工作

印发了《大连市全面加强职业技能培训工作的实施意见》，召开了全市加强高技能人才队伍建设工作会议，表彰了100名技术能手和8名职业技能大赛标兵，有50名高技能人才享受了政府特殊津贴，健全了高技能人才工作机制，推动了现代企业培训体系的逐步建立。投资2亿元、被市政府列为为民办19件实事之一的新技师学院和实训基地开工建设。成功承办了第三届全国数控技能大赛决赛，全国28个省、自治区、直辖市的607名选手来连参加比赛，带动了全市高技能人才培养工作的快速发展。举办了第二届订单培训洽谈会，63所学校、155家企业参加洽谈，促进了校企有效对接。全年培养高技能人才7 109人，初、中、高级技能人才结构比例优化为52∶35∶13。全市普惠制培训11.6万人，其中培训下岗失业人员4.6万人。全年职业技能鉴定6.6万人，其中4.7万人获得职业资格证书。

三、社会保障工作

（一）城镇社会养老保险体系得到巩固和完善

印发了《关于巩固和完善城镇社会养老保险体系专项行动实施方案》，各级劳动保障部门深入开展政策宣传，积极做好参保普查工作，实行社会保险稽核与劳动保障监察机构“一体执法”，全力以赴开展扩面征缴工作，征缴企业基本养老保险费78.7亿元，比2007年增长了36.4%，征缴率达到97%以上，全面完成了省政府下达的奋斗目标任务。全市征缴各项社会保险费143.8亿元。基本养老、医疗、失业、工伤和生育保险参保人数分别达到157.4万人、323.7万人、104.2万人、187.1万人和105万人，分别比2007年增长13.2%、20.2%、8.1%、40.7%和6.9%。

（二）社会保险制度日趋完善

2008年，大连市将城市规划区内的镇改街企业职工、小城镇户籍人员纳入企业基本养老保险参保范围，允许达到法定退休年龄时缴费不足15年的参保群众继续缴费到15年，解决了这部分人员的后顾之忧。各区市县全部建立了城镇居民基本医疗保险制度，低收入家庭人员和残疾人纳入城镇居民基本医疗保险范围，全市城镇居民基本医疗保险参保人数达到44.7万人。出台了《大连市劳动能力鉴定办法》和《大连市工伤储备金管理使用办法》等，工伤保险政策逐步完善，劳动能力鉴定工作更加规范。

（三）社会保障待遇水平连续提高

2008年，大连市企业退休人员养老金连续第四年调整，企业离退休人员人均养老金达到1 181元。企业职工供养直系亲属救济费和退养人员生活补助费提高到当地最低生活保障标准，并建立了正常调整机制。基本医疗保险待遇大幅提高，慢性病补助范围由9种扩大到15种，并提高了补助比例和最高补助额；单病种结算范围由22个扩大到27个，结算标准大幅提高；住院个人负担超过5 000元以上部分的医疗费用补助比例提高了10个百分点；家庭病床结算标准整体上调了50%；个体劳动者医疗保险缴费基数调整为社会平均工资的80%；定点医院综合结算指标提高了8.26%，对肝硬化失代偿期患者住院免收起付标准。失业保险待遇平均提高75元，增长了18.2%，并建立了失业保险金与最低工资标准同步调整机制。工伤保险待遇由按比例调整改为定额调整，1~4级工伤职工及工亡遗属待遇标准进一步提高。

（四）采暖费补贴社会化发放难点问题逐步解决

旅顺口区、金州区的市属企业“三三制”退休人员，以及上述两区区属企业中市内户口的“三三制”退休人员，纳入采暖费补贴社会化发放范围；解决了退休人员遗属采暖费补贴问题。截至2008年年底，有1.87万家用人单位、44万名职工纳入企事业单位采暖费补贴专项资金筹集制度。

四、劳动关系调整和权益保障工作

（一）《劳动合同法》全面实施

2008年，大连市深入开展《劳动合同法》宣传活动和贯彻落实情况大检查，进一步加强企业劳动用工指导和监管，督促用人单位与劳动者订立劳动合同和集体合同，开发并在部分企业试运行了劳动用工备案系统，营造了依法用工的社会氛围，全市各类企业劳动合同签订率达到96.6%，其中非国有企业劳动合同签订率达到96.2%；建立工会组织用人单位集体合同签订率达到95%。

（二）新型劳动关系工作体系基本形成

将国资委、工商联纳入协调劳动关系三方会议，形成了“三方五面”的新型协调劳动关系机制，强化了三方机制在协调劳动关系中的重要作用。下发了《大连市推进劳动关系协调工作进街道社区实施方案》，在甘井子区试点运行，并召开了现场会，加快推动劳动关系协调工作向街道社区延伸。劳动保障监察网格化管理快速推进，一级和二级管理网格覆盖率均达到100%，街镇社区劳动保障兼职监察员和协管员队伍基本建立。

（三）劳动争议仲裁机构建设不断加强

贯彻实施《劳动争议调解仲裁法》，优化办案程序，规范办案行为，就近就地尽快解决劳动争议。全年立案受理劳动争议6 559件，比2007年增长115.4%，案件受理率和按期结案率均达到100%。

（四）劳动保障监察维权作用更加突出

打击非法用工、清理整顿劳动力市场等专项检查深入开展，整治重点更加明确，监察质量稳步提高。全年检查用人单位2.9万家，为15.1万名劳动者补签了劳动合同，查补用人单位漏缴社会保险费1.3亿元，为劳动者追回工资1.7亿元，维护了劳动者的合法权益。

（五）劳务派遣行为专项治理效果显著

对全市901家劳务派遣单位逐一进行检查，对发现的违法问题全部予以纠正。经过连续2年的专项整治，大连市劳务市场进一步规范，劳务公司减少了54%，劳务公司漏缴社会保险费、不签订劳动合同等问题基本得到解决。

（六）企业工资分配宏观指导进一步加强

发布了2008年企业工资指导线，工资增长上、中、下线分别为本企业职工平均工资的18%、12%和7%，均比2007年提高了1个百分点。同时，提出了分类指导意见，对指导全市企业建立健全职工工资正常调增机制和激励机制，逐步提高劳动者的工资水平，促进工资集体协商工作起到了积极作用。发布了2008年劳动力市场工资指导价位，劳动力市场价位的岗位和工种扩大到422个，比2007年增加了21个岗位（工种）。同时，发布了全市2007年企业人工成本情况。

五、农民工工作

（一）农民工就业服务机制进一步完善

积极开展“春风行动”和“春暖行动”，全市各级公共职业介绍机构实行了外来务工人员就业登记制度，发挥外来劳动力市场在招工洽谈、零工候业、岗前培训、信息传递等方面的服务功能，积极为农民工提供公共就业服务，对四川地震灾区在连务工人员实施就业援助。全年共举办专场招聘会103次，为6.1万名农民工提供了职业介绍服务。农民工培训工作逐步完善，7万名进城务工农民参加了技能培训。在全国优秀农民工表彰大会上，大连市有6名农民工被评为优秀农民工，市农民工办被评为农民工工作先进集体。

（二）农民工社会保险覆盖范围不断扩大

全市高风险行业特别是建筑企业农民工参加工伤和医疗保险工作进展较快，农民工参加工伤和医疗保险人数分别达到46.1万人和36.4万人，分别比2007年增长109.5%和82%，农民工“平安计划”第一阶段目标基本实现。

（三）农民工合法权益得到切实维护

召开了全市清理拖欠农民工工资工作会议，下发了《关于清理和解决企业拖欠职工工资问题的紧急通知》，以建筑企业和劳动密集型企业为重点，深入开展清理拖欠农民工工资专项检查，及时解决拖欠农民工工资问题。同时，开通农民工投诉举报“绿色通道”，对农民工劳动争议和职工投诉案件实行快立、快办、快结。全年共为4.1万名农民工追回被拖欠的工资1.6亿元，为9.9万名农民工补签了劳动合同，追缴社会保险费857.2万元。

（大连市劳动和社会保障局）

吉 林 省

2008年，吉林省劳动保障系统在人力资源和社会保障部的正确指导和吉林省委、省政府的坚强领导下，紧紧围绕吉林省经济发展和社会稳定，突出以人为本，不断探索创新，各项主要工作指标均达到历史最好水平。

一、就业再就业工作

尽管国际国内严峻的经济形势对吉林省的就业工作造成了一定的冲击和影响，但凭借良好的工作基础和迅速得力的应对措施，不仅保持了全省就业局势基本稳定，而且各项就业重点目标任务完成情况也是近年来最好的一年，特别是全省从业人员总量达到1 281万人，创历史新高。

（一）城镇新增就业创历史最好水平

全省城镇新增就业52.5万人，为历史最高值；下岗失业人员再就业39.36万人，城镇登记失业率为3.98%，低于全国平均水平。连续第五年大力开展全民创业促就业系列活动，共组织21个省直部门开展了35项系列活动，全省征集创业促就业成功项目6 771个，建立创业促就业孵化基地71个，带动了25.8万名城乡劳动者就业。

（二）公益性岗位保持了较大开发规模

坚持把公益性岗位开发管理这一援助就业困难人员的主要手段抓紧、抓实、抓好。制定了《吉林省公益性岗位管理暂行办法》，规定公益性岗位人员实行实名制管理，并建立了月调度、季通报制度，实现了集中开发、规范管理，初步建立起“人员能进能出、渐进渐出，岗位相对固定，人员合理流动”的管理机制。2008年，全省在岗公益性岗位人员数量为10.56万人，完成年计划的105.6%。

（三）城镇零就业家庭就业援助实现动态为零的目标

按照“街道社区即时援助，县（市、区）强化援助，市州托底援助”的思路，指导全省69个市（州）、县（市、区）制定了援助预案。通过职业介绍和公益性岗位开发，多渠道安置零就业家庭成员就业，并规定对新出现的零就业家庭整个援助时限不超过20日，确保零就业家庭“出现一户、帮扶一户、解决一户、稳定一户”。全年共援助零就业家庭1 802户，实现就业2 112人，援助率100%，动态援助长效机制基本建立。

（四）积极的就业政策成效显著

探索总结了小额担保贷款工作“5×3”工作模式（即强调担保基金到位、贷款发放和回收三项指标，贷前审核、贷后管理、清理回收三个环节，部门协调、对下指导、本级管理三个机制，业务、执行和协调三种能力，创新、形象、责任三大意识），坚持发放与回收并重，贷款发放达到历史同期最好水平。当年筹集担保基金0.6亿元，完成年计划的149.8%；累计发放小额担保贷款15.9亿元，其中当年发放5.3亿元，完成年计划的239.8%；累计带动22.7万人实现了创业和就业；全省有40个县（市、区）累计发放千万元以上。吉林省小额担保贷款工作被人力资源和社会保障部列为首批唯一的省级典型在全国推广。此外，全省累计发放《再就业优惠证》132.01万册，共有13.08万人享受税收扶持政策，74.15万人享受社会保险补贴，37.74万人享受职业介绍补贴，37.01万人享受职业培训补贴，6.44万人享受职业技能鉴定补贴，10.52万人享受公益性岗位补贴。

（五）公共就业服务基础建设和能力水平不断提升

街镇乡、社区基层公共就业服务不断加强，全省累计创建充分就业社区1 333个，占社区总数的85%。全省各类职业介绍机构全年共接待求职人员91.8万人次，介绍成功55.6万人次。积极做好抗震救灾对口就业援助工作，向四川省黑水县提供就业岗位信息2 600多条，组织78名黑水县劳动者来吉林省务工。通过组织“再就业援助月”“农民工服务春风行动”“万名高校毕业生就业促进工程”等品牌活动，加强了公共就业服务基础建设，使公共就业服务的能力水平不断得以提升。

二、劳务经济和农民工工作

（一）劳务经济发展跃上新水平

将劳务输出指标分解到各市（州）、县（市、区），并与省级驻外劳务机构签订了劳务输出责任状，制定出台了《吉林省驻外劳务机构考评办法》和《吉林省驻外劳务机构基础工作规范》，初步建立了绩效挂钩的工作机制，强化了驻外劳务机构的规范化建设。启动全省农村劳动力转移就业致富工程，在全省组织开展了4项行动，即农村劳动力技能提升行动、域外输出拓展行动、转移吸纳行动和农民工返乡创业扶持行动，引导农民转变观念、提高素质。全省各市州依托域内工业园区、重点企业、商贸集中区着力打造“一小时经济圈”，协调企业与乡镇、村建立劳务协作关系，出台优惠政策，开展创业培训，推介创业项目，培养并树立宣传创业典型。2008年，劳务输出规模和劳务收入稳步增长，全省劳务输出396万人，劳务收入403亿元，同比增长45%。其中，农村劳动力输出328万人，实现劳务收入266亿元，同比增长17.8%；全省农民人均劳务收入达到1 756元，同比增长17%。

（二）农民工工作取得实质性进展

省政府首次召开了劳务经济总结表彰大会，命名表彰了全省“十佳”农民工和一批劳务输出先进集体。在全国农民工表彰大会上，吉林省有25名农民工荣获了“全国优秀农民工”称号，3个基层单位被评为国家级农民工工作先进集体。依托“春风工程”，全市共为12.4万名农村劳动力提供了技能培训。同时，创造良好的务工环境，切实维护农民工的合法权益。在全省开展了以农民工较为集中的行业为重点的“春暖行动”，提高了农民工劳动合同签订率。

三、社会保障工作

（一）社会保险覆盖面不断扩大

连续第五年开展“万户民企进社保”专项行动，连续第三年开展以高风险行业农民工参加工伤保险为重点的“平安计划”专项行动，连续第二年开展“居民医保进万家”宣传周专项行动。截至2008年年底，5项社会保险参保总人数达到2 159.23万人次，为历史最好水平。其中，基本养老保险参保525.27万人，完成年计划的102.7%；失业保险参保233.71万人，完成年计划的101.6%；城镇职工基本医疗保险参保450.91万人，完成年计划的100.2%；城镇居民基本医疗保险参保486.5万人，完成年计划的108.1%，列全国第三位；工伤保险参保234.94万人，完成年计划的102.1%；生育保险参保227.9万人，完成年计划的120%。

（二）社会保障待遇水平不断提高

企业退休人员基本养老金标准再次提高，调整后的退休人员月平均养老金达到930元左右，比2007年增加95元，增幅达11.3%。企业养老保险缴费比例由23%下调至22%，每年可减轻企业负担3亿多元。生育保险待遇支付范围由女职工、男职工扩展到新生儿，形成了“三位一体”的保障机制。上调了工伤职工伤残津贴、供养亲属抚恤金和生活护理费支付标准，参保单位、人员得到了更多的实惠。

（三）社会保障制度不断完善

积极探索建立农村养老保险制度，在12个县市启动了农村独女户夫妇养老保险试点；在和龙市启动了新型农村养老保险试点；在珲春市启动了农民工养老、失业综合保险制度试点。大力推进城镇居民参加基本医疗保险全省试点工作，全省51个统筹地区同步出台了实施方案并全面启动，其中延边州实现了城镇居民医保州级统筹。

（四）社保基金监督工作不断加强

开展医保基金专项检查，及时纠正政策执行不够严格、管理不够规范、基金使用不合要求等问题，有效控制了基金挤占挪用行为。开展社保基金专项治理工作，成立省专项治理领导小组，召开了全省专项治理工作视频会议，进行了具体部署。举办了社会保险基金监管培训班，提高社会保险基金监管人员素质，培训基金监管人员157人。

四、职业技能培训和鉴定工作

（一）加强职业技能鉴定和高技能人才队伍建设，促进劳动者素质就业和稳定就业

省政府审批成立的首批10所技师学院全部建成，填补了吉林省缺少培养高技能人才专门基地的空白。开展了吉林省首届“吉林技能大奖”和“吉林省技术能手”评比表彰活动，表彰高技能人才60名，其中“吉林技能大奖”10名，“吉林省技术能手”50名。向国家推荐享受政府特殊津贴高技能人才候选人9名，“中华技能大奖”1名，“全国技术能手”8名。开展了吉林省第三届全国数控技能大赛选拔赛，选拔19名优秀选手参加全国竞赛。在全社会范围内营造了尊重人才、重视技能的良好氛围。同时，对全省职业技能鉴定工作进行专项监督检查，将各行业组织的职业技能竞赛纳入整体规划，初步实现各项职业技能竞赛的规范化管理。2008年，全省完成职业技能鉴定23.65万人，全年培养高技能人才4.5万人，完成年计划的110%。

（二）免费培训低保家庭子女，增强其就业能力

低保家庭子女就业技能免费培训是省政府采取的一项旨在从根本上改变低保家庭贫困状况的重要举措。省劳动保障厅确定60家培训机构承担这方面的任务，符合条件的低保家庭适龄子女可就近就地选择。根据市场需求和培训对象特点，开设美容美发、厨师面点等38个专业。各级劳动保障部门积极协调有关部门，利用街镇乡、社区等基层劳动保障工作平台，加大宣传力度，积极组织动员，努力扩大招生规模，2008年全省城乡低保家庭适龄子女报名参加培训8 360人，其中农村3 755人，城镇4 605人。与此同时，通过采取督促各培训机构建立健全教学管理制度和学生管理制度、维护正常教学秩序、做好教学评估工作等举措，确保了培训质量，并积极做好就业指导和就业服务工作。

五、劳动关系调整和权益保障工作

（一）深入推进劳动关系协调工作进社区

吉林省是国家确定的唯一试点省份。通过采取领导推动、政策驱动、典型带动、联手协动等工作措施，在全省2 352个街镇乡、社区全部建立了基层劳动关系协调组织机构，配备了3 038名劳动关系专职协调员和3 538名劳动保障兼职监察员，逐步建立和完善了劳动关系协调工作组织体系、管理服务体系、法律法规体系、目标责任体系和三方协调机制。2008年4月，人力资源和社会保障部在吉林省召开了全国劳动关系工作座谈会暨基层建设经验交流会，对吉林省推进劳动关系协调工作进社区试点工作的经验和做法给予了充分肯定，并在全国予以推广。

（二）稳步提高劳动合同签订率和劳动用工备案率

深入贯彻实施劳动合同“一法两条例”，不断加强劳动合同管理和劳动用工备案工作。2008年，全省企业劳动合同签订率达到了

96.2%，比2007年提高了5.2个百分点；全省劳动用工备案率达到了90.6%。省人大常委会在对《劳动合同法》《吉林省劳动合同条例》贯彻执行情况进行专项检查后给予了充分肯定。

（三）妥善化解劳动保障矛盾纠纷

为确保北京奥运会等重要时期社会稳定，按照省委、省政府和省信访联席会议部署，组织全省劳动保障系统集中开展重信重访问题和重点信访问题专项治理活动。全年共受理复查复核案件17件，办结率达100%，受到省政府信访案件复核机关的好评；上级领导机关共交办案件347件，办结率达100%，案件办理工作受到省委领导的高度赞扬；全年劳动保障信访工作目标完成率为90%，超额完成年初确定的80%的目标。及时启动应急预案，妥善解决赴俄罗斯务工人员突发事件和赴罗马尼亚人员劳务纠纷。

（四）积极配合做好企业改制工作，推进厂办大集体改革

2008年是国家实施政策性关闭破产的最后一年，也是吉林省推进厂办大集体改革试点的关键一年，省劳动保障厅成立了企业改革推进组，配合有关部门，积极推进解决关闭破产及改制企业的职工安置和历史遗留问题。一是解决了14万名政策性关闭破产企业退休职工参加医保问题。争取国家资金9.8亿元，给予未参保职工中央财政人均补助6 300元，省级财政人均补助1 700元，差额部分由市县补足；对于已自行解决地方政策性关闭破产国有企业退休人员医保的地区，按照中央财政每人1 260元的标准给予奖励。二是争取国家11.3亿元资金支持，用于解决企业工资历史拖欠，使吉林省企业工资历史拖欠问题基本得到了解决。三是全年共为200余家关闭破产、改制及厂办大集体企业的3万余名职工办理了身份认定等手续。其中，由省劳动保障厅直接负责的国有企业有32家，职工安置方案审核率达到100%，近2万名职工基本得到了妥善安置。

六、法制建设工作

继续实施人大代表建议和政协委员提案办理过程中的当面答复制度，得到人大代表和政协委员的充分肯定。加大劳动保障执法监察力度。以开展“劳动保障监察执法年”活动为载体，组织实施了整顿人力资源市场秩序专项行动和劳动合同专项执法检查行动。全年各类劳动监察案件结案率达到98%以上，农民工工资当期支付率达100%；主动监察用人单位2 489家，涉及劳动者133.7万人，补签劳动合同26.4万人；追发劳动者工资等待遇涉及12.5万人，金额3 469.3万元；督促1 012家用人单位补缴社会保险费3 890.6万元，涉及劳动者7.67万人。

七、基础服务能力建设工作

（一）劳动保障信息化建设取得新进展

全省劳动保障数据中心机房和网络机房全部建成并投入使用，同时依托主干网建设，开通了连接国家、省、市、县四级视频会议系统，为各项业务经办和工作效率的提高提供了强有力的支持。

（二）劳动保障宣传工作迈上新台阶

全年中央和省级各类新闻媒体累计4 000余次报道吉林省劳动保障工作，全年召开新闻发布会7次，与吉林人民广播电台联合举办《劳动保障之窗》节目22期，省劳动保障厅门户网站点击量达到2 900多万次，在吉林各省直部门中名列前茅。

（三）党风廉政建设取得新成绩

深入开展了解放思想大讨论活动、学习实践科学发展观活动和“树新风正气、促和谐发展”主题教育活动，建立健全了软环境和政行风建设领导小组、纠风工作领导小组、劳动保障工作目标责任制考核领导小组，单设了软环境工作办公室，配备专人推进工作，吉林省软环境办对吉林省劳动保障厅贯彻改善企业发展环境“十不准”情况给予了充分肯定。2008年，省劳动保障厅在全

省民主评议软环境和政行风活动中被评为“群众满意单位”。

2008 年，吉林省各项劳动保障事业全面推进，取得了显著成绩，省劳动保障厅荣获“2008 年度省政府工作部门绩效评估优秀单位”称号。

（吉林省劳动和社会保障厅）

长　春　市

2008年，长春市劳动保障工作紧紧围绕群众利益是核心、促进和谐是关键、为民谋利是根本的指导思想，从关注民生、尊重民意、促进民和、保障民安的高度出发，相继推出了“08就业伴你行”“居民医保全覆盖攻坚战”“劳动关系协调工作进社区”等一系列大型活动，在圆满完成年度目标任务的同时，促进并保障了长春市就业局势的稳定、社会保障覆盖面的不断扩大和劳动关系调整能力的提高。

一、就业再就业工作

2008年，长春市共开发就业岗位11.23万个，实现城镇新增就业8.64万人；扶持下岗失业人员实现再就业6.65万人，其中就业困难群体1.58万人；帮扶759户零就业家庭成员实现了就业，全市零就业家庭始终保持动态为零，城镇登记失业率为3.5%；小额贷款当年新发放9 215万元，开发创业促就业成功项目1 346个，实现创业带动就业2.32万人；实现劳务输出105万人。

（一）认真做好就业岗位开发和再就业工作

2008年，长春市劳动保障局结合开展以“六送”为主题的“再就业援助月”活动，完善了就业岗位开发的预测、预报工作体系，优化目标责任单位，切实强化了对岗位开发工作的指导。从3月下旬开始，开展了“08就业伴你行”百日就业促进系列活动，结合全市民生计划的总体部署，积极构建和谐的就业环境。活动持续3个月时间，全方位、多层次地促进就业援助、岗位对接、创业带动、政策扶持、就业维权等各项工作，推动了全市城乡统筹就业试点工作和深化劳动保障制度改革以及构建“大保障、广就业”格局工作的深入开展。活动期间，共举办各类招聘会92场，提供岗位48 527个，接待各类求职人员8.31万人，意向成交1.79万人。

（二）坚持做好零就业家庭援助工作

本着突出重点的原则，进一步完善了零就业家庭援助长效机制，以社区为单位开展了零就业家庭普查，全面摸清了全市零就业家庭人员的基本情况，准确掌握了就业困难群体的现状。在具体工作中，把开发就业岗位、提供再就业服务、帮助大龄就业困难人员就业等环节有机结合起来，建立了集岗位开发、就业服务、托底安置于一体的再就业援助体系，实现了就业援助工作的经常化和制度化，确保了零就业家庭动态为零的目标。

（三）加强公益性岗位开发管理工作

结合长春市实际，以公共服务和社区为主要方向，重点抓住公共管理类、社区服务类、公共事业提供有偿服务类等项目，拓宽公益性岗位开发渠道，全市公益性岗位总量增加到22 754个。同时，不断加强对公益性岗位管理工作的指导，强化了公益性岗位开发形式、组织实施、调剂使用及管理、监督和考核、公益性岗位人员工资的申请、社会保险关系的接续等项工作。

（四）突出抓好小额贷款和创业促就业工作

结合落实《长春市委、市政府关于构建大就业格局，促进民营经济发展的实施意见》（长发［2007］6号），加大了小额贷款工作力度，小额贷款当年新发放的增幅达到40%。

同时，坚持以“创业大讲堂”为载体，把创业促就业工作、创业培训工作与小额贷款工作有机结合起来，为创业者提供技术、资金等各方面的配套服务，实现了创业项目带动就业的倍增效应。

（五）不断强化基层劳动保障工作平台和人力资源市场建设

长春市351个基层劳动保障工作平台按照《城市公共就业服务机构综合性服务场所功能手册》的统一要求，已初步实现“制度化、专业化、社会化”的目标，基层劳动保障工作平台建设日趋完善，服务职能得到充分发挥。全市各级人力资源市场严格落实“对有就业愿望的求职者，只要不挑不拣，保证一周内安排工作”的承诺服务，帮助8 755名求职者通过市场实现了就业。

（六）统筹做好劳务输出和城乡统筹就业工作

开展了农民进城就业“春风行动”，发放《农民进城就业指南》《劳动合同法》《就业促进法》等各类宣传品35万余份，开通“送岗到乡直通车”22次，为全市农村劳动力送去岗位信息2 000余条，提供就业岗位15.3万个，直接为8万余名农民提供面对面就业服务。四川汶川地震发生后，长春市劳动和社会保障局积极开展对口就业援助，首批78名黑水地震灾区农民工顺利实现在长就业。2008年，长春市劳务输出工作在组织化、输出地域和输出行业方面实现了突破，其中组织化输出人数达到47.2万人，占全部输出总量的44.9%，同比增长8%，技能输出的比例大幅提高，技能型工种输出人员数量比2007年增长47%，达到1.7万人。

二、职业技能培训和鉴定工作

2008年，长春市共培训下岗失业人员3.17万人，培训后就业率达到66%；创业培训9 983人，创业成功率达到51%；组织参加职业技能鉴定73 684人，其中高技能人才6 800人。培训在职职工2.2万人；培训新成长劳动力2.15万人；培训低保家庭子女465人。发放职业培训补贴494.78万元，为技工学校落实教育费附加800万元，为1.07万名技工学校学生按时足额发放助学金1 603.65万元。

（一）加强基础工作，高技能人才工作取得新进展

通过调研和资料信息整理，形成了《长春市技能人才发展报告》，制定了《长春市紧缺职业（工种）高技能人才政府补贴培训办法》，完成了技能人才相关表彰推荐工作，通过激励机制为技能人才脱颖而出创造了条件。

（二）突出培训效果，下岗失业人员职业技能培训和创业培训工作取得新突破

紧密围绕创业培训目标，严把创业培训教学环节，在完善传统创业培训模式的基础上，开展了创业模拟公司实训教学，通过创业实训运作，探索建立了创业实训与创业培训有机结合、相互衔接的新机制，开辟了创业培训由理论到实践的新途径，扩展了创业培训发展的新领域。

（三）量化任务指标，职业技能鉴定工作再上新台阶

举办了长春市2008年职业技能竞赛，首次将大学生创业纳入竞赛范围。初步建立了政府招标购买培训成果工作机制，通过将鉴定范围向农村转移劳动力、城镇就业困难群体等特殊群体延伸，实现了以职业资格证书为社会培训和就业提供对接服务。

三、社会保障工作

养老保险当年新增参保8.66万人，在职职工参保总量达到97.1万人；征缴养老保险费43亿元，其中当期征缴37亿元；完成了34.6万名退休人员调整待遇工作，月人均养老金增加95元；全年累计为37万名离退休人员发放养老金41亿元，同比增长13%，按时足额发放率和社会化发放率达到100%。为1.06万名城镇未参保集体企业退休人员按低保标准发放了生活费，符合条件人员生活费发

放率达到100%；为2 540名新中国成立初期参军复员到企业的退休老兵发放生活补助600多万元，发放率达到100%。新征地农民养老保险累计参保2 731人，征缴基金1.2亿元，其中享受待遇778人，为享受待遇农民发放养老金245万元。启动实施了以“政府担保、社保运作、财政贴息、银行贷款”方式解决困难群体接续养老保险工程，为658名困难人员办理了接续养老保险贴息贷款。进一步巩固退休人员社会化管理服务基础工作，依托社会化服务网，强化动态管理，全年办理新增、转移、停发、恢复档案9.8万人次，库存退休人员档案26.4万卷，库存档案率达到99.7%以上，其中电子档案12.96万卷，电子档案建档率达到49.1%，年防冒领养老金75万元。依托社区平台提升为老服务，退休人员社会化管理率达到98.6%，社区规范管理率达到95%。

进一步健全完善了失业预警机制和失业调控方案，全市失业保险新增参保8.1万人，参保总数达到70.5万人；征缴失业保险费（含清欠）3亿元，按时足额发放失业保险金2亿元，同比增长5.3%，社会化发放率100%。

城镇职工医疗保险新增参保14万人，参保总数达到124万人，基金征缴率保持在98%以上。有2.62万名国有改制、破产企业退休人员按照一次性缴费标准参加职工医保，做到了应保尽保。对全市131家定点医疗机构、118家定点零售药店和118家社区卫生服务机构开展了规范化管理服务。

2008年，长春市全面开展了“居民医保全覆盖攻坚战”活动，全市累计发放政策解读60万份，宣传提纲200万份，居民医保当年新增参保28万人，参保总数达到158万人，参保率为94%，实现了居民医保全覆盖，中央电视台《新闻调查》栏目对长春市开展的居民医保工作进行了专题报道。居民医保相关政策得到进一步完善，建立了居民缴费财政“普惠制”补助机制。年筹资水平，成人由200元提高到240元，18周岁以下居民由45元提高到75元；提高了医保待遇，取消了住院首诊制规定，居民住院平均补偿比例由37%提高到50%以上；新增恶性肿瘤放化疗、尿毒症透析治疗、异体器官移植后抗排异治疗3项门诊大病项目，降低了居民住院起付线标准，增加了学龄前儿童门诊意外伤害待遇；出台了《长春市低保人员城镇居民基本医疗保险优惠办法》，对参保的低保人员实行住院定点医疗管理，同时每年往每个低保成人医保卡里划入50元，以解决他们门诊看病和购药问题。

全面推进农民工参加工伤保险“平安计划”，针对非法用工、童工受到事故伤害案件逐年增多的问题，明确了非法用工单位伤亡人员一次性赔偿办法及举报、鉴定和举证权利，规范了受理程序，界定了部门职责。全年共完成单位申报工伤认定案件1 450件，受理个人申报工伤案件325件，劳动能力鉴定1 691人。实现工伤保险新增参保9万人，参保总数达到84万人；生育保险新增参保9万人，参保总数达到68万人。在人力资源和社会保障部召开的省级医疗和生育保险工作座谈会上，长春市应邀作了大会发言。

四、劳动关系调整和权益保障工作

认真组织实施了推进企业解决工资拖欠工作，对拖欠工资企业逐户逐人开展了核查认定，进一步明确了国家专项补助资金的分配原则和审批程序。按时发布了1 218个职位（工种）、42个外商投资企业职位（工种）、6个学历等级、10个年龄段、8个工龄段、9个专业技术等级、14个国民经济行业、4个隶属关系、10个登记注册类型、35个家政（社区）服务业岗位，共5 319个工资指导价位。通过调查2 879家企业、26.7万名职工的人工成本情况，形成了全市人工成本参考水平和人工成本预警线。拟定了企业工资增长指导线，从业人员劳动报酬由2007年度的人均1 220元/月提高到1 606元/月。在30家企业中开展了工资集体协商试点。

为积极探索建立执法合理化与守法自觉化

的行政执法长效机制，2008 年，长春市劳动保障局在全市范围内组织开展了《就业促进法》《劳动合同法》和《劳动争议调解仲裁法》培训宣传活动，共举办培训班 43 期，涉及各类用人单位 560 家，职工 1.5 万人，覆盖了全市所有类型的企业和职工，营造了良好的劳动保障法制氛围。全年共完成行政许可、行政审批、年检等 11 个项目的认定工作，下放行政审批项目 50%；完成对县、市工伤认定行政复议案件 4 件，结案率达到 100%；组织局机关 73 人参加了劳动保障普法知识考试及依法行政业务学习培训。

继续组织开展了劳动关系协调工作进社区试点，通过将劳动关系调整职能下沉到街道、延伸到社区，实现了对劳动合同和企业用人情况的动态管理。通过开展劳动关系协调工作进社区试点，创建了市、区、街道、社区“四级服务”体系和劳动关系协调管理机制、联动机制、培训机制、网络机制“四种推进”机制，实现了劳动合同工作进社区、劳动维权进社区、就业服务进社区、劳动保障目标落实进社区，使全市劳动合同签订率达到 92%，企业用工备案率达到 95% 以上。2008 年 4 月，承办了人力资源和社会保障部召开的全国劳动关系座谈会暨基层建设经验交流会。

在劳动保障执法监察工作中，重点实施了专项执法检查、和谐劳动关系、矛盾纠纷排查三大维权项目，积极开展了农民工工资支付、清理整顿人力资源市场秩序、劳动用工情况执法检查、整治非法用工等专项执法检查活动，建立完善了市、区、街道三级劳动保障监察网络体系，继续实行了建筑工地工资保证金制度。2008 年，劳动保障监察共巡视检查用人单位 1 650 家，责令整改 356 家，立案监察 280 件，监察结案率达到 99%。为 7 856 人返还工资及抵押金 468 万元；督促用人单位为 39 465 人办理了社会保险；组织开展了清理整顿人力资源市场等 5 项专项检查，共检查 96 个建筑工地、603 个栋号，保证农民工工资支付率保持在 100%。

劳动保障信访共接待职工群众来访 2 942 批次，比 2007 年增长 16.1%，涉及职工 6 373 人次，比 2007 年减少 28.2%。其中，集体访 113 批次，涉及职工 2 888 人次。完成了人力资源和社会保障部交办的涉及长春市 8 件非正常进京上访案件的核查工作及可能引发群体性事件不稳定因素的排查和落实工作，全年劳动保障信访工作目标完成率达到 90% 以上。

2008 年，共处理劳动争议案件 664 件，涉及职工 1 211 人，其中集体劳动争议案件 26 件，涉及职工 501 人。在劳动保障仲裁工作中，坚持“调解先行、以调为主”的原则，尝试采取灵活的案前调解方式对案件进行庭前调解，取得了较好的效果，全年处理结案 431 件，占案件总数的 64.9%。其中，裁决 88 件，调解 97 件，调解结案率是 2007 年的 2.43 倍。

（长春市劳动和社会保障局）

黑龙江省

2008年，在人力资源和社会保障部及省委、省政府的正确领导下，黑龙江省劳动保障厅坚持以邓小平理论和“三个代表”重要思想为指导，以党的十七大精神为统领，深入贯彻落实科学发展观，以解决历史遗留问题为工作重点，大力实施积极的就业政策，进一步完善社会保障体系，积极构建和谐稳定的劳动关系，努力维护劳动者特别是农民工的合法权益，使广大人民群众最关心、最直接、最现实的利益问题得到了有效解决，为推动全省经济社会健康快速发展和构建和谐龙江作出了积极贡献。

一、就业再就业工作取得新突破

2008年，全省各级劳动保障部门以贯彻实施《就业促进法》为契机，积极应对国际金融危机给黑龙江省就业局势带来的深远影响，实施积极的就业政策，加强就业援助和服务，大力控制失业率，全省就业再就业工作呈现出良好态势。截至2008年12月底，全省城镇新增就业71.74万人，完成全年计划的120%；下岗失业人员再就业58.04万人，完成全年计划的116%；其中，安置就业困难群体就业18.24万人，完成全年计划的182%；全省登记失业率为4.23%，低于全年控制目标0.37个百分点。

（一）认真宣传和贯彻落实《就业促进法》

在全省范围内开展了法律宣传月活动，通过举办知识竞赛和电视大赛、在媒体上开设专栏、发放宣传品等多种形式，对《就业促进法》颁布的意义及主要内容开展了集中宣传活动。会同有关部门起草了《黑龙江省人民政府关于进一步做好促进就业工作的意见》（黑政发［2008］89号），对相关政策措施进行了细化和完善，保证了《就业促进法》和《国务院关于做好促进就业工作的通知》（国发［2008］5号）的顺利实施。

（二）进一步加大小额担保贷款、社保补贴等就业政策的落实力度

协调省财政厅、人民银行和担保机构，扩大小额担保贷款的发放比例，简化相关手续，截至2008年12月底，累计为10.72万名有创业愿望的下岗失业人员发放小额担保贷款20.51亿元。在严格审核的基础上，为24.19万名符合条件的下岗失业人员发放了《再就业优惠证》。

（三）继续开展多种形式的就业服务和援助活动

在全省范围内开展了“就业援助月”“春风行动”“2008年春季招聘大会”“民营企业招聘周”“送岗位进校园”以及“大中专技校毕业生就业服务月”等专项就业服务活动，通过举办专场招聘会、开发公益性岗位、落实社保和岗位补贴及各项税费减免政策等形式，为各类就业困难群体提供了有效的就业援助。截至2008年12月底，全省开发的公益性岗位安置困难群体4.49万人，完成全年目标任务的149%；累计消除零就业家庭4.8万户，实现零就业家庭成员至少1人就业，巩固了全省零就业家庭“动态为零”的成果。

（四）积极做好创业促就业工作

将扩大创业培训群体作为全年创业服务的

工作重点，将培训范围扩大到大学生、农民工、“两劳”释放人员、残疾人员和女性等群体；通过举办 SYB 创业培训师资班，使黑龙江省的创业培训师资队伍不断充实和壮大。组织开展创业服务周活动，实现创业培训招生 3 500 余人，推介创业项目 2 942 个。搭建创业服务平台，为有意愿的创业者提供培训、政策、资金、技术、信息等“一条龙”服务，发挥了积极的就业倍增效应。

（五）加快建立覆盖城乡的公共就业服务体系

充分发挥以全省各级就业经办机构、基层劳动保障工作机构、各类公共就业服务机构为主体的就业再就业工作平台的积极作用，对城乡劳动者广泛开展了就业政策、职业信息、职业介绍、职业指导和技能培训等就业服务。截至 2008 年 12 月底，全省实现求职登记 133. 54 万人次，介绍成功 78. 58 万人次。

（六）积极开展抗震救灾对口就业援助工作

按照人力资源和社会保障部及省委、省政府的部署，省劳动和社会保障厅下发了《关于切实做好四川省剑阁县就业援助有关工作的通知》，通过筛选、分类、汇总，向对口支援的四川省广元市剑阁县提供了 2 250 个就业岗位，所有岗位均提供免费住宿，月平均工资都在 1 000 元以上。2008 年 7 月，黑龙江省组织 9 个市地赴剑阁县召开就业援助招聘现场会，共招收了 517 名灾区求职者，超额完成了国家下达的 500 人的任务。

（七）积极研究制定应对金融危机、稳定就业局势的政策措施

2008 年年底，为应对国际金融危机对黑龙江省就业局势的影响，省劳动和社会保障厅及时起草下发了《关于做好劳动保障工作应对当前经济形势的通知》（黑劳社发［2008］84 号），明确了就业工作的 7 项政策措施。在此基础上，又代省政府起草制定了《黑龙江省关于实行更加积极的就业政策进一步稳定就业局势的意见》，结合本省实际，针对努力开发岗位、千方百计扩大就业、采取超常措施帮扶企业稳定就业岗位、加大就业服务和援助力度以及发挥培训促进就业等方面制定了 25 项稳定就业局势的政策和意见。

二、职业技能培训和鉴定工作取得新成果

根据《中共中央办公厅、国务院办公厅关于进一步加强高技能人才工作的意见》（中办发［2006］15 号）精神，制定印发了《黑龙江省高技能人才评选奖励办法》（黑政办发［2008］3 号），成立了省高技能人才评审委员会，制定了评审操作规程，评选出 20 个“龙江技能大奖”和 100 名“龙江技术能手”，并给予表彰奖励。通过充分调研，借鉴外省的先进经验，联合九部门制定下发了《关于建立校企合作制度加快高技能人才培养的实施意见》，建立了完善的校企合作培养高技能人才制度。制发了《规划建设高技能人才公共实训鉴定基地的指导意见》，按照“统筹规划、合理布局、技术先进、资源共享”的原则，指导各地做好高技能人才公共实训鉴定基地建设工作。为提高技工教育的整体素质和综合实力，深入推进校企合作，在国家重点以上技工院校中启动实施了一体化教学改革试点。会同省人事厅、省教育厅等部门，对社会团体和各类企业面向社会设置或组织实施的职业资格及相关考试、发证等活动进行全面清理，规范了全省职业技能培训和职业技能鉴定工作。制定了《农村劳动力技能就业计划实施办法》，对农村劳动力培训的目标任务、定点培训机构的认定管理、培训补贴和鉴定补贴的发放管理等内容作了进一步明确。根据《黑龙江省人民政府关于促进服务外包产业发展的若干意见》（黑政发［2008］15 号）精神，深入哈尔滨、大庆等市服务外包产业园区开展调查，组织召开了服务外包技能人才培养研讨会，全面了解服务外包产业的行业特点、人才需求结构与数量，为全省服务外包产业提供技能人才支持。2008 年，全省共培养高技能人才 5. 57 万人，超出全年目标 0. 73 万人；技工院校招生 4 万人，完成了全年任务；组织农村劳动力参加职

业技能培训28.2万人，超出全年目标6.2万人；企业职工培训45.9万人，超出全年目标20.9万人；完成职业技能鉴定21.3万人，超出全年目标3.3万人，鉴定合格率为94%。

三、社会保险工作取得新进展

紧紧围绕加快推进以改善民生为重点的社会建设，社会保障体系建设进一步完善，保障水平进一步提高，各项惠民政策得到有效落实。到2008年12月底，全省基本养老、医疗、失业、工伤和生育保险参保人数分别达到859.5万人、788.2万人、467.5万人、390.7万人和241.2万人，比2007年年末分别增加29.7万人、19.8万人、3.4万人、35.2万人和21.7万人。各项社会保险费征缴额继续保持了稳步增长的势头，基金结余进一步增加，保障能力进一步增强。

（一）养老保险

按照人力资源和社会保障部的统一部署，会同省财政厅经过测算和论证，从2008年1月起调整提高了全省企业退休人员基本养老金标准，由2007年度的平均每月748元提高到854元，增幅高于全国平均水平。将18万名按低保标准领取生活费的城镇集体企业退休人员纳入城镇职工养老保险范围，有效地解决了长期困扰黑龙江省的“要养老不要低保”问题。从2008年10月1日起将全省企业退休人员每人每月45元御寒津贴纳入基本养老保险统筹基金支付范围，使全省230万名企业退休人员从中受益。将护理费标准由以前每人每月200元调整为600元，解决了因瘫痪等原因生活长期完全不能自理的离休干部和新中国成立前参加革命工作的退休老工人的特殊困难。

（二）医疗保险

在总结2007年哈尔滨、齐齐哈尔、鸡西3个城市城镇居民基本医疗保险制度试点工作的基础上，将牡丹江、佳木斯、大庆和七台河四市纳入试点城市，使省试点城市达到7个，覆盖地市超过了50%。到2008年12月底，全省城镇居民基本医疗保险参保人数已经达到268万人。将全省12.7万名地方政策性关闭破产企业退休人员全部纳入城镇职工基本医疗保险，切实解决了这部分群体的医疗保障问题。

（三）失业保险

通过调整完善相关政策，将城镇企业事业单位、民办非企业单位、社会团体和与之形成劳动关系的劳动者以及社会团体的专职人员纳入失业保险覆盖范围。经省人民政府批准，先后两次提高失业保险金标准，目前全省失业保险金月平均达到273.3元，比2007年增加88.1元，增长47.5%。

（四）工伤保险

制定下发了调整因工负伤人员伤残津贴及工亡职工供养亲属待遇的意见，这是自《工伤保险条例》颁布实施以来黑龙江省连续5年对工伤职工伤残津贴待遇进行调整。打破发达省份投资建立工伤康复医院的办法，采取购买工伤康复服务的方式，既节省了财政投入，又满足了工伤职工的康复需求。

（五）农村养老保险

根据省委、省政府的工作部署，结合新农村帮建工作，新型农村养老保险在肇源县和平乡华源村的试点工作取得了新进展，目前已有83位70岁以上的老年人领到了县财政发放的每人每年360元的养老补贴。联合省财政厅、省国土资源厅制定出台了《黑龙江省被征地农民养老保险暂行办法》（黑劳社发［2008］64号），为黑龙江省被征地农民养老保障工作提供政策依据，维护了被征地农民的合法权益。

四、劳动关系调整和权益保障工作取得新成效

以贯彻实施《劳动合同法》《劳动争议调解仲裁法》为契机，加强劳动关系利益协调机制、纠纷调处机制和监察执法机制建设，努力构建和发展和谐稳定的劳动关系。

（一）集中力量专项推进，全面解决企业工资历史拖欠问题

解欠工作得到了党中央、国务院和省委、

省政府的高度重视，全国人大常委会副委员长王兆国和国务院副总理张德江先后到黑龙江省对这项工作进行专题调研。省委、省政府将这项工作作为全省十项民生工程中的一项重要内容，省委书记吉炳轩和省长栗战书多次听取汇报，并作出重要指示。按照国务院的工作部署，省政府成立了解决企业工资历史拖欠工作领导小组，省解欠办从省直各有关部门抽调32名精干力量，集中办公，指导全省全力开展解欠工作。各地解欠机构抽调3 000多名业务人员组成500多个审核组，对企业逐家进行了认真核实认定工作，摸清了拖欠情况的底数。积极争取中央补助资金32.22亿元和中央财政30亿元借款的支持，千方百计筹措资金，集中精力实施专项推进。截至2008年12月25日，全省已提前完成解欠工作的申报审批任务，共偿还拖欠工资130.26亿元，涉及企业1.22万家、职工204.85万人。

（二）深入贯彻《劳动合同法》，稳步推进劳动合同制度建设

省、市、县三级普遍建立了由劳动保障部门、工会和企联组成的三方协调机制，大力实施“劳动合同制度三年行动计划”，积极开展劳动关系和谐企业创建活动。以贯彻《劳动合同法》为契机，清理有关法规政策，制定相关配套文件，以建筑业、餐饮业为重点行业，以非公有制企业为重点单位，以农民工为重点人群，开展专项执法检查活动，有效地提高了劳动合同签订率。截至2008年12月底，全省劳动合同签订率达到94%，同比提高3个百分点。

（三）加大企业工资调控力度，落实合理的收入分配制度

充分考虑物价上涨给百姓生活带来的压力，经过认真测算并报省人民政府同意，调整了企业最低工资标准，全省平均水平提高到509元，比原标准增加46元，增长近10%。积极履行企业工资调控职能，建立并落实了最低工资制度，指导市县及时发布工资指导线和劳动力市场工资指导价位，初步建立了与市场经济相适应的企业工资宏观调控的新办法。在加强监督检查，确保最低工资制度有效落实的同时，指导各地推行工资集体协商制度，并开展了企业工资正常增长机制的调研。

（四）建立并完善监察执法和劳动争议处理机制，依法维护劳动者合法权益

积极开展“劳动保障监察执法年”活动，组织机构建设进一步加强，制度建设进一步完善；积极推进全省劳动保障监察“网格化、网络化”建设，对用人单位实施动态监管；按照诚信龙江建设的总体要求，开展劳动保障诚信登记评价工作，不断提高企业守法意识。2008年，全省共督促各类用人单位与32.9万名劳动者补签劳动合同，为3万名劳动者追发工资等待遇4 835.55万元，督促3 046家用人单位为13.45万名劳动者缴纳社会保险费9 812.6万元。同时，认真贯彻落实《劳动争议调解仲裁法》，强化劳动争议处理，完善劳动争议各项制度和程序，仲裁质量进一步提高。落实信访工作责任制，强化矛盾排查和纠纷化解，涉劳信访案件和群体性事件得到妥善处理。

五、农民工工作又创新局面

落实农民工各项就业扶持政策，为农民工进城就业和返乡创业营造良好环境；组织公共职业介绍机构为农民工提供免费政策咨询、信息发布、职业介绍和劳务输出等服务，共为农民工提供免费求职登记21.25万人，介绍成功13.18万人，有力地促进了农村劳动力转移就业。2008年春节后，开展了以“帮助进城求职农民找到合适的就业岗位，改善农民工就业环境”为主要内容的“春风行动”，为广大进城务工农民提供就业岗位35.6万个，为27万余名农民工提供职业介绍服务，实现成功就业12.1万人。进一步落实《黑龙江省农村劳动力技能就业计划实施办法》（黑劳社发［2007］57号），通过开展农民工技能培训，提高了外出务工农民的技能水平和就业能力，有效地提高了就业稳定性。按照“低费率、

保大病、保当期、以用人单位缴费为主”的原则，开展了农民工参加医疗保险扩面行动；通过实施“平安计划”，进一步推动农民工参加工伤保险工作。截至2008年12月底，全省农民工参加医疗保险、工伤保险人数分别达到45.9万人和76.7万人。继续加大劳动保障监察执法力度，依法查处未签订劳动合同以及拖欠、克扣、压低农民工工资的违法行为，农民工劳动合同签订率进一步提高。落实农民工工资保证金制度，累计收缴农民工工资保证金14.18亿元，通过保证金支付农民工工资1.47亿元，有效地维护了农民工依法获得劳动报酬的权利。

同时，全省劳动保障系统深入开展学习实践科学发展观活动、领导干部党风廉政建设、干部队伍建设、法制化建设、信息化建设、信息宣传以及政务公开等项工作也取得新进展。

（黑龙江省劳动和社会保障厅）

哈尔滨市

2008年，哈尔滨市劳动保障局以邓小平理论和“三个代表”重要思想为指导，深入贯彻落实党的十七届三中全会精神，努力实践科学发展观，按照国家、省、市的决策部署，坚持解放思想，坚持科学发展，坚持创新驱动，努力克服来自方方面面的不利影响，按照年初确定的“围绕一条主线，突出两大重点，抓好三项建设，落实十件实事”的工作思路，咬定目标，凝心聚力，奋力拼搏，争先进位，保证了劳动保障工作目标全面和超额完成，为推进哈尔滨市经济社会又好又快发展作出了积极贡献。

一、就业再就业形势保持基本稳定

一是进一步加大就业扶持政策的落实力度。为100家享受再就业扶持政策企业发放各类补贴255万元；为6.3万名灵活就业人员发放社会保险补贴10 839万元；调整小额担保贷款政策，降低门槛，加大额度，探索吸纳下岗失业人员比较集中企业享受小额担保贷款的新途径，发放小额担保贷款8 525.5万元。

二是全面和超额完成就业再就业工作。全市新增就业10.72万人，下岗失业人员再就业6.8万人，安置就业困难人员2.2万人；开发公益性岗位安置就业困难人员5 632人；对全市新认定的1 367名零就业家庭成员进行了托底安置；城镇登记失业率为2.97%；全市职业介绍机构共办理求职登记34.6万人次，职业介绍成功21.2万人次，城镇劳务输出10.9万人。

三是加强了公共就业服务体系建设。举办了民营企业招聘周、全国助残日、“商学互动”招聘洽谈会、高校毕业生就业服务月等多项活动，召开专场招聘会1 948场；开展了春季、秋季两次创业服务周活动，推介七大类800余项创业项目；加强了公益性岗位基础管理工作，安置2 312名就业困难人员就业；利用互联网及时发布就业政策、供求职信息近万条；组建了全省首家市级职介服务协会，拥有会员单位171家。

四是扎实推进再就业培训和创业培训工作。全市再就业培训3.4万人，创业培训5 632人。以创业培训进校园、进社区、进残联等活动为载体，扩大了创业培训范围。

二、社会保障水平明显提高

一是各项社会保险覆盖面进一步扩大。全市基本养老、失业、基本医疗、工伤和生育保险参保人数分别新增9.2万人、11.6万人、10万人、21万人和6万人；将692名知青返城后未就业困难人员纳入企业基本养老保险；将近3万名未参保集体企业已退休人员纳入基本养老保险统筹，待遇水平增长23%；餐饮服务行业农民工参加工伤保险扩面近2万人；全市城镇居民参加基本医疗保险达到92.5万人；各项社会保险基金收入105亿元，同比增长28%。

二是各项社会保险待遇进一步提高。企业退休人员养老金人均上调90元；失业保险金标准上调70元；职工医疗保险参保人员住院自负比例平均降低了9%，起付标准降低了20%；基本医疗保险基金最高支付限额由2.6

万元提高到5.2万元；城镇居民基本医疗保险统筹金最高支付限额由3.5万元提高到4万元；生育保险待遇水平平均上调20%；职工伤残津贴人均上调88.6元。

三是政策体系进一步完善。在养老保险完善了被征地农民参保政策，解决了农转非人员参保问题的同时，又出台了未转非被征地农民的参保政策，保证了被征地农民不会因“失地”而降低生活水平；解决了中属、省属和市属企业分离企办校退休人员有关养老保险接续、待遇核发等问题；医疗保险将医保补贴慢性病病种由8种增加到13种，惠及2.5万名慢性病参保职工；将破产困难企业退休人员纳入住院医疗统筹，使3.5万名退休人员享受到医保待遇；失业保险将阿城、呼兰两区纳入市级统筹。

三、劳动关系维权机制逐步完善

一是全面加强劳动合同管理。国有及国有控股企业劳动合同签订率达95%以上，非国有企业劳动合同签订率达80%以上。涉及企业2.1万家、职工65.7万人。劳动关系和谐企业和工业园区创建数增长10%以上。

二是完成国有企业清欠职工工资任务。争取国家、省补助资金8.2亿元，为全市近20万名企业职工累计偿还拖欠工资15亿元。

三是进一步建立健全防欠工作责任体系和工作机制。市、区监察，网格协查的“三合一”监管模式覆盖到全市251个街道（乡镇）、653个社区及496个建筑施工项目，对1.25万家用人单位进行了日常巡视检查。缴存农民工工资保证金2.4亿元，为5 355名劳动者追回工资3 029.2万元。全市共接待受理欠薪投诉举报案件110件，同比下降48.8%。

四是进一步加强劳动争议仲裁和信访工作。圆满完成“两奥”和庆祝改革开放30周年重大活动期间的涉劳维稳工作。全年接待劳动信访14 665人次，同比下降33.7%；完成劳动仲裁院的组建工作，接收中省直、森工、部队驻哈企业劳动争议案件的管辖权。全市共受理劳动仲裁案件3 176件，限期结案率达96.1%，为群众挽回经济损失1 649万元。

四、劳动技能培训能力和质量进一步提高

一是超额完成培训任务。完成高技能人才培训1.3万人，增长2%，其中技师、高级技师4 800人，增长17%；完成企业职工培训6.9万人次，增长26%；完成劳动预备制培训2.6万人次，增长22%；全年完成技校招生9 400人，增长22%。

二是进一步提升技工院校的能力建设和质量管理。组织467名技工学校骨干教师参加各类培训，全市“一体化”教师比例由原来的33.6%提高到43.4%；积极支持民间资本申办技工学校，民办技工学校由原来的5所增加到15所，每年扩大招生3 000人，办学规模增加8 000人；加强对毕业生就业形势的教育和劳动就业法律法规政策的指导。技校毕业生一次性就业率继续保持98%以上。此外，哈尔滨技师学院完成了中层干部队伍配备，优化了教师队伍结构，确立了10个重点发展专业，教学改革大步推进，办学能力得到了进一步增强。

三是职业技能鉴定工作快速发展。共完成考核鉴定各职业（工种）4.1万人。在继续做好社会人员、企业职工、大中专毕业生职业技能考核鉴定工作的同时，积极开展下岗失业人员、农民工及现役军人职业技能考核鉴定工作。严格执行国家统考职业鉴定标准，完成了人力资源管理师、理财规划师及营销师等新职业的培训、鉴定工作。

五、坚持统筹兼顾，努力做好农民工工作

一是完善农民工工作联席会议制度。积极指导各区、县（市）主动争取当地党委和政府的支持，普遍建立了农民工工作联席会议制度。通过不定期召开会议，开展专项活动和联合调研，形成了上下联动、部门配合、协调统一的工作机制，有效地解决了农民工就业和维权等问题。

二是切实维护农民工合法权益。组织开展“春风行动”，通过在农民工相对集中的车站、建筑工地发放求职须知、维权须知等方式，做好农民工维权法制教育和政策宣传工作，并向全社会公开公共服务机构、劳动保障监察机构、合法职介机构名单，使农民工求职有门、维权有路。

三是扎实做好返乡农民工培训工作。组织开展了返乡农民工调查摸底，全面了解求职愿望和培训要求，落实农民工培训补贴政策。同时，加强了对农民工培训基地的认定和管理，保证了培训质量。

四是做好地震灾区务工人员就业服务工作。汶川地震发生后，积极采取应对措施，加大对地震灾区务工人员的就业援助。连续下发3个政策文件，精选416个就业岗位，派专人亲自送到四川省剑阁县灾区求职人员手中。

六、行政执法监督工作得到加强

一是依法开展行政复议和行政诉讼工作。受理行政复议59件，行政复议案件办结率达到100%。行政复议应诉案件7件，全部予以维持。行政诉讼案件17件，全部胜诉，出庭应诉率和结案胜诉率均达到100%。

二是积极部署、指导行政执法责任制的落实工作。按照省、市有关要求，制定下发了《关于印发哈尔滨市劳动和社会保障部门2008年度行政执法责任制考评实施方案的通知》，并指导区、县（市）结合自身工作实际，建立自己的行政执法责任制，并做好各项检查工作。组织开展了全市劳动保障系统“一法一例”执行情况大检查活动，被省厅评为“行政执法责任制优秀单位”。

三是进一步梳理了行政审批流程。按照市政府法制办要求，指导各处（室）按照各自职能对本局的行政流程进行修改和完善，并已上报市政府法制办。

四是在系统内组织了专项法制培训。为适应依法行政工作需要，紧密结合新法出台的契机，提高哈尔滨市劳动保障系统行政执法人员的法律素质和执法水平，对全局干部职工进行了针对《劳动合同法》《就业促进法》《劳动争议仲裁调解法》等的专题培训。

七、管理服务水平进一步提升

一是干部作风建设得到进一步加强。深入开展百名干部“深入社区、联系基层”活动，把百名干部深入的100个社区扩大到200个，累计为基层做好事268件，及时解决基层劳动保障工作遇到的问题和困难，基层劳动保障工作平台建设得到快速健康发展。普遍实行“一条龙”服务和“一站式”服务，规范窗口服务行为，简化办事程序，提高工作效率。

二是队伍建设得到进一步提高。结合深入开展学习实践科学发展观活动，在全系统内开展了以提高行政能力建设和系统能力建设为主题的教育活动，从业务建设、班子建设、队伍建设、制度建设、行风建设入手，逐步改革和完善劳动保障工作运行的体制和机制，进一步增强了广大干部职工的责任感和使命感，干部职工精神面貌焕然一新，群众满意度进一步提升。在与长春、沈阳对标定位中，有3项排名由第三晋升到第一，有11项排名由第二晋升到第一，有3项排名由第三晋升到第二，在71项对比指标中有32项排名第一。

三是经办管理服务水平进一步提高。取消住院患者使用大额医疗救助金审批等31个办事流程，删减幅度达到58%；将服务窗口扩展、延伸，参保单位和职工可以就近到120个银行营业网点进行信息查询和缴费；实现了310家定点医疗机构和950家定点零售药店医疗费网上拨付；实现了大额医疗保险费系统自动结算，异地就医可通过劳动保障热线电话备案和慢性病网上申报备案。全年接听“12333”劳动保障咨询服务电话70万个，及时为广大群众提供劳动保障方面的政策、信息服务。

（哈尔滨市劳动和社会保障局）

上　海　市

一、促进就业工作

一是贯彻实施《就业促进法》，认真落实促进就业工作目标。围绕全年新增50万个就业岗位（其中非农就业岗位10万个）、将城镇登记失业率控制在4.3%左右和完成40万人职业技能培训，力争到2008年年末使上海市高技能人才占技能劳动者的比重提高到21%的目标，大力开展促进就业工作，将促进就业工作考核指标等事项以市人民政府办公厅发文形式下达给各区县人民政府和市政府有关委办局。通过各区县和相关部门的共同努力，上海市促进就业各项任务目标进展顺利，截至2008年年末，全年新增就业岗位59.5万个（其中非农就业岗位11.8万个），城镇登记失业率控制在4.2%以内，完成职业技能培训43.47万人，全市高技能人才占技能劳动者的比重提高到21.07%，全面实现当年各项工作指标。

二是加强促进创业带动就业各项工作。按照上海市委、市政府的部署，认真开展“完善扶持创业带动就业的政策、办法与机制”这一市委重要调研课题的研究工作。在此基础上，会同市政府有关部门研究起草了“关于促进创业带动就业”的文件，从资金、场地、能力、创业成本、创业服务体系等方面，就进一步鼓励和扶持更多有创业意愿和创业能力的劳动者自主创业，并带动更多劳动者就业，努力实现社会就业更加充分的目标提出了意见。同时，着手起草“鼓励扶持创业三年行动计划”，进一步明确目标，细化方案，落实责任，确保将调研课题成果和市政府文件落到实处。

三是进一步放宽鼓励劳动者自谋职业、灵活就业的政策。制定下发了文件，将大龄失业人员实现灵活就业的就业岗位补贴范围从原来的距法定退休年龄两年放宽到了三年，即从“4858”放宽到“4757”。为进一步加大对自谋职业、灵活就业的扶持力度，经市政府同意，又下发了一系列文件，从2008年6月1日起将大龄协保人员实现市场就业的就业补贴范围从原来的距法定退休年龄两年放宽到了五年，即从“4858”放宽到“4555”；将实现灵活就业的就业困难人员享受社会保险费补贴的范围从“4050”放宽到“4045”；对农村低收入农户家庭人员实现非农就业，给予专项就业补贴。

四是完善多层次、全方位的就业援助机制。结合创建“充分就业社区”活动，及时对就业困难人员进行就业托底。2008年1月10日至2月20日期间，组织实施了“就业援助月”活动。按照国家有关规定，出台了《关于对本市商贸企业、服务型企业给予社会保险费补贴的实施意见》。经市人民政府同意，发布了《关于调整本市万人就业项目等公益性岗位从业人员收入标准的通知》，从2008年4月1日起对实行全日制工作的万人就业项目从业人员收入标准在原有基础上每人每月增加100元。2008年，上海市新安置“双困”人员2.82万人，帮助2 715户零就业家庭实现家庭成员至少1人上岗就业。

五是不断提升公共就业服务水平。根据国家统一部署，组织开展了“民营企业招聘周”

“大中专院校毕业生就业服务月”等公共就业服务专项活动。推进公共就业服务，根据劳动者就业能力不同，有针对性地提供职业指导、职业介绍和职业培训服务，并进一步健全网上公共就业服务功能。进一步完善用工登记备案制度，加强对企业招退工情况的动态监管，加强失业状况动态监控。

六是积极推进职业技能培训和鉴定工作。积极推进多层次的职业技能培训工作。发布了2008年补贴培训目录及标准。会同相关部门制定下发了《关于本市进一步完善高技能人才表彰激励工作的意见》，明确提出要建立突出贡献技师政府特殊津贴制度、重视对高技能人才的精神激励、探索建立适当延迟高技能人才领取养老金年龄的机制、进一步加大对紧缺高技能人才的引进工作力度、进一步发挥企业在推进高技能人才培养中的作用等。同时，进一步推进校企合作、企业内高技能人才培养和评价、“高师带徒”、职业技能竞赛等多形式、多层次的高技能人才培养工作，制定发布了相关规范性文件。此外，全市共完成青年职业见习3.98万人。

二、社会保障工作

一是不断扩大各类基本社会保障覆盖面。积极推进市政府提出的“完成本市10万名农民纳入养老保障体系”实事项目的扩覆工作，全年将15.9万名农民纳入养老保障体系。从2008年9月1日起，提高上海市老年农民养老金最低补贴标准并扩大受益面。经市政府同意，会同有关部门下发文件，从2008年12月1日起，完善上海市城镇老年居民基本养老保障制度，进一步扩大高龄无保障老人纳保范围，提高待遇标准。

二是着力提高本市社会保障待遇水平。按照国务院的总体要求和市政府的部署，启动新一轮企业退休人员养老金增长“三年连调”计划，从2008年1月1日起对上海市300万名城镇企事业单位退休（职）人员增加了基本养老金，并统筹做好对“镇保”“农保”人员增加养老金工作。经市政府批准，从2008年1月1日起调整了支援外地建设退休（职）回沪定居人员帮困补助标准。从2008年4月1日起，调整了工伤保险待遇标准、失业保险金待遇、非因工死亡职工遗属生活困难补助标准等保障待遇标准。

三是继续完善覆盖城乡居民的社会保障体系。启动完善“镇保”的调研工作并形成初步思路。指导各区县推进将“农保”统筹层次由乡镇提高到区县，在浦东新区和松江区启动完善“农保”政策试点。此外，在平稳做好上海市原由社会保险经办机构管理的企业年金整体移交工作的基础上，会同有关部门出台了《关于实施企业年金制度若干问题的意见》，进一步规范上海市企业年金发展。

四是加强对社保基金可持续发展的研究和监管。按照上海市委、市政府的部署，认真开展“建立健全保障资金可持续发展机制”市委重要调研课题的研究工作，就完善可持续发展的社会保障制度提出了意见和建议，并明确了下一步的对策措施。此外，成立了上海市社会保障监督委员会，启动了社会保障监督委员会工作机制；实行了社会保险信息披露制度；完成了社保基金实时监控系统一期工程等。指导督促各区县开展“农保”基金审计后的整改工作，实施社保基金专项审计，强化社会保险缴费基数的审核和稽核，加强社保基金征缴和管理。

三、劳动关系调整和权益保障工作

一是贯彻实施《劳动合同法》，进一步规范和协调劳动关系。配合做好市人大《劳动合同法》执行情况检查，就上海市贯彻实施《劳动合同法》情况作跟踪调研，听取企业与劳动者的反映，努力做到这一法律的平稳实施。继续做好宣传培训工作，指导帮助企业做好《劳动合同法》执行工作。加强与工会协调，进一步规范上海市集体合同审查办法。全面推进创建劳动关系和谐企业和工业园区活动，完善地区和谐企业创建活动评审组织制度。健全市、区县两级劳动关系三方协商机制，进一步就最低工资、企业年金分配办法等劳动保障重大政策和劳动关系重要问题开展协商。

二是加强企业工资收入分配指导。从2008年4月1日起调整了上海市最低工资标准，将月最低工资标准从840元调整为960元（不含应缴的社会保险费），调整幅度是近年来最大的一次。同时，将小时最低工资标准从7.5元调整为8元。进一步加大工资集体协商推进力度，将工资集体协商覆盖劳动者人数比2007年增长10%列入市政府对区县人民政府就业保障工作的考核指标，截至2008年年底，顺利完成全年指标。按照上线、均线和下线细化并发布企业工资增长指导线，加强对企业工资增长水平的指导，发布了工资指导价位和行业人工成本信息，引导企业合理确定职工工资水平，建立职工工资正常增长机制。

三是不断加大劳动力市场监管力度。根据原劳动保障部的部署和要求，认真组织开展“劳动保障监察执法年”活动，开展了清理整顿人力资源市场秩序、保障女职工权益等专项检查。推进劳动保障诚信体系建设，制定下发了《劳动保障诚信信息管理暂行办法》，完成了诚信信息查询系统和信息采集软件上线运行工作。2008年，上海市劳动保障监察部门共受理举报投诉案件2.77万件，检查用人单位4.5万家，追缴欠薪欠保金额5.63亿元。

四是依法理顺劳动争议调处体制机制。贯彻《劳动争议调解仲裁法》，就上海市贯彻实施意见进行了研究，依法调整市、区县仲裁委员会的管辖分工。及时跟踪《劳动合同法》实施后的劳动争议处理工作动态，指导全市各仲裁机构稳妥处理劳动争议案件。同时，指导推进区县开展仲裁机构实体化建设。2008年，上海市各仲裁机构共审查受理立案6.46万件，处理结案4.71万件，协调调解率为62.5%。

四、农民工工作

一是着力做好面上各项农民工工作。积极扩大“综保”覆盖面，截至2008年年末，“综保”参保人数达到383.8万人。加强农民工维权。2008年2—3月，全市开展了为期一个半月的“春风行动”，为农民工提供劳动权益保障方面的政策咨询服务。从2007年11月1日至2008年1月31日，开展了为期3个月的农民工工资支付情况专项检查活动，对用人单位执行国家工资支付有关规定及最低工资规定等情况进行检查。进一步完善欠薪保障工作，加快垫付，确保返乡农民工能按时足额拿到工资。同时，按照国家有关部门的具体部署，完善对农民工的公共就业服务。

二是切实做好抗震救灾期间农民工工作，全力完成对灾区对口就业援助任务。“5·12”四川汶川特大地震发生后，按照国务院农民工工作联席会议办公室的要求，经市政府同意，2008年5月21日，上海市农民工工作联席会议办公室下发了《关于对来自地震灾区在沪农民工实施一次性特殊帮困救助的通知》，对来自地震灾区在上海市务工并参加外来从业人员综合保险的农民工中的特殊困难人员开展特殊救助。截至2008年8月15日，全面完成一次性特殊救助金发放工作，共计发放5 473.2万元，涉及农民工6.76万人。按照中央部署，上海市人民政府与四川省人民政府签订了《对地震灾区开展对口就业援助协议书》，截至2008年年底，对口就业援助第一、二期目标任务均已圆满完成。其中，第一期累计提供岗位信息数9 132条，异地转移就业1 383人；第二期累计提供岗位4 036个，累计异地转移538人，上海市投资累计项目吸纳当地就业2 996人。同时，会同上海市财政局研究制定并下发了《关于地震灾区灾后恢复重建对口就业援助有关政策的通知》，按规定对上海市企业吸纳的灾区劳动者给予培训费补贴和社会保险费补贴。

（上海市劳动和社会保障局）

江 苏 省

2008年，江苏各级劳动保障部门按照年初以及其后不断调整完善的工作部署，积极应对形势变化，主动服务改革发展稳定大局，全面到位地履行保障和改善民生的工作职能，全省劳动保障工作继续保持稳中向好的总体态势，从一个重要方面助推了全省经济社会发展。

一、城乡就业形势总体平稳

城镇就业规模进一步扩大。认真贯彻落实《就业促进法》和《国务院关于做好促进就业工作的通知》精神，及时出台实施办法，进一步延伸拓展相关政策，更加扎实地抓好落实，努力放大政策促进就业的积极效应。特别是2008年下半年以来，针对国际金融危机对就业的影响，早于周边省份出台了面向基层服务企业的10项措施，之后又制定了稳定就业促进就业工作的10条意见和减轻企业负担稳定就业局势的7条措施，以积极务实的态度为企业降压减负，引导企业尽量不裁员或少裁员，全力确保就业形势总体平稳。全年城镇新增就业118万人，下岗失业人员再就业54.1万人，新增就业连续4年超百万；城镇登记失业率控制在3.25%，与2007年年末基本持平，继续低于全国平均水平。

零就业家庭实现动态清零。以零就业家庭、失地农民等困难群体为重点，进一步拓展就业困难人员对象和公益性岗位范围，将吸纳就业困难人员的各类企业享受社保补贴的标准从50%提高到100%，对城镇零就业家庭按照“五个一”的要求给予重点帮扶，为被征地农民提供与城镇失业人员同等的优惠政策扶持和免费就业服务。2008年全省共帮扶684户城镇零就业家庭中的928名劳动力实现就业再就业，自2007年9月在全国率先消除零就业家庭以来，连续16个月保持零就业家庭动态为零。2008年年末全省辖区内登记失业的被征地农民就业率达到81.76%，领取《再就业优惠证》的被征地农民实现就业2.6万人。

农村劳动力转移扎实推进。坚持外输内转创业并举、数量质量效益并重，继续大力推进农村劳动力转移就业。特别是2007年下半年以来，针对农村劳动力转移增速放缓、农民工提前返乡现象增加这一新情况，迅速在13个县、130个村建立农民工返乡重点监测点，面上建立农民工返乡监测和报告制度，及时了解掌握农民工返乡流量、流速、结构等情况。在此基础上，制定实施有针对性的政策措施，加强对农民工的就业信息服务，举办返乡农民工专场招聘会，有序引导返乡农民工就地转移，同时鼓励支持返乡农民工自主创业。全年新增转移农村劳动力36.93万人，累计转移1 697.8万人，转移率达63.8%。

二、社会保障体系进一步完善

养老保障制度体系逐步健全。深入贯彻落实《江苏省企业职工基本养老保险规定》，进一步抓好城乡各类企业职工参保工作。2008年年末全省基本养老保险参保人数达1 290.9万人，连续4年实现净增参保人数超百万。继续调整企业退休人员基本养老金，调整后月人均养老金水平达到1 183元，连续8年实现按时足额发放。全面开展企业退休人员免费健康体检工作，300 多万名企业退休人员中累计已有 232.6 万人接受免费健康体检。新型农村养老保险制度建设稳步推进，省政府出台了《关于建立新型农村社会养老保险制度的指导意见》，明确用 4 年左右时间，在全省逐步建立与经济发展水平相适应、与城乡社会保险制度相衔接的新农保制度。全省已有 11 个省辖市和 80 个县（市、区）出台新农保办法，2008 年年末全省农村社会养老保险参保人数达到 957.95 万人，其中参加新农保人数达 361.64 万人。机关事业单位养老保险经办工作取得新进展，结算方式改革稳步推进。

医疗保障总体水平稳步提高。进一步扩大城镇职工基本医疗保险覆盖范围，2008 年年末城镇职工基本医疗保险参保人数达到 1 604.2 万人，连续 4 年实现新增参保人数超百万。会同省财政部门下发了农垦、监狱和劳教单位属地参加城镇职工基本医疗保险的意见，采取省级财政适当补助、参保单位或其主管部门共同筹资的办法，使三大系统所属单位的 13 万多名职工和退休人员属地参加城镇职工基本医疗保险这一难题得到基本解决。城镇居民医疗保险制度不断完善，年内省财政对 46 个经济薄弱地区城镇居民的补助标准提高 1 倍，地方财政配套补助，增加的资金主要用于提高待遇水平，增强了制度的吸引力。2008 年年末全省城镇居民基本医疗保险参保人数达 1 233.3 万人，参保率超过 90%。协同推进生育保险工作，将生育保险覆盖范围扩大到民办非企业单位、自收自支或企业化管理的事业单位及其职工、有雇工的城镇个体工商户及其雇用人员。2008 年年末全省生育保险参保人数达 907.2 万人，比 2007 年年末增加 113.1 万人。

失业保险工作全面得到加强。提高全省失业保险金标准下限，全省统筹区内的失业人员领取失业保险金平均每人每月达到 461 元，并做到按时足额发放。积极做好扩大失业保险基金支出范围试点工作，全省已有 9 个城市开展试点工作，批准扩大支出范围金额达 15.24 亿元。加强失业调控工作，防止失业过于集中，保证失业人员生活和求职有着落。2008 年年末全省参加失业保险人数达 1 052.24 万人，其中事业单位 148.59 万人，企业 895.22 万人，其他 8.43 万人。

工伤保险覆盖范围持续扩大。结合实施“平安计划”，出台《省政府办公厅关于全面推进农民工参加工伤保险的意见》，进一步推进农民工参加工伤保险。出台《关于加快推进有雇工的个体工商户参加工伤保险工作的通知》和《关于督促用人单位依法参加工伤保险有关问题的通知》，着力扩大工伤保险覆盖面。2008 年年末工伤保险参保人数达 1 055.5 万人，连续 4 年实现净增参保人数超百万。切实做好工伤认定和劳动能力鉴定工作，并随社会平均工资的调整而动态调整工伤职工定期待遇标准，确保伤残职工及时享受相关待遇。

三、劳动者权益得到切实维护

企业职工工资水平保持稳定增长。组织开展企业工资支付能力专项调查，推动各地探索建立企业职工工资正常增长机制和企业工资分配信息发布制度，大力推进工资集体协商，及时发布工资指导线和劳动力市场工资指导价位，引导企业合理增加职工工资。2008 年，全省在岗职工年平均工资为 31 667 元，比 2007 年增长 15.7%。

劳动合同集体合同制度全面推进。深入贯彻落实《劳动合同法》，密切关注新法实施过程中遇到的新情况、新问题，在全省组织开展了《劳动合同法》实施情况重点抽样调查，摸清了新法对企业用工规模、人工成本、用工机制以及劳动关系运行等方面产生的影响，为制定有针对性的对策措施提供了重要依据。开展普法宣传、工作指导和协调服务，推广劳动合同示范文本和职工名册规范格式，指导企业完善劳动用工管理，加大劳动合同签订情况检查力度，确保劳动合同制度在基层的落实，全省劳动合同签订率达到 98%。扎实开展和谐劳动关系企业和园区创建活动，不断完善劳动关系三方机制，扩大企业集体合同覆盖面，2008年年末全省累计签订有效集体合同9.69万份，涉及职工551.73万人。

劳动保障监察执法力度不断加大。围绕贯彻落实三法，大力推进劳动保障监察网格化管理和网络化建设，完善网格工作流程，优化网络系统功能，全省13个市全部实现网上办案和监督。在全省部署开展“劳动保障监察执法年”活动，共主动检查用人单位9.3万家，涉及劳动者725.3万人，为71.5万名劳动者补签劳动合同，为61.3万名劳动者追发工资等待遇6.9亿元，其中追发农民工工资等待遇5.1亿元。

劳动争议调解处理取得明显成效。针对劳动争议案件成倍增长的新情况，以促进劳动关系和谐稳定为第一要务，积极推进仲裁机构实体化建设，努力克服案多人少的突出困难，切实贯彻“能调则调、当裁则裁、调裁结合、案结事了”的工作方针，积极稳妥地处理了大量劳动争议案件。全年全省各级劳动争议仲裁机构共处理劳动争议案件13.9万件，涉及劳动者17.7万人，分别是2007年的1.79倍和1.81倍。

四、职业培训事业加快发展

技工院校建设取得新进展。省政府已批准7所技师学院升格为副厅级省重点技师学院，对8所技师学院进行了重新评估认定，新批准成立2所技师学院，对4所申办国家重点技工学校、2所申办高级技工学校进行了评估。全省现有142所技工学校，其中技师学院、高级技工学校29所，国家级、省部级重点技工院校40所，年内招生12.1万人，在校生规模达33万人，毕业生就业率为97.5%。

职业培训网络进一步完善。鼓励社会力量举办培训机构，全省共有民办职业培训机构1 383个，基本形成了初、中、高技能等级相互衔接，职业工种基本齐备，公办民办相结合的职业教育和培训体系。重视发挥培训示范基地在培养各级各类技能人才中的重要作用，全省已建成18个省级就业培训基地、18个国家级高技能人才培养示范基地、50个省级高技能人才培养示范基地和145个市级高技能人才培养示范基地。按照“市场导向、合理定位、资源共享、功能互补”的原则，着力推进公共实训基地建设，全省13个市均筹划建设高技能人才公共实训鉴定基地，已有4个市基本建成并投入使用，8个市正在加快建设，1个市正在抓紧筹建。

高技能人才工作扎实推进。充分发挥高技能人才培训基地的示范作用，不断完善高技能人才评价体系，大力推进高技能人才队伍建设，全年新培养技师、高级技师2.54万人。省政府召开了全省高技能人才总结表彰大会，在全社会进一步营造了有利于技能人才成长成才的良好环境。开展第九届江苏省技术能手评选活动，新产生百名省技术能手。在全国数控职业技能大赛中，江苏代表队共获得了3个第一名、5个第二名、5个第三名、5个第五名，9位选手荣获“全国技术能手”荣誉称号，荣获团体总分第一名，实现了在此竞赛上的历史性突破。

职业技能鉴定实现新突破。制定下发了江苏省企业高技能人才评价实施办法和江苏省企业高技能人才评价工作流程，建立科学合理、符合企业实际的职业技能鉴定新模式。印发了《江苏省技师学院高级技工学校预备技师考核实施办法（试行）》，在全省范围内启动预备技师考核工作。充分发挥职业技能竞赛在选拔人才中的重要作用，积极扩大职业技能鉴定统考规模，全年完成职业技能鉴定106.1万人，取证90.8万人。立足提升农村劳动力就业技能，由省财政安排专项资金1 500万元为农村劳动力提供减免费职业技能鉴定服务，全年农村劳动力参加职业技能鉴定人数达20万人，专项职业能力考核人数达10万人。

五、公共服务水平实现新提升

“金保工程”建设成效显著。进一步扩大

网络覆盖范围，加强数据整理和传输工作，全省城域网覆盖率达97%，社会保险数据上传率达100%，数据准确率为99%。继续推进以“一网、一卡、一号”为核心的公共服务平台建设，省级“12333”劳动保障咨询服务平台网上服务对象已覆盖6 500多家单位、60万人，“12333”劳动保障咨询服务电话呼入总量和社会保障卡发行量双双突破300万。在2008年度省级机关网站测评中，“江苏劳动保障网”再次名列第一，并连续3年荣获“江苏省优秀政府网站”称号。

政务公开工作继续大力推进。以提高行政行为的透明度和办事效率为重点，坚持以公开为原则、不公开为例外，继续加大力度推进政务公开。制定了省劳动保障厅政务公开审核、公示、听证等配套制度，下发了《关于开展行政权力网上公开透明运行工作的实施意见》，进一步扩大政务公开的范围和层次，积极创新政务公开方式。按照政府信息公开的要求，全面梳理政策文件1 800余条，编制信息公开目录，制定信息公开指南，公众可通过搜索等方式快捷获取劳动保障政策文件。省级9项行政许可事项全部实现网上受理，提供在线查询、在线申报、在线办事、网上下载等各类在线服务项目达175项。

基层基础建设取得新进展。全省13个市全部成立劳动保障监察支队，106个县（市、区）已全部成立专门的劳动保障监察机构，编制绝大部分在6人以上，部分县（市）已率先将劳动保障监察机构向乡镇乃至村一级延伸。劳动仲裁实体化建设步伐明显加快，7个市和43个县（市、区）已成立实体化的劳动争议仲裁院，调解仲裁信息化建设得到同步推进，为仲裁案件优质高效办结提供了基础条件和重要保证。全省省辖市市区280个街道和161个市区乡镇及县城城关镇全部建立了劳动保障所，配备工作人员2 219人；在3 524个城镇社区建立了劳动保障工作站，聘用社区劳动保障工作人员5 835人。

（江苏省劳动和社会保障厅）

南 京 市

2008年，在市委、市政府的正确领导下，市劳动和社会保障局围绕民生“五有”目标，抓落实、抓推进，各项任务均已超额完成，全市劳动保障工作呈现“三增高三降低”的良好态势。“三增高”：一是社保基金增幅为近年来最高，全年共征收社会保险费170亿元，同比增长28%；二是54%的农民参加了新农保，超出目标任务的80%；三是30.5万名退休人员纳入社会化管理服务，完成全年目标任务的305%。“三降低”：一是城镇登记失业率降到3.16%，全市就业局势继续保持平稳；二是1年期以下的短期合同签订比例由2006年的57%降到目前的19.5%，合同短期化现象得到明显遏制，劳动关系和谐稳定；三是医保个人负担水平明显降低，城镇职工医保住院个人负担从29%降到26%，城镇居民医保门诊大病和住院的个人负担由53.4%、64.3%降到45.1%、49.3%。

一、统筹城乡，充分就业取得新进展

贯彻《国务院关于做好促进就业工作的通知》精神，落实积极的就业政策，鼓励创业带动就业，完善就业援助制度，推动城乡统筹就业，进一步推进充分就业。2008年，全市新增就业岗位18.39万个，新增就业14.35万人，实现再就业6.13万人，援助就业困难人员就业1.24万人，农村劳动力转移5.75万人，零就业家庭实现动态消除。全年共拨付社保补贴2.1亿元、职介补贴597万元、岗位补贴1 347万元，分别惠及6.5万人、13.1万人、5 613人。全市创建充分就业区9个、充分就业保障街镇81个、充分就业保障社区803个，分别占区县、街镇、社区总数的69%、70%、99%。一是率先开展充分就业城市创建活动。在全省率先将创建充分就业区县、充分就业保障街镇和社区活动，提升到创建充分就业城市的层面。拟定了《南京市创建充分就业城市的实施意见》。进一步强化责任，将促进下岗失业人员就业再就业率、就业困难人员稳定就业率、加大资金投入等内容纳入就业工作目标一同分解、一同下达、一同考核。充分利用劳动保障四级服务平台，实施规划引导、政策支持、创业带动、技能提升、市场对接、服务保障、失业调控、关系和谐“八大举措”，全力推进充分就业城市创建工作。二是援助帮扶就业。建立持证援助、盯人帮扶、动态管理3项制度，着力帮扶10类就业困难群体，全年共援助就业困难人员1.2万人。大力开展以“城镇零就业家庭”“农村零转移家庭”两项“清零”为重点的就业援助活动，做到“两零家庭”出现一户、援助一户、稳定一户、脱贫一户。三是鼓励创业带动就业。落实《市政府关于进一步鼓励初始型自主创业带动就业工作的通知》，狠抓“十百千万亿”创业工程，不断完善集创业培训、服务保障、贷款支持等于一体的创业服务体系。加强创业载体建设，规范创业园建设标准；加快小额担保贷款信用街道（社区）建设，拓展放贷“绿色通道”；优化创业环境，出台《关于劳动保障部门支持中小企业发展的意见》，从信贷、资本参与创业载体建设及各项补贴等方面给予支持；加强创业服务，完善项目开发、专家指导、融资服务等创业服务体系，将新成长劳动力、复转退伍军人和农村务工青年等纳入创业培训范围。当年全市建成13个创业园，选树222个创业典型，培养1 388名创业者，带动就业1.3万人，小额担保贷款累计发放1.26亿元。四是市场引导就业。充分发挥全市14家公益性职业介绍机构、253家民办职业介绍机构在配置劳动力资源中的基础作用，完善市场就业机制；行政村劳动保障工作平台基本建成，农村劳动力管理信息系统实现“镇镇通”；加强人力资源市场管理，加强行业自律，规范和发展职业中介机构、劳务派遣单位，维护劳动力市场运行秩序。

二、服务发展，技能人才建设进入新阶段

全市净增高技能人才1.2万人，2008年年底全市高技能人才达11.6万人，占全市技能人才总量的17%。一是政策机制进一步完善。根据《关于加强高技能人才队伍建设的意见》（宁委发［2006］48号）精神，拟定了《关于设立高技能人才岗位津贴和培训费补贴的意见》《关于建立高技能人才工作联席会议制度的意见》《关于做好技能型人才户口安置的意见》，进一步完善高技能人才培养、评价使用、交流、激励、待遇、投入、协调等配套政策体系。二是做大做强技工教育。大力推行校企合作、工学结合的培养模式，加强技校学生的生产实习和社会实践，提升学生的实际操作能力。全市技工学校年招生量达2.5万人，在校生规模6.8万人，分别居全省和全国同类型城市第一；全市31所技工院校中，省级以上重点技校16所，占全市技校总数的52%；学生毕业率和技能鉴定合格率均为100%，毕业生就业率达99%。三是全面开展技能岗位对接。围绕本市新型工业化重点投资项目开展订单培训、定向培训。全市共开展各类培训21.5万人次，其中在职职工培训6.98万人次，再就业培训4.93万人次，创业培训0.77万人次，新生劳动力培训3.37万人次，农村劳动力培训5.45万人次。

三、惠民利民，社会保障打开新局面

按照“人人享有基本保障”的目标，建立保障制度，完善保障政策，提高保障水平。一是率先建立全民养老保障制度。出台《南京市新型农村社会养老保险办法》，对农村居民实行参保缴费，建立个人账户，建立城乡老年居民养老补贴制度。2008年年底，有54.5万名农民参加了新农保，超额完成30%的参保目标，并对40多万名无保障老年居民发放养老补贴。随着新型农村养老保险制度的建立和实施，包括企业养老保险、机关事业单位养老保险、被征地农民基本生活保障、新型农村养老保险和各类老年居民养老补贴在内的全民养老保障体系，在南京全部建立，率先在全省全国实现了全民养老。二是调升社会保险待遇水平。调升养老、失业保险金发放标准，人均月养老、失业保险金分别为1 540元、640元，保障水平位居全省前列。扩大门诊大病范围，新增15个发病率较低、疾病损害严重、治疗周期长的慢性病病种。取消大病医疗救助基金20万元的最高封顶限额，将统筹基金一个自然年度内的最高支付限额由4万元提高到6万元。提高医疗保险费用报销比例，医保个人负担水平明显降低，城镇职工医保住院个人负担从29%降到26%，城镇居民医保门诊大病和住院个人负担由53.4%、64.3%降到45.1%、49.3%。三是强化社会保险扩面征缴。到2008年年底，全市社会保险5个险种累计参保人数达897万人次，比2007年年底净增125万人次。其中，养老（企业）、失业、医疗、工伤、生育保险参保人数分别为179.5万人、172万人、225.5万人、170万人、150万人。全市共征收社会保险基金170亿元，比2007年增长28%；当年社会保险基金共支出130亿元，比2007年增长12%；全市5项保险基金累计结余110.2亿元，比2007年增长32%。社会保险扩面人数、基金征收、基金结余3项指标增长幅度均为近年来最高。四是开展企业退休人员免费健康体检工作。为进一步落实市

委、市政府《关于切实改善民生、落实“五有”要求的工作意见》的要求，推进全市企业退休人员社会化管理服务工作，关爱企业退休人员身体健康，对已纳入社会化管理的企业退休人员开展健康体检。参加健康体检的对象为参加企业职工基本养老保险并已纳入社会化管理服务的退休人员、退职人员及领取定期生活费人员，共约45万人。体检人员根据自愿、就近、方便的原则，在70多家定点体检医院中选择一家进行体检。体检费用标准每人每次120元以内，从市基本医疗保险统筹基金中列支。五是实行事业单位离退休人员养老金社会化发放。参加机关事业单位养老保险的近1.6万名离退休人员养老金实行社会化发放。离退休人员可到南京市三大银行领取养老金。为解决由于部分事业单位经济困难，无法确保参保的离退休人员按时足额领取养老金这一问题，南京市对参加机关事业单位养老保险的离退休人员养老金实行社会化发放，按照“全额结算、全额缴拨”的原则，通过银行将10万元养老金直接发放给离退休人员个人。实行养老金社会化发放后，保持“三个不变”，即养老金发放标准不变、原有的福利待遇不变、离退休人员的管理方式不变。六是将“老工伤”纳入统筹管理。按照“全部纳入、分步实施、尊重历史、统筹兼顾”的总体思路，逐步解决“老工伤”人员的保障问题。在实际操作中，根据“全面覆盖、分批推进、实名登记、统筹管理”的工作思路，以优先统筹解决1~4级“老工伤”人员为重点，逐步推进5~6级、7~10级“老工伤”人员进入统筹。已有9 673名“老工伤”人员按期享受工伤、生活、医疗等待遇。工伤保险基金共支付1 800多万元，切实保障了“老工伤”人员的合法权益，减轻了用人单位负担，化解了社会矛盾，促进了社会和谐。

四、依法维权，和谐劳动关系步入新层面

贯彻落实《劳动合同法》《劳动争议调解仲裁法》，提高依法行政能力，构建和谐稳定的劳动关系。一是健全劳动合同管理制度。完善以劳动合同签订为基础的劳动用工备案制度，准确了解用人单位的劳动合同签订、履行和分布情况，动态掌握用工流向。备案230万份劳动合同，其中当年备案65万份，新签劳动合同备案33万份，净增就业8万人。二是强化劳动争议仲裁工作。开展劳动仲裁“五百活动”，即百家企业劳动管理规章制度评审活动，百名企业负责人、调解员走进仲裁庭活动，百场劳动法律培训讲座进企业活动，百件劳动争议裁后回访活动，百起劳动争议典型案例宣传活动，从源头上减少争议、化解争议。与市中级人民法院联合出台《关于建立劳动争议仲裁与审判协调机制的意见》，建立裁审合一工作机制，提升劳动争议案件裁审质效水平。与市司法局联合下发《关于进一步加强我市劳动争议调解工作的意见》，在全市13个区县的政务大厅设立劳动争议处理接待窗口，依托115个街道（镇）劳动保障所组建劳动争议专业调解小组，实现争议调解重心下移、关口前移。2008年共受理劳动争议案件17 659件，比2007年增长155%。三是完善执法维权工作机制。制定《南京市劳动保障监察网格化管理工作实施方案》，将全市13个区县划分为119个劳动保障监察一级网格、1 133个劳动保障监察二级网格。在全市初步形成了市、区（县）劳动保障监察两级执法四级监管的网格化工作架构。全市劳动保障监察机构共受理劳动保障监察案件8 641件，比2007年增长40%，共为5.16万名劳动者追回工资9 657万元，其中为3.74万名农民工追回工资7 339万元。四是促进企业职工工资增长。出台《南京市2008年度企业工资指导线》，引导企业在经济发展的基础上合理增加职工工资收入。对辖区内500家生产经营正常的各类企业的3.7万名在岗职工工资水平进行了抽样调查，在此基础上，经过汇总、分析，形成了南京市238个主要工种（岗位）的工资指导价位。加强对企业工资分配的指导，完善企业工资增长指导线，发布劳动力市场工资指导价位和行业人工成本信息，促进企业建立普通职工工资正常增长机制。开展工资集体协商，目前已有 3 202 家企业开展工资集体协商，增强职工在收入分配中的话语权。

五、积极应对经济形势，尽力减轻企业负担

受金融危机的影响，南京市经济发展遇到了少有的困难和严峻的挑战，市劳动和社会保障局第一时间拿出贯彻意见，第一时间向社会发布，充分发挥特殊时期劳动保障工作社会“稳定器”“保障网”的作用。一是全力帮扶企业发展。先后两次出台了 15 条措施，进一步加大支持和服务企业发展的力度，切实减轻企业负担，稳定就业局势。二是围绕经济中心促发展。深入贯彻省委常委会在宁集体调研时的指示精神，提出“扶持中小企业发展，稳定就业局势；紧贴项目投资开发岗位，千方百计扩大就业；完善社会保障，刺激消费扩大内需；和谐劳动关系，优化招商引资环境”4 个方面 14 项内容，以劳动保障工作的实际成效促进经济又好又快发展。

（南京市劳动和社会保障局）

浙　江　省

2008年是很不寻常、很不平凡的一年，是应对挑战、克难攻坚、创业创新的一年。面对严峻复杂的经济形势，浙江省劳动和社会保障厅认真贯彻落实党的十七大和省第十二次党代会精神，坚决贯彻中央和省委、省政府的重大决策部署，深入实施创业富民、创新强省总战略，按照中央“出手快、出拳重、措施准、工作实”的方针和省委、省政府“标本兼治、保稳促调”的经济工作总体思路，将劳动保障工作融入经济发展总体布局统筹安排。全厅上下以开展学习实践科学发展观活动为动力，围绕重大问题抓调研，围绕经济形势抓应对，围绕重点工作抓推进，牢固树立大局意识、责任意识和服务意识，坚定信心，迎难而上，把帮助企业渡过难关、稳定就业局势作为当前头等大事来抓，不断加大服务经济发展和保障民生的工作力度，全省劳动保障工作继续保持了较好的发展态势，圆满完成了全年各项目标任务，把经济形势变化对劳动保障工作的影响降到了最低程度。

一、就业局势继续保持稳定

在经济形势日趋严峻的情况下，认真贯彻《就业促进法》，出台了《关于做好就业工作促进社会和谐的实施意见》，进一步加大了政策扶持力度。加强公共就业服务，开展了再就业援助、春风行动、民营企业招聘周等公共就业服务活动，进一步拓宽了就业困难群体、农村进城务工劳动者、大中专技校毕业生、四川地震灾区务工人员等人群的就业渠道。完善就业援助制度，研究提出了关于建立健全城镇零就业家庭就业援助长效机制的意见。把加强职业技能培训、推动高技能人才队伍建设、提高劳动者的就业创业能力作为推动经济转型升级的重要方面，不断加大工作力度。圆满完成了省委、省政府下达的就业培训目标任务，就业总量继续增长，就业结构有所改善，就业局势总体保持平稳。全年全省新增城镇就业人数77.6万人，帮助35.1万名城镇失业人员实现再就业。其中，困难人员实现再就业12万人，消除城镇零就业家庭532户，27 375名农村低保家庭劳动力实现了就业，城镇登记失业率为3.49%。完成再就业培训19.6万人，跨省务工农民技能提升培训34.6万人；完成高技能人才培养8.4万人，其中新技师2.02万人。

二、完善社会保障体系

一是抓住《劳动合同法》的实施和社会保险“五费合征”制度全面推行的有利时机，大力推进社会保险的扩面征缴。2008年年末全省企业养老保险、城镇职工基本医疗保险、城镇居民基本医疗保险、工伤保险、失业保险和生育保险参保人数分别达到1 293.7万人、1 053.9万人、370.4万人、1 261.8万人、731.1万人和690.0万人，全部超额完成当年目标任务。被征地农民参保人数达345.1万人，农民工参加医疗保险和工伤保险人数分别为403.9万人和499.6万人。

二是在确保社会保险事业可持续发展和职工社保待遇不受影响的前提下，全力帮助企业解困。出台了《关于调整用人单位基本养老保险费缴费比例有关工作的通知》（浙政发

［2008］70 号），逐步将全省用人单位基本养老保险缴费比例统一下调到 12%～16%；下发了《关于临时性下浮企业社会保险费缴纳比例的通知》，决定 2008 年、2009 年两年每年对企业社会保险费缴纳比例实行临时性适当下浮，采用全省集中减征的方法统一在 1 个月内操作，仅此一项就为全省企业减轻社会保险费负担 70 亿元。

三是社会保障政策体系更加完善。省人大修订了《浙江省职工基本养老保险条例》。省政府出台了《关于建立健全覆盖城乡居民的养老保障制度的意见》（浙政发［2008］36 号），对当前及今后一个时期养老保障制度建设进行了整体谋划，提出了建立健全企业职工养老保险制度、事业单位职工养老保险制度、被征地农民基本生活保障制度、城镇居民养老保障制度、新型农村社会养老保险制度 5 项养老保障制度，对不同人群的养老保障作出了制度安排，在制度上实现了城乡养老保障全覆盖。各统筹地区全部出台城镇居民参加基本医疗保险政策文件，城镇居民基本医疗保险制度全面运行。出台了《浙江省工伤保险储备金管理暂行办法》，还解决了中央、省部属企业的“老工伤”问题。

四是社会保障水平稳步提高。2008 年年初按月人均 130 元标准，顺利完成全省企业退休人员基本养老金调整工作，企业退休人员月人均养老金已达 1 310 元，养老金待遇位居各省区第一。同时，相应调整了精减退职职工、计划外长期临时工、国有企业职工遗属 3 类人员的生活困难补助费。2008 年 12 月，出台了 2009 年企业退休人员基本养老金调整方案，月人均增加 135 元，达到 1 445 元，养老金待遇继续位居全国省区前列。

三、抓好维权维稳工作

一是全力抓好《劳动合同法》的贯彻实施。引导用人单位和劳动者全面准确地执行《劳动合同法》，积极推动劳动合同制度的全面实施，劳动合同期限短期化现象有所缓解，1 年以下期限的劳动合同大幅减少，3 年以上 8 年以内期限的劳动合同所占比例大幅提高，全省贯彻《劳动合同法》情况总体平稳。

二是完善职工工资正常增长机制。省两办联合出台了《关于全面推进职工工资集体协商工作的意见》（浙委办［2008］67 号），推动了职工工资正常增长机制的完善。2008 年 9 月 1 日，将省内不同区域最低月工资标准调整提高到 960 元、850 元、780 元、690 元四档；非全日制工作的最低小时工资标准提高到 8.0 元、7.1 元、6.5 元、5.7 元四档，调整幅度和标准位居全国前列，有效地保障了低收入劳动者的劳动报酬权益。

三是大力加强劳动争议处理、劳动保障监察和劳动保障信访维稳力度。开辟劳动争议仲裁“绿色通道”，取消了劳动争议案件收费。全年全省立案受理劳动争议案件 4 万件；查处各类劳动保障违法案件 4.74 万件；没有发生涉及劳动保障方面的重大信访突发及群体性事件。

四是全面构建多层次的工资支付保障机制。工资支付保证金、欠薪应急周转金和农民工记工考勤卡制度覆盖面进一步扩大，全省已筹集 27 亿元工资支付保证金和 3 亿多元欠薪应急周转金，有效地预防和减少了拖欠工资行为的发生。省政府与各设区市政府签订了目标责任书，采取了 5 个方面的应对措施，进一步完善了工资支付保障长效机制。

四、扎实开展学习实践科学发展观活动

厅党组认真落实省委的部署和要求，紧扣“以科学发展观为统领，完善社保体系，促进社会和谐”这一方针，按照科学发展观的要求和经济形势变化的实际，梳理了制约劳动保障科学发展的突出问题，列出了 12 个调研课题。厅主要领导和分管领导带头深入企业调查研究，研究分析当前经济形势给就业、社会保障、劳动关系等工作带来的影响，形成了当前经济形势变化对全省就业的影响、《劳动合同法》在浙江省贯彻实施情况等方面的调研报

告，提出了促进就业、建立城镇零就业家庭就业援助长效机制、企业养老保险缴费比例调整、社会保险费率临时性下浮、贯彻《劳动合同法》、防范处置企业拖欠工资长效机制建设等政策建议和措施，得到了省委、省政府领导的肯定。

五、机关建设取得显著成绩

按照建设“法治浙江”的要求，深化行政执法责任制，规范行政执法行为，依法实施行政决策和制定规范性文件，积极预防和化解行政争议。做好政府信息公开工作，依法公开了所有政务事项和办事事项，设立政府信息公开受理点，在厅门户网站上设立了“信息公开”专栏，推行网上审批，推进电子政务实时监察系统项目建设。抓好党风廉政建设，完善惩防体系，落实党风廉政建设责任制，制定下发了《浙江省劳动和社会保障厅建立健全惩防体系2008—2012年工作细则》和《2008年党风廉政建设和反腐败工作领导责任分工》，促进党员干部廉政勤政。组织了纪念改革开放30周年系列活动。抓好机构队伍建设，社保中心和医保中心转为参照公务员法管理的事业单位。

（浙江省劳动和社会保障厅）

杭 州 市

2008年，杭州市劳动保障工作以科学发展观为统领，按照“打造覆盖城乡、全民共享的生活品质之城”的要求，以解决人民群众最关心、最直接、最现实的利益问题为重点，解放思想，开拓创新，扎实工作。

一、就业再就业工作

（一）就业形势保持基本稳定

进一步实施和完善就业再就业政策，及时研究解决实施过程中出现的新情况、新问题，采取积极有效措施，加大对就业困难人员帮扶力度。全市新增社区公益性岗位2 314个，公益性岗位实有在岗人数1.09万人；主城区2.06万人申领灵活就业社保补贴3 646.38万元；用人单位申领8 867人用工补助和社保补贴3 816.12万元；1 640人申领了自谋职业、自主创业社会保险费补贴260.63万元。积极开展就业援助月、校企合作技术工人供需对接洽谈和地震灾区就业援助等特色就业帮扶活动。2008年全市新增就业20.11万人，帮助失业人员实现再就业12.59万人，其中就业困难人员5.57万人；城镇登记失业率为3.02%，就业形势保持基本稳定。

（二）深化创建充分就业社区活动

建立健全零就业家庭重点帮扶、就业再就业回访、岗位储备等各类创建制度，通过“鼓励从事灵活就业解决一批、开发公益性岗位安置一批、鼓励用人单位吸纳一批、开展一对一帮扶援助一批、鼓励自主创业扶持一批、举办订单式培训帮扶一批”“六个一批”办法帮扶就业困难人员就业。扩大创建范围，将2006年年底前的撤村建居社区逐步纳入创建范围，鼓励和指导有条件的区、县（市）开展创建充分就业行政村和充分就业街道试点。全市累计消除零就业家庭2 358户，实现就业3 686人，其中2008年消除零就业家庭102户，实现就业155人，实现了动态消除零就业家庭的目标。全市共有505个社区达到了创建充分就业社区标准，占列入考核社区总数的67%。

（三）健全失业人员动态管理机制

就业再就业信息交换和协查系统投入使用，在失业人员登记、就业援助证发放、失业保险金发放等环节进行实时协查比对，动态掌握失业人员的就业失业状况，使证件发放的有效性得到保障，失业人员也能及时享受相关政策。建立就业和失业保险、城镇居民最低生活保障联动机制，促进失业人员尽快实现再就业。积极探索建立失业预警制度，对30家重点企业和就业人数较多的5类城镇个体经济组织开展失业动态重点监测试点。

（四）积极探索促进创业带动就业工作

全面启动杭州市大学生创业培训和职业培训三年行动计划，努力提高大学生就业创业能力。在中国计量学院、杭州师范大学等10所高校建立就业创业指导站，在浙江教育学院建成首个校园创业项目常年展示室。开展“杭州市2008大学生就业创业服务计划”，举办“百城万企进校园”就业创业推荐会。与中国就业促进会共同举办2008促进创业带动就业高层论坛。杭州市《关于开展三年万名大学生创业培训的实施方案》《杭州市大学生职业培训三年行动计划实施方案》《关于建立大学生导师制的实施意见》等7个创业政策文件经由人力资源和社会保障部向全国转发。

二、职业技能培训和鉴定工作

（一）加强再就业培训

培训补贴对象范围已覆盖失业人员、被征地农民、进城务工农村劳动者、大中专毕业生及在校大学生。培训补贴项目由原来的65个工种181个项目拓展到118个工种273个项目，培训补贴标准由原来的200~2 555元提高到280~3 000元。健全培训机构网络体系，市区共有就业再就业定点培训机构65家，大学生技能培训定点培训机构37家，大学生创业培训定点培训机构18家。积极推广定向、订单培训项目，已累计开发城市公交驾驶员等定向培训项目15个，其中城市公交驾驶员定向培训项目年培训量800人以上，劳动合同期10年，培训后就业率达95%以上。广泛开展SIYB创业培训，培训对象范围由失业人员扩大到被征地农民、残疾人、妇女、大学生、困难家庭和即将刑满释放的服刑人员。举行SIYB创业培训项目推介会，探索创业培训与模拟公司创业实训技术对接。2008年全市再就业培训6.22万人，其中技能培训3.53万人。

（二）加大高技能人才培养力度

推出34个工种的技师和7个工种的高级技师进行社会化考评。出台《杭州市首席技师评选管理办法》，举办12个工种的职业技能竞赛，开展高技能人才企业内鉴定工作。开展高职院校、技校、职高毕业生的技能鉴定工作。加大对企业职工技能鉴定力度，新开展烘焙工、康乐服务员、社会体育指导员等6个新职业的技能鉴定，技能鉴定工种达179个。2008年全市共培养高技能人才1.36万人，其中技师2 848人。全市核发职业资格证书10.5万本。

三、社会保障工作

（一）扩大社会保险覆盖面

截至2008年年末，全市职工基本养老保险参保271.24万人，比2007年年末净增33.44万人；职工医疗保险参保274.59万人，比2007年年末净增36.85万人；失业保险参保202.41万人，比2007年年末净增32.32万人；工伤保险参保245.82万人，比2007年年末净增44.18万人；生育保险参保181.68万人，比2007年年末净增26.04万人。全市农村居民养老保险参保13.52万人，城镇老年居民生活保障参保1.75万人，45.19万名被征地农民参加养老保险及享受各类生活补贴，其中参加征地农转非“双低”养老保险20.17万人。市区城镇居民医疗保险参保23.89万人，其中老年居民7.12万人，少年儿童16.62万人，非从业人员1 520人；落实老年居民2 538人免缴费101.52万元，少年儿童1 918人免缴费28.77万元，非从业人员375人免缴费33.75万元。全市新型农村合作医疗参保369.18万人，参合率达98.2%，人均筹资额为161元，占2007年农民纯收入的1.75%。救助2007年度医疗困难人员8 671人次、1 915.85万元，救助2008年度医疗困难人员3 683人次、1 507.93万元。

（二）建设“城乡统筹、全民共享”的社会保障体系

全面实施《杭州市基本医疗保障办法》和《杭州市基本养老保障办法》。将原卫生部门管理的新农合、民政部门管理的医疗救助职能调整到劳动保障部门管理，“城乡统筹、全民共享”的基本养老、基本医疗保障体系基本建立。市区农村居民养老保险财政补贴比例由5%提高到8%；调整市区城镇老年居民生活保障待遇、缴费标准和缴费办法，允许参保缴费在8年以上、一次性缴清费用确有困难的老年居民分期缴费；被征地农民社会保障政策进一步完善、落实，允许应保未保的前征地农转非人员和杭州市区撤村建居农转非人员参保；出台《杭州市区新型农村合作医疗实施办法》，市区新农合从2009年1月1日起由原区级统筹提升为市级统筹；出台杭州市区有雇工的个体工商户参加工伤保险的办法，大力推

进个体工商户参加工伤保险。

（三）优化企业退休人员社会化管理

企业退休人员纳入社区管理28.09万人，占企业退休人员总数的95.2%。进一步健全企业退休人员自管组织建设，市区已建企业退休人员自管组织7 090个。贯彻落实中央和省有关文件精神，做好企业退休人员基本养老金调整工作。开展第二轮企业退休人员健康体检，市区将参加杭州市基本医疗保险、没有移交街道社区管理的4万余名企业退休人员纳入体检范围，体检经费标准从每人150元调整为200元。截至2008年年末，共有27.58万名企业退休人员参加了健康体检，参检率达97.5%。大力开展助老助残服务，将之列为社区公益性岗位，为高龄、孤寡、残疾、独居、特困等老人提供人性化服务。开展企业退休人员困难帮扶活动，对通过春风行动、医疗救济、低保等其他救助渠道帮扶后生活仍然困难的企业退休人员进行重点帮扶，全年共发放困难帮扶和补助资金610万元。广泛开展内容丰富、形式多样的文娱活动，举办了全市企业退休人员文艺会演。

四、劳动关系调整和权益保障工作

（一）加强工资宏观调控和劳动合同基础管理工作

按期调整公布2008年市区最低工资标准和2007年度杭州市区全社会职工平均工资，定期发布全市企业工资指导线和企业劳动力市场工资指导价位。继续推进劳动合同实施“三年行动计划”。深入宣传《劳动合同法》及其实施条例，举办60期企业管理人员、劳资干部培训班，参训6 380人。开展《劳动合同法》贯彻实施情况专项检查，加强对用人单位履行劳动合同的指导和监督。进一步推进集体合同制度，重点扩大非公企业集体合同的覆盖面。全市已有1.07万家企业建立了工资集体协商制度，涉及职工75.84万人。

（二）依法处理劳动争议案件

全市共立案处理劳动争议案件4 708件，比2007年增长88.7%，涉及劳动者7 066人，其中集体争议案件149件，涉及劳动者2 507人。全市结案4 500件，结案率为92.4%，为双方当事人挽回经济损失10 477万元。推进劳动仲裁机构实体化建设，全市13个区县（市）均建立了劳动仲裁院，有专职仲裁员108人，加强业务培训和学习研讨，提高劳动争议处理能力。全市组建企业调解组织1.04万家，全年共调解处理劳动争议案件4 535件；建立乡镇（街道）劳动关系协调组织206家、行政村（社区）劳动关系协调组织2 394家，全年共调解处理劳动争议9 961件，为当事人挽回经济损失13 676.43万元。

（三）推进劳动保障监察执法工作

深入推进劳动保障监察网格化管理，开展建筑（装饰）企业网格化管理试点，市区7个劳动保障监察大队、50个街道（乡镇）劳动保障监察中队全部实现联网；推进网格化管理向萧山、余杭区和五县（市）延伸，在萧山、余杭区和五县（市）建立街道（乡镇）劳动保障监察中队138个，公开招聘劳动保障监察协管员224名。建立企业欠薪预警机制。开发劳动保障书面审查信用定级自动评分系统与劳动保障监察协管员培训考试题库系统。组织开展清理整顿劳动力市场秩序、《劳动合同法》贯彻实施情况等专项检查活动。2008年全市各级劳动保障监察机构共检查用人单位14.6万家次，涉及劳动者342.04万人，为3.86万名劳动者追回拖欠克扣工资4 556.6万元，督促用人单位补签、续签劳动合同14.56万份，清退风险抵押金50.07万元，立案受理劳动者举报投诉案件8 936件，结案率达98%以上。

五、农民工工作

畅通农民工就业渠道，围绕“进城务工、帮您解难”这一主题，开展进城务工人员“春风行动”。在全市农村开展就业困难人员补充调查和农村劳动力求职登记工作，发放《农村劳动力求职登记证》1 958本，帮扶

4 326名农村低保家庭劳动力实现就业。出台《杭州市扶持农村劳动力转移就业工作意见》，公共就业服务全面向农村延伸。推进人力资源市场向农村延伸，杭州市下属萧山、余杭区和五县（市）16个中心镇人力资源市场建成开业。加强农民工职业技能培训，完成跨省农民工培训4.44万人。落实农民工参加职工养老保险，“低标准缴费、低标准享受”养老保险和农民工医疗保险工作，2008年市区农民工参加养老保险36.67万人，其中参加农民工“双低”保险4.97万人；农民工医保参保2.77万人。开展农民工工资支付专项检查活动，为1.2万名农民工追回拖欠工资1 018万元。市劳动和社会保障局荣获“全国农民工工作先进集体”称号，朱佳龙、郭本贤等7位在各自领域取得突出业绩的农民工荣获“全国优秀农民工”称号。

六、推进杭州都市经济圈劳动和社会保障工作的合作

（一）深化医疗保险服务合作

积极探索异地医保互通的管理模式，推进医保卡在杭州都市经济圈和长三角的互通共用。沪杭通过实施专网互通、延伸服务窗口，自2008年12月1日起，实现互相委托结报参保人员医疗费。市区与萧山、余杭区、五县（市）以及湖州市属二县共29家医疗机构实现了医保实时联网结算，参保人员在异地可直接刷卡就医。

（二）积极开展SIYB创业培训和人力资源合作

利用杭州市SIYB创业培训师资力量较强的优势，举办SIYB师资培训班和SIYB示范培训班，嘉兴市12名教师和18名学员参加了培训。组织30个创业项目在绍兴进行展示，实现创业项目资源共享。在杭州和湖州分别召开杭、湖、嘉、绍四市就业合作研讨会，就业制度改革30年和推进城乡统筹就业工作研讨会，就组建杭州都市经济圈人力资源合作委员会和联席会议、推进人力资源开发合作达成共识。邀请湖州市、嘉兴市、绍兴市的劳动保障部门组织企业来杭参加人力资源交流暨校企对接合作洽谈大会，推动劳动力在都市经济圈内自由流动。

（杭州市劳动和社会保障局）

宁 波 市

2008 年，宁波市各级劳动保障部门紧紧围绕市委、市政府中心工作，从服务经济社会发展的大局出发，以贯彻实施《劳动合同法》《就业促进法》《劳动争议调解仲裁法》及外来务工人员社会保险等 3 项新社保制度为重点，以实现社会就业更加充分、社会保障更加健全、劳动关系更加和谐为目标，统筹协调，共同推进，在整体经济形势趋紧、企业发展普遍遭遇困难的情况下，为宁波市经济发展、促进社会和谐作出了积极的努力。

一、积极主动服务企业，为企业稳定发展提供支持保障

2008 年下半年以来，受全球金融危机不断蔓延的影响，宁波市的经济发展也面临诸多严峻挑战，部分劳动密集型中小企业生产经营困难，歇业、破产、倒闭现象增加。为切实解决企业生产经营中的实际困难，各级劳动保障部门按照市委、市政府关于“保稳促调”的工作要求，及时开展了一系列服务企业活动，努力为企业排忧解难。

（一）大力开展服务企业活动，努力为企业排忧解难

全市各级劳动保障部门充分发挥职能作用，按照市委、市政府的统一部署，积极组织开展了“树新形象，创新业绩”和“干部进企业，服务促发展”活动，领导亲自带队并抽调大批业务骨干深入企业，广泛宣讲劳动保障法律法规，指导企业建章立制，举办各类培训班，为企业解疑释惑，切实解决企业面临的各种困难，受到普遍欢迎。同时，还积极开展了“劳动保障政策法规百家企业行”活动，主动上门为企业送政策、送服务。深入走访了 100 多家企业，对全市 4 000 多家单位开展了《劳动合同法》实施情况专项检查。服务企业活动的开展，也为《劳动合同法》的贯彻推进创造了良好氛围。全市劳动合同签订率稳步提高，职工队伍得到进一步稳定。截至 2008 年 12 月底，全市签订劳动合同人数比 2007 年年末增长 31.6%，规模以上企业基本与职工签订了劳动合同，市属规模以上企业劳动合同签订率为 99.5%。劳动合同期限普遍延长，从以 1 年期合同为主转变为以 2~3 年期合同为主，劳动关系稳定性进一步增强。服务活动的开展，不仅为企业送去了政策、送去了服务，为企业排忧解难，更重要的是增强了企业的信心，形成了政企联动、共克时艰、力保增长的良好氛围。

（二）引进和培养技能人才，积极为企业提供人力资源保障

2008 年，全市劳动保障部门通过组织各种专场洽谈会，为企业提供所需人才。为解决部分企业招用技术工人难题，各级劳动保障部门组织开展了外商投资企业及专业人才专场招聘会，进一步加强跨省市劳务合作平台建设，为本地企业引进急需的技术人才。同时，启动实施城乡劳动力培训补助政策，围绕市场用工需求和城乡劳动力就业愿望，将报关员、单证员、养老护理员、育婴师等一批适应城乡劳动力就业的职业工种纳入政府补助培训项目。初步建立了创业培训、小额贷款、开业指导与后续服务等“一条龙”服务机制，为全市各地

开展城乡劳动力创业培训提供师资服务和技术支持。各地还着力推进农村劳动力和外来务工人员技能提升培训。目前，全市已确定159家（其中市本级35家）外来务工及174家农村劳动力定点培训机构。全市职技院校高级技工培养力度进一步加大，全年全市技校共招收高级工、技师班新生2 435人，占招生计划总数的50%，509名持有高级工、技师职业资格证书的技校毕业生被补充输送到企业。全市技能人才职业资格鉴定达到13.5万人次，共有1.2万人获得高级工、技师、高级技师职业资格证书。各级劳动保障部门通过组织企业优秀青工进修培训，开展企业职工技能竞赛，开展技师、高级技师考评工作和宁波市“首席工人”评选活动，提升企业职工的技能水平，更好地为企业发展提供人才服务。通过全市各级努力，“以政府为主导，企业为主体，院校为基础，社会共同参与”的高技能人才多元培养机制基本形成，为提升企业的人才实力提供了有力支持。

（三）积极推行社保新政策，切实减轻企业负担

为做好企业帮扶工作，全市各级劳动保障部门改革创新，积极推出社保新政策，切实减轻企业负担。一是从2008年1月1日开始，实施了外来务工人员社会保险制度，在保障外来务工人员社保权益的前提下，较大幅度地减轻了用人单位的缴费负担，为企业顺利实施《劳动合同法》创造了有利条件。按2008年12月底外来务工人员社会保险参保58.8万人计算，全市参保单位每年可减少社会保险费支出20.11亿元，在整体经济形势趋紧的情况下，有效地提高了企业的市场竞争力。二是完善了市区职工医疗保险政策。从2008年5月1日起，对市区现有的职工医保政策作了适度调整和完善，普遍提高了参保人员的待遇水平，适当减轻了企业缴费负担，企业为参加基本医疗保险的职工每人每月少缴费5元，按2008年12月底市区参加城镇职工医疗保险的人数计算，参保单位全年减少基本医疗保险费支出8 220万元。三是根据省有关文件精神，经市政府同意，对企业社会保险费缴纳比例实行临时性适当下浮，下浮额度为2008年12月和2009年1月企业各项社会保险费的单位应缴部分。据初步测算，仅2008年12月实施社会保险缴费比例临时性下浮政策就惠及全市216.7万人，共有9.08万家企业单位、2.59万名城镇个体劳动者得到减负，五大社会保险基金共减负7.8亿元，减负总额占应征总额的65%。通过上述一系列社保新政策的实施，切实减轻了企业负担，取得了积极效果，为企业积极应对金融危机创造了有利条件。

二、进一步完善就业服务体系，就业局势继续保持稳定

各地劳动保障部门以贯彻实施《就业促进法》为契机，积极制定并落实促进就业政策，不断完善城乡劳动力就业和培训服务，在国际金融形势复杂多变、国内经济增长减速的情况下，维护了宁波市就业局势的稳定。截至2008年12月底，城镇新增就业13.31万人，完成年度考核任务的116%，帮助6.49万名失业人员实现再就业，其中就业困难人员再就业2.26万人，完成年度考核任务的188.5%。2008年年末，城镇登记失业率依然保持在3.31%的较低水平。

（一）实施新一轮促进就业政策，加大对就业困难群体帮扶力度

针对上一轮促进就业政策2008年到期的情况，在认真调研、广泛征求意见的基础上，由市政府出台了《关于进一步做好促进就业工作的通知》。新一轮的促进就业政策，进一步提高了自主创业小额贷款的额度，增加了公益性岗位数量和补贴额度，扩大提高了职业技能培训和鉴定补贴的范围和标准，建立起帮困就业的长效机制，政府促进就业的职能得到加强，受到社会各界的一致肯定。同时，还出台了自主创业小额贷款政策，研究制定了职业介绍补贴实施办法等一系列配套政策。全市共发放社保补贴和用工补助1.2亿元，享受人数4.6万人；为280名自主创业失业人员发放小

额贷款 1 025 万元，自小额贷款政策实施以来，已累计发放 6 994.4 万元，贷款到期回收率 99.2%。

（二）推进创建充分就业社区活动，动态消除零就业家庭

各地把充分就业社区的创建活动与就业援助工作有机结合，共同推进。截至 2008 年 12 月底，全市充分就业社区占全市社区总数的 65%。通过多方面挖掘岗位、政府公益性岗位托底安置等途径，对城镇零就业家庭做到出现一户、帮扶一户、消除一户，确保城镇零就业家庭动态消除。开发保持公益性岗位 7 217 个，比 2007 年年底增加 592 个，实际安置就业困难人员 6 458 人。同时，通过开发合适的农村就业岗位就地就近安排、鼓励企业吸纳农村低保家庭劳动力转岗就业等途径，动态实现有劳动能力和就业愿望的农村低保家庭劳动力 50% 就业的目标。

（三）开展失业动态监测和预警，进一步夯实就业管理基础

2008 年以来，全市劳动保障部门根据经济形势的变化，积极应对，加强就业管理，开展了一系列就业管理基础性工作。例如在余姚、慈溪、鄞州、江东和北仑确定了 189 家企业作为重点监测对象，开展失业动态重点监测报告制度试点工作，加强失业预警。从 2008 年 9 月 1 日起，开始实施就业登记暂行办法，建立起就业登记与社会保险登记、申报或终止等工作联动机制。到 2008 年年底，全市已有 6.47 万家用人单位 151.3 万人次办理就业登记。同时，加强了失业人员登记证管理，建立起失业人员信息与就业登记或退出失业状态信息的即时关联制度，进一步明确失业与就业状态的界定。继续开展城乡劳动力资源调查，掌握城镇失业人员、农村劳动力、外来务工人员基本数据。

（四）积极开展专项就业服务，进一步提高就业服务水平

一是积极组织各项公共就业服务活动，精心开展公共职业介绍机构就业再就业招聘周、促进女性平等就业专项活动、再就业援助月、农村富余劳动力及被征地人员就业服务周、高校毕业生就业服务月等活动，搭建就业困难人员求职平台。2008 年，全市进入人力资源市场的用人单位 9.78 万家次，提供岗位 145.83 万个次，求职登记 102.29 万人次。二是充分发挥基层劳动保障服务平台就业服务作用。全市新成立的 6 个街道、社区，都已全部建立起劳动保障服务站（室）。同时不断加强指导，规范和提高基层劳动保障服务平台就业服务水平。三是加强宣传引导，进一步规范人力资源市场秩序，营造良好的就业环境。严把职业介绍机构准入关，规范经营服务。严厉打击非法职业中介和以职业介绍为名的各类欺诈行为，维护城乡劳动者和用人单位的合法权益。

三、完善和推进社会保险制度建设，进一步扩大社会保险覆盖面，提高待遇水平

2008 年，着重抓了从建立制度框架体系向制度落实转变，从企业参保扩面单项突进向多项并进转变，城镇居民医保、外来务工人员参保工作推进效果明显，新型农村养老保险制度基本建立，五大社会保险扩面成效显著。截至 2008 年年底，全市参加基本养老、医疗、失业、工伤和生育保险人数分别达到 297.5 万人、223.5 万人、161.4 万人、209.3 万人和 164.7 万人，全部超额完成市政府下达的任务指标。

（一）城镇居民基本医疗保险制度全面推进

2008 年以来，全面推进城镇居民基本医疗保险制度，市区和 5 个县（市）统筹区均已出台实施城镇居民基本医疗保险方案，实现了城镇居民医保制度的全覆盖。5 月，启动了市区各类在校学生参加城镇居民医保的登记缴费工作。9 月，又开展了入学新生参保缴费工作。同时，在住院和大病门诊统筹的基础上，市区出台了城镇居民基本医疗保险门诊医疗统筹方案，进一步提高了财政补助力度和医疗待遇水平，实现了城镇居民基本医疗保险制度门诊住院双统筹，扩大了制度受惠面，有力地提

升了这项制度的惠民效果。余姚、宁海、象山、慈溪、奉化也实现了门诊住院双统筹或门诊补偿。截至2008年12月底，全市城镇居民参保人数达到57.21万人，其中市级统筹范围除学生外，参保率达到75.9%，提前完成市政府考核目标任务。此外，市区各类在校学生参加城镇居民医疗保险人数已达31.45万人。

（二）外来务工人员参保人数大幅度增加

2008年，宁波市在全国率先实施了外来务工人员社会保险制度，这项制度符合外来务工人员的特点和企业实际，深受广大企业和外来务工人员的欢迎。自制度实施以来，全市外来务工人员社会保险参保人数已经达到58.75万人，实现了宁波市社会保险参保历史性的突破，充分体现了制度创新的优越性。

（三）新型农村养老保险制度稳步推进

2008年年底，市级统筹区及各县（市）均出台了新型农村养老保险办法，余姚、慈溪、奉化、江北、镇海、北仑等地已先行实施，宁海、象山两地将于2009年1月1日起实行，鄞州区政府常务会议也已原则通过新农保制度，准备从2009年1月起实施。至此，已全部实现了年初市政府确定的“各县（市）、区建立起新型农村养老保险制度”的目标。截至2008年12月底，实施新农保地区的参保人数达到8.46万人，享受待遇8.24万人。

同时，宁波市的被征地人员养老保障和城镇老年居民养老保障工作也得到了稳步推进，全市共有132个镇（乡）、街道，2 127个村实施了被征地人员养老保障，被征地村的覆盖率达到96.9%，累计参保人数为53.86万人。全市共有超过2.07万人参加了城镇老年居民养老保障，其中1.99万人享受待遇。

（四）各类参保人员待遇进一步得到提高

2008年1月和12月，宁波市先后按月人均126.96元和135.22元的标准调整提高了企业退休人员养老金水平，据统计，这两次待遇调整分别涉及全市23.17万名和25.2万名企业退休人员，分别增加基金支出3.5亿元和4.07亿元。目前，全市企业退休人员平均养老金水平约为1 513元，其中市本级约为1 543元。同时，也相应调整了其他领取生活费群体的待遇水平。从2008年7月1日起，市辖各区被征地人员和城镇老年居民养老保障待遇也有了进一步提高。从2008年9月1日起，全市失业保险金标准调整为每人每月672元，增加77元。

从2008年5月1日起，提高了市级统筹区35周岁以下的参保人员和退休人员基本医疗保险个人账户计入比例，提高了大病医疗补助金的支付标准，取消了大病救助金支付的最高限额，降低了门诊累计自负额度标准，提高了参保人员在社区卫生服务机构住院医疗费用的统筹基金分段支付比例，增加了特殊病种治疗项目。市区统筹范围从2008年7月10日开始对已参加医保的企业退休人员进行免费健康体检，全市共有11.4万名企业退休人员参加了体检。从2008年12月起，组织开展了市区城镇居民免费健康体检，受到广大群众的欢迎。

四、积极预防和处置劳资纠纷，劳动关系总体协调稳定

2008年下半年以来，受企业停产、倒闭现象增加的影响，劳资纠纷数量持续上升。全市各级劳动保障部门坚持预防为主、调解为主和基层处理为主的方针，着力化解劳资纠纷，维护社会稳定，劳动关系保持总体平稳。

（一）加强监察，切实做好防范处置劳资纠纷工作

各地劳动保障部门不断完善监察执法体系。在当前宏观经济不断趋紧、劳资纠纷不断上升的背景下，创新监管执法模式，加强了基层监察队伍建设，全面推行劳动保障监察网格化监管方式，重基层、重属地预防和处理，使劳资纠纷发现在苗头，化解在基层。同时，各级劳动保障执法机构注重源头治理，坚持执法与普法相结合，执法与预防相结合，维护劳动者合法权益与促进企业发展相结合，有效地防止了各种违法现象的蔓延。

各级劳动保障部门针对企业裁员、欠薪等问题，高度重视，早发现、早介入、早处置，维护了劳动关系的和谐稳定。同时，把防范和处置企业拖欠工资作为一项重点工作来抓。认真贯彻落实省、市政府关于切实做好防范处置企业拖欠工资工作的通知精神，进一步完善了部门联动机制，明确目标落实责任，认真组织开展农民工工资支付情况，规范用人单位用工行为和整治非法用工、打击违法犯罪行为等专项检查，重点加强了对建筑施工、餐饮服务、劳动密集型企业工资支付情况的监控，较好地维护了劳动者的合法权益。截至2008年12月底，共检查用人单位1.19万家，涉及职工130万人；立案查处劳动违法案件3 897件；共为3.05万名劳动者追回被拖欠工资9 608.7万元，责令用人单位补签劳动合同3.9万份。全市没有因欠薪而引发恶性群体性事件。

（二）认真贯彻实施《劳动争议调解仲裁法》，加大劳动争议调解仲裁工作力度

为确保《劳动争议调解仲裁法》的顺利实施，加强了《劳动争议调解仲裁法》的培训和宣传工作，及时提醒当事人把握仲裁申请时效等要点，并印制了新的仲裁庭纪律、仲裁文书，指导全市的仲裁工作。随着新法的实施和职工维权意识的增强，全市劳动争议案件激增。2008年，全市共受理劳动争议案件1.28万件，比2007年上升80.9%。案件量的上升虽给仲裁机构带来很大压力，但各地积极克服人少案多的困难，注重发挥基层调解组织的作用，坚持快立、快调、快结，全年共处理案件1.12万件，为劳动者挽回经济损失2.16亿元。

（三）畅通信访渠道，进一步加强职工权益维护

2008年以来，由于受金融危机的影响，企业经济效益不断下滑，企业劳资纠纷明显上升，各种历史遗留问题和现实矛盾相互交织在一起，信访工作形势日益严峻。在这种背景下，全市各级劳动保障部门高度重视信访维稳工作，把信访工作摆到了重要的突出位置，完善了制度，加强了力量，加大了对信访案件的调处力度，信访处理能力进一步提高。全年全市劳动保障部门共受理群众来信来访4.35万人次，其中集体上访597批次、1.25万人次，按期办结率为100%。

（宁波市劳动和社会保障局）

安徽省

2008年，在人力资源和社会保障部的有力指导及省委、省政府的坚强领导下，安徽省劳动保障系统围绕推进科学发展、加快安徽崛起的工作大局，以科学发展观为统揽，全面贯彻落实党中央、国务院，人力资源和社会保障部及省委、省政府的决策部署，以推进效能建设、增进全系统干部职工对工作的饱满热情和对群众的深厚感情、改进工作作风和部门行风、开展深入学习实践科学发展观活动为抓手，加大就业再就业工作力度，积极推进社会保障体系建设，努力构建和谐稳定的劳动关系，切实维护劳动者合法权益，全面完成年初确定的各项目标任务。

一、就业再就业工作

认真贯彻《就业促进法》和《国务院关于做好促进就业工作的通知》（国发［2008］5号），全面落实各项就业再就业政策，制定出台《关于进一步做好促进就业工作的意见》（皖政［2008］51号），着力完善促进就业政策体系。组织开展就业政策落实年活动，妥善处理好就业新老政策衔接和工作衔接。大力开展就业援助百日帮扶、2008春风行动、民营企业招聘周、就业新起点、消除零就业家庭和零转移农户行动计划等一系列专项活动。全省城镇新增就业49.55万人，下岗失业人员实现再就业24.81万人，困难群众实现再就业4.95万人，全部超额完成当年目标任务。小额担保贷款发放新增2.4亿元，累计发放达11.5亿元。全省城镇登记失业率为3.94%，低于年度控制目标0.56个百分点。积极开展就业法律进社区、就业援助进家庭“两进”和社保补贴送到人、就业岗位送上门“两送”活动，重点对已经实现就业的3.87万户就业困难家庭进行回访，与2.1万名援助对象签订服务协议，及时为他们提供岗位援助或帮助落实社保补贴。落实就业服务五项承诺，切实做好零就业家庭、大中专毕业生、下岗失业人员、农民工等困难群众就业帮扶工作，共帮扶720户零就业家庭成员就业，实现动态消除零就业家庭目标。开展“就业岗位、技能培训、法规政策”三下乡活动，重点帮扶零转移农户尽快实现就业，积极引导农民工回乡创业，组织开展省内劳务对接活动。继续深入推进“创业扶持工程”，全省共建立128个创业园区，开辟了129条创业一条街，吸纳入园下岗再就业人员6.57万人，创办了1.27万个经济实体。组织《再就业优惠证》年检，强化下岗失业人员管理服务。开展人力资源市场清理整顿专项行动，检查各类职业中介机构和用人单位1 863家次，净化了人力资源市场。积极开展就业援助行动，制定关于开展对地震灾区实施就业援助的紧急通知，开展对地震灾区劳动者实施就业援助行动，向灾区提供2.47万条就业岗位信息，为灾区劳动者来皖就业开辟“绿色通道”。已有1 757名灾区人员来皖实现就业，帮助2 458名灾区劳动者就地就近就业。

二、职业技能培训和鉴定工作

全面落实高技能人才队伍建设“十一五”规划，积极动员和组织社会各类教育培训机构，依托行业、企业推进高技能人才培养工程。推动校企合作，开展技能再就业计划和新技师带动计划，健全面向全体劳动者的职业技能培训制度。进一步完善培训补贴标准和办法，加强定点培训机构质量管理，着力提高再就业培训的针对性和实效性。加强职业培训基础能力建设，马钢、江汽、合力叉车、马鞍山技师学院、淮北煤电技师学院和蚌埠机电技师学院被人力资源和社会保障部认定为国家高技能人才培养示范基地；芜湖技师学院、汽车工业技师学院列入中央财政实训基地项目单位；加快5个市级技能人才培养示范基地和20个县级职业培训实训基地建设，启动民办职业培训学校诚信等级评定工作，开展职业培训资源摸底调查，组织清理规范职业资格相关活动。完善职业技能鉴定组织实施制度，加强市级职业技能鉴定中心建设，扩大县级职业技能鉴定权限，加大职业资格证书制度宣传和推行工作力度，职业技能鉴定数量和质量均有大幅度提高。开展了数控、纺织、气象等技能竞赛，组队参加全国第三届数控技能决赛，获得团体优秀组织奖，3位选手进入前十名，是多年来成绩最好的一次。全省共培养新技师5 503人，完成全年目标任务的110%；再就业培训14.45万人，完成全年目标任务的145%；创业培训2.11万人，完成全年目标任务的106%；组织技能鉴定42.3万人次，完成全年目标任务的106%。

三、社会保障工作

加大工作力度，积极推进社会保险体系建设，各项社会保险工作取得新的进步。千方百计筹措资金，确保各项社会保险待遇及时足额发放。全省共发放基本养老金188.67亿元，发放失业保险金4.83亿元，158万名企业离退休人员和28.1万名失业人员按时足额领取基本养老金和失业保险金。圆满完成2008年企业退休人员养老金调整，认真做好2009年基本养老金调整各项准备工作。规范养老保险市级统筹，做好养老保险省级统筹和做实个人账户前期准备工作。出台失业保险市级统筹方案并全面组织实施，淮南市已启动实施，蚌埠、淮北、芜湖三市启动了各项准备工作。马鞍山、芜湖两市积极探索整合城乡医疗保险管理资源，铜陵等市启动了城镇居民基本医疗保险市级统筹工作。紧紧抓住17个市全部进入国务院试点城市的契机，充分调动各方面的积极性和主动性，出台在校大学生参加城镇居民医疗保险实施意见，实现了城镇居民基本医疗保险制度的全覆盖。全省城镇居民医疗保险参保793.39万人，完成全年目标任务的113%。6万多名未参保集体企业退休人员基本生活保障应保尽保，及时足额发放基本生活费，基本解决了这一群体面临的生活困难问题。17个市全部出台了鼓励未参保集体企业退休人员补缴参保政策，近万名未参保集体企业退休人员参加了养老保险，生活保障水平得到提高。妥善解决关闭破产国有企业退休人员的医疗保障问题，积极争取中央财政专项补助资金支持，出台关闭破产国有企业退休人员参加城镇职工基本医疗保险工作的实施方案和政策性意见，将全省十多万名地方政策性关闭破产以及更多的依法破产企业退休人员全部纳入参保范围。推进统筹地区将“老工伤”人员工伤保险待遇纳入统筹管理，马鞍山、安庆、宣城、阜阳等市已将历史遗留的“老工伤”全部纳入工伤保险基金统筹管理。加强社会保险扩面征缴，着力推进非公有制经济组织从业人员、个体工商户和灵活就业人员参加社会保险，社会保险覆盖面继续扩大。大力推行社会保险费“一票多费”征缴，加大社会保险基数稽核力度，社会保险费收入继续保持良好的增长态势。全省参加养老、失业、医疗、工伤和生育保险人数分别达到420.3万人、373.1万人、528.7万人、292.9万人和237.54万人，全部超额完成全年目标任务；5项社会保险基金总收入达355.5亿元，比2007年增长55.3%。企业退休人员社区管理服务率达85%。积极推进统筹城乡社会保险，全省所有市县均全面启动被征地农民社会保障工作，109.4万名被征地农民享有基本生活保障。150.6万名农民参加了农村社会养老保险。积极推进新型农村社会养老保险制度建设试点，马鞍山市、广德县等一市六县试点工作有条不紊地推进。积极应对经济形势变化，采取允许困难企业在一定时期内缓缴社会保险费，适当降低职工基本医疗、失业、工伤、生育保险费率，使用失业保险基金帮助困难企业稳定就业岗位等有效措施，切实减轻困难企业缴费负担和参保人员费用负担。

四、劳动关系调整和权益保障工作

认真组织贯彻实施《劳动合同法》情况专项检查，落实劳动合同三年行动计划，开展“劳动合同签约行动”和“农民工签订劳动合同春暖行动”，建立完善劳动用工登记备案制度，逐步完善劳动用工信息数据库。全省各类用人单位签订劳动合同372.9万人，签订率达96.5%，其中农民工签订劳动合同88.4万人，签订率达92.2%；劳动用工登记备案5.3万家，涉及职工296.4万人。大力推行集体协商和集体合同制度，不断扩大集体合同覆盖面，推进劳动合同制度和集体合同制度的全面实施。全省共审核集体合同10 269份，涉及职工144万人。制定了推进企业工资集体协商工作意见，促进企业职工工资的合理增长。进一步落实最低工资保障制度，基本解决国有企业工资历史拖欠问题。认真贯彻《劳动争议调解仲裁法》，及时妥善处理劳动争议案件，9个市成立了仲裁院。全省共受理劳动争议案件6 860件，涉及劳动者1.46万人，结案率达93.5%。以清理整顿人力资源市场秩序和劳动用工情况监督检查活动为重点，扎实开展劳动保障监察执法年活动。全省受理举报投诉案件8 900件，结案率达96.1%，为8.14万名劳动者追发工资等1.92亿元。

五、农民工工作

认真贯彻国务院和省政府农民工工作联席会议要求，进一步加强农民工工作。充分发挥劳动保障、农业、扶贫等部门职能作用，充分调动工会、共青团、妇联等群团组织的积极性，调动社会力量办学，形成整体推进农民工培训工作合力。落实农民工培训和技能鉴定补贴政策，统一农民工培训补贴标准，组织开展定向、订单、定岗式培训，做到培训、鉴定、就业紧密结合，提高就业稳定性。全省共培训农民工56.3万人，完成全年目标任务的113%。农业劳动力新增转移就业65万人，完成全年目标任务的108%。积极鼓励农民工回乡创业，各级各类创业园向农民工开放，第一批103个农民工创业园建设基本完成。扎实开展农民工参加工伤保险“平安计划”和农民工参加大病医疗保险扩面行动，农民工参加工伤、医疗保险分别达74.88万人、51.56万人，完成全年目标任务的115%、103%。完善工资支付监控机制，在建筑、高速公路、水利工程建设领域建立农民工工资支付保证金制度，全省缴纳工资保证金4.32亿元。坚持常态化清欠农民工工资，加大农民工工资支付专项检查力度，全年清欠1.87亿元，涉及农民工8.1万人。2003年以来，已累计清欠农民工工资15.16亿元。全面贯彻落实省委、省政府和部里的部署，及时出台了《关于积极应对当前经济形势认真做好劳动保障有关工作的通知》《关于认真做好返乡农民工就业工作的通知》，以及以创业带动促进就业等各项政策措施，努力稳定就业岗位，千方百计扩大就业。从2008年11月起，在全省建立返乡农民工和下岗失业人员情况日报和就业信息收集制度，加强失业预警和失业调控。大力开展就业帮扶百日攻坚活动和“春风行动”，下拨3.86亿元就业专项资金扶持失业人员、返乡农民工就业和培训。

六、法制建设工作

进一步加大工作力度，采取多种行之有效的方式方法，认真宣传《就业促进法》《劳动合同法》《劳动合同法实施条例》《劳动争议调解仲裁法》等劳动保障法律法规政策，不断拓展劳动保障法律法规宣传普及面，使广大劳动者和用人单位知法、懂法、守法。加强与省政府法制办的沟通与联系，如期提请省政府常务会审议通过了《安徽省劳动保障监察办法》（省政府令第213号），标志着安徽省劳动保障监察制度建设迈出了坚实的一步，对规范劳动保障监察执法行为和维护劳动者合法权益具有十分重要的意义。开展起草、调研、论证工作，为制定《安徽省就业促进条例》《安徽省失业保险条例》和《安徽省最低工资规定》做了积极准备。加大行政复议工作力度，厅本级受理行政复议案件55件，结案率达95%以上；3件行政应诉案件和1件民事应诉案件均胜诉，首次运用行政和解手段处理4件行政复议案件。认真做好劳动保障监察执法日常检查工作，组织清理整顿劳动力市场秩序专项执法检查，开展劳动用工合同签订、工资支付情况监督检查，集中开展“四小”单位（乡村小砖瓦窑、小煤矿、小矿山、小作坊）非法用工专项清查行动，共组织6 339人次检查各类用人单位1.32万家，涉及劳动者39.96万人。通过检查，督促用人单位与劳动者补签劳动合同3.59万份，督促445家用人单位办理社会保险登记，补缴社会保险费160万元，责令清退押金10.4万元，责令支付拖欠工资45.2万元，涉及1 047人。

2008年是我国历史上极不寻常的一年，也是安徽省劳动保障工作极不平凡的一年。全省劳动保障系统不仅圆满完成了省委、省政府赋予的各项任务，促进了全省劳动保障事业科学发展，而且在解决省委、省政府关注，人民群众关心的突出问题和长远建设上实现了突破，取得了上下满意的显著成效。归纳起来，主要有10个方面：一是保持全省就业和农民工返乡局势稳定。贯彻落实省委、省政府及人力资源和社会保障部应对经济形势稳定就业局势的政策措施，见识早、行动快，措施准、工作实，全面调研摸清情况，超前谋划政策措施，及时部署推进落实，有力指导组织应对，较好地保持了安徽省就业局势的稳定，保证了返乡农民工稳定有序流动，为做好下一年度的就业和农民工工作奠定了基础，受到了省委、省政府主要领导和部机关的充分肯定。二是建立动态消除零转移农户机制。在全省范围内部署开展了以“实现转移就业，共创美好明天”为主题的消除零转移农户活动，基本形成了出现一户、帮扶一户、消除一户的工作机制，为2010年全省有劳动能力和转移就业愿望的农村家庭实现“户户有工资性或经营性收入”奠定了基础。三是农民工创业园建设全面启动。从2008年开始，在人口较集中、农民工回乡创业人员较多、产业集聚度高、劳动保障事务所健全的建制镇，建设一批农民工创业园。目前，全省首批103个乡镇农民工创业园全面开始建设，有的已投入使用，建成后可引进1 550家企业进园创业，吸纳12万名农业富余劳动力就地就近实现就业，深受基层和广大农民的欢迎。四是技师学院建设不断壮大。全省新设立滁州技师学院等4所技师学院，技师学院总数已达16个，另有2所已经进入筹备建设阶段。其中，马鞍山工贸、淮北煤电等6所技师学院被认定为国家高技能人才培养示范基地；芜湖技师学院、汽车工业技师学院列入中央财政实训基地项目单位。五是企业退休人员养老金水平平稳且有较大幅度提高。完善企业退休人员养老金调整政策，将与工作年限段挂钩调整待遇改为按工龄年限确定待遇，平稳完成了全省企业退休人员基本养老金调整工作，138.6万名企业退休人员人均增加养老金105.4元，增长幅度为历年最大，人均养老金水平达到每月994元。六是城镇居民医疗保险实现全覆盖。全省17个市全部纳入国务院试点范围，在全国率先将近80万名在校大学生纳入城镇居民医疗保险范围，全省城镇居民参保人数已达793.39万人，超额完成全年目标任务，较好地解决了城镇居民看病难、看病贵的问题。七是地方政策性关闭破产国有企业退休人员参加医疗保险得到妥善解决。积极争取中央财政补助资金，专项用于解决地方政策性关闭破产国有企业退休人员参加医疗保险，全省十多万名企业退休人员全部纳入参保范围，使广大企业退休人员盼望多年的这一历史遗留问题得到解决。八是将“老工伤”人员待遇纳入工伤保险基金统筹管理。经研究决定，从2009年起，将全省“老工伤”人员工伤保险待遇全部纳入工伤保险基金统筹管理，进一步提高了“老工伤”人员的待遇水平和安全保障。九是被征地农民养老保险制度实现全覆盖。全省各市、县全部建立被征地农民养老保险制度，使广大被征地农民基本生活有了制度保障。十是乡镇就业和社会保障事务所建设取得突破。各市、县积极贯彻落实省厅下发的《关于进一步规范乡镇就业和社会保障事务所建设的意见》，以及县乡镇就业和社会保障事务所建设工作现场会精神，明确了建设规划，加快了建设步伐，部分乡镇就业和社会保障事务所实现了标准化、规范化管理服务，一大批乡镇建立了就业和社会保障事务所，乡镇就业和社会保障能力明显提高，在做好返乡农民工就业和统筹城乡就业与社会保障工作中发挥了积极作用。

（安徽省劳动和社会保障厅）

福　建　省

2008年，在省委、省政府的正确领导下，福建省各级劳动保障部门认真贯彻党的十七大、十七届三中全会和省委八届三次全会精神，以科学发展观为统领，从发展和稳定大局出发，积极应对宏观经济环境形势的变化，大力促进就业再就业，积极推进社会保障体系建设，努力构建和谐的劳动关系，切实维护劳动者合法权益，圆满完成了人力资源和社会保障部及省委、省政府下达的目标任务，为促进海西经济社会又好又快发展、维护社会稳定作出了应有的贡献。全省城镇新增就业68.4万人，完成全年任务数的105.23%；下岗失业人员再就业8.55万人，完成全年任务数的114%；帮助城镇就业困难对象再就业3.32万人，完成全年任务数的138.33%；期末城镇登记失业率为3.86%，控制在4%以内；城镇职工基本养老保险参保454.48万人，城镇职工基本医疗保险参保435.73万人，失业保险参保338.69万人，工伤保险参保346.12万人，生育保险参保273.95万人。

一、就业工作成绩突出

各级党委、政府把就业再就业工作摆到更加突出的位置，落实目标责任制，各项工作成效明显。一是全面落实积极就业政策。贯彻《就业促进法》，认真落实国发5号文件，出台《福建省人民政府关于进一步做好促进就业工作的通知》（闽政［2008］18号），落实就业困难人员就业扶持政策，加大财政投入力度，当年省本级筹集就业专项经费3.99亿元，圆满完成第二轮积极就业政策实施任务。二是推动建立创业带动就业工作体系。出台《关于实施创业带动就业工程的指导意见》，确立了创业培训、小额（担保）贷款、创业服务“三位一体”的工作模式。2008年，全省开办创业培训项目（班次）277个，共7 060人，发放小额（担保）贷款1.5亿元，完成全年任务数的100.3%，创业带动就业工作有效推进。三是持续推进劳务派遣工作。以贯彻《劳动合同法》《就业促进法》为契机，进一步加强对劳务派遣机构的管理，进一步规范具有福建特色的劳务派遣运作模式，继续鼓励、引导、支持社会力量开展劳务派遣工作。全年劳务派遣员工55.2万人，完成全年任务数的100.36%，劳务派遣工作持续发展。四是全面完成农村劳动力转移培训就业工程项目。2008年新增农业富余劳动力转移就业47.2万人，组织农村劳动力技能培训44.15万人（含“阳光工程”培训8.25万人），农村贫困家庭实现一户一转移就业3.8万人，圆满完成省委、省政府下达的为民办实事项目，维护了全省就业局势的基本稳定。五是进一步强化公共就业服务职能。组织开展了“再就业援助月”“春风行动”“民营企业招聘周”“大中专技校毕业生就业服务月”等专项活动，为城乡各类劳动者提供职业培训、职业介绍、劳务输出、公益性岗位等优质服务，营造了良好的就业环境。六是做好对口支援地震灾区就业援助工作。按照省委、省政府的统一部署，创新对口就业援助机制，采取“实名制”认定办法，做好四川灾区第一期和第二期就业援助工作。2008年，全省累计为地震灾区提供就业岗位

67 460 个，转移 5 952 名灾区劳动者到福建省就业，灾区重建项目吸纳就业 2 469 人，对口支援地震灾区工作取得实效。

二、职业培训工作成效明显

各级劳动保障部门以提高劳动者素质为目标，加快高技能人才培养，深化技工学校改革，拓展闽台职业培训交流平台，推动数量就业向素质就业转型。一是加强高技能人才队伍建设。实施“十百千行动计划”，出台《关于加强高级技师培养的实施意见》，提出到 2010 年新培养 1 000 名高级技师的工作目标；开展“福建省十大首席技师”和“百名杰出高技能人才”评选、表彰和宣传活动，开展国务院特殊津贴高技能人才选拔推荐工作；在全省范围内认定审批了 6 个全国高技能示范性基地和 24 个省级高级技师培养基地。全年新培养技术工人 46.1 万人，新增技师、高级技师 5 800 人，创历史新高。二是深化技工院校改革。省政府批准的 4 所技师学院开始运作，高级工、预备技师班人数已达 9 332 人。全省技工院校超额完成 2008 年度的招生任务，招生数达 3.44 万人。技工院校在校生 8.8 万人，其中高级工班在校生 1.51 万人，校均生数达到 967 人，技校毕业生就业率保持在 95% 以上。三是加强职业技能鉴定质量管理。推进全省职业技能鉴定机构质量管理体系和设区市鉴定指导中心 3A 资质认定工作，指导福州、厦门、三明、泉州开展质量体系认证工作。结合国务院清理整顿各类证书活动，加强对各鉴定机构的督导检查，推动职业技能鉴定质量上新水平。在全省范围内开展 1 608 名考评员等各类管理人员的岗位培训，开展百佳考评员评选表彰活动，从源头上进一步加强质量管理。四是拓展闽台职业培训交流。建立闽台职业培训交流联席会议制度，成功举办了“6·18 海峡两岸技能人才职业培训交流合作项目成果会”系列活动，签订了 20 个闽台技能人才交流合作项目，其中 12 个合作项目全面实施，对台湾地区居民开展鉴定的职业工种达 43 个，500 多名台胞取得职业资格证书。同时，发动社会力量，积极开展岗前培训和外来务工人员技能提升培训，提高了劳动者技能水平。

三、社会保障制度建设取得新进展

社会保险制度建设步伐不断加快，各项社会保险工作取得新的进展。一是完善养老保险制度。巩固企业职工基本养老保险省级统筹体制，做好 2008 年企业退休人员养老金待遇调整工作，省级统筹 68.87 万名退休人员月人均增加养老金 119.20 元。进一步规范企业年金工作，截至 2008 年 12 月底，新增建立企业年金制度企业 75 家，涉及职工 3.55 万人，新增企业年金基金 10.84 亿元。做好被征地农民就业培训和社会保障工作，出台《关于做好被征地农民就业培训和社会保障工作的指导意见》（闽政办［2008］28 号）相关配套政策，指导并督促各地尽快制定出台实施办法。探索研究新型农保制度，开展对福建省农保制度和基金管理模式的调研评估准备工作。二是大力推进医疗保险工作。稳步推进城镇居民基本医疗保险扩大试点工作。在 2007 年福州、厦门、南平 3 个设区市试点的基础上，按期启动泉州等 6 个城市的城镇居民基本医疗保险扩大试点工作；在全省所有市、县（区）建立起以大病统筹为主的城镇居民基本医疗保险制度。2008 年，全省城镇居民参加基本医疗保险 480.78 万人。福州、厦门、南平 3 个首批试点城市参保 204.4 万人，参保率达 77.09%，完成当年任务的 128.47%。泉州等 6 个扩大试点市参保 276.38 万人，参保率达 58.91%，完成当年任务的 117.83%。医改前关闭破产国有、城镇集体企业 19.35 万名退休人员（其中新参保退休人员 9.86 万人）医保问题和华侨农场职工养老、医保遗留问题得到妥善解决，获得社会好评。三是稳步推进失业保险工作。做好扩大失业保险基金支出范围试点，落实失业保险金调整机制，抓好《福建省失业保险条例》的实施，探索建立失业动态重点监测制度。四是扩大工伤保险覆盖面。工伤保险“平安计划”实施三年，参保农民工翻了两番，矿山、建筑等高风险行业参加工伤保险取得重大突破，其中国有煤矿企业百分之百参保，非国有煤矿企业多数已经参保，建筑施工企业参保在厦门、福州、三明等地启动实施。“老工伤”人员待遇稳步提高，费用逐步纳入工伤保险基金支出。五是进一步扩大生育保险覆盖面。大力推进三资、民营等非公经济组织参加生育保险。同时，进一步深化机关事业单位生育制度改革，推动生育保险工作深入开展。六是做好基金监督管理工作。认真部署社保基金专项治理工作，积极开展社保基金存款计息情况调研，协调做好审计发现问题整改工作，确保整改及时到位。

四、劳动关系保持和谐稳定

各级劳动保障部门在妥善解决劳动关系方面突出问题的同时，加强长效机制建设，保持了全省劳动关系和谐稳定。一是劳动合同制度实施进一步推进。围绕贯彻实施《劳动合同法》《劳动合同法实施条例》，深入开展劳动合同三年行动，组织开展劳动合同制度实施示范城市和示范企业活动。2008 年，全省各类企业劳动合同覆盖率达到 98%，企业职工劳动合同签订率达到 90%。二是创建和谐劳动关系企业和工业园区活动取得进展。深入开展创建和谐劳动关系企业和工业园区活动，把创建活动进一步扩大到街道（社区）和乡镇。全省已投产的 97 个工业园区中，有 2 个工业园区和 11 家企业达到国家级创建和谐劳动关系园区和企业标准，37 个工业园区和 210 家企业达到省级标准。三是企业职工工资正常增长机制和支付保障机制稳步推进。及时发布工资指导线、劳动力市场工资指导价位及人工行业成本信息。继续推进工资集体协商，落实工资支付保证金制度，指导企业建立岗位工资与企业经济效益相联系的工资分配机制，规范企业经济性裁员，稳步推进企业工资管理和服务工作。四是劳动争议调解仲裁工作进一步加强。贯彻落实《劳动争议调解仲裁法》，加快完善劳动争议处理制度，不断提高劳动争议处理效能。截至 2008 年年底，全省各级劳动争议仲裁委员会共受理劳动争议案件 2.32 万件，立案 1.79 万件，结案 1.7 万件，结案率达到 95.14%。劳动争议调解和预防工作进一步加强，2008 年，全省各级劳动争议仲裁委员会调解劳动争议案件总数为 1.45 万件，立案后的调解率平均为 50.9%。五是劳动保障监察执法力度进一步加大。大力开展劳动保障监察年活动，推进“两网化”管理。全年共检查用人单位 3.4 万家，为 13.2 万名劳动者追回工资 1.96 亿元，补缴社会保险费 229.61 万元。

五、农民工工作成效显著

在 2008 年两次特大自然灾害发生后，福建省各级农民工工作协调机构紧急行动，迅速摸清来自灾区的农民工数量和生产生活情况，制定方案，开展就业援助和各种慰问活动，受到国务院农民工工作联席会议的肯定。全省有 40 名优秀农民工、2 个农民工工作先进集体受到全国表彰。90 名优秀进城务工人员、10 名杰出进城务工人员、20 个农民工工作先进集体、29 家关爱农民工企业，受到省 10 个部门的联合表彰。

六、劳动保障基础工作不断夯实

省劳动和社会保障厅废止不符合法律规定的政策文件，做好现实政策与法律的衔接。各级劳动保障部门加强“三法一条例”的宣传、引导，劳动保障法律法规的普及面进一步扩大。劳动保障“三基”工作得到加强，在全国率先以省政府名义出台关于加强劳动保障“三基”工作的意见，全省 88.58% 的乡镇劳动保障事务所实现“六到位”，各层面工作平台有效作为，使惠民政策得到落实。“金保工程”建设有序推进。省级和大部分设区市劳动保障数据中心机房已建成投入使用。核心平台企业职工基本养老保险子系统软件在 8 个设区市投入运行，个人账户按月记账工作顺利推进，医疗保险信息系统基本实现省、市、县、乡四级联网。被征地农民养老保险信息系统建设完成编程、测试工作。新型农村合作医疗信息系统建设完成立项，正在组织实施。

七、深入开展学习实践科学发展观活动取得阶段性成效

按照中央的部署和省委的统一要求，在省委指导检查组的指导下，省劳动和社会保障厅各级党组织和全体党员紧紧围绕“科学发展、四求先行”这一主题，以“保障民生、着力先行”为载体，坚持领导带头，坚持形式多样，坚持深入调研，坚持“两促进、两不误”，按时完成了第一、二阶段的各项任务。

同时，党风廉政建设紧贴劳动保障中心工作，认真贯彻落实党风廉政建设责任制和党员干部廉洁自律各项规定，积极推进政风行风和廉政文化建设，着力抓好纠风专项治理工作，强化社保基金监管，为劳动保障事业发展提供政治和纪律保证。劳动保障法制、网上行政审批服务、劳动能力鉴定、信访、信息、宣传、统计等工作也取得新进展。

（福建省劳动和社会保障厅）

厦　门　市

一、就业再就业工作

2008 年，厦门市新增就业 20.97 万人，完成全年任务 20 万人的 104.9%。其中，失业人员就业 5.1 万人，包括持有《再就业优惠证》人员再就业 0.91 万人，完成全年任务 0.6 万人的 151.7%（含就业困难对象再就业 0.61 万人，完成全年任务 0.3 万人的 203.3%）。厦门市农村富余劳动力实现转移就业 1.97 万人，完成全年任务 1.5 万人的 131.3%。截至 2008 年 12 月末，城镇单位本市城镇从业人员总数 67.69 万人，实有登记失业人数 2.29 万人，城镇登记失业率为 4.14%，较 2007 年同期上升 0.65 个百分点。

（一）劳动力输入长效机制建立健全，企业用工需求得到确保，就业局势基本稳定

坚持重点用工企业报表制度，继续举办校企合作对接会、缺工企业免费专场招聘会，并分批组织缺工企业到省内外劳动力输出地招工。试点远程视频招聘系统，全市人力资源市场招聘信息通过有线数字电视公共信息平台实时传递到千家万户。深入企业调研金融危机对企业用工的影响，出台 10 项劳动保障应对新举措，大力开展服务企业百日行动，把保就业作为工作的重中之重，抓好抓实。

（二）城乡公共就业服务体系建设全面加强，援助零就业家庭和困难群体再就业的长效机制逐步形成

率先在福建省将被征地农民、退养渔民的就业纳入扶持范围，建立健全村改居社区及农村基层劳动保障服务体系。截至 2008 年 12 月末，全市 24 个街道和 13 个镇全部成立劳动保障事务所，285 个行政村（含农场）配齐劳动保障协理员。开展再就业援助月和创建充分就业社区活动，继续推进城乡劳动力入户调查，坚持零就业家庭月通报制度，延续灵活就业社保补贴政策，2008 年新认定的城镇零就业家庭 5 户 7 人全部实现动态消除。

二、职业技能培训和鉴定工作

2008 年，全市开展再就业培训 3 702 人，完成全年任务 3 000 人的 123.4%。培训本市农村富余劳动力 7 105 人，完成全年任务 5 000 人的 142.1%。免费农民工岗前培训 12.61 万人，完成全年任务 10 万人的 126.1%。完成职业技能鉴定 5.26 万人，完成全年任务 4 万人的 131.5%。核发职业资格证书 4.19 万本，其中初级工 3.11 万人，中级工 7 343 人，高级工 3 196 人，技师 238 人，高级技师 27 人。

（一）高技能人才培养工作加紧实施，多元化职业技能评价体系建立健全

精密机械加工与模具制造、电子信息制造和工业电气自动控制 3 个高技能人才公共实训基地建设进展顺利，完成首批高技能人才复核登记工作，第二届高技能人才评选表彰社会积极响应。确定厦门工程机械股份有限公司、厦门港务集团股份有限公司、厦门电厂等 8 家企业为试点单位，全面推行企业高技能人才考核认定工作。技师学院新设网络工程、现代电子制造、现代精密电加工、电气维修、数控技术、模具设计与制造、精密模具设计 7 个专业

工种的预备技师班和维修电工技师短期培训班。与十几家企业建立“校企”无缝对接，与厦门大学、华侨大学、台湾慈明高中、新加坡工艺教育学院等院校建立“校校”合作培养机制，扩大高技能人才招生规模。

（二）职业能力建设工作进一步加强，职业培训工作扎实推进

积极开拓职业培训工作新思路，新设房地产策划师培训班，推出“淘宝大学”网络营销公益培训，积极开展外来员工读书月、军营厨师培训班、劳教人员无线电电子设备装接工初级计算机培训、灾后心理援助和公益育儿讲座等公益活动。全面清理全市各类职业资格相关活动，全市已有33家鉴定机构开展120个职业（工种）的考核鉴定。加强职业资格证书制度建设，国家题库厦门分库的容量已增加到330个职业（工种），开发了中药购销员（初、中级）和数控维修调试工（中级）市级题库。2008年，普通高校学生参加全国职业资格统一鉴定的人数达到3 275人次，创历年新高。

三、社会保障工作

（一）社会保险覆盖范围继续扩大，保障水平不断提高

以《劳动合同法》和《就业促进法》的实施为契机，社保扩面征缴继续保持高速增长。截至2008年12月末，基本养老、城镇职工基本医疗、失业、工伤和生育保险参保人数分别达到115.80万人、122.50万人、100.98万人、95.52万人和92.94万人，分别比2007年年末增长16.8%、16.1%、19.0%、18.6%和19.0%。企业退休人员基本养老金三年调整目标任务全面完成，企业退休人员养老金由调整前2005年年末的月人均1 053元增加到2008年年末的月人均1 486元。调整农村社会养老保险个人账户计息办法，经办机构所需经费全部纳入同级财政解决。被征地农民养老保险工作进一步积累经验，截至2008年年末，已有4.48万名被征地农民办理了养老保险，其中2.55万人办理了退养手续，月均退养金达到632元。积极组织UNDP工伤保险项目实施工作，扩大工伤保险基金支出，上调工伤康复协议定额支出标准，调整工伤保险定期待遇，提高对用人单位支付一次性工伤医疗补助金和伤残就业补助金的补助支出标准，将工伤保险制度实施前厦门市原国有、集体企业一至四级伤残的工伤人员定期待遇以及工伤职工的美观手指、美观手掌装配纳入工伤保险基金支付范围。

（二）率先在全国建立城乡居民基本医疗保险制度，“厦门模式”示范全国

实现新型农村合作医疗顺利移交劳动保障部门管理和经办，建立起适应厦门特点的农村居民基本医疗保险制度。进一步提高财政补助水平，降低个人缴费标准，在全国率先实现城乡居民的门诊医疗费用统筹。进一步扩大城镇居民、未成年人医疗保险覆盖范围，建立连续参保激励机制，实行城镇居民、未成年人医疗保险门诊待遇与缴费年限挂钩政策。调整进城务工人员医疗保险门诊待遇，进一步扩大城镇职工基本医疗保险个人医疗账户功能，免费向首次参保的城乡居民发放社会保障卡74.6万张，在定点医疗机构就诊实行网上结算，极大地方便了参保群众，一个广覆盖、多层次、可转换的被誉为全民医保的“厦门模式”在全国推广，并成为典范。截至2008年12月末，城乡居民参保登记人数达到71.12万人，其中农村居民参保42.40万人（不含农村未成年人），覆盖面超过原新型农村合作医疗的参保人数。加上城镇职工122.6万人，全市各项医疗保险参保人数达到193.62万人，占全市常住人口的80%。扣除在厦大专院校学生、中省属单位职工、建筑企业农民工、本市户籍异地就业人员和异地退休后迁入本市人员5类已享有医疗保险人群，全市城乡居民医保覆盖面已达98%。

（三）社会保险社会化服务水平进一步提高，社会化服务布局更加合理

2008年，新增21家基本医疗保险定点医

疗机构、61家基本医疗保险定点零售药店和3家工伤保险协议医疗机构、1家工伤保险辅助医疗器具配置协议医疗机构。截至2008年12月末，全市已有医疗保险定点医疗机构及纳入医疗保险定点医疗服务管理的医疗机构181家、医疗保险定点零售药店264家和24家工伤保险协议医疗机构、5家工伤保险辅助医疗器具配置协议医疗机构、1家工伤保险协议康复机构，较好地满足了参保人员就医购药、工伤救治的需求。全市已有8.62万名退休人员进入社会化管理，社会化管理率达到99.1%。“12333”劳动保障政策咨询专线社会效益良好，2008年受理市民来电281万人次，成为服务市民的便民线、答疑解惑的咨询线、化解纠纷的预防线、沟通信息的桥梁线和随叫随应的顾问线。养老保险社会化完成2007年度养老保险个人账户对账单委托邮局发放工作，全市有41万多名本地参保人员（含外来管理人员）受益。

四、劳动关系调整和权益保障工作

（一）认真做好《就业促进法》《劳动合同法》《劳动争议调解仲裁法》《劳动合同法实施条例》的组织实施工作，劳动关系协调机制建设全面加强

率先在福建省提前完成劳动合同三年行动计划的目标任务，全市劳动合同制度实施率为100%，劳动合同签订率达99%以上。2008年完成劳动合同鉴证100万人次。同时，以工业园区和产业集聚区为突破口，进一步推进企业工资集体协商工作，实行“一票否决”。2008年，全市共审核64家企业的集体合同，涉及职工34 322人。2008年9月，全国人大常委会在厦门市开展《劳动合同法》执法检查，对厦门市贯彻实施《劳动合同法》、积极推进劳动合同制度实施均给予了充分肯定。加强劳动关系协调机制建设，继续开展创建劳动关系和谐工业园区与劳动关系和谐企业工作，厦门市思明区中山路商业集中区、同安城南工业区被评为省级劳动关系和谐工业园区，厦门建发集团等10家企业被评为省级劳动关系和谐企业。妥善处理劳动争议案件，继续完善全市仲裁法律文书样本的修订，实现劳动争议免费仲裁。2008年，全市共立案处理各类劳动争议案件5 648起，涉及1.39万人，均按期结案。

（二）进一步加强监察执法，应对劳动保障突发事件的能力切实增强

在加强日常检查的同时，试点劳动保障监察网格化工作，出台即接即访办法，建立网上信访机制，集中组织开展了农民工工资支付情况专项检查，清理整顿人力资源市场秩序和整治非法用工、打击违法犯罪等专项行动，及时查处违反劳动保障法律法规的行为。实施企业工资保证金制度，全市共征缴企业工资保证金2 000多万元。2008年，全市劳动监察机构共主动检查用人单位6 263家次，书面审查3 989家，受理群众投诉举报案件9 394起，处理突发事件及集体上访案件1 659起，督促用人单位补签、续签劳动合同16万多人次，处理工资纠纷案件补发金额达21 805万多元，清退押金17万多元，清退童工30人。对160家违反劳动保障法律法规的用人单位进行了行政处罚，处罚金额87.92万元。高度重视维稳工作，及时制定处置突发群体性劳资纠纷事件专项应急预案，并对原先的应急预案增加行政问责制内容，进一步补充完善。建立“市区联动、专人负责、调裁结合、快速解决”集体争议处理机制，2008年全市共处理10人以上集体争议案件203起，涉及7 048人。加强信访和矛盾纠纷的排查化解工作，及时处理一些历史遗留问题，没有发生涉及劳动保障工作的重大事件。

（三）指导劳动用工双方通过集体协商确定工资增长水平，加强工资收入分配宏观调控

发布2008年厦门市劳动力市场工资指导价位、工资增长指导线、行业人工成本信息，工资指导价位涉及的劳动力市场工种（职位）增加至255个，比2007年增加了15个，并对其中69个技术工种发布分技术等级工资指导价位。严格执行国家劳动标准，进一步规范特

殊工时审批制度，加强对企业执行国家工时制度、职工休息休假情况的监督检查，进一步落实职工带薪年休假制度。2008 年，全市共批准683 家企业实行不定时或者综合计算工时工作制，比2007 年同期增长309%。

五、农民工工作

（一）实施就业援助，有效帮助灾区群众实现就业

对四川灾区农民工实施就业援助，给予职业介绍、职业培训、社会保险和生活费等补贴。截至2008 年12 月末，全市累计为灾区农民工提供就业岗位1.8 万个，累计2 535 家用人单位帮助1.13 万名灾区农民工异地转移就业，为183 名入闽灾区农民工提供技能培训。

（二）农民工就业培训和社保工作继续加强

开展福建省优秀进城务工人员和关爱农民工企业、农民工工作先进集体推荐评选工作，厦门市劳动和社会保障局被国务院农民工工作联席会议办公室授予“全国农民工工作先进集体”称号。全面落实“平安计划”，建筑工地农民工大病保险全国首创，建筑矿山企业农民工工伤保险工作继续推进。截至2008 年12 月末，全市已参保的建设工程项目已达1 162 个，缴纳资金达2 708 万元，覆盖建筑行业参保农民工约12 万人。农民工社会保险覆盖面继续扩大，农民工参加各项社会保险人数均超过61 万人，参保率居全国前列。落实和完善外来从业人员纳入全市企业职工生育保险范围后的各项管理措施，确保外来从业人员生育保险待遇的按时足额发放。截至2008 年12 月末，全市外来从业人员享受生育保险待遇1 677 人次，支付生育保险基金942.29 万元。

（厦门市劳动和社会保障局）

江　西　省

2008 年是江西省经济社会发展极不寻常、极不平凡的一年。全省各级劳动保障部门坚持以科学发展观为指导，以关注民生、服务群众为主线，以实施民生工程为重点，积极应对低温雨雪冰冻灾害和国内外经济形势变化的严峻挑战和考验，采取有力措施，解放思想，真抓实干，保证了劳动保障各项工作的平稳运行。

一、继续实施积极的就业政策，努力扩大就业

认真贯彻落实《就业促进法》和国务院 5 号文件精神，起草了《江西省就业促进条例》，省人大在 2008 年 11 月进行了第一次审议。坚持统筹兼顾，分类指导，在稳定现有人群就业的基础上，注重解决困难群体就业、大学生就业和残疾人就业问题，先后组织开展了就业援助月、春风行动、民营企业招聘周、高校毕业生就业服务月、青年职业见习等公共就业服务系列活动。针对 2008 年年初雨雪冰冻自然灾害，为返乡务工人员就业和企业招收员工提供帮扶。应对国际金融危机对就业的影响，开展了外出务工人员返乡和工业企业缺岗情况调查，出台相关政策，采取系列措施，支持企业稳定就业岗位，帮扶返乡农民工实现就业。制定实施了技能人才培养计划，启动了高技能人才培养政府资助计划，成功举办第二届“创业杯”技能大赛，提出了促进残疾人就业和培训的具体政策措施，全省安排 5 000 万元就业资金用于购买 3 500 个公益性岗位安置残疾人就业，培训 1.4 万名城乡残疾人。2008 年全省城镇新增就业 47.3 万人，完成年任务的 105.1%；城镇净增就业 33.48 万人，完成年任务的 104.6%；下岗失业人员再就业 22.6 万人，完成年任务的 118.9%；“4050” 人员再就业 4.35 万人，完成年任务的 124.3%；城镇就业率达到 94.86%，高于目标任务 0.36 个百分点；零就业家庭就业安置继续保持动态清零；完成各类职业培训 120.6 万人次，开展技能鉴定 27.6 万人次，比 2007 年增长 10%；技校招生达到 7.61 万人，比 2007 年增长 33.5%，创历史最好水平，发放技校国家助学金 1.34 亿元。

二、多举并进，促进农村富余劳动力就地就近转移就业

先后制定出台了《进一步做好农村富余劳动力就地就近转移就业和工业园区企业用工、工资分配、社会保险工作的意见》，以及做好全省农村劳动力转移培训工作、培训机构认定和授牌、招投标、项目绩效考评和培训券管理使用等文件。结合省内工业园区用工需求和省外劳务输出情况，开展了有针对性的“订单式”和“定向式”培训，在全省推行农村富余劳动力培训券制度，鼓励用人单位、各类教育培训机构、人力资源机构和其他社会力量开展农民工职业技能培训和职业指导教育，发放培训券 84 万张，资金达 2.5 亿元。通过采取组织专场招聘会、开展职业技能培训、送岗位下乡村、送富余劳动力进工业园区、民营企业招聘周暨工业园区企业用工对接专项服务周活动等举措，帮助农村富余劳动力实现就地就近转移就业。联合省教育厅、省工商联、省

总工会举办招聘周活动，有2 253个工业园区企业参加了招聘，提供17.5万个就业岗位，达成就业意向5.63万人。在全省129个街道（社区）、1 169个乡镇、78个工业园区建立了劳动保障事务所，在行政村建立协管员制度，劳动保障部门在重点企业派驻专门人员帮助企业招工，为企业和农村富余劳动力就地就近转移就业提供免费服务。开展了首届优秀农民工和农民工工作先进集体评选表彰活动，营造全社会关心、关爱农民工的良好氛围。2008年全省农村劳动力转移培训85.66万人，完成年任务的102%，工业园区定向培训42.67万人；新增转移农村劳动力48.24万人，完成年任务的100.5%，其中省内新增转移就业32.73万人，工业园区新增转移就业26.18万人。到2008年年底，全省外出务工人员返乡60.07万人，占全省跨省外出务工人员总数的9.1%，其中已实现就业13.1万人，占返乡人员总数的21.8%。

三、以小额贷款为重点，进一步推动创业促就业

扩大小额贷款发放规模和覆盖范围，对有创业愿望和创业能力、有创业项目的创业者，给予小额贷款扶持，符合条件的给予贴息。积极开展对微小型企业优势项目的扶持，大力实施“十百千”工程。重点打造10个小企业孵化基地、树立100个微小型企业典型、扶持1 000个微小型企业优势项目，充分发挥其吸纳就业的辐射带动作用。加大对大中专毕业生、退役军人、返乡创业人员、农村进城创业劳动者的创业指导和创业服务工作力度。把小额贷款向街道社区、大中专院校、科技园区、孵化基地延伸与对接。启动了创业服务月活动，发布创业项目推介信息2 361条，有效地缓解了因冰雪天气受灾企业重建的自然减员和因灾滞留的外出务工人员等多重就业压力。全年发放小额贷款26.55亿元，比2007年增加9.5亿元，增长55.7%，完成年任务的177%，到期还贷率为98.2%，直接扶持个人自主创业4.78万人次，带动就业15.08万人次，已累计发放贷款69.08亿元，创业对新增就业的贡献率达到10%，实现了放得出、收得回、用得好的良性循环。

四、保发放、抓扩面、促征缴、调待遇多管齐下，不断完善社会保障体系

坚持确保发放工作目标责任考核制度、基金支付能力预警制度及重点地区发放情况监控制度，积极采取措施，加强基金调度，巩固和加强确保发放。按照国家的统一部署，在时间短、任务重的情况下，确保了新一轮三年养老金连调第一年调整工作的顺利进行，为全省118.5万名企业退休人员增加了养老金，月人均增加111元，增加后的企业退休人员养老金月人均达到883元。继续以非公有制企业职工、城镇个体工商户、灵活就业人员、被征地农民和农民工为重点，扩大养老保险覆盖面。以困难企业职工和退休人员参加医疗保险为难点，推进城镇职工医疗保险扩面工作。以城镇未成年人、在校学生、低保人员和困难群众为重点，积极推进城镇居民基本医疗保险工作，全省11个设区市全部列为国务院城镇居民基本医疗保险试点城市。以实施“平安计划”为手段，抓好工伤保险扩面工作。继续完善了扩面征缴通报、领导挂点、部门通气、督促检查和基金损失责任追究等制度，严格执行社会保险登记、缴费申报和年检制度，积极开展社会保险基金征缴稽核工作。到2008年年底，全省城镇职工基本养老保险参保人数首次突破500万关口，达到550.33万人，完成年任务的107.9%；城镇职工基本医疗保险参保503.16万人，完成年任务的122.7%；城镇居民参加基本医疗保险703.96万人，基本实现全覆盖；失业、工伤和生育保险参保人数分别达到266.29万人、313.62万人和156.65万人，分别完成年任务的102.4%、120.6%和118.3%。养老、医疗、失业、工伤和生育5项保险基金征缴总量首次突破150亿元，达到159.17亿元，比2007年增加33.87亿元，增长27.1%。其中，基本养老保险基金征缴首次突破100亿元，达到113.58亿元，比2007年增加23.42亿元，增长25.9%，完成年任务的113.6%；城镇职工基本医疗保险基金征缴36.11亿元，比2007年增加10.41亿元，增长41.1%，完成年任务的134.7%；失业保险基金征缴6.19亿元，比2007年增加1.41亿元，完成年任务的126.3%。全年为128万名离退休人员发放基本养老金127.83亿元，保持了城镇企业退休人员当期养老金支付率和社会化发放率两个100%，为工伤人员支付工伤待遇1.55亿元，为6.79万名失业人员发放失业保险金1.6亿元，为5 258人次发放生育保险待遇3 669万元。

五、突出难点，着力解决困难群体切身利益问题

降低了工业园区企业参加社会保险门槛，制定出台了《关于解决部分困难人员参加养老保险有关问题的通知》，进一步明确了未参保人员的参保补缴办法，并采取“前补后延”的办法着力解决年龄偏大人员的养老保险延续缴费问题。扩大了被征地农民养老保险试点范围，对报请国务院、省政府批准征地项目的被征地农民社会保障落实情况实行审查。对养老保险关系转移和接续问题进行了研究，拟定了《江西省农民工参加养老保险试行办法》，并报省政府审定。进一步理顺了农村社会保险管理体制。调整了企业职工非因工及因病死亡丧葬抚恤费标准，丧葬抚恤费由1 600元调整为3 200元；企业职工非因工及因病死亡后，供养的直系亲属的定期生活困难补助标准由每人每月160元调整到240元。继续落实了未参保城镇大集体企业退休人员的养老生活补助政策。开展了困难企业职工和医疗保障水平的调研，实施了国有和国有控股已关闭破产改制及困难企业的界定、审核和职工参加医疗保险工作，督促各地落实离休干部、建老人员、抗美援朝老战士医疗政策和补助资金。建立了基本医疗保险二次补偿制度，进一步明确了纳入统筹基金支付范围的城镇职工和城镇居民基本医疗保险门诊特殊慢性病病种范围，解决参保人员尤其是患有慢性病需要长期门诊治疗的患者个人医药费用负担过重的问题。采取“一降、二升、三提高、四扩大”等10项综合惠民措施，大幅度提高医疗保障待遇水平，全省900多万名城镇基本医疗保险参保人员得到了实惠，每年将减少群众医疗费用负担5亿元左右。出台了解决国有企业“老工伤”人员办法，开展了2007年度工伤人员伤残定期待遇调整工作，一至四级伤残人员人均增加100元，对五、六级伤残人员的待遇作了调整，保障了因工伤残人员的基本生活。

六、加大劳动关系协调力度，切实维护劳动者合法权益

积极贯彻实施《劳动合同法》，开展了劳动合同“春暖行动”，全面落实劳动合同三年行动计划，帮助指导用人单位依法制定《劳动合同书》，妥善处理劳动关系，督促企业落实特殊工时制度和休息休假制度，对全省相关劳动法律法规进行了清理。会同省总工会、省企业联合会、省企业家协会制定下发了《关于推进工资集体协商五年覆盖计划的通知》（赣劳社劳［2008］15号），力争用五年的时间基本实现全省企业普遍建立工资集体协商制度。进一步加大劳动保障监察执法力度，先后组织开展了农民工工资支付，清理整顿人力资源市场秩序，整治非法用工、打击违法犯罪等专项执法检查和劳动保障年度审查。继续落实了劳动争议仲裁便民措施，对困难群众的劳动争议案件结案时间平均减少9.5天。到2008年年底，全省劳动合同覆盖职工233.5万人，劳动合同签订率达到94%，比2007年年底增加2个百分点；累计解决企业工资历史拖欠18.11亿元，其中2008年解决1.37亿元，基本解决企业工资历史拖欠问题，缴存农民工工资保证金4.05亿元；督促用人单位补签劳动合同38.4万份，补缴社会保险费3.12亿元，为4.27万名劳动者追回工资4 668万元；接受群众举报投诉4.28万件，立案2.06万件，结案2.02万件，结案率达到98%；受理劳动争议案件8 528件，处理6 980件，到期结案率为92.7%。

七、认真开展学习实践科学发展观试点活动，全力支援四川抗震救灾工作

按照中央和江西省委的安排，组织开展了深入学习实践科学发展观活动，历时4个月。在挂点领导吴新雄省长的精心指导下，把学习实践活动作为一项重大政治任务，作为推动人力资源和社会保障工作科学发展的新契机，加强组织领导、认真组织学习、深入开展调研、积极开门纳谏、坚持边学边改、扎实整改建制，先后开展了13个厅领导领题的调研课题、5个专门调研课题和42个难点问题的调研，召开了包括省党代表、省人大代表、省政协委员、基层代表等参加的各类座谈会32次，形成了一批有实践价值的调研成果，在思想认识上进一步达成共识，在破解难题上取得了一些实际成果，在工作思路上进一步明确了努力方向。通过学习实践活动，基本实现了干部受教育、发展上水平、群众得实惠的目标要求。经群众满意度测评，满意率和基本满意率达到100%。同时，全省各级劳动保障部门按照中央和省里的工作要求，从入户调查准确掌握受灾情况、组织专项走访慰问、开展就业帮扶活动、建立支援四川地震灾区抗震救灾医疗工伤保险“绿色通道”、接收四川灾区技校生来赣学习、切实维护灾区在赣务工人员的合法权益等方面，积极采取有效措施，支援四川灾区抗震救灾工作，招收灾区来赣务工人员近3 000人，援助97名四川地震灾区学生免费到省内技校学习。

（江西省劳动和社会保障厅）

山　东　省

2008年，山东省各级劳动保障部门认真贯彻中央和省委、省政府的决策部署，把握新形势下劳动保障工作的规律和特点，锐意进取，扎实工作，各项工作都取得了新的进展。

一、就业再就业工作

（一）各项目标任务全面完成

全省城镇新增就业114.7万人，完成全年任务的114.7%；农村劳动力转移就业149.9万人，完成全年任务的124.9%，连续5年实现城乡就业双过百万。再就业培训23.9万人，培训后再就业率76%；创业培训6.2万人，成功率58%，平均每一位成功创业者创造就业岗位3个。审批办理外国人和港澳台人员来鲁就业手续1.75万人次，期末有1.3万名外国人在山东省就业。

（二）重大活动效果显著

全力做好地震灾区对口就业援助工作，省政府与各市签订目标责任状，累计收集就业岗位6.28万个，向绵阳市、北川县提供5.65万条岗位信息。组织开展“百企万岗进北川”活动，由省劳动和社会保障厅领导带队，组织部分市108家企业携带1.26万个就业岗位、3.2万份就业岗位宣传资料赴北川现场招聘，提前1个月完成了国务院下达的阶段性就业援助任务。成功举办“2008创业博览会暨民营企业招聘周活动”和创业带动就业高层论坛，组织用工岗位2万余个，参与人数达5万人次。省政府召开就业工作会议，隆重表彰全省就业工作和农民工工作116个先进集体、160名先进个人以及全省首届百名农民工之星和百家善待农民工企业。组织参加全国优秀农民工表彰大会，全省有55人和3个集体受到国务院表彰。

二、职业技能培训和鉴定工作

（一）高技能人才培养

一是组织建筑、服装、纺织、建材、消防、家电、医药、轻工、黄金、银行等行业（部门）26个工种的省级一类技能大赛，有26.8万名职工参加。24名选手参加全国第三届数控技能大赛，获团体第六名，其中11名选手进入前十名。

二是省劳动和社会保障厅与省委组织部联合组织对全省290名“省首席技师”健康查体活动，整理编写山东省11名高技能人才典型事迹材料。全年37人获“全国技术能手”称号，其中农民工全国技术能手2人；7家企业单位获“国家技能人才培育突出贡献奖”。

三是开展首席技师选拔和“金蓝领”培训项目。全省17个市和企业全部建立首席技师制度，253人申报首席技师。全省下达“金蓝领”培训计划8 000人，实际完成9 612人，其中高级技师650人。

（二）技工教育和民办职业培训

对山东省第二技术学院等11所高级技校组织评估，拟报请省政府批准建立技师学院；济南交通局技工学校等11所学校经人力资源和劳动保障部批准，晋升为高级技工学校；文登市技工学校等10所技工学校晋升为国家级重点技工学校；玲珑集团技工学校等4所学校新批准建立技工学校。截至2008年年底，全省有技工院校260所、高级技校50所，技工学校招生15.8万人；民办培训机构1 776所，年培训各类学员60万人。

（三）实施“山东省技能资格导航计划”

全省参加职业技能鉴定人数达到50万人次。对各类职业资格相关活动开展清理规范工作，共清理786项职业资格证书，涉及300多万人。其中，建议保留758项，调整8项，重新申报审批17项，取消3项。

三、人才服务保障工作

（一）人力资源市场建设

全省10个市、128个县（市、区）完成人力资源市场建设。潍坊、日照、滨州、聊城等市达到市级Ⅰ类水平；全省70%以上的县（市、区）人力资源市场达到县级Ⅰ类标准；29个县新建或改建人力资源市场，总面积比规划建设前增加3.2倍，服务能力同比增长1.3倍。

（二）职业介绍服务

全省共有各类职业介绍机构2 047家。其中，劳动保障部门办1 166家，其他组织办158家，公民个人办723家。截至2008年年末，职业介绍机构从业人员6 897人。全年共为各类用工单位办理招聘登记333.3万人次，为各类求职者办理求职登记271.3万人次，提供职业指导206.6万人次，介绍成功166.9万人次。

四、社会保障工作

（一）养老保险

一是确保企业离退休人员基本养老金按时足额发放。截至2008年年底，全省企业离退休人员达到237.5万人，比2007年同期增加18.5万人；企业养老金支出333.1亿元，比2007年同期增长21.9%。自2008年1月起，为全省退休人员调整了基本养老金，提高新中国成立前老工人退休待遇水平，全省月人均增加116元。到2008年年底，全省企业退休人员基本养老金月人均达到1 182.1元，比2007年同期增长15.2%。

二是养老保险扩面征缴取得新进展。2008年年末，全省参加企业养老保险人数1 028.6万人，比2007年年末增加82.2万人；实际缴费914.7万人，比2007年年末增加75.8万人。全年征缴收入达到475.7亿元，较2007年年末增收90.2亿元，增幅为23.4%。机关事业单位养老保险参保人数232.2万人，比2007年年末增加3.7万人，全年征缴收入161.7亿元，为67.5万名离退休人员发放了养老金。

三是开展做实个人账户试点。2008年5月下旬，人力资源和社会保障部、财政部对山东省试点情况进行调研评估，对试点工作给予了充分肯定。全省2006年、2007年做实基金归集到位57.1亿元（含中央财政补助16亿元）。

（二）医疗、工伤、生育保险

一是三项保险扩面。其中，城镇职工基本医疗保险参保人数达到1 266万人，比2007年净增150万人，完成全年扩面计划的106%；工伤保险参保人数达到865万人，比2007年年底增加119.9万人，完成全年扩面计划的104%；生育保险参保人数达到638万人，比2007年净增74.8万人，完成全年扩面计划的108%。积极实施矿山、建筑等高风险行业农民工全覆盖参加工伤保险的“平安计划”，参保范围扩大到商贸、餐饮、住宿等服务行业。农民工参加医疗保险和工伤保险人数分别达到269.5万人和278万人。

二是城镇居民基本医疗保险试点。全省17个市全部启动实施城镇居民基本医疗保险试点工作。参保人数达到588万人，有19.5万人享受到城镇居民基本医疗保险待遇。

三是关闭破产企业退休人员医疗保障。以中央财政帮助解决地方政策性关闭破产国有企业退休人员的医疗保障问题为契机，及时下拨中央补助资金，将全省尚未参保的地方政策性关闭破产企业退休人员全部纳入属地基本医疗保险范围。

四是生育保险。贯彻《山东省企业职工生育保险规定》，新的生育保险制度在全省全面实施。

（三）失业保险

一是待遇按时足额发放。2008 年年末，全省失业保险参保人数达到 864.1 万人，比 2007 年同期净增 49.2 万人，完成全年目标任务的 104%；全年基金征缴收入 42.95 亿元，完成年度任务的 134.2%，比 2007 年增长 22.4%；全省 2008 年基金支出 14.4 亿元，结余 30.8 亿元，基金历年滚存结余 112 亿元；累计为 43.7 万名失业人员发放了失业保险金。在 2007 年 10 月提高失业保险金标准的基础上，2008 年 2 月和 12 月两次提高标准，全省失业保险金平均水平达到 330 元，比 2006 年增长 36%。

二是失业保险促进就业。积极推进扩大基金支出范围试点工作。全省 11 个试点市按照人力资源和社会保障部、省劳动和社会保障厅的要求，将基金用于社会保险补贴、岗位补贴、小额担保贷款贴息试点政策项目。截至 2008 年年底，全省实际用于“两补一贴”的基金支出共计 2 198.4 万元，试点政策受益的失业人员为 9 370 人。全省用于两项补贴的支出为 5 549 万元。

（四）农村社会养老保险

一是新型农保试点。青岛、烟台、淄博三市全面开展新型农保试点。青岛市三区实现新型农保全覆盖，其他五市以被征地农民为突破口，基本建立起新型农保制度。烟台市以现行农保为基础，基本完成了新老农保工作的过渡和衔接。青岛、烟台两市当年参保人数达 105 万人，收取保费 13.7 亿元。淄博市开展新型农保工作 2 个月参保人数达 20 万人，收取保费 2 000 万元。另有 8 个市的 40 个县（市、区）组织开展了新型农保试点，参保农民达到 295 万人，比 2007 年同期增长 200%。基金结余 52 亿元，比 2007 年同期增长 150%。有 42 万人领取养老金。开展试点的县（市、区）比 2007 年增加 26 个。

二是被征地农民社会养老保险。对 49 个报国土资源部征地项目的社会保障情况进行审核，落实保障资金 7 亿多元，7 万多被征地农民纳入社会保险范围。全省 17 个市全部出台被征地农民社会保障文件，103 个县（市、区）出台被征地农民社会保障办法，78 个县（市、区）开展试点工作，参保被征地农民达到 86 万人，基金结余 33 亿元。截至 2008 年年底，全省有 1 100 万农民参加了农村社会养老保险，当年收缴保费 15.4 亿元，比 2007 年增长 18%，基金结余 88 亿元，比 2007 年同期增长 14%。

五、劳动关系调整和权益保障工作

（一）企业工资管理

一是清理企业历史拖欠职工工资。春节前后，国家拨付山东省解决企业工资拖欠补助资金 5 000 万元，协调省财政配套资金 3 600 余万元，全部发放到困难企业职工手中，其中补发省属 86 家企业拖欠职工工资 3 608 万元，涉及职工 6 932 人。全省企业历史拖欠职工工资问题基本得到解决。

二是企业工资指导线。报人力资源和社会保障部审核同意，省政府发布 2008 年全省企业工资指导线实施意见。按照企业效益每增长 1%，职工工资增长 0.2%~0.5% 的比例，对各类企业工资增长提出明确要求，明确了中央、省属企业贯彻落实工资指导线的具体政策。调整提高企业职工最低工资标准，平均提高 23.4%。

（二）劳动合同管理

一是劳动合同制度实施三年行动计划。对各市推荐的市县属 186 家劳动合同制度实施示范企业进行考核验收。根据《劳动合同法》制定新的《山东省劳动合同示范文本》，印发各市劳动保障部门和中央、省属企业，将示范文本放在省劳动和社会保障厅网站上供企业下载使用。全省企业劳动合同签订率达到 92%。

二是国企改制和关闭破产职工安置。全年审核中央、省属改制企业和关闭破产企业 65

家，涉及职工安置和劳动保障费用8.55亿元，11万名改制职工得到妥善安置。

（三）劳动者权益维护

全年全省劳动保障监察机构审查立案来电、来信、来访举报投诉887件，省直接查处619件，市级劳动保障监察机构查处268件。处理违法用人单位865家，维护劳动者权益涉及8万人。督促用人单位签订劳动合同4 152份，补发工资213万元，补缴社会保险费3 521万元。

（四）劳动争议处理

一是预防调解。全省建立基层调解组织5 506个，企业调解委员会24 760个，区域性、行业性调解机构1 928个。全年共鉴证劳动合同148万份，督促补签劳动合同23.7万份；审查集体合同2 829份，纠正违法及不合理条款8 187条。

二是劳动争议仲裁。全年全省立案受理劳动争议案件41 348件，比2007年增长53%，按期结案率达98%；涉及劳动者7.8万人，比2007年增长30%。仲裁调解处理1.9万件，案外调解处理1.1万件，为企业和劳动者挽回经济损失9.5亿元。

三是劳动仲裁机构实体化建设。全年有29个市、县（市、区）成立劳动仲裁院。截至2008年年底，全省成立劳动仲裁院112个。其中，市级10个，占应建数的59%；县级102个，占应建数的68%，实现了市县建院双过半。山东省劳动仲裁院建院数量居全国首位。

六、农民工工作

（一）战胜两次特大自然灾害

一是南方部分省份暴雪冻雨灾害期间农民工集中返乡和就地过节。2008年1月27日，山东省农民工工作联席会议办公室及时印发《关于做好2008年春运期间农民工工作的紧急通知》，要求各级农民工工作协调机构紧急动员，组织各有关部门深入一线，劝留未返乡的农民工就地过节，帮助滞留在途中的农民工解决临时生活需要和交通运输问题。

二是抗震救灾。5月14日，山东省农民工工作联席会议办公室印发《关于做好抗震救灾期间农民工工作的紧急通知》，要求各地农民工工作协调机构组织有关部门，迅速摸清灾区农民工在本地区的数量、分布和生产生活情况，主动做好安抚慰问工作，提供通信联络和返乡交通保障等服务。5月20日，再次印发紧急通知，要求各地及时做好受灾地区农民工返乡时的工资支付、保持抗震救灾期间农民工劳动关系稳定、开展对灾区农民工的就业援助服务等工作。6月初和8月中旬，省劳动和社会保障厅、省财政厅两次联合制定汶川地震灾后恢复重建对口就业援助的专项政策，明确了对灾区农民工参加就业培训给予一次性补贴，输入地企业招收灾区农民工给予社会保险补贴等政策。6月下旬，组织有关人员赴灾区了解对口援助的北川县灾后生产生活情况，积极谋划对口就业援助工作。7月上旬，省政府召开就业援助工作会议，就灾后对口就业援助工作进行部署，并与各市签订了对口就业援助协议书。8月中旬，省劳动和社会保障厅又组织枣庄、烟台、威海等七市企业赴北川开展“百企万岗进北川”现场招聘活动。截至2008年年底，全省向对口支援北川县农民工提供就业岗位6.9万个，累计帮助灾区农民工跨省区转移就业1 568人，有483人享受到就业扶持政策。同时，支援帮助9 705名北川籍农民工就地就近就业。

（二）农民工管理服务

一是农民工工资。全省17个市将工资保证金范围由建设领域逐步扩大到餐饮服务、加工制造等行业。省劳动和社会保障厅、省建设厅、省公安厅等部门与省总工会联合开展了农民工工资支付专项检查行动，为7.47万名农民工追回被拖欠工资4 075.29万元。全省17个市调整了最低工资标准，平均增长幅度为23.4%。

二是转移就业培训。全年技能培训56.8万人，29.1万人取得执业资格证书，45.2万人培训后实现就业；“阳光工程”培训25.3万人，转移就业25.1万人，转移就业率达到98%；扶贫部门“雨露计划”培训2.4万人。各市用于农村劳动力技能就业培训经费达5 581万元，省财政安排“阳光工程”补助资金3 680万元，比2007年增加280万元。扶贫部门安排10%财政扶贫资金用于“雨露计划”。免费举办农民工专场招聘会1 532场，为农民工免费提供职业介绍服务120多万人次。

七、法制建设工作

一是地方立法。省人大、省政府法制办确定将修订《山东省就业促进条例》列为2009年一类立法项目之一，修订《山东省劳动合同条例》《山东省失业保险规定》列为二类项目。按照省人大、省政府法制办的要求，对社会保险法、矿山法、老年人保障法、残疾人保障法、消防法、职业技能培训鉴定条例、工伤保险条例、劳动合同法实施条例、教师法实施办法、人口与计划生育条例等15部法律法规提出修改意见。

二是《劳动合同法》实施。9月中旬，华建敏副委员长带领全国人大常委会执法检查组，对贯彻实施《劳动合同法》情况进行了执法检查，充分肯定了山东省《劳动合同法》贯彻实施工作在促进全省劳动关系和谐、社会稳定和经济发展中所发挥的重要作用。

三是劳动保障监察执法年活动。省劳动和社会保障厅会同省公安厅、省建设厅等部门和省总工会开展农民工工资支付专项检查。共检查用人单位10 897家，涉及职工162.75万人，其中农民工122.19万人；查出拖欠职工工资的用人单位911家，涉及职工10.24万人，其中农民工7.47万人，涉及拖欠总金额6 886.84万元，拖欠农民工工资4 075.29万元；责令用人单位补发9.51万名职工共计6 966万元的工资及赔偿金，其中补发7.27万名农民工共计6 330万元的工资及赔偿金。开展清理整顿人力资源市场秩序专项行动，共出动检查人员7 231人次，对4 025家职介机构、场所或个人进行了突击检查，查处各类违法案件978件，责令改正523件，取缔非法职业中介机构935家，吊销许可证6件，吊销营业执照3件，给予治安管理处罚8件，责令退赔求职费用124万元。

四是社会保险基金监督。省政府办公厅印发《关于认真落实社会保险基金审计决定按期纠正审计发现的问题的通知》，要求各地政府纠正审计发现的问题，制定还款方案，采取切实措施，认真督促整改。全省审计发现的挤占挪用社保基金全部归还到位。

（山东省劳动和社会保障厅）

济 南 市

2008年，济南市劳动和社会保障局坚决贯彻市委、市政府的决策部署，自觉维护改革发展稳定的大局，牢牢把握新形势下劳动保障工作的规律和特点，以改善民生、服务民生为重点，就业再就业局势保持基本稳定，社会保障体系建设成效明显，劳动关系日趋和谐，职业技能培训取得新进展，农民工工作稳步推进，各项劳动保障基础工作取得新成果。年初承诺为群众办好的十件实事全面完成，包括：城乡“双零”家庭“动态消零”得以实现，援助万人就业目标全面完成，企业退休人员养老金和失业人员失业保险金标准双双提高，城镇居民基本医疗保险顺利启动；98家困难企业2.52万名职工医保个人账户全部建立，帮助万名困难人员接续了养老保险关系，帮助820户城乡贫困家庭子女完成学业；餐饮服务业农民工纳入了工伤保险参保范围；被征地农民社会保障工作稳步推进等。

一、就业再就业工作

2008年，全市城镇新增就业再就业11.9万人，其中安置下岗失业人员就业5.33万人，安置困难群体就业1.3万人。农村富余劳动力转移就业17.7万人次。城镇登记失业率为3.43%，较2007年减少0.42个百分点。完成就业培训1.38万人，其中创业培训2 900人。失业保险参保人数达到78.8万人，为4.0万人提供失业保险待遇1.4亿元。

2008年1月，市劳动和社会保障局与《济南日报》联合开办了“就业直通车”专栏，为下岗失业人员搭起就业桥梁，提供就业信息。先后组织开展了“再就业援助月”“春风行动”“民营企业招聘周”“大中专技校毕业生就业服务月”“送岗位搭金桥”等120余场专场招聘活动，累计收集各类就业岗位6.6万个，举办各类双向洽谈会50场次，7.45万名劳动者进场免费求职，2.46万人找到合适的就业岗位。

对城镇零就业家庭、农村零转移就业贫困家庭实施拉网式排查，对符合条件的“双零”家庭采取重点援助、集中援助和日常援助等方式，确保实现每户至少1人稳定就业。同时，对随时出现的“双零”家庭，做到“出现一户、认定一户、援助一户、稳定一户”。全年援助“双零”家庭就业540户，“双零”家庭援助工作实现了从“存量消零”到“动态消零”的转变。

全年共发放小额担保贷款1 300万元，贷款回收率达到99.7%，扶持创业并带动就业8 000余人。市级财政就业服务援助资金安排投入4 000万元，共援助11 728人实现就业，其中开发公益性岗位1 864个，通过发放灵活就业社保补贴等方式援助困难人员9 864人。为符合条件的172家企业拨付岗位补贴、社保补贴409万元。减免就业困难群体各项税费1 024万元。累计发放《再就业优惠证》7.7万本，34%的持证人员享受到优惠政策扶持。6月、7月先后两次赴四川重灾区开展“爱心岗位就业援助活动”，提供空岗1 500多个，为160名灾区求职者解决了就业问题。

2008年，济南市不断完善服务功能，为劳动者和用人单位提供优质高效的就业服务。

建立了市就业工作联席会议、统筹城乡就业工作联席会议和农民工工作联席会议制度，制定出台了《关于进一步促进就业工作的通知》《济南市就业培训工作实施意见》等11个规范性文件，为就业工作的顺利开展提供了坚实的组织保证和政策支持。基础建设不断加强，截至2008年年底，各县（市）区的人力资源市场基本完成建设任务。失业保险信息管理新系统启用“核心平台二版”，“零就业家庭”“农村劳动力资源”和“农村劳动力企业用工信息”数据库建成，实现了就业服务的动态管理。

二、职业技能培训和鉴定工作

2008年，全市新增高技能人才1.48万人，其中新增技师2 058人，高级技师170人，万人拥有高技能人才86人，比2007年增长20%。驻济技工院校招生2.53万人，同比增长8%。颁发职业资格证书6.28万本，同比增长11%。开展了“金蓝领”项目培训，培养高技能人才1 600人。

8月，济南市高级技能人才评审委员会召开第三批首席技师和第五批突出贡献技师评审会议，新评选出30名首席技师、105名突出贡献技师和24名杰出技术能手。举办了2008年技工院校毕业生供需见面洽谈会，驻济24所技工院校3 000多名毕业生参加，1 346人与求职单位达成了就业意向。

圆满完成了21名来自四川灾区的技工院校学生的接收安置工作。为驻济15所技工院校的2.38万名学生发放了3 800万元的国家助学金。筹划成立了济南市技工院校教学工作指导委员会。2008年，驻济技工院校招生2.53万人，同比增长8%，毕业生就业率达95%以上。民办职业培训机构培训技能人才1.58万人，同比增长2%。

三、社会保障工作

（一）社会保险费收支情况

2008年，全市城镇基本养老、医疗、失业、工伤和生育保险参保人数分别达到109.9万人、122.4万人、78.8万人、103.9万人和61万人，比2007年分别增加13.6万人、22.3万人、9万人、5.9万人和4万人。基金收入大幅增长，5项社会保险基金总收入67.9亿元，比2007年增加16.1亿元，增长31.1%。各项社会保险基金共支出59.9亿元，其中企业养老、医疗、失业、工伤和生育保险基金分别支出42.5亿元、13.9亿元、1.5亿元、1.1亿元和0.9亿元。对9 063家用人单位进行社会保险稽核，共查出应补缴社会保险费7 922万元，已收回6 998万元，回收率达到88%。社保基金监管工作得到加强，历史形成的违规挤占挪用基金全部收回。

（二）养老保险

2008年，济南市提高了退休人员养老金，月人均增加123.7元，达到1 272元，比2007年增长10.8%。与市财政局联合下发了《关于做好2008年度中断参保人员接续基本养老保险补贴工作的通知》（济劳社字［2008］50号），扩大了享受补贴人员范围，补贴标准提高到76元/人·月。启动了企业退休人员信息采集工作，补充了27万名退休人员缴费年限等信息。社会保险费征缴推行柜员制服务模式，并实现了社会保险费申报缴纳网上申报，截至2008年年底，已有87家企业纳入试点范围。济南市社会保险联网工作基本实现，为职工跨区转移、工作调动等在社会保险转移接续方面提供了条件。

2008年，把被征地农民纳入社会保障范围，按照《济南市人民政府办公厅转发市劳动和社会保障局关于进一步做好被征地农民基本养老保险工作的意见的通知》（济政发［2007］50号）文件要求，市劳动和社会保障局与财政局、国土资源局联合下发了《关于印发〈济南市被征地农民基本养老保险实施细则（试行）〉的通知》，全面推动被征地农民参保工作。

截至2008年年底，全市参加机关事业单位基本养老保险的单位2 296家，参保的在职职工 18.14 万人，离退休人员 5.84 万人。2008 年收缴养老保险费 15 亿元，收缴率 99.8%，支付离退休人员养老金 14.49 亿元。顺利完成了市公安局六区分局垂直上划后职工的养老保险接续工作。对机关公务员、工勤人员 1.5 万人以及离退休人员 4 500 人的各类津贴补贴项目进行了规范，并统一由财政代发。

（三）医疗保险

2008 年，城镇职工基本医疗保险最高支付限额得以提高，抚恤定补优抚对象被纳入职工医保统筹管理。部分事业单位开展基本医疗保险改革，共有 154 家单位 1.02 万人纳入城镇职工基本医疗保险范围。参保职工住院费用个人负担率控制在 29.8% 以内，低于山东省平均水平。为 98 家困难企业的 2.52 万名职工医保个人账户按时注入了账户金，保证了困难企业职工享受同等医保待遇。

城镇居民基本医疗保险于 2008 年 9 月 1 日顺利启动，截至 2008 年年底，参保居民达 58.5 万人，参保率 75%。累计收缴居民医保费 5 748 万元，收治住院参保居民 7 271 人次，门规治疗结算 2 294 人次，累计结算住院医疗费 4 629 万元，门规医疗费 116 万元。

2008 年 12 月 5 日，驻济高校大学生参加城镇居民基本医疗保险启动会议在济南市人民政府召开，传达了国务院、省关于大学生参加城镇居民医保的文件精神，并就如何开展大学生参加医保工作作出安排。

（四）工伤生育保险

2008 年，济南铁路局 3.26 万名职工纳入市生育保险统筹管理范围，平阴县启动了职工生育保险。5 月，根据《济南市人民政府办公厅转发省政府办公厅关于全面推进工伤保险工作的通知的通知》（济政办发［2008］30 号）精神，对工伤保险实行了市级统筹。10 月，市劳动和社会保障局、市总工会联合下发《关于推进商贸、餐饮、住宿等服务业农民工参加工伤保险的通知》，确定了“定额包干、等量置换”的参保缴费办法，打破了现行社会保险按月按工资比例收缴工伤保险费的办法。

（五）信息化建设

2008 年，市劳动和社会保障局开展了县（市）区社会保险信息系统联网工作，截至 2008 年年底，各县（市）区社保数据基本全部纳入“核心平台二版”系统。8 月，完成了城镇居民医保系统程序的开发测试以及与银行联网等工作，制定了详尽的城镇居民社会保障卡实施方案以及制发流程。10 月，社会保险费网上申报缴纳系统开始正式运行，到年底已有 87 家参保单位使用该系统进行申报缴费。同时，搭建了市劳动和社会保障局内网网站的服务器系统，加快了公众服务信息平台基础建设，“12333”年接听总量达到 19.4 万次。

四、劳动关系调整和权益保障工作

（一）劳动关系调整工作

2008 年，全市共投入财政资金 2 800 万元，基本解决了企业工资历史拖欠问题。发布了当年企业工资指导线，及时调整公布了月最低工资标准和小时最低工资标准，历下区、市中区、槐荫区、天桥区、历城区为 760 元/月和 7.7 元/小时，长清区、章丘市、平阴县、济阳县、商河县为 620 元/月和 6.3 元/小时。以工资指导线、劳动力市场工资指导价位、人工成本预测预警 3 项制度建设为内容，积极开展工资 3 项基本制度备案工作，加强对企业工资收入分配的宏观调控和管理，建立企业职工工资正常增长机制。

2008 年，共受理劳动争议案件 4 279 件，比 2007 年增长 74%；涉及职工 4 486 人。其中，正式立案处理 2 469 件，涉及职工 2 633 人，结案 2 437 件，结案率为 98.7%，其他方式处理 1 810 件。为配合《劳动争议调解仲裁法》的实施，制定了《济南市劳动争议处理办事机构工作规则》，从立案、分案、仲裁庭组成、调解、裁决、归档、存期等方面作出了明确规定，使劳动争议处理工作日趋规范化。

（二）权益保障工作

2008 年，市劳动和社会保障局建立完善了举报、投诉、登记、移交、转交制度，主办监察员制度，疑难案件合议制度，错案责任追究制度以及监察员培训、行政告诫等系列制度，建立健全了以各县（市）区为大“网格”，社保服务中心为小“网格”的网格化管理和劳动保障监察信息网的网络化管理的“两网化”管理格局。按照检查与宣传相结合，教育与处罚相结合，事前预防、事中监督、事后检查相结合，检查与服务相结合的原则，以日常巡视检查为切入点，以专项检查为突破点，以举报投诉案件处理为着力点，以书面材料审查为重点，先后开展了清理整顿劳动力市场秩序，农民工工资支付，贯彻落实《劳动合同法》，服务行业社会保险参保，2007 年度用人单位报送材料监督审查工作，整治非法用工、打击违法犯罪和用人单位遵守劳动合同法情况 7 个方面的专项检查活动。12 月，又开展了禁止使用童工和农民工工资支付专项检查活动。全年共检查各类用人单位 1.53 万家，涉及职工 56.7 万人，督促用人单位与 3.67 万名劳动者签订了劳动合同，清欠社会保险费 6 325.7 万元，社会保险新开户 1 563 户，扩面 5.33 万人，受理咨询、投诉、举报 8 627 人次，立案检查 1 368 件，到期结案 1 359 件，结案率 98%，行政处理 297 件，金额 647 万元，行政处罚 20 件，金额 39.7 万元，申请法院强制执行 11 件，取缔非法职业介绍机构 98 家。

五、农民工工作

2008 年，市劳动和社会保障局研究制定了符合农民工特点的工伤保险政策，保障农民工享受社会保险待遇。针对餐饮服务业农民工流动性较强的特点，采取“费用定额包干，人员等量置换”的缴费参保办法，解决了餐饮服务业农民工工伤保险关系衔接难的问题。认真做好灾区在济农民工拖欠工资专项检查及就业援助工作，开通“维权绿色通道”，对在济的灾区农民工拖欠工资等维权案件优先处理。开展了建筑业企业农民工“春暖行动”专项活动。截至 2008 年年底，农民工参加工伤保险 41.7 万人，参加医疗保险 36.5 万人，清欠农民工工资 636.99 万元。

六、法制建设工作

2008 年，市劳动和社会保障局共受理行政复议案件 36 件，比 2007 年增长 23%。受理行政诉讼案件 38 件，同比增长 41%，胜诉率达 100%。报请市人民政府出台政府规章 1 件，审核备案规范性文件 23 件。组织 36 人次参加了人力资源和社会保障部、山东省劳动和社会保障厅举办的劳动保障法制培训班，组织对济南市 175 名劳资人员进行了劳动保障法律法规知识培训。对系统内 198 名持有《行政执法证》的执法人员重新进行登记，换发了行政执法证件。组织 27 人参加行政执法培训考试，并取得了行政执法资格证。

2008 年年初，市劳动保障部门成立了“两法一条例”学习宣传活动领导小组，并采取电视讲话，举办专题讲座和经营者、职工劳动法规培训班等方式，培养了一批骨干力量，以此推进“两法一条例”学习宣传教育活动的开展。

（济南市劳动和社会保障局）

青 岛 市

2008年，青岛市劳动和社会保障工作在青岛市委、市政府的领导下，高举中国特色社会主义伟大旗帜，坚持以邓小平理论和“三个代表”重要思想为指导，深入贯彻落实科学发展观，全面推进城乡统筹就业，着力完善社会保障体系，积极构建和发展和谐劳动关系，努力使社会就业更加充分，社会保障更加完善，劳动关系更加和谐，公共服务更加优化，实现劳动保障事业又好又快发展。

一、就业再就业工作

全年全市城乡就业31.87万人，同比增长1.8%，其中城镇失业人员就业17.87万人，同比增长4.9%，农村劳动力转移就业14万人，同比下降2%。2008年年末，城镇登记失业率为3.01%，比2007年年末增加0.28个百分点。全市共有领取失业保险金人员70 863人，其中失业人员6.34万人，协保人员1 140人，农民合同工6 350人。全年共征收失业保险基金75 642万元，发放各项失业保险待遇22 053万元。扶持各类人员创业2.47万人，带动就业6.53万人，有7 044人参加创业培训，其中农民1 902人。发放小额担保贷款28 285万元，征集创业项目776个，其中征集农民创业项目77个。全市有求职要求的就业困难人员1.32万人，安置1.3万人，就业率为98.5%。公益性岗位保有量达到2.03万个，安置就业困难人员上岗1.9万人，完成了全年安置目标。促进就业资金全年共支出39 141万元，其中公益性岗位补贴9 363万元，社会保险补贴8 637万元，各类培训补贴5 282万元，职业介绍补贴56万元，小额担保贷款贴息补助280万元。

（一）以贯彻《就业促进法》为主线，积极完善促进就业政策

市政府下发了《关于进一步做好促进就业工作的通知》和与之相配套，并同现行政策相衔接的措施办法，形成了促进就业政策体系。

（二）以突出抓好创业工作为重点，全面做好创业带动就业工作

一是积极推进全民创业工程。为进一步推动全民创业，在市区以帮扶弱势群体创业为重点，突出抓好发展民生夜市等一批创业园街建设；在农村加强对农民创业的推动工作，指导各区市把扶持农民家庭式创业作为重点，培育形成了“山里人家”“农家宴”等一批各具特色的创业村，实现农民创业8 646人。强化创业政策扶持，全市共扶持自谋职业、自主创业2.47万人，带动就业6.5万人；新增发放小额担保贷款2.8亿元，在全国百家小额贷款重点联系城市中排名第五，在15个副省级城市中列第二。

二是努力打造青岛创业模式。组织参展山东省创业博览会，充分展示了青岛市近年来以创业带动就业的成果。积极打造“创业金桥”服务品牌，成功举办创业促进周活动，12个区市共同围绕创业政策宣传、项目推介、专家服务、大学生创业服务四大板块，实行城乡联动，社区、乡村、校园互动，失业人员、农民、大学生广泛参与，共举办各类活动100多场次，全市城乡各类劳动者近10万人次参加

创业促进周活动。

三是重点抓好大学生创业服务。成立青岛市创业指导中心，开展“创业服务进校园”系列活动，初步形成校内指导培训、实习基地对接、孵化基地培育“三位一体”的大学生创业模式。建立了青岛市大学生创业孵化基地、大学生信息产业实训和孵化基地，实施了大学生创业援助计划和创业实训，全年共扶持大学生创业686人。

（三）以关注民生为工作重心，进一步完善困难群体就业援助机制

围绕“造福民生”这一主线，进一步完善困难群体就业援助制度，组织开展各项就业援助活动，确保困难群体及时得到安置。开展再就业援助月活动，筹集资金55.93万元，走访慰问失业特困人员987户。进一步做实做细“ABCD”工作法，对就业困难人员进行分类帮扶。强化了对城镇零就业家庭和农村零转移就业家庭的认定和就业援助，采取提前介入、及早帮扶的办法，实现了零就业家庭动态消零。完成创建充分就业社区评估工作，全市307个社区被评为充分就业社区，组织各区市开展了星级劳动保障协理员评比活动。完善公益性岗位开发管理机制，对市内四区社会公益性岗位进行了统一和规范。

（四）以搞活市场为目标，大力组织开展专项服务活动

年初，组织开展了“一季度就业开门红活动”，以就业困难群体、进城务工人员、大中专毕业生为重点，通过组织一系列活动，全市实现城乡就业7.95万人，实现首季就业开门红。此后，又组织开展了“民营企业招聘周活动”，联合人事、教育、总工会、工商联等，围绕“民营企业招聘”“现代服务业招聘”“大中专毕业生专场”“技能人才专场”“农民工专场”5个板块，全市安排现场招聘活动40多场次。4—9月，组织开展了“迎奥运促就业活动”，为满足奥运期间全市的用工需求，共举办了25场“迎奥运促就业系列招聘洽谈会”。同时，组织开展大学生就业专项服务，举办了“2008届高校毕业生供需对接洽谈会”及“高校毕业生就业服务月”“高校毕业生网络招聘周”“高校毕业生就业服务周”等活动，满足了高校毕业生的求职需求。

（五）以加强失业监控为手段，进一步强化失业保险管理

加强失业监控，建立失业预警和失业动态监测定期报告制度，通过就业备案、解聘备案窗口，及时了解就业、失业状况，分析失业来源和趋势，按月发布12期失业预警监测报告，对一次性大量办理解聘备案的企业进行重点跟踪，从源头上控制失业。按照山东省的统一部署，完成失业保险金标准调整和发放。

（六）以创新服务为动力，不断提升就业服务水平

整合劳动就业资源，启用延吉路创业服务区。在市人力资源市场服务大厅设立了总服务台，实行值班主任负责制，全权处理服务大厅日常事务。制定了《窗口工作人员服务手册》，进一步规范窗口工作人员服务行为。

二、职业技能培训和鉴定工作

（一）职业技能培训能力不断提高，培训效果明显提升

全年全市培训城乡劳动力13.55万人，其中失业人员培训1.98万人，农村劳动力转移培训3.11万人，进城务工人员培训4.12万人，企业在岗职工培训3.2万人，城乡劳动预备制培训4 420人，创业培训7 044人，累计拨付各类培训补贴5 282万元。“金蓝领”培训工程稳步推进，培训人员、工种和组织范围进一步扩大，全年培训1 500余人，新增高级工、技师和高级技师8 000人，全市高技能人才占技术工人的比重达到16%，比2007年提高1.4个百分点。公共实训基地建设进一步加强，制定下发了《区市公共实训基地建设指导意见》和《关于实施职业培训机构扶持项目的意见》，建成启用了会展业实训基地、BPO服务外包培训基地和现代物流实训基地。

（二）提高技校办学层次，完善技工学校教学质量管理体系

技工学校招生规模不断扩大，全市技工学校共招生1.5万人，其中高级班招生8 462人，技师156人，占招生总数的57.5%；技校在校生40 592人，其中高级班、技师班在校生23 614人，全市高级班在校生占58.2%。技校毕业生1.16万人，毕业生就业人数1.14万人，毕业生就业率98%；技校毕业生合格率和毕业生技能鉴定合格率均达到100%。2008年，劳动和社会保障部批准青岛海洋技术学校、四方机车车辆技术学校为高级技工学校；批准青岛市化工技术学校、青岛市第三技术学校、青岛市电子信息技术学校为国家级重点技工学校；省劳动和社会保障厅批准青岛市建设技术学校为省级重点技工学校。根据教学改革需要，组织编写了《数控技术一体化》和《机床电气控制线路与技能训练》两种一体化教材；完成山东省技校教材发行任务。

（三）健全职业技能鉴定质量保证体系，不断提高职工素质

完成职业技能鉴定15.63万人，其中技师3 717人，高级工9 322人，中级工3.94万人，初级工9.1万人，鉴定专项技能1.4万人，核发职业资格证书12.26万本。为促进培训和就业工作，引进开发新职业工种30个，开发修订鉴定题库100多个工种，使青岛市可鉴定工种达到450个。高标准策划启动了第十届全市职业技能大赛，共设立23个赛区90个竞赛工种，参赛人员达2万余人，进一步提高了大赛的影响力和知名度。组织实施技能鉴定质量保证体系建设，完成技能鉴定质量保证体系的4个文件150多万字的起草、修改工作，国家职业技能鉴定中心专家给予了充分肯定。

三、社会保障工作

（一）社会保障制度不断健全，保障水平明显提高

2008年，全市参加社会保险企业达到4.63万家，养老、医疗、失业、工伤和生育保险参保人数分别为150万人、229万人（含退休）、120万人、135万人和118万人。社会保险基金征缴实现较快增长，全年征缴各项社会保险费113亿元，比2007年增收31亿元，增幅为38.3%；征缴机关事业单位各项社会保险基金28.12亿元，同比增长12.0%；征缴农村养老保险基金7.84亿元，同比增长16.3%。农村养老保险覆盖范围进一步扩大，全市新型农保制度参保村（居）达到1 102个，参保人数为63.64万人。

（二）建立基金征缴长效机制，加强社会保险征缴扩面工作

继续落实基金征缴扩面目标责任，与各区市社保经办机构签订责任状，层层分解目标落实责任。进一步加强部门信息互通，及时了解单位用人情况，摸清扩面底数，与劳动监察部门联合开展扩面专项行动，促进用人单位为职工参保缴费。进一步推广完善“三位一体”的基金征缴模式和银行代收费模式，全市有2万多家企业实行“网上征缴”，有12万多名个体工商户从业人员和灵活就业人员通过银行缴纳保险费。

（三）以规范企业参保缴费为目标，全面开展社会保险稽核工作

以规范企业参保缴费为目标，全面开展社会保险稽核工作。制定稽查方案，确定稽查重点，有计划地推进稽查工作。成立了由市、区市经办机构组成的稽查小组，到五市三区进行现场稽查，各区市社保经办机构稽查工作实现标准化、信息化、网络化管理。对全市1.2万家参保企业进行了社会保险稽核，涉及参保人员74.82万人。通过稽核整改，增收社会保险费3.32亿元，新增参保人员6.01万人，补缴历年欠费1.19亿元，补缴当年欠费3.26亿元。

（四）以规范完善审批流程为切入点，继续做好养老保险工作

全年共为2.97万名职工办理了退休手续。在退休审批工作中，认真落实退休公示、二次公示工作制度，严格审核职工档案。同时，进

一步规范养老金拨付的内控管理，对退休审批与劳动能力鉴定结论、养老金拨付、供养待遇拨付实行信息共享，做到既切实保障职工权益，又杜绝弄虚作假办理退休问题的发生。根据山东省的要求，组织对 2007 年度做实企业养老保险个人账户资金进行统计测算，全市做实资金为 62 059 万元。

（五）完善医疗保险制度，提高医疗保障水平

严格落实各项医疗保险规定，加强基金监管，加大医疗费审核力度，确保了基金的合理开支及收支平衡。全市医疗保险基金征缴总额为 388 071 万元，其中征缴基本医疗保险基金 374 445 万元，划入个人账户 141 468 万元，基本医疗统筹金支付 151 531 万元。全市（七区）参加城镇居民基本医疗保险 52 万人，征缴基金 7 266 万元，支出 4 552 万元。

一是市郊五市城镇居民基本医疗保险制度启动。积极推进城镇居民基本医疗保险，出台《关于推进五市城镇居民基本医疗保险工作的指导意见》，胶南、平度、胶州、莱西、即墨五市参保居民人数达到 16 万余人。

二是完善定点医院的考核体系和稽查制度。加大对定点医院管理力度，对定点医疗机构实行信用等级管理，通过考核评出 2007 年度 7 个诚信标兵单位，16 个诚信 A 级单位，29 个门诊大病管理最佳服务窗口，15 个离休人员医疗管理服务工作先进单位，首次评出诚信医师 127 名。完善对定点医疗机构的考核体系，严格落实稽查制度，对各定点医院实施检查 234 次，受理投诉举报 85 起，对 14 家定点医院、51 名定岗医师和工作人员的违规问题进行了处理。

三是加强社区医疗建设，规范定点社区医保管理。对市内四区 152 个医保定点社区进行普查，在普查的基础上对社区进行分类管理，对一类社区重点指导，对二类社区加强引导并逐步规范，对三类社区下发整改通知书并限期整改，对没有开展业务的 6 个社区不再续签服务协议。

（六）以解决群众关心的热点问题为着力点，全面规范工伤保险制度

进一步完善工伤保险制度，对工伤风险二、三类行业用人单位工伤保险缴费费率进行了浮动调整，增强了用人单位工伤风险防范意识；将有雇工的个体工商户纳入工伤保险范围，扩大了工伤保险覆盖面。全年共受理工伤认定申请 9 798 起，认定工伤 9 563 起，完成 6 740 人次的劳动能力鉴定。全市享受伤残待遇 3 379 人，因工死亡 210 人，供养直系亲属 1 076 人，共支付工伤保险待遇 12 730 万元。根据省统一部署，为工伤全残人员及其供养亲属 2 179 人调整提高待遇，调整后工伤全残人员月人均增加 123 元，供养亲属月人均增加 63 元。

（七）以贯彻省政府生育保险办法为依托，进一步完善生育保险制度

贯彻落实山东省生育保险办法，市政府对《青岛市城镇职工生育保险办法》进行了调整，将有雇工的个体工商户纳入生育保险范围，明确规定参保男职工配偶没有参加生育保险且生育符合计划生育政策的，可以按规定享受 50% 的生育补助金。同时，将生育津贴、生育补助金、异地生育转诊等直接关系职工待遇的审核权限由市调整到了区，并实行无障碍办理模式，进一步方便了职工。全市组织对生育保险定点医疗机构进行检查，落实生育保险政策，维护职工合法权益。全年生育人数 1.95 万人，计划生育手术人数 8 553 人次，男职工享受生育补助人数 1 029 人，支付各项生育保险待遇 19 119 万元，同比增长 25.1%。

（八）以确保发放为基础，有效推进退休人员社会化管理工作

按时足额为全市企业 43.53 万名离退休人员发放养老金 662 593 万元。1 月，按照国家和省统一部署，为 40.6 万名企业退休（职）人员调整了 2008 年度养老金，月人均增加 123 元，全市月人均养老金达到 1 234 元。春节期间组织对退休人员困难群体进行走访慰问，为市内四区 833 名孤寡重病退休人员发放

慰问金25万元。制定出台企业离退休人员领取养老金资格动态认证管理办法，改变了以往集中时间、集中地点面对面进行认证的做法，从7月1日起由街道、社区劳动保障协管员对离退休人员实行常态即时管理。全年退休人员社会化管理达到44.91万人（含驻青省统筹企业2.5万人），社会化管理率为99%，其中社区管理41.89万人，社区管理率为93%。

四、劳动关系调整和权益保障工作

（一）劳动关系保持和谐稳定，劳动关系工作体系日趋完善

全市实施劳动合同制度的企业4.95万家，涉及职工144.9万人，劳动合同签订率达到96.7%；全市累计有效集体合同1 890份，涉及企业1 795家，涉及职工35万人。企业最低工资标准进一步提高，七区从610元提高到760元，非全日制用工每小时最低工资标准由5.70元调整为7.50元；五市从540元提高到620元，非全日制用工每小时最低工资标准由3.80元调整为6.50元。收入分配制度进一步健全，制定了《关于全面开展工资集体协商的通知》和《青岛市人民政府关于加强企业工资宏观调控健全职工工资正常增长机制的意见》，加强了对企业工资调整支付的指导。劳动关系工作体系进一步完善，制定下发了《关于加强劳动关系工作体系建设的意见》，会同市总工会等部门出台《关于进一步规范用人单位裁减人员有关问题的意见》，规范了企业用工行为。5月，发布2008年度企业工资指导线，以本企业上年度平均工资为基数，基准线为平均工资增长14%，上线增长23%，下线增长6%。发布2008年度劳动力市场工资指导价位，市区指导价位547个，经济技术开发区170个，崂山区130个，城阳区127个，胶州市172个，胶南市99个，即墨市84个，莱西市89个，平度市117个。

（二）加强执法能力建设，维护劳动者合法权益

两级劳动保障监察机构共主动检查用人单位1.8万家，年检用人单位5.63万家，创历史新高。全市共立案9 901件（其中举报投诉立案6 836件），按期结案率达到100%。劳动保障监察下达责令改正指令书4 039件，行政处理决定书485件，行政处罚522件，收缴罚款金额365万元，申请法院强制执行案件491件。通过检查责令用人单位补办就业登记手续11.55万人，补签劳动合同10.46万人，社会保险扩面16.18万人，清欠社会保险费37 827万元，为劳动者追回劳动报酬4 612万元，取缔非法职业中介机构115家，处置群体性突发事件145件。

开展了多种形式的执法检查行动。一是认真抓好劳动保障年检工作，努力扩大年检覆盖面，通过年检组织采集了用人单位和职工信息320万条，全部纳入劳动监察网络监管系统。二是切实抓好农民工工资支付执法检查工作，围绕元旦、春节期间的社会稳定，组织全市劳动监察机构开展农民工工资支付专项执法检查工作，查处拖欠农民工工资的用人单位263家，涉及金额536.9万元，涉及农民工6 039人。5月，汶川地震发生后，组织开展了农民工特别是川籍农民工工资支付专项检查，检查用人单位589家，为劳动者追回劳动报酬32.7万元，其中为113名回川灾区农民工提前结算了工资，涉及金额13.1万元。三是抓好清理整顿人力资源市场秩序专项行动，取缔非法职业中介机构115家，通过媒体曝光13家无职业介绍许可证的单位，为劳动者追回求职费1.43万元。四是抓好社保扩面专项执法检查，责令和督促企业为16.18万名劳动者补缴了社会保险费。五是抓好整治非法用工专项执法检查，检查各类用人单位1 853家，查处违法案件334件。六是抓好《劳动合同法》专项执法检查，共主动检查2 450家企业，责令补签劳动合同3 533人。

（三）案件审理实现创新，劳动争议仲裁工作取得显著成绩

两级劳动仲裁机构共受理劳动争议案件1.32万件（其中集体劳动争议案件263件），

比2007年同期增长159%；审理结案1.11万件，按期结案率99%。通过依法仲裁，共为劳动者追回经济损失12 650万元，为用人单位挽回经济损失3 906万元。全年受理的争议案件中，因劳动报酬和保险福利待遇引发的争议案件分别为5 062件和4 486件，占争议案件总量的38.2%和33.9%。

各级劳动仲裁机构优化办案流程，加大排庭密度，责任到人，确保案件按期审结；提高仲裁办案质量要求，继续保持“零错案”目标；采取劳动仲裁机构与市中级人民法院的联席会议制度，就统一法律适用等30多个方面的问题达成共识；建立了两级劳动仲裁网络会诊系统，对复杂、疑难劳动争议案件进行集体会诊；坚持重大、疑难、复杂劳动争议案件由院审裁组集体合议制度；实行六级审签制度，层层把关，严格责任；强化案件调解，坚持案前调解，庭前、庭中、庭后调解，将调解贯穿于办案工作始终。2008年，市仲裁院审结劳动争议案件2 574件，其中裁决793件，调解和撤诉1 370件，其他方式处理177件，调解撤诉率达到58%，比2007年提高15.3个百分点，调解结案率再创新高。选择城阳区50家企业，在全国率先开展企业劳资两利协商机制试点工作。

（四）积极开展各项活动，妥善处理各类信访问题

两级劳动保障部门共受理职工群众信访6 737件、万余人次，按期处结率达99.7%。全年为职工群众提供政策咨询2.18万件、2.58万人次。初信初访按期处结率达97%，重复访率控制在信访总量的3%以内，继续保持了全市劳动保障信访形势的稳定。

积极组织开展“访民意解民忧活动”。在全市开展的“重信重访专项治理活动”中，主动对涉及劳动保障范围的问题进行排查。5月，青岛市开展“领导干部带案下访活动”，确定5个领导干部带案下访问题，已全部办结。7—11月，开展领导干部大接访活动，活动共接待职工群众来访614件、1 060人次，其中初访526起、887人次，当场处结312起、481人次，分别占来访总起数和总人数的59.3%和54.2%。上述活动共接待来人来电咨询7 555人次，受理信访求决件1 433件，按期答复满意率达到98%。

五、法制建设工作与基础建设

严格落实依法行政，制定了《青岛市劳动和社会保障局工作规则》，重塑108项业务工作流程，对1978—2007年间共1 064个规范性文件进行清理规范，开展了针对职业介绍机构、定点医疗机构、定点药店、民办职业培训机构等的9项专项治理活动，规范了行政审批行为。

（一）劳动保障政策法规研究制定和依法行政

全年制定和完善促进就业、新农保、公务员养老保险、医保门诊统筹金等政策文件，审查、审修规范性文件共212件。加强疑难问题研究，建立部门间政策研究沟通机制，研究解决各部门工作中遇到的政策法规问题，提出处理意见和建议，并与“12333”咨询热线、信访部门建立信息互相通报制度，及时了解和研究职工群众反映的问题。

按照依法行政的要求，从完善制度、规范行为、强化监督3个方面做好工作。制定了对外签订合同管理办法、行政执法人员管理办法、规范性文件有效期和定期清理制度等。对全局77项行政审批及其他具体行政行为进行了梳理，修订工作流程，明确审批权限、责任，进一步规范审批工作。对各部门依法履行职责、依法行政情况开展行政执法专项评查。

（二）行政复议和行政应诉工作

共办理行政复议案件、行政诉讼案件139件。在做好复议应诉工作的基础上，进一步修订了行政复议、行政应诉办法，编印了案例汇编，就有关案件与有关部门共同进行会商分析，提出处理意见，从源头上减少争议的发生。

（三）普法宣传工作

围绕《劳动合同法》《就业促进法》《劳

动争议调解仲裁法》以及依法行政规定，做好普法宣传工作。制定印发了《关于加强劳动保障普法宣传教育的意见》和普法教育工作计划，建立普法学习和考核制度。制定了“三法”普法宣传方案，在青岛劳动保障网、青岛《财经日报》上开设法律解读、问题解答、案例分析等专栏。印制“三法”问答各2万份，劳动保障政策问答15类各1万份，分别在劳动保障局各办事窗口向社会发放。开展了《劳动合同法》贯彻实施情况调研，会同市人大内务司法工作室、市政协社会法制工作室、市总工会召开了不同类型企业座谈会，向劳动者发放了调查问卷，了解《劳动合同法》实施基本情况。

（四）加强基础建设，优化资源配置，提升工作效能

秉承“以人为本、便民优先”的理念，将市区劳动保障场所资源规划整合为“五大功能区”，为职工群众营造了方便舒适的办事环境。秉承“重心下移、贴近群众”的理念，着力加强城乡就业服务体系建设，五市三区建成社区劳动保障服务站1 312个，配备专兼职劳动保障协理员和信息员5 868人。秉承“市场运作、高端打造”的理念，着力推进市级公共实训基地整合，重新规划整合现有4处公共实训基地资源，引领全市形成高、中、低端工种合理结合、科学布局、功能互补的公共实训基地群。秉承“实时在线、聆听民声”的理念，扩容改建了“12333”民生服务热线，服务坐席由8个增加到40个，日均接听职工群众电话由原700多人次提高到4 000多人次。秉承“全程监控、安全运行”的理念，组建了社会保险基金监管中心，突破以往“事后监管、人员监管”的社保基金监管模式，利用网络系统对基金流转实施全程实时监控，努力消除和降低基金运行风险，确保基金稳定安全。

（青岛市劳动和社会保障局）

河 南 省

2008 年，河南省各级劳动保障部门在各级党委、政府的领导下，深入贯彻落实科学发展观，积极应对经济形势变化，进一步加大就业再就业工作力度，着力推进社会保障体系建设，切实维护劳动者的合法权益，积极构建稳定和谐的劳动关系，各项目标任务超额完成。

一、就业工作

2008 年，受严重自然灾害、金融危机等复杂因素的影响，就业再就业工作压力明显增大。面对严峻形势，河南省各级劳动保障部门坚定信心，迎难而上，以贯彻《就业促进法》为契机，全面落实积极的就业政策，强力推进全民创业，努力扩大就业，通过加强失业调控、允许企业缓缴社保费等措施帮助企业渡过难关，保持了就业局势的基本稳定。全省新增城镇就业 119.4 万人，下岗失业人员再就业 45.6 万人，其中就业困难人员再就业 16.1 万人，城镇登记失业率为 3.4%。一是完善和落实就业政策。研究出台《关于做好促进就业工作的实施意见》（豫政［2008］29 号）、《河南省小额担保贷款实施办法》等政策措施，为下岗失业人员再就业减免税收 1.84 亿元，发放公益性岗位补贴 3.59 亿元。二是强力推进全民创业。认真贯彻落实省委、省政府下发的《关于推动全民创业的意见》（豫发［2008］21 号）精神，成功举办创业成果展示暨项目推介会，18 个省辖市全部成立了创业服务指导中心，免费为创业者提供项目支持、开业指导、创业培训、政策咨询等一系列创业服务。全省新增发放小额担保贷款 18 亿多元，累计扶持 14 万人自主创业，带动就业 33.5 万人，小企业吸纳就业 11 万人。三是积极开展就业服务。通过开展“春风行动”“民营企业招聘周”“高校毕业生就业服务月”等专项活动，帮助就业困难群体实现就业。投入资金 4.2 亿元，开发公益性岗位 10.7 万个，安置就业困难人员 10.3 万人，河南省消除新产生的零就业家庭 3 748 户，帮助 5 123 名零就业家庭成员就业，保持零就业家庭动态为零。

二、社会保险工作

河南省养老、失业、城镇职工医疗、工伤和生育保险各项目标任务均超额完成，参保人数分别达到 972 万人（企业养老保险 849.7 万人）、683.4 万人、840.87 万人、501.23 万人和 313.35 万人；基金征缴收入分别达到 263.7 亿元（企业养老保险 220.5 亿元）、18.2 亿元、81.9 亿元、7.37 亿元和 2.09 亿元。一是不断完善制度。通过加强基金收支管理，开展养老保险经办管理和政策落实情况大检查，制定实施新的养老保险经办业务管理规程，加强经办机构内部规章制度建设等措施，保证了企业职工基本养老保险省级统筹健康运行，顺利通过国家组织的考核验收，成为国家认可的 17 个已经实现省级统筹的省份之一。积极建立企业年金制度，8 月省政府下发《河南省企业年金实施意见》（豫政［2008］41 号），多层次养老保险体系进一步完善。经过深入调研，省劳动和社会保障厅、省国土资源厅、省财政厅制定下发了《关于做好被征地农民就业培训和社会保障工作的实施意见》（豫劳社［2008］19 号），被征地农民社会保障制度开始建立。在郑州、济源两市启动城乡居民养老保险试点。18 个省辖市全部启动城镇居民基本医疗保险，参保人数达 708 万人。积极探索失业保险与促进就业和最低生活保障的联动机制，在 6 个省辖市开展失业动态重点监测报告制度试点。濮阳市按期完成扩大失业保险基金用于促进就业支出试点工作，安阳市出台领取失业保险金人员参加医疗保险的办法，确保了失业人员失业保险金按时足额发放，有效发挥了失业保险保障基本生活、促进就业和预防失业的作用。二是努力提高待遇水平。2008 年年初调整企业退休人员基本养老金和工伤人员伤残待遇，月人均养老金增加 105 元，工伤保险待遇月人均增加 171 元；比照行政机关同类人员，为企事业单位离休人员和建国前参加革命的老工人发放了生活补贴；省直和部分省辖市降低了医保住院起付标准，提高了医保统筹基金支付比例；将企业退休人员冬季取暖补贴标准由每人每年 30 元调整为 480 元，从 2008 年 11 月起开始发放。三是积极解决历史遗留问题。研究制定了企业基本养老保险若干政策问题处理意见，妥善解决未参保城镇企业及其职工基本养老保险问题；努力解决各类关闭破产和困难企业退休人员医疗保障问题，地方政策性关闭破产国有企业 9.2 万名退休人员纳入了基本医疗保险；大力推进解决“老工伤”问题，16 个省辖市出台了解决方案，2 万多名“老工伤”人员待遇纳入了基金统筹。

三、农民工工作

按照统筹城乡一体化发展的要求，进一步强化农村劳动力转移就业服务，提升农村劳动力技能水平，完善农民工权益保护机制，推进农民工回乡创业，有力地推动了河南省劳务经济发展。一是扩大输出规模。在全省组织开展“春风行动”，进行农村劳动力转移就业服务体系基础设施建设项目试点，改善农村劳动力转移就业信息的采集和处理，满足农村劳动力转移就业服务需求。2008 年全省新增转移农村富余劳动力 181 万人，组织化程度达 42%，转移就业总量达 2 155 万人，实现劳务收入 1 611 亿元。二是强化技能培训。积极落实补贴政策，整合培训资源，下放鉴定权限，扩大了培训规模，使更多的农民工成为“农民技工”。全省完成农民工技能培训 68 万人，其中 10 万多人取得职业资格证书。三是鼓励回乡创业。研究出台《关于认真做好农民工回乡创业工作的通知》，出台 12 项优惠政策措施，充分调动了农民工回乡创业的积极性，各地涌现出一批回乡创业的典型。全省农民工累计返乡创业 56 万人，带动当地就业 220 多万人，有效地推动了县域经济发展。四是维护合法权益。着力推进 10 项制度建设，以解决农民工工资清欠和提高农民工工资水平为重点，积极解决农民工工伤和大病医疗等社会保障问题，依法维护农民工合法权益。全省农民工劳动合同签订率达到 75.5%，农民工参加工伤保险 100.39 万人，参加城镇医疗保险 81 万人。协调有关成员单位妥善解决农民工安全生产和职业安全卫生、农村留守儿童及农民工同住子女教育等问题。

四、劳动关系调整和权益保障工作

认真贯彻落实《劳动合同法》，集中开展“春暖行动”，落实“彩虹计划”，大力推行集体协商和集体合同制度，全省各类企业劳动合同签订率达到 99.5%。认真落实工时、休息休假、劳动定额等劳动标准法律法规，认真组织开展农民工工资支付、清理整顿人力资源市场秩序、整治非法用工等专项检查活动，劳动者权益得到较好维护。全年共检查各类用人单位 7.1 万家，涉及劳动者 350.5 万人，审查用人单位报送的书面材料涉及用人单位3.2万家，涉及劳动者209.8万人。共查处各类劳动保障违法案件16 488件，投诉立案数12 070件，投诉结案数11 956件，投诉逾期未结案数69件，投诉结案率99.4%；清欠农民工工资19 281.2万元，涉及农民工24.1万人。各级劳动争议仲裁机构处理劳动争议案件2.1万件，结案率93%。深入开展信访突出问题专项治理活动，确保了奥运会和其他重大活动期间没有发生来自劳动保障领域的大的问题。

五、劳动保障法制建设工作

2008年劳动保障立法取得良好成效，制定出台《河南省城镇职工生育保险办法》，调研起草了《河南省就业促进条例》，省劳动和社会保障厅被省人大常委会评为立法工作先进单位。切实采取有效措施，进一步巩固行政执法责任制，劳动保障依法行政能力得到明显提高，执法行为明显规范。深入贯彻实施《行政复议法》《行政复议法实施条例》，2008年办理行政复议案件173件，行政应诉232件，有效地化解了行政争议，维护了劳动者的合法权益。扎实开展普法宣传教育活动，成功举办2期《劳动合同法》和《劳动合同法实施条例》行政培训班，培训人员达1 000多人次。

六、职业技能培训和鉴定工作

积极贯彻落实省委办公厅、省政府办公厅下发的《关于进一步加强高技能人才工作的意见》（豫办［2007］6号）精神，以完善高技能人才培养和评价体系为重点，积极发挥行业、企业和高级技工学校、技师学院的重要作用，推动校企合作，加快高技能人才的培养。一是高技能人才培养工作取得新突破。大力实施“新技师培养带动计划”，全年全省共有2.08万人参加申报技师、高级技师职业资格，1.68万人获得技师、高级技师职业资格，完成年度目标任务1.6万名的105%。充分发挥技工院校培养高技能人才的主阵地作用，2008年招收高级工班新生1.6万人，预备技师0.16万人。加快技师学院建设，强力推进校企合作，成立由劳动保障、教育、国资、中小企业、科技、机械工业协会等部门与机构、职业院校代表和有关方面专家参加的河南省高技能人才校企合作培养协调指导委员会，指导和协调学校与企业开展合作。坚持以政府为主导、以资产为纽带、以市场为导向，整合职业教育资源和技校布局，2008年批准筹建5所技师学院。二是职业资格证书制度得到全面推动。强力推进职业院校职业资格认证，加快职业院校鉴定站所的建设，新审批省直职业院校职业技能鉴定机构5家，培训考评员921名。根据《关于贯彻〈国务院办公厅关于清理规范各类职业资格相关活动的通知〉的通知》（人社部发［2008］8号）要求，会同人事厅等9个厅局联合开展清理规范各类职业资格活动。进一步落实职业技能鉴定补贴及相关政策，加强对农民工的职业技能鉴定服务，印制专项能力证书17万本，免费发放到农民工手中。三是技工院校建设实现新发展。加大技工学校招生工作力度，全年共招新生9.15万人，完成年度任务的114.4%。在充分调研的基础上，编制出台《河南省技工教育事业发展五年规划》。人力资源和社会保障部批准河南省3所技工学校晋升为国家重点技工学校，6所技工学校晋升为高级技工学校。当年全省新审批建立县办技工学校6所，筹建县办技工学校2所。组织68名技工学校教师参加人力资源和社会保障部2008高技能人才师资示范性培训和专业骨干教师国家级培训，并开展《创新与创业》课程师资培训122人，县办技校师资业务提高培训22人。

七、信息化建设工作

2008年“金保工程”应用软件系统建设成效明显，10个省辖市、33个县区运用了统一软件。全省养老保险监测数据按时按月通过专网传输；鹤壁、许昌、漯河、周口和济源五市启动失业保险监测工作；洛阳、鹤壁、新乡、濮阳、许昌、漯河、周口和驻马店八市完成了社会保险和劳动就业两大业务数据整合。15个市建成了全市统一的数据中心，其中11个市实现了人员、设备和数据等资源整合。全省城域网覆盖率达到81%，超过了80%的年度目标。公共服务系统建设实现新突破，全省16个市开办了劳动保障门户网站；郑州、洛阳和安阳三市成立了电话咨询服务中心，新乡、焦作、濮阳、许昌、漯河、三门峡和驻马店七市开通了“12333”咨询电话。

（河南省劳动和社会保障厅）

湖　北　省

2008年，全省劳动保障部门认真贯彻落实中央和省委、省政府的重大决策部署，实施三部法律（《劳动合同法》《就业促进法》《劳动争议调解仲裁法》），办好三件实事（创业带动就业、城镇居民医保、农村劳动力转移），积极应对经济形势变化，抓发展、保稳定、促和谐，劳动保障工作成效显著。

一、就业及创业

全省以创业带动就业为重点，千方百计扩大就业。省委提出实施全民创业的发展战略，省政府把帮助3万人创业带动10万人就业列在为民办十件实事之首，出台了《关于做好推动创业促进就业工作的通知》（鄂政发[2008]60号），完善了有利于促进就业的一系列政策措施，在全省形成了全民创业的社会热潮。坚持实施积极的就业政策，继续开展创建“充分就业社区”活动，统筹做好“4050”下岗失业人员、独立工矿区长期下岗失业人员、复员退伍军人、高校毕业生就业工作。积极推进统筹城乡就业，启动实施了“迎接新市民工程”，目前，荆州、大冶已有近3万名进城就业多年的农民工办理了城镇户口。全年帮助城乡劳动者成功创业5.22万人，带动16.27万人就业；发放小额担保贷款6亿元，超过历年发放额的总和，实现历史性突破。全省城镇新增就业66.7万人，帮助下岗失业人员再就业32.2万人，其中困难人员再就业13.2万人；城镇登记失业率为4.2%，控制在4.5%的目标内。转移培训农村劳动力45.64万人，组织农村劳动力转移就业43.66万人。

二、社会保险

全省坚持以社会保险扩面征缴为重点，不断健全社会保障体系。根据省政府的部署，7、8、9三个月，全省上下集中力量，打了一场社会保险扩面征缴攻坚战，实现了参保人数、保费征缴双双大幅增加。2008年年末“五险”参保人数达到2 709万人次，比2007年年底净增216万人次；征收社会保险费357亿元。出台了农业“小三场”、村主职干部养老保险办法，完善了机关事业单位养老保险政策，制定了省级统筹实施方案。调整企业退休人员基本养老金全部到位，220万人每月平均增加100元，月平均水平达到960元。城镇居民医疗保险在2007年三市试点的基础上全省铺开，参保居民达到650万人，2008年新增500万人，其中城镇低保对象全部转入居民医保，已有10万多人享受相关待遇。全省困难国有企业退休人员全部纳入医疗保险。

三、职业培训与鉴定

以高技能人才为重点，努力壮大技能人才队伍。联合相关部门对全省的职业资格进行了规范清理，提高了职业资格证书的公信力。对民办培训学校，开展了大检查和诚信评定活动。与深圳市共同举办了“鄂深校企合作专项活动”，开办了“高技能人才发展论坛”，组织了第三届“华中数控杯”数控技能大赛等一系列技能竞赛活动。联合省经委、省国资委共同下发了《关于积极推进校企合作加快高技能人才培养工作的通知》，多形式、多层次推进技能人才工作。全省劳动保障部门组织各类培训 143.7 万人，培养新技师 3.1 万人，技校招生 10 万人。职业技能鉴定发证 30.1 万人次，高技能人才工作得到进一步加强。

四、劳动关系协调和维护社会稳定

认真实施《劳动合同法》《劳动争议调解仲裁法》，建立了企业职工名册制度，加强普法宣传和执法检查，全省城镇规模以上企业与劳动者普遍签订劳动合同。加大劳动保障监察力度，强化日常巡查和专项检查，全年受理举报投诉案件立案 12 021 件，结案 11 886 件，结案率达 98.8%。受理劳动争议仲裁案件 2.05 万件，结案 1.97 万件，结案率达 96%。报请省政府从 2008 年 8 月 1 日起再次提高全省最低工资标准，平均增长 20%。继续推进工资保证金制度，全年共征收保证金 2.39 亿元。加大工资清欠力度，共清欠农民工工资 1.6 亿元，清欠率达 97%。对互联网披露的个别企业违法使用童工情况，以武汉市为重点，进行拉网式排查，并在全省开展打击违法使用童工专项行动，排查用工单位 9.4 万家，对非法使用童工、无照经营和存在消防隐患的用工单位，依法进行了处罚和整治，对童工进行了妥善安置。

五、应对突发事件

积极应对雨雪冰冻灾害、汶川特大地震、国际金融危机等突发性事件，充分发挥劳动保障部门的作用，为群众解难。面对年初的雨雪冰冻灾害，全省各级劳动保障部门主动协调铁路部门安排专列，向客运公司包车，在车站、码头接送农民工；对地处偏远、行动不便的退休人员，主动送养老金上门；深入建筑工地和企业，为农民工追讨工资。“5·12”汶川特大地震发生后，在踊跃捐款捐物的同时，湖北省在全国率先实施了对地震灾区的技工培训援助和就业援助。在中央在鄂和省属以及地方 100 多家企业中，集中 2 万多个就业岗位，深入地震灾区，送岗上门，并一路护送 1 300 多名灾区劳动者来鄂就业。12 所高级技工学校接收并安置 408 名灾区技校学生来鄂就读。面对下半年逐步显现的全球金融危机的影响，研究提出了帮助返乡农民工就近就地转移就业、实施特别职业培训计划、大力推进创业带动就业、援助困难人员就业、帮助企业减轻负担、提高社保待遇水平 6 项措施。

（湖北省劳动和社会保障厅）

武　汉　市

一、就业再就业工作

将创业和就业工作紧密结合起来，大力推进创业促就业。武汉市城镇新增就业14万人，是历史上最好的一年；扶持劳动者自主创业成功1.68万人，直接带动了3.36万人就业，创业促就业成效明显；特别是小额担保贷款取得突破性进展，2008年共发放小额担保贷款5 076笔，金额3.09亿元，是前四年总和的2.4倍，在全国重点联系城市排名中由37位上升至前十位；城镇登记失业率控制在4.2%。

（一）深入推进全民创业

实施了创业意识培养、创业能力提升、创业政策落实、小额担保贷款助推和创业跟踪服务5项扶持行动。一是开展创业意识培养行动。广泛宣传关于全民创业政策措施；深入200多个街道、社区开展劳动者自主创业社区行系列宣传活动，6万多名居民现场听取了宣讲。汇编劳动者创业典型事例500多个，推荐创业项目1 200多个。二是开展创业能力提升行动。开办创业培训班280多期，培训创业人员8 300多人；将职业学校、餐饮公司、汽修公司等20多个实体纳入创业培训实训基地；将职业教育体系与SIYB创业培训相结合。三是开展创业政策落实行动。将《再就业优惠证》的发放范围扩大到7类初始创业人员。从2008年7月1日起，分别将商贸服务型企业和灵活就业人员社保补贴标准上调至366元/人和184元/人。四是开展小额担保贷款助推行动。进一步改进和完善了小额担保贷款操作办法及管理模式，扩大了小额担保贷款扶持对象范围，降低了贷款反担保门槛，对个人小额贷款实行财政全额贴息，提高了劳动密集型小企业贷款贴息额度，开辟小额贷款“绿色通道”，实行“零收费”。五是开展创业跟踪服务行动。成立了促进劳动者自主创业带动就业工作小组；成立了15个创业诊断室，每月对创业者开展一次开业指导、创业项目评估论证、企业诊断活动；建立创业项目采集和定期发布制度，启动了武汉市就业系统开展创业服务的典型经验交流活动以及创业项目库，为创业者提供创业项目咨询。

（二）促进困难群体就业

将帮扶困难群体就业摆在突出位置，明确援助重点。一是建立分类帮扶机制。结合实际，对“4050”人员、享受低保且失业1年以上、一家多人下岗、丧偶离异家庭、零就业家庭、残疾人6类困难群体按照实名制要求建档建卡，制定不同的帮扶方案，帮扶1.8万名困难群体人员实现就业。二是以创充分就业社区为抓手，以帮扶就业困难群体为重点，实施就业援助。把帮扶困难群体就业作为创充分就业社区的重要内容，2008年表彰了96个市级创充分就业社区和48个劳动保障服务先进社区。三是不断完善就业援助措施，建立长效管理机制。明确规定政府购买的公益性岗位要优先用于安排困难群体就业，岗位补贴、社保补贴要优先照顾困难群体，小额担保贷款要优先用于扶持困难群体创业。制定了“4050”人员灵活就业社保补贴的政策措施，为4.15万名灵活就业人员落实社保补贴7 700多万元。四是开展了对口支援四川地震灾区就业援助活动。共组织38家用人单位，提供1 729个就业岗位，参加了全省在受灾地区举办的现场招聘会，录用761人上岗就业。

（三）推进统筹城乡就业

一是鼓励农民就地转移就业。共扶持1.6万名农村富余劳动力实现转移就业。二是做好返乡农民工就业服务。及时做好返乡农民工的登记和调研分析工作，加强就业岗位的收集与发布，提供岗位对接，组织针对返乡农民工的专场招聘会12场次，提供岗位2.6万个。对一时不能就业且有技能培训要求的，提供免费培训。农民工返乡创业资金不足的，可以申请小额担保贷款。于12月提前启动了下一年度以帮扶返乡农民工为主的“春风行动”。组织开展第二届武汉市优秀农民工评选表彰工作。为69万名本市农村户籍外出务工人员购买了人身意外伤害保险。

二、社会保障工作

强化社会保险扩面征缴，大力推进城镇居民医保制度，进一步完善社会保险制度。全市5项社会保险参保人数达860.2万人次，比2007年年底净增129.6万人次；征收5项社会保险费128.4亿元，是2007年的136%。

（一）强化社保扩面征缴工作

一是开展了社会保险扩面征缴专项行动。提出了2008年扩面征缴工作重点、具体工作方案和实施步骤。加强舆论宣传，营造良好的扩面氛围，在各类媒体上宣传扩面重点、社保政策，印刷宣传材料125万份。建立了社保扩面与劳动合同管理、社会保险申报核定、稽核和监察联动机制。二是联合地税、财政等相关部门成立了欠费清理工作专班，开展了社会保险欠费清理工作，召开了追欠专题会议，对欠费单位下达了《欠费补缴通知书》，追收欠费5.44亿元。组织了社保基金专项治理。三是重点做好灵活就业人员扩面工作。加大宣传力度，就连续参保缴费的好处、中断缴费如何办理续保等灵活就业人员关心的问题，印制了灵活就业人员参保须知和参保缴费通告，免费发放和张贴。允许生活特别困难的低收入者按岗位平均工资的60%作为缴费基数，缓解了部分人员的缴费压力。四是规范了社会保险参保登记缴费核定工作。实行“两表两签字”制度和“五险合一”申报登记核定机制。五是完善社会保险费税务实时征缴系统，灵活就业人员申报缴费网点增加到200多个。

（二）不断完善养老保险制度

一是将武汉经济开发区纳入市级统筹范围。二是制定实施了跨地区转移缴费指数计算、多重账户处理、农民工终止保险关系等政策及业务操作意见。加强了提前退休审批管理。指导18家企业建立了企业年金制度。三是调整落实了73.6万名企业退休人员基本养老金待遇。月人均增加100元，平均水平提高到997元/月（其中中心城区为1 037元/月）。落实了企事业单位离休人员、企业退休军转干部和企业原处级以上退休干部的生活补贴待遇。四是推进离退休人员社会化管理服务。认真落实退休人员死亡申报、领取养老金资格认证年审制度。纳入社会化管理75.5万人，覆盖率达97%。五是做好农村养老保险、被征地农民基本生活保障和“城中村”村改居人员养老保障工作。制定了被征地农民就业培训和社会保障工作的实施意见。4.6万人纳入被征地农民基本生活保障，7 707人纳入村改居人员养老保障。

（三）努力健全医疗保险体系

一是推进居民医保制度实施。扩大居民医保参保范围，将非本市城镇户籍在校中小学生、中心城区“城中村”居民以及常住外来非从业人员纳入参保范围。全年居民医保参保登记达106.62万人，覆盖率达88%。二是不断完善医疗保险政策。在居民医保和职工医保之间设置政策通道，允许困难企业职工及退休人员自愿选择参加居民医保。将10.01万名市属国有困难企业退休人员纳入城镇职工医疗保险。出台并落实了对参加职工医保的灵活就业人员、国有困难企业退休人员和实施社保援助的“4555”下岗人员给予门诊和购药补助的政策。共为31.79万名参加职工医保的三类人员发放门诊和购药补助5 099万元，出台了困难集体企业参加职工医保的政策。三是强化医疗服务管理，切实保障参保居民的基本医疗需求。制定了过渡期内待遇享受期限和费用结算办法。加强信息核对与医保卡发放管理，缩短医保卡发放时间。发放“周转卡”方便群众就医。四是提高管理服务水平。对现有的400多家“两定”机构的各类资料进行了重新清理和登记。加大了对“两定”机构的稽查力度，提出了进一步规范管理的意见。继续做好基本医疗保障进社区工作。对符合条件的社区卫生服务中心开通医疗保险住院结算系统。

（四）继续做好失业、工伤、生育保险工作

一是对关闭停产企业已解除劳动关系的人员，及时足额发放了失业保险金。调整提高了失业保险相关待遇标准。中心城区失业保险金标准由406元/月提高到490元/月，边远城区由322元/月提高到420元/月。医疗补助金、住院诊治费等其他失业保险待遇也有所提高。强化失业保险服务管理，修订了待遇审核与基金收支经办规则。二是提高了工伤人员待遇和供养亲属抚恤金标准，伤残津贴每月平均增加207元，生活护理费每月平均增加108元，供养亲属抚恤金标准每月平均增加90元。加强劳动能力鉴定工作的管理，制定出台了加强劳动能力鉴定管理工作的通知，严格落实了鉴定对象、鉴定标准和鉴定程序。严格落实了工伤认定各项政策。三是加快推进边远城区生育保险工作。不断完善生育保险政策，加强了对生育保险基金的管理。

三、职业技能培训和鉴定工作

适应就业形势和经济社会发展需要，大力开展职业技能培训，全年共组织城乡劳动者技能培训29.38万人次。一是深入开展各类职业技能培训，不断提高培训的针对性、实用性和有效性。共组织就业再就业培训6.8万人次，企业在岗职工培训15.13万人次，农村劳动力转移培训6.3万人次，创业培训1.15万人次。二是认真做好高技能人才工作。表彰了80名2007年度武汉市优秀技术能手。开展技能人才队伍建设专项调研，修改完善高技能人才工作实施意见和相关配套措施，制定了武汉市技能大师评选表彰暂行办法。三是规范职业技能鉴定，加强职业培训机构建设。对全市各类职业资格相关活动进行了清理规范，开展市重点技工学校创建评估，组织民办职业培训学校诚信等级评定活动，加强了对民办职业培训学校的管理。全年职业技能鉴定发证10.41万人，完成技校招生1.43万人。

四、劳动关系调整和权益保障工作

认真贯彻实施《劳动合同法》《劳动争议调解仲裁法》《就业促进法》，做好劳动关系调处工作。全年劳动争议仲裁案件法定期限内结案率和劳动监察举报投诉案件结案率均达到96%。

一是贯彻落实“三法”。确定了10个方面贯彻实施“三法”的工作任务，依法对地方劳动保障法规、规章和规范性文件进行了全面清理。拟定了武汉市劳动保障系统法制机构建设方案，已有4个区建立了法制机构并配备了工作人员。完成了女职工劳动保护办法的调研。积极做好行政应诉和行政复议调解工作，共办理各类行政争议和监督案件111件。二是落实劳动合同制度。深入推进“劳动合同制度实施三年行动计划”。发布了施工企业招用农民工、金融行业、非全日制等6类劳动合同范本。开展了劳动合同管理制度建设大检查。建立了劳动用工备案制度。制定了劳动合同签订工作指导意见，共鉴证劳动合同23万份，审查登记集体合同430家。城镇各类企业劳动合同签订率达98%。三是加强企业工资分配宏观调控。调整企业最低工资标准，中心城区提高到700元/月，边远城区提高到600元/月。发布了2008年企业工资指导线、人力资源市场工资指导价位和行业人工成本信息。制定了企业工资支付规定，推进企业工资集体协商工作。四是做好企业改制、裁员中的职工安置工作。全年共审核改制企业 73 家，涉及职工 2.13 万人。五是加大劳动关系调处和劳动保障监察执法力度。延长了劳动者申请劳动争议的时效，缩短了劳动争议的处理时限，对部分案件实行“一裁终局”，取消了劳动争议仲裁收费。推进劳动争议仲裁机构实体化建设，全市建立了 3 家劳动仲裁院。完善劳动关系三方协调机制，积极预防劳动争议的发生。进一步加强兼职办案人员队伍建设，规范案件审理，提高办案质量和效率。开展了打击使用童工专项行动。对武汉市城乡各类企业进行了全面排查。严肃处理了使用童工的企业主，妥善安置了童工。制定了行政处罚自由裁量权适用标准，制定了监察案件立案规则，进一步规范了行政执法行为。建立了用人单位守法诚信档案，完善了市、区联合执法快速反应机制，开展了“网格化”管理试点。对各类建筑企业、餐饮业等使用农民工较多的单位进行了工资发放专项监察，对重点企业进行督促排查。全年共检查用人单位 15.52 万家，追发劳动者工资 6 949.1 万元，其中农民工工资 6 484.16 万元。督促缴纳建筑工程工资支付保证金 108 家、2 745.12 万元。

（武汉市劳动和社会保障局）

湖　南　省

2008年，湖南省各级劳动保障部门全面贯彻落实科学发展观，坚持以人为本、执政为民、改善民生，深入落实党中央、国务院关于劳动保障工作的一系列重大决策部署，全力实施湖南省委、省政府为民办八件实事，劳动和社会保障工作取得明显成效，为促进全省经济又好又快发展、建设和谐湖南发挥了积极作用。

一、就业再就业

（一）就业总量

就业规模稳步扩大。全省从业人员3 910.06万人，同比增加26.65万人，增长0.7%。其中，农村从业人员2 761.85万人，比2007年略有下降；城镇从业人员1 197.4万人。全省实现城镇新增就业76.06万人，比2007年增加11.04万人，完成年目标任务的126.8%；失业人员再就业34.35万人，完成年目标任务的114.5%；就业困难对象再就业11.61万人，完成年目标任务的116.1%；截至2008年12月，县以上城镇零就业家庭动态清零4 910户；城镇登记失业率为4.2%，实现了控制目标。

（二）就业结构

就业结构不断优化。全省第一产业从业人员1 720.44万人，减少23.21万人，占从业人员总量的比重为44%，下降0.9个百分点；第二产业从业人员875.84万人，增加21.49万人，占从业人员总量的比重为22.4%，上升0.4个百分点；第三产业从业人员1 313.78万人，增加28.37万人，占从业人员总量的比重为33.6%，上升0.5个百分点。

（三）城镇就业

城镇就业快速增长。一是就业人数大幅增加，城镇从业人员总量达到1 148.21万人，比2007年增加26.87万人，增长2.4%。二是企业和机关事业单位职工总数有所下降，城镇个体工商户和其他灵活就业人员显著增加。全省企业和机关事业单位职工679.30万人，比2007年下降0.6%，占城镇从业人员总量的比重为59.2%；城镇个体工商户和其他从业人员468.91万人，比2007年增长7.1%，占城镇从业人员总量的比重为40.8%。三是在企业职工中，国有企业和城镇集体企业职工人数减少，城镇私营企业和其他企业职工明显增加。全省国有企业职工91.54万人，比2007年减少7.51万人；城镇集体企业职工31.72万人，减少2.41万人；国有企业和城镇集体企业职工占企业职工总量的比重约为25.1%，比2007年下降1.8个百分点；城镇私营和其他企业职工达到367.12万人，比2007年增加5.82万人，占企业职工总量的比重由2007年的73.1%上升到74.9%。

（四）劳动力市场建设

人力资源市场建设进展加快。一是职业介绍机构健康发展。全省拥有各类职业介绍机构870家。其中，劳动保障部门办602家。二是职业介绍工作平稳发展。进入各级人力资源市场招聘的用人单位17.4万家，提供就业岗位84.62万个；进场求职登记人数132.34万人，职业介绍成功49.34万人（其中失业人员40.98万人），介绍成功率为37.3%。县以上公共职业介绍机构全年共组织了210场专场招聘活动，有2.36万家单位进行现场招聘，进场求职人数28.2万人，现场达成用工协议9.5万人，其中失业人员8.17万人。三是劳动保障事务代理工作取得进展。到2008年年底，全省公共职业介绍机构累计托管档案84.75万份，其中2008年新增11.6万份；代办社会保险76.3万人，增长16%。四是境外来湘人员就业管理工作进一步规范。全年为343名外国人和港澳台人员办理了在湘就业手续。

（五）劳务输出

农村劳动力转移就业继续增加，劳务经济呈现良好发展势头。全年农村外出务工人员达到1 207.73万人，新增外出务工人员110万人。其中，省外就业890.56万人，占73.7%；省内就业317.17万人，占26.3%。实现劳务收入950亿元，增长9.9%；人均年务工收入7 866元。

二、社会保险

（一）企业职工养老保险

企业职工基本养老保险工作取得重大进展。一是扩面征缴力度明显加大。全年新增参保67.5万人，到2008年年末，参保企业4.18万家，参保职工436.59万人，增加35.82万人。征收基本养老保险费173.9亿元，增加37.35亿元，基金征缴率为97.9%。二是企业退休人员社会化管理服务工作稳步推进。全省实行社会化管理人数184.07万人，增加5.24万人，其中直接纳入社区管理人数130.85万人，占71.1%。三是基本养老金标准持续提高并按时足额支付。到2008年年底，全省企业参保离退休人员达到185.02万人，发放基本养老金198.75亿元。企业退休人员基本养老金经过4年连续调整，月人均基本养老金水平达到914元。

（二）机关事业单位养老保险

机关事业单位养老保险平稳运行。参保人数达到207.45万人，增加4.54万人；征收养老保险费67.12亿元，增加3.70亿元；为全省50.32万名机关事业单位参保离退休人员发放基本养老金68.70亿元。

（三）医疗、工伤、生育保险

医疗、工伤、生育保险覆盖面不断扩大。到2008年年末，全省医疗保险参保人数1 321.64万人，其中参加城镇职工基本医疗保险682万人（在职职工475.51万人，退休人员206.49万人），比2007年增加61.45万人，增长9.9%。城镇职工基本医疗保险总收入85.28亿元（含统筹基金49.87亿元，个人账户35.41亿元），总支出62.11亿元；参加城镇居民医疗保险639.64万人，城镇居民医疗保险基金总收入7.95亿元，总支出2.08亿元。工伤保险参保人数403.53万人，工伤保险基金总收入8.52亿元，总支出6.20亿元。生育保险参保人数431.55万人，生育保险基金总收入3.58亿元，总支出1.88亿元。

（四）失业保险

失业保险稳步发展。参保人数390.12万人，增加1.15万人，增长0.3%；征收失业保险费10.86亿元，增长23.3%；失业保险基金支出6.60亿元，全年领取失业保险金人数23.70万人。

（五）基金监督

社保基金预算制度基本建立。采取基金预算管理与目标任务分解、跟踪考核、补助资金分配“三结合”的办法，确保了基金预算的执行力和约束力。按照“省级预算、定额调剂、统一政策、加强监管”的原则，对企业养老保险基金实行统一调度、统筹使用，基金抵御风险能力大大增强。

社保基金监管制度进一步完善。制定出台了社会保险基金问题举报奖励、缴费基数申报核定等办法，社保基金监管制度体系更趋完善。在认真抓好2007年度审计及对各类检查发现的问题进行整改落实的同时，继续组织开展了全省社保经办机构内部控制检查工作，各级自查面达到100%，市州和省级抽查面分别达到100%和50%。及时发现和纠正了社保经办机构内部管理存在的一些漏洞和问题。

三、劳动保障法制与监察

（一）劳动保障法制建设

劳动保障法制工作不断加强。2008 年为湖南劳动保障“法律宣传年”，在全省范围内开展了“劳动保障法规政策宣讲服务活动”，全年 14 个市州进企业开展法规政策宣讲活动共 194 次，省本级进企业宣讲《劳动合同法》及其他法规政策共 57 次，全省接受讲课宣讲 1.6 万多人次。为推动宣讲活动深入开展，组织举办了 2 期劳动保障法律法规高级讲坛，邀请政府部门领导、专家学者讲课，参加讲坛的企业人力资源管理人员 300 多人次。全年全省共受理行政复议案件 149 件，结案 147 件，按时办结率 100%。全省共办理行政应诉案件 87 件，维持判决 51 件，未结案 7 件，胜诉率 67%。其中，省厅办理行政应诉案件 8 件，维持判决 5 件，未结案 1 件，胜诉率 75%。

（二）劳动保障监察

劳动保障监察执法不断强化。重点开展了农民工工资支付、清理整顿劳动力市场秩序、医疗卫生机构护理人员劳动权益保护、规范企业用工行为、清理整顿职业培训和技能鉴定机构秩序等专项检查活动。通过日常巡查、接受投诉举报和开展专项行动等工作，共查处各类违法案件 3.11 万件。其中，通过农民工工资专项行动，为 7.21 万名农民工补发工资和赔偿金 6 113.4 万元；整治黑职介 51 家，不规范的职介机构 52 家；共排查乡村“四小”单位 1.57 万家，查出违法违规案件 1.22 万件。开展《劳动合同法》实施情况专项检查，共检查用人单位万余家，查处用人单位违反劳动保障法律法规案件 11 069 件。督促用人单位参加社会保险登记 3 718 家，责令补缴社会保险费 6 063 万元。

四、劳动合同与工资收入分配

（一）劳动合同管理

各类单位劳动用工行为进一步规范。据统计，2008 年全省企业劳动合同动态签订率达到 99.2%，比 2007 年提高 7.3 个百分点。其中，国有及国有控股企业为 99.5%，集体企业和外商投资企业均为 99%，私营企业为 96%。积极推进集体协商，集体合同质量不断提高，覆盖面进一步扩大。2008 年，全省签订集体合同的企业已突破 2 万家，覆盖职工近 200 万人，其中区域性、行业性集体合同 200 余份。

（二）工资收入分配

职工工资总额稳步增长。城镇职工工资总额为 1 057.07 亿元，比 2007 年增长 17.6%。其中，国有经济单位 688.10 亿元，增长 14.7%；城镇集体单位 53.73 亿元，增长 14.2%；其他经济类型单位 315.24 亿元，增长 25.3%。职工平均工资显著提高。全省全部职工平均工资达到 23 082 元，比 2007 年增长 17.1%。其中，在岗职工平均工资 24 625 元，增长 14.4%。国有经济单位职工年平均工资 24 939 元，增长 17.8%；城镇集体单位为 15 529 元，增长 20.2%；其他经济类型单位为 21 379 元，增长 15.7%。

五、劳动争议仲裁

加强劳动争议仲裁，机构实体化建设成效明显。积极推进劳动争议机构实体化建设，目前 14 个市州都已成立劳动争议仲裁院，并有 12 个市州相继开始按新模式运行，大部分市州还启动了县、市、区仲裁院建设试点工作。

劳动争议仲裁处理工作进一步规范。全年立案受理劳动争议案件 12 600 件，比 2007 年增长 50.6%，涉及劳动者 2.53 万人，其中集体争议案件 950 件，涉及 1.27 万人。在法定时间内结案 1.2 万件，结案率达到 95% 以上。

六、职业培训和技能鉴定

（一）职业技能培训

职业技能培训取得重大进展。全年完成各类职业技能培训 160.4 万人，超出预定目标 10 万人。农村劳动力转移就业培训稳步实施，全年完成培训58万人。企业职工培训深入开展，全年完成培训68.9万人，超出预定目标3.9万人。创业培训3.3万人。再就业培训22.4万人，超出预定目标2.4万人。城镇劳动预备制培训8万人，超出预定目标1万人。

（二）职业技能鉴定

职业技能鉴定范围进一步扩大。全省共有职业技能鉴定所（站）402家，取得考评员资格共6 561人。全年共鉴定47.89万人，同比增长11.1%；取得职业资格证书39.63万人，增长8.9%。全省考核评价高技能人才10.37万人（含技师、高级技师1.67万人），有7.15万人取得高级技能及以上等级的职业资格证书，其中取得高级职业资格证的有61 427人，取得技师职业资格证的有6 120人，取得高级技师职业资格证的有3 908人。

（三）技校管理

技工教育事业健康发展。2008年，全省共有各类技工学校144所（含民办职业培训学校办的技工班），其中技师学院1所，高级技校23所。在职教职工9 217人，同比增加548人，其中高级讲师1 476人（含高级实习指导教师242人），增长12.0%；讲师2 546人（含一级实习指导教师687人），具有技师、高级技师职业资格的教师751人，增长60.8%。在校生16.1万人（其中农村户口15万人），增长1.7%。招生6.12万人（其中农村户口5.8万人）。毕业生就业率为98%，较2007年增长3个百分点。9.6万名贫困技校生享受到近1.44亿元的助学金。

（四）民办培训机构管理

民办职业培训工作进一步规范。2008年，全省共有民办职业培训机构809家，减少19家，同比减少2.3%。在职教职工1.16万人，增长3.0%，其中教师7 894人，减少3.4%。培训人数37.6万人，增长15.1%。

七、劳动保障信息化建设

劳动保障信息化建设步伐加快。信息系统建设进一步完善。养老保险新信息系统开发建设进展顺利，实现了“全省数据集中管理，财务与业务紧密对接，经办机构数据全省联网”的总体目标。在全省范围内实现了企业养老保险的“六统一”，即统一养老保险制度、统一缴费标准、统一待遇项目、统一调剂使用基金、统一预算管理、统一经办规程。城镇居民医保信息系统开发完毕，湘潭市已全面完成安装并正式运行，株洲等六市本级也已进入试运行阶段。工伤保险信息系统建设取得新进展，邵阳、湘潭、株洲、岳阳等市工伤认定与劳动能力鉴定信息系统已同省直工伤保险管理信息系统实现联网。通过加强信息化建设，劳动保障工作正逐步走向科学管理、科学决策的轨道。

（湖南省劳动和社会保障厅）

广　东　省

2008 年，广东省劳动保障系统经受住年初冰冻灾害、“5·12”汶川大地震、“双奥”维稳和国际金融危机带来的严峻考验，圆满完成了国家和省下达的各项工作目标任务，推动广东劳动保障事业在高起点上实现了新发展。

一、就业再就业工作

（一）就业再就业工作成效显著

2008 年，全省城镇新增就业人数 198.5 万人，完成年度计划的 165.4%，其中下岗失业人员再就业 69 万人，“4050”（女 40 周岁、男 50 周岁以上）人员实现再就业 10.8 万人；年末城镇登记失业率为 2.56%。全年共为 93.8 万人次的高校毕业生提供了各项就业服务，举办专场招聘会 286 场，提供就业岗位 25.4 万个，进场应聘的高校毕业生 36.7 万人次，达成就业意向近 9 万人。

（二）大力开展就业援助服务工作

大力实施“三年 30 万”城乡就业援助工程，共帮扶城乡就业困难人员 18.4 万人实现就业再就业。2008 年，全省下岗失业人员再就业共减免税收 6 424 万元；享受行政事业性收费减免 955.3 万元。全年实际支出社保补贴 36 776.5 万元，岗位补贴 32 591.1 万元，再就业培训补贴 24 303.5 万元，职业介绍补贴 4 418.5 万元。共开发社区就业岗位 18.3 万个，公益性岗位 3.9 万个。

（三）劳务合作取得丰硕成果

成功举办第五届“山洽会”，珠三角地区与山区和东西两翼地区签订劳务合作项目 77 个，价值总额约 63.6 亿元，其中协议转移劳动力 51.8 万人，协议建设劳动力培训转移安置基地 350 个，协议帮助建设远程见工系统 97 套，协议捐赠物资资金 310 万元，协议招收欠发达地区 3 829 名贫困户子女入读技校。

（四）积极开展对口支援地震灾区扩大就业工作

“5·12”汶川大地震发生后，及时采取就业服务、职业培训、技工教育、维权、“12333”电话咨询和南方寻亲、医疗保险、工伤保险及生活援助等十方面援助措施，全省共向汶川对口援助地区提供优质岗位信息 7.5 万条，帮助灾区劳动者实现就业 8 440 人；全省技工学校共接收 671 名四川地震重灾区学生免费就读。

二、职业技能培训和鉴定工作

（一）技工教育蓬勃发展

截至 2008 年年底，全省共有技工学校 232 所，国家重点技工学校 46 所，高级技工学校 31 所，其中 21 所加挂技师学院的牌子，民办技工学校 59 所。技工学校校园占地面积超过 1 000 万平方米。全省技工学校招生 20.3 万人，在校生数达到 53.5 万人；智力扶贫资助名额增加到 1.6 万人，全省共有 4 万多名省财政资助的智力扶贫生在各技工学校就读；新招收退役士兵学员 5 043 人，共有 1.6 万名退役士兵学员入读技工学校；率先试行民办技校专项资金竞争性分配，择优评选出 5 所技校分配 1 500 万元专项资金。全年共选派 22 名优秀教师参加德国汉斯·赛德尔基金会在国内举办的师资培训班，选派 30 名优秀教师前往香港职业训练局培训学习。引进世界银行贷款2 000万美元扩大技工教育培训能力的项目已顺利通过了世行专家评估团的正式评估，即将进入实施阶段。

（二）高技能人才培养有成效

全年共组织开展各类职业技能培训397.6万人次，培养高技能人才24.3万人。积极推动“1+9”模式高技能人才公共实训基地建设，加快高技能人才的培养。到2008年年底，全省高技能人才总量达166.2万人，占技能人才总量的15.8%。在全国率先推行以工作业绩为核心的企业高技能人才评价制度改革。13名高技能人才享受国务院政府特殊津贴。全年组织省级职业技能竞赛21场，涉及30个职业；1人获得“中华技能大奖”，28人获“全国技术能手”称号，170人获“广东省技术能手”称号。广东选手在第三届全国数控技能大赛中获团体三等奖，其中2名选手获单项第一名。

（三）职业技能鉴定工作实现新突破

全年全省组织职业技能鉴定144.7万人，获证105.6万人次，职业技能鉴定和获证人数首次突破“双百万”。在全国率先探索建立工业设计从业人员职业能力评价认证体系，省市联动开发155个现代产业新职业、地方特色产业职业和适合农村劳动力大规模技能培训的专项职业能力项目。与香港职业训练局签署共建香港知专设计学院广东培训学院的合作意向书，启动建设全国首家综合性高端工业设计培训学院。积极与港澳职业培训机构合作，在香港开展包括理财规划师、人力资源管理师等共18个职业鉴定项目，截至12月共组织鉴定考试263批次，考生达4 965人次。

三、社会保障工作

（一）养老保险改革取得突破性进展

改革完善省级养老保险调剂办法，将各市上缴的省级调剂金比例从单位缴费的3%提高到9%；出台广东省基本养老保险关系省内转移接续暂行办法，采取待遇分段计算、发放责任共担方式，实现养老保险关系省内无障碍转移；制定养老保险省级统筹实施方案，为2009年年底前实现省级统筹创造条件。制定做实养老保险个人账户方案，截至2008年年底，全省基本养老保险在职参保人数2 171.2万人，比2007年增长10.2%；其中，企业养老保险在职参保人数达2 033.2万人，增长11.0%；全省基本养老保险基金收入813亿元；全省企业基本养老保险基金累计结余1 471.3亿元。养老保险参保人数、征收总额、累计结余均居全国首位。全省262.7万人领取养老金，2008年度基本养老保险待遇调整后，月人均基本养老金达到1 193元，人均增加140元，增幅为13.3%。

（二）农村养老保险工作全面推进

全省21个地级以上市全部建立了被征地农民养老保障制度。在全国率先对被征地农民养老保障建立了既严格又灵活的前置审核和担保机制。佛山市顺德区、湛江市东海岛区、清远市、连山市等有条件地区制定了城乡居民一体化的养老保险制度。截至2008年年底，全省参加农民与被征地农民养老保险的人数达到173.1万人；其中，59.3万人按月领取养老待遇，月人均养老金水平256元。

（三）失业保险工作有新突破

广州等13个市开展了扩大失业保险基金支出范围试点，共支出2.8亿元用于促进就业。全省失业保险金标准平均提高12.9%。截至2008年年底，全省参加失业保险人数达1 441.7万人，比2007年年末增长10.2%，参保人数继续位居全国首位。全年共为25.6万名城镇失业人员发放了失业保险金，比2007年减少5.1%；共为60万名农民工发放了一次性生活补助，比2007年增长3.8%；失业保险待遇支出12亿元，比2007年减少3.9%。

（四）医疗保险制度进一步完善

到2008年年底，全省参加城镇职工基本医疗保险人数达2 400.7万人，位居全国首位，比2007年年底增长18.7%。全省全面实施城镇居民基本医疗保险试点，深圳、珠海、佛山、中山、东莞、广州、湛江、揭阳八市先行探索建立了覆盖城乡居民的基本医疗保险制度，东莞市在全国率先建立不分户籍、职业、全市一体化的社会基本医疗保险制度。截至2008年年底，全省参加居民医疗保险人数达1 358万人，位居全国第一，总体参保率超过90%。在全国率先开展城镇基本医疗保险普通门诊医疗费用统筹，广州、深圳、佛山、中山、东莞、湛江、韶关七市开展了普通门诊保障试点。系统解决了20多万名困难国有集体企业退休人员、5万名困难华侨农场职工和中央驻穗单位社会申办退休人员的医疗保险问题。

（五）工伤保险保障能力进一步增强

改革完善工伤保险基金支出范围和标准，将原排除在体制外的“老工伤”人员待遇纳入工伤保险基金支付范围，规定职工离开企业2年内被诊断为职业病可以申请工伤认定，全省一次性工亡补助金统一提高到60个月标准，拓宽工伤预防费使用范围。截至2008年年底，全省工伤保险参保人数达2 302万人，比2007年年底增长8.9%。全年共有14.2万人次工伤职工及工亡职工供养亲属享受了工伤保险待遇。深入实施工伤康复“关爱行动”，全年工伤康复受益人数约6 000人次。探索与香港工人健康中心合作，成功申请香港社区伙伴资助，于2008年11月至2010年5月共同选派专家进驻四川开展支援活动。与美国伊利诺伊理工大学合作成立了职业康复研究中心。

（六）生育保险参保人数跃居全国第一

出台《广东省职工生育保险规定》（广东省人民政府令第123号），全省21个统筹地区全面开展生育保险，截至2008年年底，参保人数达1 011.2万人，比2007年年底增加352.1万人，增长53.4%，参保人数首次跃居全国第一。

（七）企业退休人员社会化管理服务步入规范和完善阶段

全省各市均出台了企业退休人员社会化管理服务工作实施方案，16个市成立了专门的退管机构。省级示范点范围进一步扩大，共设立了29个省级示范点。建立了全国第一个省级社会化管理服务工作网站。截至2008年年底，全省共有企业退休人员254.7万人，其中纳入社区管理的有154.6万人，社区管理服务率为60.7%。

（八）社会保险基金监管工作进一步加强

2008年8月，单独设立社会保险基金监督处。全面部署社会保险基金专项治理工作，深入开展自查自纠，积极配合国家审计署深圳特派办完成对广东省本级和东莞、惠州两市管理使用的各项社会保险基金、劳动保障事业发展专项资金和行政经费的审计工作。

四、劳动关系调整和权益保障工作

（一）企业工资分配工作进一步加强

建立完善最低工资保障制度，逐步提高最低工资标准，2008年年初最低工资标准调整后，全省最低工资水平平均提高12.9%。启动“工资集体协商三年行动计划”，截至2008年年底，全省已组建工会的大中型企业工资集体协商建制率达47.78%。完善工资指导线制度，首次将珠三角地区与东西两翼、粤北山区分类确定工资增长水平。2008年珠三角地区工资指导线基准线为15%，上线为21%，下线为5.5%；东西两翼和粤北地区工资指导线基准线为10%，上线为15%，下线为3.5%。完善劳动力市场工资指导价位制度，开展高技能人才工资价位调查，探索建立国有垄断企业工资分配调控新机制。

（二）劳动关系调整机制进一步完善

出台广东省劳动合同指引，企业裁员、停产、倒闭及职工后续处理工作指引，广东省农民工劳动合同文本，指导和帮助企业规范用工行为。全面完成了劳动合同制度实施三年行动计划。全省各类企业签订劳动合同职工人数为2 156.5万人，签订率为97.3%；其中，农民工劳动合同签订率达95.2%。全省各类企业签订当期有效集体合同4.8万份，涉及700万名职工。妥善做好文化、供电、煤炭、有色金属、金融、水利、兽医、种子、林业、主辅分离辅业改制等行业企业的职工分流安置工作，研究处理华侨农场等职工安置中的遗留问题。全面建立协调劳动关系三方机制，广泛建立基层劳动关系协调组织，省、市、县三级三方机制组建率已达100%，全省在街（镇）、社区（村）、行业（专业）中建立基层劳动关系协调组织7 193个。

（三）劳动保障违法行为打击力度进一步加大

2008年，全省各级劳动保障监察机构共主动巡查用人单位25.9万家，处理投诉结案数为5.08万件，责令用人单位为劳动者补签劳动合同232.1万份，为99.7万名劳动者追回工资等待遇17.4亿元，督促企业补缴社会保险费5 734.8万元，妥善处理群体性突发事件6 659宗，向社会公布重大违法行为83件。开展了整治欠薪、清理整顿人力资源市场秩序、整治非法用工三大专项执法行动。及时稳妥地处理了东莞“凉山童工”事件，在全省组织开展了打击非法组织介绍使用童工专项行动。积极应对国际金融危机，提出处理企业欠薪群体性事件“三优先、两确保”原则（优先解决职工工资、优先办理和支付职工社保待遇、优先申请财产保全措施，确保职工被欠薪期间的基本生活、确保欠薪案件处理期间不发生群体性事件），妥善处理了多起东莞、深圳等地因企业倒闭、破产引发劳资纠纷的群体性突发事件。与人民银行广州分行合作，将企业工资支付、使用童工和社会保障等方面劳动保障违法行为纳入企业征信系统，实现银行与劳动保障部门信息共享。

（四）劳动争议仲裁工作进一步加强

2008年，全省各级劳动争议仲裁机构处理劳动争议案件30.3万宗，其中立案受理15万宗，涉及劳动者35.1万人，涉案标的达89.5亿元，结案13.2万宗，结案率88%。首开全国“裁审联合发文”和“裁审统一标准”先河，与省法院联合出台关于适用《劳动争议调解仲裁法》《劳动合同法》的指导意见。出台处理停产、倒闭企业集体劳动争议案件的规范指引，组成特别仲裁庭加快停产、倒闭企业集体劳动争议案件的处理。开展“清理积案专项行动”和“欠薪清案特别行动”，通过简化仲裁办案程序，编制格式化、填充式仲裁文书，开设节假日和夜间仲裁庭等措施，有效预防、疏导、化解和及时妥善处理劳动争议。全面推行仲裁建议书制度，实现“裁决一案、警示一片”。新增东莞、江门2家地市级劳动争议仲裁院。整合基层调解资源和力量，推动多元化劳动争议调解模式的建设，全年案外调解劳动争议15.3万宗，约占劳动争议处理总数的51%。

五、农民工工作

（一）大力推进农村劳动力技能培训和转移就业

贯彻落实省委、省政府“产业和农村劳动力双转移”决策部署，出台了包括优秀农民工落户城镇在内的22项配套政策和具体操作办法。全年全省免费培训农村富余劳动力58.5万人，新增转移就业农村劳动力106.4万人，转移产业园区吸纳农村劳动力37.9万人；培训在岗农民工89.4万人，50多万户贫困家庭劳动力通过技能培训和转移就业实现增收脱贫。

（二）积极应对国际金融危机，稳定农民工就业

及时出台一系列政策文件，提出大力加强对失业农民工尤其是技能型农民工免费信息登记、免费技能培训、免费就业介绍、免费社保接续和维权服务等十大举措，全面推行对招收失业农民工特别是技术骨干给予岗位和社会保险补贴、适当调整基本医疗保险和失业保险缴费标准等14项办法。

（三）加大力度提高农民工社会保障水平

简化农民工参加工伤保险办法。指导各地全面实施“低缴费、保大病、保门诊”的农民工医疗保险办法，大力缓解农民工看病难、

看病贵问题。到 2008 年年底，全省参加基本养老、基本医疗、失业、工伤和生育保险的农民工总量分别达到 975.5 万人、1 332.9 万人、530.7 万人、1 523.9 万人和 283.7 万人。

（四）大力抗击冰雪灾害，做好劝留工作

2008 年春节前后，全力开展以劝导因冰雪灾害滞留广东的农民工留粤过节为重点的“春风行动”，全省劳动保障系统共投入资金近 2 000 万元，出动 20 多万人次，派发 80 多万份宣传资料，深入 100 多万家企业开展劝留和督导工作，基本覆盖主要用工企业，成功劝导外省务工人员留粤过节 320 万人，延期返乡 75 万人。

（五）隆重表彰优秀农民工

成功召开改革开放以来广东省规模最大、规格最高的优秀农民工表彰大会，隆重表彰 500 名优秀农民工，表彰人数创全国之最。

六、法制建设工作

省政府公布实施了《广东省生育保险规定》。积极协调，提请省人大将《广东省实施〈中华人民共和国就业促进法〉办法》等 8 项劳动保障立法项目列入省第十一届人大常委会立法规划（2008—2012 年）。高质量完成行政复议和行政应诉工作，全省劳动保障行政部门共受理行政复议案件 622 宗，审结 542 宗；组织行政应诉 883 宗。加强普法宣传教育，重点开展《劳动合同法》《就业促进法》《劳动争议调解仲裁法》以及《劳动合同法实施条例》的宣传活动；全力配合全国人大执法检查组和全国政协调研视察团关于《劳动合同法》执法检查及实施情况的调研工作。全面推进企业劳资人员劳动保障法制宣传培训工作，全年培训近 4 万名劳资人员。

七、规划财务统计工作

配合国家《珠江三角洲地区改革发展规划纲要（2008—2020 年）》编制工作，研究提出了打造全国农村劳动力转移就业职业技能培训示范区、全国一流的职业开发评价示范基地和全国性的创业带动就业孵化基地并写入纲要。启动《广东省劳动保障体制创新规划》编制工作。开展劳动保障“十一五”规划中期评估，稳步推进“十一五”重点建设项目。将“社会保险覆盖率”和“农村劳动力转移就业率”等劳动保障指标列入省政府对各市科学发展考核评价的指标体系。创新财政资金分配模式，试行民办技工教育专项资金竞争性分配。

（广东省劳动和社会保障厅）

广 州 市

一、就业再就业工作

2008 年，广州市以贯彻实施《就业促进法》为重点，以推动创业促就业和深化创建“充分就业社区”为抓手，统筹做好城乡新增劳动力就业、失业人员再就业和外来劳动力转移就业工作，在面临国际金融危机冲击的严峻经济形势下，全市就业形势继续保持稳定。全年新增就业 60. 93 万人（其中本市户籍新增 25. 65 万人），超额 2 倍完成年度新增就业人数 20 万人的目标任务；城镇失业人员就业率为 67. 9%，完成年初制定的 65% 以上的目标；城镇登记失业率为 2. 32%，远低于控制在 3. 5% 以下的年度目标；全市完成创建“充分就业社区”930 个，占社区总数的 64. 6%，超额完成 55% 的年度目标；全市全年共有登记求职农村劳动力 13. 56 万人，转移就业 7. 23 万人，完成年度目标任务的 145%。

2008 年，全市开始实施城乡统筹的就业失业管理制度。《广州市劳动用工备案和就业失业登记办法》（以下简称《办法》）于 7 月 1 日起实施。《办法》统一了城乡劳动者的就业失业登记，统一了劳动用工、就业和社保三个环节的登记备案。《办法》的实施，充分整合了劳动和社保两大板块的信息资源，对有效促进统筹城乡的劳动保障服务管理体系建设、深化城乡平等的基本公共就业服务制度、建立覆盖城乡劳动者的就业凭证管理制度、强化劳动用工备案和就业登记及与社会保险协同管理等，都具有十分重要的意义。截至 2008 年年底，全市共办理（本地人员）备案登记业务 52. 72 万人次，其中劳动用工备案 28. 5 万人次。

随着产业转移和劳动力转移“双转移”政策的实施，广州市对企业吸纳广东省农村劳动力给予优惠政策，促使更多的广东省劳动力到广州就业，广东省劳动力在穗就业人员数量和比重都呈现上升趋势。2008 年第四季度，广东省流动人员在穗就业 46. 35 万人，占流动人员在穗就业总量（未含中央、部队、省属驻穗企业）的 26. 7%，同比增加 5. 27 万人，比重上升了 2. 8 个百分点。

为稳定就业形势，广州市创新思路，积极作为，推出了一批新举措。越秀区建立了公益性岗位开发和管理制度，创新实施了“零距离”就业模式，实现了失业人员政策普及、求职、就业和帮扶“四个零距离”。白云区在抓创建“充分就业社区”的同时，还广泛开展创建“充分就业村”活动，65. 6% 的社区建成“充分就业社区”，52. 5% 的村成为“充分就业村”。黄埔区进一步完善就业扶持政策，将 1 次免费职业技能培训增至 3 次，低保家庭劳动力社保补贴扩展到全额资助，“4050”人员 80 元的岗位补贴提升至 200 元，用人单位吸纳困难人员就业的，除可享受社保补贴、岗位补贴、税费减免等优惠外，还可申领每人 300 ~ 500 元的招用补贴。南沙区全面推进“就业服务信息全覆盖”，在全区各村（居）委设置就业信息栏 760 个，把空岗信息送到“家”门口。萝岗区为鼓励自主创业，一次性拿出 2 000 万元建立自主创业扶持资金，针对创业者在创业不同阶段遇到的困难，分阶段给予帮扶。荔湾区建成2万平方米的高科技创业基地，并出台了一系列扶持政策，对所有群体提供创业帮扶。番禺区对新成长劳动力采取先技能培训后出学校再就业的措施。增城市通过发展旅游业带动农民创业，“农家乐”餐馆成为自主创业和吸纳周边农民就业的样板。以上这些创新举措的实施，为全市就业形势的稳定作出了重要贡献。天河区针对五山地区高校集中的特点，开展送创业培训进学校活动，提高了大学毕业生自主创业的意识和能力。

二、职业技能培训和鉴定工作

2008年，培养高级技师、技师和高级工2.85万人，年末技能人才总量达到146万人，其中高技能人才39万人，占27%；全市共有29.73万人次参加职业技能鉴定，同比增长11%。当年技工院校招收学生3.32万人，在校生总规模突破10万人。广州市高技能人才共同培养体系、城乡统筹就业培训体系、技工学校培训管理体系和创业培训服务体系更加健全，并凸显“三大亮点”：

第一，创新激励高技能人才快速成长的培养评价机制。创新高技能人才破格选拔评价机制，形成在全国具有领先水平的“广州模式”，人力资源和社会保障部召开了现场会，向全国重点推广。市政府进一步完善高技能人才奖励激励机制，评选出80名有突出贡献技术能手，予以表彰。鼓励企业参与高技能人才评价，开发职业工种，规范实训鉴定，有60多家企业近70个职业工种开展1 000多人次评价，效果显著。市高技能人才实训鉴定综合基地建设获得立项。

第二，坚持竞赛选拔技能人才。成功举办第五届穗港澳技能大赛，邀请了世界技能大赛秘书长及澳大利亚、德国、巴西、新加坡等国家以及国内和港澳台地区的著名专家学者观摩，并展开了交流合作。在国内首次举办现代技能发展国际论坛，就国际现代技能发展等问题进行广泛交流和探讨。全年举办各种类型技能竞赛20场，不拘一格选拔技能人才1.5万人。

第三，突出体现技工院校的社会责任。技工院校在做好10.1万名学生的职业技能教育和推荐就业工作的基础上，承担政府资助六类共1 486名扶贫生免费教育任务，成为“平民教育”和“民生教育”基地，其中包括四川灾区学生110人、增城从化北部山区扶贫生900人、广州市扩大覆盖面扶贫生46人、广西百色扶贫生70人、梅州扶贫生60人、广东省智力扶贫生300人。

三、社会保障工作

2008年，覆盖城乡全体居民的社会保险制度体系在高速推进中基本形成。养老和医疗保险制度体系建设取得重大突破，分别出台了被征地农民养老保险等10项新政策，一举覆盖了全体城乡居民，社会保险参保人数达1 650万人次，同比增加363万人次。其中，养老保险340万人，同比增加35万人，增幅为11.5%；医疗保险555万人，同比增加223万人，增幅为67.2%；失业保险283万人，同比增加26万人，增幅为10.1%；工伤保险327万人，同比增加53万人，增幅为19.3%；生育保险145万人，同比增加26万人，增幅为21.8%。建立企业年金制度的企业有172家，受益职工2.40万人。纳入社会化管理的企业退休人员有59.04万人，其中纳入社区管理的有43.20万人，社区管理率达到73.2%，走在全省前列。

社会养老保险制度进一步完善，年内先后出台实施了被征地农民养老保险、城镇老年居民养老保险、农村社会养老保险政策，解决了农场原住民等三类人群养老保险历史遗留问题，实现了养老保险在政策制度上覆盖广州市全体城乡居民的目标。

养老保险保障水平继续提高，2008年年末企业退休人员养老待遇平均达到1 563元/人·月，同比增加264元，增幅为20.3%；首次给10万名农转居人员调整养老金，调整后月人均478元，提高41元，增幅为9.4%。

社保经办机构在创新服务方面取得新突破。在全国率先建立起社保经办机构风险防范机制，并应用国际COSO内控理论，全力开发建设全国首个社保内控稽核信息系统，受到人力资源和社会保障部领导及中国—欧盟社会保障合作项目、欧盟组织基金管理和金融专家的好评。完成了23年社保历史数据的清理工作，为进一步优化管理打下了良好基础。网上办理业务量显著增加，其中网上办理增减员业务35.2万笔，同比增加15.15万笔，增长75.6%；年度社保缴费基数网上办理申报142.59万笔，同比增加139.91万笔，增长了52倍。

2008年年末，全市失业保险参保人数达283万人，同比增加26万人，增幅为10.1%。失业保险待遇每人每月增加72元，增幅为10.3%，调整后为774元/月。

2008年，通过出台并实施城镇居民医疗保险办法、农转居人员参加医疗保险办法等重大举措，社会医疗保险在政策制度上实现了覆盖城镇全体居民的历史性跨越。特别是在设计城镇居民医疗保险办法时，在全省率先将在广州市就读的外来工子女纳入政府平等资助参保范围，创新追溯补待长效保障制度（即新生儿在出生后3个月内参保的，可补报自出生之日起发生的医疗费；在校学生于每年10月31日前参保的，可补付自当年7月1日起发生的相应医疗费用），已受理待遇追溯业务近20万宗，大大增强了制度的普惠性和吸引力。自2008年6月城镇居民医保政策启动实施至2008年年底，半年多的时间，登记参保人数高达188.63万人，超额完成广东省下达的150万人的目标任务。年内，医保参保人负担继续减轻，25.24万名住院职工人均社保基金支付费用7 591元，增加836元，增幅为12.4%。广州市在全国副省级省会城市中率先建成垂直管理的医保二级经办机构，逐步形成“就近便利”的医保公共服务模式。

2008年年末，全市参加工伤保险人数达327万人，同比增加53万人，增幅为19.3%。其中，农民工参保人数为193万人。工伤伤残津贴（伤残退休金）月人均2 102元，比2007年增长10%；工伤保险一次性工亡补助金增加约4万元，提高25%。2008年3月，广州市政府印发《广州市工伤保险若干规定》，按照“直接纳入、待遇从优、社会管理”的办法将“老工伤”人员医疗等待遇直接纳入工伤保险管理体系，有效地解决了“老工伤”历史遗留问题，这一做法走在全国前列。2008年6月，印发《关于广州市商贸、住宿、餐饮、娱乐、洗浴等服务业农民工参加工伤保险的通知》，在全国率先提出“面积定人、实名参保、待遇相同、辖内同保”的新的参保方式和管理体系，促进商贸等服务业农民工参加工伤保险。人力资源和社会保障部及广东省劳动保障厅分别转发全国和全省进行推广。《中国劳动保障报》评价：这一做法在全省乃至全国具有首创意义和示范作用。2008年8月，出台《关于广州市工伤保险安全生产浮动奖励办法的通知》，在全国率先提出“预防优先、监控危害、保障健康”的工伤保险预防新理念和管理机制。即将部分工伤预防费用于支持参保单位开展实施工伤预防相关项目，对工伤事故高发行业进行重点监控，有计划地组织在参保单位中从事接触职业病和高风险危害工种的在岗职工进行工伤预防性职业健康检查与监测等。

2008年，生育保险医疗费按“定额结算、不设封顶、待遇从优”的原则，继续实施直接与协议医疗机构定额结算的管理制度，该管理办法走在全国前列。在此基础上，扩大了由生育保险基金支付参保人严重高危妊娠疾病的病种范围，提高了严重高危妊娠参保人的生育医疗保障水平。全年生育保险享受待遇人数为20 623人，同比增长27.8%，人均享受待遇水平约1.3万元。

2008年，全市纳入社会化管理的企业退休人员有59.04万人，其中纳入社区管理的有43.2万人，社区管理率达到73.2%，走在全省前列。针对社会化管理工作中由于退休人员人户分离、联络困难、管理不到位，容易导致重大意外事件发生的情况，各区（县级市）成立专职管理小组，加强探访巡视和信息交流，核实空挂户退休人员3.54万人。

四、劳动关系调整和权益保障工作

2008年是实施《劳动合同法》和《劳动争议调解仲裁法》的第一年，又适逢北京奥运会和纪念改革开放30周年等大事。广州市针对上述情况，认真贯彻实施“两法”，大力开展宣传培训，实施“劳动合同签约达标行动”，依法调整仲裁程序，进一步完善群体性突发事件的应急处置机制，妥善地做好特殊时期的信访维稳工作，确保了劳动关系总体稳定。全市100人以上规模企业劳动合同签订率达到99%，同比提高6个百分点；主动监察用人单位15.57万家，同比增长32.9%，督促用人单位与19.02万名劳动者补签劳动合同，为32.35万名劳动者补办参保手续，为13.51万名职工追还工资、押金等38 700.97万元，规范了企业的用工行为，维护了社会和谐稳定；受理劳动争议仲裁案件8.07万宗，是2007年的2.64倍，其中调解结案率为62.5%，通过仲裁裁决结案的案件中，90%以上的案件当事人不再向法院起诉，息诉止争。在工作中，主要坚持抓好“两个结合”：

一是坚持宣传引导与执法监督相结合。全面开展正视听、消疑虑、减冲突的系列宣传活动，组成新法讲师团深入企业、基层广泛宣传，连续刊载新法权威解读，组织报道近500篇，制作并免费派发80万份劳动合同文本，指导企业与职工依法签订合同。进一步完善企业工资增长机制和工资保障机制，调整提高企业最低工资标准，推进实施企业工资集体协商制度和工资指导线备案制度，合理调节职工收入水平。同时，积极推行“和谐劳动关系企业和工业园区”双创建活动，开展“劳动合同签约达标行动”“和风行动”以及专项执法检查，在全市发放42.64万张劳动保障维权联系卡确保劳资纠纷不出街（区）等，取得较好成效。两部新法在广州市实施开局良好、起步平稳，规模企业普遍签订劳动合同，劳动合同签订率稳步提高，劳动合同短期化倾向得到有效扭转，中长期劳动合同逐渐成为主要形式，通过劳动争议调解仲裁解决劳资纠纷逐渐成为社会共识。

二是坚持完善工作制度与强化基础管理相结合。认真贯彻实施《劳动争议调解仲裁法》，依法调整仲裁程序，增配受理等环节人手，修改仲裁文书，全面培训仲裁员，推进“大调解”格局建设，实现基层调解、行政调解、人民调解和仲裁调解相结合，案前调解、案中调解和案后调解相贯通，积极落实仲裁建议制度，发挥“裁决一案、警示一片、规范一种行为”的良性循环效应。通过简化劳动仲裁程序、实行夜间和休息日开庭等措施，深挖潜力应对劳动争议案多人少的困境。全面开展“监察执法年”活动，推进劳动保障监察“信息网络化”“管理网格化”建设，取得明显成效。全市以街（镇）劳监中队为管理主体，共分成167个基本网格，每个网格配备劳动保障监察工作人员3~7人，通过全市联网使用统一的劳动保障监察业务系统操作平台，实现了“两网”的有机结合，逐步形成了以支队为核心、大队为枝干、中队为节点、信息网络为连线的全方位劳动保障监察“两网化”管理体系。目前，全市已建立“一街一册、一户一卡”用人单位信息资料库11.6万户，涉及劳动者376.2万人，为准确掌握企业用工等情况打下了良好基础。

五、农民工工作

2008年，以实施《广州市流动人员管理规定》及《广州市劳动用工备案和就业失业登记方法》为契机，进一步扩大流动人员就业管理覆盖面，将灵活就业、自主创业的流动人员纳入了管理体系。截至2008年年底，纳入劳动保障部门管理的流动人员达173.62万人。市、区、街三级管理服务网络向流动人员开放，为稳定就业满6个月的流动人员提供与本市户籍劳动者均等的就业援助服务。以外来工为服务对象，开展“春风行动2008”专项活动，举办专场招聘会102场，提供岗位约16万个，为18万名外来工提供了职业介绍服务，对1万多名外来工进行了岗前综合教育培训。在全市组织开展了外来务工人员优秀技能人才、先进工作者及先进集体评选工作，大力推进建立优秀农民工入户广州的激励机制。

与此同时，积极开展对口地区劳务扶贫及泛珠三角区域劳务协作，引导劳动力有序流动，全年累计输送岗位10万多个，吸纳对口帮扶地区劳务输出人员12.15万人。截至2008年年底，广州市与45个城市开通了远程见工信息系统，与梅州、湛江、茂名、肇庆、清远、韶关六市搭建了劳动力转移合作平台，与六市签订了总价值达13.4亿元的劳务合作协议。

2008年，全市劳动保障部门在做好日常就业管理服务工作的同时，积极妥善做好应急处理服务工作。年初雨雪冰冻灾害期间，积极做好劝导外来工留穗过节工作，并投入200多万元开展慰问及文娱活动，确保外来工不仅“留下来”，还能“过好年”。据统计，纳入广州市劳动保障部门管理的外来工有70%留穗过节，超额完成省政府提出的劝留65%的目标任务。“5·12”汶川特大地震发生后，全市各级劳动保障部门全力以赴，有序推进抗震救灾就业援助工作，准确掌握灾区在穗务工人员情况，组织慰问活动，在人力资源市场设立服务专窗，举办专场招聘会，优先为灾区在穗人员提供职业介绍服务，“南方寻亲”及维权服务热线24小时畅通，确保了灾区在穗务工人员的就业稳定与权益得到保障。灾后重建阶段，加大向灾区输送岗位力度，先后3次组织企业赴灾区进行现场招聘，累计向灾区输送8 600多个月薪不低于1 200元的就业岗位；接收112名灾区技校学生到广州市就读，占全省培训援助计划的32.3%，圆满完成各项抗震救灾就业援助任务。

由于在农民工管理服务方面成绩突出，继2006年广州市入选中央电视台“中国最受农民工欢迎十大城市”后，2008年市劳动保障局又被国务院农民工工作联席会议评为“农民工工作先进集体”，在北京人民大会堂举行的新中国成立以来首次全国优秀农民工表彰大会上受到表彰。

六、法制建设工作

加强立法工作，调整完善本市劳动保障政策。全年制定市政府和局规范性文件15件，完成市政府规章《广州市城镇职工基本医疗保险试行办法》的修订工作，实现了养老和医疗保险政策覆盖全体城乡居民的目标。全面开展清理规范性文件工作。市劳动保障局对292个规范性文件进行了清理，其中保留162件，废止130件。对市政府27个规范性文件提出了清理意见，建议保留16件，废止11件。加强普法工作，开展新政策的宣传培训。组织10期《劳动合同法》培训班，共培训1 094人（另有针对毕业生的《劳动合同法》培训班共3期，约有2 000人参加）；组织19期《劳动争议调解仲裁法》培训班，共培训2 585人；组织36期《就业促进法》培训班，共培训5 193人；组织24期劳动用工备案培训班，共培训3 334人；组织59期城镇居民医保培训班，共培训1.5万人。制定和组织实施年度广东电台“劳工专线”直播工作计划，播出8期，内容涉及工伤保险、《劳动合同法》、用工管理、城镇居民医保等新出台的法规政策。配合全国人大常委会做好《劳动合同法》执法检查工作。加强执法监督工作。全年收到（办理）行政复议、诉讼案件共461宗，比2007年度的494宗下降6.7%。制定并印发了市劳动保障局行政执法评议考核实施办法，建立年度行政执法评议考核制度。

（广州市劳动和社会保障局）

深　圳　市

2008 年，面对接连出现的一系列重大挑战，深圳市劳动保障部门在国家和省级主管部门的正确指导下，贯彻党的十七大精神，深入开展思想大解放和学习实践科学发展观活动，围绕构建和谐社会的总目标，努力创新，全市就业形势和劳动关系保持基本平稳。

一、就业管理与就业服务

深圳市着力推进充分就业城市建设，就业形势保持平稳。

全面落实积极就业政策取得实效。在拓展公共就业服务、推行居住证和就业登记制度、规范发展人力资源市场、农村劳动力转移就业等方面取得明显突破，各项促进就业政策措施进一步落实，在严峻环境下保持了就业形势基本稳定。

多渠道、多层次开发就业岗位的工作机制不断健全。与相关部门的沟通协作进一步加强，岗位开发效率和上岗成功率明显提高；就业援助制度进一步完善，对困难失业人员的帮扶力度加大，组织开展了“再就业援助月”“送岗位进社区”“商界展关怀·狮友献爱心”等一系列帮扶行动，零就业家庭即时援助制度全面落实；创业服务三项助推计划顺利实施，引入市场机制，形成了专业化、社会化、市场化的工作格局，建立了创业培训、项目推广、专家咨询“三结合”的工作平台，举办了“创业大讲堂”、大型创业项目推介等系列活动。全市促进失业人员就业 3 万多人，促进失业人员自主创业 1 124 人，帮助 400 户零就业家庭实现至少 1 人就业，零就业家庭动态归零。截至 2008 年年底，全市 620 个社区中已有 90.45% 的社区达到“充分就业社区”标准。全市城镇登记失业率为 2.30%。在广东省就业再就业工作目标责任制考评检查中，深圳市获总分第一。

推行居住证制度和就业登记工作取得历史性突破。就业登记制度和管理体系初步建立，居住证、就业登记信息系统实现两口合一，办理登记的企业 11 万家、员工 530 多万人。

劳动力市场有序发展。开展职介机构标准化建设，完成了全市职介机构星级评定和四级公益职介网络升级改造，实现与全省联网，求职者投诉减少 85%，特区内及龙岗区首次实现零投诉。

涉外就业管理工作稳步推进。严格按照国家审批原则，严把就业国门，加强规范涉外就业管理工作，保障奥运会等敏感时期的国家安全。全年办理外国人和港澳台人员在深就业手续 1.6 万人次，同比增长 10.5%。

二、农民工管理服务

2008 年，深圳市农民工管理服务各项工作成效显著。农民工工作的协调、督办和通报等制度得到落实完善，开展了“春风行动 2008”“爱满鹏城·情系来深建设者”等关爱农民工的系列活动。抗震救灾和对口援助工作全面展开，在冰雪灾害期间成功劝导来深建设者留深或延期返乡 400 万人。积极开展对地震灾区的对口援助，组织引进陇南灾区劳动者 3 000 多人，得到张德江副总理和汪洋书记的充分肯定，市劳动保障局获得全省“抗震救灾先进单位”荣誉称号。区域劳务协作进一步加强，泛珠三角劳务合作和对口劳务扶持的各项协议内容得到落实，广东省产业转移和劳动力转移工作扎实推进，成功举办了接收粤东西北地区农村劳动力洽谈会等系列活动，超额完成了接收粤东西北地区农村劳动力 76 000 人的任务。组织开展了全国、全省优秀农民工推优评先及第四届深圳市优秀外地来深建设者和外地来深建设者之家评选表彰活动。深圳市农工办被评为“全国农民工工作先进单位”。

三、社会保障

深圳市着力推进“全民社保”城市建设，保障水平不断提高。

征缴扩面工作成效显著。截至 2008 年年底，全市基本养老保险、工伤保险、生育医疗保险、失业保险参保人数分别达到 541.67 万人、821 万人、151.32 万人、205.11 万人，分别同比增长 9.6%、8.9%、44.5%、14.2%；医疗保险从城镇职工医保向全民医保、从治疗疾病向健康保健迈进，具有深圳特色的多形式、多层次的“全民医保”体系基本形成，全市参保 831.4 万人，同比增长 10.4%，居全国大中城市之首。其中，劳务工医疗保险、基本医疗保险参保人数分别达到 463.09 万人、323.35 万人，少儿医疗保险和统筹医疗参保 51 万人。

各项社保基金待遇支付 92.7 亿元，为医疗保险参保人提供门诊服务 2 500 万人次、住院服务 19.6 万人次，完成工伤认定 4.8 万人次、工伤补偿 4.3 万人次。各项社保待遇审核发放程序规范，准确及时，足额支付。

社会保险管理服务进一步完善。严格落实企业退休人员养老待遇调整政策，并加发生活补助，企业离退休人员月人均养老金达 3 260 元，城市化人员养老保险参保率和待遇发放率均达到 100%，企业退休人员社会化管理服务进一步提升。医疗保障水平进一步提高，新增定点医疗机构 113 家、定点零售药店 436 家，完善了定点医疗机构费用结算办法，实现了广州定点医院医保记账、市内非结算医院农民工住院医保记账，方便了参保人就医。调整了医疗保险偿付标准，农民工医疗保险住院报销比例由 59% 调整到 72%。加强医保监管，查处违规扣款 716.85 万元。建立预防、治疗、康复、展能一体化的工伤保险体系，全市工伤定点医疗单位增至 82 家，工伤康复定点医疗单位 12 家，实施了工伤保险浮动费率机制，全市工伤事故申报、工伤认定、补偿人数均明显下降；劳动能力鉴定的公信力提升，鉴定总维持率达 99.1%。社保基金监管取得实效，开展社保基金历史投资清收，收回资金 2 493 万元。加强社保稽核，追缴社保费 6 697 万元，并在金融危机的困难形势下实现了年金资产的保值增值。

四、职业培训和技能鉴定

深圳市着力推进技能人才建设，劳动者技能素质进一步提升。

技能人才培养体系进一步完善。颁布实施了深圳市技能人才“1+5”配套文件，形成了比较完备的政策体系。加强了职业培训实体化建设，积极扶持指导民办技校的发展，调整完善了民办培训机构评估标准，开展了职业资格证书清理，全市民办技工学校发展到 6 家，发展认定了第二批 36 家市级高技能人才培训基地，“双转移”培训工作全面展开。全市开展各类职业培训 280 万人次，新培养技师、高级技师 4 500 人。全市技能人才总量达 185 万人，其中高级工以上 27 万人。

公共技能教育培训能力显著增强。技校改革创新了教学过程管理，教学质量不断提升，师生多次获得国际国内竞赛大奖，开展社会化培训 1.3 万人次，其中高技能人才 4 991 人次，校企合作伙伴达 251 家，其中行业龙头和世界 500 强企业 68 家，并通过广东省技师学院复评；全市技工学校场地扩大了 8 倍，通过了省重点技工学校评估；市高训中心启动多个实训中心开展教学，完成了 140 个班次、3 600 多人次的培训服务。

深圳市技能人才引进工作进一步加强。招调工政策凸显“以人为本、制度创新”，通过10项政策创新加强技能人才引进，办理招调入户3.3万多人，其中包括技能人才2.4万人，优秀农民工2 900多人。引进技能人才结构进一步优化。

职业技能鉴定质量全面提升。督考员、考评员、考务员队伍建设进一步加强，现代技能鉴定工作体系得到建立完善，加大了考核鉴定监管力度，创新了技能竞赛机制，增强了技能鉴定的公正性和权威性。全年完成技能鉴定15.5万人次，其中高级工以上鉴定量增长18.9%。

五、劳动关系调整和权益保障

深圳市着力推进和谐劳动关系建设，劳动者合法权益得到有效维护。

全面实施《劳动合同法》，劳动关系平稳和谐。制定了贯彻落实《深圳市委、市政府关于构建和发展和谐劳动关系的决定》和《深圳经济特区和谐劳动关系促进条例》的工作方案，深入推进劳动合同三年行动计划和“春暖行动”，启动实施了集体合同制度覆盖方案，劳动合同制度大力推进，全市劳动合同签订率上升到96.8%，新签订集体合同8 952家。在“两会”、奥运等多个敏感时期及金融危机爆发后，各类劳资纠纷及重信重访案件均得到妥善化解，全市没有出现重大恶性事件。

工资宏观调控规范进行。大幅调高了2008年度最低工资标准，特区内、外分别达到1 000元/月、900元/月，为1992年以来绝对额增加最大的一次。制定公布了劳动力市场工资指导价位和企业工资增长指导线。运用欠薪保障基金，依法快速处理因企业欠薪引发的群体事件，全市共垫付企业欠薪90宗，金额4 337万元，涉及员工1.33万人。曝光了48家欠薪逃匿企业。

信访渠道更加畅通。建立完善了信访问题分类处理机制、三级动态排查制度、法律援助服务制度，创建了“网上信访”平台，有效缓解了处理群众上访的压力。全市处理信访案件12万多宗，涉及33万多人次，接听群众来电800多万个，处理重大集体访1 000多宗，涉及10万多人次，成功解决了一批历史积案。全年没有发生赴省进京上访事件和严重的群体性事件。

劳动保障监察执法力度加大。在强化日常巡查的同时，有针对性地开展了贯彻实施《劳动合同法》情况等7项专项行动。在抗震救灾、北京奥运等特殊时期全面开展企业排查，提前化解矛盾。在金融危机爆发后，推行以教育整改为主的执法模式，有效地处置了因企业倒闭而引发的群体性事件。全面推行劳动监察信息化管理，大力提高办案质量和效率。全年共检查用人单位6.09万家次，同比增长47.7%，涉及劳动者822万多人次，与2007年基本持平。共处理突发事件2 139件，同比增长76.5%。

劳动争议仲裁效能不断提高。面对案件飙升态势，努力挖潜，狠抓案源控制和仲裁提速。在推行南山区劳动争议三级调解网络模式的同时，大胆改革仲裁机制，大幅简化裁决书内容，全力以赴消灭积案，办案效率成倍提高。在办案过程中通过案情分析等形式，引导企业规范用工，正确处理劳动争议。全市共受理劳动争议案件5.21万宗，立案4.81万宗，涉及劳动者18.95万人，涉案标的额40多亿元，分别为2007年的3.6倍、3.3倍和3.2倍。全年共办结案件41 626宗，其中以调解方式结案的案件共22 694宗，调解率达45%，为近6年之最。

六、法制建设

深圳市劳动保障法制建设扎实开展。全年共颁布实施法规规章、规范性文件35项，颁布实施了具有全国性影响力的《深圳市社会医疗保险办法》；制定实施了《行政处罚听证制度》等5项依法行政制度，制定了23项非行政许可审批和登记事项的实施办法，办理行政复议和行政诉讼案件611宗，案件维持率达93%；开展了以《劳动合同法》《就业促进法》《劳动争议调解仲裁法》为重点的普法系列活动，组织法规培训360余场，大型咨询活动120场次，印发宣传材料87万册。普法工作得到全国人大领导的高度评价。

（深圳市劳动和社会保障局）

广西壮族自治区

2008年，广西各级劳动保障部门在人力资源和社会保障部的指导下，在自治区党委、政府的领导下，认真贯彻落实党的十七大精神，深入学习实践科学发展观，紧紧围绕和谐民生建设这条主线，不断加大就业再就业工作力度，进一步完善社会保障体系，努力维护劳动者合法权益，加强劳动保障基础和能力建设，有力地促进了广西社会保障事业的发展。

一、就业再就业工作

（一）统筹城乡就业工作取得新突破

全年城镇新增就业38.29万人，完成当年任务的147.3%，是历年来城镇新增就业人数最多的一年；领取《再就业优惠证》的下岗失业人员实现再就业8.99万人，完成全年任务的149.8%；其中帮助“4050”等大龄就业困难人员实现再就业3.35万人，完成全年任务的167.7%；城镇登记失业率为3.75%，低于年度控制数0.75个百分点。全年消除城镇零就业家庭户数2 059户，实现了动态消除城镇零就业家庭的目标。

（二）农村劳动力转移就业新增人数大幅度增长

农村劳动力转移就业新增人数76.75万人，完成全年任务的127.9%。在新增的农村劳动力转移就业人员中，自治区内跨县转移就业新增40.84万人，向广东、海南、福建和浙江等其他省份劳务输出新增35.9万人。

（三）全面落实就业扶持政策取得积极成效

2008年是广西的“就业政策年”，重点是抓好就业再就业政策的全面落实，全年享受就业扶持政策的人数达到84.24万人次。一是抓好职业培训补贴政策的落实。认真抓好职业技能培训，提高劳动者就业能力。全区享受职业培训补贴30.71万人，比2007年增长32.8%；享受职业技能鉴定补贴5.45万人，比2007年增长90.2%。二是抓好职业介绍补贴政策的落实。做好农村劳动力有组织转移就业和城镇国有企业下岗失业人员的职业介绍，促进他们就业。全区享受职业介绍补贴16.51万人。三是抓好社会保险补贴政策的落实。通过落实持《再就业优惠证》人员从事公益性岗位和灵活就业的社会保险补贴政策，促进就业局势的稳定。全区享受社会保险补贴27.47万人次，其中企业吸纳5 577人次，公益性岗位13.61万人次，灵活就业人员13.30万人次。四是落实公益性岗位补贴政策。享受公益性岗位补贴4.10万人，比2007年增长6.8%。五是落实帮助大龄就业困难人员再就业政策。六是落实持《再就业优惠证》人员从事个体经营的税费减免政策。

（四）公共就业服务体系建设又有新进展

2008年，广西共有就业服务中心127个，基层劳动保障工作机构2 398个。各级劳动力市场基础建设粗具规模，市场信息网络建设开始向区、市、县、乡四级实时联网发展，一些乡镇建立了劳动力市场，一些村屯配备了劳动保障协管员。南宁市在村一级全部配备了就业服务协管员。

（五）就业专项资金使用结构更加合理

就业专项资金促进就业的作用非常明显，全年共支出就业专项资金86 522.5万元，同比增长 14.43%。其中，用于社会保险补贴 25 376.4 万元，占总支出的 29.3%；岗位补贴 21 283.8 万元，占总支出的 24.6%；职业培训补贴 13 363.9 万元，占总支出的 15.4%；职业介绍补贴 1 827.1 万元，占总支出的 2.1%；职业技能鉴定补贴 1 143.9 万元，占总支出的 1.3%；劳动力市场建设费 10 639.4 万元，占总支出的 12.3%；特定政策补助 528.4 万元，占总支出的 0.6%；小额担保贷款贴息 131.5 万元，占总支出的 0.1%；其他支出 12 228.1 万元，占总支出的 14.3%。

二、职业技能培训和鉴定工作

（一）国有企业下岗失业人员再就业培训成效明显

认真落实再就业培训优惠政策，动员社会各方面力量，实行政府扶持、个人自学和社会赞助相结合的方式，大力开展多种形式的再就业培训。全年共培训国有企业下岗失业人员 9.61 万人。

（二）农村劳动力培训工程顺利实施

认真实施国家农村劳动力转移培训工程，通过组织品牌培训、订单培训的方式，增强了培训的针对性和实用性。全年共对 56.19 万名农村劳动者开展职业技能培训，完成年度目标任务的 140.5%。

（三）技工学校改革发展取得明显进展

大力推进职业教育攻坚，共有 67 所技工学校招生，新增 2 所高级技工学校、2 所自治区级重点技工学校。各技工学校坚持以就业为导向，优化结构，合理配置教育教学资源，突出办学特色，在培养学生实际操作能力、岗位适应能力和创新能力上狠下工夫，以特色和品牌赢得企业和社会的认可。技工学校秋季招生 4.3 万人，超额完成年度招生计划。

（四）创业培训正逐步成为培训工作的品牌

全年创业培训人数 1.74 万人，完成任务的 145.1%，其中参加 SYB 培训 10 731 人。培训合格人数 1.6 万人，培训合格率 91.9%；成功创办小企业 1 818 人，创造 8 968 个就业岗位；自谋职业 6 989 人，创业成功率 50.6%。

（五）“六个十”培训就业工程硕果累累

2008 年，重点推进“六个十”培训就业工程。一是抓好 10 个重点人群培训，包括大龄就业困难人员、城镇零就业家庭、农村零转移就业家庭、水库移民、被征地农民、农村青年、部分军队退役人员、代课人员、困难家庭大中专毕业生、农林场归难侨；二是抓好 10 个统筹城乡就业试点县；三是抓好 10 个人力资源市场建设重点县；四是抓好 10 个创业培训基地建设；五是新增 10 个农村劳动力转移就业示范县；六是新增 10 个农村劳动力转移就业品牌培训基地。截至 2008 年年末，10 个重点人群培训就业工程取得显著成效，消除城镇零就业家庭户数累计 1.35 万户，基本实现动态消除城镇零就业家庭的目标；60% 以上的农村零转移就业家庭至少实现了 1 人转移就业；培训水库移民 17.76 万人，培训后实现就业率 81.4%；培训被征地农民 5.21 万人；培训农村青年 4.42 万人；培训归难侨 4 219 人。经过培训后的人员 80% 以上都实现了再就业。同时，启动 10 个县作为统筹城乡就业试点县，重点扶持了 25 个县人力资源市场建设，启动了 16 个创业培训基地建设，新增 13 个农村劳动力转移就业示范县，新增 15 个农村劳动力转移就业品牌培训基地。

（六）职业技能鉴定工作取得新成效

职业技能鉴定工作以就业为导向，以巩固扩大鉴定规模、加快培养造就企业急需的高技能人才队伍为目标，以完善制度、提高鉴定工作水平和服务质量为手段，并以此带动各类初、中、高级技能人才梯次发展。

全年共培训高级工 2.76 万人、技师和高级技师 6 580 人，其中 1.92 万人获得高级工职业资格，4 022 人分别获得技师、高级技师职业资格，完成新技师年度培养计划的 100.6%，提前 1 个月完成全年目标任务。职业技能鉴定核发职业资格证书人数 34.04 万人，完成全年计划的 141.8%。全年新增职业技能鉴定机构 7 个。

三、社会保障体系建设

社会保险制度改革不断加快，社会保障体系建设进一步完善。2008 年年末，参加基本养老、失业、城镇职工基本医疗、工伤、生育保险人数分别达到 368.05 万人、234.61 万人、361.42 万人、204.90 万人、176.54 万人，分别完成全年目标任务的 111.5%、104.3%、104.8%、106.7%、107%，5 项社会保险参保人数首次超过 1 500 万人次（含城镇居民基本医疗保险人数），达到 1 552 万人次；基本养老、失业、城镇职工基本医疗、工伤、生育保险征缴收入分别达到 154.9 亿元、11.04 亿元、48.11 亿元、2.52 亿元、1.74 亿元，分别完成全年目标任务的 169.1%、157.7%、130%、129.1%、133.9%，全年 5 项社会保险基金征缴总收入达到 218.31 亿元，首次突破 200 亿元大关，比 2007 年增长 36.5%。

（一）继续重点帮助部分困难群体纳入社会保险范围

一是不断扩大城镇企业职工基本养老保险覆盖范围。继续贯彻落实《国务院关于完善企业职工基本养老保险制度的决定》（国发［2005］38 号）、《广西壮族自治区人民政府关于完善企业职工基本养老保险制度的决定》（桂政发［2006］54 号）和《广西壮族自治区劳动和社会保障厅关于做好我区企业职工基本养老保险工作有关问题的通知》（桂劳社发［2007］248 号）精神，进一步扩大养老保险覆盖范围，将未纳入机关事业单位职工退休制度的非在编且不属财政统发工资的人员及民办非企业单位的从业人员纳入参保范围；加大解决自治区范围内历史遗留问题的处理力度，对符合条件的参保人员在规定时限内允许补缴，大力落实无障碍参保政策，把更多的人纳入“社会保障安全网”中。二是保障地方政策性关闭破产国有企业退休人员享受城镇职工基本医疗保险。2008 年年内下发了《广西壮族自治区劳动和社会保障厅、财政厅、国有资产监督管理委员会关于做好地方政策性关闭破产国有企业退休人员参加城镇职工基本医疗保险工作的通知》（桂劳社发［2008］169 号），将 15 个统筹地区地方政策性关闭破产国有企业退休人员 7 060 人纳入了城镇职工基本医疗保险范围，对 4 659 名地方政策性关闭破产国有企业退休人员参加城镇职工基本医疗保险取消单独列账管理、封闭运行的做法。三是积极做好被征地农民的社会保障工作。2008 年年内，下发了《广西壮族自治区人民政府办公厅转发自治区劳动保障厅等部门关于广西壮族自治区被征地农民社会保障试行办法的通知》（桂政办发［2008］18 号），通过建立被征地农民社会保障制度，初步解决了被征地农民的养老、医疗、最低生活保障等问题，保证了被征地农民的基本生活和长远生计。

（二）逐步提高社会保险待遇水平

一是切实做好调整企业退休人员基本养老金工作。按照国家的统一部署和要求，遵循公平合理、适当照顾、平衡利益、维护公正的基本原则，顺利完成 2008 年企业退休人员基本养老金调整工作，在春节前将增加的养老金发放到企业退休人员手中。此次共为符合条件的 81.83 万名企业退休人员增加了基本养老金，调整后人均增加基本养老金 105 元。全年社会保险经办机构为参加企业职工基本养老保险的 94.95 万名企业离退休人员发放基本养老金 107.32 亿元，足额发放率 100%，企业离退休人员基本养老金当期无拖欠，养老金按时足额发放成果继续得以巩固。二是适时提高失业保险待遇标准，确保失业人员的基本生活。随着最低工资标准的调整，从 2008 年 9 月起，及时调整提高了失业保险金及相关待遇的发放标准。这是自 2001 年以来第六次对失业保险金的发放标准作出调整，调整后的最高档次达到 663 元/月，最低档次为 322 元/月。2008 年年内，为符合条件的 14 万名失业人员发放了失业保险金，并提供其他失业保险相关待遇，失业保险基金累计支出 4.31 亿元，月人均领取失业保险金 398 元，略高于全国平均水平，有力地保障了失业人员的基本生活，推动了社会和谐与稳定。

（三）失业保险基金市级统筹制度基本建立

为提高失业保险基金综合支撑能力，改变失业保险基金市、县两级统筹的局面，解决现行制度造成的部分统筹地区基金支撑能力不强的问题，在总结梧州市试点经验的基础上，于 2008 年 6 月下发了《广西壮族自治区人民政府关于实行失业保险基金市级统筹制度的通知》（桂政发［2008］18 号），决定在全区范围内实行失业保险基金市级统筹制度。2008 年年内，广西基本实现了失业保险基金市级统筹，市级统筹制度的优越性逐步显现，基金抗风险能力逐步增强，有效监管进一步完善，基金更加安全完整。

（四）城镇居民基本医疗保险试点推进顺利

城镇居民基本医疗保险试点城市从南宁、柳州、梧州扩大到防城港、钦州、百色、玉林、贺州 8 个城市。截至 2008 年年末，已有 8 个市和 47 个县（区）启动实施城镇居民基本医疗保险制度，参保人数为 206.76 万人，比 2007 年新增 184.66 万人，完成任务的 103.4%。当期基金收入 20 867 万元，基金支出 5 698 万元，当期基金结余 15 169 万元。

（五）工伤保险工作不断取得进展

一是深化工伤保险制度改革，不断扩大工伤保险覆盖面。2008 年年内出台了做好运动员参加工伤保险工作的相关政策，将运动员纳入工伤保险范围，保障了运动员在训练和比赛中受到事故伤害时能及时获得医疗救助和经济补偿，切实解决广大运动员的后顾之忧。二是积极探索解决关闭破产企业的工伤人员待遇问题。2008 年年内，出台了规范自治区直属政策性关闭破产企业工伤人员待遇有关问题的相关政策，解决了政策性关闭破产企业工伤人员待遇的资金来源（含“老工伤”人员），维护了工伤人员的合法权益和社会稳定，保证了自治区直属政策性关闭破产企业各项工作按时、按程序顺利进行。

（六）社会保险基金征缴和监管工作进一步加强

进一步规范和完善社会保险费申报制度及申报程序，继续实行社会保险费缴费基数公示制度，建立和完善职工监督企业缴费机制，促进企业按时足额缴费。强化社会保险费稽核工作，改进稽核方法和手段，确保应收尽收。大力追缴企业欠费，对恶意拖欠的行为，充分运用劳动保障监察手段，依法追缴并从重予以处罚。组建广西劳动和社会保障厅社会保险基金监督稽查总队，加强监督工作力量。积极配合审计部门做好社会保险基金审计工作，建立健全社会保险基金监督制度、内控制度和信息披露制度，对企业年金和社会保险基金的监督管理作了进一步规范。

四、劳动关系调整工作

（一）劳动合同制度三年行动计划稳步推进

以提高劳动合同签订率为重点，全面推进劳动合同制度实施三年行动计划，企业劳动合同签订率总体水平有所提高。2008 年年内各类企业签订劳动合同人数 206.19 万人，劳动合同签订率为 96.9%；企业单位累计通过并有效实行的集体合同 8 364 份，涉及职工 122.90 万人。

（二）全面完成解决企业工资历史拖欠问题目标任务

积极发挥解决企业工资历史拖欠问题厅际联席会议作用，加强工作协调、政策指导和督查督办，突出重点、分类推进、狠抓落实，加大对欠薪企业的监督检查力度，提前完成了解决企业工资历史拖欠问题目标任务。

（三）劳动争议仲裁处理和劳动保障监察执法工作力度进一步加大

各地不断加强和推进劳动争议仲裁工作，努力提高办案质量和工作效率，促进了广大用人单位与劳动者劳动关系和谐稳定。全年共处理劳动争议案件 1.6 万件，比 2007 年增长

83.4%。其中，立案处理1.18万件，同比增长74.4%，结案1.11万件，结案率94.4%，与2007年基本持平。面对案件大幅增长的严峻形势，各级劳动争议调解仲裁机构高度重视劳动争议调解工作，案外调解及立案后通过调解和其他方式解决的案件占实际处理案件数的56.5%，仅案外调解就比2007年多增加2 244件。积极开展专项执法检查、日常巡视检查、投诉举报调查、群体性事件应急检查、大要案专查、书面审查等劳动保障监察执法活动，及时纠正和有效查处劳动保障违法行为。全年各级劳动保障监察机构共主动监察4.68万家用人单位，涉及劳动者190万人；立案查处劳动保障监察案件7 372件，办结6 985件；全年追发劳动者工资待遇1.97亿元，涉及职工9.73万人，其中追发农民工工资1.73亿元；督促用人单位与45万名劳动者补签了劳动合同；督促1.15万家单位缴纳社会保险费2.42亿元，督促8 131家单位补办社会保险登记。通过劳动保障监察执法，有效地维护了劳动者的合法权益。

（四）劳动保障法制建设成果显著

2008年，自治区人民政府颁布了《广西壮族自治区劳动保障监察办法》和《广西壮族自治区就业促进办法》，出台了进一步加强北部湾经济区劳务合作、地方政策性破产国有企业退休人员参加城镇职工基本医疗保险、城镇居民基本医疗保险试点、企业工资指导线等一系列劳动保障规范性文件，劳动和社会保障政策法规体系不断完善。为更好地贯彻实施《劳动合同法》《就业促进法》《劳动争议调解仲裁法》等法律法规，组织开展了劳动保障规范性文件的清理工作，废止了一批劳动保障规范性文件。继续做好劳动保障行政审批项目的清理工作。各级劳动保障部门加强执法监督工作，法律审核、行政行为集体讨论、规范性文件审查、行政复议行政应诉等工作制度逐步完善。依法公正处理行政争议案件，全年处理行政复议案184件、行政应诉案70件。通过全面梳理执法依据、依法合理分解法定职权等方式推行行政执法责任制。同时，重点抓好《劳动合同法》《就业促进法》《劳动争议调解仲裁法》《劳动合同法实施条例》等法律法规的普法宣传工作，推动新法律法规在广西平稳实施。

五、农民工工作

广西各级政府及有关部门采取有力措施，继续以为农民工办好“十件实事”为重点，抓基础、建制度、抓培训、强服务、促参保，以保障促进就业和维护合法权益为重点的农民工工作取得新进展。

（一）农民工就业培训和权益保障进一步加强

一是农民工工资支付保障制度普遍建立。在使用农民工较多的建筑、水利、电网、交通、铁路5个行业全部建立了农民工工资保证金制度，14个设区的市全部建立了保证金制度，市级覆盖率达100%。通过多部门联合执法、集中整治和日常督查，清理补发拖欠农民工工资约1.33亿元，工作重心已由“清理旧欠”逐步转为“清旧欠”“防新欠”并重，两手一起抓。二是农民工依法签订劳动合同工作全面推进。各地加强指导和监督，全面推进“劳动合同制度实施三年行动计划”，大力推进劳动合同制度的实施。截至2008年年末，广西农民工的劳动合同签订率已达86.7%，推进劳动合同制度成效显著，有力地维护了农民工的合法权益。三是农民工外出务工就业环境明显改善。各级政府全面取消了对农村劳动者进城和跨地区就业的限制，公共就业服务机构全部向农村劳动者开放，免费提供政策咨询、就业信息、就业指导和职业介绍服务。四是农民工职业技能培训进一步加强。各地制定了农民工培训的中长期规划和年度计划，加大资金投入，积极开展对农民工的职业技能培训，建设培训基地，扩大培训规模，改进培训方法，提高培训质量，强化培训检查。2008年年内，广西劳动保障等部门共对150多万人次的农村劳动力开展职业技能培训。

（二）农民工参加工伤保险和大病医疗保险取得重大进展

各级、各部门积极推动实施农民工参加工伤保险的“平安计划”，开展农民工参加医疗保险专项扩面行动，重点解决他们在进城务工期间的大病医疗保障问题。农民工参加工伤保险和基本医疗保险取得新突破，参保覆盖面进一步扩大。截至2008年年末，农民工参加工伤保险和城镇职工基本医疗保险人数为44.49万人和30.5万人。

（广西壮族自治区劳动和社会保障厅）

重　庆　市

2008年，在重庆市委、市政府的正确领导下，重庆市劳动保障系统坚持执政为民、服务发展，继续解放思想、扩大开放，稳定和促进就业，保障和改善民生，各项工作取得了较好成绩。

一、城乡就业工作取得新成效

全年全市城镇新增就业27.8万人，指导和帮助下岗失业人员就业再就业17.3万人、“4050”人员等就业困难群体再就业5.46万人，分别完成年计划的126.4%、123.6%和136.5%；城镇登记失业率为3.96%，结存下岗失业人员13.33万人，比2007年年底减少2.75万人。全面超额完成市委、市政府年初确定的“221444540”的目标任务。

一是完善扶持政策，加大落实力度。将就业扶持政策范围扩大到包括城镇登记失业人员、三峡库区移民、残疾人、农民工、高校毕业生等在内的各类群体，增加城镇其他登记失业人员中的“4050”人员、城镇失业残疾人为就业困难人员，给予就业援助。全年全市落实社会保险补贴2.56亿元、岗位补贴4 417万元、培训补贴5 199万元，发放小额担保贷款5.57亿元，分别比2007年同期增长17%、43%、23%和33%，小额担保贷款累计发放16.58亿元，继续位居全国百个重点联系城市首位。

二是加强就业服务，完善援助制度。进一步完善人力资源市场服务功能，增强市场配置劳动力的能力，市场信息网络系统延伸到主城区72个街道以及部分区县街道、乡镇和社区。“就业援助月”“春风行动”“高校毕业生就业服务月”等公共就业服务专项活动有效开展。“5·12”汶川地震发生后，重庆市第一个设立灾区求职者就业援助“绿色通道”，第一个将就业信息提供给四川省，第一个将就业岗位送进四川灾区招聘会现场，创造了灾区就业援助三个“全国第一”，这充分反映出近年来重庆市就业服务体系建设取得的明显成效。同时，加大对就业困难群体的帮扶力度，完善动态援助机制，实现城镇零就业家庭动态为零。完善城市低保与就业的联动机制，促进1.56万名低保人员放弃低保实现就业。

三是加强职业培训，提升就业技能。2008年，全市开展下岗失业人员就业再就业培训14.6万人，在岗农民工技能提升培训8.6万人，开展职业技能鉴定35.7万人，鉴定合格颁证32.8万人（其中高级资格以上颁证3.55万人，技师资格以上颁证0.44万人）。技工学校招生4.18万人，继续保持较高水平，在校学生规模达到11.83万人，创历史新高。举办重庆市首届农民工职业技能大赛，近1万名农民工参加竞赛，社会反响很好。

四是促进转移就业，推进返乡创业。按照培训、就业、维权“三位一体”的工作模式，积极引导农业富余劳动力有序转移就业。2008年，全市农业富余劳动力新增转移30万人。同时，积极引导和鼓励农民工返乡创业，通过加大扶持力度、加强创业服务等，促进返乡农民工创业，并带动更多的农业富余劳动力就近就地转移就业。

五是抓好库区就业，降低库区失业率。继

续加大资金投入，深入开展三峡库区城乡就业调研，完善劳务对口合作机制，库区城镇新增就业 8.34 万人，指导和帮助库区下岗失业人员就业再就业 5.65 万人、“4050”人员等就业困难群体再就业 1.9 万人，分别完成年计划的 124.7%、124.7% 和 145%。库区区县分别向重庆市主城区和对口支援省市输出劳动力 2.05 万人和 2.99 万人，完成年计划的 103.9% 和 119.5%。到 2008 年年底，库区城镇调查失业率从 2007 年的 9.3% 降到 8.5%，其中库区东部 8 个重点区县调查失业率从 2007 年的 10.93% 降到 8.95%。

二、社会保险制度建设取得新进展

（一）社会保险参保扩面增长明显

一是城镇社会保险参保人数创历史新高。2008 年年底，全市基本养老、基本医疗、失业、工伤和生育保险参保人数分别达到 391.2 万人、321.21 万人、210.12 万人、208.24 万人和 141.62 万人，分别比 2007 年同期增长 18.8%、12.8%、6.9%、15.1% 和 21.1%。社会保险基金收入同步增长，为完善城镇社会保险制度、提高待遇水平和促进可持续发展奠定了更加坚实的基础。二是农民工社会保险参保人数大幅增加。全市参加养老保险的农民工达到 52.33 万人（其中参加农民工养老保险人数为 29.64 万人），参加医疗保险的农民工达到 21.14 万人（其中参加农民工大病医疗保险人数为 12.69 万人），参加工伤保险的农民工达到 69.8 万人，分别比 2007 年年底增长 91.3%、179.9% 和 17.6%。三是城乡居民合作医疗保险试点从 2007 年的 5 个区扩大到 26 个区县，财政补助标准也由 2007 年的 40 元提高到 80 元，已有 1 440 万人参保（其中城镇居民 223 万人，农村居民 1 217 万人）。

（二）社会保险待遇水平全面提高

一是继续调整企业退休人员养老金，人均养老金水平自 2006 年 7 月调整以来，一年半的时间，从 553 元提高到 1 071 元，翻了近一番。二是提高失业保险金发放标准，分别从 310 元、280 元、260 元提高到 470 元、440 元、420 元，增幅达 56.7%。三是提高工伤职工伤残津贴、生活护理费 15% 和工亡职工供养亲属抚恤金 20%。四是将医疗保险市级统筹区大额互助医疗最高支付限额从 30 万元提高到 40 万元。五是对重庆市现行《医疗保险医疗服务项目目录》增补了 229 个项目，进一步提高医疗保险待遇。六是调整企业职工死亡一次性救济金标准，其直系亲属的一次性救济金计发月数从 7 个月提高到 15 个月。七是将关闭破产国有企业退休人员和大龄下岗职工退休人员医疗保险个人账户划入标准由每月 25 元的定额调整为上年度经济单位职工平均工资 60% 的 4%，建立起正常增长机制。

（三）社会保险制度加快完善

一是建立征地农转非人员和城镇用人单位超过法定退休年龄未参保人员养老保险制度，既是“向后看”，解决 90 万名已征地农转非人员和 8 万名城镇集体企业超龄未参保人员的养老保险历史遗留问题，又是“向前看”，推动建立新征地农转非人员即征即保的长效机制。到 2008 年年底，全市累计受理原征地农转非人员和超龄人员参保申报 54.87 万人和 9.16 万人，相应有 7.68 万人和 4.05 万人开始享受待遇；有 0.79 万名新征地农转非人员参保，其中 0.11 万人开始享受待遇。二是对灵活就业人员医疗保险和养老保险缴费进行调整。将医疗保险市级统筹区灵活就业人员参加医疗保险的缴费比例从 7.3% 下调为 6.3%，缴费基数由上年度职工平均工资调整为上上年度职工平均工资，并且合并计算缴费年限，核退重复缴纳的医疗保险费，减轻缴费负担。同时，调整养老保险灵活参保人员缴费基数，允许参保人员按职工平均工资 60%~100% 自主选择缴费。三是渝北、巴南、北碚区先后平稳纳入医疗保险市级统筹，这 3 个区的参保人员与市级统筹其他区的参保人员享受同等的医疗服务。四是研究制定新型农村社会养老保险指导意见，建立基础养老金与个人账户养老金相结合的新型农村社会养老保险制度。五是抓紧制定事业单位养老保险制度改革试点实施方案，适时上报审批。六是组织开展社会保险基金专项治理，严肃查处基金管理使用中的违纪违法行为，市级社会保险经办机构内控制度基本建立。

三、劳动保障维权工作得到大力加强

一是深入贯彻《劳动合同法》及其实施条例，加强普法宣传和监督检查，引导签订行业性集体合同，各类企业劳动合同签订率上升达到93.8%，劳动合同期限延长，社会保险参保人数增加，全市劳动关系总体和谐稳定。二是加强对企业工资分配的指导和监督，积极推进工资集体协商，2008年再次提高企业职工最低工资标准，分别达到每月680元、560元、520元，增长17%。按季度发布了劳动力市场工资指导价位，并首次发布了企业工资指导线，引导企业合理确定工资水平和工资增长幅度。三是全面加强劳动保障监察执法，在加强日常监察的同时，先后开展了农民工工资支付情况专项执法检查，清理整顿人力资源市场秩序专项行动，整治非法用工、打击违法犯罪专项行动，《劳动合同法》执行情况专项检查等。共主动检查用人单位1.61万家，涉及劳动者88.79万人；追发劳动者工资待遇5.56亿元，涉及16.09万人。加强农民工工资支付保证金制度建设，进一步完善企业劳动保障诚信等级评价制度，促进企业诚信守法。四是认真贯彻实施《劳动争议调解仲裁法》，全市共处理劳动争议案件3.36万件，比2007年同期增长52.3%，已结案2.97万件。

四、劳动保障基础能力建设取得明显进展

一是重庆市1 026个街道（乡镇）的就业和社会保障工作机构建设实现全覆盖，目前正积极向社区、行政村延伸。二是劳动保障监察“三级监管”体制建设积极推进，各区县劳动保障部门均专门设立农民工维权投诉窗口，并建立了975个街道（乡镇）、307个社区（村）劳动保障监察举报投诉站，举报投诉网络基本建立。三是劳动争议仲裁机构实体化建设加快推进，13个区县正式挂牌成立劳动仲裁院，另有12个区县已落实机构编制，5个区县已上报待批。四是加快劳动保障信息化建设，改进劳动保障公众信息网站，进一步丰富劳动就业和社会保险的各类查询功能，重庆市政府部门网站考评排名，年初为第31位，11月上升到第6位，年底为第12位，并被评为网站建设管理进步单位。开通了“12333”自动语音应答服务。在重庆市主城九区平稳发行31.8万张社会保障卡。五是先后举办了新任区县劳动保障局长、副局长培训班，劳动争议仲裁员、劳动保障监察员、乡镇社会保障服务所负责人培训班，增强劳动保障系统干部的综合素质和业务能力。六是深化创建“优质服务窗口”活动，全市劳动保障系统共评选出12个“优质服务窗口”单位。

五、积极应对金融危机，做好新形势下劳动保障各项工作

2008年第四季度以来，随着国际金融危机影响的逐步加深，劳动保障工作出现了一些新的情况和问题，农民工大量回流返乡，企业经营出现困难，裁员、待岗人数逐步增加，举报投诉和劳动争议仲裁案件数量上升，高校毕业生就业难等问题，成为全社会关注的热点。在市委、市政府的领导下，劳动保障部门把积极应对金融危机、做好劳动保障工作作为当前开展学习实践科学发展观活动的重中之重，切实抓紧抓好。

（一）及时建立动态监测制度，为采取针对性措施提供依据

一是在全国率先建立返乡农民工动态监测月报制度（目前已调整为旬报），采取点面结合方式，把握铁路、公路、航空客流变化，对农民工回流返乡进行监控，依托各区县及街道、乡镇就业和社会保障工作机构，深入村、社区，通过问卷调查、座谈、走访等方式掌握了解农民工回流返乡情况，并确定100个村作为直接监测点。二是高度关注本地重点行业、

劳动密集型企业、中小企业等劳动用工情况，按规定实行裁员申报，引导企业采取减少加班、缩短工时、开展待岗培训等措施尽量减少裁员；对确需裁员的，指导企业做好安置方案，维护企业和职工的合法权益。

（二）抓紧研究制定政策措施，积极稳定就业和促进就业

一是市劳动保障局及时向市政府提出政策建议，市政府出台了《关于切实做好农民工返乡回流有关工作的通知》，制定了7项针对性措施，并下发了《关于引导和鼓励农民工返乡创业的意见》。二是及时研究制定应对新形势、保持就业局势稳定的具体政策措施。一方面，减轻企业社会保险费负担，稳定就业岗位。从2008年12月1日起一年内，对重庆市城镇职工基本养老保险参保企业缓征养老保险费5个百分点，城镇职工基本医疗保险企业缴费费率降低2个百分点，为企业减负23亿元。另一方面，新增资金10亿元，采取11项政策措施，稳定和促进就业。其中，投入6亿元稳定和增加就业岗位，主要通过稳定岗位补贴和待岗培训补贴2项措施稳定企业岗位，采取提高重点企业贷款贴息额度、提高公益性岗位补贴、提高就业再就业培训补贴、提高小额贷款发放额度和贴息比例4项措施促进和扩大就业；投入2亿元用于解决高校毕业生就业难问题，采取给予登记失业高校毕业生享受下岗失业人员全部扶持政策，建立1亿元的创业基金2项措施促进未就业的高校毕业生就业；投入2亿元促进返乡农民工就业，采取提高小额贷款贴息比例、给予现场招聘补贴、给予返乡农民工就读中等职业学校学费补助3项措施促进返乡农民工就业。

（三）进一步提高社会保险待遇水平，积极促进扩大内需

抓紧制定养老保险调整方案，于2009年1月再次提高企业退休人员养老金140元，春节前全部兑现；同时，提高失业保险金标准100元。

（重庆市劳动和社会保障局）

四　川　省

2008 年是极不平凡的一年，挑战接踵而至，冲击前所未有。在四川省委、省政府和各级党委、政府的坚强领导下，全省劳动保障系统始终立足于最大限度地发挥部门职能，坚持“一手抓抗震救灾，一手抓事业发展”，全力投入抗震救灾，全面推进重点工作，狠抓各项政策落实，就业、社会保险、劳动关系协调工作取得新进展，制度创新、政策完善和基础建设取得新突破，为全省抗震救灾的重大胜利和经济社会发展作出了积极贡献。

一、抗震救灾工作

“5·12”汶川特大地震发生后，全省劳动保障系统根据各级党委、政府命令，立即全面转入抗震救灾，竭尽全力，超常工作，圆满完成了抢险救灾、群众安置和年内恢复重建的各项任务。

（一）迅速集中全部力量投入抢险救灾

地震突发后，省厅党组立即启动应急机制，各级劳动保障部门迅速建立抗震救灾指挥体制和工作机制，按照“确保人员、资金、数据三安全”的要求，争分夺秒地展开干部职工搜救、基础数据抢救、设施设备转移等工作，尽最大努力减小地震的破坏和影响。按照各级抗震救灾指挥部的命令，完成了抢运地震伤病人员、安置保障受灾群众、接收分配救灾物资、组织重要设施抢修、接引救灾部队开进等急难险重任务。省厅领导先后率领 50 多个工作组深入灾区指导帮助工作，动员组织全系统开展对口支援，共向灾区劳动保障部门捐赠了价值 600 余万元的救灾款物，倾力帮助灾区恢复工作秩序。灾区劳动保障部门不等不靠，在极端危险和艰难的条件下迅速新辟工作场所，集中全部力量，采取各种措施，全面展开灾情收集上报、就业援助、失业救助、社保待遇发放、工伤认定鉴定等工作，充分发挥部门职能支持抗震救灾，确保受灾群众有依靠、有事干、有收入、有盼头，确保灾区伤病人员及时得到救治和后续治疗，确保退休人员养老金及时足额发放，确保遇难人员及时得到抚恤，用快捷、超常和优质的服务安抚了灾区群众情绪，稳定了灾区人心。

（二）及时研究制定并全力落实特殊政策

针对地震灾区凸显的就业和社会保险问题，省厅党组在第一时间组织展开专题研究。在人力资源和社会保障部的大力支持下，及时提出了支持灾区恢复重建的就业和社会保险特殊政策，被国家和省政府采纳。《国务院关于支持汶川地震灾后恢复重建政策措施的意见》（国发［2008］21 号）出台后，四川省迅速制定了川府发［2008］20 号、川办发［2008］30 号文件及十余个落实特殊政策的具体规定和办法，形成了劳动保障应对地震灾害的特殊政策体系。省政府召开专题会议进行部署之后，省厅两次召开落实特殊政策视频会，并数次派出工作组赴灾区进行指导督查，强力推动特殊政策的贯彻落实。灾区积极制定操作细则，开展政策宣传，强化经办服务，迅速将特殊政策转换为受灾企业和群众能够享受到的现实利益。截至 2008 年年底，在就业援助方面，全省 8 个重灾市（州）已帮助 119 万名受灾群众重新就业；在失业救助方面，有1 500余家企业降低失业保险缴费率，为800余家企业的9.3万名职工进行失业预登记并发放失业保险金；在社会保险方面，有1 300余家企业缓缴社会保险费10亿余元，医疗保险后续治疗近4 500人，认定工伤人员6 000人，并为近4 000名参保人员发放工伤保险待遇。特殊政策的实施，有效地缓解了灾区就业压力，减轻了企业重建负担，帮助受灾群众解决了生活困难，对推进灾区恢复重建和维护社会稳定发挥了重要作用，受到省委、省政府与人力资源和社会保障部，以及灾区各级党委、政府的充分肯定，得到灾区广大企业和群众的普遍赞誉。

（三）认真完成对口援助协议和编制重建规划

灾后，人力资源和社会保障部紧急动员全国系统对四川省展开对口援助，四川省积极响应，认真做好对接落实工作。积极履行与18个省（市）签订的对口就业援助协议，通过加强对口联系、完善协调机制、举办专场招聘会、落实项目定向招工等措施，帮助灾区36.4万人实现就地就近就业，4.6万人实现异地转移就业，超额完成对口就业援助各项目标任务。根据部里统一部署和安排，先后协助组织输送两批2 727名灾区技工学校困难学生，前往15个省（市）的103所技工院校免费就读，并协助广东省劳动保障厅在汶川县组织了近200名生活困难的“两后生”前往广东技校免费就读，受到灾区群众及技校师生的广泛好评。与此同时，我们高度重视灾区劳动保障基层服务体系重建，及时编制了灾区就业和社会保险公共服务设施及技工学校重建规划，并已纳入国务院《汶川地震灾后恢复重建总体规划》《公共服务设施建设专项规划》及《四川省汶川地震灾后恢复重建年度计划》，为灾区劳动保障基础服务设施的重建奠定了良好基础。此外，还及时编制了省政府确定的、未纳入国家规划的12个重灾县（市、区）的就业和社会保险公共服务设施重建规划。

二、公共就业服务

2008年，全系统实施积极的就业政策，努力扩大就业。特别是9月份后，为应对国际金融危机，迅速建立了农民工返乡情况周报制度，及时制定了做好劳动保障工作的14条应急措施，报请省政府出台了解决返乡农民工就业问题的意见，全力稳定就业局势。2008年，全省实现城镇新增就业63.5万人，完成年度目标任务的115.5%，下岗失业人员和失地无业农民再就业33.1万人，其中就业困难对象再就业10.9万人，帮助4.9万户零就业家庭每户至少1人实现就业。2008年年末，城镇登记失业率为4.6%，实现了控制在5%以内的年度目标。全省农村劳动力转移就业2 023万人，实现劳务收入1 228亿元。进一步加强高技能人才队伍建设，推进技工学校改革发展和基础能力建设，开展多种形式的职业技能培训，着力提升职业技能鉴定质量。全省新增高级技校5所、国家重点技校1所，有10家企业、5所技校被确认为第一批国家高技能人才培养示范基地。有9位同志获“第九届全国技术能手”荣誉称号，3家单位获“国家技能人才培育突出贡献奖”。新增技师和高级技师近1.2万人，高级技工近5.9万人。组织27.2万人参加再就业培训、5.4万人参加创业培训、63.3万农村劳动力参加技能培训，组织农民工培训239万人，为68.3万人提供职业技能鉴定服务，均超额完成年度目标任务。

2008年，失业保险全年新增扩面58.4万人，年末参保人数达到436.9万人，征缴失业保险费18.9亿元，实现扩面、征缴双增长；参保人数逐年稳步回升，为近年来的新高点；各地以保发放为重点，继续保持了失业保险金发放率100%。全省共为17.6万名失业人员和失地无业农民增发了临时生活补助，为22.3万名失业人员提供了失业保险待遇，为0.9万名农民合同制工人发放一次性生活补助，切实保障他们的基本生活。全省共支付各项失业保险待遇达9.95亿元。同时，稳步推进失业保险市级统筹工作。成都、自贡、巴中、甘孜等地2008年年内已实现了市级统筹，攀枝花、德阳、绵阳、广元、南充、宜宾、雅安等地制定了办法，加快推进步伐。各地还加强了失业保险稽核工作，进一步规范了参保单位缴费行为，切实维护参保单位和职工的合法权益。

三、劳务开发和农民工工作

2008年，劳务开发和农民工工作面临前所未有的困难和挑战。在省委、省政府的领导下，在国务院农民工办的指导帮助下，全省农劳系统干部以高度的责任感和使命感，顽强拼搏、超常努力，迎难而上、迎难而进，扎实有力地推进灾区农民工稳定就业，切实维护农民工合法权益，努力做好失业返乡农民工等工作，全面完成了省政府下达的目标任务，为四川省加快发展、科学发展和社会稳定作出了历史性贡献。

一是农村劳动力转移输出规模稳中有升。尽管受特大地震灾害和全球金融危机影响，造成部分农民工返乡，但全年转移输出农村劳动力仍然达到2 023万人，完成全年目标任务的100.17%，同比增加21.4万人。其中，省外输出1 188.1万人，省内转移830.6万人，外派4.7万人。

二是劳务总收入再创新高。全年劳务收入突破1 200亿元，达到1 228亿元，完成全年目标任务的102.33%，比2007年增加151亿元，增长14%。全省农民人均实现劳务收入2 234元，占农民人均纯收入的50%左右。

三是农民工技能培训工作扎实推进。全年累计培训农民工达239.89万人，完成全年目标任务的119.9%。其中，省内用工企业培训在岗农民工123.33万人，农村劳动力转移培训56.49万人，阳光工程培训38.06万人，劳务扶贫培训6.79万人，劳务品牌培训12.18万人，温暖工程培训3.04万人。获得职业资格证、技能等级证和合格证的达163.52万人。

四是农民工社会保障水平明显提高。全年省内用工单位与农民工签订劳动合同达到521万份，农民工参加工伤保险141.5万人，比2007年增长149.6%；参加医疗保险154.4万人，比2007年增长159.2%。

五是农民工公共服务进一步改善。全省兴建60多所农民工公寓和廉租旅馆，2 400多个乡镇开展了留守子女、空巢老人关爱活动，建立“留守学生之家”1 600余所，近100万名留守学生受到应有关爱；农民工及其子女享受免费预防接种服务达500多万人（次）；公共职业介绍机构免费为农民工提供就业咨询、职业介绍服务300余万人（次）；帮助出川农民工订购团体票十多万张，缓解了农民工购票难、出行难、费用高等问题；举办安全生产和职业病防治工作培训班1 000余班（次），印发宣传资料100余万份。

六是农民工权益保障进一步加强。全年接待农民工法律法规政策咨询10万人（次），处理劳务纠纷10 194件（次），实施法律援助5 000余件（次），挽回经济损失2.8亿元。农民工工资拖欠等问题基本得到解决。

四、企业劳动工资

以关注民生、保障民生、改善民生为立足点和出发点，紧紧围绕以发展和谐稳定的劳动关系为目标，以宣传贯彻实施《劳动合同法》为主线，抓紧解决当前影响劳动关系和谐的突出问题，着力推进劳动合同制度，完善工资宏观调控政策，规范工资分配秩序，加强调整劳动关系长效机制建设，保持了劳动关系的基本稳定。

贯彻实施《劳动合同法》进展顺利。劳动合同制度扎实推进。截至2008年年末，全省统计范围内企业劳动合同签订率为95.8%，比2007年年底提高3.7个百分点，其中私营企业和农民工签订率提高最大，分别提高了5.2和9.3个百分点。全省统计范围内集体合同签订数量为1.86万份，涉及职工244.9万人，比2007年年底增加了22.8万人。企业工资分配调控得到加强。一方面，积极配合省政府法制办修改《四川省企业工资支付规定（草案）》；另一方面，继2007年12月调整全省最低工资标准后，指导和督促21个市州先后对当地最低工资标准进行了调整。协调劳动关系三方机制逐步健全。目前，21个市州已全部建立三方协调机制，并逐步向县级延伸，已建立县（区、市）三方协调机制157个。创建和谐劳动关系工业园区活动深入开展。2008年10月，省劳动保障厅、省总工会、省企业联合会/企业家协会在成都召开总结表彰会，为荣获“四川省和谐劳动关系工业园区”称号的16个园区授牌。其中，成都市武侯科技园因成绩突出，2007年被评为“全国模范劳动关系和谐工业园区”。全省创建和谐劳动关系工业园区已扩大到57个，初步形成了“党政领导、三方协同、社会支持、企业和职工广泛参与”的工作局面，创建活动取得了明显成效。

五、社会保障

2008年，全省参加养老、医疗、失业、工伤和生育保险人数分别达到1 010万人、1 455万人、430万人、455万人和370万人，分别完成年度目标任务的109%、108%、105%、106%和112%。全省离退休人员达到306.58万人，较2007年年底的269.4万人增加37.18万人，全年发放基本养老金353.33亿元，较2007年增加86.57亿元。年初，精心组织实施企业退休人员养老金调整待遇工作，人均提高140元，同比增长8.14%，调整后全省月人均超过千元，接近全国平均水平。积极推动养老保险市级统筹，已有19个市（州）实现市级统筹。全省有47个市（县）开展新型农村社会养老保险试点，参保人数达到50万人。继续推进机关事业单位养老保险工作，有力地支持了事业单位改制，保障了参保职工社保待遇。10个市（州）新启动城镇居民基本医疗保险试点，全省参保人数达到504.5万人。提高失业保险金标准，并于一季度为享受失业保险待遇人员增发了临时生活补助。报请省政府下发被征地农民社会保障办法，新被征地农民的社会保障权益得到有效维护。还分别为4.51万人和4.41万人及时支付了8.38亿元工伤保险金和2.48亿元生育保险金。

将2008年确定为“解决社会保险历史遗留问题年”，集中力量重点解决城镇集体企业未参保超龄人员、超过劳动年龄未参保返城知青等群体参加基本养老保险，国有关闭破产企业退休人员参加城镇职工基本医疗保险，以及“老工伤”人员纳入统筹管理等问题。报请省政府办公厅下发了《关于解决原城镇集体企业职工和返城知青参加基本养老保险有关问题的通知》，从制度上解决了30余万名老职工、老知青参加养老保险问题。制定《四川省解决地方政策性关闭破产国有企业退休人员医疗保障问题工作方案》和《关于加快将“老工伤”人员纳入工伤保险统筹管理有关问题的通知》，解决了30余万名国企退休人员参加医疗保险和5万名“老工伤”人员纳入统筹管理等问题。至此，从2005年起，经过4年持续努力，已基本解决了包括养老金历史拖欠在内的全省社会保险方面的突出历史遗留问题，实现了社保扩面征收和化解社会矛盾的“双效应”，为改善群众生活、促进社会稳定作出了积极贡献。

全省各地坚持把审计稽核作为促进扩面征缴、纠正违规违纪、确保基金安全的一项重要工作常抓不懈。自贡、乐山、宜宾等市找准审计稽核工作切入点，既实行纵向监控，又实行横向比较，发现问题重点稽核，效果明显。全省稽核共查出养老、工伤、生育3个险种少漏瞒报参保人数分别为10.9万人、11万人、9.8万人；少漏瞒报社保费分别为1.06亿元、443.2万元、204.2万元，稽核新增参保率和基金入库率分别达80%和90%以上。各地认真落实2007年度审计问题整改，雅安、巴中、资阳等市将整改措施细化到岗，具体到人，属自身问题已经全部整改到位，目前3个险种违法违规基金总额已纠正85.9%。2008年9月，下发《四川省社会保险“三项”基金专项治理工作实施方案》后，各市州成立专门领导小组，积极开展自查自纠，稳步推进基金专项治理工作。

稳步推进新型农保试点。新型农村养老保险制度是统筹城乡社保体系的重要组成部分。2008年，把推进新型农保试点作为工作重点，在深入成都、甘孜、眉山等地调研的基础上，提出关于做好新型农村养老保险试点工作的建议意见，并将成都市金堂县、眉山市洪雅县、巴中市通江县、甘孜州九龙县作为重点联系点，加强指导。各地党委、政府高度重视，按照“广覆盖、保基本、多层次、可持续”的原则，实行个人缴费、集体补助、政府补贴相结合的筹资方式，因地制宜，积极探索建立新型农保制度。成都、自贡、攀枝花、泸州、南充5个市已出台新型农村养老保险办法，全省有48个县（区）开展了新型农村养老保险试点，参保人数达46.2万人。通过积极探索试点，取得了成功经验。

六、维护劳动者合法权益

2008年，全省各级劳动保障行政部门主动监察用人单位6.05万家，涉及劳动者352.34万人；督促用人单位与81.73万名劳动者补签了劳动合同；为86.96万名劳动者追发工资等待遇52 503.66万元；督促6 751家用人单位补缴社会保险费11 000.53万元；依法查处违反劳动保障法律法规案件19 199件，作出行政处罚决定994件，罚款1 030.65万元。

全省各级劳动争议仲裁委员会全年共立案受理劳动争议2.27万件，同比上升了168%，涉及劳动者3.05万人。其中，集体争议680件，涉及劳动者6 910人。全年全省劳动争议结案数2.21万件，结案率为96%（含上期未结案数210件）；劳动者申诉案件数为2.22万件，占受案总数的97.76%；劳动者胜诉案件数为1.52万件，胜诉率为66.3%；用人单位胜诉案件数为2 702件，胜诉率为11.8%；劳动者和用人单位双方各自部分胜诉的案件数为4 226件，占结案争议数的19.12%。仲裁裁决结案争议数为7 137件，占结案总数的32.3%；仲裁调解结案争议数为1.08万件，占结案总数的48.9%；仲裁撤诉结案争议数为2 190件，占结案总数的9.9%；以其他方式处理的争议数为1 970件，占结案总数的8.9%。此外，各级劳动争议仲裁委员会还以调解方式非立案受理劳动争议案件2 100件。

七、劳动保障信息系统（“金保工程”）

2008年，省本级和21个市州“金保工程”项目建设取得阶段性成果，成都、眉山、宜宾、阿坝、甘孜、攀枝花、绵阳、内江等市州劳动保障数据中心已粗具规模，在全面支撑业务经办的同时，积极拓展如“12333”电话咨询中心、社会保障卡、门户网站等公共服务系统应用，项目建设取得明显成效。南充、广元、巴中、广安、凉山等市州“金保工程”建设取得阶段性成效；德阳、乐山、泸州、自贡、雅安、遂宁、资阳、达州等市州也在原有基础上对系统进行完善升级、扩充功能，提升了就业和社会保险业务经办能力。在2007年省本级、成都、绵阳、眉山、阿坝5个“金保工程”示范城市顺利通过人力资源和社会保障部组织验收的基础上，2008年内江、南充两市也被人力资源和社会保障部列为“金保工程”建设示范城市。至此，全省已有1/3的市州被列为全国“金保工程”示范城市，为下一阶段全面推进“金保工程”规范、有序建设打下了坚实基础。

省本级“金保工程”建设按照省政府有关项目建设管理程序和招投标要求抓紧进行项目建设，在完成主要应用系统招投标工作后，积极推进系统建设工作。2008年已完成数据库以及中间件软件采购，省市业务专网和安全系统、数据中心机房改造与省市视频应用系统等多个子系统建设，数据中心及各生产区的数据库服务器系统和存储备份系统也已基本完成设备安装，社保和人力资源市场两大应用软件开发已完成前期需求调研工作，正在进行系统前期设计，预计2009年上半年可上线运行。

在信息系统应用方面，一是不断加强数据整理基础工作，数据上传工作取得明显成效。在人力资源和社会保障部养老保险联网数据季度情况通报中，四川省数据上传情况良好，交换库数据更新及时，地市数据覆盖率、网络连通率均名列前茅。二是公共服务系统建设得到进一步加强，各地加大了对劳动保障门户网站、“12333”电话咨询中心以及社会保障卡等公共服务系统的建设力度，全省21个市州均设立了劳动保障门户网站，成都、绵阳、宜宾等地“12333”电话咨询中心已开通运行，乐山、宜宾、甘孜、阿坝等地已发行经人力资源和社会保障部核准的社会保障卡近50万张。三是努力推进城域网及业务系统建设。目前，全省城域网覆盖率已近90%，19个市州完成了所辖区县的联网工作，预计2009年全省城域网覆盖率将实现100%。在业务系统建设方面，成都、宜宾、眉山、巴中、阿坝、甘孜等市州已按人力资源和社会保障部要求，在核心平台二版以及劳动99三版的基础上，进行业务系统本地化工作，新开发的业务系统已经上线运行，为业务工作提供了强有力的技术支撑。

八、劳动保障法制建设

紧紧围绕劳动保障中心工作，以贯彻实施《劳动合同法》《就业促进法》《劳动争议调解仲裁法》为重点，着眼推进劳动保障宣传工作创新发展，在全省范围内形成了覆盖千万群众的劳动保障政策宣传热潮。据初步统计，全年全省各级劳动保障部门在报纸上发表宣传稿件约为3 500篇；在杂志上发表宣传稿件约为560篇；在电视上报道宣传约为1 500次；在电台上宣传约为1 820次；在网站上发表宣传稿件约为1 100篇；举办各类法规政策培训班1 026次；现场咨询1 300次，发放各类宣传资料350万份。各类媒体刊登劳动保障新闻信息（含地震抗震救灾）约为300条。省劳动保障厅2次参加省纪委、省纠风办主办的四川人民广播电台《阳光政务》热线节目，为群众办实事、解难题，既宣传了政策，又树立了劳动保障部门良好形象。

全省收到行政复议案件400件，已受理352件。在受理的案件中（含上年结转），已办结354件，其中维持279件，撤销42件，终止13件，其他20件，期限内结案率为100%；未结案46件。

九、劳动保障政务调研与科学研究

2008年，四川省劳动保障科研工作紧紧围绕厅党组年初确定的工作目标，坚持以科学发展观为指导，以服务决策、服务中心工作为目标，取得了较好成绩。

结合热点、难点问题，认真开展课题研究。完成或协作完成的课题有《四川劳动保障改革30年回顾与总结》《汶川特大地震对四川省就业和社会保障影响分析及对策研究》《建立公平就业制度与促进和谐四川建设问题研究》《农民工劳动保障权益维护研究》《四川省劳动保障管理服务社会化及均等化研究》《四川省社会保险历史遗留问题及对策研究》等。其中，《四川劳动保障改革30年回顾与总结》研究报告在人力资源和社会保障部举办的第三届中国劳动论坛上荣获一等奖。

组织召开了四川省劳动保障厅纪念改革开放30周年报告会。积极参加部里和省内有关机构举办的学术交流，并在报纸杂志上发表相关研究报告和文章。

（四川省劳动和社会保障厅）

成 都 市

2008年，成都市劳动保障部门在市委、市政府的坚强领导下，以邓小平理论和“三个代表”重要思想为指导，认真学习贯彻党的十七届三中全会和四川省委九届六次全会、成都市委十一届六次全会精神，紧紧围绕市委、市政府提出的城乡统筹、“四位一体”科学发展观总体战略，充分发挥职能作用，积极应对地震灾害和国际金融危机的影响，在挑战中寻找机遇，在创新中寻求发展，不仅经受住了自然灾害和经济下滑对就业社保的严峻考验，而且始终牢牢抓住城乡统筹这个关键，创新探索，破解难题，推动了统筹城乡劳动保障事业的改革发展。6月，人力资源和社会保障部与成都市政府共同签署了《共同推进成都统筹城乡人力资源和社会保障事业发展和改革备忘录》，在此基础上，成都市劳动保障局相继与中国劳动保障科学研究院签订了《劳动和社会保障创新实践研究基地框架协议》《统筹城乡劳动保障服务体系研究课题合作协议书》，并按照市委、市政府的要求，及时编制了《成都市统筹城乡综合配套改革试验区劳动和社会保障五年改革发展纲要》。与中国劳动保障科学研究院合作，开展了以“国际接轨，国内先进；最大程度便民，最大限度降低社会成本”为目标的统筹城乡劳动保障服务体系课题研究。年度各项工作得到了人力资源和社会保障部、四川省劳动保障厅和成都市委、市政府的充分肯定。

一、就业再就业工作

2008年，成都市积极贯彻落实《就业促进法》，大力实施就业促进民生工程，进一步健全完善就业政策、就业服务、就业培训、就业援助等工作体系，全力推进创业促就业，实现了市委、市政府提出的“三年内实现比较充分就业城市”的总目标。全市城镇新增就业11.72万人，完成全年目标任务的106.5%；农村劳动力向非农产业新增转移15万人，完成全年目标任务的125%；“4050”就业援助对象实现就业2.67万人，完成全年目标任务的140.5%，动态消除了零就业家庭；再就业培训7.75万人，完成全年目标任务的149%，培训后就业率达69.3%；农民工培训27.91万人，完成全年目标任务的125.3%；城镇登记失业率为3.1%。

（一）各项促进就业政策体系进一步完善

制定出台了《关于促进进城务工农村劳动者稳定就业的实施办法》《关于健全完善城乡劳动者职业教育培训制度的意见》等文件，进一步完善了城乡就业政策体系。

（二）公共就业服务活动形式多样化

开展了“春风行动”“惠民行动”“中国·成都创业与就业促进会”“关注民生、探讨就业内涵、统筹城乡就业”研讨会等系列活动，为广大城乡劳动者搭建了更加方便的自主择业、创业就业平台。

（三）创业促就业工作取得新进展

通过自主创业培训、发放小额贷款及项目支持、创业实训、创业咨询、跟踪服务等措施，进一步推动城乡劳动者自主创业，充分发挥了创业促就业的倍增效应。

（四）农村基层就业服务工作制度不断健全

始终把农民集中居住区就业工作作为推进“三个集中”的关键环节，从基层服务平台建设、政策宣传、基础台账、实名制动态管理等方面强化就业督查，切实解决农民集中居住区的就业问题。11月，市就业督查专员办对全市36个农民集中居住区进行暗访抽查，总体就业率达93.1%。

（五）强化就业督查

通过采取查找问题的差距式管理、交叉检查、循环抽查等方式，全面促进了城乡比较充分就业工作的落实，全市第一、二圈层保持比较充分就业，第三圈层除都江堰因地震造成严重破坏外，其他均达到比较充分就业目标。

（六）灾后就业援助工作取得阶段性成效

一是全面展开就业援助登记工作。全市共发放《四川省地震灾区就业援助优惠证》22.06万人。二是完善就业援助服务机制。通过“就业援助962110”工作平台，不断延伸和完善再就业援助体系，向包括灾区群众在内的就业困难人员提供就业援助服务。就业援助服务热线网络已覆盖所有社区、农民集中居住区和农村新型社区，共接听受援电话总数3.3万个，帮助受援对象成功上岗3 617人，成功率92.6%。三是及时动员社会各界开展“腾岗位献爱心”活动。全市筹集岗位21.4万个，其中公益性岗位3.7万个，实现本地就业34.75万人，其中公益性岗位安置就业2.37万人，消除零就业家庭2.6万户。四是构建就业信息服务平台。通过与四川移动合作，构建“12580”信息传递平台，向灾区群众发布就业宣传信息4 000多万条，用人单位岗位信息22万条。五是创新方式，巡回招聘。在“灾区就业援助巡回大行动”中公开承诺：重灾区受灾群众对岗位“不挑不选，一日上岗”。六是大力开展就业培训工作，组织培训机构送培训到灾区和受灾群众集中安置点。七是强化政策扶持，先后起草了《关于在抗震救灾中做好就业援助工作的通知》《成都市支持灾后重建就业、社保政策的解答》等文件，明确灾后重建就业扶持政策的实施标准和办法，并及时发放各项补贴及失业救助金。

（七）人力资源市场建设不断加强

一是全市已建有多功能、现代化人力资源市场22个，各类职业介绍服务机构162个，全市所有街道（乡镇）、社区均建立了劳动保障工作机构，97个失地农民集中居住区建立了89个劳动保障工作机构。人力资源市场信息网络已与1 521个街道（乡镇）、社区（村）和失地农民集中居住区的劳动保障机构、非营利性职介机构实现联网运行，形成了市、区（市）县、街道（乡镇）、社区（村）四级联动，企事业单位、职介机构、社会团体等社会力量密切配合的劳动力市场信息体系。二是建立人力资源市场供求状况监测体系。通过人力资源市场信息网络，建立了《成都市人力资源供求状况统计分析报告》季度发布制度，并制定科学合理的就业服务计划、项目、工作流程，为城乡劳动者提供职业介绍、就业培训、失业登记等服务。三是加强远程见工建设，启动了南充、眉山远程见工系统，并与广州市劳动保障局签订了劳动保障合作协议，“成都·广州”远程见工系统于2009年1月启动。

二、职业技能培训和鉴定工作

（一）全面完成技工学校招生任务

成都市抓住大力发展职业教育的契机，提前布置招生计划，全力进行宣传，分别在《招生专刊》《华西都市报》和《四川农村报》上发布招生通告，并取得良好效果，2008年技工学校招生人数达2.05万人，完成目标任务的200%，创历年最高。

（二）进一步完善职业教育体系

投入10亿余元、招生总规模达2万余人的“1+9”技师学院基本建成，成都技师学院总院的正局级机构和人员编制已获成都市编委批准，9个分院全部于2008年9月如期开学，已招新生8 635人。

（三）全市职业技能鉴定工作的管理质量和内容质量同步提高

完成了职业技能鉴定所2007年度审查工作，全市年检合格鉴定所129家，新批10家鉴定所，21家鉴定所增加了鉴定职业（工种）。2008年共鉴定23.21万人，获取证书19.73万人，鉴定职业（工种）达205个。

三、社会保障工作

（一）统筹城乡社会保险

2008年，全市统筹城乡社会保障工作取得了突破性进展，实现了城乡社会保险制度全覆盖，为“人人享有社保”目标的实现奠定了坚实基础。全市城镇职工基本养老保险参保人数达262.68万人，新增31.75万人，完成全年目标任务的244%；城镇基本医疗保险参保人数达296.08万人，新增34.85万人，完成全年目标任务的435.6%；失业保险参保人数达140.35万人，新增23.14万人，完成全年目标任务的578.5%；工伤保险参保人数达136.06万人，新增20.83万人，完成全年目标任务的520.8%；生育保险参保人数达216.02万人，新增23.74万人，完成全年目标任务的475%；新型农村养老保险试点覆盖范围达24.22万人，完成全年目标任务的292%；建筑行业农民工新增参保10.69万人，完成全年目标任务的106.9%；全市非建筑行业农民工新增参保13.38万人，完成全年目标任务的191.1%。

一是出台了《关于妥善解决我市城镇老年居民养老保障有关问题的通知》《成都市城镇个体劳动者基本养老保险和基本医疗保险补充规定》（市政府第143号令）和《成都市农民养老保险办法》（市政府第152号令），实现了城乡居民养老保险制度全覆盖。二是结合农村产权制度改革，将耕地保护基金注入农民养老保险，建立了促进广大农民参保缴费的长效机制，有效破解了农民持续缴费能力弱、农民养老保险扩面难的难题。三是出台了《成都市人民政府关于已征地农转非人员社会保险有关问题的通知》（成府发［2008］22号），研究起草了《成都市人民政府关于进一步做好被征地农民社会保障工作的通知》，成都市被征地农民社会保障工作被中组部、人力资源和社会保障部编入2009年全国农村党员干部现代远程教育教材。四是积极探索城乡养老保险制度的转移对接办法，以实现城乡统一；与农信社联手研究抵押贷款缴纳社保金的办法，以解决低收入农民持续缴费问题。五是调整完善非城镇户籍从业人员综合社会保险政策，在不增加缴费的基础上，新增失业补贴待遇项目，使综合保险政策变为“一项缴费，六项待遇”。同时，调整了综合保险住院医疗报销政策，实现了与城镇职工基本医疗保险制度的接轨。六是加强社保稽核、基金巡查和社保基金反欺诈工作，保证了社保基金的安全完整。

（二）统筹城乡医保体系

2008年，紧紧围绕市级统筹，全域结算，调整完善城镇职工基本医疗保险制度，探索建立了城乡居民基本医疗保险制度，切实加强筹资工作和定点医疗机构、定点零售药店的管理。城镇居民基本医疗保险参保人数172.83万人，完成全年目标任务的101.3%；新型农村合作医疗保险覆盖农业人口544.85万人，完成全年目标任务的102.4%。成都市统筹城乡医疗保险工作被中组部、人力资源和社会保障部编入全国县处以上领导干部培训教材。

一是出台了《成都市城镇职工基本医疗保险办法》（市政府第154号令），扩大统筹基金支付范围，降低统筹基金起付标准，提高统筹基金支付比例，从多方面提高参保人员医保待遇。二是出台了《成都市城乡居民基本医疗保险暂行办法》（市政府第155号令），将新型农村合作医疗保险、城镇居民基本医疗保险、市属高校大学生基本医疗保险合为一体，标志着成都市已实现城乡居民医疗保险制度一体化。三是基本医疗保险基金市级统筹实施办法已形成初步方案，通过参保范围、缴费标准、待遇水平、管理办法“四统一”，实现全市定点零售药店购药“一卡通”、医疗报销全域结算。四是加快医保经办机构建设，全市

20个区（市）县均成立了医保局，为市级统筹、全域结算提供组织保障。五是制定了《工伤人员康复管理暂行办法》，全市近5 000名“老工伤”人员纳入工伤保险基金统筹管理。

四、城乡劳动关系调整和权益保障工作

（一）加大劳动保障监察执法力度

一是认真受理违法投诉和举报，及时查处违法违规行为，开展行政执法案卷评查，提高行政执法水平和工作质量。截至2008年年底，全市共受理群众投诉举报1.2万件，立案1.17万件，结案1.14万件，结案率为97%。二是加强劳动保障日常监察，纠正了4 287家用人单位的违规行为，补签劳动合同12.22万余人，新增社保登记和督促缴费4 422家，追缴社保费953万元。处罚违法用人单位315家，罚金693.35万元，为劳动者追回工资1.7亿元，涉及劳动者205万人。三是积极推进劳动保障监察网格化标准建设，全市建立一级网格（乡镇、街道）298个、二级网格（村、社区）493个，完善用工信息数据库，纳入网格管理的用人单位10万家，涉及劳动者240多万人。

（二）加强劳动争议调解仲裁工作

一是加大案件处理力度，努力提高办案质量和效率。2008年，受理劳动争议案件数量创新高，全市21个劳动争议仲裁机构共受理劳动争议案件6 615件，同比增长57.6%；结案6 291件，结案率为95.1%。其中，市劳动争议仲裁委员会受理案件1 917件，同比增长38.9%，结案1 825件，结案率为95.2%。二是强力推进劳动争议仲裁机构实体化建设。2008年7月，市编委批准设立成都市劳动争议仲裁院，为财政核定收支、全额预算管理的副局级事业单位，编制15人，内设三庭一室。

（三）充分发挥劳动关系三方协调机制作用

一是积极推进劳动关系和谐工业园区创建活动，截至2008年年底，锦江工业开发区等21个工业（商业）园区达到市级创建标准，武侯工业园达到国家标准，青白江工业集中区等9个园区达到省级创建标准；武侯区成功创建为省级劳动合同制度实施示范城区，锦江区春熙路街道办、龙泉驿区洛带街道办达到劳动合同制度实施示范城区（街道）标准。二是打造劳动合同制度实施示范企业83家，全市用人单位劳动合同签订率达99.8%，农民工劳动合同签订率达93.8%。全市正在履行已签订集体合同的企业3 016家，比2007年年末增长53.3%，覆盖职工45.5万人，全面完成了劳动合同制度实施三年行动计划既定目标。

（四）加强企业工资分配调控

一是指导近80%的企业建立了以岗位工资制为主要形式的基本工资制度，普遍建立“竞争上岗、以岗定薪、岗变薪变、收入能增能减”的激励约束机制；指导其他企业实行多样化的分配方式。二是完善最低工资保障制度，及时纠正企业违法行为，维护低收入劳动者合法权益。三是充分考虑2007年物价水平和“5·12”汶川特大地震的影响，按时测算发布了2008年企业工资指导线，分类指导各类企业合理提高职工工资水平。指导线以职工平均货币工资6%作为企业工资增长下线，以职工平均货币工资14%作为企业工资平均增长基准线，以职工平均货币工资19%作为企业工资增长上线。四是积极指导各类企业依据企业工资指导线和劳动力市场工资指导价位等要素开展工资集体协商工作，截至2008年年底，全市正在履行已签订工资集体协议的企业达1 724家，覆盖职工15.9万人，分别较2007年年末增长155%和91.6%。五是健全预防企业产生工资拖欠的长效机制，在全市建立企业工资支付保证金制度、担保制度和重点监控制度的基础上，会同人民银行成都分行营业管理部建立了企业工资拖欠信息统计和披露制度，将4家欠薪企业纳入信息披露系统，促进企业加强自我约束，按时足额发放劳动者工资，有效地完善了预防企业产生工资拖欠的长效机制。

（五）认真开展劳动力市场工资指导价位和企业人工成本调查工作

完成了全市14大行业、54个中类行业共321家企业的劳动力市场工资指导价位和企业人工成本调查工作，取得了涉及国有、城镇集体等企业20.3万名从业人员的近36.96万个基本数据，形成了2008年成都市部分职业（工种）工资价位，并编印发布了《成都市2008年劳动力市场工资指导价位和人工成本》一书。

五、农民工工作

（一）非城镇户籍从业人员综合社会保险工作全面完成

截至2008年年底，全市共有2.92万家用人单位的84.66万名农民工参加了综合社会保险，其中非建筑行业参保57.35万人，建筑行业参保27.31万人。全年征缴综合保险费82 913万元，征缴率达95%。累计为11.91万名农民工支付各项综合保险待遇20 534万元，其中为5 200人支付工伤补偿待遇6 281.21万元；为1.05万人支付住院医疗费报销待遇2 605.88万元；为10.15万人支付老年补贴待遇11 403.62万元（含退个人账户）；为1 443人支付生育补贴待遇234.38万元；为143人支付失业补贴待遇8.91万元。

（二）加大综合社会保险参保稽核力度

严格执行《综合社会保险稽核审计工作规范》，加大参保稽核力度，在市劳动监察行政执法部门的配合下，全年共对1 698家用人单位进行了稽核审计，督促用人单位为4.6万名农民工办理了综合保险。

（三）发放建筑行业从业人员及农民工权益工资卡

协助市建委发放建筑行业从业人员及农民工权益工资卡20.62万张，有效地维护了农民工合法权益。

（四）开辟劳动争议仲裁“绿色通道”

对农民工、城镇困难职工、工伤职工的仲裁申请，实行“快立、快审、快结”。

六、劳动保障法制建设工作

（一）开展“三法一条例”宣传培训工作

一是充分利用广播、电视、报纸、杂志、网络等媒体进行宣传报道。全市先后15次组织500人次到电视台、报社为用人单位和职工答疑解惑，探讨交流学习法律的体会。二是举办《劳动合同法》现场宣传咨询活动152次，印发《劳动合同法》《就业促进法》宣传资料、“两法知识问答”试卷和手册等50万份，组织6期劳动保障系统干部职工《劳动合同法》培训。三是针对国际金融危机对企业生产经营的影响和贯彻执行《劳动合同法》出现的新情况、新问题，通过问卷调查和座谈会形式，对330家企业、330名劳动者进行了抽样调查，形成了翔实的调研分析报告。四是以“春风行动”、农民工维权、“12·4”普法宣传、灾后重建大型招聘、大学生就业招聘等专项宣传和援助活动为载体，发放《劳动合同法》《劳动争议调解仲裁法》等宣传资料8万余册，参加“两法”知识有奖问答7.4万人，参加政策咨询的群众20万余人。

（二）贯彻《全面推行依法行政实施纲要》，做好行政执法责任制落实及依法行政工作

一是加强劳动保障法制建设，清理了行政许可、非行政许可行政审批项目161项和行政事业性收费项目40项，经市政府审定并公布，保留行政许可审批4项，非行政许可审批和登记事项31项，下放和调整为监管、服务事项17项，行政事业性收费36项。二是全年市本级共办理行政复议案件7件、行政被复议案件63件，办理行政应诉案件41件；受理工伤认定、提前退休等行政审批事项1.4万件，办结1.35万件，限时办结率达100%。三是制定了《关于规范行政处罚自由裁量权的实施办法》《行政规范性文件制定和备案实施办法》。

（三）加强对行政执法行为的监督

建立了行政效能投诉、告诫和行政人员行政过错处分工作机制，对行政执法行为实施全过程监督，发现问题及时纠正。

（成都市劳动和社会保障局）

贵 州 省

2008年，在人力资源和社会保障部的指导及省委、省政府的领导下，贵州省劳动保障系统广大干部职工以邓小平理论和“三个代表”重要思想为指导，坚持以人为本和贯彻落实科学发展观，全面贯彻党的十七大、贵州省十次党代会以及中央和省经济工作会议精神，按照劳动保障事业发展“十一五”规划纲要的部署，结合贵州经济社会发展实际，坚持统筹城乡，以全面贯彻落实《就业促进法》和《劳动合同法》为契机，着力创新工作机制，继续落实积极的就业政策，强化职业技能培训和高技能人才培养，不断扩大就业规模，优化就业结构，加大社会保险扩面征缴力度，进一步完善社会保障体系，加强劳动关系调整机制建设，加大劳动保障监察力度，依法维护劳动者合法权益，努力克服年初百年难遇的雪凝灾害影响，正确应对国际金融危机带来的冲击，采取各种政策和措施，积极稳妥地推进劳动保障事业全面、协调、可持续发展，为构建“和谐贵州”和实现贵州经济社会的跨越式发展作出了新的贡献。

一、就业再就业工作

（一）促进就业工作的长效机制初步建立

一是省委、省政府高度重视，省就业联席会议各相关部门密切配合，省政府制定下发了《贵州省贯彻〈国务院关于做好促进就业工作的通知〉的实施意见》。二是在认真贯彻落实《就业促进法》的基础上抓紧制定省就业促进条例，并列入2009年的立法计划，及时成立了立法工作领导小组和起草小组，开展了调研、起草、广泛征求意见和反复修改等方面的工作。

（二）促进就业目标责任制进一步完善

2008年年初，根据各市、州、地的经济发展和下岗失业人员总量情况，将2008年就业和再就业工作目标任务对各地区作了具体分解，由孙国强副省长代表省政府与各市、州、地政府（行署）签订了工作目标责任状。不定期召开再就业工作联席会议，及时研究解决工作中出现的新情况、新问题。切实抓好各项再就业扶持政策的落实，通过实施积极的就业政策，最大限度地为下岗失业人员再就业提供切实有效的帮助和服务。经过努力，全年全省累计城镇新增就业19.53万人，促进下岗失业人员实现再就业6.69万人，其中就业困难人员实现就业2.64万人，分别比2007年增长8.6%、18.4%和35.7%。有组织劳务输出10.7万人，比2007年增长7%。统筹城镇培训13.4万人，比2007年减少18.8%。城镇登记失业率控制在4.1%以内。

（三）就业再就业优惠政策落到实处

一是开展形式多样的专项活动，切实加强就业服务。各级就业服务机构强化服务职能，进一步完善失业人员登记制度、职业介绍免费服务制度、困难群体再就业援助制度，实行“一站式”服务，并不断组织送信息、送培训、送岗位等活动，促进下岗失业人员再就业。二是狠抓各项促进就业优惠政策的落实。全年累计发放《再就业优惠证》2.98万本，享受职业培训补贴5.87万人次，享受社会保险补贴4.55万人次，从事公益性岗位3.18万人，享受职业介绍补贴 2.72 万人次。累计使用再就业资金 39 835 万元，其中社会保险补贴、公益性岗位补贴、职业培训补贴、职业介绍补贴支出分别为 13 003 万元、14 449 万元、3 247 万元、1 267 万元。截至 2008 年 12 月末，累计促进 3 096 户零就业家庭的 3 403 名成员实现就业。累计为 2 364 名下岗失业人员提供小额担保贷款 4 920 万元。

（四）专项援助活动取得良好的社会效应和实际成果

“再就业援助月”活动期间发放各类宣传资料 31 万份，帮助就业困难人员实现就业 1 100 人。贵阳、遵义、安顺、六盘水 4 个中心城市开展“民营企业招聘周”援助活动，共有 1 427 家企业进场招聘，提供空岗信息 4 万条，发放政策宣传品 5 万余份，签订就业意向人员 9 574 人，维权及法律援助 2 174 人次。

（五）继续配合做好促进高校毕业生就业工作

一是完成了 500 名高校毕业生到企业见习工作。二是继续落实高校毕业生就业扶持政策，开展“2008 年高校毕业生服务月”和“2008 年高校毕业生网上招聘活动”等就业服务活动，努力促进高校毕业生实现就业。根据贵州省大中专毕业生就业指导中心提供的统计数据，2008 年，全省高校毕业生 5.19 万人已实现就业，初次就业率达到 75.66%，同比增加 5.54 个百分点。统计快报显示，全省 30 所技工学校招生 1.9 万人，在校生 3.8 万人，毕业生 1.02 万人，毕业生初次就业率 79.44%，比 2007 年下降 11.6 个百分点。

二、职业技能培训和鉴定工作

一是开展高技能人才培养示范基地建设取得实效。根据贵州省实际，综合考虑技能人才密集程度、管理水平、培养方向等因素，确定了贵航高级技工学校、中国振华电子集团有限公司、贵州险峰实业总公司、贵州茅台酒股份有限公司为本省第一批国家高技能人才培养基地。二是有突出贡献高技能人才的评比工作圆满结束，在全省范围内评选出有突出贡献的高技能人才 44 人。三是省属、中央在黔技工学校 2008 年春季国家助学金核拨和发放工作顺利进行。截至 2008 年 12 月底，已累计为 3.54 万名技工学校学生发放助学金 2 146 万元。四是在开展城镇经济单位、私营企业和个体经济组织技能人才调查工作的基础上，成立技能人才队伍建设调研课题研究小组，撰写的《贵州省技能人才队伍建设研究报告》得到省委组织部及其专家组的好评。五是职业技能鉴定工作成效明显。2008 年，全省通过职业技能鉴定考核并获得证书的技能人才有 7.94 万人，其中新增技师、高级技师共 1 502 人，完成全年目标任务的 100.1%。

三、社会保障工作

（一）企业退休人员待遇调整工作顺利完成

根据《关于 2008 年调整企业退休人员基本养老金的通知》（黔劳社厅发［2008］1 号），从 2008 年 1 月 1 日起，对 2007 年 12 月 31 日前已按规定办理退休手续的企业退休人员调整基本养老金，同时对一些特殊人群的待遇调整给予倾斜，共为 54.8 万名企业退休人员人均调整基本养老金 104 元。12 月末，累计发放基本养老金 72.76 亿元，参保离退休人员人均基本养老金已达到 1 017 元，进一步提高了广大企业退休人员的生活水平。

（二）基本养老保险制度进一步完善

一是下发《关于调整企业因病或非因工死亡人员丧葬补助费和一次性补助费标准的通知》（黔劳社厅发［2008］13 号）和《关于调整企业因病或非因工死亡人员供养直系亲属生活补助费标准的通知》（黔劳社厅发［2008］14 号），调整提高企业因病或非因工死亡人员丧葬补助费、一次性补助费和供养直系亲属生活补助费标准。二是下发《关于全省职工平均工资指标使用及个体参保人员缴费基数有关问题的通知》（黔劳社厅发［2008］18 号），明确从 2008 年度起，在岗职工平均工资采用省劳动保障厅和省统计局共同发布的统计公报数，以个体身份参加基本养老保险人员，缴费基数仍维持2007年度贵州省在岗职工平均工资70%~100%之间自主选择的办法。三是指导各地出台了困难集体企业补缴参保政策，目前已解决了近万名未参保困难企业职工和退休人员的养老保障问题。截至2008年12月末，基本养老保险参保人数达到215.66万人，同比增长4.73%；基金征缴收入达到78.46亿元，同比增长40.61%。四是指导各地建立市级统筹制度，并于2008年年底前启动市级统筹工作。五是指导贵阳市制定了新型农村社会养老保险试行办法，深入开展新型农保试点。

（三）城镇职工基本医疗保险、生育保险工作稳步推进

2008年，全省各级劳动保障部门继续抓好扩面征缴和经办管理工作，深入推进医疗、生育保险制度建设，覆盖人数持续增加，待遇享受人群面不断扩大，各项工作取得了新的进展。一是超额完成了全年扩面任务。2008年年末，全省城镇职工基本医疗保险和生育保险参保人数分别达到257.35万人和134.57万人，同比增长12.76%和51.71%。其中，灵活就业人员参保人数达到10.75万人。实现城镇职工基本医疗保险基金征缴收入27.5亿元，比2007年增长50%。二是完善医疗保险制度。铜仁地区、贵阳市等部分市（州、地）根据经济发展和基金收支情况，对职工基本医疗保险政策进行了调整，提高了医保待遇。贵阳市对居民医保政策进行了调整，降低了学生儿童的缴费标准，提高了居民医保待遇。三是统一全省城镇居民基本医疗保险的主要政策，逐步扩大城镇居民基本医疗保险试点范围。在贵阳市和遵义市试点的基础上，启动黔西南州、黔南州、毕节地区、六盘水市和安顺市城镇居民基本医疗保险试点。截至2008年12月末，全省参加城镇居民基本医疗保险人数已达到146.9万人，同比增长126%。四是制定和完善农民工医疗保险政策，努力抓好农民工参保工作，截至2008年12月末，农民工参保人数达20.2万人，比2007年增长129.8%。五是利用中央补助资金，将地方政策性关闭破产国有企业3万多名退休人员纳入城镇职工基本医疗保险。

（四）失业保险制度预防失业和促进就业作用进一步增强

一是继续加大对非公有制经济组织和事业单位的扩面征缴力度，扩大失业保险覆盖范围。截至2008年12月末，失业保险参保人数达到141.36万人，基金征缴收入6.53亿元，分别比2007年增长5.1%和13.4%。二是贵阳市、遵义市、六盘水市和黔西南州已顺利实现失业保险市级统筹，其余地区将在2009年全面实行市级统筹制度。三是继续认真落实促进再就业相关政策，更好地发挥失业保险促进再就业的作用。全年全省累计为15.91万名失业人员发放失业保险金7 233万元，用于职业培训和职业介绍补贴1 194万元。四是加强对关闭破产企业职工安置工作的政策指导，继续做好政策性关闭破产企业职工安置方案的审核工作。先后审核了贵阳矿灯厂、六盘水煤矿机械厂和中国有色金属第七冶金建设公司、贵州珍酒厂等9家企业的职工安置方案，协助指导各地区地方所属31家政策性关闭破产企业职工安置方案。

（五）工伤保险扩面征缴工作取得新突破

一是新增1 641家高风险企业和新增事业单位及机关事业单位聘用人员1.89万人参加工伤保险。二是在安顺市商贸、餐饮、住宿等服务业4 000多名农民工参保试点的基础上，推动黔西南州和六盘水市启动了这项工作。截至2008年12月末，工伤保险参保人数129.02万人，基金征缴收入3.35亿元，分别比2007年增长16.76%和43.3%。三是《贵州省工伤保险条例》立法调研和修改工作已经完成并提交省人大。四是将运动员工伤问题纳入统一的工伤保险制度，贵阳市还将治安巡防、保安行业人员纳入工伤保险范围。五是调整提高工伤人员待遇。六是积极开展工伤认定和劳动能力鉴定工作。截至2008年12月末，累计受理

工伤认定申请12 461件，认定和视同工伤12 305件，分别比2007年增长54.1%和54.6%。申请劳动能力鉴定9 054人，评定伤残等级7 358人，分别比2007年增长48.7%和39.5%。

（六）加强社保基金监管取得实效

一是针对近年来审计检查中查出的问题，进一步查找贵州省社会保险基金监管体制、机制和制度方面存在的问题和薄弱环节，成立审计整改工作领导小组，认真对社会保险基金审计中发现的基金支出、管理等方面问题进行整改。二是组织开展了失业人员“两费补贴”专项检查，及时掌握失业人员职业介绍和职业培训补贴的拨付、使用情况，防止挤占挪用和其他违纪违规问题的发生。三是推动企业年金基金市场化规范运作。截至2008年12月末，全省建立企业年金的企业共计33家，已移交基金管理机构管理并报备合同的企业30家，参加企业年金人数约7万人，企业年金基金累计近10亿元。四是开展社会保险基金专项治理工作。

四、劳动关系调整工作

（一）劳动合同三年行动计划目标顺利实现

2008年劳动关系调整工作以贯彻落实《劳动合同法》及其实施条例、切实加强劳动合同管理为重点，进一步加大《劳动合同法》宣传贯彻力度，有力地促进了劳动合同三年行动计划目标的顺利实现。全年累计印发《劳动合同法实施条例》1.2万册，新版劳动合同书8万份免费发放给用人单位。分管劳动保障工作的副省长在贵州日报上发表署名文章。积极开展“春暖行动”和企业执行《劳动合同法》情况检查活动。采取举办培训班等方式，切实开展《劳动合同法》及其实施条例的宣传贯彻活动，努力提高企业劳动合同签订率。截至2008年12月底，企业劳动合同签订率达到92.2%。到2008年年底，累计签订有效集体合同1 640份（其中新签集体合同1 290份），涉及职工21.43万人。签订区域性集体合同和行业性集体合同509份，涉及职工9 261人。

（二）解决企业拖欠职工工资工作取得阶段性成果

一是建立解决企业工资拖欠目标责任制，将清欠任务层层落实到基层企业。二是及时将中央划拨的补助资金2.3亿元和地方各级财政匹配资金0.32亿元分解下达到各地。三是加大清理企业工资拖欠的督促检查力度，确保企业在认真清偿拖欠职工工资的同时按规定正常支付工资，并保证不再发生新的拖欠。通过努力，截至2008年12月末，累计清理企业拖欠职工工资9.08亿元，已基本完成历史清欠目标任务。

（三）企业职工工资正常增长机制进一步完善

采取及时向社会公布企业平均工资指导线、劳动力市场工资指导价位和最低工资标准等调控措施，确保企业职工工资稳定增长。据省统计局2008年年报公布的数据显示，全省城镇经济单位职工平均工资23 597元，同比增长19.8%。其中，在岗职工平均工资24 602元，同比增长19.0%；离岗职工平均生活费6 722元。

（四）切实维护职工合法权益

一是妥善处理群众来信来访，努力把各种矛盾和问题解决在初信初访阶段。二是努力做好劳动保障行政复议和应诉工作。截至2008年12月12日，省劳动保障厅共收到行政复议申请17起，受理14起。三是认真做好国有企业改革改制工作。截至2008年12月25日，省劳动保障厅共审核国有企业改制职工安置方案并出具审核意见书21家，其中中央在黔企业实施主辅分离、辅业改制11家，省属中小型企业改制10家。四是在大力宣传贯彻执行《劳动争议调解仲裁法》的基础上，开展《关于劳动关系解除的司法认定及处理（征求意见稿）》的征求意见和修订工作，同时加强劳动争议案件的处理工作。全年全省累计受理劳动争议仲裁案件6 443件，结案率为90.3%，受理劳动争议调解案件 2 191 件，结案率为95.2%。

五、劳动保障权益保护工作

（一）劳动监察工作稳步推进

2008 年，各级劳动保障监察机构主动监察 32 995 家用人单位，审查 22 894 家用人单位按要求报送的书面材料；受理群众举报投诉立案 5 772 件，结案 5 420 件，结案率为93.9%；为 7.54 万名劳动者追发工资等待遇 14 855 万元，督促用人单位为 7.4 万名劳动者缴纳社会保险费 6 135 万元，督促用人单位与 22.22 万名劳动者补签了劳动合同，为 3 175 名劳动者清退风险抵押金 165 万元；取缔非法职业中介机构 15 家，清退用人单位非法使用童工 26 人。

（二）农民工工资支付情况专项检查活动成效显著

在全省范围内开展农民工工资支付专项检查活动，累计出动专（兼）职监察员共 2 601 人次，印发宣传资料 31.22 万份，开展咨询 2.16 万次。检查用人单位共 7 110 家，涉及职工 32.98 万人，其中涉及农民工 26.49 万人；查出 352 家用人单位存在拖欠农民工工资的问题，涉及农民工 0.85 万人。经过近 2 个月的努力，共为 0.71 万名农民工追回 1 258.9 万元被拖欠的工资。

（三）人力资源市场秩序得到明显改善

在全省范围内共组织 2 134 人次开展清理整顿人力资源市场秩序专项行动，深入 2 980 家企业和职业介绍机构进行检查，下达责令整改书 58 份，取缔非法职业介绍活动 17 起，责令退赔求职者求职费用 3.29 万元，吊销许可证 1 件。

六、农民工工作

2008 年，贵州省农民工工作协调机制逐步完善，农村劳动力技能就业培训制度进一步规范，农村劳动力转移工作成效明显。一是面对年初遭遇的罕见雪凝灾害，于春节后至 3 月底开展了以“进城务工、帮您解难”为主题的“2008 春风行动”，共为进城务工农村劳动者免费发放“春风卡”36 万张；共有 278 家公共职业介绍机构参与活动并免费提供服务，为农村劳动者提供职业介绍服务 9 万人次，其中介绍成功 2.15 万人次；组织面向农村劳动者的免费专场招聘洽谈会 131 次，劳务输出 7.2 万人。另外，还有 3 574 家推荐的民办职业介绍机构为农村劳动者提供职业介绍服务 0.36 万人次，其中介绍成功 0.10 万人次。二是按照“清理整顿、压缩规模、加强监督、规范程序、确保质量”的工作思路，调整了农民工技能就业培训工作的办法，组织培训补贴资金管理使用情况的检查，开展民办职业培训学校清理整顿和年审工作。三是积极与泛珠三角“9 +2”地区和长三角地区发展劳务合作，发挥区域岗位和劳动力资源互补优势，积极推进劳务输出工作。四是深入农民工技能就业培训机构进行实地调查，采取回访培训对象、重新核实培训资料等方式，认真组织开展农民工技能就业培训工作和培训补贴资金管理使用情况的自查自纠，全年全省累计完成农村劳动力技能就业培训 7.28 万人，完成全年目标任务的72.8%。五是以加强劳务输出示范县建设为重点，稳步推进农村劳动力转移就业工作。截至 2008 年 12 月末，转移农业劳动力 59.4 万人，完成年计划的 148.5%。其中，有组织劳务输出 10.7 万人，同比增长 7%。六是针对国际国内经济形势影响出现的农民工回流潮问题，在全省范围内开展了“共渡难关、爱心援助”专项就业服务和就业援助活动，采取问卷调查、入户登记访问等方式对农民工返乡情况进行调查分析。结合实际，提出相应的措施和建议并组织实施，尽量减少农民工大量返乡后给城乡就业形势带来的冲击和影响。七是农民工参加社会保险人数大幅增长。截至 2008 年 12 月末，参加养老、医疗、失业和工伤保险的农民工人数分别达到 5.63 万人、20.2 万人、3.77 万人和 38.47 万人，比 2007 年分别增长96.8%、129.8%、80.6%和33.3%。

七、劳动保障能力建设工作

（一）信息化建设稳步推进

一是在贵州劳动保障集群网上相继开辟了“两法”宣传、“两会”宣传及“抗雪凝、保民生”“学习实践科学发展观”“农民工返乡调查问卷”等专栏，发挥网络“政务公开、联系群众”的桥梁纽带作用。二是全省统一的劳动就业信息系统在部分地区试运行的基础上，逐步应用到全省大部分地区和部分县（区）及街道（乡镇、社区）。三是基本完成“贵州省下岗失业人员、农民工远程培训暨远程见工系统”省—市—县三级系统建设并进入试运行阶段。四是开通了面向全省服务的贵州省“12333”劳动保障电话咨询服务平台，并启动劳动保障政策法规库和问题解答库建设。五是坚持“抓应用、促建设、重实效”，完成省劳动保障数据中心基础设施和主机系统建设，省劳动保障数据中心与9个市（州、地）劳动保障数据中心实现了联网，除黔东南外的其余8个地区已基本实现与县（区）的联网。

（二）加强劳动保障系统行风建设

一是结合开展学习实践科学发展观活动，认真落实党风廉政建设责任制，把党风廉政建设工作纳入厅目标管理，与业务工作同部署、同落实。二是针对近两年劳动保障系统农民工技能就业培训中出现的突出问题，把农民工培训中出现的问题作为反面教材，在厅机关和全省劳动保障系统中开展党风廉政和反腐败警示教育，开展农民工培训工作的自查自纠，对存在的问题进行认真整改。三是围绕教育、制度、监督3个环节，认真做好2008年度党风廉政建设和反腐败工作。

（三）劳动保障法制建设工作稳步推进

做好劳动保障行政复议和应诉工作。认真做好劳动保障立法的相关工作及省级劳动保障政策性文件起草工作，开展《贵州省工伤保险条例》和《贵州省就业促进条例》立法调研。

（四）劳动保障能力建设稳步推进

一是认真做好贵州劳动保障事业“十一五”规划中期评估。二是抓好社会保险服务中心建设试点，推进社会保险经办机构建设。三是适时开展劳动保障局长培训班和各种业务培训班，同时组织广大干部职工积极参加组织人事部门举办的各种培训，不断提高劳动保障系统干部职工政治思想和业务工作能力。四是乡镇（街道）劳动保障机构建设取得新进展。截至2008年年底，109个街道、1 159个乡镇建立了劳动保障工作机构，分别配备劳动保障工作人员508人和2 344人。有1 167个社区配备工作人员3 352人（其中安置“4050”人员2 260人），并为其中的2 960人办理了社会保险手续。

（贵州省劳动和社会保障厅）

云 南 省

2008年，云南省劳动保障系统认真贯彻落实党的十七大、十七届三中全会及云南省委八届四次全会和省十一届人大一次会议精神，在人力资源和社会保障部的指导下，深入学习实践科学发展观，紧紧围绕省委、省政府工作大局，积极应对国际金融危机的严峻考验，开拓进取，扎实工作，攻坚克难，奋力拼搏，劳动保障各项工作实现新的重大进展，为云南省经济社会发展作出了重要贡献。

一、促进就业工作取得新成绩

2008年，把就业工作放在更加突出的位置，认真贯彻执行《中华人民共和国就业促进法》，通过各级、各部门的共同努力，全面完成了促进就业工作任务。一是努力扩大就业，城镇就业人数不断增加。全省城镇新增就业23.08万人，比2007年增加1.65万人；城镇登记失业率为4.21%，实现了部、省下达的控制在4.5%以内的目标。二是加大帮扶力度，就业困难人员再就业人数大幅增加。持《再就业优惠证》的下岗失业人员再就业8.33万人，帮助全省就业困难人员5.15万人实现就业，比2007年增加2.92万人。三是实施积极的就业政策，就业政策的惠及面进一步扩大。享受培训补贴和职业介绍补贴的人数同比分别增长34%和65%。全省就业专项资金支出7.89亿元，同比增加1.76亿元。四是加强创业培训，创业带动就业取得初步成效。全省组织了1.91万人参加创业能力培训，商业银行为1.75万名创业者发放小额担保贷款4.25亿元，带动5万人实现就业。五是政策宣传与提供服务融为一体，有力地推动了就业再就业工作。全省各级就业服务机构积极按照国务院就业再就业政策规定，在开展经常性公共就业服务工作的同时，以组织系列公共就业服务专项活动为抓手，组织开展了“就业援助月”“春风行动”“民营企业招聘周”“高校毕业生就业服务月”4项就业再就业专项活动，有力地推动了就业再就业工作的深入开展。全省新增的6 632户零就业家庭实现至少有1人就业，继续保持零就业家庭动态清零。六是农村劳动力转移就业规模稳步扩大。开展农村劳动力技能培训34.31万人，全省实现农村劳动力转移就业153.47万人。

二、技能人才培养工作呈现新局面

全省技能人才培养工作根据“以高技能人才培养带动初、中级技能队伍梯次发展，形成政府推动、企业主导、行业配合、学校参与、社会支持、个人努力的技能人才培养体系”的总体要求，紧紧围绕高技能人才工作要点，加强了对高技能人才工作的组织领导，加大了对高技能人才培养的工作力度。一是在全省实施年度工作目标考核管理，每年进行检查和量化考评。全年有3 492人参加了24个职业（工种）的9次省级竞赛；有580人参加了8个职业（工种）的4次州市级竞赛。2008年完成竞赛13次，共计有4 072人参加，有290人取得了职业资格证书，其中高级技师14人，技师80人。参加职业技能鉴定取得职业资格证书38.09万人，其中技师和高级技师5 410人；参加职业技能鉴定人数为42.98万人，鉴定合格取得资格证 29.9 万人。鉴定规模比 2007 年增长 88.4%，其中新增技师 5 271 人，高级技师 139 人。建设全省机关工考信息化应用平台，已录入 2.1 万家单位和 15.1 万人基础信息。二是完成 2008 年度享受政府特殊津贴优秀高技能人才推荐工作。云南省首次把高技能人才纳入享受国务院政府特殊津贴人员范围，是实施科教兴国、建设人力资源强国战略的重要举措。按照公开、公平、公正、择优的原则，产生出 7 名享受国务院政府特殊津贴和 3 名享受省政府特殊津贴人选。三是建立校企合作培养高技能人才机制。通过评估审议，向人力资源和社会保障部推荐了云南省综合技校、楚雄州技校、云南省电子行业协会、云南电网公司 4 家国家高技能人才培养示范基地备选单位。目前全省已有 7 个国家级、7 个省级高技能人才培养基地。2008 年，全省 37 所技工学校招收新生 3.61 万人，校均招收新生 975 人，全省技工学校在校生人数达 7.83 万人，校均在校生 2 115 人，居全国第三位。四是加大投入建设技师院校，不断培养技术人才。8 月 19 日，云南技师学院顺利开工建设，结束了全省没有技师学院的历史。

三、社会保障体系建设又有新进展

（一）社会保障政策进一步完善

省政府先后出台了《云南省企业“老工伤”人员工伤保险统筹试行办法》《云南省被征地农民社会保障实施办法》《云南省完善企业职工基本养老保险省级统筹办法》等文件，使社会保障政策体系进一步完善，工作更加规范。

（二）社会保险覆盖面进一步扩大

2008 年，全省各类参保人数达 1 475 万人次，新增 234 万人次。其中，基本养老保险 293.72 万人，城镇职工基本医疗保险 356.82 万人（包括农民工 17.11 万人），失业保险 195.60 万人，工伤保险 202.47 万人（包括农民工 45.2 万人），生育保险 168.38 万人。城镇居民医疗保险试点从 3 个州市 37 个县扩大到 10 个州市 89 个县，并在全国率先将大学生纳入参保范围，出台了门诊报销办法，参保人数达 261 万人。

（三）确保各项社会保险待遇发放，待遇水平进一步提高

积极争取中央财政资金补助 31.42 亿元，为确保基本养老金发放提供了资金保证，将确保发放工作落到了实处。2008 年，全省参保离退休人数达 89.35 万人，其中参加企业养老保险的离退休人数为 86.57 万人，均按时足额领到了基本养老金，并在规定时限内将 8 518 万元增发的养老金发放到企业退休人员手中。目前，全省参保企业离退休人员月人均基本养老金已达 1 036 元。针对工伤职工长期待遇偏低的问题，下发了《云南省劳动和社会保障厅关于调整企业职工工伤保险待遇的通知》，全省 16 个州市于 5 月底全部完成了调整工伤保险待遇工作，共支付 509.2 万元，享受待遇 4 683 人，圆满完成调整待遇兑现工作。

（四）企业退休人员社会化管理服务工作进一步加强

一是认真贯彻落实省政府 203 号文件精神，积极推动已关闭破产省属企业退休人员移交属地实行社会化管理服务工作。在省级相关部门的积极配合下，完成了昆明市、红河州省属企业退休人员移交属地实行社会化管理服务的试点工作，为进一步推进全省企业退休人员实行属地社会化管理服务探索了有益经验。二是以加快社区建设为契机，加强社区劳动保障工作平台建设，积极做好管理服务人员的配备和培训工作，服务质量得到不断提高，推进和规范了企业退休人员纳入社区管理服务工作。三是规范经费管理。在认真调研论证的基础上，与省财政厅联合下发了《云南省企业退休人员社会化管理服务经费管理使用暂行办法》，进一步规范了退休人员社会化管理服务经费的管理和使用。全省企业退休人员社会化管理服务达 100%，其中社区管理率达 60.3%。

（五）进一步推进被征地农民的社会保障

省政府出台了《云南省被征地农民养老

保障办法》，制度和政策的不断完善，较好地促进了被征地农民的基本养老保障工作。2008年，全省参加被征地农民社会保障人员达13.65万人，对1.3万名符合领取待遇条件的人员发放养老保障金4 055.25万元。

（六）进一步加大社保基金监督管理力度

一是认真落实国务院及人力资源和社会保障部有关进一步加强社会保险基金监督工作的要求，认真总结吸取社保基金违法违规案件的教训，健全责任机制，开展业务培训，强化了防范意识和基金监管能力。二是根据全国社会保险基金专项治理工作要求，设立了省级社会保险基金专项治理领导小组及办公室，制定了专项治理实施方案，全面启动了专项治理自查自纠工作，取得了阶段性成果。三是坚持稽核与基数核定相结合，报送稽核与实地稽核相结合，有针对性地开展社会保险稽核工作，并取得了明显成效。先后稽核参保企业6 176家，涉及参保人员56.59万人；查出参保单位少缴社会保险费2 979万元，并已全部补缴；认证离退休人员19.65万人，查出冒领基本养老金33万元，已追回28万元。同时，加大了对企业欠费的清理回收工作力度，紧紧围绕清理回收企业欠缴养老保险费目标任务，与地税部门密切配合，克服清欠工作中遇到的各种困难，加大清欠稽核力度，较好地推动了清欠工作的开展。

（七）改革创新力度进一步加大

结合解放思想大讨论、深入学习实践科学发展观活动的开展，着力解决多年制约或困扰劳动保障事业发展的问题，取得明显成效，许多工作走在全国前列。比如：养老保险在率先实现省级统筹的基础上，又进一步完善了省级统筹办法；城镇居民基本医疗保险试点是全国率先实行州市级统筹的两个省份之一；率先将“老工伤”人员纳入工伤保险统筹，为全国解决“老工伤”人员工伤待遇问题提供了经验。

四、劳动关系更加和谐

全省各级劳动保障部门以贯彻实施《劳动合同法》为契机，以维护劳动者合法权益为重点，扎实开展解决企业工资历史拖欠工作、“劳动合同制度三年行动计划”和劳动用工登记工作，继续推进分配制度改革和综合改革工作，有针对性地解决劳动关系中的突出矛盾，全面完成了年度各项工作任务。一是在全省开展了“春暖行动”，继续以建筑业、住宿和餐饮业、制造业、采矿业以及居民服务业为重点，通过集中开展专项行动，督促各类企业与农民工依法签订劳动合同。全省签订劳动合同人数达288.59万人（其中农民工68.43万人），同比增加18.8万人（其中农民工增加18.43万人），职工劳动合同签订率95.7%，农民工劳动合同签订率72.5%。二是继续推进劳动用工登记工作，共有4万余家用人单位登录了基础信息和153万余名劳动者的个人信息；3.7万家用人单位登录了劳动用工登记证信息和130万余名劳动者的劳动用工信息。三是贯彻落实三项制度，加强劳动合同服务工作。取消了手续烦琐、收取费用的劳动合同鉴证工作，简化办事流程，开展手续简化、缩短办理时限、无偿服务的劳动合同登记工作，为农民工劳动合同登记提供了更为方便、快捷的服务。四是加大执法力度，切实维护劳动者合法权益。全省劳动执法监察机构立案处理劳动保障监察案件8 032件，结案7 822件，受理群众举报案件2 031件，结案1 887件；督促用人单位为25.34万人补签了劳动合同；为8.48万名劳动者追发了24 890.72万元工资等待遇，其中包括农民工工资15 925.45万元；督促1.1万家用人单位为8.67万人缴纳社会保险费8 496.13万元；为0.42万名劳动者清退风险抵押金155.20万元；督促8 410家用人单位进行社会保险登记，涉及劳动者15.20万人；取缔非法职业中介机构69家；清退童工83人；纠正违反职业资格和职业规定的单位69家；审查用人单位规章4.84万件，纠正违法规章1.13万件。在监察执法过程中，通过依法行政，全省共处罚用人单位974家，处罚金额772.48万元，有力地打击了严重违反劳动保障法律法规的行为，有效地规范了用工行为。

五、农民工工作取得新突破

（一）加强了农民工维权保护工作

2008 年 4 月，省政府在全国率先出台了《云南省农民工权益保障办法》，为更好地保障农民工权益提供了政策依据，使农民工权益保护工作制度化、规范化。一是将农民工工资保证金制度从建设领域扩大到所有使用农民工的用人单位。二是进一步完善农民工工资保证金制度，将“行政问责制”纳入预防农民工工资拖欠长效机制建设，对相关部门积极履行职责，保证农民工工资保证金制度落实提供了制度约束力。三是将人民银行企业征信系统引入预防农民工工资拖欠长效机制建设，进一步完善了农民工工资支付信用制度。

（二）首次开展评先表彰活动

省政府首次开展了优秀农民工和农民工工作先进集体“十杰双百”评选表彰活动，并召开表彰会，对“十杰农民工”和 90 名优秀农民工、100 个农民工工作先进集体进行了表彰，努力营造全社会重视农民工、关心农民工、保护农民工合法权益的良好氛围。

（三）发起了关爱农民工“一无六有”倡议活动

省级七部门在全省范围内开展了无工资拖欠、有劳动合同、有工伤保险、有安全防护、有工房床铺、有条件洗澡、有电视收看的关爱农民工“一无六有”倡议活动。倡议内容通过新闻发布会、网络、报纸等媒体向社会广泛宣传，进一步营造关心爱护农民工的社会氛围，强化了用人单位依法生产经营，自觉维护农民工权益的意识。

六、劳动保障基础能力建设进一步加快

（一）劳动保障法制建设扎实开展

2008 年，全省从健全法规体系、加大劳动执法监察、完善劳动人事争议调解仲裁制度等方面入手，进一步维护劳动者合法权益，出台了《云南省贯彻〈劳动争议调解仲裁法〉实施办法》《云南省贯彻落实〈就业促进法〉实施办法》，为劳动保障事业的发展提供了重要支撑。编印了《劳动保障法规文件汇编》第 22 册、第 23 册及《云南省基层劳动保障实用知识 500 问》等宣传手册，积极开展“五五”普法宣传教育，共 7 000 余家用人单位 8 000 余名用人单位负责人、劳资人员、工会干部等参加了普法讲座，通过普法宣传，进一步提高了广大用人单位知法、守法和自觉按照劳动保障法律法规处理劳动保障事务的意识。

（二）建立了劳动保障政府目标责任体系

为强化政府对劳动保障工作的责任，首次建立了省人民政府对州市人民政府的劳动保障工作责任目标考核制度，在年初的全省劳动保障工作会议上，省委常委、副省长李江代表省政府与各州市政府分管领导签订了劳动保障目标任务责任书，把 16 项目标任务纳入政府考核范围。省政府与州市政府目标责任书的签订，州市县各级政府逐级签订目标责任书，标志着全省劳动保障政府目标责任体系全面建立，有利于各级政府把劳动保障事业摆在更加突出的位置，有利于各级领导更加重视对劳动保障工作的领导，有利于各级劳动保障部门争取有关部门的大力支持，势必对劳动保障事业的快速发展产生重要的推进作用。

（三）基层劳动保障基础建设得到实质性推进

为了切实解决基层劳动保障基础建设薄弱的问题，在 2007 年对乡镇劳动保障基础设施和信息网络建设开展广泛调研和反复论证的基础上，实施了乡镇劳动保障所“2113116”建设工程，得到了各级党委、政府和基层劳动保障工作者的欢迎和支持。近一年来，经州市县各级劳动保障部门积极努力，多方争取支持，工程建设推进迅速，部分州市已基本完成了除配备监察车辆外的年度目标任务，乡镇、街道劳动保障基础建设明显加强。同时，全省上下依托“金保工程”，狠抓劳动保障信息网络建设，使州市劳动保障局域网

覆盖率达到 100%。特别是乡镇（街道）劳动保障所站网络从无到有，连通率达到 50%，呈现出迅猛发展的强劲势头。

（四）劳动保障经办队伍建设普遍得到加强

在全省严格控制机构编制增加的大背景下，省政府为省劳动和社会保障厅增设了城镇居民基本医疗保险处、工伤保险处、社会保险基金审计处，增加了 15 个行政事业编制。各州市劳动保障部门也乘开展城镇居民医疗保险试点工作的东风，千方百计争取党委、政府的重视和支持，州市医保中心普遍得到加强，全省各级医保中心共增加 510 个编制。此外，多数州市的乡镇（街道）劳动保障所站增加了工作人员，部分州市劳动保障部门新设了工伤、信息、基金监督、宣传等工作机构，使基层劳动保障经办队伍建设普遍得到了加强。

（云南省劳动和社会保障厅）

西藏自治区

2008年，在自治区党委、政府的坚强领导下，在国家人力资源和社会保障部的指导下，全区各级劳动保障部门坚持以邓小平理论和“三个代表”重要思想为指导，全面贯彻落实科学发展观，坚决贯彻党的十七大和十七届三中全会精神，按照自治区第七次党代会和七届三次、四次会议的部署，以改善民生、构建和谐西藏为工作重点，积极应对各种突发事件特别是拉萨“3·14”事件对劳动保障工作造成的不利影响，创新思路，实行积极的就业再就业政策，锐意进取，强力推进社会保障政策体系建设，多措并举，切实维护劳动者合法权益，统筹兼顾，全面开展劳动保障基础性工作，完成了各项目标任务，整个事业继续保持了良好的发展态势。

一、主要工作目标任务完成情况

（一）就业再就业工作

全区城镇新增就业1.9万人，高校毕业生就业率90%，高于全国平均水平约20个百分点，农牧区富余劳动力转移就业80万人次，实现劳务收入12亿元，期末城镇登记失业率控制在4.3%以内，年度目标任务全部超额完成。

（二）社会保障工作

截至2008年年末，全区社会保险参保人数分别为：基本养老保险8.5万人、城镇职工基本医疗保险20.3万人、城镇居民基本医疗保险13万人、失业保险8.6万人、工伤保险5.9万人、生育保险12.37万人，各项社会保险新增参保7.78万人，均完成或超额完成年度目标任务。社会保险基金全年征缴收入总量预计为11.6亿元，预计同期总支出为11.62亿元。基本养老保险自治区级统筹通过国家评估验收，成为全国率先实现养老保险省级统筹的省份之一。基本养老金按时足额支付率和社会化发放率均为100%，确保了参保人员及时享受各项社会保险待遇。

（三）劳动关系调整工作

全区各类企业新签订劳动合同人数达13 339人。通过加强劳动保障监察和劳动争议处理工作，共为劳动者追讨工资17 456万元。劳动保障日常监察用工单位1 368家，涉及劳动者7.65万人。受理劳动争议案件714件，裁决案件680件，结案率达95%。

（四）为民服务方面

坚持以人为本，以解决关乎群众切身利益的突出问题为重点，抓实抓好劳动保障十件实事，受到了广大人民群众的一致拥护和社会各界的广泛好评。

一是及时开展拉萨“3·14”事件后有关救助扶持工作，为维护社会稳定、尽快恢复正常生产生活秩序作出了积极贡献。

二是加大公益性岗位开发力度，切实帮扶就业困难群体就业，全区实现了动态消除零就业家庭的目标。

三是加强就业服务工作，积极引导高校毕业生通过市场就业。

四是积极开展符合市场需求的特色技能培训，使学员培训后的就业率和就业稳定性有了很大提高。

五是连续第四年为企业退休人员调整养老

金，人均增资151元。

六是进一步完善城镇职工基本医疗保险制度，通过引入商业保险机制，较彻底地解决了企业参保人员大病医疗费负担过重的问题。

七是高起点全面开展城镇居民基本医疗保险工作，使广大城镇居民共享西藏经济社会发展的成果。

八是采取有效措施，依法妥善解决了军队复员干部社会保险等一批近年来的信访热点、难点问题。

九是坚持依法行政，进一步加大劳动保障监察力度，认真做好劳动争议处理工作，有效维护了劳动者的合法权益。

十是逐步建立健全农牧民工培训、就业、维权“三位一体”的工作机制，农牧民转移就业人数和解决拖欠农牧民工工资数额均创历史新高。

二、及时开展“3·14”事件后救助扶持工作

“3·14”事件发生后，按照自治区党委、政府的决策部署，充分发挥劳动保障部门职能作用，及时开展救助扶持工作，共发放失业和医疗救助金2 771.01万元。

（一）失业救助

会同有关部门制定出台特殊优惠政策，对在“3·14”事件中无辜受损商户及其员工进行失业救助，失业救助对象在提交相关申请通过核实之后，按照每人每月420元的标准，根据受损程度和恢复正常营业时间，按月领取失业救助金，时间最长的可连续领取24个月。全年共向符合失业救助条件的852家受损商户的4 218人发放失业救助金995.53万元。与此同时，采取多种形式，支持受损商户及其员工尽快恢复生产经营，实现重新就业。截至2008年年末，已有777家商户恢复正常生产经营，3 777名暂时失业员工重新走上工作岗位。对受影响行业员工实施失业救助，帮助旅游等受影响行业渡过难关。全区累计向272家受影响行业企业的5 938名员工发放失业救助金1 758.35万元。

（二）医疗保险救助

对在“3·14”事件中无辜受伤的参保职工和城镇居民进行医疗保险救助，其医疗费用全额给予报销。共计结算支付37名参保受伤人员医疗保险救助金17.13万元。

（三）与部分企业签订暂缓缴纳社会保险费协议

经自治区政府同意，对在“3·14”事件中受到影响确实无力缴纳社会保险费的企业，在按照《社会保险费征缴暂行条例》规定的按月申报各项社会保险费的基础上，视受影响程度，签订暂缓缴纳社会保险费协议，共涉及7家企业的643名参保人员，金额609.35万元。截至2008年年末，已有2家企业恢复生产经营，补缴社会保险费68.22万元，尚有5家企业经营效益欠佳，继续签订了缓缴协议。

（四）劳动保障领域维稳工作

“3·14”事件发生后，及时下发了通知，要求全区各级劳动保障部门深入排查调处矛盾纠纷，认真细致做好易引发群体性事件的有关劳动保障工作，努力将矛盾纠纷解决在基层，解决在系统内。由于措施得力，工作到位，全区劳动保障各项工作有序开展，为迅速平息事态、恢复正常生产生活秩序作出了积极贡献。

三、就业再就业工作

（一）完善就业工作体系

自治区人民政府发布了《贯彻国务院关于做好促进就业工作通知的实施意见》（藏政发［2008］101号）。自治区劳动和社会保障厅制定印发了《西藏自治区劳务派遣管理办法（试行）》（藏劳社办［2008］252号）、《西藏自治区职业中介机构管理暂行办法》（藏劳社办［2008］363号）、《关于开展就业补助资金自查自纠活动的通知》（藏劳社办［2008］176号）等一系列规范性文件；召开了自治区就业再就业工作领导小组会议和全区就业工作半年调度会，及时分析总结就业工作的进展情况，对全区劳动就业工作进行了部署

推动。

（二）就业援助工作

全区共动态消除255户零就业家庭。开展了“就业援助月”活动，共确定援助对象3 746人，帮助就业困难人员就业2 754人，走访慰问1 481户特困失业人员，发放慰问金10万余元，发放就业政策手册6 700多本，宣传材料12 000份。确保政府购买第二批3 000个公益性岗位优先用于安置零就业家庭等就业困难对象。

（三）高校毕业生就业工作

一是协调财政部门，细化了促进高校毕业生就业优惠政策，全年共兑现奖金686.3万元。二是联合人事、教育等部门和新闻媒体深入西藏高等院校开展“就业政策进校园”宣讲活动，共举办专题报告会11场，参加学生5 500多人，发放《高校毕业生就业指导手册》5 500多本。三是根据人力资源和社会保障部的统一部署，相继在全区开展了“民营企业招聘周”“高校毕业生就业服务月”和“2009届高校毕业生就业服务周”等专项活动。全区共举办了7场高校毕业生专场招聘会，搜集岗位2 000多个，就业指导1 000人次，政策咨询2 200多人次。通过以上措施，2008届高校毕业生共有9 712人实现就业，其中通过市场就业2 297人。

（四）统筹城乡就业工作

一是成立了农牧区技能就业领导小组等专门工作机构，逐级分解下达农牧民技能培训任务和补助资金控制指标等目标任务。二是清理和取消了针对农牧民工进城就业的歧视性规定和不合理限制。三是开展整顿人力资源市场专项活动，共为513家用人单位完善相关用工手续。结合“民营企业招聘周”活动，组织开展了“春风行动”。四是举办系列适合西藏地域特色的技能培训班，在原有培训工种的基础上不断拓宽特色培训范围。五是积极探索向区外进行劳务输出。日喀则、山南等地与北京、上海、广东、四川、山东等省市建立了劳务输出合作关系，定点向这些省市输出农牧民劳动力，进一步拓宽了劳务输出渠道。六是主办了全区农牧民转移就业现场会，对近年来西藏农牧民转移就业工作进行了全面总结和深入分析，对下一步工作作出了具体安排部署。

（五）就业服务工作

结合“3·14”事件发生后的局势，为确保安全，以小型、分散、日常招聘为主，组织了拉萨地区2008年民营企业招聘周活动。全区共举办16期人力资源洽谈会，632家用人单位共提供岗位5 390个，现场达成意向性协议3 821人次；加大职业指导、职业介绍工作力度，全年共收集并发布岗位信息2万多条，职业指导3.92万人次，比2007年同期增长1.2%；职业介绍3.1万人次，比2007年同期增长1.8%；职业介绍成功1.9万人次，比2007年同期增长7.6%；共为1.3万人进行失业登记。批准成立3家民办劳务派遣机构，向区直、中直单位派遣用工2 178人。

（六）职业技能培训工作

一是全区各级各类培训机构克服“3·14”事件带来的不利影响和场地、师资等各种困难，积极举办了市场前景良好的各类具有民族和地域特色的技能培训班，由于培训符合市场需求，民族歌舞表演、民族商务礼仪、糌粑加工、藏式建筑装修和藏菜厨师班等特色技能培训班学员就业率均达到80%以上。二是积极开发技能培训教材，由中国劳动社会保障出版社出版发行了西藏首部具有民族特色的职业技能培训教材——《学藏菜长本事》。三是协调内地省市创业培训教师进藏开展援助教学，举办了1期创业培训师资提高班和3期创业培训学员班。全年共举办各类培训班388期，共培训各类人员2.54万人，超出目标任务的25%。

（七）职业技能鉴定工作

一是制定印发了《西藏自治区技师、高级技师社会化考评管理试行办法》（藏劳社办［2008］348号）、《西藏自治区技术能手评选表彰管理暂行办法》（藏劳社办［2008］347号）。二是会同人事等部门集中开展了各类职业资格清理工作。三是开展了企业人力资源管理师、心理咨询师全国统考职业技能鉴定试点工作，扩大了计算机高新技术考试规模，新开展了园艺技术员、动物疫病防治员等职业（工种）的鉴定工作。四是以职业院校学生鉴定为主，不断扩展鉴定范围，增加鉴定工种和次数。全区参加职业技能鉴定 6 500 人，完成全区鉴定目标任务 4 500 人的 144%，鉴定合格人数 4 900 人，鉴定合格率为 75%。农牧民工职业能力考核 150 人，其中 120 人获取专项职业能力证书。

四、社会保障工作

（一）基本养老保险工作

一是加强调研等基础工作。积极探索制定农牧区养老保险办法，开展了“全区社会保障体系建设情况”等专项调研，对全区集体企业职工参加基本养老保险情况进行了摸底调查。开始建设全区基本养老保险个人账户信息管理系统。二是完成了 2008 年全区企业退休人员养老金调整工作。为全区 2. 83 万名企业退休人员调整增加了基本养老金，增资补发金额 2 163. 66 万元。2008 年年末，又会同财政厅拟定了 2009 年企业退休人员基本养老金调整方案，经自治区人民政府同意后，已报人力资源和社会保障部、财政部审核批准。三是为全区企业参保退休人员发放体检费 751. 04 万元。通过与内地各办事处联系，开展了符合条件的 122 名退休工人的跨省安置工作。四是加强基金征缴。全年共征缴基本养老保险费 5. 14 亿元，同比增收 1 751 万元；基金支出 6. 8 亿元。

（二）基本医疗保险工作

一是建立了大额医疗费用商业保险机制，并加强与商业保险公司的沟通联系，及时结算赔付城镇参保职工的商业补充医疗保险待遇。二是开展了城镇职工基本医疗保险工作情况调研，做好城镇职工基本医疗保险实施自治区级统筹前有关准备工作。三是城镇居民基本医疗保险工作进展顺利，保障水平居全国前列。四是继续加强基金征缴工作，共征缴城镇职工基本医疗保险费 5. 45 亿元（含机关事业单位的 8% 部分）；基本医疗保险基金支出 3. 7 亿元，其中统筹基金支出 1. 83 亿元，划转记入个人账户资金 1. 87 亿元；征收城镇居民基本医疗保险费 2 205 万元，基金支出 1 412 万元，其中统筹基金支付居民住院医疗费 593 万元，划转记入居民家庭账户 819 万元。

（三）失业保险工作

一是经上级批准后，适当放宽了失业保险领取条件，充分发挥失业保险促进就业的作用。二是在国家有关规定的基础上，失业保险金标准按照失业人员的工龄每增加 1 年每月加发 2 元，人均达到 420 元/月。三是按照失业保险补贴有关政策规定，对参保缴费单位按照 10%~30% 的比例进行补贴，用于缴费单位在职职工培训、富余人员就业培训、待岗人员和单位内部退养人员的生活补助。全年全区失业保险补贴支出共计 1 150 万元。全年共下达“两项补贴”指标 1 041. 1 万元。四是继续加强失业保险费征缴工作，全年共征缴失业保险费 7 198 万元，征缴率 95%，失业保险基金支出 4 792. 5 万元。

（四）工伤保险和生育保险工作

全区共认定工伤 115 起，其中自治区本级 60 起。对 96 人进行了劳动能力鉴定；征收工伤保险费 1 212 万元，同比增加 408 万元，征缴率 95%，基金支出 127 万元，同比增加 2 万元。认真做好生育保险工作，及时审核支付生育保险待遇，征收生育保险费 1 857 万元，同比增加 996 万元，征缴率 76. 89%，基金支出 713 万元。

（五）社会保险基金管理工作

全区共清理回收各项社会保险费 3 502 万元，其中清理回收历年欠缴的基本养老保险费 1 948 万元、城镇职工基本医疗保险费 1 409 万元、失业保险费 100 万元、工伤保险费 4 万元、生育保险费 41 万元。成立了自治区社会保险基金专项治理工作领导小组，开展了全区社会保险基金专项治理活动，进一步规范了各项社会保险基金征缴拨付流程，增强了风险防范意识。通过现场监督与非现场监督相结合，日常检查与专项检查相结合，以事前、事中监督为重点，建立健全社保基金监督制约机制，保障社保基金安全稳健运行。

（六）军队复员干部社会保险接续工作

制定印发了《关于认真组织做好军队复员干部办理基本养老保险关系接续工作的紧急通知》（藏劳社办［2008］110 号）和《关于做好军队复员干部参加社会保险工作有关问题的通知》（藏劳社办［2008］253 号），对军队复员干部军龄登记、社会保险工作作出了周密部署，全区共对 177 名军队复员干部军龄等有关情况进行了登记。截至 2008 年年末，共有 87 名军队复员干部办理了退休手续，按月领取基本养老金。

五、劳动关系调整和权益保障工作

（一）劳动合同工作

全区国有企业劳动合同签订率达到 100%，非公经济组织劳动合同签订率达到 45%。在集体协商的基础上，有 12 家用人单位签订了集体合同，涉及职工 1 263 人。

（二）收入分配工作

及时调整最低工资标准，首次公布了小时最低工资标准，对执行最低工资标准情况进行了重点检查。公布了拉萨地区劳动力市场工资指导价位，为用人单位、劳动者和投资者提供了劳动力市场价格信息参考。按照“两低于”原则审核了 7 家企业的职工增资方案。

（三）劳动保障监察工作

全年共受理举报投诉案件 2 000 余件，涉及金额 10 410.58 万元，为劳动者追讨工资 9 243.93 万元。日常监察中共检查用人单位 1 368 家，涉及职工 7.65 万人，督促用人单位签订劳动合同 2 231 人。除完成人力资源和社会保障部安排的专项检查外，还会同有关部门相继开展了预防建筑施工企业拖欠农牧民工工资等 8 项专项检查。

（四）劳动争议处理工作

全区共受理劳动争议案件 714 件，涉及劳动者 9 659 人，涉及金额 8 900 万元；已结案 680 件，挽回金额 8 213 万元，结案率达 95%。

六、法制建设等基础工作

（一）劳动保障法制建设和依法行政工作

一是提前完成了列入自治区人大今后 5 年立法规划的《西藏自治区就业促进条例（送审稿）》的起草工作，已列入 2009 年自治区人大拟出台的地方性法规之一。二是对劳动保障行政审批制度进行了全面清理，确保各项劳动保障行政审批工作依法进行，并建立了劳动保障部门规范性文件审核备案制度。三是做好“三法一条例”的宣传、培训和贯彻落实工作，共举办劳动保障法律政策业务培训班 29 期，参加培训人数达 2 970 人次。全区各级劳动保障部门共组织宣传活动 226 次，出动宣传人员 1 620 人，发放各类宣传材料 28 万余份，接受咨询人数达到 14 万人次。

（二）其他基础工作

一是推进政务公开，逐步实现了政务公开规范化、制度化。进一步落实了党风廉政建设责任制，深化惩防体系建设。二是及时完成了“十一五”规划中期评估工作。开展了就业补助资金专项检查、“三个彻查”和社会保险基金监督检查工作。三是信访工作顺利开展，全年共接待 2 555 人次、897 批次来信来访。四是政务信息工作取得突破。全年共编发 281 条政务信息，人力资源和社会保障部办公厅采用西藏劳动保障信息 22 条，在自治区党办、政办政务信息考核中均取得历史最好成绩，上级采用率达 36%，多条信息引起自治区领导关注，并作出重要批示。五是协调中央和西藏新闻媒体对劳动保障工作进行广泛宣传和深入报道。

（西藏自治区劳动和社会保障厅）

陕 西 省

2008年，陕西省劳动和社会保障厅在人力资源和社会保障部及陕西省委、省政府的正确领导下，以党的十七大精神为指导，深入贯彻科学发展观，认真实施“民生八大工程”，大力促进就业再就业，加强社会保险制度建设，认真做好劳动关系调整工作，强化基层基础建设，圆满完成了各项目标任务，为维护全省改革发展大局、促进社会和谐发挥了重要作用。

一、就业再就业工作成效显著

陕西省认真实施扩大就业的发展战略，紧紧抓住实施《就业促进法》的契机，周密部署，突出重点，整体联动，全面落实积极的就业政策，各项就业指标实现稳步增长。全年全省城镇新增就业33.8万人，失业人员再就业14.3万人，就业困难对象就业5.1万人，均超额完成了全年任务，城镇登记失业率控制在3.91%；全省农村劳动力转移就业537万人，创劳务收入335亿元，占农民人均纯收入的40%以上，全省就业形势保持了总体稳定。

（一）积极的就业政策进一步完善

在用足用好各项就业扶持政策的基础上，围绕贯彻《就业促进法》，认真做好政策与法律的衔接，及时拟定并由省政府出台了《关于做好促进就业工作的实施意见》（陕政发［2008］26号）、《关于促进以创业带动就业工作实施意见的通知》（陕政办发［2008］126号）等政策性文件，进一步修订完善相关政策，建立就业政策体系。为应对金融危机对就业的影响，提出了稳定扩大就业、完善社会保障体系、做好农民工工作、全力维护劳动者权益等18条措施，制定了鼓励支持农民工返乡创业等8项措施，有力地维护了就业局势的稳定。

（二）大力实施全民创业促就业

会同省委宣传部等部门集中开展了全民创业促就业宣传活动，营造了全民创业促就业的良好氛围。加大创业培训力度，通过帮助城镇失业人员参加就业培训和创业培训、扶持农民工参加实用技能培训、组织应届初高中毕业生参加劳动预备制培训、推进企业开展在岗培训等措施，全省全年完成城镇就业培训16.2万人，创业培训4.16万人。进一步健全政策扶持、资金支持、创业培训、创业服务“四位一体”的工作机制，为创业者提供资金支持，当年全省新增发放小额担保贷款5.33亿元，累计放贷额达到10.63亿元，共扶持4.6万人成功创业，带动13.3万人就业。

（三）劳务输出力度进一步加大

研究制定了陕西省农村劳动力转移就业五年规划，提出了今后五年农村劳动力转移就业的目标任务、工作重点和主要措施，开展了劳务输出品牌评选活动，推荐评选出本省十大劳务品牌，与天津市建立了劳务合作关系，扩大了劳务输出范围。

（四）人力资源市场建设得到有力推进

根据省委、省政府“民生八大工程”的部署，按照“制度化、专业化、社会化”和“有形市场上移，无形市场全覆盖”的要求，印发了《陕西省人力资源市场建设规划》等3个配套文件，召开了全省人力资源市场建设工作座谈会进行安排部署，明确了市县目标任务和进度要求。建立了定期分析通报制度，组织开展专项督导检查，积极筹措投入资金 2.3 亿元，全省 23 个市、县Ⅰ类市场有 7 个已经建成投入使用，16 个正在施工，人力资源市场年度建设目标任务圆满完成。

（五）就业资金作用得到充分发挥

先后 3 次召开就业资金使用管理工作专题会议，会同财政部门研究制定政策措施，大面积扩展就业资金政策覆盖范围，大幅提高就业补贴标准，进一步简化补贴资金报销程序，积极拓展新的资金使用渠道。加快资金分配速度，认真执行就业资金定期报告和通报制度，扎实做好政策和工作宣传，加大检查监督力度，全省共支出就业资金 25.61 亿元，资金结余率降至 18.5%，就业资金使用效益显著提高。

（六）就业援助活动进一步加强

按照《就业促进法》的要求，指导各市加强公共就业服务体系和制度建设，积极开展创建充分就业社区活动。制定了《2008 年就业专项工作计划》，组织开展了就业援助月、“交友帮扶促就业”、“春风行动”、大中专毕业生就业服务月、民营企业招聘周等公共就业服务专项活动。印发了《关于进一步做好零就业家庭就业再就业援助工作的通知》，完善了扶持政策，采取设立公益性岗位、购买公益性岗位、结合城镇建设拓展公益性岗位等措施，开展了“交友帮扶促就业”和帮扶零就业家庭就业再就业活动，安置零就业家庭成员就业，建立了弱势群体长效就业援助机制。全省共消除零就业家庭 3 403 户，帮助 4 774 人实现就业，继续保持零就业家庭动态为零的良好状态。

（七）应对重大突发事件对就业工作的影响积极有力

坚决贯彻省委、省政府的决策部署，把扩大就业作为灾后重建的主要内容，及时制定地震灾区特殊就业政策，对受灾严重的宝鸡、汉中两市增拨省级就业专项资金近 1 300 万元恢复重建。组织省内大中城市对重灾市县进行对口就业支援，全省非灾区已安置省内灾区人员就业 8 000 余人。认真落实津—陕对口就业援助，协调宝鸡、汉中与天津市达成劳务输出意向 4 700 余人。着眼应对国际金融危机，成立专门小组，多次召开专题会议，开展大规模的调研活动，出台了一系列缓、减、免政策措施，降低企业社会保险费率，减轻负担，控制裁员，促进就业。在勉县召开了全省农民工回乡创业现场会，对指导各地做好工作、稳定全省就业局势发挥了重要作用，初步赢得了应对国际金融危机的主动权。

二、以高技能人才培养为重点，职业能力建设工作不断推进

（一）高技能人才培养步伐加快

建立健全了高技能人才培养奖励机制，投入 2 930 万元专项资金，用于补助和奖励培训机构和高技能人才，建成了 12 个高技能人才基地，新建 16 个实训基地，培养了 1.4 万名新技师和 3 000 名预备技师，评选奖励了首批 40 名省级首席技师。组织参加了第三届全国数控技能大赛并取得优异成绩。

（二）“人人技能工程”进展顺利

认真落实省政府“人人技能工程”计划，出台了加强高技能人才评价和培养一系列相关配套政策，进一步健全了全省高技能人才工作的政策体系，优化了职业培训环境，推进了高技能人才培养工作的健康发展。2008 年，顺利完成中等职业教育招生 8 万人，短期培训 4 万人的目标任务。全省在校技校生总数达到 24.5 万人，就业率连续 6 年保持在 96% 以上，为 13.6 万人发放国家助学金 1.02 亿元，争取当年秋季国家助学金 5 731 万元，享受助学金的学生达到 17.9 万人。

（三）职业技能培训和鉴定工作发展迅速

坚持从注重规模向注重规范、提高质量转变的发展方向，积极培养高素质、专业化、有技能的实用人才，职业技能鉴定快速发展。2008 年，全省共有 36.8 万人次参加了职业技

能鉴定考试，其中30.7万人次考取了职业资格证书。

三、社会保险体系逐步完善

（一）社会保险扩面征缴力度不断加大

2008年，陕西省以《劳动合同法》和《就业促进法》的实施为契机，以混合所有制、非公有制经济组织从业人员和灵活就业人员为重点，进一步加大工作力度，不断扩大社会保险覆盖面，全省养老、医疗、失业、工伤、生育保险参保人数分别达到433.4万人、432.7万人、330.4万人、247.6万人、147.6万人，社会保险基金收入分别达到155.8亿元、48.3亿元、13.7亿元、2.2亿元、1亿元，保持了社保基金收入的基本稳定和安全运行。提高了企业退休人员基本养老金待遇水平，连续7年实现确保养老金按时足额社会化发放；再一次调整了20世纪60年代精减职工生活补助费，提高了企业职工和离退休人员遗属生活困难补助标准和工伤保险待遇水平，基本解决了工伤职工工伤保险待遇偏低的问题。

（二）社会保险制度逐步完善

进一步完善养老保险省级统筹制度，研究提出了养老保险省、市、县三级政府责任分担机制的初步意见。印发了《关于进一步做好离休人员生活保障工作有关问题的通知》，彻底解决了离休人员的生活待遇问题。制定出台了《关于完善基本养老保险政策有关问题的实施意见》，以及未参保集体企业超龄人员基本生活保障办法，在西安、宝鸡进行试点，对超龄人员生活保障这一历史遗留问题进行积极探索。完成了100户政策性破产企业职工安置方案审核和政策指导工作。全面启动了全省城镇居民基本医疗保险试点工作，11个市区全部列为国家试点城市，实现了制度全覆盖，参保人数达到285万人。制定了陕西省城镇居民基本医疗保险实施规划和项目实施计划。争取中央转移支付资金5.97亿元，将全省政策性和依法关闭破产国有企业退休人员全部纳入了医疗保险范围。制定并下发了《关于“老工伤”人员相关待遇逐步纳入工伤保险统筹管理的指导意见》，提出了解决“老工伤”问题的基本原则、实施步骤、资金筹集办法等政策措施，“老工伤”遗留问题得到稳步解决，实现了全省工伤保险市级统筹的目标。稳步推进失业调控工作，进一步扩大范围。出台了全省新型农村社会养老保险试点工作的指导意见，初步建立农民个人缴费、集体补助、政府补贴的新型农村养老保险制度，19个县的试点工作稳步推进，参保人数达41.8万人，宝鸡试点经验被人力资源和社会保障部誉为“宝鸡模式”并向全国推广。宝鸡新型农保的试点制度模式为全国新型农保制度建设作出了突出贡献，被写入三中全会决议。全省11个市区出台了被征地农民就业培训和社会保障工作实施办法。

（三）基金监管工作全面加强

建立健全了社会保险信息披露制度，定期公布社会保险工作情况，严格执行基金要情报告制度，会同财政、纪检、审计等部门，开展了全省社会保险基金检查、基金专项治理、工伤保险内部审计等活动，及时排查整改存在的问题，强化社会保险专项稽核，加大监督检查力度，堵塞漏洞，规范管理，确保了基金安全完整。

四、劳动关系日趋和谐稳定

（一）劳动合同制度得到全面推行

配合全国及省人大开展了《劳动合同法》实施情况督导检查，继续推进劳动合同三年行动计划，加强劳动用工备案制度建设，开展创建劳动关系和谐企业与工业园区活动，有效地解决了劳动合同签订率低、劳动合同短期化、侵害劳动者合法权益等突出问题。2008年，全省企业劳动合同签订率达到95%以上。

（二）企业工资分配工作不断得到加强

加强对企业工资的宏观调控，争取中央补助资金7.35亿元，企业工资历史拖欠问题得到全部解决。制定下发了《陕西省2008年度企业工资调控目标的通知》，发布了全省工资增长指导线和劳动力市场工资指导价位，再次提高了最低工资标准。

（三）劳动争议案件得到妥善处理

认真贯彻实施《劳动争议调解仲裁法》，制定了《信访工作办理程序和办法》，落实信访工作8项制度，进一步畅通信访渠道，规范信访处理程序，开展了12次厅长网上接访。全年共接待群众来信来访12 987人次，劳动争议立案7 039件，已处理结案6 479件，结案率92%，有效地解决了群众反映的热点、难点问题。

（四）劳动者合法权益得到维护

结合劳动保障监察执法年活动，建立案件质量评查和主办监察员等制度，落实岗位执法责任，集中组织开展了“春暖行动”、农民工工资支付、人力资源市场、最低工资等专项检查，及时查处侵害劳动者合法权益的案件，为702万名劳动者追回工资1.13亿元，特别是“5·12”特大地震发生后，共为灾区3 275名农民工解决拖欠工资1 482万元。

五、农民工工作进一步加强

（一）工作机制不断完善

召开了两次全省农民工工作会议，下发了《陕西省农民工工作联席会议2008年工作要点》，充分发挥了农民工工作联席会议的作用，及时分析研究农民工工作形势和问题。及时下发了《关于做好抗震救灾期间农民工工作的紧急通知》《关于做好地震灾区有组织劳务输出的通知》，制定了扶持灾区就业的政策措施，安排部署受灾地区就业援助工作。通过建立返乡农民工情况周报制度，加大对返乡农民工创业支持力度，积极应对金融危机对农民工工作的影响。

（二）农民工社会保险工作稳步推进

制定了《关于农民工参加工伤保险问题的意见》，在全省组织实施了以推进矿山、建筑等高风险企业农民工参加工伤保险为主要内容的“平安计划”。2008年，全省农民工参加工伤保险人数达到60.3万人，超额完成了全年任务。出台了《关于农民工参加医疗保险的实施意见》，从制度上解决农民进城务工期间的医疗保障问题，全省农民工参保人数已达到30万人。

（三）农民工合法权益得到切实保障

加大了劳动保障监察执法力度，全年组织开展了4次农民工工资支付专项检查活动，有效地维护了农民工的合法权益。基本建成了省、市、县三级法律援助网络，开辟农民工法律援助“绿色通道”，认真办理农民工法律援助案件，有效地化解了各种矛盾。

六、能力建设有了新提升

（一）依法行政工作全面加强

在全省开展了“三法”知识竞赛和一系列法规宣传培训活动，举办培训班350期，有8万人次接受劳动保障政策法规教育，营造了良好的法制环境。认真做好劳动保障规范性文件的日常审核和清理工作，对1980—2007年制定颁发的规范性文件进行清理并编印成册，向社会公布。积极推进依法行政工作，会同相关部门对各市县和省直部门依法行政工作进行了检查。

（二）信息化建设加快推进

“金保工程”一期项目建设的评估验收和二期项目的设计、论证工作全面启动。在全省开发推广统一的养老保险管理应用软件，区县的推广应用工作稳步推进，失业、医疗、工伤保险信息系统建设也在积极开展。加快了市级劳动保障数据中心建设，实现了部、省、市三级网络贯通，劳动保障网站和“12333”劳动保障服务热线功能进一步完善，形成了全省联动的多层次信息网络平台。

（三）有效实施灾后重建规划

“5·12”特大地震发生后，迅速启动了劳动保障系统应急机制，成立抗震救灾协调小组，开通了“救灾绿色通道”，厅领导亲赴灾区一线，指导抗震救灾和恢复重建工作，全体干部踊跃捐款35.8万元支援灾区。科学编制陕西省重灾区就业和社会保障公共服务设施恢复重建规划，积极争取部里资金和项目政策支持。对受灾严重的宝鸡、汉中两市增拨省级就业专项资金近 1 300 万元，从办公经费中压缩 74 万元，支持重灾市、县（区）劳动保障部门恢复重建。

（四）加强劳动保障系统能力建设

举办了学习贯彻党的十七大精神和学习实践科学发展观专题培训班，开展了“讲党性、重品行、作表率”教育活动和作风教育纪律整顿，不断加强系统政风行风建设，深入开展创建“优质服务窗口”活动，进一步推动了党风廉政建设。健全和规范公共就业服务，加快养老保险经办服务标准化建设，省社会保障局被国家标准化委员会确定为试点单位，首次将企业标准化模式引进全省行政机关。加强了街道（乡镇）、社区劳动保障工作平台建设，推动了劳动保障系统业务工作的科学化、规范化、制度化。

（陕西省劳动和社会保障厅）

西　安　市

2008年是很不寻常、很不平凡的一年。面对冰雪、地震以及金融危机影响所带来的严峻考验、巨大压力和困难挑战，西安市劳动保障系统干部职工在市委、市政府的正确领导下，认真贯彻党的十七大和十七届三中全会精神，全面落实科学发展观，紧密围绕西安市中心工作，着力保障和改善民生，抢抓机遇，求实创新，攻坚克难，全面超额完成各项目标任务，取得了显著成效。

一、就业再就业以及创业促就业工作成效突出

截至2008年12月底，全市城镇新增就业13.36万人，完成年目标任务10万人的133.6%，其中下岗失业人员再就业5.76万人，完成年目标任务3.8万人的151.6%（其中“4050”人员再就业2.13万人，完成年目标任务1.1万人的193.6%）；全市公益性岗位开发总数达到2.41万个，完成年目标任务2.2万个的109.6%；城镇登记失业率为4.2%，控制在年目标任务4.5%以内；全年农村富余劳动力实现转移就业共计55.49万人，完成年目标任务43万人的129.1%，创造经济收入24.02亿元。

（一）覆盖城乡的人力资源市场体系和公共就业服务网络基本建立

落实“民生八大工程”，统一人力资源市场建设规划，全面完成2008年市场建设任务：市本级市场主体已经建成；新城、碑林、莲湖、雁塔和未央已建成并投入使用；长安区、高陵县正在建设；其他区县的建设项目都已纳入当地政府整体规划，正在逐步启动建设；新城、莲湖、碑林、雁塔、未央及灞桥外来人力资源市场已建成并投入使用，初步构建了适合不同层次、不同人群的人力资源市场体系。同时，建管并重，强化管理，统一标准，市场功能和服务水平大幅度提升，有效地促进了人力资源的合理配置和有序流动，在求职者与用人单位之间搭建了稳固的桥梁。

进一步健全了全市街道、乡镇、社区劳动保障工作机构，充实了基层队伍，初步形成了市、区（县）、街道（乡镇）、社区四级公共就业服务网络。

（二）全方位促进就业的公共就业服务活动蓬勃开展

市、区县、街道、社区上下联动，面对严峻的就业形势，根据下岗失业人员、高校毕业生和农民工等不同就业困难群体的具体情况，有针对性地开展了再就业援助月、春风行动、民营企业招聘周及高校毕业生就业服务月等覆盖全年、形式多样的专项就业服务活动，累计提供岗位4.9万个，达成就业意向2.47万人。同时，加大困难就业人群帮扶工作力度，建立了消除零就业家庭的长效工作机制，积极开展零就业家庭就业再就业援助工作。全市共出现零就业家庭1 049户，消除1 049户，实现就业1 247人，其中女性559人，公益性岗位安置500人。

（三）面向全体劳动者的职业技能培训体系不断完善

积极探索建立再就业培训、高技能人才培训和农民工培训等各类培训联动发展的工作机制，在充分调研论证的基础上，提出整合全市

培训资源、构建“大培训”格局的具体方案；加强对全市技工院校和职业培训机构的检查和管理，规范培训办学行为，提高培训质量和水平；进一步完善劳动预备制度，扩大院校招生规模。全市技工院校招生 1.36 万人，完成年目标任务 1 万人的 136.1%；职业技能鉴定 5.9 万人次，完成年目标任务 5 万人次的 118%；推动高技能人才培养，初步认定了 23 个高技能人才培养基地，举办了高技能人才技能大赛；加强培训、创业、就业的有效衔接和良性互动，为劳动者提供培训、鉴定、职介、就业“四位一体”服务，最大限度地发挥培训对就业和创业的促进功能；积极推广创业培训项目，将创业培训逐步延伸和拓展到大中专毕业生、农村劳动者、复转退伍军人、残疾人等各类城乡创业者。全年共举办各类技能培训班 1 762 期，培训 7 万余人，其中创业培训 1.06 万人。

（四）小额担保贷款对全民创业的促进作用日益凸显

市政府举办了大学生创业贷款及对口帮扶资金发放仪式和第三批小额担保贷款信用社区命名授牌暨创业贷款发放仪式，掀起了全民创业的新高潮；进一步降低了小额担保贷款门槛，增加了额度，将个人贷款额度由 3 万～5 万元提高到 3 万～8 万元，贷款期限由 2 年延长至 3 年，将劳动密集型小企业贷款最高额度由 150 万元提高到 200 万元；简化手续，开展了“一厅式”办公活动，提高了工作效率。全年增加小额担保贷款基金 1 400 万元，基金总量达到 1.185 亿元。为 2 938 人发放贷款 7 764 万元，完成年目标任务 6 200 万元的 125.2%，带动 9 914 人实现就业，为历史最好水平。

（五）有组织劳务输入输出活动深入开展，城乡居民收入不断增加

加强农村富余劳动力输出前培训，提高职业技能，优化就业结构；实施品牌战略，着力培育蓝田厨师、周至拾棉工、长安电子工等劳务输出品牌，扩大规模和影响；加强管理和服务，组织百余家用人单位召开了以“促进就业，我们真情相助”为主题的西安市城乡劳动力输入专场招聘洽谈会；与天津等城市建立了劳务输出协作关系，开辟了新的劳务输出渠道。

（六）就业资金管理到位，使用充分，效能突出

彻底解决西安市就业资金结余率长期居高不下的问题，主动加强与部、省的沟通联系，积极探索，大胆突破，提出了进一步扩大政策覆盖范围，提高补贴标准；充实基层工作人员队伍，为各级劳动保障机构配备协理员；提高公益性岗位的工资待遇水平；加大人力资源市场建设资金投入；增加小额担保贷款基金；将实施政策性破产国有企业欠缴的社会保险费纳入社会保险补贴范围六大措施，取得了良好效果。同时，简化了补贴资金报销程序，建立了全市就业资金月报制度和奖惩制度，加强了对资金的监督管理，结余率由 2007 年年底的 41.9% 下降至 10.9%。

二、社会保障政策体系不断完善，社会保险覆盖面进一步扩大

2008 年，养老保险扩面人数为 15.56 万人，完成年目标任务 8.87 万人的 175.3%。参加养老保险人数达到 111.47 万人，完成年目标任务 102 万人的 109.3%；参加失业保险人数达到 125.55 万人，完成年目标任务 125.17 万人的 100.3%；参加职工医疗保险人数达到 182.43 万人，完成年目标任务 174 万人的 104.8%；参加工伤保险人数达到 95.9 万人，完成年目标任务 94 万人的 102%；参加生育保险人数达到 74.46 万人，完成年目标任务 60 万人的 124.1%。13 个区县城镇居民基本医疗保险工作全面启动，登记参保人数已达 108.69 万人，缴费 76.74 万人，缴费金额累计 7 614.11 万元，实现了居民医保制度性全覆盖和参保 100 万人的目标。据统计，全市参加各类社会保险累计已达 710 余万人次，创历史最好水平。

（一）城镇居民基本医疗保险“百日百万”工程提前超额完成

2008年，进一步加大居民医保工作力度。3月，提前启动了郊三区和四县的参保登记工作。为了迅速扩大覆盖面，又于6月1日举行了“百日百万”工程启动仪式。之后，不断加大宣传力度，完善各项基础制度建设，建立健全数据库，为街道、社区增加设备和人员，并加强与工商银行、定点医院的协调，保证居民顺利参保、缴费和享受待遇。7月18日，登记参保人数就达到100.98万人，提前52天超额完成“百日百万”的目标任务。

（二）被征地农民养老保险工作取得历史性突破

虽然西安市从2005年起就在全国较早启动了被征地农民养老保险工作，但由于种种原因，被征地农民参保积极性不高，扩面难以推开，工作进展缓慢。针对这一问题，在充分调研论证的基础上，市政府印发了《关于新征地农民养老保险有关问题的通知》（市政发［2008］84号），对原政策方案进行了补充和完善，改进了资金筹集方式和管理办法，提高了保障标准，减轻了农民参保负担，极大地调动了被征地农民的参保积极性。在短短2个多月的时间里，审核通过全市13个区县及四区两基地新征地农民养老保险方案185个，涉及征用土地面积4.49万亩，保障人数为7.92万人，覆盖的范围明显扩大。同时，从提高的征地补偿费、安置补助费中列支养老保险费用19.51亿元。

（三）各项社会保险政策进一步落实和完善

在养老保险方面，加快理顺农村社会养老保险管理体制，围绕高陵县统筹城乡综合配套改革试点工作，研究制定了《高陵县城乡居民养老保险试点办法》；进一步规范退休审批工作，主动深入基层为退休职工办理审批手续，全年审批企业退休职工2.82万人；积极开展未参保城镇集体所有制企业超过法定退休年龄人员基本生活保障试点工作；逐步打开企业年金试点工作局面，西安市工商银行、招商银行已先后建立企业年金；切实做好退休人员社会化管理工作，退休人员社会化管理人数达到43.49万人，社区管理率达到78.9%，超额完成64%的目标任务。在失业保险方面，先后解决了普天公司、西安第一轧钢厂、市面粉厂、木材总厂等企业历史遗留的失业保险待遇落实问题；解决了刑满释放人员失业保险享受问题；对91家改组改制企业进行了资料审核，使失业人员及时享受到了失业保险各项待遇。在医疗保险方面，调整完善了企业离休人员就医结算管理办法，将医疗费用由离休人员先行垫付改为由医疗定点机构记挂账结算，减轻了离休人员经济负担，受到了离休人员的普遍拥护和好评；妥善解决了纺织城地区14家困难企业500余名职工参加医疗保险问题；积极开展落实中央财政补助资金解决政策性关闭破产和依法关闭破产国有企业退休人员参加城镇职工基本医疗保险工作，已有123家企业3万余名职工享受到这一政策；做好因病或非因工伤劳动能力鉴定工作，全年鉴定1 800余人次。在工伤保险方面，做好工伤认定和待遇支付工作，完成工伤认定案件1 612起，工伤职工劳动能力鉴定1 951人；进一步完善工伤保险政策体系，逐步将2004年实施《工伤保险条例》以前发生工伤的1.43万余名“老工伤”人员工伤待遇纳入工伤保险基金统筹管理，既有力地保障了职工权益，又极大地减轻了企业负担。同时，着手制定农民工、驻西安市行政区域内中央企业工作人员以及个体工商户雇工等社会群体参加工伤保险的办法。在生育保险方面，严把待遇审核支付关，保证生育医疗费用和补贴按规定合理支出。

（四）医疗保险定点医疗机构和零售药店的资格审定和监督管理进一步加强

坚持对医疗定点机构及定点零售药店进行日常督查，重点对311家城镇职工医保定点医疗机构、170家城镇居民医保定点医疗机构和431家医保定点零售药店履行服务协议情况进行突击检查和规范化检查，严厉处罚了24家医疗机构和28家药店的违规行为，取消了10

家药店的定点资格，并向社会公布；在全省率先建立医疗保险义务监督员制度，动员社会力量，对全市定点医疗机构及零售药店进行监督。

（五）社保基金监管力度不断加大，运行更为安全

社保基金是社会保险的生命线，是社保制度运行的物质基础。它的安全和完整，直接关系到广大参保人员的切身利益和社会稳定，一直受到政府和群众的关注。为了管好老百姓的“养命钱”，市劳动和社会保障局进一步完善了社保基金监管机制，加强工作力量，将财务规划与基金监督有效整合，改变了过去各项社保基金独立运行的局面，建立了全局统筹和动态监督机制；成立了社保基金专项治理领导机构，定期组织对社保基金进行全面检查、随时抽查、重点监控，及时受理群众举报。

三、劳动者合法权益得到有效维护，和谐稳定的劳动关系逐步形成

2008 年，全市各级劳动监察机构主动检查 1.24 万家用人单位，查处违法案件 1 771 件，处理群体性突发事件 165 件，为 4.02 万人解决拖欠工资 6 028.4 万元；各级劳动争议仲裁机构共受理劳动争议案件 2 430 件，结案 2 238 件，结案率达 92.1%，鉴证劳动合同 3.62 万份，案件受理数量和办结数量均为历年之最；全市劳动保障部门共接待群众来信来访 4.67 万人次，市本级接待 2.09 万人次，接近西安市信访部门的接待总量。

（一）《劳动合同法》顺利贯彻实施

《劳动合同法》正式施行后，坚持宣传培训和贯彻落实两手抓的方针，以构建和谐稳定的劳动关系为目标，以强化执法监督和劳动监察为手段，采取经常性检查与突击性、针对性检查相结合等有力措施，保证了《劳动合同法》的顺利实施，取得了预期效果，劳动合同签订率明显提高，劳资双方合法权益得到充分保护。从对设有工会组织的企业调查统计结果看，劳动合同签订率达到 93.2% 以上，较 2007 年年末 91.8% 增长 1.4 个百分点。

（二）劳动保障监察执法扎实有力

新城区劳动保障监察“双网化”（网格化、网络化）试点工作稳步推进；劳动保障诚信制度进一步完善；农民工工资保证金征缴力度不断加大，全市已有 279 家建筑企业为农民工预存工资保证金 1.08 亿元，从源头上遏制了农民工工资拖欠现象；开展了农民工工资清欠工作专项检查，启动了七部门“一厅式”办公。截至 2008 年 12 月底，已集中处理了 316 起投诉案件，为农民工补发工资 1 911 万元。

（三）劳动争议仲裁工作稳步推进

随着《劳动争议调解仲裁法》的颁布实施，劳动争议案件数量急剧增加。面对巨大的工作压力，积极推进仲裁机构实体化建设，努力将工作关口前移，重心下移，变上访为下访，变开庭审理为庭外服务；进一步完善了快速立案制度、简单案件庭前调解制度和证据交换制度，建立了首问导诉服务制度和风险告知制度，开辟了仲裁程序“绿色通道”，公正、快捷地处理了各类劳动争议案件，促进了社会安定和谐。

（四）劳动保障信访渠道进一步畅通

全年举办局长接待日活动 12 次，接待来访群众 491 人次；实行领导包案制度，妥善解决了信访疑难事项 22 件；与省厅启动联建“12333” 劳动保障政策咨询服务热线。

（五）工资宏观调控指导和解决企业工资历史拖欠工作进展顺利

公布了 2008 年企业工资调控目标，形成了劳动力市场部分工种工资指导价位及制造业人工成本构成情况；积极探索建立企业工资集体协商制度，逐步推进企业职工工资正常增长机制建设，指导 90 余家企业开展了工资调整工作；在规定期限内完成了解决企业历史拖欠职工工资 4.8 亿元的清欠任务。

（六）国有企业改制职工安置工作成效显著

2008 年是西安市国有企业破产改制任务最重的一年。为做好改制企业职工安置工作，市劳动和社会保障局专门成立了领导小组，对

68家依法破产、政策性破产及改制企业的职工安置工作进行指导审核；重点围绕唐华集团破产改制工作，成立了唐华集团培训和公益性岗位安置工作领导小组，出台了下岗分流人员培训和公益性岗位安置方案，开发3 000个公益性岗位，实施万名职工转岗和再就业培训，并集中上门办理提前退休、工伤认定、档案托管、社保关系接续转移等手续；举行了唐华集团破产下岗分流人员再就业援助系列活动启动仪式，正式启动五大就业帮扶活动，帮助下岗分流人员实现再就业。

四、劳动保障工作应对危机与挑战的能力有了显著提升

劳动保障部门业务范围广，工作量大，加之冰雪、地震灾害及国际金融危机带来的种种困难，又加大了工作压力，使执政能力经受了前所未有的考验。

（一）积极主动做好抗震救灾工作

在第一时间通过新闻媒体发布了《关于要求全市建筑施工企业按时发放四川籍农民工工资的通告》，妥善处理了26起四川籍农民工讨要工资事件，发放拖欠工资504万元；为灾区募集捐款3.04万元，特殊党费75 402元；及时对技工院校及培训机构进行安全检查，排除隐患；举办专场招聘会解决灾区农民工返乡给西安市建筑行业带来的用工不足问题；开展了对户县甘河镇马坊村的灾后帮扶援建活动。

（二）沉着果断应对金融危机

按照市委、市政府的要求，迅速作出反应，在全省率先出台了进一步做好就业和社会保障工作的16条措施，帮企业、保就业、促稳定，通过新闻媒体的广泛宣传，在社会上引起了良好的反响，及时有效地发挥了劳动保障工作在经济社会发展过程中的“稳压器”和“减震器”作用，受到了省、市领导的充分肯定。同时，市政府制定出台了《关于积极促进就业增长稳定就业形势的意见》，为进一步做好特殊时期的就业和社会保障工作创造了良好的条件和基础。

五、劳动保障信息化建设在短期内实现重大突破

长期以来，西安市劳动保障信息化建设步伐滞后，远远落后于国内同类城市，成为严重制约劳动保障事业发展的瓶颈。2008年，市劳动和社会保障局将信息一体化建设作为提升水平、扭转被动局面的突破口，摆在极为重要的位置，举全局之力，争取在最短的时间内建成高水平、高标准的信息一体化系统。在部、省以及市委、市政府的支持下，广泛开展调研，迅速制定建设方案，并落实了近5 000万元建设资金。从建设方案通过专家论证到正式启动，仅用了5个月时间，就完成了机房建设、系统软件、应用软件、小型机以及项目监理等公开招标工作，目前已进入开工实施阶段，达到了市政府的要求。预计到2009年年底，社会保障、劳动就业、人力资源市场、电子政务、公众服务等系统将全部上线试运行，西安市劳动保障信息化状况将发生质的飞跃，跨入全国先进行列。

（西安市劳动和社会保障局）

甘 肃 省

2008年，在党的十七大精神指引下，在甘肃省委、省政府的正确领导下，在人力资源和社会保障部的具体指导下，甘肃省各级劳动保障部门以科学发展观为统领，以保障民生为重点，以促进和谐为目标，认真贯彻全国和全省劳动保障工作会议精神，大胆解放思想，积极完善政策，不断强化措施，坚持狠抓落实，劳动保障各项工作加快推进，全面超额完成了年度目标任务。

一、抗震救灾工作扎实有效

全省各级劳动保障部门坚持把抗震救灾作为特殊而重要的政治任务，牢固树立全局意识，大力弘扬“一方有难、八方支援”的精神，以实际行动积极支持抗震救灾和灾后重建工作。一是加强政策扶持。省劳动和社会保障厅制定下发了《关于在抗震救灾中全力做好就业和社会保障工作的紧急通知》《关于进一步做好抗震救灾中劳动保障工作以实际行动支援灾区重建家园的意见》，与财政厅联合下发了《关于甘肃省地震灾区就业援助工作具体方案的通知》。二是积极捐款捐物。省劳动和社会保障厅累计为灾区捐款8.46万元，交纳特殊党费10.38万元，捐物3 033件（套），安排灾后重建资金99万元。各地就业服务和劳务工作机构向甘肃受灾严重的陇南市和甘南州捐款86.7万元。三是开展对口援助。认真落实深圳市与省政府签订的对口就业援助协议，协调组织12个市州劳务办、就业服务机构向陇南市、甘南州提供就业岗位，援助办公设备，捐赠救灾物资；组织取得国家职业资格证书的心理咨询师赴灾区开展心理救助活动；分11批向深圳市输送陇南市务工人员4 537人。四是启动灾后重建。编制上报了全省就业和社会保障公共服务系统重建规划，多次赴人力资源和社会保障部汇报甘肃省抗震救灾、受灾市县就业和社会保障公共服务系统重建工作，重建规划已经国家发展改革委批复实施。

二、就业再就业工作稳步推进

全省城镇新增就业25.6万人，完成全年计划的113%，比2007年增长13%；下岗失业人员再就业11.7万人，完成全年计划的127%，比2007年增长27%；就业困难对象再就业4.8万人，完成全年计划的133%，比2007年增长33%；城镇登记失业率控制在3.1%以内。一是政策扶持就业。省政府下发了《关于进一步做好促进就业工作的通知》，省劳动和社会保障厅制定下发了就业登记和失业登记管理办法、再就业援助等配套政策。认真落实再就业各项扶持政策，全省新增小额担保贷款基金5 619.6万元，新发放贷款3亿元；发放职业介绍、职业培训、职业技能鉴定、公益性岗位和社会保险补贴4.7亿元。运用失业保险基金为甘南州藏区254家受损商户发放生活困难补助金197.53万元。二是培训提升就业。全省就业再就业培训15.5万人，完成全年计划的103%，有8.1万人实现就业，培训就业率达到54%；组织创业培训1.6万人，完成全年计划的106%，有4 850人实现就业，创业成功率达到30%。新培养技师、高级技师2 000名，完成全年计划的100%。

共有15.13万人参加职业技能鉴定，其中为农民工开展技能鉴定5.99万人。三是服务稳定就业。组织开展“再就业援助月”“春风行动”“民营企业招聘周”“高校毕业生就业服务月进校园”等就业服务专项行动，帮助1.1万名就业困难人员、1万名登记失业高校毕业生实现就业，安置3 961户零就业家庭中的4 043人就业。四是创业带动就业。启动“创业甘肃”主题活动，举办小额担保贷款集中发放月、首届大学生创业策划大赛活动，努力营造自主创业和全民创业的良好氛围，全年共有2.68万人通过创业实现就业，带动8.1万人就业。

三、社会保障体系建设迈出新步伐

全省城镇企业基本养老、失业、城镇职工基本医疗、工伤和生育保险参保人数分别为156万人、163万人、249万人、109万人和59万人，分别完成全年计划的105.4%、100.6%、105.1%、101.9%和111.3%，分别比2007年增长5.5%、0.1%、12.4%、11.0%和21.9%。城镇居民基本医疗保险参保人数达到279.69万人，参保率为88%，超额完成预定达到80%的目标任务。共征缴社会保险基金111.61亿元，超额完成全年目标任务。全省企业离退休人员实现社会化管理服务人数为63.81万人，社会化管理服务率为100%，其中社区管理率为72%。一是继续完善制度。指导庆阳市出台了《未参保集体企业参加基本养老保险社会统筹的指导意见》，完善了参保缴费政策，建立了筹资机制。在金昌、嘉峪关市开展了扩大失业保险基金支出范围试点。省政府批转了《地方关闭破产国有企业退休人员参加城镇职工基本医疗保险实施方案》，对关闭破产国有企业退休人员医疗保障问题予以明确。省委、省政府办公厅下发了《甘肃省村干部基本养老保险试行办法》，启动了村干部养老保险工作。研究制定了《关于推动甘肃省企业年金工作发展的指导意见》。城镇未参保集体企业参加城镇职工基本养老保险办法，城镇职工基本医疗保险、失业保险市级统筹办法，“老工伤”纳入工伤保险统筹管理的意见等10个关于完善社会保险制度的办法措施、实施意见初步形成。二是提高待遇标准。完成了2008年企业退休（职）人员基本养老金调整和发放工作。调整提高了失业保险金、省直机关事业单位职工医疗保险待遇、全省企业职工和退休人员因病非因工死亡一次性丧葬补助费和一次性抚恤费标准、企业因工伤残职工和因工死亡职工供养亲属工伤保险待遇标准。在深入调研测算的基础上，借鉴周边省市的做法，首次统一建立和提高了企业离退休人员冬季取暖费补贴，并统一纳入基本养老保险统筹基金支付，人均补助700元。三是强化基金监督。在全省范围内开展个人账户管理情况专项检查和社会保险基金专项治理活动。制定了《甘肃省社会保险内控制度实施细则》，下发了《关于进一步统一和规范社会保险费缴费基数有关问题的通知》。建立完善各险种经办业务规程，严格审核审批制度。针对财政部驻甘专员办、审计署驻兰特派办、省审计厅先后4次审计检查中指出的85个具体问题，制定整改方案，跟踪督查落实，目前已整改71个，占到应整改问题的83.5%。

四、劳务经济实现新突破

全省共输转城乡富余劳动力425.91万人，完成全年计划的103.9%，比2007年增长8.8%；有组织输转183.52万人，完成全年计划的111.9%，比2007年增长11.5%，有组织输转率为43.1%；创劳务收入256.36亿元，完成全年计划的111.5%，比2007年增长28.1%。一是加强政策指导。根据省委、省政府《关于启动六大行动促进农民增收的实施意见》和省政府分管领导的要求，起草制定了《甘肃省劳务经济发展三年规划》。省劳动和社会保障厅牵头，会同有关部门制定了强化职业技能培训、加强农民工就业指导服务、维护农民工权益3个实施方案。二是加强劳务协作。在省政府分管领导的带领下，赴广东、深圳进行了劳务考察。省劳动和社会保障厅组团参加了第十五届津洽会、乡镇企业和中小企业东西合作经贸洽谈会，签订了44.2万人的用工协议；组团赴新疆进行劳务合作考察，签订了劳务合作协议，与发达地区15个省份劳动保障部门签订了劳务合作备忘录。在杭州、南通、西宁三市新建了劳务管理站，在天津市新建了3个劳务输转基地和劳务培训基地。三是加强技能培训。组织实施农村劳动力技能培训计划，全年全省共培训农村劳动力215万人，其中引导性培训155万人，技能培训60万人。四是拓展境外输转。以政府境外劳务管理机构为依托，采取政府组织、劳务经纪人牵线、务工人员结队外出等方式，使全省境外就业人员达到8 480人。五是加大农民工工作力度。组织开展农民工工资支付情况专项检查，责令956家拖欠农民工工资的用人单位为6.55万名农民工支付工资3 928.78万元，向社会公布欠薪严重的违法单位17家。继续开展农民工参加工伤保险“平安计划”和大病医疗保障扩面专项行动，全省共有21万名农民工参加工伤保险，有6万名农民工参加医疗保险。

五、构建和谐劳动关系取得新进展

认真贯彻《劳动合同法》《劳动争议调解仲裁法》和《劳动合同法实施条例》，依法实施调处，劳动关系总体和谐稳定。一是提高劳动合同签订率。拟定了《甘肃省劳动用工备案管理办法》，组织开展了全面推进劳动合同制度三年行动计划、“春暖行动”、“劳动关系和谐企业”创建活动，全省国有企业、集体企业和非公企业劳动合同签订率分别达到99.6%、90.4%和73.8%。二是重视工资正常调整和支付保障。调整了全省最低工资标准，强化了低收入人群的生活保障。全力推进解决企业拖欠职工工资工作，14个市州和中央在甘、省属企业职工工资历史清欠任务基本完成。全省共有11个市州建立了建筑行业农民工工资保证金制度，存储工资保证金4 150万元。三是加大劳动争议调处和劳动保障执法监察力度。全省各级劳动争议仲裁委员会共受理劳动争议案件2 620件，结案率达到91%；省劳动和社会保障厅共接待群众来信来访1 786件，涉及职工群众1.93万人（次）。组织开展全省劳动保障监察执法年活动，集中组织开展农民工工资支付情况、人力资源市场秩序清理整顿、整治非法用工、打击违法犯罪、《劳动合同法》实施情况专项检查活动，查处举报投诉案件3 718件，维护了劳动者的合法权益。四是做好破产改制企业安置方案审核工作。先后参与了靖远煤业公司红会四矿、一矿和兰州手扶拖拉机厂、兰州通用机器厂、中国四冶西北建筑安装工程公司破产清算工作，对政策性关闭破产企业的5 336名提前退休人员档案进行了审核，共为2 258名提前退休人员办理了退休手续。

六、劳动保障能力建设取得新提高

一是加快项目建设。“金保工程”一期建设实现了省市网络贯通，劳动保障视频会议系统开通启用，“12333”电话咨询系统建设通过公开招标，完成了政府采购、设备安装、人员招聘和业务培训工作，面向社会正式开通。积极实施中欧社会保障合作项目，开展了社会保险经办业务培训。重视人力资源市场和社会保障服务中心建设，落实省级人力资源和社会保障服务中心建设资金2 700万元。二是加强干部队伍作风建设。制定下发了《关于深入学习贯彻党的十七大精神的实施意见》，举办了专题辅导报告会和厅系统处级干部学习贯彻党的十七大精神培训班。深入开展“继续解放思想、推动科学发展”大讨论和“创建和谐机关、培育和谐团队”、“行风政风评议”、争创“优质服务窗口”等活动，切实加强机关作风和干部队伍作风建设，干部职工工作作风进一步改进。三是加强党风廉政建设。下发了《省劳动保障厅贯彻落实建立健全惩治和预防腐败体系2008—2012年工作规划的实施方案》，深化廉政教育，完善制度建设，严格责任考核，促进了党员干部廉洁从政。

七、学习实践科学发展观活动取得新成效

按照甘肃省委的统一部署，厅党组把学习实践科学发展观活动摆上重要日程，加强领导、精心组织，严格程序、扎实推进，坚持标准、保证质量，使学习实践科学发展观活动收到明显成效。一是提高了思想认识。通过学习讨论，党员干部进一步解放了思想，更新了观念，牢固树立科学发展观在劳动保障工作中的指导地位，进一步增强了贯彻落实科学发展观的自觉性和坚定性。二是着力解决实际问题。坚持边学边改、边查边改、即知即改，进一步完善了就业补助资金和小额担保贷款以奖代补的机制；将企业离退休人员冬季取暖费统一纳入基本养老保险统筹，用足用活了政策；配合省委组织部研究制定了《甘肃省村干部养老保险试行办法》，在农村社会保障制度建设上迈出了新步伐。三是理清了发展思路。通过深入检查分析，厅党组提出了“立足甘肃省情，走出一条推进城乡统筹就业、城乡社会保障体系建设、构建城乡和谐劳动关系三个一体化新路子”的总体工作思路。四是完善了体制机制。围绕保障和改善民生，创新完善了“三项体制”“三个机制”，即创新完善统筹城乡就业体制、城乡社会保障体制和收入分配体制，劳动关系调处长效机制、劳动保障工作机制和劳动保障管理监督机制。

（甘肃省劳动和社会保障厅）

青　海　省

2008年，青海省劳动保障工作以党的十七大和省委第十一届四次全委会精神为指导，认真落实人力资源和社会保障部及省委、省政府的重大工作部署，结合解放思想大讨论和深入学习实践科学发展观活动，不断创新发展理念，改进工作方式，完善体制机制，狠抓工作落实，各项劳动保障工作取得积极进展，在促进全省改革发展、维护社会稳定中发挥了重要作用。

一、积极应对金融危机对就业的影响，就业局势保持基本稳定

始终坚持把扩大就业作为经济和社会发展的重要目标，不断完善积极的就业政策体系，积极应对金融危机带来的不利影响，就业局势保持基本稳定。2008年，城镇新增就业3.6万人，完成目标任务的116%，全省“4045”人员实现再就业3 800人，下岗失业人员再就业2.9万人，累计消除零就业家庭6 936户，并形成动态消除零就业家庭的长效机制，年末城镇登记失业率为3.8%，控制在4.5%以内。农牧区劳动力转移100.7万人次，完成目标任务的100.7%。主要采取了以下措施：一是强化就业目标责任管理。将城镇新增就业、城镇登记失业率和农牧区富余劳动力转移就业3项指标纳入各级政府考核目标，逐级层层签订目标责任书，明确任务，落实责任，加大监督检查和工作考核力度，确保了各项目标任务的完成。二是不断完善和落实积极的就业政策。重点围绕创业促就业和困难群体就业援助，出台了《关于进一步促进就业工作的实施意见》（青政［2008］57号）以及相关配套措施，进一步充实、完善、延伸和拓展了现行的就业政策，将工作重点从解决城镇各类群体就业拓展到统筹城乡各类群体就业，政策的普惠面进一步扩大。认真开展就业服务实效行动，落实各项扶持就业政策，有效促进了各类人员就业和再就业。全年为各类扶持对象减免各项税费794.85万元；支付社保补贴23 820.96万元、培训补贴4 478.8万元、职介补贴3 962.5万元、岗位补贴11 279.1万元；小额担保贷款贴息135.69万元。三是继续强化劳动力技能培训。重点加强再就业培训、创业培训和农牧区劳动力技能培训，重视对生态移民等特殊群体的就业培训，鼓励企业加快培养高技能人才步伐，积极开辟省内外培训、就业渠道，建立培训合作关系，促进了初、中、高级技能劳动者队伍梯次发展。年内完成“下岗失业人员技能再就业计划”培训3.2万人，“农村劳动力技能就业计划”培训4.88万人，创业培训0.26万人，培训就业率达70%以上。四是进一步加大农村富余劳动力转移就业力度。坚持稳定省内、扩展省外、扩大稳定就业规模、提高转移就业收入的思路，在巩固与长三角、珠三角部分省市劳务输出协作关系的基础上，与河北省、新疆生产建设兵团建立了技能培训和转移就业省级协作关系，目前与青海省建立省际劳务协作关系的省市（区）已达11个，与50多家大中型企业建立了较为稳定的劳务合作关系。依托省内外劳务输出服务机构，及时发布用工信息和省内农牧区富余劳动力的输出需求情况，为广大求职者和用人单位提供就业服务。全年通过发布用工信息提供岗位4万多

个。加强劳务输出经纪人队伍建设，全省劳务输出经纪人队伍已发展到近6 000人，组织输出劳动力超过15万人，组织化程度不断提高，有力地促进了农村劳动力的有序转移就业。五是积极应对金融危机对就业的影响。8月份以来，针对金融危机对就业影响的加剧，在充分调研分析的基础上，出台了《关于积极应对金融危机进一步做好就业和农牧民转移就业工作的紧急通知》，及时掌握出省务工人员返乡情况，加强用工信息服务，加大就业政策落实力度，鼓励企业吸纳就业、劳动者自主创业，多渠道开发就业岗位促进就业。对受金融危机影响造成停产半停产和经营困难企业待岗人员开展技能培训的，给予培训补贴，提高职工素质，稳定企业员工。下发了《关于支持重点经营困难企业暂缓缴纳社保费的通知》，缓解了企业的经营困难。加强对重点行业、重点企业岗位裁员情况的动态监测，采取切实应对措施，有效调节和控制较大规模的下岗失业问题，稳定了就业局势。

二、以制度建设和扩面工作为突破口，社会保障体系建设明显加快

一是养老保险制度改革扎实推进。按照国务院的统一部署，年初完成了企业退休人员养老金待遇调整工作，按时足额发放企业离退休人员基本养老金，社会化发放率继续保持100%。继续以非公企业、个体工商户、灵活就业人员、农民工为重点，进一步加大养老保险扩面工作力度，全省参保人数达到67.5万人，扩面新增3.1万人。积极推进企业年金工作，认真研究和制定了全省被征地农民养老保障政策，指导海西州启动了新型农村养老保险制度试点工作，为建立多层次、广覆盖的养老保险制度体系奠定了基础。

二是失业保险保生活促就业的积极作用得到充分发挥。年初调整了失业保险金发放标准，在原基础上，月人均提高了60元。加强失业调控和监控，把扩面重点放在非公企业，集中对中央行业企业进行参保缴费基数审核，要求将从业农民工全部纳入失业保险，有效地控制了失业保险参保职工的流失。全省参加失业保险人数达到35.4万人，新增扩面0.7万人。

三是城镇医疗保险制度不断完善，普惠面进一步扩大。城镇职工基本医疗保险在继续完善政策、加强基础管理的同时，积极开展农民工参加医疗保险专项扩面行动，参保人数持续增长。新增扩面1.9万人，参保人数达72万人。积极争取并落实国家财政补助资金5 331万元，解决了地方政策性关闭破产、依法破产国有企业退休人员的医疗保险问题。根据省级城镇职工医疗保险基金的支撑能力，提高了基本医疗保险待遇水平。全省城镇居民医疗保险试点工作顺利推进，积极争取国家支持，将全省所有地区全部纳入国家试点范围，参保人数达52.58万人，参保率为70%。城镇居民医疗保险筹资标准由160元提高到200元，在本省财力不足的情况下财政补助资金实现一年到位，将增加的补助资金全部用于统筹基金，基金的保障能力明显增强。同时，在全面总结试点经验的基础上，调整完善了城镇居民医疗保险政策，通过降低未成年人个人缴费水平、建立参保缴费年限与待遇水平相挂钩的机制等7项措施，对现行政策进行了补充完善，有效地促进了城镇居民医疗保险参保扩面工作，使普惠面和受益面不断扩大。

四是工伤保险制度全面推行。按照“三上一提高”的总体要求，认真抓好“平安计划”，重点推进非煤矿山、易燃易爆危险化学品生产等高风险企业、建筑施工企业，以及商贸、餐饮、住宿行业农民工和个体工商户的参保工作，启动了事业单位和非营利民间组织工伤保险，工伤保险的覆盖范围进一步扩大。中央企业参保工作和企事业单位“老工伤”纳入工伤保险工作全面落实，“老工伤”人员的工伤保险待遇得到切实保障。全省参保人数达34万人，新增7.7万人。实施工伤保险省级调剂金制度，2008年为海东等地调剂工伤保险补助资金170万元，有效地化解了部分统筹地区工伤保险基金运行风险，使工伤保险的保障能力和抗风险能力大大增强。生育保险试点工作在西宁市继续推进，参保职工达6.17万人，并在广泛调研和总结试点经验的基础上，制定了《青海省城镇职工生育保险暂行办法》，报省政府研究。

五是社会保险基金管理工作不断加强。在建立健全制度的基础上，加大监管力度，成立了省社会保险基金监督委员会，形成了社会保险基金安全运营、齐抓共管的工作机制。年初，根据国家审计署办公厅《关于通报2008年度审计项目计划有关情况的函》，与省财政、地税等部门联合下发了《关于开展社会保障资金自查活动的通知》。在各地开展自查的基础上，8月，按照人力资源和社会保障部等十部门《关于印发社会保险基金专项治理工作方案的通知》要求，安排部署并组织实施了社保基金专项治理工作。组织开展了对海东地区、玉树州等地现场监督检查工作。有效地保障了基金的安全和合理使用。

三、进一步规范劳动关系和收入分配秩序，劳动关系保持和谐稳定

一是以《劳动合同法》贯彻实施为契机，继续落实劳动合同“三年行动计划”，全面促进各类企业和用人单位签订劳动合同。全省劳动合同签订率达87%，比2007年提高了9.9个百分点，其中规模以上企业劳动合同签订率达90%以上。大力推行劳动用工备案制度，规范用人单位用工行为。目前，在全省所有国有企业中建立了劳动用工备案制度，非公有制企业劳动用工备案制度也积极推进。充分发挥协调劳动关系三方机制作用，稳步推进平等协商和集体合同制度，积极开展创建劳动关系和谐企业活动，促进了劳动关系的稳定和谐。

二是继续完善工资指导线、劳动力市场工资指导价位和人工成本预测预警制度，指导企业合理确定职工工资水平。测算并发布了2008年工资指导线，逐步建立职工工资和企业经济效益同步增长机制；根据国家劳动力市场“三化”建设和企业工资收入分配制度改革的客观需要，发布了636个工资指导价位，为用人单位和劳动者双方提供了薪酬参考标准；加强人工成本控制管理，向社会发布了22个行业人工成本信息，为合理确定人工成本水平提供了依据。从5月1日起，调整提高了全省月最低工资和小时最低工资标准，提高了劳动者的收入，维护了劳动者的合法权益。

三是劳动保障法制建设和监察执法力度进一步加大。《青海省劳动保障监察条例》经省十一届人大三次常委会通过实施，使青海省有了第一部劳动保障地方性法规，劳动保障立法工作取得重要进展。劳动保障监察工作机制进一步完善，监察执法力度不断加强，为维护劳动力市场秩序、维护劳动者合法权益发挥了重要作用。全省参加劳动用工年检单位5 772家，涉及劳动者28.8万人，责令补签劳动合同1.4万人。全年全省清欠农民工工资7 341万元，清欠率达100%。审理各类劳动争议案件550多件，各类企业依法经营和从业人员依法维权的意识明显增强。

四、加强劳动保障基础设施和能力建设，服务能力和水平不断增强

在推动全省劳动保障工作任务全面落实的同时，以解放思想和学习实践科学发展观活动为载体，不断加强自身能力建设。“金保工程”项目建设进展顺利，根据省财政厅下达的专项资金政府采购程序要求，完成了“金保工程”社会保险信息系统应用软件开发项目软硬件设备的招标采购工作，完成了软件开发前期调研和业务需求方案设计等项工作。进一步加强和完善了全省人力资源市场信息系统运行管理，完成了省、州、县三级网络互联，信息共享。同时，根据省政府加强人力资源市场建设要求和全省人力资源市场网络建设专项补助资金要求，完成了项目建设需求方案。及时开展各季度和重点月份全省人力资源市场职业供求信息采集、汇总、分析、发布工作，为广大求职者和用人单位及时提供了就业服务信息。研制开发了城镇居民基本医疗保险管理系统，为基金结算、管理和城镇居民参加基本医疗保险后的待遇支付提供了便利服务。机关各处室、厅属各单位围绕提升服务、科学发展的能力和水平，大力开展“争先创优”和争创“文明服务窗口”竞赛活动，坚持和完善“一站式”服务，不断改进服务方法，提高服务效能，树立了勤政、廉洁、高效的劳动保障部门良好形象。

（青海省劳动和社会保障厅）

宁夏回族自治区

2008年是推进宁夏劳动保障事业体制改革、机制完善、效能提升的一年，也是劳动保障各项民生政策全面落实、普惠民众、效果显著的一年。一年来，在自治区党委、政府的正确领导下，自治区劳动保障系统以开展深入学习实践科学发展观活动为契机，紧紧围绕宁夏跨越式发展大局和劳动保障“四民四保三统筹”工作思路，即以“改善民生、保障民生、服务民生、发展民生”为宗旨，以“保就业、保增长、保待遇、保稳定”为目标，以“统筹城乡就业、统筹城乡社会保障、统筹城乡劳动关系”为统领，强化管理，创新举措，埋头苦干，攻坚克难，提前超额完成了各项年度目标任务，推动全区劳动保障事业取得新发展，重点工作取得新突破，受到各级领导和广大群众的充分肯定。

一、全民创业开局良好

为认真贯彻落实党的十七大提出的“实施扩大就业的发展战略，促进以创业带动就业”的总体部署，2008年年初，自治区把大力推进全民创业写入政府工作报告，在实施的10项“民生计划”为民办30件实事中，对“创业带就业计划”作出具体部署，确定了首期“4个1”目标任务，向社会公开承诺。

7月19日，自治区隆重召开全民创业大会，提出以全新的理念引领全民创业，使全区经济总量快速增长，产业结构不断优化，劳动者充分就业，吹响了全民创业“富民强区”“富民强市”“富民强县”“富民强村”的号角，掀起了“百姓创家业、企业创新业、能人创大业、干部创事业”的热潮。会议明确了全民创业五年发展目标：力争到2012年，全区规模以上工业企业数达到1 200家，每年增加100家左右；非公经济组织达到26万家，每年增加5 000家以上；农户新增收项目普及率达85%以上；城镇居民人均可支配收入达到1.65万元以上，农民人均纯收入达到4 600元以上；农村富余劳动力转移就业稳定在75万人左右，城镇每年新增就业岗位6万个以上，城镇登记失业率控制在4.3%以内。

为推进全民创业蓬勃开展，自治区出台了一系列政策措施，组建成立了全民创业工作领导小组及办公室。自治区主席王正伟、副主席刘慧分别担任正、副组长。领导小组成员由自治区政府秘书长、副秘书长（法制办主任），自治区经委、财政厅、劳动保障厅、地税局、工商局、金融办七部门主要负责人组成。领导小组办公室设在劳动保障厅。

通过5个多月的强力推动，截至年底，宁夏当年新开发创业项目1 684个，新培养小老板2 126人，新培育小企业1 901个，新增就业岗位1.89万个，分别完成目标任务的170%、213%、190%和189%，大幅度超额完成“4个1”计划目标。全区建立19家小额担保贷款机构，自治区和市、县两级财政注入担保基金总额近1.3亿元，经办银行当年放贷超过1亿元。全区征集推介创业项目1 390个，新建创业园区和孵化基地36个，为各类创业主体提供了广阔的平台。全区新增个体工商户4.3万家、从业人员7.8万人、注册资金18.1亿元，新增私营企业4.8万家、从业人员 3.2 万人、注册资金 71.2 亿元，纳税额度和对地方财政的贡献份额明显增加，加快了宁夏富民强区的进程。宁夏全民创业工作成效受到人力资源和社会保障部关注，出台的相关政策措施被加以吸收和推广。

二、城乡就业态势平稳

自治区各级劳动保障部门采取积极措施应对国际金融危机对就业形势的影响，千方百计扩大就业规模，提升就业质量，稳定了城乡就业态势。

（一）城镇就业稳中有增

全区当年实现城镇新增就业 6.59 万人，同比略有增长，完成全年任务 6.3 万人的 103%；城镇失业人员再就业 1.19 万人，完成全年任务 0.6 万人的 198%；困难人员再就业 4 312 人，完成全年任务 0.3 万人的 144%。受金融危机的影响，城镇登记失业人数有所增加。截至 12 月末，全区城镇登记失业 4.4 万人，同比增长 0.05%；城镇登记失业率为 4.35%，比 2007 年同期增加 0.07 个百分点。一是公共就业服务贴近群众。利用各类媒体、多种形式广泛宣传就业再就业政策，为失业人员解难释疑，充分发挥街道、社区劳动保障服务平台的作用，把 10 万多份政策宣传手册、就业信息免费发放到就业困难人员手中。围绕“就业服务、以人为本”这一主线，精心组织开展“再就业援助月”“春风行动”“民营企业招聘周”“高校毕业生就业服务月”等公共就业服务专项活动，落实积极的就业优惠政策，举办各类招聘会 60 场，提供就业岗位 2.3 万个，接待各类求职人员 5 万多人，推荐近万人成功就业。挖掘区外就业岗位，组织输送 1 000 名高校应届毕业生实现异地转移就业。二是扩大充分就业社区试点。深入开展以促进零就业家庭成员就业为主要内容的创建“充分就业社区”试点工作。全区 439 个社区中，已有 140 个试点社区达到“充分就业社区”标准，占总数的 32%，实现了“社区内有劳动能力和就业愿望的劳动者总体就业率达到 80% 以上，社区内登记失业和持《再就业优惠证》人员通过各种形式实现就业再就业达到 80% 以上，有劳动能力和就业愿望的‘4050’人员实现就业再就业达到 70% 以上”的目标。全年全区新增零就业家庭 1 974 户，共帮助 3 154 名零就业家庭成员稳定就业，实现了动态消零的目标。三是就业援助效果明显。在连续 4 年由政府筹资购买 1.2 万个公益性就业岗位的基础上，2008 年再次购买 3 000 个公益性岗位，帮助就业困难人员稳定就业。全年共为符合条件的 1.2 万余名灵活就业人员拨付社会保险补贴资金 2 000 余万元。对在宁的四川、甘肃、陕西籍地震灾区农民工优先安排技能培训，享受与宁夏籍转移就业农民相同的培训鉴定补贴，鼓励区内企业吸纳灾区失业人员就业。对来自灾区的初、高中毕业生等年轻求职人员，妥善安排参加中职教育，并给予每人每年 1 500 元的生活补助。自治区劳动和社会保障厅全体党员、干部职工向地震灾区捐款、捐物、交纳特殊党费累计折合达 15 万多元。

（二）劳务产业持续健康发展

经过各级政府及劳动保障等部门强有力的组织推动，坚定不移地发展劳务产业在全区上下达成共识。宁夏已形成了具有鲜明特点的劳务输出政策体系、组织体系、服务体系和培训体系，政府引导、市场运作的工作格局初步形成，农业劳动力外出务工创业致富已成为自觉行动，农业劳动力转移就业工作驶入持续、健康发展的轨道。2008 年，共输出劳务人员 75.3 万人，约占全区农业劳动力的 1/3，劳务中介组织和劳务经纪人担当市场化转移输出的主角，通过市场带动转移输出人数达到 46.5 万人，占全区输出总人数的 61.8%，同比增长 17.2%。全年实现劳务收入 38 亿元，务工人员人均创收 5 046 元，创历史最好水平，劳务收入对农民人均纯收入的贡献率达到 40% 以上，南部山区部分市县超过 50%。

全区各地注重强化劳务品牌建设，以之提升输出质量并带动产生规模效应成为转移就业创收的一大亮点。宁夏的“阿语翻译”“清真厨师”“中卫瓦工”“平罗焊工”“灵武羊绒纺织工”“固原电子工”“彭阳保安”等优秀劳务品牌已初显效应，在全国有了知名度。特别是在2008年国务院召开的全国第一次农民工表彰大会上，宁夏评选推荐的郭昊东等15名优秀农民工和银川市劳动监察支队、宁夏建工集团工会2个农民工工作先进集体受到国务院的表彰。根据人力资源和社会保障部、公安部《关于全国优秀农民工在就业地落户的通知》精神，宁夏受表彰的优秀农民工中有3人可分别在北京、福建落户。

（三）职业培训、创业培训成效显著

不断提高城乡劳动者的就业能力、创业能力和技能水平，是扩大就业规模、提升就业质量、促进充分就业的有效途径，也是劳动保障部门以之促进就业的有力抓手。2008年，通过各级劳动保障部门的精心组织实施，全区各类职业技能培训机构累计培训城镇失业人员4.4万人，培训就业率达到68%。围绕以输出带培训、以培训提技能、以技能助转移的目标，共组织39万名农村劳动力参加职业培训，其中专业技能培训7.8万人，基本技能培训7.1万人，4.8万人获取国家职业资格证书。

为提升以培训促创业、以创业带就业的效果，各地积极整合创业培训社会资源，将创业培训向城镇失业人员、残疾人、中小企业创办者、科技特派员、高校毕业生、复退军人、农民工、被征地农民、“少生快富”户、刑满释放人员等城乡各类劳动者延伸，将创业培训工作重心下沉，向街道、社区、校区、企业、乡镇等基层拓展。全区当年培训发展创业培训师资81人，已取得国家创业培训师资合格证书的教师达到198人。各地培训机构依托国际劳工组织及人力资源和社会保障部在宁夏实施的“创办和改善你的企业”（SIYB）培训项目，并积极探索推广“欧洲模拟公司创业实训”和“1+X”创业培训模式，结合学员的创业类型、规模及创业需求，采取多种方式，丰富培训内涵，广泛开展针对性和实用性强的创业培训。全区当年共组织创业意识培训18 547人，创业能力培训8 524人。通过参加规范的创业培训，当期成功自主创业、开办私营企业687人，当期成功创办微小企业、开办个体工商户2 019人。此外，圆满完成了国际劳工组织“LED/VCD产业价值链发展试点项目”暨“宁夏兴庆区鲜切花产业价值链开发”试点项目，得到了人力资源和社会保障部领导及国际劳工组织专家的一致认可。

三、社会保障体系继续完善

截至12月底，宁夏基本养老、城镇职工医疗、城镇居民医疗、失业、工伤、生育保险参保人数分别达到83.56万人、83.25万人、75.41万人、44.64万人、37.52万人、25.14万人，“五险”参保总人数349.5万人次，当年基金总收入53.8亿元，总支出43.2亿元，年末结存74.9亿元，均创历史新高。社保覆盖范围进一步扩大，特别是城镇居民医保参保取得较大突破，成为一大亮点。一是按时完成了2008年全区企业离退休人员养老金调整、发放工作，养老金支付率、社会化发放率连续10年保持100%。二是扩面征缴工作进展顺利。全区非公经济组织养老保险扩面参保4.75万人。将商贸、餐饮、住宿等服务业农民工纳入工伤保险覆盖范围，实行“定期定额”缴费和“动态实名制”管理办法，农民工参加工伤保险84 974人，参加医疗保险6.33万人，均超过以往年份。三是在进一步推进完善城镇职工基本医疗保险制度管理的同时，全面实施城镇居民基本医疗保险试点，争取国务院将吴忠、固原、中卫三市纳入全国229个新增试点城市范围，提前两年实现全区130多万城镇居民医保制度全覆盖，走在了全国前列。四是农村社会养老保险制度推进有力。农保管理体制基本理顺，业务划转移交工作顺利完成，基层工作机构逐步健全。自治区先后制定出台了《村干部养老保险试点工作指导意见》《被征地农民就业培训和社会保障工作实施意见》和《建立被征地农民社会保障机制的意见》，提出了目标任务和具体要求。截至年底，全区18个市县中，有15个市县同时或分别开展了农村社会养老保险、村干部养老保险和被征地农民养老保险，共有3.84万人参保，9 391人领取养老金，累计结余基金2.8亿元。其中，6个市县开展农村社会养老保险，参保1.03万人，535人领取养老金；15个市县开展村干部养老保险，参保6 329人，参保率为73.7%，76人领取养老金；5个市县开展被征地农民养老保险，参保2.17万人，8 779人领取养老金。五是加强基础管理。完善养老保险区级统筹，率先在全国将失业保险提升为自治区级统筹，并确定了今后其他险种提升统筹层次的具体目标。调整降低养老保险缴费基数，降低城镇职工医疗保险住院费起付线标准，提高了报销比例，使参保职工享受到更多的实惠。出台《宁夏工伤康复管理暂行办法》，建立完善工伤康复、工伤预防和工伤补偿“三位一体”的具有宁夏特色的现代工伤保险制度。在宁夏工人疗养院举行了自治区首家工伤康复试点机构挂牌仪式，全面启动实施工伤康复试点。六是社保基金监督得到加强。组建成立社会保险基金监督机构，完善各项监督机制和管理制度，增强了监管能力。顺利推进社会保险费征缴管理体制改革，实行社保统筹、税务征收、财政管理、审计监督、银行发放，“五险”移交地税部门征缴工作如期到位。首次向社会公开披露了全区社会保险信息，主动接受公众监督。8月，自治区劳动和社会保障厅联合8个部门作出部署，在全区范围内开展为期一年半的社保基金专项治理，重点纠正基金征缴、支付、管理中存在的违规违纪问题，努力实现“强化征缴、应收尽收，方便群众、防止骗保，规范管理、严禁挪用，运营安全、保值增值，监督检查、监管有力”的目标，确保社保基金安全平稳运行。

四、劳动关系保持和谐稳定

全区各级劳动保障部门以强化国家新颁布的《劳动合同法》《就业促进法》《劳动争议调解仲裁法》和《劳动合同法实施条例》“三法一条例”的宣传、贯彻实施为契机，以构建维护劳动者合法权益长效机制为抓手，加大劳动保障执法检查维权力度，规范劳动用工管理，确保职工体面劳动，劳有所得。一是提升依法行政能力。劳动和社会保障厅对全区劳动保障系统干部职工进行法律知识培训，对全区劳动保障监察员和劳动仲裁调解员进行了轮训。积极筹措资金，下大力气为全区26个市县区劳动保障部门购置配备了劳动保障监察用车，初步改善了劳动监察执法办案条件。全面清理有关法规和文件，研究制定地方配套法规，协助配合自治区人大落实劳动保障立法计划，《宁夏创业与就业促进条例》将于2009年颁布实施。二是大力推进实施劳动合同制度，以提高农民工劳动合同签订率为重点，在全区建筑业、住宿和餐饮业、采矿业、居民服务业开展了“春暖行动”。截至年底，全区共有在岗职工84.94万人，已签订劳动合同76.87万人，签订率达到90.5%。三是完善协调劳动关系三方机制，积极开展创建劳动关系和谐企业和工业园区活动，实行劳动用工登记制度，全区各类用人单位新招收转入和解除终止劳动关系职工备案率达到90%以上。四是会同有关部门对全区112项重点建设工程项目维护农民工合法权益情况实施监控，建立完善农民工工资支付长效机制，有效遏制了欠薪行为，拖欠额大幅下降。全年为农民工追讨拖欠工资7 833万元，清欠率为96.4%。五是开辟仲裁维权“绿色通道”。推进劳动仲裁机构实体化建设，快速受理、处理劳动者申诉。全区共受理劳动争议案件1 552件，结案1 443件，结案率为93%。认真部署做好维护北京奥运会和自治区50年大庆期间的社会稳定工作，及时处理农民工举报投诉案件，化解矛盾，维护社会稳定。

五、宣传信息工作成果丰硕

劳动和社会保障厅把宣传信息工作作为落

实各项民生政策的“先导工程”，采取4项措施，强力推进实施。一是建立“一把手”负责的宣传信息工作责任制，建立健全宣传信息员信息库，构筑了区、市、县劳动保障部门三级联动，政务信息主导、主流媒体造势、专业网站助推的“三位一体”的宣传信息工作大格局。二是建立完善考核激励机制。将宣传信息作为一项约束性指标，纳入自治区促进就业和完善社会保障体系工作目标考核范围。实行撰写报送信息实名制管理和每季度信息采用得分情况通报制度，专门安排宣传信息工作经费，每季度对厅系统信息员给予物质奖励，年底评选表彰先进。三是构筑多层次宣传阵地。改进宣传手段，丰富宣传方式，借助主流媒体宣传阵地，广泛宣传促进就业、社会保障、劳动维权政策。特别是围绕服务全民创业，创建了自治区首家以创业为主题的专业网站——“宁夏全民创业网”，借助互联网信息传递技术，为广大创业者搭建创业服务和双向互动的信息平台。在宁报集团和宁夏广电总台设置“全民创业，富民强区”“创业政策，专家解读”“创业之路”“实施全民创业，推进跨越发展”4个固定专栏，定期刊登播发新闻报道，广泛、深入、持久地宣传自治区全民创业政策措施，介绍各地推进创业的成功经验，展示各领域的创业成果，报道创业成功人士的典型事迹，形成了高强度、高质量、高层次的强劲的宣传声势，增强了宣传的广度和深度。全年刊登播发劳动保障工作新闻报道3 000多篇，做到宣传与业务工作密切配合，相得益彰，使劳动保障民生工作更加生动，更加贴近群众，显著提升了劳动保障工作的社会影响和部门形象。四是增强信息服务效能。努力提升撰写信息的质量和报送时效，从不同角度和多个层面全面反映全区劳动保障工作情况。自治区主要领导在劳动保障信息上作出多次批示，政务信息服务领导科学决策、指导工作的功能得到显著提升。全年报送信息累计质量系数较高，在自治区各部门单位排名中靠前，分别受到自治区党委、政府及人力资源和社会保障部的表彰。

（宁夏回族自治区劳动和社会保障厅）

新疆维吾尔自治区

2008年，新疆劳动保障部门在自治区党委、人民政府的正确领导下，以科学发展观为统领，奋力拼搏，开拓进取，进一步加大就业再就业工作力度，继续完善社会保障体系，切实维护劳动者合法权益，劳动保障各项目标任务超额完成。

一、大力推进就业再就业工作

2008年，以贯彻落实《就业促进法》和《国务院关于做好促进就业工作的通知》（国发［2008］5号）为契机，积极完善和落实就业扶持政策，大力促进就业困难群体就业，不断推进公共就业服务体系和人力资源市场建设，就业工作取得重大进展。

（一）完善就业扶持政策

制定出台了《自治区贯彻落实国务院关于做好促进就业工作的通知的实施意见》和一系列配套文件，实现各项就业扶持政策与《就业促进法》的衔接。

（二）援助就业困难群体就业

以创建充分就业社区为抓手，积极开发就业岗位，认真落实各项就业扶持政策，有力地促进了2.3万名就业困难人员就业，零就业家庭实现动态为零。

（三）不断推进小额担保贷款工作

落实目标责任，改进管理方式，坚持小额担保贷款月通报制度，有效发挥了小额担保贷款促进就业的作用，贷款发放工作的成绩好于往年。

（四）扎实开展就业服务专项活动

以组织开展“就业援助月”“春风行动”“民营企业招聘周”“大中专技校毕业生就业服务月”和“高校毕业生就业网络联盟春、夏、秋、冬季联合招聘周”“高校毕业生就业服务周”等就业服务专项活动为载体，为34.4万名就业困难人员和各类求职者提供了就业服务，促进了就业政策落实和就业再就业工作的开展。

（五）加强就业服务和管理等基础工作

积极推进和规范人力资源市场建设，统一人力资源市场管理，完善县级以上公共就业综合服务功能，加强基层劳动保障工作平台建设，规范职业中介机构，进一步提高就业服务质量和效率。地、县已全部建立了综合性人力资源市场，并积极规划和推进乡镇人力资源市场建设。

2008年，自治区通过各种途径实现就业再就业43万人，完成全年35万人就业再就业目标任务的122.9%。下岗失业人员实现就业9万人，完成全年6万人目标任务的150%。就业困难人员实现就业2.1万人，完成全年1.5万人目标任务的140%。城镇登记失业率为3.7%。新疆农业富余劳动力转移就业187万人次，完成全年120万人次目标任务的156%。劳务创收55亿元。

二、职业技能培训和鉴定工作取得新成绩

2008年，坚持职业培训为就业服务的方针，统筹城乡职业培训，推进素质就业工程。

（一）大力开展农业富余劳动力转移就业培训

制定并完善了促进农业富余劳动力转移就

业工作的政策措施，规范转移就业培训、考核鉴定和证书发放等工作。实施农村劳动力技能就业计划，在全区特别是南疆三地州重点实施“一户一人”（一户一技工）转移就业和“一年一户一人一技”致富技能培训工程。实行农村普通中学劳动预备制培训制度，不断提升就业技能。

（二）积极推进城镇下岗失业人员再就业培训、企业在岗职工培训和创业培训

实施城镇下岗失业人员技能再就业计划和能力促创业计划。组织开展技能培训和鉴定。完善创业培训工作体系，为创业人员提供后续支持服务。

（三）高技能人才培养取得实效

实施新技师培养带动计划，推行高技能人才校企合作培养新模式。加强国家高技能人才培养示范基地建设。“企业为主、校企结合、政府推动、社会参与”的培养体系初步形成。大力开展职业技能竞赛，营造学习技能、崇尚技能的良好氛围。

（四）大力推行职业资格证书制度，加快技能人才评价体系建设

实施国家技能资格导航计划，推进企业初次认定工作。推行企业技能人才评价试点工作。加快县级鉴定机构建设，全区 95% 的县市已成立了县级鉴定机构。

（五）加强职业培训基础能力建设

加快新疆第二产业职教园区、八大主导产业和地州市特色产业公共实训基地建设，园区和基地作用得到进一步发挥。拓宽教师培训渠道，加强“双师型”（老师、师傅）教师培养。建立技工院校评估体系，实施技工院校重点专业建设工作。

全年全自治区培训各类人员 115.09 万人次，完成全年 103 万人次目标任务的 111.7%。其中，企业在岗职工培训 40.76 万人次，完成全年 39 万人次目标任务的 104.5%；就业再就业培训 20.49 万人次，完成全年 20 万人次目标任务的 102.5%；农业富余劳动力转移就业培训 40.88 万人次，完成全年 33 万人次目标任务的 123.9%。

当年新增持职业资格证书 43.6 万人次，完成全年 40 万人次目标任务的 109%。其中，农村新增持职业资格证书 25.65 万人次，完成全年 25 万人次目标任务的 102.6%，城镇新增持职业资格证书 17.95 万人次，完成全年 15 万人次目标任务的 119.7%；新培养高技能人才 6.27 万人，完成全年 2.64 万人目标任务的 237.5%。其中，新增技师、高级技师 0.76 万人，完成全年 0.95 万人目标任务的 80%。2008 年，自治区已建立县（市）级职业技能鉴定机构 76 家，占应建县（市）级职业技能鉴定机构总数的 92.7%，鉴定职业（工种）近 150 个。阿勒泰地区、吐鲁番地区、阿克苏地区、和田地区、喀什地区、克孜勒苏克尔克孜自治州、巴音郭楞蒙古自治州、昌吉回族自治州 8 个地区，已经在县（市）全部建立了职业技能鉴定机构。

三、社会保险制度不断完善

2008 年，以解决历史遗留问题和完善制度为重点，着眼长远，加快推动建立覆盖城乡居民的社会保障体系。

（一）养老保险

积极开展做实个人账户、改革养老金计发办法、调整企业离退休人员养老金待遇以及推进企业年金等工作。基本养老保险省级统筹得到巩固和完善。建立了适合被征地农民特点的养老保险办法。解决了超过法定退休年龄的原国有单位“三类人员”参保补费和接续养老保险关系问题及原国有企业“五七工”生活保障问题。

（二）失业保险

调整了失业保险金待遇标准。提高了农民合同制工人失业后生活补助标准。制定了失业保险促进就业再就业的办法。完成了石油、铁路行业失业保险基金纳入专户管理工作。实现了失业保险地级统筹。

（三）医疗保险

在 11 个地州稳步推进城镇居民基本医疗

保险试点，并将大学生纳入城镇居民基本医疗保险覆盖范围，从制度上实现了城镇全覆盖。进一步完善了基本医疗保险政策。将政策性破产国有企业退休人员纳入基本医疗保险。将城镇领取失业保险期间的失业人员全部纳入城镇灵活就业人员基本医疗保险。加强了基本医疗保险定点医疗机构和定点零售药店管理。

（四）工伤保险

大力推进农民工“平安计划”，基本实现了国有大中型煤矿企业农民工全部参保和半数以上的小煤矿、非煤矿山、建筑施工企业农民工参加工伤保险的三年目标。以商贸、餐饮和住宿等服务行业为重点，完善参保政策，狠抓扩面工作。出台了解决国有企业“老工伤”人员的办法，逐步将国有企业“老工伤”人员纳入工伤保险统筹管理。积极开展工伤康复试点工作，推进工伤保险制度建设。

（五）生育保险

完善生育保险制度，延伸生育保险待遇支付链条，将原只对产后实行补助延伸到产前（孕期）、产中、产后实行补助。

（六）农村社会养老保险

按照“低费率、广覆盖、可转移、能衔接”的原则，对新型农村社会养老保险制度进行了积极的探索研究，塔城地区的和布克赛尔蒙古自治县已开展了新型农村社会养老保险。

2008 年，新疆基本养老保险参保人数达到 220. 2 万人，征缴基金 87 亿元；失业保险参保人数 162. 8 万人，征缴基金 11. 9 亿元；城镇职工基本医疗保险参保人数 263 万人，征缴基金 45. 5 亿元，城镇居民基本医疗保险参保人数 161. 3 万人；工伤保险参保人数 152 万人，征缴基金 2. 6 亿元；生育保险参保人数 164 万人，征缴基金 3 亿元。企业退休人员社会化管理服务面进一步扩大，有 48 万名企业退休人员实现了社会化管理，社会化管理服务率达到 93. 7%。12 个地州市的 44 个县（市）开展了农村社会养老保险，截至 2008 年年底，共有 11. 32 万人参加农村社会养老保险，基金累计收入达 8 381. 02 万元，其中当年收入达 1 285. 92 万元，截至 2008 年年底，领取农村养老金人数为 1. 33 万人。

四、发展和谐稳定的劳动关系保障劳动者权益

2008 年，以贯彻落实《劳动合同法》《劳动争议调解仲裁法》和《劳动合同法实施条例》为契机，努力构建和谐稳定的劳动关系。

（一）切实做好法律实施的相关工作

制定了贯彻落实《劳动合同法》《劳动合同法实施条例》实施意见和宣传培训工作实施方案，制定下发了《关于认真贯彻落实〈劳动合同法〉进一步做好劳动关系衔接工作的通知》，密切关注因企业用工和劳资纠纷而发生的各种情况，及时采取应对措施，确保了劳动关系平稳过渡。

（二）加强劳动合同签订工作

继续推进劳动合同制度三年行动计划的实施。开展创建和谐工业园区与和谐企业活动。开展了“春暖行动”，规模以上企业、相对稳定就业人员劳动合同签订率达到 97%。

（三）加强劳动保障监察执法

统筹推进城乡监察工作，加强“四小”企业（小煤矿、小矿山、小作坊、小砖窑）以及城乡结合部等薄弱环节的检查。严肃查处恶意拖欠农民工工资等违反劳动保障法律法规和侵害职工合法权益的行为。建立了劳动监察机构协调机制和不同地区协查机制，有效地遏制了跨地区劳动违法现象。加强社保基金监管，开展了社会保险基金专项治理工作，确保了基金安全和保值增值。

（四）加强劳动争议处理工作

加大了劳动争议案件的调解力度，完善了案件受理、立案、调解、审理以及证据、监督和纠错等各项劳动争议处理制度，不断提高办案质量和效率。新疆各级劳动争议仲裁委员会受理劳动争议案件 7 369 件（其中集体争议案件 632 件），比 2007 年同期增长 83. 2%，结案 6 205 件，结案率为 84. 2%。

（五）推进企业职工工资正常增长机制和支付保障机制建设

加大对企业职工工资增长的调节力度，严格落实最低工资标准，着力提高低收入劳动者的工资收入。继续开展解决企业拖欠工资工作，在国家和自治区人民政府的大力帮扶下，新疆已解决企业工资历史拖欠29 156.86万元，企业工资历史拖欠问题基本得到解决。

五、农业富余劳动力转移就业工作取得新突破

各级劳动保障部门认真贯彻落实自治区农业富余劳动力转移就业工作会议精神，以南疆有组织转移和北疆就近就地转移为重点，区内转移与区外转移相结合，加大工作力度，取得明显成效。

一是组织召开了新疆农业富余劳动力转移就业工作经验交流暨总结表彰大会，出台了《关于加强农业富余劳动力转移就业工作的意见》，印发了《劳动保障部门2008年农民工工作要点》，为加强农业富余劳动力转移就业工作制定了政策措施，有力地指导了农业富余劳动力转移就业工作。

二是以南疆三地州有组织转移和北疆农牧民就地就近转移为重点，以培育新疆特色劳务品牌为抓手，积极推广劳务输出示范县组织、培训、就业、维权“四位一体”的工作经验，努力提高农村公共就业服务水平，转移就业规模迅速扩大。

三是大力开展农业富余劳动力转移就业技能培训和就业常用汉语培训，转移前培训68.45万人次，农业富余劳动力就业技能明显提升。

四是组织农业富余劳动力转移就业典型事迹宣讲团、新闻采访报道团深入南疆三地州等地进行宣传报道，广泛开展全国优秀农民工评选表彰活动，在全社会营造支持农业富余劳动力转移就业的良好氛围。

六、劳动保障法制建设取得显著成效

2008年，新疆劳动保障部门十分重视劳动保障立法工作，建立和完善政策法规，清理不符合科学发展观的规范性文件。加强行政执法监督，开展劳动保障监察行政执法责任制和评议考核制工作试点，推进劳动保障系统依法行政。推进政务公开，规范和完善厅行政审批许可等办事指南。行政复议和行政应诉工作得到加强，自治区各级劳动保障部门办理行政复议案件155件，参加行政应诉案件88件，依法维护了当事人的合法权益。落实“五五”普法规划，开展了以劳动保障法律法规为重点内容的法制“六进”（进机关、单位、企业、社区、学校、农村）活动。认真做好区属国有破产改制企业职工安置方案审核工作，全年共审核职工安置方案124家次，职工安置费用8.77亿元，涉及职工人数2.95万人，有效地维护了社会稳定。

（新疆维吾尔自治区劳动和社会保障厅）

新疆生产建设兵团

2008 年，新疆生产建设兵团劳动保障部门在人力资源和社会保障部的指导下，认真贯彻落实兵团党委和兵团的决策部署，以深入学习实践科学发展观为契机，坚持以人为本，着力改善民生，各项工作取得了显著成绩。

一、就业再就业工作成效显著

全年全兵团累计开发就业岗位 6.77 万个，实现就业再就业 6.59 万人，完成年度计划的 119.7%，其中下岗失业人员再就业 2.9 万人，新增劳动力就业 3.7 万人，就业困难人员就业 7 074 人，分别完成年计划的 115.6%、123.2%、117.9%；城镇登记失业率为 2.76%。一年来，兵团各级劳动保障部门相继开展了再就业援助活动、“春风行动”、民营企业招聘周、兵地大中专技校毕业生就业服务周等公共就业服务专项活动，取得了显著成效。截至 2008 年年底，兵团相继建成一师、二师、四师、六师、七师、八师、十三师及兵直人力资源市场，公共就业服务能力明显提高。全年共举办各类招聘洽谈会 340 场次，提供就业信息岗位 15.19 万个，办理求职登记 6.15 万人，开发公益性岗位 1.11 万个，职业介绍 3.54 万人，介绍成功 3.4 万人（其中介绍“4050”人员 8 725 人，零就业家庭人员 1 969 人，就业困难大中专毕业生 1 882 人，复员转业军人 568 人），职业指导 3.23 万人。同时，积极开展针对地震灾区的就业援助。兵团各级高度重视拾花工引进管理工作，2008 年全兵团共引进拾花工 68.6 万人，其中疆外 45.8 万人，疆内 22.8 万人，拾花工人均收入 2 500 元左右，全兵团共向拾花工捐赠御寒衣物 29.4 万件。开展了优秀农民工评选活动，崔廷扬、张开容、陈勇、孙建国、李明武 5 名在兵团工作的农民工被表彰为全国优秀农民工，农九师劳动和社会保障局被表彰为全国农民工工作先进集体。

二、职业培训和技能鉴定工作扎实进行

兵团各级劳动保障部门和各类培训机构紧紧围绕农业建设“三大基地”、工业发展“六大产业”，认真落实兵团“十件实事”之一的职工职业技能培训，组织实施技能人才培养“95225”工程规划。全年共计开展各类培训 21.13 万人次，完成全年计划的 106%；组织开展职业技能鉴定 16.94 万人，培养新技师 5 290 人，其中新增农艺工高级技师 82 人，实现了农艺工高级技师考核工作零的突破。先后对 1.33 万名下岗失业人员进行再就业培训，完成年初计划的 67%，培训合格率 90%，培训后实现再就业率 60%。开展下岗失业人员、残疾人、大学毕业生创业培训 2 074 人，2 015 人成功就业。63 名教师参加了创业师资提高培训班和师资培训班。全年组织开展转岗培训 1.4 万人，1.12 万名一线富余职工实现了转移就业，取得较好实效。技工院校招生 6 868 人（高级工班 677 人），毕业生 3 050 人（高级工班 88 人），就业安置 2 609 人。

三、社会保险工作稳步发展

（一）养老保险

自 2008 年 1 月 1 日起，正式实施了企业职工基本养老保险兵团级统筹，运行较为平

稳。为确保兵团级统筹的顺利实施，下发了《关于对兵团养老保险和失业保险工作检查调研的通知》，组织4个检查组，对15个统筹区进行了全面检查。为规范统筹项目、统筹范围和缴费基数等工作，下发了《关于兵团养老保险统筹工作进展情况的通报》，并及时督办，要求各师按照国家和兵团有关规定规范养老保险统筹工作。

认真落实调整企业离退休人员基本养老金工作。按照国家的统一部署，制定了为企业退休人员增加养老金的调整方案，积极与兵团财务局协调落实调整待遇资金，并对各师加大了督导力度。由于工作到位，措施得力，于1月31日前为15个统筹区43.6万名退休人员按时调整了养老金，人均每月增加养老金131元。2008年调整待遇，兵团每月增加养老金支出5 700万元，全年增加支出6.82亿元。

年末，兵团基本养老保险参保人数78.28万人，其中个体参保15.27万人；离退休人员45.87万人，其中离休1.49万人，退休（退职）44.38万人，当年净增退休人数6 790人。当年应缴养老保险费232 158万元，实缴231 654万元，征缴率99.78%；全年实发养老金604 009万元，其中离休金39 296万元，退休金564 713万元，养老金按时足额发放率为100%。

（二）医疗、生育保险

兵团医疗保险工作按照“总体规划、突出重点，完善制度、强化管理”的工作方针，进一步完善了职工基本医疗保险制度，制定下发了《关于兵团灵活就业人员参加职工基本医疗保险的意见》，修订了灵活就业人员参保办法，减轻了个人缴费负担，促进了灵活就业人员参加医疗保险。继续完善了医疗保险服务管理体系，强化了基金收支管理。组织成立了兵团医疗保险研究会和中国医疗保险西部论坛，积极开展了医疗保险理论研究工作。截至年底，兵团参加基本医疗保险人数达到113.1万人，其中在职职工68.78万人，退休人员44.32万人。7月，正式启动实施兵团居民基本医疗保险，印发了《新疆生产建设兵团关于建立居民基本医疗保险制度的意见》，通过各师切实有效的行政措施推动，居民参保缴费工作成效显著。截至年底，各统筹区实际参保缴费居民人数合计100.16万人，为兵团居民基本医疗保险的稳健运行奠定了良好基础。

兵团生育保险平稳运行，确保了女职工的切身利益。同时，按照原劳动和社会保障部要求及“十一五”期间兵团生育保险工作思路，反复调研，充分论证，初步制定了《兵团职工生育保险办法》。截至年底，兵团15个统筹区参加生育保险达到60.39万人。

（三）失业保险

年末，全兵团失业保险参保人数62.02万人，其中内资企业参保职工57.92万人，事业单位参保职工4.1万人。全年应收失业保险费19 644万元，实收19 554万元，收缴率为99.5%，补缴历年欠费243万元。12月领取失业金人员25 262人，全年领取失业金人月数为436 820人月。失业保险基金全年总支出19 834万元，年末累计结余54 185万元。

（四）工伤保险

兵团工伤保险工作按照国家的统一要求和部署，以贯彻落实国务院5号文件为主线，进一步强化了农民工和高风险企业的工伤保险工作，继续推进了事业单位、民间非营利组织工作人员参保。顺利启动了“老工伤”人员纳入工伤保险统筹管理工作，并确定了2008年年底启动，2009年全部纳入的目标。做好工伤职工待遇调整工作，进一步提高了工伤职工的待遇水平。出台了《新疆兵团工伤职工辅助器具配置管理暂行办法》，进一步规范工伤保险管理服务。继续做好《工伤保险条例》全面实施的各项工作，确保了工伤保险运行平稳。截至年底，兵团15个统筹区参加工伤保险人数达到63.43万人。

（五）社会保险基金监督

2008年，兵团劳动和社会保障局联合兵团七部门成立了社会保险基金专项治理领导小组，并综合协调小组成员单位，共同做好社会保险基金专项治理工作。继续要求各师劳动和社会保障局抓紧时间清理回收少计的社保基金利息。大部分师已经清理回收完毕，截至12月底，已收回少计利息1 602.58万元。全兵团共稽核1 685家参保单位，稽核人数55.42万人，查出少报、漏报缴费基数2 166.06万元，少缴、漏缴社会保险费792.32万元，已补缴731.62万元，补缴到账率达到92.34%。兵团劳动和社会保障局坚持社会保险基金运行分析报告制度，通过对各师上报的社会保险基金数据的纵向与横向比较，认真理清数据间的逻辑关系，查找原因，找出了各师在社会保险，特别是养老保险、医疗保险方面的扩面突破点及农民工参加医疗保险、工伤保险的关键环节，为兵团领导决策提供真实有效数据。

按照国务院第157次常务会议精神及原劳动和社会保障部《关于贯彻落实国务院常务会议精神，加强社会保险基金监管有关问题的通知》要求，经兵团领导批示，分别对一师、八师下发了《关于清理回收挤占挪用养老保险基金的通知》，要求将1999年以前挤占挪用、违规出借和投资的583.59万元及503.49万元养老保险基金收回并入养老保险基金，无法清收的，由师财务（政）偿还。

四、信访工作进一步完善

2008年，兵团劳动保障系统信访量较2007年有所下降。在信访接待中严格坚持“四个不放过”，即疑点未核实的不放过，政策把握不准的不放过，定性不准的不放过，事实不清的不放过。面对信访中反映比较集中的问题，注重从完善政策措施上找方法，从解决信访问题的方法上找对策，对现有政策不断进行完善，从制度上保证信访问题的妥善解决。为更好地配合兵团信访整体工作，实行劳动保障系统信访突出问题包案制度，并选派得力人员协助兵团信访局做好上访人员的劝返工作。在做好信访工作的同时，加大了劳动保障法规政策的宣传力度，积极与兵团日报、兵团电视台合作，建立普法宣传平台，在兵团日报上连载了《劳动合同法》和《就业促进法》知识问答。利用“12·4”全国法制宣传日，与兵团司法局联合开展了有奖知识竞赛活动。兵团劳动保障行政复议工作狠抓了《行政复议法》《劳动和社会保障行政复议办法》《工伤保险条例》等法律法规的学习宣传和贯彻落实。全系统共处理劳动保障行政复议案件29起，结案率为100%。

五、进一步规范劳动关系协调工作

深入贯彻实施《劳动合同法》和《劳动合同法实施条例》，加大了学习、宣传和培训力度，全年印制《劳动合同法》宣传挂图4 000套，各类宣传资料15万份，知识读本6.5万本，举办培训班386期。为确保劳动关系有效对接，制定下发了《关于认真贯彻落实〈劳动合同法〉进一步做好劳动关系衔接工作的通知》。加强团场劳动用工管理，规范劳动关系。实现了对劳动合同签订、履行、解除、终止情况的宏观动态管理。依据《劳动合同法》和《劳动合同法实施条例》，修订并下发了《兵团工交建商劳动合同》和《农牧团场劳动合同》范本。制定下发了《关于加强非公有制企业劳动合同签订工作的通知》，为解决非公有制企业劳动合同签订率低的问题，提出了具体要求和措施。积极推进兵团劳动合同制度实施三年行动计划，截至12月底，兵团各类企业（团场）劳动合同签订率达到99.78%，其中兵团国有及国有控股企业（团场）劳动合同签订率达到100%，非公有制企业和农民工劳动合同签订率有所提高，完成了年初确定的目标。

劳动争议处理工作取得新成果。一是加强了政策体系建设。开展了《劳动争议仲裁法》的学习培训，统一制定了劳动争议仲裁申诉书、案件受理、立案、庭审、裁决等37种文书，加强了仲裁案件归档管理工作。二是着力提高仲裁员的办案能力。组织召开了由各师仲裁员参加的劳动争议典型案例分析研讨会，对各师提交会议的41个典型疑难案例进行了研讨、评析。三是组织开展劳动争议仲裁案件处理评查工作。14 个师的仲裁员参加了评查，对各师的劳动争议仲裁案件处理质量等 43 项内容进行了评查。通过评比，农六师、农七师、农八师被评为优秀，农一师、农四师、建工师被评为良好，农二师等 8 个单位被评为合格，对评查情况进行了通报，对 14 名成绩突出的仲裁员进行了表彰和奖励。通过评查，规范了办案程序，提高了办案质量。四是积极开展劳动争议仲裁案件的处理工作。在劳动争议仲裁案件大量增加、无经费保障的形势下，兵团劳动争议仲裁人员积极应对困难，按照“快立、快审、快结”的原则，及时受理、及时裁决劳动争议案件，并指导企业做好劳动争议调解工作，推动劳动关系预警机制和调解机制的建立，有效遏制劳动争议仲裁案件不断上升的势头。截至 12 月底，全兵团共处理劳动争议案件 1 545 件，其中案外调解 1 122 件，仲裁 429 件，结案率达 98%，涉案人数 1 808 人，涉及金额 2 155 万元，维护了劳动关系双方的合法权益，为服务于兵团经济建设发挥了“稳定器”的作用。

2008 年，加强了劳动保障监察队伍建设，积极探索将团场社区劳动管理站的同志吸收为兼职监察员，协调处理劳动纠纷。加大了劳动保障监察执法力度，开展了日常巡查和专项检查。对兵团范围内的小砖窑、小煤矿、小矿山、小作坊和有雇工的土地承包户等用工比较集中的场所，进行了整治非法用工、打击违法犯罪专项行动和农民工工资支付专项检查，建立了农民工工资支付长效机制，进一步完善建筑行业工资保证金制度，有效地保护了劳动者的合法权益。全年共受理举报投诉案件 2 087 件，立案 1 447 件，结案 1 419 件，结案率为 98%。审查用人单位规章 132 件，纠正用人单位违法违规 538 件。加大了解决企业工资拖欠力度，全年完成 21 190 万元，涉及企业 163 家，涉及职工 60 212 人。

六、劳动保障基础建设继续推进

2008 年，为实现全兵团劳动保障各级服务机构、各项业务、全体职工群众和服务网络四个“全覆盖”的总体目标，加大协调配合力度，加强统筹实施进度，把促进项目平稳较快发展和提高建设质量效益作为中心任务，完成了“金保工程”一期项目大部分建设任务，取得了阶段性的建设成果。在全面推进统一数据中心建设的基础上，完成了兵团本级和各师硬件设备部署与网络的全线贯通，以及“金保工程”数据级容灾中心的各项建设工作。“金保工程”核心应用软件在兵直统筹区实现了平稳上线，数据迁移工作取得了突破性的进展，从而确保了新旧系统的无缝衔接。社会保障卡系统、指纹识别系统在完成公开招标后，系统建设全面启动。兵团居民医疗保险系统软件开发完成了系统调研、需求分析、软件测试等项工作后，进入试点运行。作为提升公共服务手段的兵团劳动保障门户网站开通一年来，做到了及时更新和发布信息，信息量有了显著增长，截至 12 月底，访问次数已接近 3 万次。

（新疆生产建设兵团劳动和社会保障局）

统 计 资 料

（一）综　　合

表 1—1　　　　历年国内生产总值增长及构成

年份	国内生产总值	第一产业	第二产业	第三产业
一、绝对数（亿元）				
1997	78 973	14 442	37 543	26 988
1998	84 402	14 818	39 004	30 580
1999	89 677	14 770	41 034	33 873
2000	99 215	14 945	45 556	38 714
2001	109 655	15 781	49 512	44 362
2002	120 333	16 537	53 897	49 899
2003	135 823	17 382	62 436	56 005
2004	159 878	21 413	73 904	64 561
2005	183 217	22 420	87 365	73 433
2006	211 924	24 040	103 162	84 721
2007	257 306	28 627	124 799	103 880
2008	300 670	34 000	146 183	120 487
二、比上年增长（%）				
1998	7.8	3.5	8.9	8.3
1999	7.6	2.8	8.1	9.3
2000	8.4	2.4	9.4	9.7
2001	8.3	2.8	8.4	10.2
2002	9.1	2.9	9.8	10.4
2003	10.0	2.5	12.7	9.5
2004	10.1	6.3	11.1	10.0
2005	10.4	5.2	11.7	10.5
2006	11.1	5.0	13.0	10.5
2007	13.0	3.7	14.7	13.8
2008	9.0	5.5	9.3	9.5
三、构成（%）				
1997	100.0	18.3	47.5	34.2
1998	100.0	17.3	46.2	36.5
1999	100.0	16.2	45.8	38.0
2000	100.0	14.8	45.9	39.3
2001	100.0	14.1	45.2	40.7
2002	100.0	13.5	44.8	41.7
2003	100.0	12.5	46.0	41.5
2004	100.0	13.1	46.2	40.7
2005	100.0	12.5	47.5	40.0
2006	100.0	11.7	48.9	39.4
2007	100.0	11.1	48.5	40.4
2008	100.0	11.3	48.6	40.1

表 1—2　　历年分城乡就业人员年末人数及构成　　单位：万人

年份	就业人数			构成（%）		
	合计	城镇	乡村	合计	城镇	乡村
1997	69 820	20 781	49 039	100	29. 8	70. 2
1998	70 637	21 616	49 021	100	30. 6	69. 4
1999	71 394	22 412	48 982	100	31. 4	68. 6
2000	72 085	23 151	48 934	100	32. 1	67. 9
2001	73 025	23 940	49 085	100	32. 8	67. 2
2002	73 740	24 780	48 960	100	33. 6	66. 4
2003	74 432	25 639	48 793	100	34. 4	65. 6
2004	75 200	26 476	48 724	100	35. 2	64. 8
2005	75 825	27 331	48 494	100	36. 0	64. 0
2006	76 400	28 310	48 090	100	37. 1	62. 9
2007	76 990	29 350	47 640	100	38. 1	61. 9
2008	77 480	30 210	47 270	100	39. 0	61. 0

注：本表中 1990 年以后从业人员数字根据 2000 年人口普查数进行了调整。

表 1—3　　历年分产业就业人员年末人数及构成　　单位：万人

年份	就业人数				构成（%）			
	合计	第一产业	第二产业	第三产业	合计	第一产业	第二产业	第三产业
1997	69 820	34 840	16 547	18 432	100	49. 9	23. 7	26. 4
1998	70 637	35 177	16 600	18 860	100	49. 8	23. 5	26. 7
1999	71 394	35 768	16 421	19 205	100	50. 1	23. 0	26. 9
2000	72 085	36 043	16 219	19 823	100	50. 0	22. 5	27. 5
2001	73 025	36 513	16 284	20 228	100	50. 0	22. 3	27. 7
2002	73 740	36 870	15 780	21 090	100	50. 0	21. 4	28. 6
2003	73 740	36 546	16 077	21 809	100	49. 6	21. 8	29. 6
2004	75 200	35 269	16 920	23 011	100	46. 9	22. 5	30. 6
2005	75 825	33 918	18 092	23 815	100	44. 7	23. 9	31. 4
2006	76 400	32 561	19 225	24 614	100	42. 6	25. 2	32. 2
2007	76 990	31 444	20 629	24 917	100	40. 8	26. 8	32. 4
2008	77 480	30 654	21 109	25 717	100	39. 6	27. 2	33. 2

表 1—4　**历年城镇分经济类型就业人员构成**　单位：万人

年份	合计	国有单位	集体单位	股份合作单位
1997	20 781	11 044	2 883	
1998	21 616	9 058	1 963	136
1999	22 412	8 572	1 712	144
2000	23 151	8 102	1 499	155
2001	23 940	7 640	1 291	153
2002	24 780	7 163	1 122	161
2003	25 639	6 876	1 000	173
2004	26 476	6 710	897	192
2005	27 331	6 488	810	188
2006	28 310	6 430	764	178
2007	29 350	6 424	718	170
2008	30 210	6 447	662	164

年份	联营单位	有限责任公司	股份有限公司	私营企业
1997	43		468	750
1998	48	484	410	973
1999	46	603	420	1 053
2000	42	687	457	1 268
2001	45	841	483	1 527
2002	45	1 083	538	1 999
2003	44	1 261	592	2 545
2004	44	1 436	625	2 994
2005	45	1 750	399	3 458
2006	45	1 920	741	3 954
2007	43	2 075	788	4 581
2008	43	2 194	840	5 124

年份	港澳台商投资单位	外商投资单位	个体	其他
1997	281	300	1 919	3 093
1998	294	293	2 259	5 698
1999	306	306	2 414	6 837
2000	310	332	2 136	8 162
2001	326	345	2 131	9 159
2002	367	391	2 269	9 643
2003	409	453	2 377	9 908
2004	470	563	2 521	10 024
2005	557	688	2 778	9 870
2006	611	796	3 012	9 859
2007	680	903	3 310	9 658
2008	679	943	3 609	9 505

表 1—5　　历年分经济类型单位职工人数　　单位：万人

年份	合计	在岗职工	国有单位	在岗职工
1997	14 669		10 766	
1998	14 314	12 337	10 044	8 809
1999	13 928	11 773	9 675	8 336
2000	13 468	11 259	9 260	7 878
2001	12 892	10 792	8 710	7 409
2002	12 517	10 558	8 103	6 924
2003	10 969	10 492	6 875	6 621
2004	12 182	10 576	7 383	6 438
2005	12 193	10 850	6 895	6 232
2006	12 337	11 161	6 829	6 170
2007	12 459	11 427	6 718	6 148
2008	12 369	11 515	6 592	6 126
年份	城镇集体单位	在岗职工	其他单位	在岗职工
1997	2 817		1 085	
1998	2 458	1 900	1 812	1 628
1999	2 233	1 652	2 020	1 785
2000	2 008	1 447	2 200	1 935
2001	1 753	1 241	2 429	2 142
2002	1 527	1 071	2 887	2 563
2003	1 356	950	3 244	2 920
2004	1 210	851	3 588	3 287
2005	1 066	769	4 131	3 849
2006	988	726	4 520	4 264
2007	914	684	4 827	4 595
2008	812	623	4 965	4 766

注：本表中 1998 年以后职工人数包括在岗职工和离岗职工人数。

表 1—6　　历年分企业、事业、机关职工人数　　单位：万人

年份	企业				事业	
	合计	国有	集体	其他	合计	国有
1997	10 888	7 131	2 673	1 084	2 732	2 592
1998	10 524	6 394	2 320	1 810	2 729	2 595
1999	10 112	5 998	2 095	2 019	2 745	2 611
2000	9 628	5 564	1 867	2 197	2 761	2 622
2001	9 054	5 017	1 612	2 425	2 758	2 617
2002	8 713	4 446	1 388	2 879	2 731	2 588
2003	7 172	3 067	820	2 910	2 724	2 582
2004	8 321	3 660	1 088	3 573	2 753	2 621
2005	8 275	3 209	953	4 113	2 806	2 678
2006	8 377	2 996	881	4 500	2 836	2 711
2007	8 456	2 846	810	4 800	2 864	2 736
2008	8 350	2 693	719	4 938	2 871	2 752

续表

年份			机关		
	集体	其他	合计	国有	集体
1997	138	2	1 049	1 043	7
1998	132	2	1 061	1 055	6
1999	133	2	1 071	1 066	5
2000	136	3	1 079	1 075	5
2001	137	4	1 080	1 075	4
2002	136	7	1 073	1 069	4
2003	132	10	1 072	1 068	4
2004	117	15	1 107	1 103	4
2005	110	19	1 111	1 108	3
2006	104	21	1 123	1 121	2
2007	102	26	1 138	1 136	2
2008	92	27	1 149	1 147	2

注：本表中1998年以后职工人数包括在岗职工和离岗职工人数。

表1—7　　历年分行业在岗职工年末人数　　单位：万人

年份	合计	农、林、牧、渔业	采掘业	制造业	电力、燃气及水的生产和供应业	建筑业	地质勘察业、水利管理业	交通运输、仓储和邮电通信业
1978	9 499	830	652	3 595	107	623	178	669
1980	10 444	788	697	3 947	118	710	188	714
1985	12 358	777	795	4 620	142	900	197	823
1989	13 742	782	842	5 206	180	900	199	874
1990	14 059	780	882	5 304	192	896	197	895
1991	14 508	769	905	5 443	203	940	199	916
1992	14 792	758	898	5 508	215	995	202	921
1993	14 849	708	925	5 469	232	1 153	144	826
1994	14 849	680	904	5 434	244	1 072	137	835
1995	14 908	660	914	5 439	257	1 053	134	824
1996	14 845	617	886	5 293	272	1 035	128	830
1997	14 668	612	851	5 083	282	1 004	128	824
1998	12 337	546	702	3 769	281	846	115	701
1999	11 773	519	650	3 496	283	778	110	682
2000	11 259	494	581	3 240	282	744	109	659
2001	10 792	458	544	3 010	284	733	104	629
2002	10 558	430	537	2 907	285	756	96	613

续表

年份	批发和零售贸易、餐饮业	金融、保险业	房地产业	社会服务业	卫生、体育和社会福利业	教育、文化艺术和广播电影电视业	科学研究和综合技术服务业	国家机关、政党机关和社会团体	其他
1978	1 079	65	31	166	247	736	92	430	
1980	1 239	89	37	218	287	817	105	490	
1985	1 518	126	36	271	342	962	131	718	
1989	1 675	184	43	327	382	1 117	147	885	
1990	1 715	195	44	344	392	1 143	152	929	
1991	1 786	208	48	369	410	1 181	156	974	
1992	1 844	223	54	386	421	1 212	159	996	
1993	1 796	239	66	422	416	1 205	166	1 030	55
1994	1 833	261	72	447	428	1 249	174	1 017	63
1995	1 828	273	77	449	438	1 291	178	1 027	66
1996	1 807	288	82	458	451	1 345	176	1 075	103
1997	1 774	298	84	480	464	1 403	179	1 080	125
1998	1 256	301	89	451	469	1 451	168	1 084	108
1999	1 110	300	90	453	473	1 480	165	1 088	96
2000	977	294	93	457	476	1 500	164	1 091	99
2001	840	292	97	463	481	1 512	154	1 088	104
2002	733	287	107	483	480	1 517	151	1 056	120

年份	合计	农、林、牧、渔业	采矿业	制造业	电力、燃气及水的生产和供应业	建筑业	交通运输、仓储和邮政业	信息传输、计算机服务和软件业	批发和零售业	住宿和餐饮业
2003	10 492	460	481	2 899	292	774	610	104	592	159
2004	10 576	438	491	2 960	294	778	598	111	551	163
2005	10 850	414	498	3 096	294	854	579	117	508	167
2006	11 161	402	518	3 250	296	910	579	125	486	170
2007	11 427	386	524	3 358	298	962	584	137	479	172
2008	11 515	362	526	3 329	297	971	583	144	487	178

年份	金融业	房地产业	租赁和商务服务业	科学研究、技术服务和地质勘察业	水利、环境和公共设施管理业	居民服务和其他服务业	教育	卫生、社会保障和社会福利业	文化、体育和娱乐业	公共管理和社会组织
2003	286	108	168	206	164	47	1 402	472	122	1 146
2004	287	120	176	208	165	47	1 425	477	118	1 170
2005	295	133	199	213	170	47	1 445	491	117	1 213
2006	300	140	215	220	176	50	1 466	506	117	1 235
2007	311	151	223	228	181	51	1 484	522	119	1 260
2008	326	157	247	240	179	50	1 491	536	119	1 292

表 1—8　　历年分经济类型单位在岗职工平均工资及增长情况　　单位：元/年

年份	在岗职工平均工资	国有单位	城镇集体单位	其他单位	比上年增长（%）
1997	6 470	6 747	4 512	8 789	4.2
1998	7 479	7 668	5 331	8 972	15.6
1999	8 346	8 543	5 774	9 829	11.6
2000	9 371	9 552	6 262	10 984	12.3
2001	10 870	11 178	6 867	12 140	16.0
2002	12 422	12 869	7 667	13 212	14.3
2003	14 040	14 577	8 678	14 574	13.0
2004	16 024	16 445	9 723	16 519	14.1
2005	18 364	19 313	11 283	18 244	14.6
2006	21 001	22 112	13 014	20 755	14.4
2007	24 932	26 620	15 595	24 058	18.7
2008	29 229	31 005	18 338	28 387	17.2

表 1—9　　历年全国企业、事业、机关单位在岗职工平均工资　　单位：元/年

年份	在岗职工平均工资	企业				事业
		合计	国有	集体	其他	合计
1997	6 470	6 322	6 647	4 443	8 788	6 867
1998	7 479	7 405	7 644	5 264	8 970	7 620
1999	8 346	8 168	8 350	5 670	9 828	8 665
2000	9 371	9 189	9 324	6 144	10 985	9 634
2001	10 870	10 453	10 619	6 667	12 136	11 491
2002	12 422	11 873	12 109	7 426	13 206	13 246
2003	14 040	13 578	14 028	8 401	14 575	14 564
2004	16 024	15 559	16 336	9 513	16 255	16 489
2005	18 364	17 853	19 069	10 909	18 242	18 720
2006	21 001	20 555	22 246	12 547	20 756	21 259
2007	24 932	24 046	26 284	14 882	24 053	25 805
2008	29 229	28 359	30 780	17 616	28 388	29 758

年份				机关		
	国有	集体	其他	合计	国有	集体
1997	6 925	5 743	9 530	6 990	6 994	6 338
1998	7 689	6 206	10 858	7 740	7 746	6 675
1999	8 748	6 970	10 913	8 925	8 930	7 827
2000	9 749	7 388	10 560	10 020	10 025	8 718
2001	11 640	8 518	14 628	12 125	12 136	8 960
2002	13 438	9 399	15 568	14 005	14 020	9 302
2003	14 770	10 448	15 147	15 736	15 757	9 742
2004	16 690	11 773	17 335	17 869	17 887	12 101
2005	18 926	13 602	18 621	20 828	20 840	15 365
2006	21 466	15 887	20 668	23 360	23 370	17 897
2007	26 029	19 828	25 048	28 763	28 773	21 803
2008	30 004	22 682	28 205	33 869	33 878	25 298

表 1—10　　历年分行业职工平均工资　　单位：元/年

年份	合计	农、林、牧、渔业	采掘业	制造业	电力、煤气及水的生产和供应业	建筑业	地质勘察业、水利管理业	交通运输、仓储和邮电通信业
1978	615	470	676	597	850	714	708	694
1980	762	616	854	752	1 035	855	895	832
1985	1 148	878	1 324	1 112	1 239	1 362	1 406	1 275
1989	1 935	1 389	2 378	1 900	2 241	2 166	2 199	2 197
1990	2 140	1 541	2 718	2 073	2 656	2 384	2 465	2 426
1991	2 340	1 652	2 942	2 289	2 922	2 649	2 707	2 686
1992	2 711	1 828	3 209	2 635	3 392	3 066	3 222	3 114
1993	3 371	2 042	3 711	3 348	4 319	3 779	3 717	4 273
1994	4 538	2 819	4 679	4 283	6 155	4 894	5 450	5 690
1995	5 500	3 522	5 757	5 169	7 843	5 785	5 962	6 948
1996	6 210	4 050	6 482	5 642	8 816	6 249	6 581	7 870
1997	6 470	4 311	6 833	5 933	9 649	6 655	7 160	8 600
1998	7 479	4 528	7 242	7 064	10 478	7 456	7 951	9 808
1999	8 346	4 832	7 521	7 794	11 513	7 982	8 821	10 991
2000	9 371	5 184	8 340	8 750	12 830	8 735	9 622	12 319
2001	10 870	5 741	9 586	9 774	14 590	9 484	10 957	14 167
2002	12 422	6 398	11 017	11 001	16 440	10 279	12 303	16 044

年份	批发和零售贸易、餐饮业	金融、保险业	房地产业	社会服务业	卫生、体育和社会福利业	教育、文化艺术和广播电影电视业	科学研究和综合技术服务业	国家机关、政党机关和社会团体	其他
1978	551	610	548	392	573	545	669	655	
1980	692	720	694	475	718	700	851	800	
1985	1 007	1 154	1 028	777	1 124	1 166	1 272	1 127	
1989	1 660	1 867	1 925	1 926	1 959	1 883	2 118	1 874	
1990	1 818	2 097	2 243	2 170	2 209	2 117	2 403	2 113	
1991	1 981	2 255	2 507	2 431	2 370	2 243	2 573	2 275	
1992	2 204	2 829	3 106	2 844	2 812	2 715	3 115	2 768	
1993	2 679	3 740	4 320	3 588	3 413	3 278	3 904	3 505	3 371
1994	3 537	6 712	6 288	5 026	5 126	4 923	6 162	4 962	5 213
1995	4 248	7 376	7 330	5 982	5 860	5 435	6 846	5 526	6 295
1996	4 661	8 406	8 337	6 778	6 790	6 144	8 048	6 340	7 184
1997	4 845	9 734	9 190	7 553	7 599	6 759	9 049	6 981	6 838
1998	5 865	10 633	10 302	8 333	8 493	7 474	10 241	7 773	8 481
1999	6 417	12 046	11 505	9 263	9 664	8 510	11 601	8 978	10 068
2000	7 190	13 478	12 616	10 339	10 930	9 482	13 620	10 043	11 098
2001	8 192	16 277	14 096	11 869	12 933	11 452	16 437	12 142	12 590
2002	9 398	19 135	15 501	13 499	14 795	13 290	19 113	13 975	14 215

续表

年份	合计	农、林、牧、渔业	采矿业	制造业	电力、燃气及水的生产和供应业	建筑业	交通运输、仓储和邮政业	信息传输、计算机服务和软件业	批发和零售业	住宿和餐饮业
2003	14 040	6 969	13 682	12 496	18 752	11 478	15 973	32 244	10 939	11 083
2004	16 024	7 611	16 874	14 033	21 805	12 770	18 381	34 988	12 923	12 535
2005	18 364	8 309	20 626	15 757	25 073	14 338	21 352	40 558	15 241	13 857
2006	21 001	9 430	24 335	17 966	28 765	16 406	24 623	44 763	17 736	15 206
2007	24 932	11 086	28 377	20 884	33 809	18 758	28 434	49 225	20 888	17 041
2008	29 229	12 958	34 405	24 192	39 204	21 527	32 796	56 642	25 538	19 481

年份	金融业	房地产业	租赁和商务服务业	科学研究、技术服务和地质勘察业	水利、环境和公共设施管理业	居民服务和其他服务业	教育	卫生、社会保障和社会福利业	文化、体育和娱乐业	公共管理和社会组织
2003	22 457	17 182	16 501	20 636	12 095	12 900	14 399	16 352	17 268	15 533
2004	26 982	18 712	18 131	23 593	13 336	14 152	16 277	18 617	20 730	17 609
2005	32 228	20 581	20 992	27 434	14 753	16 642	18 470	21 048	22 885	20 505
2006	39 280	22 578	23 648	31 909	16 140	18 935	21 134	23 898	26 126	22 883
2007	49 435	26 425	26 965	38 879	19 064	21 550	26 162	28 258	30 662	28 171
2008	61 841	30 327	31 735	46 003	22 182	23 801	30 185	32 714	34 494	32 955

注：本表中 1998 年以后为在岗职工口径。

表 1—11　分地区企业、事业、机关单位在岗职工平均工资和离岗职工平均生活费

（2008）　　单位：元/年

地　区	合计		企业	
	在岗职工平均工资	离岗职工平均生活费	在岗职工平均工资	离岗职工平均生活费
全　国	**29 229**	**6 995**	**28 359**	**6 210**
北　京	56 328	16 949	55 055	16 232
天　津	41 748	5 394	39 678	4 907
河　北	24 756	7 305	24 767	5 396
山　西	25 828	6 395	27 399	6 148
内蒙古	26 114	8 469	24 503	6 936
辽　宁	27 729	4 317	26 967	3 989
吉　林	23 486	7 068	23 404	5 885
黑龙江	23 046	4 314	21 849	2 933
上　海	56 565	8 474	55 154	7 708
江　苏	31 667	8 852	28 162	8 118
浙　江	34 146	12 529	29 294	11 283
安　徽	26 363	5 864	26 269	5 700
福　建	25 702	5 455	23 804	5 191
江　西	21 000	3 700	19 866	3 433
山　东	26 404	9 156	24 583	7 314

续表

地　　区	合计		企业	
	在岗职工平均工资	离岗职工平均生活费	在岗职工平均工资	离岗职工平均生活费
河　　南	24 816	5 360	24 331	5 350
湖　　北	22 739	8 866	22 336	8 771
湖　　南	24 870	6 520	23 188	5 956
广　　东	33 110	7 659	30 798	6 784
广　　西	25 660	5 896	24 186	5 747
海　　南	21 864	3 062	19 128	2 744
重　　庆	26 985	7 525	25 832	7 429
四　　川	25 038	10 303	23 753	9 621
贵　　州	24 602	6 722	24 228	6 634
云　　南	24 030	11 857	23 433	11 212
西　　藏	47 280	10 576	34 934	6 872
陕　　西	25 942	5 933	25 523	5 138
甘　　肃	24 017	9 548	23 474	9 141
青　　海	30 983	12 127	27 852	11 436
宁　　夏	30 719	12 466	31 523	12 425
新　　疆	24 687	13 040	23 396	12 084

地　　区	事业		机关	
	在岗职工平均工资	离岗职工平均生活费	在岗职工平均工资	离岗职工平均生活费
全　　国	**29 758**	**11 493**	**33 869**	**18 102**
北　　京	60 713	21 921	62 302	26 621
天　　津	44 467	15 957	58 013	38 280
河　　北	24 256	15 028	25 854	25 209
山　　西	22 256	8 497	25 202	16 748
内 蒙 古	27 578	14 818	30 368	20 135
辽　　宁	28 061	7 898	33 188	19 353
吉　　林	23 102	9 535	25 217	23 150
黑 龙 江	25 056	15 228	28 417	21 998
上　　海	60 537	25 249	66 940	10 257
江　　苏	36 003	13 723	52 190	25 525
浙　　江	49 530	16 518	59 060	29 483
安　　徽	25 024	7 153	30 659	11 642
福　　建	31 422	6 327	34 587	12 478
江　　西	22 077	5 460	23 149	7 341
山　　东	30 475	19 411	30 608	18 029

续表

地区	事业		机关	
	在岗职工平均工资	离岗职工平均生活费	在岗职工平均工资	离岗职工平均生活费
河南	25 422	5 248	25 890	5 675
湖北	21 575	7 893	28 421	12 948
湖南	26 993	7 721	27 369	11 741
广东	36 914	9 266	44 869	26 013
广西	25 579	6 194	33 206	12 785
海南	24 922	6 153	31 703	18 545
重庆	27 626	8 212	34 474	17 082
四川	25 548	13 411	30 406	15 799
贵州	24 042	7 929	27 412	13 986
云南	22 870	12 478	29 004	27 304
西藏	47 855		55 293	16 295
陕西	26 270	10 821	27 341	15 540
甘肃	24 027	15 331	26 074	11 522
青海	34 193	16 509	35 141	17 802
宁夏	28 284	13 385	32 796	11 435
新疆	25 766	17 022	29 577	30 955

表 1—12　　历年全国居民消费价格指数和商品零售价格指数

（以上年为 100）

年份	全国居民消费价格指数	城镇	商品零售价格指数	城镇
1997	102. 8	103. 1	100. 8	100. 8
1998	99. 2	99. 4	97. 4	97. 4
1999	98. 6	98. 7	97. 0	97. 0
2000	100. 4	100. 8	98. 5	98. 5
2001	100. 7	100. 7	99. 2	98. 9
2002	99. 2	99. 0	98. 7	98. 5
2003	101. 2	100. 9	99. 9	99. 6
2004	103. 9	103. 3	102. 8	102. 1
2005	101. 8	101. 6	100. 8	100. 5
2006	101. 5	101. 5	101. 0	101. 0
2007	104. 8	104. 5	103. 8	103. 3
2008	105. 9	105. 6	105. 9	105. 5

表 1—13　　历年城乡居民收入及增长情况　　单位：元/年

年份	城镇居民人均可支配收入	农村居民人均纯收入	扣除物价因素比上年实际增长（%）	
			城镇居民人均可支配收入	农村居民人均纯收入
1997	5 160	2 090	3. 4	4. 6
1998	5 425	2 162	5. 8	4. 3
1999	5 854	2 210	9. 3	3. 8
2000	6 280	2 253	6. 4	2. 1
2001	6 860	2 366	8. 5	4. 2
2002	7 703	2 476	13. 4	4. 8
2003	8 472	2 622	9. 0	4. 3
2004	9 422	2 936	7. 7	6. 8
2005	10 493	3 255	9. 6	6. 2
2006	11 760	3 587	10. 4	7. 4
2007	13 786	4 140	12. 2	9. 5
2008	15 781	4 761	8. 4	8. 0

（二）就业与失业

表 2—1 **分地区城镇单位就业人员年末人数**

（2008）

单位：万人

地区	合计	企业	事业	机关
全国	**12 193**	**8 121**	**2 915**	**1 157**
北京	570.3	451.5	89.7	29.1
天津	200.6	152.8	35.1	12.7
河北	501.0	290.9	146.2	63.9
山西	375.2	237.0	96.9	41.3
内蒙古	244.8	141.6	73.3	30.0
辽宁	510.8	355.3	113.7	41.9
吉林	262.0	153.6	82.8	25.6
黑龙江	475.1	348.4	91.5	35.2
上海	377.2	302.6	59.4	15.2
江苏	707.6	499.5	155.9	52.3
浙江	741.2	585.1	111.1	44.9
安徽	343.7	200.1	105.8	37.8
福建	458.7	355.0	73.5	30.2
江西	289.2	161.5	89.3	38.3
山东	901.4	626.7	196.6	78.1
河南	714.4	437.9	194.6	81.9
湖北	470.3	296.1	128.2	45.9
湖南	454.7	265.1	135.4	54.1
广东	1 007.9	734.0	188.6	85.3
广西	292.8	159.3	102.6	30.9
海南	76.8	49.5	19.1	8.2
重庆	241.7	164.8	57.1	19.8
四川	550.9	333.8	152.3	64.8
贵州	211.0	114.5	66.8	29.7
云南	303.5	174.5	88.2	40.8
西藏	20.3	5.5	7.5	7.3
陕西	344.4	209.7	93.9	40.8
甘肃	192.5	101.1	64.4	27.1
青海	47.0	24.8	14.7	7.6
宁夏	57.1	33.4	17.2	6.6
新疆	248.2	155.0	63.6	29.5

表 2—2　　分地区企业、事业、机关单位在岗职工年末人数

（2008）

单位：万人

地　　区	合计	企业	事业	机关
全　　国	**11 515**	**7 591**	**2 803**	**1 121**
北　　京	508.3	401.0	80.6	26.7
天　　津	178.1	133.8	32.8	11.5
河　　北	470.7	264.0	143.9	62.7
山　　西	365.7	230.4	94.7	40.6
内 蒙 古	240.9	138.9	72.4	29.6
辽　　宁	485.7	335.3	109.9	40.5
吉　　林	255.8	149.7	81.0	25.2
黑 龙 江	423.5	300.9	88.5	34.1
上　　海	305.4	240.9	50.5	14.1
江　　苏	668.3	469.0	149.0	50.3
浙　　江	689.3	542.0	104.6	42.8
安　　徽	322.6	186.4	100.7	35.5
福　　建	441.6	341.8	70.5	29.3
江　　西	275.2	152.3	85.9	37.0
山　　东	872.7	604.4	191.5	76.8
河　　南	691.9	419.9	191.5	80.5
湖　　北	443.0	275.5	123.0	44.5
湖　　南	421.4	241.0	127.6	52.8
广　　东	986.3	717.4	184.2	84.6
广　　西	272.2	145.9	96.8	29.5
海　　南	75.3	48.7	18.5	8.0
重　　庆	229.6	155.0	55.4	19.2
四　　川	528.9	319.3	147.4	62.2
贵　　州	199.8	107.8	63.8	28.1
云　　南	286.7	162.2	85.3	39.3
西　　藏	18.1	4.6	6.7	6.7
陕　　西	332.1	202.1	90.3	39.7
甘　　肃	188.2	98.2	63.1	27.0
青　　海	44.6	23.4	14.0	7.2
宁　　夏	54.7	32.0	16.4	6.3
新　　疆	239.2	147.7	62.5	29.0

表 2—3

分地区城镇私营个体就业人员年末人数

（2008）

单位：万人

地　区	合计	城镇私营企业			城镇个体就业人员
		小计	投资者	雇工	
全　国	**8 733**	**5 124**	**1 067**	**4 057**	**3 609**
北　京	282.2	217.2	57.6	159.6	65.1
天　津	116.2	88.5	16.8	71.7	27.6
河　北	255.8	147.5	26.7	120.9	108.3
山　西	133.4	60.6	18.1	42.5	72.8
内蒙古	170.1	80.4	16.8	63.7	89.6
辽　宁	422.7	206.1	35.3	170.8	216.6
吉　林	170.0	76.7	15.1	61.5	93.3
黑龙江	228.8	108.5	22.8	85.7	120.3
上　海	307.7	282.6	63.3	219.3	25.0
江　苏	1 019.1	778.2	112.0	666.2	240.9
浙　江	646.3	406.4	68.0	338.4	239.9
安　徽	236.7	92.2	17.0	75.2	144.5
福　建	263.3	182.7	34.2	148.5	80.7
江　西	229.1	116.0	19.1	96.9	113.1
山　东	501.8	304.7	71.8	232.9	197.0
河　南	261.9	106.3	30.5	75.8	155.6
湖　北	326.6	142.0	38.9	103.1	184.6
湖　南	307.1	171.4	25.2	146.2	135.7
广　东	1 143.5	679.2	192.1	487.0	464.3
广　西	208.3	92.4	21.2	71.2	115.9
海　南	60.7	36.5	12.6	23.9	24.2
重　庆	215.5	130.4	22.0	108.4	85.1
四　川	412.7	224.7	46.8	177.9	188.1
贵　州	84.2	40.3	9.4	30.9	43.9
云　南	263.3	142.6	25.6	117.0	120.6
西　藏	25.0	10.4	1.3	9.1	14.7
陕　西	152.8	62.4	13.8	48.6	90.4
甘　肃	94.2	44.2	10.0	34.2	50.1
青　海	36.0	16.8	2.4	14.4	19.3
宁　夏	28.1	7.5	2.1	5.4	20.6
新　疆	130.1	68.5	18.3	50.3	61.5

表 2—4　　历年全国城镇登记失业人数及登记失业率

年份	城镇登记失业人数（万人）	登记失业率（%）
1997	577	3.1
1998	571	3.1
1999	575	3.1
2000	595	3.1
2001	681	3.6
2002	770	4.0
2003	800	4.3
2004	827	4.2
2005	839	4.2
2006	847	4.1
2007	830	4.0
2008	886	4.2

表 2—5　　分地区城镇登记失业情况

（2008）

地　区	城镇登记失业人数（万人）	城镇登记失业率（%）
北　京	10	1.8
天　津	13	3.6
河　北	32	4.0
山　西	17	3.3
内蒙古	20	4.1
辽　宁	42	3.9
吉　林	24	4.0
黑龙江	32	4.2
上　海	27	4.2
江　苏	41	3.3
浙　江	31	3.5
安　徽	29	3.9
福　建	15	3.9
江　西	26	3.4
山　东	45	3.7
河　南	37	3.4
湖　北	55	4.2
湖　南	47	4.2
广　东	38	2.6
广　西	19	3.8
海　南	6	3.7
重　庆	13	4.0
四　川	38	4.6
贵　州	12	4.0
云　南	15	4.2
陕　西	21	3.9
甘　肃	9	3.2
青　海	4	3.8
宁　夏	5	4.4
新　疆	12	3.7
新疆兵团	3	2.8

注：西藏自治区未作统计。

表 2—6 　　分地区城镇登记失业基本情况

（2008）　　单位：万人

地　区	上年年末结转登记失业人数	本年新登记失业人数			本年失业人员就业人数
			女性	就业转失业人数	
北　京	10.6	45.4	19.5	28.3	39.7
天　津	15.0	8.1	4.2	6.0	10.1
河　北	29.3	50.9	19.6	18.1	47.9
山　西	16.1	30.8	12.2	7.0	29.4
内蒙古	18.5	33.0	13.1	7.5	31.4
辽　宁	44.5	187.4	93.8	148.9	153.0
吉　林	23.9	36.2	16.7	15.2	35.7
黑龙江	31.5	48.8	19.2	26.4	48.2
上　海	26.8	38.0	14.8	22.8	37.0
江　苏	39.3	168.1	80.3	100.2	163.0
浙　江	28.6	45.8	22.3	20.6	41.9
安　徽	28.1	29.3	13.1	11.4	29.0
福　建	14.9	34.9	15.8	8.6	33.8
江　西	24.3	41.5	19.3	9.6	38.7
山　东	43.5	89.5	41.6	35.8	86.5
河　南	33.1	32.8	14.5	12.0	29.8
湖　北	54.1	49.6	24.3	13.8	46.0
湖　南	44.4	35.1	16.1	14.2	29.8
广　东	36.2	63.8	30.4	24.6	59.4
广　西	18.5	21.4	9.5	7.6	20.8
海　南	5.4	5.4	2.7	2.7	5.1
重　庆	14.1	17.1	7.2	10.5	16.5
四　川	34.8	73.4	32.5	39.0	67.5
贵　州	12.1	12.6	5.5	3.3	11.5
云　南	14.0	25.1	11.0	6.8	24.6
陕　西	21.0	27.6	11.9	6.5	26.1
甘　肃	9.5	25.8	12.5	8.2	26.6
青　海	3.7	5.0	2.1	2.2	4.9
宁　夏	4.4	6.9	3.1	4.1	6.6
新　疆	11.7	34.1	15.1	10.0	34.2
新疆兵团	2.6	3.1	1.5	1.4	3.4

续表

地　　区	本年年末实有登记失业人数	女性	长期失业者	城镇登记失业率（%）
北　　京	10.3	3.7	7.4	1.8
天　　津	13.0	6.8	4.2	3.6
河　　北	32.2	13.3	5.9	4.0
山　　西	17.5	7.5	4.6	3.3
内 蒙 古	19.9	9.8	3.8	4.1
辽　　宁	41.7	18.6	16.3	3.9
吉　　林	24.3	11.7	4.0	4.0
黑 龙 江	32.1	13.1	4.4	4.2
上　　海	26.6	10.0	10.8	4.2
江　　苏	41.1	19.5	11.8	3.3
浙　　江	30.7	14.7	12.0	3.5
安　　徽	29.3	13.6	11.2	3.9
福　　建	15.0	6.7	5.6	3.9
江　　西	26.0	8.5	2.1	3.4
山　　东	60.7	19.3	11.9	3.7
河　　南	36.5	16.2	14.6	3.4
湖　　北	55.1	20.4	5.2	4.2
湖　　南	47.0	20.3	4.5	4.2
广　　东	38.1	17.3	12.5	2.6
广　　西	18.8	8.8	6.0	3.8
海　　南	5.6	1.9	2.1	3.7
重　　庆	13.0	6.9	6.3	4.0
四　　川	37.9	16.3	8.0	4.6
贵　　州	12.5	5.4	2.3	4.0
云　　南	14.8	6.5	3.8	4.2
陕　　西	20.8	6.6	2.9	3.9
甘　　肃	9.4	4.3	2.2	3.2
青　　海	3.9	1.9	1.4	3.8
宁　　夏	4.8	1.8	1.0	4.4
新　　疆	11.8	4.2	1.0	3.7
新疆兵团	2.8	0.9	0.3	2.8

表 2—7 **职业介绍工作情况**

(2008)

单位：万人

	本年年末职业介绍机构个数（个）	本年年末职业介绍机构人数	本年登记招聘人数	本年登记求职人数	女性
合计	**37 208**	**12.7**	**5 507.0**	**5 532.0**	**2 360.2**
劳动保障部门办	24 410	8.0	3 719.0	3 904.5	1 750.3
县（区）及以上	3 760	2.6	2 876.6	3 107.0	1 411.5
街道	5 866	1.9	341.7	290.2	130.1
乡镇	14 784	3.5	500.7	507.3	208.8
其他组织办	2 789	1.1	264.6	241.3	109.6
公民个人办	10 009	3.6	1 523.4	1 386.2	500.2

	下岗职工	失业人员	农村劳动者	获得职业资格人员	本年职业指导人数	农村劳动者
合计	**329.0**	**2 036.7**	**2 376.2**	**1 183.0**	**3 019.9**	**1 484.5**
劳动保障部门办	277.2	1 473.4	1 623.1	822.5	2 249.4	1 062.2
县（区）及以上	224.4	1 250.4	1 195.3	700.4	1 764.2	775.7
街道	34.3	136.4	88.8	61.5	170.8	59.0
乡镇	18.5	86.5	339.0	60.6	314.4	227.6
其他组织办	18.7	93.4	92.3	56.9	128.9	58.1
公民个人办	33.1	469.9	660.8	303.7	641.5	364.1

	本年介绍成功人数	女性	下岗职工	失业人员	农村劳动者	获得职业资格人员
合计	**2 764.3**	**1 162.7**	**184.3**	**932.6**	**1 331.1**	**640.5**
劳动保障部门办	2 019.6	877.6	154.2	671.1	958.1	441.4
县（区）及以上	1 525.8	666.9	122.3	556.3	670.9	366.4
街道	160.6	73.6	22.5	71.5	45.9	35.1
乡镇	333.1	137.1	9.3	43.4	241.4	39.8
其他组织办	118.9	50.7	9.9	37.1	43.3	29.3
公民个人办	625.9	234.4	20.3	224.4	329.6	169.9

表 2—8　分地区职业介绍工作情况

（2008）

单位：万人

地　区	本年年末职业介绍机构个数（个）	本年年末职业介绍机构人数	本年登记招聘人数	本年登记求职人数	
					女性
全　国	**37 208**	**12.7**	**5 507.0**	**5 532.0**	**2 360.2**
北　京	633	0.4	117.2	40.8	16.3
天　津	170	0.1	50.3	70.5	40.8
河　北	2 274	0.7	159.2	155.8	61.6
山　西	285	0.2	53.4	53.1	21.3
内蒙古	1 137	0.3	70.0	74.2	30.8
辽　宁	1 890	0.5	144.8	133.3	66.9
吉　林	1 735	0.5	73.1	91.8	40.2
黑龙江	1 163	0.3	126.6	133.5	54.5
上　海	490	0.4	154.1	522.7	247.0
江　苏	3 823	1.5	445.6	496.3	233.6
浙　江	2 465	0.5	739.4	587.7	159.5
安　徽	2 198	0.6	157.0	138.0	55.4
福　建	1 055	0.3	331.5	251.1	114.2
江　西	1 901	0.5	172.6	184.6	92.1
山　东	2 047	0.7	333.3	271.3	123.9
河　南	1 585	1.2	113.3	136.8	61.3
湖　北	973	0.3	160.4	154.3	72.3
湖　南	871	0.3	84.6	132.3	65.5
广　东	1 892	0.9	1 232.0	1 023.6	441.4
广　西	398	0.2	133.6	145.9	65.3
海　南	232	0.1	22.6	29.7	13.6
重　庆	443	0.2	67.3	63.0	26.4
四　川	1 554	0.4	166.3	155.6	63.4
贵　州	397	0.2	32.9	31.1	13.1
云　南	1 764	0.4	60.9	67.1	26.4
西　藏	22	0.0	2.8	3.2	1.1
陕　西	2 154	0.6	130.6	154.3	55.9
甘　肃	847	0.3	38.3	50.4	22.5
青　海	315	0.1	48.3	49.0	13.7
宁　夏	279	0.1	38.6	46.6	17.1
新　疆	197	0.1	31.4	42.9	20.6
新疆兵团	19	0.0	15.0	41.7	22.6

续表

地　　区						
	下岗职工	失业人员	农村劳动者	获得职业资格人员	本年职业指导人数	农村劳动者
全　　国	**329.0**	**2 036.7**	**2 376.2**	**1 183.0**	**3 019.9**	**1 484.5**
北　　京	0.0	21.0	7.7	10.7	33.3	10.7
天　　津	1.1	51.5	20.6	44.0	58.9	21.2
河　　北	10.8	28.9	72.1	20.3	97.4	61.3
山　　西	11.3	16.9	24.8	6.6	127.7	19.8
内 蒙 古	5.1	27.5	38.9	2.5	42.4	23.5
辽　　宁	24.4	68.4	32.2	16.8	76.6	17.3
吉　　林	19.8	41.9	30.2	15.4	64.9	23.4
黑 龙 江	33.3	61.0	21.3	4.8	73.9	13.3
上　　海	31.1	259.3	76.5	72.3	24.7	4.5
江　　苏	4.1	168.9	261.6	83.1	222.0	117.9
浙　　江	5.3	73.7	269.6	80.5	183.4	127.8
安　　徽	8.2	31.0	55.7	21.2	82.1	38.9
福　　建	11.6	36.2	196.6	13.2	114.5	76.3
江　　西	29.6	59.9	89.8	22.1	88.4	40.4
山　　东	4.6	93.3	105.9	58.8	206.6	72.1
河　　南	37.3	25.2	41.4	19.7	68.5	25.6
湖　　北	21.1	56.9	65.5	41.0	111.1	51.0
湖　　南	8.7	106.2	13.1	58.3	92.8	7.6
广　　东	9.0	607.4	472.9	450.6	655.6	381.4
广　　西	7.0	20.8	84.0	51.4	52.6	32.8
海　　南	1.7	2.8	10.5	4.2	8.9	5.3
重　　庆	4.3	24.1	27.5	8.3	64.1	31.2
四　　川	9.7	61.9	60.4	25.6	101.7	46.6
贵　　州	4.7	10.6	14.0	1.7	22.7	9.8
云　　南	4.8	28.0	34.3	16.6	63.3	29.4
西　　藏	0.0	1.4	0.9	0.1	3.9	1.6
陕　　西	11.6	17.3	81.0	17.6	88.0	56.8
甘　　肃	4.0	9.9	33.7	4.1	43.1	27.4
青　　海	0.8	4.8	42.0	2.0	42.1	37.6
宁　　夏	1.5	6.7	26.1	2.1	43.9	24.6
新　　疆	2.6	10.3	28.1	4.9	31.4	21.1
新疆兵团	0.1	3.0	37.3	2.5	29.3	26.5

续表

地　区	本年介绍成功人数	女性	下岗职工	失业人员	农村劳动者	获得职业资格人员
全　国	**2 764.3**	**1 162.7**	**184.3**	**932.6**	**1 331.1**	**640.5**
北　京	25.3	10.1	0.0	12.4	5.9	9.9
天　津	14.5	7.9	0.2	9.0	3.7	11.2
河　北	85.8	35.1	6.0	17.6	42.7	11.5
山　西	37.8	11.3	7.4	12.1	17.4	4.0
内蒙古	55.7	23.2	4.0	19.4	30.7	1.2
辽　宁	82.0	39.5	13.5	45.6	14.2	9.9
吉　林	55.6	24.3	12.7	25.5	17.0	11.3
黑龙江	78.6	31.4	21.4	35.6	13.2	3.5
上　海	44.1	21.4	3.0	20.7	5.4	6.1
江　苏	227.6	112.9	1.7	87.5	117.1	50.9
浙　江	232.6	87.2	2.5	43.6	138.1	48.3
安　徽	73.2	30.0	5.0	16.0	34.7	14.0
福　建	158.6	81.6	7.6	22.5	125.4	11.0
江　西	102.9	48.9	13.7	26.6	56.0	17.5
山　东	166.9	75.6	3.2	58.2	72.8	37.4
河　南	78.8	31.5	22.4	18.2	25.4	13.3
湖　北	99.6	46.2	15.0	31.2	44.8	26.8
湖　南	49.3	28.1	7.6	33.4	6.1	29.4
广　东	561.6	210.8	3.2	293.3	232.3	251.4
广　西	73.8	31.8	3.8	14.1	45.7	12.3
海　南	10.3	4.5	1.2	1.4	5.3	2.3
重　庆	34.6	14.4	2.3	12.5	13.5	5.1
四　川	83.7	25.5	10.6	26.7	24.9	17.2
贵　州	13.5	5.4	2.0	4.3	7.5	0.9
云　南	39.0	17.1	3.4	12.3	23.4	12.7
西　藏	1.9	0.6	0.0	0.9	0.5	0.1
陕　西	77.5	38.2	5.3	10.0	54.2	9.0
甘　肃	34.6	17.2	2.5	5.4	24.1	3.3
青　海	45.6	12.2	0.6	3.6	41.1	1.7
宁　夏	40.9	15.1	0.4	3.4	23.5	1.4
新　疆	35.1	8.5	1.8	7.5	24.6	4.0
新疆兵团	43.3	15.2	0.3	2.1	40.1	2.1

（三）职业培训与技能鉴定

表3—1 **历年技工学校综合情况** 单位：万人

年份	技工学校个数（个）	招生人数	在校学生人数	毕业生人数	在职教职工人数
一、绝对数					
1997	4 395	73.4	193.2	69.9	31.0
1998	4 362	59.5	181.3	69.5	29.0
1999	4 098	51.5	156.1	66.2	26.9
2000	3 792	50.4	140.1	64.6	24.0
2001	3 470	55.1	134.7	47.7	22.0
2002	3 075	73.3	153.0	45.4	20.3
2003	2 970	91.6	193.1	45.3	20.2
2004	2 884	109.7	234.4	53.5	20.4
2005	2 855	118.4	275.3	69.0	20.4
2006	2 880	134.8	320.8	86.4	21.5
2007	2 995	158.5	367.1	99.7	24.0
2008	3 075	161.4	397.5	109.0	24.7
二、比上年增长（%）					
1998	-0.8	-19.0	-6.1	-0.7	-6.5
1999	-6.1	-13.3	-13.9	-4.6	-7.1
2000	-7.5	-2.3	-10.2	-2.5	-11.0
2001	-8.5	9.4	-3.8	-26.1	-8.3
2002	-11.4	33.0	13.6	-4.9	-7.4
2003	-3.4	24.9	26.2	-0.2	-0.7
2004	-2.9	19.8	21.4	18.1	1.0
2005	-1.0	7.9	17.4	29.0	0.0
2006	0.9	13.9	16.5	25.2	5.4
2007	4.0	17.6	14.4	15.4	11.6
2008	2.7	1.8	8.3	9.3	2.9

续表

年份			兼职教师人数	培训社会人员人次数（万人次）	培训社会人员结业人数
	文化技术理论课教师	生产实习指导教师			
一、绝对数					
1997	11.6	3.9	2.6	137.5	
1998	11.0	3.8	2.7	165.1	
1999	11.2	3.8	2.9	149.1	144.6
2000	10.5	3.5	2.7	158.5	156.7
2001	10.0	3.4	2.6	151.7	163.9
2002	9.5	3.2	2.6	208.6	196.9
2003	9.6	3.4	3.0	226.9	223.7
2004	9.6	3.8	2.9	265.6	257.5
2005	9.7	3.8	3.2	273.3	270.1
2006	10.4	4.2	3.6	337.7	330.2
2007	11.2	5.0	3.8	380.7	369.8
2008	12.2	5.4	4.1	400.0	389.8
二、比上年增长（%）					
1998	-4.6	-4.0	0.8	20.0	
1999	1.9	-0.1	9.5	-9.7	16.5
2000	-6.9	-6.7	-6.3	6.3	8.4
2001	-4.9	-3.7	-4.1	-4.3	4.6
2002	-5.0	-6.8	-2.4	37.6	20.2
2003	1.5	7.3	17.4	37.6	20.2
2004	0.0	11.8	-3.3	17.1	15.1
2005	1.0	0.0	10.3	2.9	4.9
2006	7.2	10.5	12.5	23.6	22.3
2007	7.7	19.0	5.6	12.7	12.0
2008	8.9	8.0	7.9	5.1	5.4

表 3—2　　**分地区技工学校综合情况**

（2008）

单位：人

地区	技工学校个数（个）	劳动预备制定点培训机构数	在职教职工人数	女性	文化技术理论课教师	高级讲师	讲师	助理讲师
全　国	**3 075**	**1 241**	**246 736**	**98 460**	**121 668**	**28 802**	**45 151**	**33 042**
北　京	43	32	3 720	1 768	1 433	390	536	377
天　津	44	6	4 833	1 914	1 822	579	526	460
河　北	161	14	13 133	6 087	6 352	1 648	2 361	1 515
山　西	120	60	8 835	3 741	4 019	982	1 456	1 027
内蒙古	34	28	3 208	1 637	1 739	486	768	321
辽　宁	142	76	10 757	4 868	5 254	1 658	1 968	1 082
吉　林	131	26	6 317	2 057	3 741	850	1 501	911
黑龙江	130	54	10 261	4 643	5 359	1 804	1 996	1 257
上　海								
江　苏	142	24	16 855	7 037	8 175	1 570	2 669	2 880
浙　江	71	23	6 316	2 454	3 711	712	1 416	1 084
安　徽	96	34	5 735	1 922	2 951	753	1 109	869
福　建	91	47	5 145	1 952	2 855	520	988	771
江　西	89	20	8 580	3 360	4 428	1 211	1 616	1 270
山　东	197	141	24 700	9 123	13 211	3 643	4 502	3 507
河　南	205	109	13 627	5 603	6 393	1 414	2 305	1 787
湖　北	208	73	12 884	4 473	6 304	1 489	2 618	1 498
湖　南	144	60	9 217	3 321	4 513	1 234	1 859	1 173
广　东	228	50	21 283	8 112	9 805	1 524	3 772	3 264
广　西	65	17	4 218	1 548	2 265	435	1 025	659
海　南	14	2	1 651	647	501	114	147	194
重　庆	80	80	4 531	1 912	2 060	527	925	455
四　川	120	47	10 080	3 946	5 175	875	1 813	1 554
贵　州	58	8	2 934	1 207	1 368	214	632	390
云　南	37	14	3 509	1 462	1 921	553	698	506
陕　西	263	88	19 089	7 264	8 725	1 702	2 651	2 386
甘　肃	75	35	4 147	1 494	2 170	333	1 004	659
青　海	16	14	1 872	920	1 009	312	411	203
宁　夏	14	3	1 760	828	932	274	383	183
新　疆	57	56	7 539	3 160	3 477	996	1 496	800

续表

地　区	生产实习指导教师	高级实习指导教师	一级实习指导教师	二级实习指导教师	三级实习指导教师	技师、高级技师	一体化教师人数	兼职教师人数
全　国	**53 568**	**6 264**	**13 838**	**11 856**	**6 445**	**17 787**	**44 433**	**40 972**
北　京	750	110	184	174	93	333	847	955
天　津	1 047	140	299	185	56	441	822	508
河　北	2 571	393	645	510	228	727	1 958	1 983
山　西	1 577	207	452	303	149	414	900	1 086
内 蒙 古	547	46	141	104	111	136	573	408
辽　宁	1 534	139	311	265	187	547	1 546	1 707
吉　林	1 037	154	367	184	105	135	832	528
黑 龙 江	2 115	305	496	355	167	699	1 594	1 547
上　海								
江　苏	3 398	319	778	863	293	1 829	2 976	3 934
浙　江	1 321	100	362	245	111	672	1 675	837
安　徽	1 100	90	234	240	177	349	812	1 562
福　建	957	107	212	242	141	253	857	1 108
江　西	2 235	310	590	477	304	732	1 968	2 532
山　东	5 636	626	1 696	1 229	575	1 510	3 436	2 771
河　南	3 266	387	797	869	334	1 190	2 814	2 991
湖　北	2 994	498	929	742	356	844	2 326	2 323
湖　南	2 125	242	687	477	213	751	1 660	1 529
广　东	5 979	392	1 678	1 220	701	2 848	5 550	2 326
广　西	913	27	234	314	97	396	1 127	721
海　南	301	19	75	98	79	44	415	175
重　庆	1 679	330	386	445	411	445	802	910
四　川	1 846	225	389	451	233	394	1 546	1 557
贵　州	479	45	122	128	60	90	347	609
云　南	672	93	201	245	100	229	580	579
陕　西	4 456	519	787	906	784	942	3 420	3 468
甘　肃	676	22	120	177	135	94	468	616
青　海	361	56	107	85	45	73	437	221
宁　夏	271	26	50	59	80	49	225	299
新　疆	1 725	337	509	264	120	621	1 920	1 182

表 3—3 **分地区技工学校培训情况**

（2008）

单位：人

地　区	招生学校数（个）	招生人数	高级班学生	农业户口学生	在校学生人数	女生
全　国	**2 526**	**1 613 506**	**422 467**	**1 231 223**	**3 975 203**	**1 179 373**
北　京	31	18 506	4 098	13 146	61 542	17 494
天　津	41	18 061	6 493	11 268	43 400	13 254
河　北	145	70 879	13 580	53 626	174 421	47 317
山　西	91	47 152	10 144	34 317	131 613	39 889
内蒙古	33	10 231	2 249	5 919	25 173	8 371
辽　宁	107	44 560	8 197	23 970	113 254	21 373
吉　林	71	20 397	2 024	10 654	51 778	17 576
黑龙江	110	40 428	8 191	21 322	91 059	27 664
上　海						
江　苏	138	121 436	40 995	81 493	329 638	92 727
浙　江	69	35 621	7 137	25 363	97 072	24 241
安　徽	79	50 210	11 473	35 108	101 131	32 027
福　建	80	35 811	6 083	29 753	89 429	28 704
江　西	80	76 130	32 204	63 271	167 109	63 749
山　东	184	160 963	72 330	127 091	410 040	116 640
河　南	157	91 474	15 944	72 557	241 593	67 894
湖　北	131	110 338	17 580	93 625	245 246	90 730
湖　南	103	61 200	22 611	57 528	161 126	39 058
广　东	170	203 379	57 265	156 018	535 439	141 089
广　西	57	42 832	4 045	37 105	103 881	30 692
海　南	12	10 614	1 917	6 637	22 423	7 189
重　庆	75	41 758	4 817	31 792	118 307	33 745
四　川	110	68 771	9 941	51 416	144 608	54 282
贵　州	30	18 969	2 604	14 251	37 963	13 225
云　南	37	36 088	7 955	29 510	78 267	22 553
陕　西	255	115 220	43 744	99 562	259 096	84 298
甘　肃	57	24 270	3 287	19 904	57 631	17 222
青　海	13	8 020	874	6 765	18 358	5 459
宁　夏	14	8 123	1 860	5 207	17 815	7 981
新　疆	46	22 065	2 825	13 045	46 791	12 930

续表

地区	高级班学生	毕业生人数	获得中级职业资格	获得高级职业资格	培训社会人员人次数（人次）
全　国	**904 677**	**1 089 970**	**812 174**	**155 180**	**3 999 540**
北　京	10 769	25 645	18 447	2 899	168 373
天　津	15 336	13 728	8 489	2 303	52 498
河　北	32 836	51 401	39 512	7 044	137 336
山　西	22 509	38 391	30 395	3 220	49 239
内蒙古	3 993	8 723	5 704	855	70 915
辽　宁	20 018	35 892	28 638	4 555	195 229
吉　林	3 342	22 242	8 034	428	52 432
黑龙江	21 452	21 063	17 276	1 932	278 112
上　海					
江　苏	92 699	81 317	66 217	11 814	304 812
浙　江	15 676	23 944	20 027	2 367	197 242
安　徽	21 586	37 599	26 259	4 350	168 784
福　建	14 935	25 518	18 578	2 772	119 850
江　西	57 389	43 236	27 551	7 170	80 725
山　东	177 158	133 314	68 796	50 797	289 827
河　南	45 876	62 274	52 804	5 114	303 855
湖　北	29 146	87 271	67 777	6 396	138 196
湖　南	46 320	43 441	30 683	7 367	115 097
广　东	110 052	102 656	86 434	14 976	323 729
广　西	8 792	25 810	22 669	846	68 284
海　南	2 113	3 875	2 934	357	25 107
重　庆	22 258	27 071	25 493	1 125	120 225
四　川	18 454	40 816	34 183	2 914	155 197
贵　州	5 646	10 225	7 355	422	26 026
云　南	16 026	14 093	12 729	1 017	85 971
陕　西	74 211	79 564	59 340	9 849	159 151
甘　肃	5 358	11 304	9 263	1 479	51 875
青　海	2 214	3 887	3 164	412	24 732
宁　夏	3 665	4 104	2 899	101	9 398
新　疆	4 848	11 566	10 524	299	227 323

续表

地　　区	培训社会人员结业人数	按培训对象分组			
		下岗失业人员	劳动预备制学员	在职职工	农村劳动者
全　　国	**3 897 843**	**510 869**	**285 896**	**1 737 565**	**1 166 359**
北　　京	163 230	17 533	5 641	87 829	42 049
天　　津	47 528	434	11 166	18 938	15 666
河　　北	131 418	18 923	7 935	70 858	28 880
山　　西	53 105	5 919	3 996	32 728	8 818
内 蒙 古	73 423	11 490	2 806	31 763	20 100
辽　　宁	195 599	78 016	3 454	48 947	63 171
吉　　林	51 717	18 403	5 702	20 363	6 644
黑 龙 江	277 324	60 413	17 386	89 956	95 694
上　　海					
江　　苏	296 364	35 927	14 669	161 402	54 020
浙　　江	190 907	14 169	17 798	106 943	42 555
安　　徽	167 252	49 135	11 393	47 330	54 923
福　　建	114 535	12 407	3 378	59 832	31 621
江　　西	78 514	5 573	12 104	32 391	25 897
山　　东	266 030	19 963	26 136	146 552	70 921
河　　南	291 857	39 318	8 845	156 269	75 032
湖　　北	157 583	20 017	19 783	38 411	68 654
湖　　南	113 857	15 084	16 648	38 468	28 582
广　　东	308 143	19 410	18 398	153 908	111 147
广　　西	67 742	5 703	7 578	15 490	29 256
海　　南	24 821	1 228	14 315	4 847	3 707
重　　庆	111 482	4 128	2 235	63 241	36 651
四　　川	153 200	16 114	17 522	52 459	53 324
贵　　州	23 870	821	2 470	15 084	4 093
云　　南	76 589	9 160	7 256	25 304	34 869
陕　　西	155 945	15 333	9 849	55 695	65 701
甘　　肃	45 975	6 175	5 948	19 755	11 696
青　　海	24 476	1 675	1 083	13 967	7 685
宁　　夏	9 147	0	324	4 030	2 762
新　　疆	226 210	8 398	10 078	124 805	72 241

续表

地　区	按获取证书分组				就业人数	
	初级职业资格	中级职业资格	高级职业资格	技师和高级技师资格		高级班学生
全　国	**1 045 674**	**686 013**	**224 107**	**84 982**	**1 044 703**	**162 875**
北　京	61 826	41 925	12 352	3 642	24 577	2 572
天　津	14 891	16 573	8 792	1 401	13 316	2 110
河　北	21 871	24 872	8 320	10 779	48 863	7 515
山　西	1 104	11 840	1 046	1 130	36 663	4 810
内蒙古	12 035	11 978	3 804	3 337	6 878	1 048
辽　宁	18 490	21 342	5 879	4 388	32 547	5 819
吉　林	15 206	11 658	1 085	429	21 965	799
黑龙江	37 026	39 590	14 471	4 574	20 725	2 600
上　海						
江　苏	71 471	59 093	21 686	5 292	79 269	11 473
浙　江	83 871	22 295	7 572	2 920	22 980	2 439
安　徽	35 175	23 019	6 833	692	36 763	4 350
福　建	16 970	6 456	3 186	1 247	24 286	2 758
江　西	28 298	15 970	6 858	1 133	42 066	9 090
山　东	148 445	83 457	24 472	9 656	126 650	52 563
河　南	30 587	29 445	8 498	5 544	60 100	4 876
湖　北	50 388	31 729	8 196	4 484	83 475	7 576
湖　南	23 377	21 733	6 297	878	42 632	7 367
广　东	111 397	34 974	19 673	5 715	100 398	14 971
广　西	23 400	12 182	3 485	824	25 143	805
海　南	9 214	1 472	915	294	3 583	357
重　庆	43 385	48 910	8 691	5 339	26 541	1 125
四　川	41 546	36 938	8 244	2 353	39 338	2 113
贵　州	1 657	4 746	419	817	8 123	606
云　南	42 551	14 775	10 372	2 181	13 581	329
陕　西	49 644	27 807	6 725	1 144	74 297	9 898
甘　肃	6 587	4 948	4 248	638	10 738	1 454
青　海	4 741	2 727	3 839	190	3 843	439
宁　夏	1 832	1 799	1 015	743	4 040	706
新　疆	38 689	21 760	7 134	3 218	11 323	307

表 3—4 **分地区就业训练中心综合情况**

（2008）

单位：人

地　区	就业训练中心个数（个）	在职教职工人数	教师	兼职教师人数	就业训练人数	结业人数	就业人数
全　国	**3 019**	**44 968**	**27 903**	**34 823**	**9 489 569**	**8 632 205**	**7 044 980**
北　京	19	726	359	673	140 342	136 059	76 083
天　津	19	440	191	483	88 668	83 650	49 142
河　北	249	2 193	1 117	951	472 416	46 882	405 082
山　西	69	961	509	485	168 028	162 352	126 661
内蒙古	101	680	367	401	192 857	174 950	151 414
辽　宁	106	1 360	875	1 152	108 800	103 360	72 350
吉　林	68	978	602	638	180 084	168 995	119 608
黑龙江	103	834	535	567	203 976	198 583	154 491
上　海							
江　苏	107	2 176	1 341	2 131	942 353	903 265	734 123
浙　江	123	875	472	1 226	299 551	291 857	191 454
安　徽	81	1 649	1 184	902	261 401	257 117	200 143
福　建	91	810	421	1 216	279 058	258 945	227 257
江　西	117	2 521	1 426	1 498	1 083 629	1 079 066	823 426
山　东	162	3 080	2 061	1 666	508 921	484 988	409 772
河　南	159	1 525	855	1 843	483 633	477 011	387 684
湖　北	119	3 103	1 950	1 377	613 211	595 150	470 179
湖　南	310	6 826	4 944	3 911	915 759	907 588	754 074
广　东	146	3 236	1 563	2 331	649 033	612 014	496 180
广　西	107	1 319	759	1 068	364 877	355 841	282 687
海　南	42	713	401	129	86 411	81 511	51 110
重　庆	39	277	179	382	82 734	82 496	60 365
四　川	164	1 590	890	1 820	265 520	259 172	187 426
贵　州	73	789	492	1 584	57 815	57 162	17 424
云　南	106	1 188	839	660	206 244	203 036	170 169
陕　西	110	2 256	1 572	877	221 170	215 849	136 872
甘　肃	101	849	531	495	283 183	124 302	72 673
青　海	26	467	285	160	53 472	52 740	42 514
宁　夏	24	165	113	81	47 149	43 379	27 346
新　疆	78	1 382	1 070	4 116	229 274	214 885	147 271

表 3—5

分地区民办职业培训机构综合情况

（2008）

单位：人

地区	职业培训机构个数（个）	劳动预备制定点培训机构数	在职教职工人数	教师	兼职教师人数	培训人数	结业人数	就业人数
全国	**20 988**	**3 687**	**259 951**	**163 979**	**83 437**	**11 041 554**	**10 159 509**	**7 510 151**
北京	469	14	7 722	4 337	4 123	440 721	407 624	198 521
天津	315		3 984	1 853	1 394	161 832	161 832	131 124
河北	1 069	82	12 869	9 050	3 423	265 490	247 191	206 231
山西	503	62	4 925	3 195	1 246	203 865	198 269	141 294
内蒙古	314	23	2 193	1 530	1 424	92 265	85 772	61 643
辽宁	1 314	150	13 030	8 681	4 280	313 608	304 610	207 903
吉林	876	367	4 433	2 778	1 484	119 906	116 385	90 668
黑龙江	960	338	7 307	4 954	2 627	458 097	452 407	328 639
上海	770		16 735	4 185	2 471	357 264	295 721	283 741
江苏	1 376	134	18 810	11 797	8 178	1 378 753	1 140 651	861 846
浙江	786	139	6 042	3 789	3 083	437 178	416 196	239 800
安徽	920	176	10 986	6 830	3 419	467 209	441 064	374 583
福建	316	80	4 022	2 552	1 578	230 422	177 387	121 710
江西	732	227	9 869	6 007	3 028	190 533	190 533	156 237
山东	1 158	236	15 570	10 791	3 558	410 646	384 781	317 509
河南	1 463	265	16 556	10 922	4 704	1 067 570	987 731	847 156
湖北	671	128	9 683	6 993	2 653	316 602	303 921	231 607
湖南	809	253	11 565	7 894	3 247	375 539	340 871	249 416
广东	1 897	222	22 023	15 096	7 336	1 083 273	1 022 303	789 623
广西	342	28	5 635	3 542	1 972	274 132	261 162	162 306
海南	138	20	1 249	708	395	32 772	32 339	22 016
重庆	608	51	6 258	3 796	2 518	537 020	502 715	389 426
四川	1 484	322	17 021	11 048	5 418	785 779	738 425	550 019
贵州	172	17	3 400	2 109	1 107	91 959	82 330	40 089
云南	473		11 551	7 876	3 781	422 242	422 242	196 323
西藏	32		483	324	159	12 279	12 279	7 490
陕西	144	35	7 582	5 513	1 461	102 050	61 330	53 716
甘肃	408	137	4 120	2 784	1 387	153 881	123 648	87 810
青海	86	66	822	546	204	61 855	61 687	45 558
宁夏	51	15	543	433	421	22 308	19 184	13 045
新疆	332	100	2 963	2 066	1 358	174 504	166 919	103 102

表 3—6 　　**分地区职业技能鉴定综合情况**

（2008）

单位：人

地　区	年末职业技能鉴定机构数（个）	鉴定所数	鉴定站数	工考委数
全　国	**9 933**	**4 096**	**4 662**	**1 175**
行业合计	**1 477**	**1**	**1 476**	
地方合计	**8 441**	**4 095**	**3 186**	**1 160**
企业试点单位	**15**			**15**
北　京	71	56	1	14
天　津	110	76	23	11
河　北	131	129		2
山　西	147	109	37	1
内蒙古	205	4	201	
辽　宁	155	128	27	
吉　林	33	25	8	
黑龙江	48	36	12	
上　海	279	1	278	
江　苏	232	183	13	36
浙　江	148	66	82	
安　徽	408		408	
福　建	533	521	12	
江　西	301	228	73	
山　东	95	10	85	
河　南	523	312	168	43
湖　北	331	331		
湖　南	30	30		
广　东	2 963	1 020	944	999
广　西	80	38	3	39
海　南	52	52		
重　庆	78	78		
四　川	316	108	207	1
贵　州	149		149	
云　南	201		201	
西　藏	3		3	
陕　西	278	177	101	
甘　肃	110	110		
青　海	71	29	28	14
宁　夏	52	51	1	
新　疆	254	149	105	
新疆兵团	54	38	16	

续表

地　　区	年末考评人员人数	本年鉴定考核人数	初级	中级
全　　国	**203 883**	**13 374 707**	**5 104 213**	**5 758 542**
行业合计	**72 503**	**1 736 592**	**468 497**	**633 514**
地方合计	**124 902**	**11 560 949**	**4 598 473**	**5 108 105**
企业试点单位	**6 478**	**77 166**	**37 243**	**16 923**
北　　京	2 476	447 440	158 776	205 253
天　　津	1 961	254 115	148 796	74 195
河　　北	5 006	304 244	62 118	167 022
山　　西	2 277	229 817	38 044	136 797
内 蒙 古	7 975	218 933	47 204	114 944
辽　　宁	1 434	351 051	140 469	146 342
吉　　林	194	217 810	86 127	77 825
黑 龙 江	893	213 281	74 572	56 751
上　　海	3 863	456 132	203 552	185 771
江　　苏	352	1 061 184	296 081	617 319
浙　　江	746	830 438	575 174	189 027
安　　徽	6 208	462 807	216 938	182 984
福　　建	2 085	460 754	180 558	207 375
江　　西	4 573	276 372	107 300	130 240
山　　东	5 993	435 351	166 316	174 415
河　　南	9 758	234 959	40 906	148 867
湖　　北	2 100	331 921	109 600	111 668
湖　　南	6 561	478 926	131 474	243 740
广　　东	30 467	1 300 393	466 245	652 757
广　　西	2 470	427 165	228 844	164 159
海　　南	366	30 477	14 279	13 108
重　　庆	968	356 780	156 074	156 360
四　　川	8 014	682 852	275 992	325 192
贵　　州	1 682	87 352	34 134	44 131
云　　南	4 245	429 758	249 424	117 095
西　　藏	102	3 574	1 198	867
陕　　西	2 949	348 267	70 262	234 032
甘　　肃	1 418	144 811	52 987	74 079
青　　海	795	63 813	48 237	8 588
宁　　夏	1 242	53 335	37 918	11 358
新　　疆	3 426	203 889	133 020	55 534
新疆兵团	2 303	162 948	45 854	80 310

续表

地　　区	高级	技师	高级技师	本年获取证书人数	初级
全　　国	**2 029 246**	**403 738**	**78 968**	**11 372 105**	**4 492 273**
行业合计	**535 833**	**86 649**	**12 099**	**1 398 203**	**393 277**
地方合计	**1 477 855**	**311 085**	**65 431**	**9 913 382**	**4 069 230**
企业试点单位	**15 558**	**6 004**	**1 438**	**60 520**	**29 766**
北　　京	62 855	16 662	3 894	402 334	150 014
天　　津	24 563	5 238	1 323	241 305	140 582
河　　北	64 064	8 602	2 438	269 895	56 441
山　　西	46 598	7 547	831	196 140	33 625
内 蒙 古	39 397	11 432	5 956	179 132	44 656
辽　　宁	47 093	16 158	989	291 731	113 850
吉　　林	50 008	3 096	754	174 905	71 003
黑 龙 江	59 044	22 046	868	200 507	72 207
上　　海	45 901	18 021	2 887	315 322	150 385
江　　苏	125 647	20 903	1 234	927 729	258 380
浙　　江	54 909	10 560	768	749 804	522 331
安　　徽	54 950	7 869	66	393 853	189 773
福　　建	65 730	6 697	394	398 500	168 725
江　　西	28 564	9 978	290	243 992	99 939
山　　东	60 379	31 753	2 488	401 464	156 022
河　　南	29 110	15 938	138	219 032	39 592
湖　　北	76 243	13 173	21 237	283 144	95 525
湖　　南	87 004	9 817	6 891	396 283	118 227
广　　东	154 115	23 057	4 219	949 846	372 253
广　　西	27 582	5 692	888	340 425	194 318
海　　南	2 237	646	207	24 597	12 634
重　　庆	38 369	4 111	1 866	328 160	149 527
四　　川	64 601	16 801	266	602 062	253 541
贵　　州	6 619	1 984	484	79 351	30 633
云　　南	56 816	6 183	240	380 905	222 294
西　　藏	1 506	0	3	2 228	814
陕　　西	39 792	3 972	209	301 083	63 858
甘　　肃	15 112	2 434	199	125 523	47 636
青　　海	5 374	1 456	158	51 297	38 792
宁　　夏	2 849	1 134	76	42 490	29 628
新　　疆	9 137	3 553	2 645	195 052	127 954
新疆兵团	31 687	4 572	525	155 291	44 071

续表

地　区	中级	高级	技师	高级技师
全　国	**4 891 989**	**1 606 473**	**318 047**	**63 323**
行业合计	**514 497**	**440 977**	**43 629**	**5 823**
地方合计	**4 363 967**	**1 152 734**	**270 687**	**56 764**
企业试点单位	**13 525**	**12 762**	**3 731**	**736**
北　京	191 577	48 346	9 368	3 029
天　津	70 890	23 719	4 859	1 255
河　北	148 342	56 397	6 860	1 855
山　西	118 826	37 642	5 422	625
内蒙古	101 786	21 728	6 409	4 553
辽　宁	124 951	38 816	13 186	928
吉　林	63 847	37 561	1 956	538
黑龙江	54 368	53 536	19 619	777
上　海	127 599	27 585	8 124	1 629
江　苏	549 073	104 048	15 108	1 120
浙　江	170 303	47 491	9 034	645
安　徽	157 571	41 324	5 178	7
福　建	176 352	49 470	3 587	366
江　西	111 901	23 054	8 851	247
山　东	161 868	51 041	30 379	2 154
河　南	140 946	25 022	13 374	98
湖　北	94 659	62 880	12 959	17 121
湖　南	206 601	61 427	6 120	3 908
广　东	473 325	91 950	9 983	2 335
广　西	122 848	19 238	3 539	482
海　南	10 223	1 362	317	61
重　庆	143 093	31 160	2 767	1 613
四　川	286 485	50 415	11 428	193
贵　州	40 943	6 274	1 299	202
云　南	103 649	49 552	5 271	139
西　藏	539	874	0	1
陕　西	201 065	33 084	2 898	178
甘　肃	64 029	11 809	1 881	168
青　海	7 538	4 336	573	58
宁　夏	9 677	2 292	832	61
新　疆	52 058	8 843	3 552	2 645
新疆兵团	77 035	30 458	3 214	513

注：技师、高级技师地方合计数不等于分省数，包括上年结转数。

（四）劳动关系与监察

表 4—1　　历年劳动争议处理情况　　单位：件

项目	1997 年	1998 年	1999 年	2000 年	2001 年	2002 年
上期未结案件数	2 864	3 475	3 840	6 374	8 739	12 472
案件受理情况						
当期案件受理数	71 524	93 649	120 191	135 206	154 621	184 116
集体劳动争议案件数	4 109	6 767	9 043	8 247	9 847	11 024
劳动者申诉案件数	68 773	84 829	114 152	120 043	146 781	172 253
劳动者当事人数（人）	221 115	358 531	473 957	422 617	467 150	608 396
集体劳动争议劳动者当事人数（人）	132 647	251 268	319 445	259 445	286 680	374 956
争议原因						
劳动报酬					45 172	59 144
社会保险					31 158	56 558
变更劳动合同	2 992	2 840	3 469	3 829	4 254	3 765
解除劳动合同	10 337	13 069	18 108	21 149	29 038	30 940
终止劳动合同	5 344	4 752	8 031	10 816	10 298	12 908
其他	8 917	9 515	8 626	12 549		
案件处理情况						
结案数	70 792	92 288	121 289	130 688	150 279	178 744
处理方式						
仲裁调解	32 793	31 483	39 550	41 877	42 933	50 925
仲裁裁决	15 060	25 389	34 712	54 142	77 250	77 340
其他方式	22 939	35 155	47 027	34 669	35 096	50 479
处理结果						
用人单位胜诉	11 488	11 937	15 674	13 699	31 544	27 017
劳动者胜诉	40 063	48 650	63 030	70 544	71 739	84 432
双方部分胜诉	19 241	27 365	37 459	37 247	46 996	67 295
案外调解案件数					63 939	77 342

续表

项目	2003 年	2004 年	2005 年	2006 年	2007 年	2008 年
上期未结案件数	16 276	17 117	17 829	22 165	25 424	33 084
案件受理情况						
当期案件受理数	226 391	260 471	313 773	317 162	350 182	693 465
集体劳动争议案件数	10 823	19 241	16 217	13 977	12 784	21 880
劳动者申诉案件数	215 512	249 335	293 710	301 233	325 590	650 077
劳动者当事人数（人）	801 042	764 981	744 195	679 312	653 472	1 214 328
集体劳动争议劳动者当事人数（人）	514 573	477 992	409 819	348 714	271 777	502 713
争议原因						
劳动报酬	76 774	85 132	103 183	103 887	108 953	225 061
社会保险	76 181	88 119	97 519	100 342	97 731	
变更劳动合同	5 494	4 465	7 567	3 456	4 695	
解除劳动合同	40 017	42 881	54 858	55 502	67 565	139 702
终止劳动合同	12 043	14 140	14 015	12 366	12 696	
案件处理情况						
结案数	223 503	258 678	306 027	310 780	340 030	622 719
处理方式						
仲裁调解	67 765	83 400	104 308	104 435	119 436	221 284
仲裁裁决	95 774	110 708	131 745	141 465	149 013	274 543
其他方式	59 954	64 550	69 974	64 880	71 581	126 892
处理结果						
用人单位胜诉	34 272	35 679	39 401	39 251	49 211	80 462
劳动者胜诉	109 556	123 268	145 352	146 028	156 955	276 793
双方部分胜诉	79 475	94 041	121 274	125 501	133 864	265 464
案外调解案件数	58 451	70 840	93 561	130 321	151 902	237 283

表 4—2 **分地区劳动争议处理情况**

（2008）

单位：件

地 区	上期未结案件数	案件受理情况				
		当期案件受理数	集体劳动争议案件数	劳动者申诉案件数	劳动者当事人数（人）	集体劳动争议劳动者当事人数
全 国	**33 084**	**693 465**	**21 880**	**650 077**	**1 214 328**	**502 713**
北 京	33	49 784	2 656	49 068	49 784	18 934
天 津	717	16 912	189	16 232	23 614	6 708
河 北	1 687	15 480	562	15 009	30 550	12 122
山 西	731	5 686	614	4 969	14 511	8 298
内蒙古	510	4 613	120	4 012	8 732	2 676
辽 宁	1 528	20 013	637	19 446	45 908	20 658
吉 林	110	6 764	2 123	6 497	29 524	20 948
黑龙江	427	11 203	783	10 083	15 254	5 426
上 海	4 836	64 580	601	63 268	83 207	19 215
江 苏	4 371	94 397	773	89 837	132 391	30 920
浙 江	1 164	39 954	959	38 675	67 880	28 163
安 徽	172	6 860	386	6 496	14 555	7 008
福 建	1 268	14 438	521	13 053	39 765	20 791
江 西	269	2 319	112	1 781	4 170	1 814
山 东	2 453	48 399	2 338	41 672	76 810	29 680
河 南	686	17 258	572	16 214	25 710	7 494
湖 北	575	20 538	806	18 480	40 717	8 185
湖 南	447	12 600	950	11 844	25 300	12 700
广 东	7 007	150 023	1 897	144 051	351 275	197 756
广 西	401	11 395	81	11 224	15 874	3 741
海 南	287	3 295	68	3 259	7 649	3 542
重 庆	1 383	21 749	421	18 706	25 406	4 078
四 川	210	22 677	680	22 168	30 500	6 910
贵 州	513	6 443	122	5 979	8 407	1 734
云 南	212	5 727	1 033	5 195	8 728	3 577
西 藏	31	858	602	853	10 062	9 715
陕 西	73	6 966	209		8 360	1 740
甘 肃	248	2 876	57	2 861	3 671	949
青 海		548	21	529	842	358
宁 夏	26	1 552	372	1 483	5 133	3 953
新 疆	691	7 135	612	6 710	9 451	2 776
新疆兵团	18	423	3	423	588	144

续表

地　区	争议原因						
	劳动报酬	社会保险待遇及福利	其中：养老保险	其中：医疗保险	其中：工伤保险	其中：福利	解除劳动合同
全　国	**225 061**	**153 598**	**58 859**	**13 131**	**48 276**	**7 273**	**139 702**
北　京	30 782	2 049					206
天　津	6 618	5 071	4 050	387	200	434	1 331
河　北	3 690	6 316	3 207	1 123	1 885		729
山　西	1 475	1 774	565	339	769	101	12
内蒙古	1 179	1 655	690	95	870		510
辽　宁	6 276	3 196	1 913	626	2 032	553	1 445
吉　林	2 037	2 419	931	562	329		608
黑龙江	2 616	5 070	1 285	824	2 206	755	111
上　海	32 079	9 902					15 340
江　苏	14 013	12 567	5 410	1 461	4 385	1 311	10 587
浙　江	11 062	10 865	6 193	848	3 824		21 686
安　徽	1 575	2 757	1 266	154	1 044		
福　建	4 353	4 617	1 396	526	2 631		5 027
江　西	611	920	414	44	362		762
山　东	11 946	11 840	4 617	1 172	3 594	1 384	4 111
河　南	4 003	7 098	4 059	945	1 424		6 217
湖　北	3 098	7 477	7 043	459	297	57	3 544
湖　南	3 150	2 520	1 008	504	378	126	1 512
广　东	65 027	13 591	1 947	697	9 049	1 373	51 450
广　西	3 639	13 591	2 048	367	415		3 845
海　南	649	1 580	1 106	30	94	350	651
重　庆	4 775	4 604	621	352	3 342	289	1 234
四　川	3 080	9 316	3 867	581	4 656	212	2 010
贵　州	794	2 849	953	79	1 774	35	976
云　南	615	1 177	363	25	466	206	1 136
西　藏	732	15	3	3	9		32
陕　西	2 090	2 786	1 839	446	167	70	1 234
甘　肃	594	1 305					491
青　海	104	220	67	5	148		
宁　夏	279	807	484	81	242		62
新　疆	2 049	3 508	1 483	395	1 596		2 747
新疆兵团	71	136	31	1	88	17	76

续表

地　区	案件处理情况	处理方式				处理结果			
	结案数	仲裁调解	仲裁裁决	仲裁撤诉	其他方式	用人单位胜诉	劳动者胜诉	双方部分胜诉	案外调解案件数
全　国	**622 719**	**221 284**	**274 543**	**47 835**	**79 057**	**80 462**	**276 793**	**265 464**	**237 283**
北　京	44 731	12 115	18 834	12 633	1 149	6 817	6 917	30 997	
天　津	13 813	4 643	5 770	3 400		3 150	6 698	3 965	2 333
河　北	14 645	5 620	7 301	212	1 512	1 509	9 202	3 934	8 436
山　西	5 580	2 013	3 082	152	333	434	3 890	1 256	107
内蒙古	4 298	1 726	1 875		697	406	2 446	1 446	1 062
辽　宁	18 103	5 127	8 005	1 051	3 920	2 681	12 633	2 789	5 142
吉　林	6 544	1 224	5 270	7	43	151	5 070	1 323	644
黑龙江	11 109	4 980	4 877		1 252	2 597	5 223	3 289	392
上　海	47 168	11 791	15 718		19 659	8 129	10 524	28 515	
江　苏	85 480	34 790	25 837	16 155	8 698	8 500	42 849	34 131	9 234
浙　江	36 664	19 435	14 742	1 654	833	2 029	15 927	18 708	8 833
安　徽	6 820	2 688	3 176		956	756	3 114	2 950	3 429
福　建	13 854	5 658	5 711		2 485	1 580	9 231	3 043	1 268
江　西	2 284	1 178	687		419	428	1 431	425	1 364
山　东	45 577	17 724	17 128	6 164	4 561	7 445	23 282	14 850	12 240
河　南	16 820	5 823	8 464		2 533	2 091	7 763	6 966	3 103
湖　北	20 058	6 757	9 015	1 955	2 331	864	13 744	5 450	
湖　南	12 395	5 577	6 197	496	125	1 240	6 197	4 958	15 400
广　东	131 914	39 176	74 746		17 992	17 161	45 005	69 748	138 645
广　西	11 139	3 294	6 684		1 161	1 838	4 622	4 679	4 209
海　南	2 866	636	1 915		315	152	1 943	771	281
重　庆	17 850	6 178	8 076	1 162	2 434	2 660	8 202	6 988	10 913
四　川	22 098	10 801	7 137	2 190	1 970	2 702	15 170	4 226	2 100
贵　州	6 281	2 768	2 773	551	189	703	3 076	2 502	1 821
云　南	5 851	1 565	2 823	22	1 441	445	2 540	2 866	3 122
西　藏	859	500	76		283	27	783	49	
陕　西	6 479	2 851	3 305		323	2 268	2 851	1 360	142
甘　肃	2 430	1 171	667		592	592	927	911	1 035
青　海	533	145	265		123	30	327	176	
宁　夏	1 505	677	753		75	150	903	452	849
新　疆	6 542	2 575	3 329		638	864	4 130	1 548	982
新疆兵团	429	78	305	31	15	63	173	193	197

表 4—3　　**劳动保障监察情况**

项目	2008 年	监察工作情况	2008 年
结案数	482 659	**主动监察**	
案件分类		检查单位数（万户）	180.8
内部劳动保障规章制度	25 357	涉及劳动者人数（万人）	10 296.5
订立劳动合同	105 569	投诉结案数（万件）	38.6
女职工和未成年工特殊劳动保护	3 253	举报结案数（万件）	9.5
工作时间和休息休假	40 969	审查用人单位报送的书面材料涉及用人单位数（万户）	171.2
支付工资和最低工资标准	200 619	补签劳动合同（万人）	1 561.7
参加社会保险和缴纳社会保险费	113 102	**追发劳动者工资等待遇**	
职业介绍、职业技能培训和职业技能考核	13 234	涉及劳动者人数（万人）	698.0
其他	42 177	金额（亿元）	83.3
案件处理情况		**督促缴费**	
责令限期改正	289 931	单位数（万户）	16.4
行政处理决定	19 959	金额（亿元）	49.0
行政处罚决定	29 146	督促登记单位数（万户）	12.6
警告	8 619	取缔非法职业中介机构（户）	7 192
罚款	22 101	清退风险抵押金金额（万元）	8 855.8
其他行政处罚	553	审查用人单位规章数（万件）	88.3
		纠正用人单位违法规章数（万件）	20.9
		向社会公布重大违法行为数（件）	666

（五）社会保障

表 5—1　　历年全国社会保险基金收支及累计结余　　单位：亿元

年份	合计	基本养老保险	失业保险	城镇基本医疗保险	工伤保险	生育保险
一、基金收入						
1990	186.8	178.8	8.0			
1995	1 006.0	950.1	35.3	9.7	8.1	2.9
2000	2 644.9	2 278.5	160.4	170.0	24.8	11.2
2001	3 101.9	2 489.0	187.3	383.6	28.3	13.7
2002	4 048.7	3 171.5	215.6	607.8	32.0	21.8
2003	4 882.9	3 680.0	249.5	890.0	37.6	25.8
2004	5 780.3	4 258.4	291.0	1 140.5	58.3	32.1
2005	6 975.2	5 093.3	340.3	1 405.3	92.5	43.8
2006	8 643.2	6 309.8	402.4	1 747.1	121.8	62.1
2007	10 812.3	7 834.2	471.7	2 257.2	165.6	83.6
2008	13 696.1	9 740.2	585.1	3 040.4	216.7	113.7
二、基金支出						
1990	151.9	149.3	2.5			
1995	877.1	847.6	18.9	7.3	1.8	1.6
2000	2 385.6	2 115.5	123.4	124.5	13.8	8.3
2001	2 748.0	2 321.3	156.6	244.1	16.5	9.6
2002	3 471.5	2 842.9	186.6	409.4	19.9	12.8
2003	4 016.4	3 122.1	199.8	653.9	27.1	13.5
2004	4 627.4	3 502.1	211.0	862.2	33.3	18.8
2005	5 400.8	4 040.3	206.9	1 078.7	47.5	27.4
2006	6 477.4	4 896.7	198.0	1 276.7	68.5	37.5
2007	7 887.9	5 964.9	217.7	1 561.8	87.9	55.6
2008	9 925.1	7 389.6	253.5	2 083.6	126.9	71.5
三、累计结余						
1990	117.3	97.9	19.5			
1995	516.8	429.8	68.4	3.1	12.7	2.7
2000	1 327.5	947.1	195.9	109.8	57.9	16.8
2001	1 622.8	1 054.1	226.2	253.0	68.9	20.6
2002	2 423.4	1 608.0	253.8	450.7	81.1	29.7
2003	3 313.8	2 206.5	303.5	670.6	91.2	42.0
2004	4 493.4	2 975.0	386.0	957.9	118.6	55.9
2005	6 073.7	4 041.0	519.0	1 278.1	163.5	72.1
2006	8 255.9	5 488.9	724.8	1 752.4	192.9	96.9
2007	11 236.6	7 391.4	979.1	2 476.9	262.6	126.6
2008	15 176.0	9 931.0	1 310.1	3 431.7	335.0	168.2

表 5—2　　历年全国基本养老保险基金收支及累计结余　　单位：亿元

指标	1990 年	1995 年	2000 年	2001 年	2002 年	2003 年	2004 年	2005 年	2006 年	2007 年	2008 年
一、基金收入	178. 8	950. 1	2 278. 1	2 489. 0	3 171. 5	3 680. 0	4 258. 4	5 093. 3	6 309. 7	7 834. 2	9 740. 2
（一）企业	178. 8	950. 1	2 088. 3	2 235. 1	2 783. 6	3 209. 4	3 728. 5	4 491. 7	5 632. 5	7 010. 6	8 800. 1
（二）事业、机关			189. 8	253. 0	387. 8	470. 6	529. 9	601. 6	677. 2	823. 6	940. 1
二、基金支出	149. 3	847. 6	2 115. 5	2 321. 3	2 842. 9	3 122. 1	3 502. 1	4 040. 3	4 896. 7	5 964. 9	7 389. 6
（一）企业	149. 3	847. 6	1 970. 0	2 116. 5	2 502. 8	2 716. 2	3 031. 2	3 495. 3	4 287. 3	5 153. 6	6 507. 6
（二）事业、机关			145. 4	204. 4	340. 1	405. 9	470. 9	545. 0	609. 4	811. 3	882. 0
三、累计结余	97. 9	429. 8	947. 1	1 054. 1	1 608. 0	2 206. 5	2 975. 0	4 041. 0	5 488. 9	7 391. 4	9 931. 0
（一）企业	97. 9	429. 8	761. 0	818. 6	1 243. 5	1 764. 8	2 499. 3	3 506. 7	4 869. 1	6 758. 2	9 241. 0
（二）事业、机关			186. 1	233. 2	364. 5	441. 7	475. 7	534. 3	619. 8	633. 2	690. 0

表 5—3　　历年全国参加基本养老保险职工及离退休人员人数　　单位：万人

年份	职工		离退休人员	
	合计	企业（含其他）	合计	企业（含其他）
1989	4 816. 9	4 816. 9	893. 4	893. 4
1990	5 200. 7	5 200. 7	965. 3	965. 3
1991	5 653. 7	5 653. 7	1 086. 6	1 086. 6
1992	7 774. 7	7 774. 7	1 681. 5	1 681. 5
1993	8 008. 2	8 008. 2	1 839. 4	1 839. 4
1994	8 494. 1	8 494. 1	2 079. 4	2 079. 4
1995	8 737. 8	8 737. 8	2 241. 2	2 241. 2
1996	8 758. 4	8 758. 4	2 358. 3	2 358. 3
1997	8 670. 9	8 670. 9	2 533. 0	2 533. 0
1998	8 475. 8	8 475. 8	2 727. 3	2 727. 3
1999	9 501. 8	8 859. 2	2 983. 6	2 947. 5
2000	10 447. 5	9 469. 9	3 169. 9	3 016. 5
2001	10 801. 9	9 733. 0	3 380. 6	3 171. 3
2002	11 128. 8	9 929. 4	3 607. 8	3 349. 2
2003	11 646. 5	10 324. 5	3 860. 2	3 556. 9
2004	12 250. 3	10 903. 9	4 102. 6	3 775. 0
2005	13 120. 4	11 710. 6	4 367. 5	4 005. 2
2006	14 130. 9	12 618. 0	4 635. 4	4 238. 6
2007	15 183. 2	13 690. 6	4 953. 7	4 544. 0
2008	16 587. 5	15 083. 4	5 303. 6	4 868. 0

表 5—4　　历年全国基本养老保险待遇水平　　单位：元/月

年份	平均离退休费							
	全部离退休人员				统筹范围内离退休人员			
	合计	企业	机关	事业	合计	企业	机关	事业
1998	495	455	656	624	413	413		
1999	548	495	746	723	503	494	721	725
2000	595	526	835	827	559	544	947	871
2001	643	548	1 018	944	576	556	940	894
2002	734	636	1 147	1 068	648	618	1 077	1 031
2003	784	663	1 277	1 173	674	640	1 124	1 091
2004	810	673	1 378	1 243	705	667	1 223	1 154
2005	889	734	1 534	1 369	758	719	1 257	1 208
2006					873	835	1 364	1 290
2007					1 002	947	1 717	1 576
2008					1 168	1 121	1 822	1 663

年份	平均退休费							
	全部退休人员				统筹范围内退休人员			
	合计	企业	机关	事业	合计	企业	机关	事业
1998	528	442	606	603				
1999	606	481	707	702				
2000	655	512	788	805				
2001	689	531	964	921				
2002	706	615	1 095	1 014	627	599	1 022	1 009
2003	757	644	1 221	1 151	654	621	1 069	1 069
2004	782	653	1 328	1 220	683	647	1 162	1 129
2005	861	714	1 469	1 346	737	700	1 196	1 180
2006					853	818	1 294	1 262
2007					977	925	1 639	1 543
2008					1 145	1 100	1 740	1 628

表 5—5　历年分地区基本养老保险参保人数　单位：万人

地区	2001年		2002年		2003年		2004年	
	合计	离退休人员	合计	离退休人员	合计	离退休人员	合计	离退休人员
全　国	**14 182.5**	**3 380.6**	**14 736.6**	**3 607.8**	**15 506.7**	**3 860.2**	**16 352.9**	**4 102.6**
北　京	425.9	124.3	436.2	133.2	448.5	141.5	459.7	148.6
天　津	281.4	85.2	296.0	91.4	283.3	97.6	298.1	102.9
河　北	641.4	145.3	643.5	154.0	665.5	163.6	683.4	172.0
山　西	365.6	81.8	361.8	85.4	364.4	88.1	376.7	93.3
内蒙古	290.6	65.3	292.9	70.8	300.9	72.6	318.8	82.0
辽　宁	1 022.7	288.9	1 039.2	302.2	1 070.4	315.5	1 101.0	333.8
吉　林	389.1	99.6	397.7	104.9	427.0	115.5	439.0	123.1
黑龙江	692.5	178.5	689.8	187.4	714.3	196.0	738.1	207.3
上　海	683.5	239.9	699.8	246.9	715.6	254.6	770.9	265.3
江　苏	888.1	212.7	1 063.5	252.9	1 135.2	271.4	1 214.1	288.8
浙　江	610.4	125.1	701.1	132.6	801.2	144.2	888.0	152.4
安　徽	432.7	98.5	432.3	102.8	456.6	113.6	463.9	118.8
福　建	242.0	58.4	285.1	61.6	364.2	79.4	377.5	83.7
江　西	328.8	78.2	339.8	82.6	355.9	93.4	371.8	99.9
山　东	1 022.6	191.3	1 043.0	205.3	1 135.9	219.3	1 218.7	232.2
河　南	736.6	141.9	757.8	161.5	751.1	171.0	781.1	181.1
湖　北	612.1	137.7	628.8	147.2	732.4	177.9	780.5	195.4
湖　南	603.4	148.0	616.5	157.7	636.2	167.5	691.7	185.4
广　东	1 370.3	187.0	1 405.4	193.5	1 482.2	203.8	1 588.8	220.4
广　西	248.9	58.7	257.2	63.5	264.8	66.3	279.3	70.2
海　南	108.2	30.5	111.2	31.9	116.7	33.6	120.0	35.2
重　庆	270.3	82.3	280.3	87.8	280.0	92.4	283.9	96.8
四　川	578.9	169.4	589.2	178.1	605.5	187.5	668.0	202.7
贵　州	159.0	42.4	168.9	44.9	168.0	48.0	174.9	50.0
云　南	243.1	69.6	252.1	74.1	257.3	77.8	255.3	79.4
西　藏	7.1	2.6	7.0	2.6	7.3	2.8	7.6	3.0
陕　西	345.4	83.4	352.0	90.8	362.4	97.4	369.3	102.5
甘　肃	188.4	45.3	188.0	48.1	192.0	51.2	194.5	53.5
青　海	51.9	14.9	54.2	15.0	56.4	15.9	58.5	16.5
宁　夏	57.9	13.2	59.0	13.7	60.7	14.3	62.5	15.2
新　疆	258.4	77.6	262.1	79.6	269.3	83.0	294.8	87.3
中国人民银行	19.8	3.1	19.8	3.3	19.8	3.4	17.1	3.5
中国农业发展银行	5.4	0.2	5.5	0.3	5.6	0.4	5.8	0.4

续表

地区	2005年		2006年		2007年		2008年	
	合计	离退休人员	合计	离退休人员	合计	离退休人员	合计	离退休人员
全　国	**17 487.9**	**4 367.5**	**18 766.3**	**4 635.4**	**20 136.9**	**4 953.7**	**21 891.1**	**5 303.6**
北　京	520.0	155.2	603.6	160.9	671.0	171.2	757.2	180.1
天　津	308.3	107.7	328.2	112.7	344.8	119.2	376.5	129.3
河　北	707.9	184.2	747.5	196.0	795.6	210.2	862.5	222.7
山　西	383.4	98.2	486.9	112.7	506.7	120.2	539.4	128.0
内蒙古	338.9	86.1	356.6	91.1	370.9	96.6	389.5	102.9
辽　宁	1 193.6	360.8	1 248.8	383.0	1 299.7	408.1	1 406.2	429.9
吉　林	455.9	131.0	480.2	138.9	501.7	147.8	525.3	155.4
黑龙江	768.9	223.2	801.0	236.5	826.8	253.0	857.8	276.0
上　海	830.0	290.7	891.7	314.4	932.4	340.5	967.7	357.8
江　苏	1 345.6	307.9	1 469.8	328.1	1 602.3	353.3	1 751.6	378.6
浙　江	962.3	160.9	1 052.6	170.9	1 167.1	182.3	1 386.9	194.8
安　徽	471.7	124.8	495.2	133.8	530.3	144.8	578.4	158.1
福　建	409.6	88.9	456.1	93.6	512.8	98.1	557.2	102.6
江　西	387.4	105.5	415.0	111.6	475.0	118.5	550.3	128.5
山　东	1 302.4	248.6	1 368.0	261.7	1 457.1	282.2	1 565.9	305.0
河　南	814.0	194.2	863.8	208.2	912.9	224.7	972.0	239.1
湖　北	804.0	206.4	850.8	220.5	886.8	235.3	932.3	252.0
湖　南	718.6	195.2	751.6	209.9	784.0	227.3	829.1	235.3
广　东	1 796.1	231.2	1 972.3	243.5	2 226.8	257.2	2 444.3	273.0
广　西	288.6	73.3	302.7	77.1	325.5	82.2	368.1	95.0
海　南	120.9	36.5	132.0	38.0	141.7	39.7	156.2	42.0
重　庆	290.2	100.5	317.3	107.9	344.8	112.7	406.1	130.7
四　川	793.4	230.7	842.7	244.9	917.4	269.4	1 017.9	306.7
贵　州	183.7	51.7	193.2	54.1	205.9	56.5	215.9	59.3
云　南	258.7	81.9	267.4	83.8	279.4	87.6	293.7	89.3
西　藏	7.7	3.1	7.6	3.1	8.1	3.0	8.5	3.1
陕　西	376.1	107.8	391.5	111.4	408.1	117.4	433.4	124.4
甘　肃	197.3	55.1	201.2	57.7	208.4	60.6	221.0	64.0
青　海	60.0	16.9	62.5	17.4	65.2	18.0	68.3	18.6
宁　夏	67.5	16.1	72.3	16.7	77.0	17.7	82.6	18.8
新　疆	302.1	89.0	313.3	90.9	327.7	93.7	346.3	97.6
中国人民银行	17.1	3.7	17.2	3.9	17.3	4.1	17.5	4.2
中国农业发展银行	5.7	0.5	5.6	0.5	5.6	0.6	5.6	0.7

表 5—6

分地区基本养老保险情况

（2008）

地　　区	参保职工年末人数（万人）	企业（含其他）	参保离退休人员年末人数（万人）	基金收支情况（亿元）		
				基金收入	基金支出	累计结余
全　　国	**16 587.5**	**15 083.4**	**5 303.6**	**9 740.2**	**7 389.6**	**9 931.0**
北　　京	577.0	577.0	180.1	441.4	355.6	329.4
天　　津	247.2	240.2	129.3	239.0	195.3	176.0
河　　北	639.8	520.1	222.7	403.7	336.7	337.1
山　　西	411.4	336.6	128.0	288.2	189.1	390.8
内 蒙 古	286.5	267.3	102.9	189.4	145.4	156.2
辽　　宁	976.4	910.6	429.9	661.6	526.7	568.9
吉　　林	369.9	369.9	155.4	225.4	175.3	265.6
黑 龙 江	581.8	520.0	276.0	377.0	307.8	363.4
上　　海	609.9	549.0	357.8	675.1	639.2	368.8
江　　苏	1 373.1	1 290.9	378.6	776.7	549.8	756.7
浙　　江	1 192.1	1 122.0	194.8	496.8	319.3	829.3
安　　徽	420.3	410.7	158.1	263.5	196.2	213.4
福　　建	454.6	397.6	102.6	172.5	143.8	154.3
江　　西	421.9	404.0	128.5	161.6	130.4	132.2
山　　东	1 260.8	1 028.6	305.0	686.9	529.9	680.4
河　　南	732.9	634.6	239.1	353.9	296.9	346.0
湖　　北	680.4	632.1	252.0	379.4	294.9	260.9
湖　　南	593.7	436.6	235.3	339.5	263.6	282.1
广　　东	2 171.2	2 033.2	273.0	787.1	448.6	1 621.0
广　　西	273.1	273.1	95.0	180.9	111.1	188.1
海　　南	114.2	94.4	42.0	63.8	50.4	43.6
重　　庆	275.4	264.2	130.7	204.8	157.4	132.0
四　　川	711.1	601.5	306.7	515.1	372.4	503.0
贵　　州	156.6	149.9	59.3	100.1	75.0	105.8
云　　南	204.4	195.9	89.3	143.6	112.8	138.4
西　　藏	5.5	5.5	3.1	7.4	6.8	1.1
陕　　西	309.0	309.0	124.4	203.4	170.8	130.1
甘　　肃	157.0	157.0	64.0	114.8	90.5	107.9
青　　海	49.7	49.7	18.6	39.8	31.4	33.0
宁　　夏	63.7	63.7	18.8	47.5	33.4	59.9
新　　疆	248.7	238.3	97.6	197.7	131.4	249.5
中国人民银行	13.2		4.2			
中国农业发展银行	4.9		0.7	2.5	1.6	5.7

表 5—7　　分地区企业参保离退休人员基本养老保险待遇水平

（2008）

单位：元/月

地　区	离退休人员	离休人员	退休人员
全　国	**1 121**	**2 886**	**1 100**
北　京	1 691	3 120	1 669
天　津	1 279	5 341	1 248
河　北	1 177	3 361	1 141
山　西	1 176	2 574	1 148
内蒙古	1 074	3 263	1 049
辽　宁	996	3 025	968
吉　林	954	1 799	942
黑龙江	910	2 668	881
上　海	1 501	3 940	1 487
江　苏	1 211	2 978	1 196
浙　江	1 299	2 456	1 290
安　徽	1 015	3 392	981
福　建	1 009	2 217	999
江　西	868	2 171	856
山　东	1 215	3 023	1 176
河　南	1 022	2 548	1 001
湖　北	978	3 181	960
湖　南	914	1 878	906
广　东	1 186	2 581	1 173
广　西	977	2 047	969
海　南	862	3 970	838
重　庆	1 016	2 473	1 009
四　川	1 011	2 291	1 003
贵　州	1 015	2 193	1 003
云　南	1 036	2 771	1 013
西　藏	1 754	3 188	1 748
陕　西	1 119	3 775	1 082
甘　肃	1 114	3 402	1 079
青　海	1 413	3 754	1 379
宁　夏	1 356	2 932	1 336
新　疆	1 193	2 395	1 176
新疆兵团	1 096	2 135	1 062

表 5—8　分地区养老金社会化发放人数

（2008）

单位：万人

地　区	社会化发放人数	纳入社区管理的企业退休人数	纳入社区管理的企业退休人数占企业退休人员总数的比例（%）
全　国	**4 829.1**	**3 461**	**73.2**
北　京	180.1	161	89.9
天　津	125.7	111	90.0
河　北	188.0	141	76.5
山　西	114.0	86	77.3
内蒙古	99.5	69	69.4
辽　宁	401.8	325	85.2
吉　林	155.4	144	94.2
黑龙江	257.4	182	70.9
上　海	316.1	271	96.5
江　苏	350.7	325	93.8
浙　江	171.7	134	81.0
安　徽	154.5	129	84.9
福　建	84.0	68	84.3
江　西	124.0	114	92.6
山　东	207.5	204	90.9
河　南	215.6	151	71.8
湖　北	238.4	185	77.7
湖　南	185.0	131	71.1
广　东	259.8	155	60.7
广　西	94.9	73	77.6
海　南	35.0	19	53.9
重　庆	127.1	83	72.1
四　川	275.5	265	96.7
贵　州	58.5	27	47.2
云　南	84.0	51	60.3
西　藏	3.1		
陕　西	124.4	89	72.5
甘　肃	64.0	46	71.5
青　海	18.6	11	59.0
宁　夏	18.8	16	85.0
新　疆	96.0	75	79.3

注：社会化发放人数指企业、企业化管理的事业单位及其他参保人员中的离退休人员。总计扣除“企业社区管理”人数，而地方各省没有扣除。

表 5—9　　历年分地区城镇基本医疗保险参保人数　　单位：万人

地区	2001 年		2002 年		2003 年		2004 年	
	合计	退休人员	合计	退休人员	合计	退休人员	合计	退休人员
全　国	**7 285.9**	**1 815.2**	**9 401.2**	**2 475.4**	**10 901.7**	**2 926.8**	**12 403.6**	**3 359.2**
北　京	240.7	89.4	321.1	113.2	436.1	134.7	483.9	141.7
天　津	139.6	46.8	250.2	103.8	254.7	108.5	263.0	104.8
河　北	282.5	61.5	330.4	73.0	383.2	84.7	472.5	108.9
山　西	157.3	34.4	216.7	49.5	245.5	51.3	295.5	63.9
内蒙古	196.9	45.5	221.7	54.2	252.3	66.1	274.2	78.1
辽　宁	313.6	90.4	619.0	188.7	697.7	217.2	783.7	247.3
吉　林	124.2	27.8	176.9	39.8	230.8	55.3	270.0	67.5
黑龙江	308.3	89.2	392.8	108.2	435.2	122.1	544.1	151.7
上　海	680.5	238.9	694.8	245.9	709.6	250.6	714.1	260.9
江　苏	456.0	113.5	690.9	183.2	815.0	227.6	976.7	261.6
浙　江	352.7	100.0	423.4	117.0	510.3	139.5	569.2	150.3
安　徽	232.8	53.6	273.4	65.6	318.2	79.8	362.2	97.7
福　建	171.0	38.3	230.0	54.7	247.8	61.8	285.9	69.5
江　西	71.6	12.2	106.6	22.7	188.2	45.7	250.4	65.8
山　东	490.2	86.0	625.6	119.5	691.1	138.0	771.9	153.5
河　南	460.3	94.8	537.4	115.2	567.9	126.9	590.0	136.8
湖　北	255.4	54.5	338.1	80.6	416.6	110.1	466.8	132.5
湖　南	351.6	83.7	398.1	108.3	423.5	116.1	477.0	133.9
广　东	544.8	84.4	717.7	118.8	877.0	146.4	1 034.2	168.9
广　西	150.1	33.4	201.8	54.1	235.0	66.1	272.2	77.8
海　南	40.9	8.5	52.6	11.5	63.1	15.4	78.6	22.3
重　庆	36.8	9.7	58.7	18.0	121.8	41.7	206.3	76.2
四　川	437.6	128.3	480.6	150.1	531.2	173.8	587.6	196.5
贵　州	31.1	6.9	94.6	26.6	134.1	38.2	152.6	44.0
云　南	185.7	45.6	238.4	65.0	281.5	81.4	302.3	89.6
西　藏					6.0	1.8	7.1	2.8
陕　西	231.4	49.4	261.8	65.1	301.0	77.4	325.6	86.8
甘　肃	109.9	23.6	124.1	26.0	146.0	32.8	165.8	40.6
青　海	38.3	12.6	51.1	16.3	56.4	17.8	60.2	19.5
宁　夏	17.2	4.0	36.8	10.1	48.1	12.7	55.6	14.6
新　疆	177.0	48.1	235.7	70.6	276.7	85.3	304.4	93.2

续表

地区	2005年		2006年		2007年		2008年	
	合计	退休人员	合计	退休人员	合计	退休人员	合计	退休人员
全　国	**13 782.9**	**3 761.2**	**15 731.9**	**4 151.5**	**22 311.4**	**4 600.0**	**31 821.7**	**5 007.9**
北　京	574.8	155.1	679.5	163.9	929.4	172.9	1 017.1	182.4
天　津	299.1	118.3	344.2	126.0	403.8	133.2	484.5	141.8
河　北	562.1	139.6	615.9	158.6	746.3	183.9	1 083.1	199.5
山　西	324.9	73.0	353.8	82.2	460.6	98.3	593.9	108.8
内蒙古	292.0	86.0	316.2	93.1	451.6	103.8	612.5	108.6
辽　宁	864.2	280.0	959.3	307.4	1 200.2	346.5	1 507.5	386.5
吉　林	283.0	73.9	376.3	101.2	767.2	118.2	937.4	131.8
黑龙江	602.9	170.4	708.2	192.9	826.7	202.3	1 056.3	216.0
上　海	728.6	275.9	1 023.3	291.0	1 096.8	306.4	1 355.2	320.9
江　苏	1 124.1	303.0	1 274.3	338.5	2 136.6	365.4	2 837.6	390.3
浙　江	639.6	163.1	730.6	172.9	946.2	185.5	1 322.6	198.3
安　徽	387.1	112.7	441.2	124.7	953.3	137.1	1 323.8	148.1
福　建	333.0	77.2	370.1	85.2	477.4	91.0	796.5	101.4
江　西	276.7	75.0	313.3	86.5	784.7	121.6	1 207.1	149.4
山　东	861.5	176.7	996.1	199.9	1 292.3	227.8	1 847.0	256.2
河　南	641.5	154.1	704.1	173.3	897.7	197.4	1 549.4	220.8
湖　北	502.0	147.2	565.3	166.6	870.5	196.3	1 435.7	210.9
湖　南	503.4	146.6	560.5	162.4	724.5	181.9	1 321.6	206.5
广　东	1 235.3	180.3	1 421.1	197.9	2 281.6	218.0	3 551.8	240.3
广　西	285.9	82.3	302.0	88.7	361.4	99.2	568.2	103.8
海　南	87.2	24.5	91.0	25.6	155.3	29.9	249.7	34.0
重　庆	237.7	91.9	257.5	97.4	327.5	104.7	550.6	115.1
四　川	647.0	220.2	734.5	247.8	1 020.0	270.6	1 413.8	296.7
贵　州	180.5	51.5	199.2	57.8	293.8	66.1	404.3	73.0
云　南	320.7	95.5	331.5	98.8	400.3	101.8	618.2	103.6
西　藏	15.2	4.8	16.5	5.0	19.2	5.8	32.4	5.3
陕　西	348.8	101.3	377.1	111.4	459.3	123.2	717.3	132.8
甘　肃	176.6	46.2	195.8	51.7	449.5	61.6	522.2	68.8
青　海	62.0	20.4	64.5	22.0	95.8	23.0	93.6	24.5
宁　夏	64.5	17.2	73.1	19.9	114.0	21.4	158.7	22.7
新　疆	321.1	97.5	335.8	101.2	367.9	105.1	652.1	109.0

表 5—10　　分地区城镇基本医疗保险基本情况

（2008）

地　　区	年末参保人数（万人）	基金收支情况（亿元）		
		基金收入	基金支出	累计结余
全　　国	**31 822**	**3 040.4**	**2 083.6**	**3 431.7**
北　　京	1 017.1	196.8	136.4	197.5
天　　津	484.5	68.0	57.5	36.5
河　　北	1 083.1	103.1	72.2	108.8
山　　西	593.9	64.6	42.8	77.8
内 蒙 古	612.5	52.8	34.0	55.3
辽　　宁	1 507.5	153.5	109.9	160.6
吉　　林	937.4	51.4	30.9	61.6
黑 龙 江	1 056.3	98.1	62.6	109.7
上　　海	1 355.2	246.2	220.3	137.9
江　　苏	2 837.6	275.7	186.0	321.4
浙　　江	1 322.6	194.6	124.8	264.7
安　　徽	1 323.8	77.5	49.5	85.7
福　　建	796.5	91.3	52.7	136.7
江　　西	1 207.1	44.0	24.7	47.5
山　　东	1 847.0	183.0	131.2	182.2
河　　南	1 549.4	92.0	59.5	112.3
湖　　北	1 435.7	90.9	62.6	107.1
湖　　南	1 321.6	93.2	64.2	103.6
广　　东	3 551.8	302.9	185.2	501.6
广　　西	568.2	51.2	30.1	77.4
海　　南	249.7	14.7	10.0	11.5
重　　庆	550.6	56.2	32.7	62.8
四　　川	1 413.8	131.3	84.7	174.3
贵　　州	404.3	32.1	20.2	34.0
云　　南	618.2	73.6	52.5	74.3
西　　藏	32.4	5.7	3.8	5.9
陕　　西	717.3	61.3	43.7	52.6
甘　　肃	522.2	36.4	24.3	30.9
青　　海	93.6	18.1	13.4	21.4
宁　　夏	158.7	12.9	8.9	15.6
新　　疆	652.1	67.0	52.3	62.4

表5—11　　分地区城镇职工基本医疗保险基本情况

（2008）

地区	年末参保人数（万人）			基金收支情况（亿元）		
	合计	职工	退休人员	基金收入	基金支出	累计结余
全　国	**19 996**	**14 988**	**5 008**	**2 885.5**	**2 019.7**	**3 303.6**
北　京	871	689	182	191.2	133.1	191.1
天　津	399	257	142	66.5	56.1	36.2
河　北	739	539	199	98.1	71.2	104.2
山　西	442	333	109	62.0	42.5	75.1
内蒙古	374	265	109	49.3	33.1	52.0
辽　宁	1 209	823	387	150.6	108.5	158.1
吉　林	451	319	132	46.0	27.8	57.3
黑龙江	788	572	216	93.2	61.3	105.4
上　海	1 172	851	321	236.5	212.0	136.4
江　苏	1 604	1 214	390	263.9	178.4	310.1
浙　江	1 054	856	198	188.9	121.6	261.2
安　徽	529	381	148	67.8	45.3	75.3
福　建	436	334	101	86.7	51.0	133.2
江　西	503	354	149	38.8	22.0	43.6
山　东	1 266	1 010	256	175.7	128.8	175.6
河　南	841	620	221	85.0	57.8	105.1
湖　北	715	504	211	80.6	61.3	97.6
湖　南	682	476	206	85.3	62.1	97.0
广　东	2 371	2 130	240	287.8	177.2	492.6
广　西	361	258	104	49.5	29.8	75.8
海　南	122	88	34	12.9	9.6	9.6
重　庆	326	211	115	53.8	32.0	61.0
四　川	893	597	297	125.4	82.6	169.0
贵　州	257	184	73	30.4	19.8	32.4
云　南	357	253	104	69.8	51.8	70.7
西　藏	20	15	5	5.5	3.7	5.8
陕　西	433	300	133	58.2	43.1	49.9
甘　肃	249	180	69	33.0	22.6	27.4
青　海	72	48	24	17.8	13.2	20.8
宁　夏	83	61	23	11.9	8.5	14.9
新　疆	377	268	109	63.4	51.9	59.1

表 5—12　　分地区城镇居民基本医疗保险基本情况

（2008）

地　区	年末参保居民人数（万人）	基金收支情况（亿元）		
		基金收入	基金支出	累计结余
全　国	**11 826**	**154.9**	**63.9**	**128.1**
北　京	146	5.6	3.3	6.4
天　津	85	1.5	1.4	0.3
河　北	345	5.0	1.0	4.6
山　西	152	2.7	0.3	2.7
内蒙古	239	3.5	0.9	3.3
辽　宁	298	2.9	1.5	2.5
吉　林	487	5.5	3.1	4.4
黑龙江	268	5.0	1.3	4.3
上　海	184	9.7	8.3	1.5
江　苏	1 233	11.8	7.6	11.4
浙　江	269	5.7	3.3	3.6
安　徽	795	9.6	4.2	10.4
福　建	361	4.6	1.7	3.4
江　西	704	5.2	2.7	3.9
山　东	581	7.3	2.4	6.6
河　南	709	7.0	1.7	7.1
湖　北	721	10.3	1.4	9.4
湖　南	640	8.0	2.1	6.6
广　东	1 181	15.0	8.0	9.0
广　西	207	1.8	0.3	1.6
海　南	128	1.8	0.3	1.8
重　庆	224	2.4	0.7	1.8
四　川	520	5.9	2.1	5.3
贵　州	147	1.7	0.4	1.6
云　南	261	3.9	0.8	3.6
西　藏	12	0.2	0.1	0.1
陕　西	285	3.1	0.6	2.7
甘　肃	273	3.4	1.6	3.5
青　海	22	0.3	0.2	0.6
宁　夏	75	1.0	0.4	0.6
新　疆	275	3.6	0.4	3.3

表 5—13　　历年分地区失业保险参保人数　　单位：万人

地　区	2001 年		2002 年		2003 年		2004 年	
	年末参保人数	年末领取失业保险金人数	年末参保人数	年末领取失业保险金人数	年末参保人数	年末领取失业保险金人数	年末参保人数	年末领取失业保险金人数
全　国	**10 355**	**312**	**10 182**	**440**	**10 373**	**415**	**10 584**	**419**
北　京	287.2	5.5	299.6	4.8	306.6	5.2	308.2	3.8
天　津	214.3	10.8	196.3	12.4	193.5	9.4	195.1	5.1
河　北	513.2	7.3	488.6	7.2	484.2	8.3	479.0	11.0
山　西	286.0	5.9	278.9	4.5	284.1	5.7	286.5	5.4
内蒙古	217.7	5.4	219.7	7.1	221.6	5.7	222.3	5.8
辽　宁	656.7	20.3	591.2	82.2	622.2	67.0	616.2	81.7
吉　林	283.8	13.2	284.0	15.6	292.9	16.2	282.2	12.2
黑龙江	532.6	12.5	466.0	19.6	479.0	12.6	475.8	9.7
上　海	430.7	13.1	436.0	14.4	441.1	14.0	487.8	15.9
江　苏	766.5	39.5	735.6	49.7	761.6	48.9	797.1	43.6
浙　江	391.1	33.0	390.0	27.5	396.8	17.4	428.4	11.3
安　徽	375.2	11.5	378.8	17.5	380.8	23.4	371.1	26.4
福　建	239.6	9.6	249.5	11.1	266.4	10.0	266.4	9.5
江　西	235.9	2.1	226.7	3.9	215.5	5.9	226.6	7.2
山　东	700.2	20.5	701.2	30.1	719.1	30.1	747.5	30.6
河　南	676.1	10.0	670.4	16.8	680.0	18.7	681.6	22.3
湖　北	420.8	26.1	416.1	25.1	390.1	18.7	391.3	17.0
湖　南	352.0	4.4	326.6	7.9	347.5	10.5	380.5	9.8
广　东	819.5	21.2	890.2	26.2	954.1	25.9	1 005.8	23.4
广　西	217.7	5.0	215.5	7.6	219.1	8.9	226.4	9.8
海　南	56.1	0.7	60.2	1.7	57.7	1.8	57.9	2.1
重　庆	210.0	7.7	205.3	9.1	199.5	8.1	193.4	9.2
四　川	412.2	11.9	402.9	14.0	400.0	12.6	398.6	12.6
贵　州	136.4	1.2	132.2	1.6	128.0	1.3	129.9	1.2
云　南	190.7	3.6	183.2	4.6	183.0	6.6	173.2	10.5
西　藏	6.3		7.1		7.1		6.7	
陕　西	304.9	3.5	315.7	7.3	323.3	8.2	325.5	7.2
甘　肃	162.7	1.1	161.0	2.7	162.1	3.8	161.0	4.3
青　海	35.7	1.4	32.2	1.0	33.2	1.3	33.1	1.2
宁　夏	34.7	0.7	35.7	0.8	36.3	1.0	36.4	1.2
新　疆	188.2	3.9	185.2	5.7	186.5	7.4	192.4	7.7

续表

地区	2005年		2006年		2007年		2008年	
	年末参保人数	年末领取失业保险金人数	年末参保人数	年末领取失业保险金人数	年末参保人数	年末领取失业保险金人数	年末参保人数	年末领取失业保险金人数
全　国	**10 648**	**362**	**11 187**	**327**	**11 645**	**286**	**12 400**	**261**
北　京	357.5	3.5	482.2	3.1	535.3	3.0	614.3	2.6
天　津	197.5	3.8	216.7	3.6	221.5	3.3	232.5	3.2
河　北	461.2	13.3	470.8	13.4	473.3	11.6	481.7	9.8
山　西	288.5	4.8	296.0	5.2	299.0	6.0	312.2	7.3
内蒙古	222.2	4.9	223.5	5.0	223.7	4.7	225.5	3.1
辽　宁	607.7	46.5	614.1	25.9	622.1	19.6	622.7	15.7
吉　林	199.4	7.5	224.4	10.2	228.7	13.9	233.7	16.5
黑龙江	459.6	10.3	457.5	17.8	464.1	15.3	467.6	10.3
上　海	466.1	17.8	476.4	18.5	491.5	14.9	511.8	14.0
江　苏	838.3	30.2	901.1	22.7	968.5	21.2	1 052.2	21.5
浙　江	444.7	7.2	504.4	6.5	584.7	6.3	731.1	6.3
安　徽	360.3	24.3	362.6	17.9	364.5	14.1	373.1	12.8
福　建	266.6	8.6	293.1	6.8	318.2	5.7	338.7	4.6
江　西	230.7	6.0	241.0	4.9	251.5	5.3	266.3	3.4
山　东	771.1	32.2	789.7	30.3	814.9	27.8	864.1	24.9
河　南	681.9	29.2	682.8	28.0	682.9	21.6	683.4	18.4
湖　北	391.5	14.8	395.5	12.0	405.7	8.9	422.9	7.4
湖　南	382.7	11.3	386.3	10.2	389.0	8.6	390.1	8.3
广　东	1 099.1	20.4	1 208.2	16.7	1 295.5	14.3	1 471.9	13.7
广　西	219.9	9.4	222.3	8.1	223.8	7.2	234.6	8.0
海　南	56.7	2.0	59.1	2.3	66.2	2.5	84.7	3.3
重　庆	188.2	6.4	193.0	4.8	196.7	4.1	210.1	4.4
四　川	380.5	15.6	400.0	16.3	418.2	11.3	436.9	12.2
贵　州	129.3	1.3	131.1	1.5	134.5	1.4	141.4	1.3
云　南	180.3	9.1	183.0	6.4	185.8	4.3	191.9	3.7
西　藏	6.7		7.5		7.2	0.0	7.8	0.0
陕　西	326.7	8.6	326.5	14.1	327.2	13.6	329.3	9.1
甘　肃	160.0	5.4	160.5	7.5	161.8	7.1	162.6	5.6
青　海	33.2	1.1	34.0	1.0	34.7	2.1	35.4	2.3
宁　夏	37.2	1.2	38.3	1.2	40.1	1.5	44.4	1.4
新　疆	202.4	5.6	205.4	4.8	213.6	4.7	224.8	6.1

表 5—14 **分地区失业保险基金情况**

（2008）

单位：亿元

地　区	基金收入	基金支出	累计结余
全　国	**585.1**	**253.5**	**1 310.1**
北　京	34.7	13.5	71.6
天　津	16.9	5.0	38.2
河　北	21.9	8.2	49.9
山　西	12.7	4.7	32.3
内蒙古	7.6	3.2	17.4
辽　宁	30.7	13.9	25.2
吉　林	9.6	5.7	23.4
黑龙江	16.1	5.4	50.6
上　海	53.9	44.3	69.3
江　苏	59.3	27.5	119.0
浙　江	36.2	9.9	101.6
安　徽	14.4	7.2	18.5
福　建	14.0	4.0	39.2
江　西	6.4	2.0	18.3
山　东	45.3	14.4	112.1
河　南	18.1	12.8	33.4
湖　北	15.4	8.4	33.7
湖　南	11.5	6.6	24.0
广　东	55.3	13.5	173.3
广　西	11.7	4.3	33.7
海　南	3.8	1.7	10.5
重　庆	8.7	2.5	17.6
四　川	22.2	11.0	35.9
贵　州	7.0	2.1	29.8
云　南	11.6	2.5	32.1
西　藏	0.7	0.5	3.4
陕　西	13.9	6.0	30.0
甘　肃	6.5	3.4	13.1
青　海	2.4	1.2	6.6
宁　夏	2.6	0.9	5.8
新　疆	14.0	7.2	40.5

表 5—15　　历年分地区工伤保险参保人数　　单位：万人

地　区	2001 年		2002 年		2003 年		2004 年	
	参保人数	享受待遇人数	参保人数	享受待遇人数	参保人数	享受待遇人数	参保人数	享受待遇人数
全　国	**4 345**	**19**	**4 406**	**27**	**4 575**	**33**	**6 845**	**52**
北　京	204.7	0.1	221.1	0.7	242.9	1.2	258.9	2.5
天　津							147.2	0.1
河　北	163.1	0.8	146.7	0.4	145.7	0.4	273.9	0.9
山　西	71.8	0.0	46.3	0.1	48.4	0.0	104.0	0.1
内蒙古	26.7	0.5	23.8	0.2	31.8	0.3	85.0	0.5
辽　宁	390.6	5.0	390.5	6.0	345.8	7.3	404.2	8.2
吉　林	30.7	1.1	36.6	1.5	37.1	1.2	114.3	3.1
黑龙江	104.4	0.1	119.0	0.9	130.9	1.1	202.7	4.3
上　海							488.3	0.1
江　苏	473.9	0.7	480.0	1.3	503.0	1.7	577.2	2.7
浙　江	219.7	0.6	226.0	1.0	287.7	1.4	360.4	2.7
安　徽	73.4	0.2	69.8	0.3	68.0	0.4	102.0	0.5
福　建	159.0	0.2	170.7	0.3	172.3	0.6	205.4	0.8
江　西	137.8	0.2	129.3	0.2	129.7	0.3	134.7	0.4
山　东	285.5	0.6	277.7	1.1	281.8	1.5	476.7	4.7
河　南	196.0	0.5	218.8	0.7	210.6	0.5	324.7	1.1
湖　北	182.3	1.3	183.2	1.7	189.2	1.4	187.2	1.8
湖　南					8.6	0.0	203.3	0.3
广　东	990.1	5.2	1 049.9	8.0	1 120.0	9.7	1 215.1	11.3
广　西	124.1	0.1	117.3	0.2	120.3	0.3	133.5	0.7
海　南	69.5	0.0	68.9	0.1	68.2	0.1	64.5	0.1
重　庆	25.0	0.1	29.7	0.1	26.5	0.2	122.6	0.4
四　川	179.3	0.5	167.4	0.6	161.4	1.2	195.6	1.6
贵　州	1.7	0.0	1.3	0.0	1.3	0.0	1.2	0.0
云　南	97.3	0.6	89.0	0.9	84.1	1.2	150.9	1.1
西　藏								
陕　西	24.5	0.1	25.6	0.0	35.1	0.1	115.1	0.7
甘　肃	9.5	0.0	8.7	0.0	8.0	0.0	42.0	0.1
青　海	7.1	0.0	6.6	0.0	6.6	0.0	15.7	0.1
宁　夏	11.4	0.0	16.0	0.0	15.2	0.1	19.1	0.3
新　疆	86.3	0.1	86.0	0.1	94.6	0.5	119.5	0.7

续表

地区	2005年		2006年		2007年		2008年	
	参保人数	享受待遇人数	参保人数	享受待遇人数	参保人数	享受待遇人数	参保人数	享受待遇人数
全　　国	**8 478**	**65**	**10 268**	**78**	**12 173**	**96**	**13 787**	**118**
北　　京	303.9	3.0	465.3	1.5	609.2	1.6	666.5	1.8
天　　津	162.9	0.9	209.7	1.7	257.2	2.3	274.9	2.7
河　　北	361.4	1.3	402.4	2.4	481.3	6.0	520.8	5.3
山　　西	151.4	0.5	201.4	3.3	229.1	3.9	261.0	4.6
内 蒙 古	110.2	0.7	131.6	0.8	163.6	1.3	185.4	1.4
辽　　宁	474.6	9.1	510.0	8.5	572.3	9.1	659.6	8.5
吉　　林	136.7	2.2	174.7	3.0	206.8	2.6	234.9	4.1
黑 龙 江	257.5	3.8	303.0	3.9	351.7	4.9	390.9	4.5
上　　海	523.7	0.5	817.7	0.7	884.4	0.9	950.4	1.2
江　　苏	680.2	3.7	812.7	5.6	921.0	6.6	1 056.6	8.4
浙　　江	453.1	4.8	603.9	7.4	1 002.9	11.2	1 261.8	16.9
安　　徽	148.2	1.7	200.2	2.0	248.7	2.2	292.9	2.9
福　　建	239.1	1.3	261.0	1.5	294.8	1.9	346.1	2.2
江　　西	153.6	0.8	207.9	1.5	251.3	1.7	313.6	2.0
山　　东	578.7	5.7	647.3	5.8	745.0	7.0	865.0	8.8
河　　南	404.0	1.5	421.0	1.7	448.3	2.6	500.2	3.1
湖　　北	230.3	1.1	275.5	1.5	327.5	2.0	360.9	2.4
湖　　南	228.2	0.7	280.1	2.0	342.4	2.6	403.5	3.9
广　　东	1 605.1	12.9	1 868.2	13.5	2 113.9	13.8	2 302.3	15.2
广　　西	144.4	0.8	161.1	0.8	182.4	0.9	204.9	1.1
海　　南	68.9	0.1	71.5	0.2	78.4	0.2	86.1	0.2
重　　庆	154.1	1.2	165.4	1.8	181.1	1.6	208.2	4.2
四　　川	270.5	2.0	304.9	2.3	397.3	3.2	464.6	4.6
贵　　州	65.8	0.1	90.5	0.6	110.5	0.9	129.0	1.1
云　　南	166.9	1.2	173.8	1.1	188.5	1.6	202.5	2.3
西　　藏	1.9		2.3	0.0	3.7	0.0	5.9	0.0
陕　　西	149.2	1.8	210.3	0.7	232.0	1.0	247.6	1.4
甘　　肃	70.1	0.4	86.3	0.3	98.2	0.4	108.9	0.8
青　　海	20.5	0.3	23.1	0.4	25.3	0.4	29.9	0.5
宁　　夏	23.5	0.3	24.2	0.3	30.5	0.1	37.5	0.2
新　　疆	139.1	0.9	161.3	1.2	194.1	1.4	214.5	1.6

表 5—16 **分地区工伤保险基金情况**

（2008）

单位：亿元

地　区	基金收入	基金支出	累计结余	储备金结存
全　国	**216.7**	**126.9**	**335.0**	**49.6**
北　京	11.2	7.1		12.7
天　津	4.4	2.6	7.9	0.7
河　北	10.6	7.7	11.2	2.2
山　西	9.8	6.4	9.2	2.3
内蒙古	3.6	1.9	3.5	0.4
辽　宁	10.8	6.8	12.9	1.2
吉　林	3.1	2.2	2.0	1.5
黑龙江	8.6	6.1	6.7	1.5
上　海	9.8	3.6	20.8	2.4
江　苏	16.1	9.8	22.9	3.8
浙　江	14.1	8.7	23.2	0.1
安　徽	4.5	2.1	6.2	0.6
福　建	5.1	1.9	11.6	5.2
江　西	2.1	1.1	5.4	0.3
山　东	13.3	8.7	14.2	2.1
河　南	7.6	4.3	11.5	1.2
湖　北	3.5	1.7	6.1	0.2
湖　南	7.2	4.9	8.9	0.9
广　东	35.9	15.3	100.5	4.2
广　西	2.8	1.1	8.4	0.2
海　南	1.0	0.5	3.2	
重　庆	4.4	3.7	1.5	
四　川	8.2	8.4	11.7	1.1
贵　州	3.5	1.9	3.6	1.2
云　南	3.6	2.2	6.6	0.5
西　藏	0.1	0.0	0.2	
陕　西	4.3	1.9	5.1	0.5
甘　肃	1.9	0.9	3.7	0.1
青　海	1.1	0.6	0.0	1.7
宁　夏	1.0	1.0	0.4	0.1
新　疆	3.7	2.0	6.0	0.8

表 5—17

分地区工伤认定情况

（2008）

单位：件

地　　区	当期受理工伤认定数	认定工伤件数	视同工伤件数	不予认定工伤件数	当期不予受理申请件数
全　　国	**961 162**	**946 644**	**5 053**	**9 465**	**7 135**
北　　京	22 506	22 101	234	171	143
天　　津	19 922	19 657	114	151	77
河　　北	38 306	37 827	296	183	143
山　　西	15 638	15 335	226	77	42
内 蒙 古	7 895	7 652	152	91	63
辽　　宁	25 692	25 325	219	148	91
吉　　林	8 787	8 386	118	283	72
黑 龙 江	19 706	19 260	282	164	180
上　　海	49 932	49 202	219	511	277
江　　苏	78 948	78 144	220	584	455
浙　　江	178 158	177 279	232	647	979
安　　徽	15 141	14 853	69	219	65
福　　建	21 932	21 581	103	248	309
江　　西	8 039	7 791	104	144	213
山　　东	52 183	51 183	269	731	585
河　　南	17 549	16 983	362	204	211
湖　　北	14 339	14 119	86	134	136
湖　　南	21 443	21 062	158	223	231
广　　东	188 940	185 723	478	2739	1 397
广　　西	8 069	7 853	75	141	56
海　　南	1 623	1 558	18	47	6
重　　庆	45 759	45 340	120	299	316
四　　川	46 690	45 914	214	562	583
贵　　州	12 461	12 242	63	156	168
云　　南	13 742	13 347	268	127	57
西　　藏	145	143	0	2	12
陕　　西	7 563	7 380	99	84	42
甘　　肃	4 515	4 415	55	45	41
青　　海	1 883	1 829	27	27	18
宁　　夏	3 077	2 979	29	69	23
新　　疆	8 118	7 866	99	153	111
新疆兵团	2 461	2 315	45	101	33

表 5—18　　分地区劳动能力鉴定情况

（2008）

单位：人

地区	申请鉴定人数						评定伤残等级人数				存在生活自理障碍人数
	合计	初次申请	再次申请	改变结论	复查申请	改变结论	合计	一至四级	五至六级	七至十级	
全　国	**459 804**	**435 554**	**14 078**	**4 516**	**10 172**	**2 368**	**375 936**	**22 861**	**29 320**	**323 755**	**8 187**
北　京	10 503	9 996	85	27	422	396	4 498	730	355	3 413	109
天　津	10 176	9 368	152	56	656	63	6 673	522	851	5 300	175
河　北	14 579	14 233	63	17	283	191	12 701	851	1 307	10 543	340
山　西	10 799	10 517	213	117	69	31	10 370	1 349	1 465	7 556	851
内蒙古	9 326	8 593	128	54	605	25	5 905	537	841	4 527	185
辽　宁	15 717	13 664	351	84	1 702	233	13 654	1 100	1 397	11 157	346
吉　林	8 488	7 978	187	92	323	114	7 483	325	849	6 309	138
黑龙江	12 210	11 693	219	71	298	89	11 212	1 152	1 725	8 335	503
上　海	31 916	30 665	907	370	344	3	29 062	552	894	27 616	302
江　苏	39 801	37 520	1 493	497	788	139	34 448	1 049	1 922	31 477	494
浙　江	35 858	33 648	2 177	766	33	18	31 339	557	1 593	29 189	247
安　徽	10 382	10 077	266	149	39	24	8 262	368	619	7 275	189
福　建	8 281	7 832	432	183	17	4	6 413	416	461	5 536	286
江　西	4 588	4 200	33	6	355	145	4 179	204	561	3 414	160
山　东	24 617	23 621	132	27	864	278	22 027	2 287	1 992	17 748	564
河　南	11 586	10 145	65	15	1 376	36	9 904	698	1 914	7 292	540
湖　北	11 887	11 570	240	124	77	24	11 639	1 017	1 079	9 543	548
湖　南	13 392	11 669	926	231	797	244	11 868	509	1 270	10 089	182
广　东	86 000	82 337	3 412	517	251	72	62 992	756	2 215	60 021	340
广　西	4 369	4 277	72	26	20	3	3 411	972	421	2 018	68
海　南	611	608	2	1	1	0	306	35	49	222	17
重　庆	18 356	17 237	927	458	192	21	16 555	837	913	14 805	327
四　川	26 912	25 716	984	350	212	62	20 876	1 462	1 685	17 729	514
贵　州	9 054	8 612	365	235	77	61	7 358	453	814	6 091	192
云　南	9 423	9 360	43	15	20	5	4 850	689	266	3 895	187
西　藏	108	105	3	1			80	11	10	59	6
陕　西	5 290	5 100	45	9	145	24	4 951	427	416	4 108	140
甘　肃	2 545	2 470	62	0	13	5	2 211	414	304	1 493	53
青　海	858	805	20	3	33	8	766	149	115	502	61
宁　夏	1 864	1 834	13	4	17	7	1 598	445	212	941	28
新　疆	5 989	5 847	41	7	101	27	4 561	445	425	3 691	75
新疆兵团	4 319	4 257	20	4	42	16	3 784	1 543	380	1 861	20

表 5—19 **历年分地区生育保险参保人数** 单位：万人

地区	2001 年		2002 年		2003 年		2004 年	
	参保人数	享受待遇人数	参保人数	享受待遇人数	参保人数	享受待遇人数	参保人数	享受待遇人数
全国	**3 455**	**24**	**3 488**	**28**	**3 655**	**36**	**4 384**	**46**
北京								
天津								
河北	131.5	0.8	95.4	0.7	94.1	0.4	114.1	0.4
山西	108.0	0.3	84.3	0.3	84.3	0.2	93.2	0.2
内蒙古	27.9	0.3	23.4	0.1	40.3	0.2	66.7	0.4
辽宁	227.8	1.2	216.1	1.2	199.1	1.5	215.9	2.1
吉林	24.0	0.1	32.7	0.1	34.0	0.1	35.1	0.2
黑龙江	68.2	0.2	153.2	1.2	167.5	2.7	187.3	3.5
上海	443.7	0.1	452.9	3.7	461.1	4.1	505.6	4.9
江苏	483.5	4.6	486.1	4.1	504.1	7.2	552.7	9.2
浙江	187.6	1.7	193.7	1.9	215.0	2.1	239.8	3.0
安徽	23.4	0.1	23.6	0.2	23.9	0.2	37.6	0.2
福建	118.2	0.9	123.7	1.0	139.4	1.4	146.5	1.7
江西	120.2	0.8	109.4	0.7	108.7	0.6	107.6	0.5
山东	331.8	3.4	322.8	3.8	336.5	4.1	390.8	4.7
河南	196.4	1.1	205.9	1.1	199.2	1.1	201.2	1.5
湖北	182.1	1.1	182.7	0.8	182.1	0.6	179.9	0.6
湖南	3.7	0.0	3.4	0.0	3.3	0.0	212.9	0.5
广东	250.1	2.4	258.7	2.5	330.8	3.0	376.7	3.6
广西	113.5	1.2	106.8	1.1	111.1	1.2	134.8	1.6
海南	10.8	0.1	23.2	0.2	28.4	0.2	31.7	0.4
重庆	23.6	0.2	19.9	0.1	16.5	0.1	12.9	0.0
四川	178.1	1.6	166.4	1.2	165.1	1.3	187.4	1.4
贵州	1.1	0.0	0.9	0.0	0.9	0.0	2.3	0.0
云南	96.1	1.2	86.9	1.0	82.8	1.4	142.3	2.3
西藏								
陕西	4.6	0.1	5.4	0.1	14.6	0.1	36.2	0.2
甘肃	5.0	0.0	5.1	0.0	6.8	0.0	31.0	0.1
青海	6.6	0.1	4.3	0.0	5.2	0.1	5.8	0.1
宁夏	8.7	0.1	15.0	0.2	15.1	0.2	18.4	0.2
新疆	78.9	1.0	86.4	1.0	85.7	2.0	117.4	2.5

续表

地　区	2005年		2006年		2007年		2008年	
	参保人数	享受待遇人数	参保人数	享受待遇人数	参保人数	享受待遇人数	参保人数	享受待遇人数
全　国	**5 408**	**62**	**6 459**	**108**	**7 775**	**113**	**9 254**	**140**
北　京	226.1	1.1	263.3	6.7	290.6	9.8	324.1	11.8
天　津	157.4	0.6	180.1	7.7	194.0	3.9	196.5	4.7
河　北	215.9	0.8	264.2	1.7	338.5	2.5	408.5	5.2
山　西	95.6	0.3	98.1	0.4	104.4	0.3	148.3	0.7
内蒙古	105.8	1.5	122.1	2.1	139.1	1.7	154.6	1.6
辽　宁	220.1	2.7	378.7	4.9	423.0	13.2	460.2	11.7
吉　林	35.3	0.8	117.7	0.6	173.6	1.6	227.9	2.5
黑龙江	156.6	2.9	172.7	3.1	216.8	3.1	241.9	3.2
上　海	539.3	5.8	555.1	16.8	592.0	7.3	609.9	7.1
江　苏	630.9	11.2	711.5	12.8	794.1	14.5	907.2	19.5
浙　江	284.9	3.7	382.7	6.9	505.0	6.1	690.0	8.1
安　徽	53.5	0.5	78.6	1.0	175.6	1.9	231.0	3.5
福　建	161.8	2.1	173.5	2.0	250.4	2.7	273.9	3.2
江　西	117.8	0.8	123.2	1.1	137.8	0.8	156.6	0.6
山　东	461.2	5.5	488.8	10.0	563.3	8.2	638.0	10.3
河　南	228.4	1.5	238.4	2.0	279.1	2.2	313.4	2.8
湖　北	175.9	0.6	194.5	0.8	224.6	1.1	278.0	2.9
湖　南	250.2	3.2	308.5	5.2	369.3	5.6	431.5	6.2
广　东	419.4	4.2	464.8	4.8	659.1	6.6	1 011.2	9.7
广　西	141.4	1.9	145.2	1.9	163.5	2.3	176.5	3.0
海　南	34.9	0.5	40.6	0.7	66.7	0.8	79.8	1.1
重　庆			96.8	0.6	116.9	2.2	141.6	2.6
四　川	212.5	1.4	274.1	1.9	323.3	3.6	373.0	4.4
贵　州	52.1	0.0	72.1	0.7	89.1	1.2	135.9	1.8
云　南	156.1	2.5	159.5	2.6	165.1	2.2	168.4	2.6
西　藏					9.4	0.0	12.4	0.1
陕　西	43.1	0.8	86.3	0.5	120.9	0.9	147.6	1.6
甘　肃	40.0	0.3	47.0	0.4	53.3	0.7	59.1	0.6
青　海	6.5	0.1	7.2	0.2	6.2	0.2	6.3	0.1
宁　夏	21.6	0.2	18.1	0.4	19.2	0.4	25.1	0.4
新　疆	164.1	4.7	195.6	7.5	211.6	5.6	225.4	6.4

表 5—20　　分地区生育保险基本情况

（2008）

地　区	年末参保人数（万人）	基金收支情况（亿元）		
		基金收入	基金支出	累计结余
全　国	**9 254**	**113.7**	**71.5**	**168.2**
北　京	324.1	9.1	6.1	11.8
天　津	196.5	4.4	2.9	8.2
河　北	408.5	2.5	1.2	2.9
山　西	148.3	1.2	0.4	1.9
内蒙古	154.6	1.7	0.9	2.0
辽　宁	460.2	4.7	3.3	5.4
吉　林	227.9	1.4	0.6	2.3
黑龙江	241.9	2.5	1.3	4.3
上　海	609.9	9.1	11.5	2.3
江　苏	907.2	15.0	8.2	27.7
浙　江	690.0	7.7	5.9	9.9
安　徽	231.0	2.6	1.3	2.7
福　建	273.9	3.6	1.7	5.8
江　西	156.6	0.6	0.2	2.1
山　东	638.0	9.1	5.6	13.5
河　南	313.4	2.1	0.8	3.9
湖　北	278.0	2.4	0.9	4.7
湖　南	431.5	3.6	1.9	5.5
广　东	1 011.2	12.7	7.7	18.2
广　西	176.5	1.8	1.0	4.0
海　南	79.8	0.6	0.2	1.5
重　庆	141.6	1.8	0.8	2.5
四　川	373.0	4.4	2.5	8.3
贵　州	135.9	1.0	0.3	1.4
云　南	168.4	2.5	1.3	5.6
西　藏	12.4	0.2	0.1	0.2
陕　西	147.6	1.2	0.5	1.8
甘　肃	59.1	0.5	0.3	1.1
青　海	6.3	0.1	0.0	0.3
宁　夏	25.1	0.2	0.2	0.2
新　疆	225.4	3.6	2.0	6.2

表 5—21　　分地区农村社会养老保险基本情况

（2008）

单位：万人

地区	年末参保人数			领取养老金情况	
		本年参保人数	本年乡企参保人数	本年领取养老金农民人数	本年退保转移死亡人数
全　国	**5 595.1**	**819.1**	**35.6**	**511.9**	**124.5**
北　京	128.1	92.7	0.8	7.3	1.4
天　津	51.1	51.0	0.0	0.0	
河　北	262.8	11.8	0.1	9.4	0.8
山　西	160.0	9.4	1.8	7.6	
内蒙古	104.9	23.6	0.9	15.4	0.5
辽　宁	220.3	2.1	0.6	5.7	1.4
吉　林	7.4			0.2	0.5
黑龙江	189.5	0.1	0.2	7.8	3.6
上　海	45.9	9.7	1.1	31.0	11.6
江　苏	958.0	252.1	21.1	176.4	22.5
浙　江	428.7	46.6	3.7	18.6	52.1
安　徽	153.1	13.4	0.8	8.0	14.7
福　建	150.9	1.5	0.0	2.0	0.7
江　西	211.2	0.0		9.9	0.2
山　东	1 133.7	189.8	2.3	90.8	7.2
河　南	172.5	7.3	0.2	6.9	0.5
湖　北	258.8	0.1		3.1	0.6
湖　南					
广　东	113.8	21.2		59.3	0.4
广　西	177.5			5.1	0.2
海　南	20.1	1.3	0.0	0.1	0.1
重　庆	38.4	1.7		3.4	0.2
四　川	314.1	29.3		24.4	3.1
贵　州	4.2	4.2		1.3	0.0
云　南	141.1	3.8	2.0	7.2	1.1
西　藏					
陕　西	124.9	41.9		9.8	1.1
甘　肃	8.9	1.9		0.4	0.0
青　海					
宁　夏	3.8	2.4		0.9	0.0
新　疆	11.3	0.2		0.1	0.1

（六）人才队伍建设

表 6—1　　公有经济企事业单位专业技术人才分职务情况

（2008）

单位：万人

地　区	专业技术人才总数	高级	中级	初级
全　国	**2 882.6**	**284.6**	**1 061.5**	**1 274.4**
中　央	600.6	70.7	186.7	234.3
北　京	45.0	5.3	16.1	18.5
天　津	31.8	5.0	12.0	12.2
河　北	116.3	10.3	44.3	54.1
山　西	86.2	5.9	30.6	42.7
内蒙古	55.9	6.5	21.9	23.9
辽　宁	84.5	14.4	38.9	28.8
吉　林	64.5	6.5	24.8	30.4
黑龙江	82.0	11.8	33.8	34.0
上　海	58.3	5.0	19.6	21.0
江　苏	119.7	13.0	50.4	48.3
浙　江	85.4	8.8	34.4	36.6
安　徽	83.3	7.2	34.1	37.5
福　建	61.3	5.9	21.8	30.0
江　西	70.8	7.0	25.3	34.6
山　东	173.8	19.5	66.9	79.0
河　南	138.7	11.7	53.3	67.9
湖　北	91.4	10.0	44.6	33.7
湖　南	102.7	7.5	42.5	46.3
广　东	143.4	10.8	59.2	61.3
广　西	85.3	4.0	31.0	40.8
海　南	14.6	0.9	4.7	8.1
重　庆	44.2	3.9	15.3	22.2
四　川	110.0	8.6	40.7	55.2
贵　州	58.9	3.1	16.6	35.1
云　南	74.7	5.4	27.3	38.7
西　藏	5.0	0.2	1.1	2.5
陕　西	73.6	5.6	23.1	38.6
甘　肃	49.6	3.2	16.2	25.2
青　海	11.6	1.4	4.9	4.9
宁　夏	13.2	1.6	5.2	5.5
新　疆	46.4	4.0	14.1	22.7

注：专业技术人才数据中包括具有专业技术和管理双重身份的460.5万人。

表 6—2　　公有经济企事业单位专业技术人才分学历情况

(2008)

单位：万人

地　区	合计	研究生	大学本科	大学专科	中专	高中及以下
全　国	**2 882.6**	**112.8**	**1 035.5**	**1 077.9**	**505.8**	**150.6**
中　央	600.6	48.8	252.4	196.2	61.5	41.7
北　京	45.0	3.6	21.8	12.8	5.1	1.7
天　津	31.8	1.5	13.0	10.3	5.4	1.7
河　北	116.3	2.4	41.3	47.0	21.9	3.7
山　西	86.2	1.6	25.4	35.6	18.8	4.7
内蒙古	55.9	1.0	19.9	21.6	10.0	3.3
辽　宁	84.5	3.6	32.6	31.4	12.9	4.0
吉　林	64.5	1.4	22.0	23.0	14.4	3.7
黑龙江	82.0	2.1	29.1	31.6	16.3	2.9
上　海	58.3	4.3	24.7	18.4	7.5	3.3
江　苏	119.7	4.8	49.5	41.3	18.9	5.2
浙　江	85.4	3.3	39.8	27.2	10.2	5.0
安　徽	83.3	2.0	25.9	32.5	20.7	2.2
福　建	61.3	1.6	21.9	22.4	12.9	2.5
江　西	70.8	1.7	20.0	27.2	17.4	4.6
山　东	173.8	4.6	68.4	60.1	34.3	6.4
河　南	138.7	3.1	40.9	59.7	31.4	3.5
湖　北	91.4	2.4	29.2	34.3	19.6	5.9
湖　南	102.7	1.6	29.9	41.2	23.7	6.3
广　东	143.4	5.6	51.0	55.4	24.7	6.7
广　西	85.3	2.1	23.5	36.4	19.3	4.0
海　南	14.6	0.3	3.6	5.6	4.0	1.1
重　庆	44.2	1.2	16.6	17.3	6.4	2.7
四　川	110.0	2.2	34.8	46.5	20.9	5.6
贵　州	58.9	0.6	14.4	27.5	12.9	3.6
云　南	74.7	1.3	22.3	32.8	14.6	3.7
西　藏	5.0	0.1	1.4	2.0	1.2	0.2
陕　西	73.6	2.0	21.3	30.0	15.5	4.8
甘　肃	49.6	0.8	15.5	20.3	9.7	3.3
青　海	11.6	0.2	3.6	5.3	1.8	0.8
宁　夏	13.2	0.3	5.1	5.2	2.1	0.5
新　疆	46.4	0.7	14.6	20.0	9.8	1.2

注：专业技术人才数据中包括具有专业技术和管理双重身份的 460.5 万人。

表 6—3　　公有经济事业单位管理人员分学历情况

（2008）　　单位：万人

地　区	合计	研究生	大学本科	大学专科	中专	高中及以下
全　国	**442.5**	**16.6**	**155.5**	**169.5**	**56.8**	**44.0**
中　央	35.0	5.2	16.3	9.1	1.8	2.7
北　京	8.5	0.6	4.3	2.4	0.6	0.6
天　津	4.8	0.2	1.8	1.7	0.7	0.5
河　北	17.6	0.4	5.6	7.0	3.3	1.3
山　西	13.3	0.3	4.2	5.9	2.0	0.9
内蒙古	10.5	0.2	3.3	4.2	1.2	1.5
辽　宁	17.6	0.7	6.2	7.4	1.7	1.5
吉　林	11.9	0.3	3.6	4.2	2.4	1.5
黑龙江	14.3	0.4	5.4	5.6	2.0	0.9
上　海	7.3	0.4	3.0	2.4	0.7	0.9
江　苏	18.9	0.7	7.4	6.5	1.6	2.7
浙　江	13.6	0.4	5.6	4.6	0.9	2.0
安　徽	11.6	0.3	3.7	4.9	1.9	0.8
福　建	8.2	0.2	3.3	2.9	1.1	0.7
江　西	13.1	0.3	3.3	5.1	2.1	2.3
山　东	35.0	0.8	14.4	12.2	4.7	2.9
河　南	30.6	0.6	9.6	14.1	5.1	1.4
湖　北	21.1	0.5	5.8	8.5	2.9	3.3
湖　南	20.7	0.3	5.8	8.3	3.5	2.8
广　东	27.3	1.2	9.3	10.2	3.1	3.5
广　西	13.8	0.5	3.8	5.8	2.0	1.6
海　南	3.1	0.1	0.8	1.1	0.5	0.6
重　庆	7.3	0.2	3.0	3.1	0.5	0.5
四　川	20.3	0.5	7.1	8.5	2.3	1.7
贵　州	11.7	0.1	3.3	5.6	1.6	1.1
云　南	7.0	0.2	2.8	2.7	0.8	0.5
西　藏	0.5	0.0	0.1	0.2	0.1	0.1
陕　西	15.9	0.4	4.4	6.4	2.9	1.7
甘　肃	11.1	0.2	3.9	4.5	1.6	0.9
青　海	1.6	0.0	0.5	0.7	0.2	0.1
宁　夏	2.2	0.1	0.9	0.8	0.2	0.2
新　疆	7.1	0.2	2.8	3.1	0.8	0.2

表 6—4 **公有经济企业经营管理人才分学历情况**

(2008)

单位：万人

地区	合计	研究生	大学本科	大学专科	中专	高中及以下
全国	**514.0**	**17.8**	**173.6**	**186.3**	**64.5**	**71.8**
中央	286.2	12.1	113.0	102.7	27.6	30.8
北京	12.6	0.7	4.7	4.3	1.4	1.5
天津	4.2	0.1	1.1	1.5	0.7	0.8
河北	8.5	0.1	2.2	3.1	1.7	1.3
山西	17.0	0.2	3.4	6.4	3.6	3.5
内蒙古	4.1	0.1	0.9	1.5	0.7	0.9
辽宁	9.1	0.3	2.5	3.8	1.1	1.4
吉林	3.2	0.0	0.8	1.1	0.6	0.7
黑龙江	12.5	0.1	3.5	5.1	2.6	1.2
上海	16.1	0.8	4.9	5.6	2.0	2.7
江苏	8.0	0.3	2.4	3.0	0.9	1.5
浙江	5.5	0.1	1.7	2.0	0.5	1.1
安徽	7.5	0.2	2.1	2.8	1.2	1.1
福建	4.8	0.1	1.5	1.7	0.8	0.8
江西	5.3	0.1	1.1	1.9	0.8	1.3
山东	16.9	0.3	5.6	5.6	3.1	2.3
河南	9.7	0.2	2.1	3.9	1.7	1.9
湖北	5.3	0.1	1.2	2.1	0.9	1.0
湖南	8.0	0.1	2.0	3.2	1.2	1.6
广东	18.2	0.8	5.4	5.7	2.5	3.8
广西	7.3	0.1	1.9	2.6	1.5	1.2
海南	3.1	0.0	0.3	0.9	0.5	1.3
重庆	6.1	0.2	1.7	2.4	0.7	1.1
四川	6.8	0.1	1.8	2.7	1.0	1.2
贵州	5.6	0.0	1.1	2.0	1.4	1.1
云南	4.7	0.1	1.0	1.7	0.8	1.0
西藏	0.2	0.0	0.0	0.1	0.1	0.1
陕西	8.4	0.2	1.7	3.2	1.3	2.0
甘肃	5.9	0.1	1.2	2.4	1.1	1.2
青海	0.9	0.0	0.2	0.3	0.1	0.2
宁夏	1.0	0.0	0.3	0.4	0.1	0.1
新疆	1.5	0.0	0.4	0.7	0.2	0.2